LIÇÕES DE DIREITO PENAL

LIÇOES DE DIREITO PENAL
PARTE GERAL I - II

AUTOR
MANUEL CAVALEIRO DE FERREIRA

EDITOR
EDIÇÕES ALMEDINA. SA
Av. Fernão Magalhães, n.º 584, 5.º Andar
3000-174 Coimbra
Tel.: 239 851 904
Fax: 239 851 901
www.almedina.net
editora@almedina.net

PRÉ-IMPRESSÃO | IMPRESSÃO | ACABAMENTO
G.C. GRÁFICA DE COIMBRA, LDA.
Palheira – Assafarge
3001-453 Coimbra
producao@graficadecoimbra.pt

Maio, 2010

DEPÓSITO LEGAL
311262/10

Os dados e as opiniões inseridos na presente publicação são da exclusiva responsabilidade do(s) seu(s) autor(es).

Toda a reprodução desta obra, por fotocópia ou outro qualquer processo, sem prévia autorização escrita do Editor, é ilícita e passível de procedimento judicial contra o infractor.

Biblioteca Nacional de Portugal – Catalogação na Publicação

FERREIRA, Manuel Cavaleiro de, 1912-1989

Lições de direito penal : parte
geral. – reimp.
ISBN 978-972-40-4205-3

Contém: A lei penal e a teoria do crime ; Penas e medidas de segurança

CDU   343
      378

Manuel Cavaleiro de Ferreira

LIÇÕES DE DIREITO PENAL

PARTE GERAL

I

A Lei Penal e a Teoria do Crime no Código Penal de 1982

Reimpressão da 4.ª edição de Setembro de 1992

II

Penas e Medidas de Segurança

Reimpressão da edição de Janeiro de 1989

ALMEDINA

PREFÁCIO

I

Quis a Família do Prof. CAVALEIRO DE FERREIRA honrar-me com o convite para escrever uma breve introdução a esta nova edição das *Lições de Direito Penal*.

Faço-o com a imensa alegria de participar na iniciativa, que há muito se impunha, de fazer ouvir, de novo, no diálogo científico e na busca do Direito da prática, esta voz tão singular, de horizontes tão abertos pelas longas viagens pela história e pelo Direito comparado e, apesar disso, tão clara e tão segura.

Faço-o com a imensa saudade acordada pela memória, intensa e saboreada, do convívio que me foi dado ter com ele, ao longo dos anos, sempre como aluno, e, na fase final, também como assistente.

Faço-o com a imensa gratidão de quem deve muito do pouco que aprendeu não tanto ou não só sobre o Direito – que não só penal – como da nobre função de universitário.

II

1. As *Lições de Direito Penal* são, na sua origem e índole, aquilo que o seu nome indica: *lições*. *Lições universitárias*.

Foram sendo escritas e publicadas progressivamente a partir do ano lectivo de 1983-1984, primeiro em fascículos policopiados, e, depois, em edições impressas. Não houve, desde então até à morte do Autor, praticamente ano algum em que não tivessem progredido, fosse pela publicação de fascículos sobre novas matérias, fosse pela publicação de nova edição impressa.

As suas características são inteiramente explicáveis à luz da finalidade didática com que foram escritas. Mais: acabado de sair do momento de sedimentação do caminho feito e de reelaboração global em direcção ao futuro que foi o magno *Direito Penal Português* (publicado entre 1981 e 1982)[1], o Autor teve mesmo o propósito de as simplificar ao ponto de as tornar *"uma breve súmula que pudesse ser acessível aos que se iniciam no estudo do Direito Penal"*[2].

É preciso é não esquecer as circunstâncias concretas em que tal esforço se desenvolveu.

Circunstâncias, antes de mais, de urgência, intensamente sentida por quem manifestava plena consciência de que *"é uma tarefa urgente da Universidade a elaboração sistemática de compêndios sobre o direito penal que se ocupem particularmente da interpretação da nova legislação"*[3].

Circunstâncias, depois, de profunda inovação legislativa, com trabalhos preparatórios publicados a saber a pouco (particularmente no que respeita à parte especial) e com mais apego ao Código Penal alemão, tal como ele saiu da reforma da parte geral de 1975, do que ao Código Penal português que o precedeu. Isso representava, naturalmente, um desafio acrescido para quem, não pretendendo fazer tábua rasa mas, pelo contrário, expor o direito penal segundo a nova legislação, estava, por força do seu realismo, profundamente convicto de que *"um novo Código não é novo Direito; é actualização do Direito"* e de que *"só sabendo de onde se parte se pode saber onde se chega"*[4].

Daqui resultou a necessidade de *"mesclar frequentemente análise e sistematização, com prejuízo da simplicidade do ensino"* e com inevitável *"desequilíbrio na exposição da matéria"*[5], ao

---

[1] *Direito Penal Português*, I, 1ª ed., Verbo, Lisboa/S. Paulo, 1981; II, Verbo, Lisboa/S. Paulo, 1982; I, 2ª ed., Verbo, Lisboa/S. Paulo, 1982.
[2] *Lições*, I, *Prefácio*, p. 7.
[3] *Lições*, II, *Posfácio*, p. 221.
[4] *Direito Penal Português*, II, *Posfácio*, p. 511.
[5] *Lições*, I, *Prefácio*, p. 7.

qual, aliás, no que respeita à concentração da atenção na teoria da lei penal e na teoria do crime, com correspondente sacrifício da teoria da pena, também não foi alheia a concreta estrutura do plano do curso de Direito à data vigente na Faculdade de Direito da Universidade Católica.

O Autor declara-se, por isso, insatisfeito com o resultado alcançado.

Ainda assim, estas *Lições* foram, por muito tempo, o único compêndio universitário completo do Direito Penal de acordo com o Código Penal de 1982. Dentro da concepção filosófica que decididamente abraçou, trocando-se o bom com o ente, apresentariam sempre essa primeira e essencial bondade: existem.

E para nós, seus alunos, com a sua tensão para o fundamental, com a sua exigência de coerência, com a sua coragem de questionar o dominante, com o seu vivo espírito crítico, mesmo nas partes mais árduas – ou talvez sobretudo nessas –, as *Lições* tiveram sempre a virtude de não se entregarem sem esforço de procura, desenvolvendo, com isso, a capacidade de pensar autonomamente o Direito, por intermédio, mas para além da lei. E esse é o objectivo essencial de todo o ensino académico, que não pressupõe necessariamente exposições sempre cartesianamente claras e distintas.

Eis porque me não posso acolher à opinião do meu Mestre, de que a sua intenção de fazer uma exposição que pudesse ser compreendida pelos estudantes de direito *"aos quais se destina o magistério docente"*[6] se transformara num *"desejo inatingível"*[7].

2. Seria, naturalmente, descabido procurar fazer, na presente introdução, uma síntese da obra que ora se republica.

Mas já se justifica, ou mesmo impõe, indicar, ainda que a traço grosso, aquelas que são as suas grandes linhas de força, aquelas linhas que marcam a sua fisionomia tão característica e

---

[6] *Lições*, I, p. 9.
[7] *Lições*, I, p. 7.

tão irrecondutível a estereótipos, e que importa manter presentes na sua consulta. Sobretudo quando essa consulta é, como tantas vezes é forçoso – embora sempre perigoso – tanto no trabalho científico como na praxe, limitada a uma determinada matéria ou mesmo a uma determinada questão.

Não o fazer, numa obra em que, sem cair num logicismo formal, é, todavia, constante o esforço para descer ao radical (no sentido próprio e nobre da expressão), para fazer luzir o fundamental na problematização e solução dos problemas concretos e para intentar uma plena integração dogmática (que se estende à ligação entre teoria do crime e teoria da pena), é arriscar a falhar o sentido fundamental da doutrina exposta. A isso se ficam a dever o simplismo, senão positiva incompreensão, com que, por vezes, são lidas as *Lições*.

3. A primeira dessas linhas é, naturalmente, o pensamento filosófico que anima as *Lições*.

O ponto introdutório que justamente versa sobre "*o pensamento filosófico e o sistema*"[8] culmina com as palavras de CABRAL DE MONCADA, de acordo com as quais se não estaria, "*de novo, muito longe da orientação e das atitudes – poderia dizer do espírito e do* ethos *– das soluções mais religiosamente radicais que [ao problema do Direito Natural] deu a* Philosophia perennis *na Idade Média*"[9].

Estas afirmações têm muito de auto-retrato das *Lições*.

Naturalmente que, ao lê-las, acode de imediato ao espírito que elas mostram uma surpreendente fidelidade àquilo a que se pode razoavelmente chamar um realismo jurídico clássico de inspiração tomista, assumindo, sem complexos, o regresso à ontologia e identificando o Direito com a *ipsam res justa*, com o *id quod justum est* – a distinguir do *id quod jussum est*[10]–, ou seja, com "*a*

---

[8] *Lições*, I, pp. 29 ss..
[9] *Lições*, I, p. 32.
[10] *Lições*, I, p. 34.

própria actividade social dos homens enquanto justa"[11]. Uma concepção que, sem negar o papel ou importância da norma como intermediário necessário da busca e realização do Direito nos casos concretos[12], assenta na verificação de que a qualidade valorativa *"só deixa de ser o arbítrio do Poder quando adere à própria realidade"*[13]. E, verdadeiramente, só um Direito assim assumido como algo com ser, sentido e dinâmica próprios (em último termo, irrecondutíveis à política) pode aspirar a desempenhar o papel que lhe é assinalado pelo Autor no Estado de Direito[14].

Não é, porém, só nesse sentido, por assim dizer, *quanto ao resultado*, que as afirmações de CABRAL DE MONCADA retratam as *Lições*. Fazem-no ainda – e talvez sobretudo – no que respeita *ao percurso* de que nasceram. É que também não estamos perante um ponto de partida acrítica e ingenuamente assumido, mas perante o termo de um longo e árduo caminho: um caminho que, se, desde o seu início teve constantes nunca abandonadas – como a rejeição do positivismo em todas as suas formas e a afirmação da liberdade humana –, trouxe o Autor, através da libertação definitiva da prisão kantiana (pela percepção da realidade dos valores), desde as paragens da filosofia dos valores; um caminho, sobretudo, que nunca se deixou empobrecer nem com o alheamento do movimento da filosofia jurídica, nem com a recusa irracional da controvérsia com orientações diversas; um caminho, enfim, que, quanto às orientações que mais directamente estiveram na base dos totalitarismos do séc. XX, tem, além disso, o valor inigualável do testemunho pessoal.

A adesão ao realismo jurídico tem, portanto, a riqueza e a maturidade que só a reflexão, a controvérsia e a experimentação em vivência pessoal sabem dar.

---

[11] *Lições*, I, p. 41.
[12] *Lições*, I, p. 41.
[13] *Lições*, I, p. 37.
[14] *Lições*, I, pp. 58 ss..

4. Uma segunda linha de força das *Lições* é o sistema adoptado.

É, antes de mais, um sistema construído a partir da unidade substancial do crime e que, por isso, jamais perde de vista que *"a análise [do crime] é uma exigência metodológica e não ontológica"*[15], razão pela qual não pode *"transformar uma distinção metodológica e sistemática em uma distinção substancial de realidades ontologicamente autónomas"*, *"substantivando como realidades diversas [...] aspectos da sua análise"*[16]. Daqui deriva a essencial deficiência de autonomia entre os diversos momentos ou elementos do crime, que é afirmada nos termos mais enérgicos e radicais, até ao ponto de se asseverar surpreendentemente que *"o facto ilícito, na sua noção essencial, é sempre voluntário, e por isso objecto de culpa"*[17].

É, também por isso, um sistema que resulta dum método propriamente analítico – buscando uma *"decomposição do crime nos seus elementos"*[18] – e não piramidal, ou seja, categorial-classificatório e gradativo.

É, em terceiro lugar, um sistema bipartido. Pese embora ter sido o Autor o primeiro divulgador da tipicidade entre nós (corria o ano de 1935), as *Lições* não a reconhecem como elemento ou degrau valorativo analiticamente separável, admitindo-a apenas como expressão do *"princípio da estrita legalidade na definição dos elementos do crime"* e, portanto, com *"função [...] sobretudo adverbial"*[19]. Por isso, ela é extensível, naturalmente, a todos os elementos constitutivos essenciais do crime: o *tipo de crime* bifurca-se em *tipo objectivo* e *tipo subjectivo*; o *facto típico* em *facto tipicamente ilícito* e *facto tipicamente culpável*. Por seu turno, a punibilidade é assumida como categoria para enquadrar pressupostos adicionais, que excepcionalmente condicionam a responsabi-

---

[15] *Lições*, I, p. 85.
[16] *Lições*, I, p. 86.
[17] *Lições*, I, p. 88.
[18] *Lições*, I, p. 84.
[19] *Lições*, I, p. 90.

lidade penal, mas que não a fundamentam, sendo antes extrínsecos relativamente ao crime[20].

É, além disso, um sistema esteado na contraposição permitida pela estrutura do crime como facto necessariamente exterior, mas do homem – e, portanto, fruto da sua vontade racional e livre. O crime é total e incindivelmente um facto ilícito e culpável mas *"enquanto ilicitude e culpabilidade impendem como qualificações sobre a unidade do facto criminoso, devem servir de critério para determinação dos elementos componentes que a sua análise fornece, isto é, dos elementos qualificativos que suportam essas qualificações"*[21]. Assim, *"na análise dos elementos da estrutura do crime, os seus elementos aglomeram-se em razão da sua valoração bidimensional no facto ilícito – enquanto injusto – e no facto culpável. Os elementos do facto injusto são, em princípio, elementos objectivos, pertencentes ao facto na sua materialidade (acção exterior) e produtivos da lesão ou perigo de lesão de um bem jurídico tutelado pela lei penal – ou seja o mal do crime, como se exprimia o Código Penal de 1886"*[22]. Por seu turno, *"culpa ou culpabilidade designa a relação do agente com o facto injusto enquanto lhe é imputado como «seu». E o substrato da culpabilidade são os pressupostos dessa imputação, consciência e vontade de praticar o mal do crime"*[23], ou seja, o facto culpável, que mais não é do que a vontade culpável.

É, finalmente, um sistema que contrapõe estrutura essencial e estrutura acidental do crime, com o que as circunstâncias a ponderar para determinação da medida da pena encontram *"uma posição na estrutura do crime"* [24]. Mais do que evitar *"uma separação radical entre a teoria do crime e a teoria da pena, entre a consideração em abstracto da dogmática jurídica e a aplicação do Direito Penal nos casos concretos"* e alcançar, *"esforçadamente"*

---

[20] *Lições*, II, pp. 6 ss.
[21] *Lições*, I, p. 86.
[22] *Lições*, I, p. 89.
[23] *Lições*, I, p. 88.
[24] *Lições*, I, p. 91.

"*a unidade do sistema*"[25], por essa forma, a própria teoria geral do crime se perfaz, respondendo ao desafio da plena integração dogmática do crime, em toda a extensão da sua estrutura juridicamente relevante.

É um sistema, tudo visto e ponderado, que sem estar isento de dificuldades – como, aliás, sistema algum o pode estar, por força da operação sempre violenta de análise de que provém, que é filha da limitação e discursividade do espírito humano –, se mostra dotado, como poucos, de consciência metodológica, simplicidade, intuitividade e capacidade de integração dogmática.

5. A terceira linha que imprime carácter às *Lições* é a sua doutrina da culpa, ou melhor, do facto culpável ou culpabilidade.

Representa uma constante do pensamento do Autor – resolutamente mantida desde as primeiras palavras da sua dissertação de doutoramento – a afirmação clara e consequente da natureza racional e da liberdade do homem e, como é seu timbre, a consciência de que "*não cabe em um estudo jurídico discutir a questão em si mesma, mas pressupô-la*"[26] nunca o conduziu a omitir a exposição das consequências dessa discussão nas diversas posições doutrinárias e regulamentações legais.

Esse pressuposto não chega, naturalmente, para dar uma imagem, ainda que pálida, da doutrina da culpa do Autor. Necessário se torna ainda juntar duas notas que são mais claramente apreensíveis olhando para a lição aprendida com a longa disputa entre a concepção psicológica e normativa da culpa.

O Autor distingue, mas correlaciona a culpabilidade (como juízo ou conceito de qualificação) e o respectivo substrato no sentido de matéria real sobre a qual aquele recai, ou seja, a vontade referida ao facto ilícito (a que corresponde o conceito material de culpa). "*É que destacando o juízo de reprovação ou censura, como elemento essencial e determinante da culpa, descambou a*

---

[25] *Lições*, I, p. 29.
[26] *Lições*, I, p. 264.

PREFÁCIO

concepção normativa frequentemente numa obliteração duma culpa real, reconhecida pelo direito – por desdenhar o seu substrato qualificativo – para como mero juízo legislativo possibilitar a definição da matéria da culpa em função da responsabilidade. Ora, não é a responsabilidade que serve de fundamento à culpa, mas a culpa à responsabilidade. E não é o legislador que pode preencher, a seu alvedrio, o conteúdo da culpa material, pois tem de reconhecer uma realidade ontológica que o ultrapassa"[27]. No entanto, e simultaneamente, reconhece-se que *"a teoria normativa teve o mérito de alargar – sua razão fundamental – a matéria ou conteúdo material da culpa ou culpabilidade para além dos limites estreitos que lhe imprimira a teoria psicológica"*[28], e, bem assim, de superar a mutilação derivada da obliteração do aspecto fundamental de ser *"vontade indevida, enquanto contrária ao dever"*[29]. E assim, a vontade que é a culpa real *"não é exclusivamente acto terminal da vontade. Hão-de tomar-se em consideração fins, motivos, sentimentos, emoções e tendências do agente que participam na formação da vontade. A culpabilidade assenta numa corrupção de formação da vontade, que contraria o dever moral ou jurídico do homem. Ao direito positivo cabe integrar em regras legais os elementos componentes da formação da vontade culpável, no conceito genérico de culpa, e essa integração far-se-á ordenando-os em categorias que indiquem o seu valor jurídico, quer como elementos essenciais do facto ou vontade culpável, quer como elementos que determinam a maior ou menor gravidade da culpa"*[30]. De novo se nos depara, considerada embora de perspectiva metodológica diversa, a relevância das circunstâncias como componentes da estrutura do crime.

Esta amplitude do conceito material de culpa fornece a base para a outra nota característica da doutrina da culpa exposta nas *Lições*. É que, se bem se reparar, por força dela, e uma vez que,

---

[27] *Lições*, I, pp. 263-264.
[28] *Lições*, I, p. 263.
[29] *Lições*, I, *ibidem*.
[30] *Lições*, I, p. 261.

por outro lado, a tipicidade é reconduzida a uma função adverbial – com o que a discussão lançada pelo finalismo perde o seu sentido analítico-sistemático –, o sistema tende naturalmente para a integração dogmática e, com ela, o dolo e a negligência tendem a alargar-se até abranger todo o conteúdo da culpabilidade, à excepção da imputabilidade. Escreve, na verdade, o Autor: *"tem-se discutido se deve falar-se de «formas» da culpabilidade ou de «elementos» da culpabilidade, porquanto a culpabilidade se não esgota nos conceitos legais de dolo ou negligência. «Pressuposto» do dolo ou negligência é a imputabilidade, e a culpabilidade pode ser excluída por «causa de exclusão da culpa», como indica a epígrafe do capítulo III do título II do livro I do Código Penal. No entanto, no seu significado substancial, dolo e negligência são as formas de culpabilidade e os crimes, do ponto de vista subjectivo, serão dolosos ou culposos; isso não obsta, porém, a que os elementos componentes quer do dolo quer da negligência, se vão buscar para além da definição legal do dolo e da negligência; e efectivamente assim sucede com os elementos que os excluem e negativamente demarcam o seu conteúdo positivo (exemplificando: o erro previsto no n.º 1 do art. 16.º exclui o dolo – e não a negligência, nos termos do n.º 3) de modo a delimitar a noção legal"*[31].

Desaparece a miragem de uma vontade "natural", aquém do bem e do mal, sobre a qual a censurabilidade depois recai como que "de fora" ou "de cima", como uma superstrutura postiça, sem a alterar na sua mesma estrutura fáctica. O dolo é necessariamente *dolus malus*; a negligência, vontade *indevida*.

E assim, como o Autor lapidarmente afirma a abrir o tratamento do dolo: *"substrato da culpabilidade é a voluntariedade no crime. A voluntariedade pode ser directa ou indirecta e consistir assim em dolo ou negligência"*[32].

---

[31] *Lições*, I, p. 282-283.
[32] *Lições*, I, p. 282.

PREFÁCIO

6. A última nota a salientar respeita à natureza e fins assinalados às penas – matéria que o Autor trata já no âmbito da teoria da pena[33] e relativamente à qual, aliás, remete o leitor para o amplo tratamento que alcança nas conseguidas páginas do *Direito Penal Português*[34].

O sumário tratamento que lhe é dado quando se aborda o assunto abre com a afirmação de que *"a pena é reacção jurídica ao crime e, como tal, repressão"*[35] e termina com a asserção de que a pena *"é na sua natureza retribuição ou repressão"*[36].

Pode, portanto, dizer-se – com inteira exactidão – que as *Lições* abraçam uma teoria retributiva acerca da natureza e fins das penas.

No entanto, limitar-se a teoria exposta nas *Lições* a uma tal rotulagem trairia o pensamento do Autor. E não só porque, como ele próprio assevera a este respeito, *"a luta de doutrinas é uma forma de contacto"*[37], pelo que um tal simplismo deitaria a perder, em benefício de moinhos de vento, a compreensão das doutrinas sobre a questão, tal e qual elas surgem e se nos oferecem à reflexão e à crítica. O essencial está em que é profundamente original a compreensão que da retribuição é oferecida nas *Lições*.

Na verdade, a retribuição é, em grande medida, um conceito aberto. Traz sempre consigo, evidentemente, o reconhecimento de que a pena se origina ou fundamenta no crime cometido no passado (*quia peccatum est*) e, consequencialmente, de que a pena tem de respeitar a proporção por ele ditada. É, aliás, por isso que qualquer das afirmações directas e explícitas da retribuição como natureza e fim da pena nas *Lições* é imediatamente seguida pela exigência de respeito pela proporção fixada entre os dois termos pela justiça[38]. Mas a mera alusão à retribuição já não diz, por si

---

[33] *Lições*, II, pp. 45 ss..
[34] II, pp. 288 ss..
[35] *Lições*, II, p. 45.
[36] *Lições*, II, p. 46.
[37] *Direito Penal Português*, II, 301.
[38] *Lições*, II, pp. 45, 46.

XI

só, em que termos concretos se estabelece aquela correspondência – mais exactamente: *o que* é que se retribui e *com que* é que se retribui. É por isso que se abrem várias possibilidades de compreensão da retribuição, a começar logo pela hipótese, advertida e explorada quanto à prevenção, de um entendimento, não meramente negativo (presente no talião, no *malum passionis ob malum actionis* de GRÓCIO ou, ainda, na dialética hegaliana de negação da negação do Direito), mas positivo, da retribuição.

E é justamente uma tal retribuição positiva, joeirada das *"excrescências vindicativas"*[39], que é acolhida pelo Autor: *"a justiça não exige [...] a retribuição do mal causado com mal quantitativamente igual, nem mesmo, verdadeiramente, a retribuição do mal com o mal, até mesmo decididamente se lhe opõe"*[40].

Na verdade, *"o mal do crime, enquanto dano causado ao ofendido, é fundamento de responsabilidade civil; enquanto atinge os próprios fundamentos da convivência social, é causa da responsabilidade [penal*[41]*] e é reparado por uma sanção proporcional à culpa do delinquente"*[42].

A equiparação do mal do crime à culpa, que nesta afirmação se insinua, é, na realidade, o traço marcante da doutrina do Autor.

Mas é preciso ser bem compreendida.

Ela não põe em causa – antes pressupõe (aliás, expressamente, ao referir-se aos "fundamentos da convivência social") – que, no Direito penal, se trata *"de ir ao encontro da necessidade de assegurar a protecção e tutela jurídicas dos interesses fundamentais da vida em sociedade"*[43]. E também não questiona que *"as medidas mais onerosas para os cidadãos, de que o Estado se serve, como são as penas, só são legítimas quando estritamente necessárias"*[44] – o que pressupõe a insuficiência dos outros meios de tutela

---

[39] *Direito Penal Português*, II, p. 298.
[40] *Lições*, II, p. 46.
[41] No texto diz-se *"social"*, mas supomos que se trata de gralha.
[42] *Lições*, II, p. 45.
[43] *Direito Penal Português*, II, p. 306.
[44] *Direito Penal Português*, II, p. 306-307.

PREFÁCIO

jurídica *"em si mesmos, e não pelo mau funcionamento da sua aplicação"*[45].

O que está em jogo é, antes, coisa diversa e, na verdade, bem diversa: é a verificação ou, se se quiser, a consequência última da concepção segundo a qual a estrutura e significado valorativo do crime não podem ser reduzidos a esse aspecto objectivo do crime enquanto facto exterior. Se, na verdade, *"o facto só é [...] penalmente ilícito se for culpável"*[46], se *"a acção exterior só é ilícita relativamente ao agente se for voluntária"*, embora possa ser *"ilícita ou injusta relativamente ao ofendido, que sofreu a mesma acção ou dano"*[47], então a lesão ou perigo de lesão bem jurídico-penal é apenas um aspecto do mal do crime, cuja identificação é fruto de uma operação metodológica de análise mas, na realidade, só existe se e enquanto for culpável. Bem vistas as coisas, aliás, o contrário só faria sentido se numa enfermidade fosse já de vislumbrar um ataque a bens jurídico-penais[48]. Mas, então, o mal do crime não se reduz ou, se se quiser, não equivale ao mero aspecto objectivo sintetizável na produção de *"lesão ou perigo de lesão do bem jurídico tutelado pela lei penal"*[49]. Vai além dele, pois que o abrange enquanto ele é, simultânea e incindivelmente, objecto da culpabilidade do agente. Se se quiser, equivale à culpabilidade do agente, concebendo esta no significado global, abrangendo *"tanto a culpa em sentido estrito e meramente analítico, como o objecto da culpa que é o facto ilícito"*[50].

E, naturalmente, a pena, como reacção jurídica, tem de se dirigir, reparando-o, a este mal do crime entendido na sua plenitude. Isso faz-se *"sujeitando o delinquente a uma pena com estrutura e aptidão para reparar o mal causado, suprimindo-o"*[51], isto é, de

---

[45] *Direito Penal Português*, II, p. 307.
[46] *Lições*, I, p. 87.
[47] *Lições*, I, p. 88.
[48] Retoma-se uma observação de JAKOBS, *Strafrecht. Allgemeiner Teil*, 2.ª ed. Berlin, W de Gruyter, 1993, p. 36, no seio da sua crítica à teoria do bem jurídico.
[49] *Lições*, I, p. 89.
[50] *Lições*, II, p. 104.
[51] *Direito Penal Português*, II, p. 309.

modo *"a suscitar a restituição à sociedade pelo delinquente do bem equivalente ao mal cometido. E esse bem é a própria regeneração do delinquente"*[52]. Na verdade, *"a culpa, do ponto de vista da moral, extingue-se com o arrependimento e, do ponto de vista jurídico, a emenda ou readaptação social pode considerar-se cautelosamente como exteriorização da extinção ou diminuição da culpa"*[53]. *"E é neste sentido que a pena actua sobre o passado; os factos passados não se suprimem, mas a culpa referida a esses factos pode ser apagada, redimida"*[54]. *"Assim, a pena não constitui intrinsecamente um mal, e antes deve apontar para a redenção da culpa, através da emenda e da ressocialização dos delinquentes – ou, como se expressa o legislador português, da reinserção social"*[55], o mesmo é dizer, a *"recuperação para a vida social, pela vitória no espírito e na acção das qualidades e aptidões de valor social do delinquente"*[56].

Esta compreensão da retribuição – tem de se acrescentar – está longe dum monolitismo estreito de horizontes. Por um lado, perante o que ficou dito, é compreensível que seja expressamente afirmada pelo próprio Autor a *"conciliabilidade da justiça da pena com o fim de prevenção especial"*[57]. Por outro lado, aquela concepção assenta numa delimitação de planos, de modo que se à prevenção geral é recusado qualquer valor no que respeita ao plano da aplicação e execução das penas– salvo na exacta medida em que seja coberta pela culpa do agente, pela consideração da consciente influência em terceiros do exemplo dado com o crime –, já se reconhece o seu valor na fase da ameaça penal, *"isto é, da pena cominada em abstracto pela lei"*[58] (que acaba por se confundir, afinal, com a função de orientação da norma penal).

---

[52] *Direito Penal Português*, II, p. 310.
[53] *Lições*, II, p. 46.
[54] *Direito Penal Português*, II, p. 309.
[55] *Lições*, II, p. 46.
[56] *Direito Penal Português*, II, p. 311.
[57] *Direito Penal Português*, II, p. 310.
[58] *Direito Penal Português*, II, p. 305.

PREFÁCIO

O fecho da abóbada – a um tempo corolário e sinal do que está realmente em jogo – está na completa revolução da compreensão do aspecto aflitivo da pena, que é destronado da sua posição de essência da pena, para ser visto como um simples meio, que é possível e desejável superar, de realizar o essencial. Assim, *"a privação da liberdade não é um fim em si mesmo, mas um meio necessário para garantir a educação ou ressocialização do preso"*[59]. *"Para este efeito, o trabalho prisional é meio indispensável"*[60]. *"O trabalho* – afirmava o Autor em 1951 – *é o meio mais adequado de regeneração: desenvolve o espírito profissional, a responsabilidade familiar e social, cria a satisfação do esforço próprio, mantém a disciplina interior e exterior, eleva as qualidades positivas do homem"*[61]. *"E esse trabalho prisional deve obedecer a requisitos que facilitem ao homem a salvaguarda da sua dignidade, trabalhando na medida do possível e cumprindo ainda, na medida do possível, os deveres que incumbem a todos os homens. O trabalho, por isso, deve ser remunerado, e o uso da remuneração deve ser o correspondente ao de todo o homem: o seu próprio sustento, o sustento da sua família, o pagamento das dívidas resultantes da condenação e a formação de um pecúlio de reserva que lhe permita o fácil regresso à vida social"*[62]. Assim sendo, não surpreende que o aspecto, afinal de contas não essencial, da privação da liberdade possa desaparecer, mediante *"a admissão em muitos casos como pena, do trabalho sem prisão"*[63]. *"As dificuldades respeitam à organização dessa eventual nova espécie de pena, sobretudo perante as reacções,*

---

[59] *Lições*, II, p. 177.
[60] *Lições*, II, *ibidem*.
[61] «Discurso proferido, na qualidade de Ministro da Justiça, na inauguração do edifício do Tribunal de Beja», por último, in *Obra Dispersa*, I, 1933/1959, Lisboa, UCE, 1999, p. 214.
[62] *Lições*, II, p. 177.
[63] *Direito Penal Português*, II, p. 355; *Direito Penal II*, Lisboa, Gomes & Rodrigues, Lda., 1961, p. 189, em apreciação final da evolução do sistema penal registada por força da regulamentação por que fora responsável enquanto Ministro da Justiça.

ainda frequentes, à coordenação com o trabalho livre"[64]. Não obstante todos os obstáculos de facto, o Autor exprimia a esperança de que a evolução nesse sentido *"alcançará, mais cedo ou mais tarde, o seu termo"*[65].

Retribuição? Sem dúvida. Mas uma retribuição reflectida e revisitada, aberta e articulada, positiva e, sobretudo, humana, profundamente humana. A excluir em absoluto toda a instrumentalização da pessoa humana, de pendor socialista ou sistémico, e também toda a degradação da pessoa a simples objecto não livre dum processo neutral de sujeição a formatação ou controle social, para, num esforço solidário e cheio de esperança no homem, se empenhar em dar as condições para que o concreto delinquente se reganhe para bem de si mesmo e, nessa exacta medida, para o bem comum. Uma retribuição, enfim, com provas dadas perante o próprio Autor, no momento decisivo em que ele, enquanto Ministro da Justiça, a levou, consequente e perseverantemente, à prática.

III

1. Como o Autor destas *Lições* repetia muitas vezes, a acção é o agente em movimento.

Quem era o agente de quem estas *Lições* representam o movimento, a passagem a acto?

MANUEL GONÇALVES CAVALEIRO DE FERREIRA nasceu, transmontano de origem e de temperamento, em 19 de Dezembro de 1911, filho de Juiz. Aos 20 anos, licenciou-se em Direito na Faculdade de Direito da Universidade de Lisboa, com 19 valores (1932). Aos 21, doutorou-se, tendo apresentado a dissertação *Da participação criminosa*[66]. Continuou os seus estudos, como bolseiro do Instituto da Alta Cultura, que lhe proporcionaram uma estadia na

---

[64] *Direito Penal II*, p. 189; *Direito Penal Português*, II, p. 355.
[65] *Direito Penal II*, p. 189; *Direito Penal Português*, II, p. 355.
[66] Publicação: Lisboa, Oficinas Gráficas, 1934.

Alemanha, em 1935. De alguma forma, resultados dessa estadia foram o estudo sobre *A Tipicidade na Técnica do Direito Penal*[67] e, ainda, sobre *A Reforma do Direito Penal Alemão*[68].

Tendo servido como Procurador da República junto da Relação do Porto em 1939, só no ano seguinte iniciou as suas funções como Professor da Faculdade de Direito de Lisboa. Datam desse período (mais exactamente das prelecções no ano lectivo de 1940-1941) as primeiras *Lições de Direito Penal*, compiladas por CARMINDO FERREIRA e HENRIQUE LACERDA[69], que tão profundamente inovaram a exposição do Direito penal português e inauguraram uma longa série de edições actualizadas promovidas por discípulos, por vezes, em formato de fascículos policopiados[70]. Em 1943, foi admitido como professor extraordinário do 4.º grupo (Ciências Jurídicas), cargo ao qual concorreu com um trabalho sobre *A personalidade do delinquente na repressão e na prevenção*[71]. No ano seguinte, quando contava 32 anos, foi admitido como Professor Catedrático do mesmo grupo de disciplinas, tendo proferido a lição sobre *A premeditação*[72].

Nesse mesmo ano, a 6 de Setembro, foi nomeado Ministro da Justiça. Ainda tinha 32 anos. É difícil descrever a prolífica actividade que, em cerca de 10 anos, desenvolveu[73]. Mas pode dizer-se

---

[67] Lisboa, Imprensa Lucas & C., 1935.

[68] *O Direito*, ano 70.º (1938), pp. 258 ss. (= *Obra Dispersa*, I, pp. 69 ss.).

[69] Lisboa, Faculdade de Direito da Universidade de Lisboa, 1941.

[70] Os últimos destes trabalhos já são relativos ao Código de1982 e antecederam imediatamente a primeira edição do volume I das presentes *Lições* em fascículos policopiados. São eles o *Direito Penal – 3.º semestre. "Indicações sumárias de actualização"*, policop., Lisboa, Universidade Católica Portuguesa, Faculdade de Ciências Humanas, 1982-1983, apontamentos compilados pelos então alunos PAULO OLAVO CUNHA, ANTÓNIO PINHO TELES e MIGUEL PEDROSA MACHADO, e os *Temas da teoria geral do crime no novo Código Penal*, coligidos por ANTÓNIO PINHO TELES e MIGUEL PEDROSA MACHADO, policop., Lisboa, Universidade Católica Portuguesa, Faculdade de Ciências Humanas, 1983.

[71] Publicação: Lisboa, Portugália Editora, 1943.

[72] *Obra Dispersa*, I, pp. 123 ss.. A prova foi realizada em 14 de Janeiro de 1944.

[73] Fundamentais, sobre ela, dois trabalhos. Por um lado, do próprio Autor, «Direito de defesa. A jurisdição militar é especial. Evolução da prisão preventiva»,

que foi marcada por quatro linhas de força essenciais. Em primeiro lugar, a completa reforma do processo penal, na sua fase preparatória (incluindo a sua estruturação[74], o Ministério Público[75], os serviços de polícia judiciária[76] e as garantias da liberdade individual[77]). Em segundo lugar, o reforço da jurisdição, que encontrou expressão na jurisdicionalização da aplicação de medidas de segurança e da execução das penas[78] e na efectiva instituição do *habeas corpus*[79], constitucionalmente prometido desde 1911. Em terceiro lugar, a instalação dos serviços de justiça (incluindo os *domus iustitiae*, que então se espalharam por todo o País, e os estabelecimentos prisionais). A vasta obra material daí resultante, enfim, deu face visível àquela que, porventura, foi a sua mais extraordinária realização: uma organização do trabalho prisional que, vencendo todos obstáculos, conseguiu sair da ideação para a realidade e tornar-se *"aquela outra obra, menos aparente, mas mais profunda, de valorização, de reeducação humana que se*

---

in *Scientia Ivridica*, XXVIII (1979), pp. 3 ss., texto das alegações de recurso da «resolução» do Conselho da Revolução que o aposentou compulsivamente da Faculdade de Direito da Universidade de Lisboa, onde o Autor contesta com ampla fundamentação a acusação ignara de a legislação da sua autoria ter feito parte do "aparelho repressivo" do regime anterior a 1974. Por outro lado, a obra de seu filho MANUEL CAVALEIRO DE FERREIRA, *10 anos na pasta da Justiça. Documentos e correspondência com Salazar. 6 de Setembro de 1944 a 7 de Agosto de 1954*, Lisboa, s. n., 2000, da qual há exemplares disponíveis na Biblioteca Nacional e, bem assim, na Biblioteca Universitária João Paulo II. O mesmo trabalho está também disponível em versão digital, em 3.ª edição, na Biblioteca Nacional.

[74] Dec.-Lei n.º 35.007, de 13 de Outubro de 1945.
[75] Dec.-Lei n.º 35.389, de 22 de Dezembro de 1945.
[76] Dec.-Lei n.º 35.042, de 20 de Outubro de 1945, que criou a Polícia Judiciária. Deixando de parte outras reformas, destaque-se o Dec.-Lei n.º 39.351, de 7 de Setembro de 1953, que procedeu à reformulação dos termos da coordenação entre Ministério Público e Polícia Judiciária completando a subordinação funcional desta com uma subordinação hierárquica à Procuradoria-Geral da República.
[77] Dec.-Lei n.º 34.564, de 2 de Maio de 1945, e, ulteriormente, a instituição do *habeas corpus*, a seguir referida no texto.
[78] Dec.-Lei n.º 34.553, de 30 de Abril de 1945.
[79] Dec.-Lei n.º 35.043, de 20 de Outubro de 1945.

grava não no granito, mas na eternidade porque é pura obra do Espírito"[80].

Acabaria por sair do Governo, em honrosa desgraça, mas a seu pedido, para evitar ter de assinar uma reforma da legislação sobre a PIDE, em que se insistira desde Dezembro de 1953[81].

Regressou à vida académica, tendo abraçado igualmente a advocacia. Datam desse período o *Curso de Processo Penal*[82], o *Direito Penal II* e, bem assim, inúmeras publicações, em grande medida derivadas da sua intensa actividade parecerística. No entanto, embora mais tarde, do seu punho sairia também a preparação da reforma penal de 1972 (Dec.-Lei n.os 184/72 e 185/72, de 31 de Maio de 1972), que, designadamente no que respeita à legislação processual, seria marcada pelo regresso à excepcionalidade da prisão preventiva trazido pela reforma constitucional de 1971 e pela integração no Código de Processo Penal, de *"princípios do Decreto-Lei n.º 35 007, completando-os e harmonizando-os com toda a estrutura do processo preparatório, em conformidade com os resultados que a experiência pudesse ter confirmado ao longo de vinte e cinco anos"*[83].

Em 1974, na sequência da revolução, foi *"saneado"* – como então se dizia – da Faculdade de Direito da Universidade de Lisboa, mediante uma sucessão de actos tão anómalos como arbitrários[84]. Tendo partido para o Brasil, leccionou na Faculdade de Direito do Recife, da Universidade Federal de Pernambuco.

---

[80] «Discurso proferido, na qualidade de Ministro da Justiça, na inauguração do edifício do Tribunal de Beja», por último, in *Obra Dispersa*, I, p. 214.

[81] Muito interessante e significativa a documentação constante de MANUEL CAVALEIRO DE FERREIRA (filho), *10 anos na pasta da Justiça*, cit., pp. 339 ss.. O próprio Autor também se refere ao tema em «Direito de defesa» cit., pp. 19-21.

[82] Lisboa, Gomes & Rodrigues, Lda., I, 1955; II, 1956; III, 1958. A obra seria reimpressa em 1981, pela Universidade Católica Portuguesa.

[83] *Curso de Processo Penal*, I, Lisboa, Danúbio, 1986, p. 38. Como aí se diz, a reforma estendeu-se às execuções das penas, para as fazer corresponder às alterações então introduzidas pela legislação penal.

[84] Que estão descritos e impugnados nas já referidas alegações publicadas sob o título «Direito de defesa», *passim*.

De regresso a Portugal, voltou, em 1978, à Faculdade de Ciências Humanas da Universidade Católica Portuguesa, a cujo nascimento assistira, tendo usado da palavra na Sessão de Abertura Solene[85], e na qual regera, no ano lectivo de 1972/1973, a disciplina de *Noções Gerais de Direito* ao Curso de Ciências Empresariais[86].

Assim abraçou, inteiro, um projecto científico e pedagógico que não mais abandonaria, mesmo depois de ter sido formalmente reintegrado no quadro da Faculdade de Direito da Universidade de Lisboa, por proposta unânime dos seus pares.

2. No momento em que escreveu as *Lições* que ora se publicam era um daqueles Mestres a quem a idade e a imensidão do saber e da experiência atraem, em vez de afastar, os estudantes.

Às segundas, quartas e sextas, amanhecia na Faculdade, rematando, nos seus cadernos azuis, a preparação das aulas. Depois das aulas, sentava-se no bar, bebendo o seu café e fumando os seus muitos cigarros, aberto à conversa com os assistentes ou com os alunos que quisessem aproximar-se, como sucedia com frequência. Ano após ano, e até que, em Novembro de 1991, entregou publicamente a regência da disciplina de *Direito Penal* a GERMANO MARQUES DA SILVA, que acabara de se doutorar, ensinou *Direito Penal, Processo Penal, Direito Penal II*, e o seminário de *Direito Penal* no mestrado, cumprindo religiosamente o dever de dar todas as aulas teóricas e presidir a todas as orais de todos os alunos.

Após mal súbito, partiu de entre nós no dia 27 de Abril de 1992. Ao encontro daquele jovem Mestre, por sinal condenado por sentença iníqua e esmagado em cruel execução penal, que, com a poderosa inteligência e a inquebrantável vontade que eram as suas, sempre seguiu.

Deixou aos que fomos seus discípulos, sobre todas, uma lição de vida que jamais se desvanecerá.

JOSÉ LOBO MOUTINHO

---

[85] O discurso está publicado nas *Novidades*, de 30 de Novembro de 1968.

[86] Cfr. *Noções Gerais de Direito*, Lisboa, Universidade Católica Portuguesa, Faculdade de Ciências Humanas, polic., 1972/1973.

Manuel Cavaleiro de Ferreira

LIÇÕES
DE
DIREITO PENAL

PARTE GERAL

I

A Lei Penal e a Teoria do Crime
no Código Penal de 1982

NOTA PRÉVIA

A larga revisão que deu origem a esta nova edição do vol. I das Lições de Direito Penal levou-a a cabo o Sr. Professor Doutor Manuel Cavaleiro de Ferreira nos anos lectivos de 1989-90, 1990-91 e ainda no 1.º semestre de 1991-92. Não a pôde terminar; pouco antes do seu falecimento, ocorrido no final de Abril de 1992, ocupava-se o Autor das notas à terceira das partes («Livro II») desta nova edição. Entretanto, pelas razões didácticas e técnicas ligadas à rápida conclusão da obra, todo o texto havia sido já entregue, na Editora, em Dezembro de 1991, bem como, pouco depois, em Fevereiro do corrente ano, toda a sequência das notas correspondentes às duas primeiras partes do volume («Introdução» e «Livro I»).

Por isso, e para não correr sequer o risco de atraiçoar o pensamento do Autor relativamente aos elementos que tinha ainda em elaboração, entendeu-se apresentar, das notas projectadas para o «Livro II» (e que, na sua sequência completa, seriam em número total muito próximo das três centenas), apenas aquelas que o Sr. Professor deixou concluídas ou claramente indicadas.

Miguel Pedrosa Machado

PREFÁCIO DA 4.ª EDIÇÃO

No prefácio da edição anterior deste compêndio de Direito Penal fiz, tentando justificar-me, a crítica do meu labor docente nestes termos:
    «Estas lições são um primeiro esboço; foi minha intenção, quando as proferi no ano lectivo 1984-1985, fazer uma breve súmula que pudesse ser acessível aos que se iniciam no estudo do Direito Penal, mas essa intenção em breve se transformou em mero desejo inatingível. Uma súmula pressupõe uma análise prévia já sedimentada em conclusões precisas e, sobretudo, um suficiente amadurecimento da matéria da parte geral e da parte especial do novo Código Penal, e tais pressupostos não são mesmo fornecidos pelos trabalhos preparatórios ou posteriores da doutrina. Há que mesclar frequentemente análise e sistematização com prejuízo da simplicidade do ensino que desejara propor-me. Daqui deriva frequente exposição discursiva que prejudica a redução das lições a uma súmula sintética.
    Não é de olvidar que é mais difícil encurtar que desenvolver uma matéria; mas a primeira via tem de ser precedida, pelo menos para quem a intenta, de satisfatória análise das dúvidas sobre diferentes pontos ou da correlacionação das matérias versadas.
    Em consequência, há uma desproporção, um desequilíbrio na exposição da matéria em que se mostra possível desde logo apresentar a súmula pretendida e daquela que exige prévio esclarecimento.
    O resultado não pode satisfazer, nem satisfazer-me; mas a brevidade do meu próprio estudo não consente uma segura síntese dos seus resultados.»

O meu esforço em sucessivas edições foi no sentido de progredir na análise e sistematização da parte geral do Código Penal.

A tarefa era e é difícil em razão das contradições da legislação e das sucessivas alterações do seu rumo. São elas o efeito inevitável de um idealismo que refuta o apego à realidade, a qual é a única medida possível da verdade.

Caminha-se, por isso, apressadamente para o caos legislativo com a sucessão de reformas acidentais e parcelares que apenas fomentam a «desordem» da ordem jurídica.

É esse o resultado do predomínio da técnica sobre o direito, este em mórbida decadência, contrastando com a impante exaltação da política.

Muito provavelmente é esta a última edição que poderei actualizar e será ainda mais difícil, para mim, rever o Tomo II destas lições (sobre responsabilidade penal; penas e medidas de segurança); e no entanto é ainda meu propósito tentá-lo, se o plano de estudos da Faculdade de Direito da Universidade Católica Portuguesa, neste ponto assaz deficiente, o permitir. Exemplo correcto é o da Faculdade de Direito de Coimbra, onde o ensino do direito penal abrange dois anos, tendo por objecto, sucessivamente, 1.º — A teoria da Lei Penal e a teoria do Crime (Código Penal, arts. 1.º a 39.º) e 2.º — A responsabilidade penal — penas e medidas de segurança (Código Penal, arts. 40.º a 130.º).

O Direito Penal, porém, abarca ainda no seu âmbito o Processo Penal, e o estudo do Processo Penal pressupõe necessariamente o prévio estudo da responsabilidade penal e das penas.

Seria ainda conveniente que o ensino universitário se ocupasse no último ano do curso (curso complementar) do estudo da parte especial do Código Penal, para alcançar dentro do possível a articulação da parte geral e especial e promover um estágio sobre a praxe que constitui a efectiva realização do direito penal. É que o direito só é efectivo quando se incorpora na vida jurídica, na realidade social. É sempre demorada e por vezes melindrosa esta fase da realização do direito. É ela sobretudo trabalho da jurisprudência, mas deve ser facilitada dentro do possível pelo estudo e ensino universitário.

Para esta tarefa é já escasso o tempo que me resta. A meta que todos os docentes se propõem no seu ensino está sempre para além da capacidade do seu esforço; é esta a desculpa que me permito aduzir, desejando que ela seja compreendida pelos estudantes de direito aos quais se destina o magistério docente.

Por fim, cumpre-me agradecer a atenta e valiosa colaboração que me prestou o Dr. Miguel Pedrosa Machado, assistente da cadeira de Direito Penal desde a data da sua licenciatura em 1984; não se limitou essa colaboração a uma fastidiosa decifração da minha difícil caligrafia, pois que participou na sua revisão sugerindo com acerto o esclarecimento de algumas matérias sucintamente expostas e que seriam de mais difícil compreensão para os estudantes.

E esta colaboração foi-me prestada quando o Dr. Miguel Pedrosa Machado se encontrava dispensado do serviço docente, para preparação da sua tese de doutoramento.

Manuel Cavaleiro de Ferreira

INTRODUÇÃO

§ 1.º
A CIÊNCIA DO DIREITO PENAL: O SEU OBJECTO

1. O crime como facto voluntário do seu agente, declarado punível pela lei

Um livro didáctico, para servir a finalidade do ensino universitário, tem de utilizar um método apropriado e ordenar a exposição da matéria em um sistema.

O método e o sistema não são, porém, arbitrários, porque dependem do seu objecto. Ciência é o mesmo que conhecimento, e conhecer em que consiste o Direito é tarefa árdua. O problema coloca-se relativamente ao Direito em geral, mas assume aspectos diferenciados nos vários ramos do Direito; não são efectivamente coincidentes os sistemas adoptados em Direito Civil, em Direito Processual, em Direito Administrativo ou em Direito Penal.

De certo modo, a natureza do Direito Penal autonomiza-o em relação a todos os demais ramos do Direito: o Direito em geral tem a função de dirigir (função directiva) a actividade humana na vida social, e o Direito Penal tem a função específica — finalidade coactiva, parcimoniosamente admitida — de, mediante a aplicação de penas, garantir, contra os atentados mais graves, o bem comum da sociedade[1].

Isto não impede, porém, que haja uma fundamental convergência

---
[1] É esta a distinção que se encontra em Sto. Isidoro e que S. Tomás aceita (*S. T.* 1, 2 - q. 95, art. 1.º, e 1, 2 - q. 96, art. 5.º).

quanto ao objecto do Direito, que é sempre a actividade humana na vida em comunidade[2].

Não é, contudo, de modo algum pacífica a definição do próprio Direito e, bem pelo contrário, confluem nessa definição, sucessiva ou concomitantemente, as opiniões mais diversas e contraditórias. A diferentes concepções do Direito correspondem diferentes sistemas. A pluralidade de sistemas traz consigo uma grave perturbação.

O panorama actual não é auspicioso, como incisivamente revela o comentário que a questão merece a Bernd Schünemann: «Os modelos de sistema da ciência alemã do Direito Penal afiguram-se aos leigos esclarecidos, muitas vezes, excêntricos, ao estudante, incompreensíveis, e ao jurista prático, supérfluos; e, contudo, são eles, hoje, um dos mais importantes produtos de exportação da ciência jurídica alemã e também do seu renome internacional. Parece um paradoxo, à primeira vista, mas mostra-se plausível, se se tiver em atenção a necessidade de um modelo científico de sistema, e as especiais condições históricas do desenvolvimento do sistema alemão do Direito Penal.»[3]

Ciência é conhecimento; saber é conhecer. O conhecimento, po-

---

[2] É esclarecedor o estudo de Francesco Carnelutti publicado em tradução portuguesa de Luís da Câmara Pinto Coelho, *Metodologia do Direito*, Lisboa, 1940. Dele citamos a ideia geral que preside ao desenvolvimento do tema: «Para descobrir as regras do agir jurídico, a ciência não tem, naturalmente, outros meios que não sejam os sentidos e o intelecto: observar e raciocinar; por outras palavras, indução e dedução. Qual é, portanto, o *dado?* Dissemos há pouco que a *matéria jurídica* é um tecido de regras. Mas as regras são relações, não são fenómenos. As regras deduzem-se ou induzem-se, não se sentem. Para chegar a elas, é preciso intelecto, como razão ou intuição, não bastam os sentidos. As regras jurídicas, portanto, não são verdadeiramente o dado a observar, mas já um resultado da elaboração dum dado diverso. Aquilo que cai, ou melhor, pode cair sob os sentidos do jurista, são os *actos,* pelos quais se presumem as regras: actos de quem manda, de quem obedece e de quem desobedece. Pode-se tomar as regras ou normas jurídicas como objecto do nosso estudo; antes se deve, porque esta e não outra é a matéria do direito; mas deve esclarecer-se bem que se trata dum objecto inteligível, não de um objecto sensível a cujo conhecimento não podemos chegar senão através da observação e da elaboração dos actos. (...) para conhecer as regras não temos outro caminho se não o de observar os actos do direito» (págs. 27 e segs.).

[3] B. Schünemann, *Einführung in das strafrechtliche Systemdenken* (in ob. colect., *Grundlagen des modernen Strafrechtssystems*, Berlim/Nova Iorque 1984), pág. 1.

rém, pode ser contemplativo (teórico) ou prático. É esta uma distinção de dois modos de conhecimento que provém da velha filosofia grega, que Platão esboçou e Aristóteles definiu; S. Tomás de Aquino adoptou-a e adaptou-a ao pensamento cristão.

O conhecimento contemplativo é o conhecimento do ser, da realidade como ela é, e o conhecimento prático é o conhecimento do dever ser; o conhecimento contemplativo respeita à realidade da natureza física, uma realidade sujeita às leis da causalidade, enquanto o dever ser respeita aos actos voluntários do homem, que se dirigem a um fim.

A razão humana é capaz de conhecer a realidade física, isto é, verificar as leis de causalidade a que ela está sujeita, mediante a observação e a experiência empírica e, desse modo, à realidade física como ela é corresponde a verdade do próprio conhecimento; a verdade é a conformidade do juízo da razão humana com a realidade. O conhecimento do homem, quer seja um conhecimento contemplativo, quer um conhecimento prático, pressupõe que o homem é um ser racional.

Como os actos humanos são actos voluntários, pressupõem, para além do conhecimento, a liberdade. O homem é um ser racional e livre. Negada a liberdade da vontade, todos os actos humanos seriam apenas fenómenos naturais, sujeitos às leis da realidade física.

A vontade, porém, não se separa da razão, porque nela se apoia; os actos humanos são actos conscientes e livres que se dirigem à realização de um fim. O fim é diferente consoante a actividade humana é uma actividade criativa ou técnica, isto é, que consiste em fazer, em produzir uma obra; ou uma actividade que tem por fim o aperfeiçoamento do próprio homem.

Em razão da natureza do homem, este deve, racional e livremente, perfazer-se. Portanto, tem de obedecer a normas, ou regras, que consubstanciem esse dever; essas normas são as normas ditadas pela Moral ou pelo Direito, e que serão respectivamente ou normas morais ou normas jurídicas.

Os actos humanos podem ser actos interiores ou actos exteriores; os actos interiores tanto podem ser pensamentos, emoções ou sentimentos, ou intenções, pois que a razão e a vontade as podem em maior ou menor medida dominar. O acto interior é o acto de vontade que se não exterioriza.

Os actos exteriores são, como os actos interiores, actos racionais e voluntários, mas que se realizam no mundo exterior, os quais são o conteúdo próprio do conceito de «acção».

A execução da vontade racional no mundo exterior é uma obra ou efeito da vontade e, deste modo, a acção e seu resultado são «feitos» pela vontade, pelo que neste sentido a acção exterior se denomina *facto* voluntário, «feito» pelo homem racional e livre.

Tanto os actos interiores como os exteriores são actos morais ou imorais, mas só os actos exteriores, ou acções, ou factos, são, do ponto de vista jurídico, lícitos ou ilícitos.

Tem de ser assim, porque a justiça que é suporte normativo da vida comunitária indica o dever para com outrem *(justitia est ad alterum);* o seu conteúdo consta da fórmula latina que o sintetizou: *jus suum quique tribuere* (dar a cada qual o que lhe pertence, ou o seu direito).

É por isso que o Direito Penal se considera um Direito Penal do facto (*vd. infra*, n.º 16).

A justiça, como conceito jurídico, não coincide com a justiça como virtude moral, pois que equivale à expressão, corrente na literatura jurídica, de que o Direito realiza um «mínimo ético».

O valor fundamental nas sociedades é o bem comum. As leis ou o Direito não têm de regulamentar minuciosamente a vida comunitária, mas garantir a salvaguarda do bem comum. De contrário, o Estado burocratiza-se, e diminui drasticamente a autonomia individual, ou a autonomia das sociedades naturais, como a família, as freguesias, ou os concelhos.

Em matéria de Direito Penal, a legislação deve ser pouca, mas duradoura. Não há que incriminar senão os factos que perturbem o bem comum, quer por ser grave a ofensa ao bem comum, quer por ser de tal modo generalizada que ponha em perigo constante o mesmo bem comum.

Voltemos a um dos temas que se acabou de sintetizar. O conhecimento é um conhecimento contemplativo (teórico) ou um conhecimento prático.

O conhecimento prático respeita à actividade do homem, e por conseguinte aos fins que o homem se propõe atingir com a sua actividade. Esses fins são de diversa natureza consoante consistam na produção de uma obra, ou na realização de si próprio, isto é, em perfazer-se em conformidade com a sua natureza.

A actividade do homem, em qualquer das modalidades que revista, é regida por normas ou princípios que correspondem ao género em que consista: para que seja correcta e eficaz a produção de obras, a sua actividade obedece a regras ou «normas técnicas» — normas ou regras técnicas para que utilize os meios idóneos para alcançar esse fim. O conhecimento ou ciência que se ocupa da formulação de tais normas é uma ciência técnica. O mais claro exemplo duma ciência técnica é a Engenharia, quer quanto à produção industrial, quer quanto à produção agrícola.

A ciência que tem por objecto a natureza do homem e a sua actividade compreende a Moral ou Ética, e o Direito.

Na verdade, o fim a que se dirige a sua actividade tem de consistir no que é bom para o homem, no bem, assim como o fim que deve evitar é o mal; o que pode parecer bom relativamente a cada acto humano, não o é muitas vezes quanto ao aperfeiçoamento ou realização do bem do próprio homem, correspondente à essência do próprio homem.

O homem não conhece racionalmente a sua própria essência, pois que a sua essência é o modelo que preside à sua criação, e o homem não é o seu criador, é criatura.

Tanto a Moral como o Direito, porque impõem aos homens o dever de agir em conformidade com as normas, respectivamente morais e jurídicas, são chamadas ciências normativas. Mas, por pertencerem ao mesmo grupo de ciências, não significa que se confundam. A própria justiça, como fim da Moral e do Direito, tem um significado muito mais amplo em Moral, como virtude cardeal, do que em Direito.

E, depois, todos os actos humanos, actos interiores e actos exteriores, podem ser morais ou imorais, mas só os actos exteriores podem ser lícitos ou ilícitos, ou seja, justos ou injustos do ponto de vista jurídico.

É que a finalidade última do Direito é não o bem do homem, em si mesmo, mas o bem comum, o bem da sociedade em que ele convive com os outros homens.

Em consequência, se tanto os actos interiores como os exteriores são objecto da Moral, só os actos exteriores podem ser objecto do Direito. Os actos exteriores é que podem ser designados por «acção», e acção é facto (facto, no sentido de o que é feito pelo homem) e por isso, em Direito Penal, o crime é o facto voluntário punível (no Direito Civil emprega-se mais o vocábulo acto, acto jurídico, enquanto facto significa sobretudo o fenómeno natural, que pode ser causa de danos, mas não é voluntário).

O agente tem de ter conhecimento, consciência, do fim, e tem de querer cometê-lo, isto é, sempre uma acção ou facto consciente e livre terá como agente uma «pessoa» («pessoa» é um conceito cuja definição se encontra originariamente em Boécio: *rationalis naturae individua substantia* — substância individual da natureza racional).

À natureza física se contrapõe, assim, a natureza racional que só ao homem pertence, e por isso as ciências da natureza física são denominadas «ciências naturais», e as ciências que têm por objecto o homem como ser racional são ciências humanas (Direito e, no seu fim último, também a Economia) ou técnicas, que são as ciências relativas aos meios convenientes para a produção de uma obra.

2. Bosquejo histórico

a) O bem comum da sociedade a que se dirige, como ao seu fim, o Direito ou a justiça, não é imutável; a sociedade transforma-se ou evolui no tempo e é, por isso, historicamente condicionada. Mas também só se explica a organização social actual em função do passado.

O sistema jurídico actual não se compreende inteiramente sem atentar nas suas origens, nas alterações ou modificações materiais, económicas ou culturais da sociedade.

A formulação e compreensão dos diferentes sistemas do Direito penal depende sobretudo dos valores culturais, e por isso basta, para o nosso limitado propósito, um bosquejo da evolução do pensamento jurídico e do próprio Direito, desde os primórdios da Nação portuguesa[4].

---

[4] A sintética exposição que se segue baseia-se fundamentalmente no estudo sobre *O Direito Subsidiário na História do Direito Português* (Coimbra, 1975) do ilustre pro-

INTRODUÇÃO

A romanização da Península Ibérica quase coincide com a sua cristianização; a integração da Península no Império Romano é ainda anterior à era cristã, mas a cristianização inicia-se já no século I dessa era.

A invasão dos bárbaros, suevos e visigodos foi uma consequência do desmoronamento do Império Romano do Ocidente; os cidadãos romanos deixaram de assumir eles próprios a defesa do Império, e as legiões eram recrutadas entre os bárbaros. Os bárbaros que invadiram a Península já tinham sido influenciados pela cultura romana e cristã. Por isso se compreende que os concílios ou cúrias dos reis visigodos incluíssem, entre os que neles participavam, bispos. E, de toda a maneira, em matéria de Direito, as cúrias ou concílios, sob a presidência do rei, ocuparam-se particularmente do Direito Processual, cujas regras constavam do foro judicial ou *Fuero Juzgo*.

O costume é que permanece como fonte essencial do Direito. Não se terá dado uma radical transformação dos costumes.

Tanto o Direito Romano como o Direito Canónico só tomam a forma de Direito positivo codificado com a publicação do *Digesto* e do *Corpus Juris Civilis,* por Justiniano, imperador romano do Oriente, e pela publicação do *Decreto* de Graciano (século XII) e das *Decretais* de Gregório IX (século XIII). E é logo, efectivamente, no decurso do século XIII que se verifica em Portugal a recepção do Direito codificado, positivo, romano e canónico, e desde então e durante seis séculos (até ao século XVIII), o Direito justinianeu foi a fonte inspiradora da sistematização e dogmatização do Direito nacional, pois que, tal como nas *Ordenações Afonsinas,* as *Ordenações Manuelinas* e *Filipinas* seguiram rumo similar, alçando o Direito romano a fonte subsidiária fundamental do Direito nacional.

A Lei da Boa Razão, de 18 de Agosto de 1769, devida ao Marquês de Pombal, veio alterar habilidosamente as fontes do Direito subsidiário; foi essa a maneira de alterar substancialmente o próprio Direito nacional, pois, na verdade, como ainda informa Guilherme Braga da Cruz, «quando se contempla a panorâmica geral da nossa jurisprudência, nos dois séculos e meio de vigência do esquema ma-

---

fessor de História do Direito que foi Guilherme Braga da Cruz. Esse estudo cita minuciosamente exaustiva bibliografia sobre a matéria.

nuelino e filipino das fontes subsidiárias, o que domina amplamente é o uso e abuso do direito romano como *ratio scripta* e o uso e abuso da *communis opinio* — sintetizada particularmente na praxe dos altos tribunais — como critério da respectiva interpretação. Quando não se chega ao extremo de preferir o direito romano ao direito nacional, contra a letra expressa das *Ordenações,* é pelo menos opinião generalizada a de que as normas do *direito pátrio* devem ser interpretadas restritivamente, no caso de serem contrárias ao disposto nas 'leis imperiais', e que devem ser ampliadas, se lhes forem conformes...»[5].

Para substituir o relevo que tinha o Direito Romano por força da lei e a praxe acrescera, em vez de reformar directamente as *Ordenações,* ou de as acrescer, limitou-se a afeiçoar ao novo credo ideológico (o iluminismo, com base no racionalismo cartesiano) o esquema das fontes subsidiárias de Direito.

Ora, ao mandar aplicar como fonte subsidiária o Direito Romano, as *Ordenações* acrescentavam que seria assim «pela boa razão em que (as suas regras) são fundadas». A Lei da Boa Razão, subtilmente, interpreta o prescrito nas *Ordenações* como considerando realmente a «boa razão» como fonte subsidiária do Direito pátrio (boa razão que se poderia encontrar no Direito imperial). Mediante esta transformação do entendimento do texto, pôde a Lei da Boa Razão substituir o Direito Romano pela recta razão do jusnaturalismo. E ainda esclarece que «a Boa Razão consiste nos primitivos princípios, que contêm verdades essenciais, intrínsecas e inalteráveis, que a ética dos mesmos Romanos havia estabelecido, e que os Direitos Divino, e Natural formalizaram para servirem de regras Morais, e Civis entre o Cristianismo».

As leis, porém, carecem de eficácia quando não são aplicadas, ou seja, o Direito só se realiza na prática e, na época, quer os juristas, quer os tribunais não estavam mentalizados para tamanha transformação na interpretação e na aplicação do *usus modernus pandectarum.* Complemento necessário da Lei da Boa Razão foi, por isso, a reforma dos Estatutos da Universidade de Coimbra, na parte que respeita aos estudos jurídicos, e aí se indicou o critério de ordem

---

[5] G. Braga da Cruz, *ob. cit.,* págs. 276 e segs.

prática que podia dar conteúdo à boa razão; para isso, aí se diz que os juristas «indagarão o uso moderno das mesmas leis romanas entre as sobreditas nações que hoje habitam a Europa. E descobrindo que elas as observam e guardam ainda no tempo presente, terão as mesmas leis por aplicáveis» e «para se instruírem no dito Uso Moderno se aproveitarão do útil e apreciável trabalho, que para o mesmo fim se acha já feito por grande número de jurisconsultos em diferentes livros».

Desde então se inicia um novo período no estudo e compreensão do Direito, que iria necessariamente resvalar numa pluralidade de sistemas; aspecto que apresenta características próprias quanto ao Direito Penal, ao qual se circunscreverá esta anotação. E também não poderá esta anotação ultrapassar os limites de uma breve súmula, que é facilitada pela circunstância de, até 1911, só existir uma Faculdade de Direito — a Faculdade de Direito da Universidade de Coimbra; não era possível então uma multiplicidade de sistemas no mesmo ensino.

b) O Direito da sociedade civil era, até ao século XIII, um Direito Romano vulgar ainda impregnado de costumes bárbaros, que a cultura cristã esbatia ou cerceava[6]. A Península Ibérica foi, com a Itália, então o baluarte mais seguro da cultura cristã; da velha Lusitânia tiveram especial relevo Orósio, S. Martinho (natural da Hungria, bispo de Dume e, depois, de Braga), o papa João XXI, ou ainda Sto. António de Lisboa; de Sevilha, Leandro e Sto. Isidoro de Sevilha (de origem romana); da Catalunha, S. Raimundo de Penhaforte; etc.

Em toda a Península foram criadas escolas (donde o cognome que ficaria à filosofia «escolástica»), ainda anteriores aos Estudos Gerais ou Universidades. Ponto de referência comum era o ensinamento de Sto. Agostinho, bispo de Hipona, contemporâneo de Orósio, que com ele manteve contacto directo.

---

[6] Os monges beneditinos, sediados em Monte Cassino, perto de Nápoles, e dedicados ao estudo e ao ensino, foram incumbidos, pelo Papado, de levar o seu ensino para as antigas províncias do Império Romano do Ocidente, como depois deles também frades irlandeses (de que ficou notícia na toponímia de algumas localidades, vilas ou aldeias com a denominação de Santa Comba — que mais correctamente seria Santo Comba).

A nova escolástica iria surgir com S. Tomás de Aquino, precisamente no século XIII, que sistematizou a sua Teologia apoiando-se na filosofia de Aristóteles[7].

O seu predomínio na filosofia portuguesa é manifesto já no século XVI, e até à época pombalina. A condenação de que foi alvo e a proibição do seu ensino, que se lhe seguiu, não suprimiu o seu impacte na mundividência cultural em Portugal; deu, porém, lugar ao depauperamento ou mesmo extinção ocasional de estudos de Filosofia do Direito.

A partir do século XVII verificou-se uma mudança radical na abordagem da metafísica. O ponto de partida passa a situar-se na teoria do conhecimento.

O progresso científico assentara já conclusivamente que nenhuma verdade é susceptível de ser comprovada, a não ser pela observação directa dos fenómenos entre os quais se verifica uma necessária relação de causa e efeito; em toda a natureza física seria este o único processo seguro de conhecimento.

A extensão do princípio da causalidade ao próprio homem teria como resultado a negação da inteligência e da liberdade do homem. O cartesianismo, por isso, esforçou-se por demonstrar a singularidade do homem em relação à natureza física em geral. «*Je pense, donc je suis*» é a afirmação da natureza racional do homem, que lhe assegura ao mesmo tempo razão e vontade livre.

O racionalismo cartesiano deu origem, na esfera do Direito, ao iluminismo, que, por sua vez, conheceu duas versões na sua aplicação aos regimes políticos: o despotismo esclarecido (em Portugal, a época do Marquês de Pombal) e o liberalismo do século XIX, consoante se partiu da ideia de que a razão infalível seria definida pela autoridade. A distinção provém da ideia mais optimista ou mais

---

[7] Nas convulsões por que passou a Europa perderam-se as obras de Aristóteles; foi veículo da sua recuperação a Península Ibérica, onde vieram a ser conhecidas através do filósofo árabe Averrois; ainda que se mantivesse, em teologia, uma corrente augustiniana, veio a predominar decisivamente na filosofia e, ao que agora importa, em filosofia do direito, a filosofia tomista. Uma corrente platónico-augustiniana manteve-se nos estudos eclesiásticos, sob a égide do frade franciscano Duns Scott, e que se veio a designar por «escotismo». Enquanto o tomismo revela, como Aristóteles, uma feição mais intelectualista, o escotismo dá maior ênfase ao voluntarismo.

pessimista da moralidade do homem: ou o homem bom (de Rousseau) ou o homem inclinado ao mal (de Hobbes). Daí também o individualismo, a dar origem a um reforço da autoridade do Estado (Império napoleónico) ou à democracia liberal vigente na maior parte do século XIX, em Portugal.

De todo o modo, a legislação viria a ser, porque necessariamente racional, incondicionalmente válida. As codificações do Direito seriam, afinal, a formalização da recta razão. E deste modo se caiu num positivismo legal.

Também Kant, já no século XVIII, baseou toda a sua filosofia na teoria do conhecimento, que trata sucessivamente na *Crítica da Razão Pura* e na *Crítica da Razão Prática*.

Diferentemente do que sucedera no Sul e Ocidente da Europa, a filosofia aristotélica e tomista não impregnara a cultura alemã; o seu conhecimento ficara limitado ao ensino teológico das instituições católicas, nos países germânicos católicos.

Kant veio dar à Alemanha uma filosofia que se transformou, de alguma sorte, na base fundamental do pensamento alemão.

E Kant reduziu a bem pouco o significado do espírito; a consciência do homem seria uma consciência meramente psíquica, e nunca uma consciência moral. A liberdade do homem ficava limitada à possibilidade de a vontade seguir ou recusar o apelo ao cumprimento do dever.

Da filosofia de Kant decorre, assim, a dificuldade em manter a natureza do homem como pessoa, bem como a definição dos fins do próprio homem ou da sua actividade.

Não é tanto a filosofia de Kant como o seu entendimento ou evolução no pensamento jurídico que convém acentuar. É que foi com base na filosofia kantiana que se renovou a filosofia jurídica em Portugal, nos últimos tempos. A essa renovação faremos, dentro em pouco, breve alusão.

Entretanto, e já no último quartel do século XIX, surge o positivismo de Comte, e a ele acresceu, sobretudo no Direito Penal, o positivismo da escola positiva italiana (Lombroso, Garofalo, Ferri), que se opunha à escola clássica que a precedera (Carrara).

A esta bifurcação corresponderam na Alemanha a escola clássica

(Binding — teoria das normas), que defendia já um positivismo formal, e a escola moderna, correspondente à escola positiva italiana, mas que se enraizou na doutrina e ensinamento do corifeu da escola moderna: Franz von Liszt.

A superação do positivismo veio a estruturar-se numa interpretação ou alteração do rigor da gnoseologia kantiana, em razão da necessidade de tomar em consideração os fins ou «valores» (como vieram a ser designados) em todo o Direito.

Esta evolução é multifacetada e porventura é também incongruente, e é mister reduzi-la ao que importa para esclarecimento da evolução da filosofia jurídico-penal em Portugal. É que, na verdade, a filosofia jurídica em Portugal renasceu e frutificou com o exemplo de Gustav Radbruch e de Giorgio del Vecchio.

Na filosofia jurídica contemporânea, detêm lugar cimeiro Cabral de Moncada, no seu ensino na Faculdade de Direito de Coimbra, a que se seguiu, em similar directriz, o actual professor, também da Universidade de Coimbra, Castanheira Neves. A eles acresce António José Brandão[8], doutor pela Faculdade de Direito de Lisboa e que, incompreensivelmente, não chegou a ingressar como professor na Faculdade de Direito de Lisboa, e J. Baptista Machado[9], recentemente falecido e que igualmente não teve a oportunidade de ensinar, senão incidentalmente, na Universidade estadual portuguesa (desta feita em Coimbra) a filosofia jurídica, para que estava particularmente vocacionado.

É de anotar que António José Brandão colaborou com Cabral de Moncada na tradução e apreciação da obra de Giorgio del Vecchio (*Lições de Filosofia do Direito*, 4.ª ed., Coimbra, 1972, que traduziu) e que Cabral de Moncada já, muito anteriormente, tinha traduzido e prefaciado a *Filosofia do Direito* de Gustav Radbruch (Coimbra, 1934).

Em ambos estes autores se nota progressivamente a distanciação,

---

[8] A obra de António José Brandão, muito dispersa, marcou uma constante presença, até à sua morte, no estudo e difusão da filosofia jurídica. O seu primeiro livro a versar a matéria foi a sua tese de doutoramento na Faculdade de Direito de Lisboa, *O Direito (Ensaio de Ontologia Jurídica)*, 1942.

[9] Um dos primeiros escritos de índole filosófica por ele publicado foi *Sobre o Discurso Jurídico* como prefácio ao livro de Engisch, que traduziu para português, *Introdução ao Pensamento Jurídico* (cuja 1.ª ed. port. é de 1965).

INTRODUÇÃO

em qualquer das suas modalidades, do cientismo positivista, e uma aproximação gradual ao que é frequente denominar a filosofia perene.

Também no Brasil, Miguel Reale (da Faculdade de Direito da Universidade de São Paulo) seguiu e desenvolveu, na sua monumental *Filosofia do Direito* (2 vols.) e em *O Direito como Experiência*, mormente no 2.º vol. da Filosofia (sobre Ontognoseologia jurídica) a via mais moderna de superação do positivismo, dando notícia minuciosa da evolução do criticismo kantiano. O empirismo causal da escola positiva comteana encontra-se representado sobretudo por Pedro Lessa.

Em contraposição com esta orientação, a escola positiva italiana e a escola moderna alemã constituem o outro caminho para a explicação do Direito. Em Portugal é também o exemplo germânico que frutifica. Como todas as escolas, esta apresenta variantes diversas; em razão da sua vasta audiência no ensino do Direito Penal, em Portugal, é sobretudo de salientar a importância que toma para a sua compreensão a forma que ela assume no ensino de Claus Roxin, professor na Universidade de Munique e autor de vasta e importante bibliografia[10].

---

[10] *Vide* a este propósito, e concretamente acerca da divulgação da obra de Roxin em língua portuguesa, as referências de Miguel Pedrosa Machado, *Caderno de Apoio às Aulas Práticas de Direito Penal*, Lisboa, 1988, págs. 66 a 68.

§ 2.º
MÉTODO E SISTEMA

3. Introdução e síntese

O método e o sistema em Direito Penal devem ser correlativos da acção humana, que constitui o seu objecto. Seria de esperar, por isso, que o método e sistema se mostrasse diferente em conformidade com o conceito diferente que relativamente à acção humana fosse admitido.

Não foi, porém, assim que se processou a formulação do sistema geralmente adoptado. Com excepção da França, na quase totalidade dos países da Europa Ocidental foi o sistema adoptado por Von Liszt, e completado em certo aspecto por Beling, que serviu de base para as modificações que, com mais estrita ou mais ampla divergência, indicaram o ponto de partida para a multiplicação de sistemas. Esta realidade actual trouxe também, como lógica consequência, a discussão interminável sobre qual seja o sistema mais correcto.

São tantos os sistemas que a sua discussão acaba por se tornar confusa.

Na teoria geral do direito teve lugar, a partir do século XIX, uma larga adesão ao denominado positivismo jurídico. Toda a metafísica foi abandonada como estéril, porque o conhecimento humano não pode senão basear-se na observação dos fenómenos, e das relações de causa e efeito entre eles. Será esse o único conhecimento científico; para além dele não haverá ciência.

O positivismo, assim, vem a privar o Direito de uma filosofia, ou seja, de um fundamento válido. Neste ambiente cultural surgiram

INTRODUÇÃO

vários aspectos do positivismo: positivismo voluntarista, positivismo formalista, positivismo sociológico. No positivismo voluntarista o Direito confina-se ao imperativo legal, à vontade do legislador, donde deriva a escola da «exegese» na interpretação e aplicação das leis; o positivismo formalista, também denominado normativista, deu origem sobretudo à teoria pura do direito de Kelsen; o positivismo antropológico ou sociológico que, buscando a causa da criminalidade, a situa quer na conformação corpórea ou psíquica do delinquente, quer no ambiente social em que ele se localiza, suprime a autonomia do direito como critério, e torna-o uma técnica auxiliar das conclusões científicas da antropologia ou da sociologia.

Parece-nos aceitável referir tão-somente — e nas suas linhas gerais — aqueles sistemas, praticamente já todos do século xx, que maior retumbância alcançaram no exterior da Alemanha, e que já assinalámos.

É contudo, de atentar no modo particular pelo qual se gizou e desenvolveu o método e sistema em Direito Penal.

Até ao período da codificação, que foi uma iniciativa do racionalismo iluminista, não se verificara qualquer ensaio de dogmatização do Direito, quer pela sistematização duma parte geral na legislação, quer na doutrina.

As *Ordenações* distinguem, de algum modo, os vários ramos fundamentais do direito (encontrando-se no Livro V em especial a matéria do Direito e processo penal), mas não contêm qualquer parte geral sobre a teoria do crime. A definição do objecto do Direito Penal estava implícita na semelhança do Direito e da Moral e, então, da moral cristã, que poderá indicar, de certo modo, a natureza dos fins ou valores do Direito, e por isso mesmo também da definição do objecto do Direito Penal. E este seria naturalmente a actividade do homem na vida comunitária.

Para Pufendorf, para Feuerbach, como, em Portugal, para Mello Freire, o sistema baseava-se no conceito de imputação, a qual se distinguia em *imputatio facti* e *imputatio juris*.

O esquema tornava claro que o facto era obra do agente, bem como era objecto da sua vontade a violação do dever jurídico de não cometer o facto.

Tinha a fórmula então utilizada um grande mérito, enquanto ligava estreitamente o agente à sua acção, base igualmente válida para o processo penal, onde a verificação do facto era prévia, e distinta, da verificação da culpa.

Hruschka[11] reconheceu recentemente o valor da fórmula para dar à acção em que consiste o facto criminoso a sua dimensão própria, não o desligando, como veio a acontecer, do seu autor. O crime é, na sua totalidade, o facto de um homem; é um facto voluntário, e logo um facto exterior do sujeito agente, e um facto punível, e logo um facto que o agente comete desobedecendo ao dever que lhe é imposto.

A unidade do conceito é visível, quando no seu todo o crime é «imputado» ao agente.

Certo é que o sistema actual do direito penal seguiu outras vias, tendo a sua origem no sistema sugerido por Von Liszt. E para Von Liszt a acção era esvaziada no seu conteúdo e transformada em um simples fenómeno entre outros fenómenos. Seria o produto de causas estranhas ao agente, e não um conceito ontológico; desprende-se da vontade do agente como sua causa, para ser definida em função dos nexos causais que a determinam.

A culpa fica então internamente destacada da acção exterior, sem directa conexão com ela; são como que entidades independentes a ilicitude e a culpa, aquela revelando a desaprovação do direito pelo dano causado pelo facto, a culpa referindo-se exclusivamente ao agente enquanto voluntariamente desobedece ao imperativo legal de não cometer o crime.

O sistema de Von Liszt foi alterado ou completado com a junção de um importante contributo fornecido pela doutrina elaborada por Beling: a teoria da tipicidade. O elemento objectivo do facto criminoso não é qualquer facto, mas o facto típico: a tipicidade será a descrição do facto pela lei. Sucedeu, por isso, que os elementos da análise do crime passaram a ser a tipicidade (ou o facto típico), a ilicitude e a culpa.

A noção de acção era cada vez mais um conceito vazio, ou formal, sem posição válida no sistema.

---

[11] Joachim Hruschka, *Strukturen der Zurechnung,* Berlim, 1976.

INTRODUÇÃO

Welzel veio dar outro rumo ao sistema, nele revalorizando a acção. A acção ontologicamente só podia ser a acção final, e fim só lhe podia ser dado pela vontade dirigida a um fim, pelo dolo. Deste modo, o dolo, a vontade, passava a integrar o facto tipicamente ilícito, e a culpa reduzir-se-ia no seu conteúdo à decisão voluntária de desobediência ao dever imposto pela lei.

Finalmente, e procurando restituir a sua unidade ao conceito de crime, sem autonomizar os seus elementos, uma outra corrente defende que o crime é no seu todo uma acção humana, e que as distinções analíticas a fazer não podem destruir a sua unidade. O crime é uma acção humana, tipicamente ilícita e culpável. Neste sentido, e com algumas variantes, se pronunciam Arthur Kaufmann, Hellmuth Mayer e Fritjof Haft[12].

É nesta última corrente de opinião que se insere o sistema adoptado nestas lições.

O crime é sempre uma acção humana, no seu sentido ontológico, e por isso dependente da consciência e liberdade do homem, que é o sujeito da acção.

A análise do todo não pode ser a destrinça da sua unidade. Como também não pode criar-se uma separação radical entre a teoria do crime e a teoria da pena, entre a consideração em abstracto de uma dogmática jurídica e a aplicação do Direito Penal nos casos concretos. Só dessa forma se poderá, mais ou menos esforçadamente, conseguir a unidade do sistema.

4. O pensamento filosófico e o sistema

Em traços largos, indicámos o objecto do Direito e particularmente o objecto do Direito Penal; em conformidade com ele, ou tendo-o como ponto de referência, se deve seguir, na exposição da sua teoria e da sua prática ou realização, o método e sistema apropriado.

---

[12] Pode ver-se também o estudo de Rudolphi, em *Festschrift für Maurach*, «Inhalt und Funktion der Handlungsunwert im Rahmen der personalen Unrechtslehre», e Lang--Hinrichsen, «Bemerkungen zum Begriff des 'Tat' im Strafrecht», em *Festschrift für Karl Engisch*.

O Direito, porém, não é uma realidade natural, não é um ser, mas um dever ser; o dever ser respeita a fins ou valores que a natureza humana postula, mas que se não comprovam com uma certeza matemática, e só se alcançam mediante uma especulação filosófica ou metafísica.

E sempre foi assim, desde a antiga filosofia grega; em todas as épocas se têm repercutido as divergências que já se manifestavam na filosofia grega e, depois, na filosofia romana. O que pode verificar-se é, consoante as épocas, e as diferentes sociedades dispersas pelo mundo, o predomínio de um modo diverso de pensar o direito.

Ora, em Portugal, como dissemos, o pensamento jurídico foi, até ao século XVIII, tributário da filosofia aristotélico-tomista, ou seja, da filosofia aristotélica impregnada dos valores do cristianismo. Aristóteles e S. Tomás partiam do Criador, de Deus, para a Criação, mas, de tudo o que é Criação, se distingue o homem enquanto ser racional e livre e, por isso, autónomo no seu modo de ser e de proceder.

Entretanto, porém, dois acontecimentos de importância fundamental iam marcar uma nova era: por um lado, dividiu-se o mundo cristão, com o advento da Reforma protestante e, por outro lado, progrediu assombrosamente o conhecimento científico da natureza, de modo a originar uma poderosa revolução industrial. O homem tomava sob o seu poder o mundo da natureza física. É a época do humanismo.

Descartes exaltou o homem, exaltando a sua razão; partindo embora da dúvida metódica, o homem podia alcançar a certeza absoluta na formulação das regras morais e jurídicas.

Do racionalismo de Descartes decorrem, como consequência, as Declarações dos Direitos do Homem e as posteriores codificações. Os Códigos que começam a ser publicados a partir do final do século XVIII, mas que tomaram estrutura definitiva em França, seriam a expressão do direito racional, que conduziria a um sistema do direito fechado e sem lacunas. A realidade estava ausente do pensamento jurídico.

O racionalismo veio assim a confundir-se com o imperativismo, porque a razão se confunde com a vontade do legislador; e ambos se enquadram em um positivismo normativista. A escola clássica na Alemanha seguiu esse rumo com Karl Binding.

INTRODUÇÃO

Entretanto, e no século XIX, irrompeu o positivismo sociológico com Auguste Comte, de grande repercussão em Portugal. A causalidade não é então limitada ao mundo físico, pois alcança o próprio homem, ele mesmo imerso na engrenagem causal do Universo. O motor das suas acções não está no homem, mas nas causas que o movem. Em direito penal, o homem deixa de ser o sujeito das suas acções e responsável por elas, e passa a ser o objecto do direito penal. A sociologia fica integrada no sistema geral das ciências naturais, e é ela que envolve no seu condicionamento causal também o homem. O direito penal terá por fim tão-somente a defesa social.

Partindo do mesmo princípio da causalidade universal, outras orientações, quanto às causas da criminalidade, foram formuladas, situando-as mais na própria conformação do homem do que no meio ambiente (Lombroso, Garofalo), mas acabou por predominar a tese do condicionalismo sociológico, ainda que com modalidades várias. Karl Marx privilegiou como causa o capitalismo, a concentração da riqueza em alguns como consequência da revolução industrial, e opressora da classe operária; a supressão da propriedade individual e a colectivização dos bens teria, a final, como consequência a igualdade e a liberdade dos homens, do homem envolvido no todo colectivo, na massa. O homem libertar-se-ia dissolvendo-se interiormente na sociedade; não é uma «pessoa», mas elemento de um todo que o abrange e o despersonaliza. O direito é apenas o uso do poder para a instauração e garantia da massificação do homem.

Uma terceira corrente filosófica é hoje conotada com o denominado «existencialismo». Para o identificar, socorremo-nos da apreciação que dele faz, com a clareza do seu estilo, Cabral de Moncada[13]:

«O existencialismo é não tanto uma filosofia, um sistema filosófico completo e fechado, como sobretudo um certo tipo de filosofar...»[14]

O existencialismo é uma filosofia de um tempo de crise e de angústia.

«Com efeito, o existencialismo não diz, como Descartes, *cogito, ergo sum:* não deriva o *esse do cogitare*;[...] faz derivar o *esse* do *vi-*

---

[13] Cabral de Moncada, *A Caminho de Um Novo Direito Natural*, Instituto para a Alta Cultura, Lisboa, 1945.
[14] No mesmo sentido, Arthur Kaufmann, *Einführung in Rechtsphilosophie und Rechtstheorie der Gegenwart*, 1977, pág. 15.

vere e este viver, esta vida do homem, princípio do seu ser, é uma obra a que ele tem de lançar mãos constantemente, para ser homem, precisamente para existir, sob pena de se perder e de se afundar no nada ou nesse impessoalíssimo "Se", de um ser como todo esse "Todo o Mundo" que nos rodeia e nos espreita, ou num deixar-se ir e levar, que é o maior inimigo da existência autêntica do homem.»

«Seja qual for o destino do existencialismo (que é sem dúvida uma "filosofia de crise"), o que não podemos negar é que é ele, se não nas suas conclusões teóricas, pelo menos no seu *ethos* de pensamento vital, que mais fielmente nos dá, neste momento, como expressão fisionómica, o verdadeiro carácter mental e filosófico da época em que vivemos.»

E Cabral de Moncada conclui, no final da sua notável conferência: «Pois bem: analisando a 'situação histórica' do nosso tempo, explicada por outras situações históricas anteriores, e que caracterizei como sendo a de uma *exasperação*, acompanhada de uma desespiritualização e logo seguida de um desencantamento do político, de um político tornado exclusivamente função do económico, vimos que justamente em conexão com este facto se achavam, nas duas correntes do pensamento filosófico hodierno — o *Existencialismo* e a moderna *Filosofia dos valores* — os pressupostos essenciais para uma renovação eminentemente viva do Direito Natural.»

«E assim julgo poder afirmar também que nos não achamos, de novo, muito longe da orientação e das atitudes — poderia dizer: do espírito e do *ethos* — das soluções mais religiosamente radicais que a esse problema deu a *Philosophia perennis* na Idade Média»[15].

5. O sistema

Tanto o método como o sistema dependem do seu objecto. Não deixam de ser influenciados, porém, por razões de ordem histórica.

A sistematização foi consequência da codificação.

Uma primeira sistematização surge na Europa, mais com referência ao Processo Penal do que ao Direito Penal. Em processo penal é

---

[15] *Ob. cit.*, págs. 22 e 23.

que se realiza o direito penal. A importância do processo superava a importância do Direito Penal. Com Pufendorf, Feuerbach e, entre nós, Mello Freire, a sistematização assentava na noção de imputação. A imputação designava o elo de ligação do facto ao seu agente, e bifurcava-se em imputação de facto *(imputatio facti)* e imputação de direito *(imputatio juris)*.

A imputação de facto denotava a correlação do agente com o efeito exterior da sua vontade. Processualmente, correspondia ao denominado corpo de delito *(corpus delicti)*.

A imputação de direito significava o nexo do agente com a violação do dever de agir em conformidade com o direito, igualmente dependente da sua vontade. Processualmente, correspondia-lhe o *sumário da culpa*, que estaria já sempre dependente da autoridade judicial. Só verificada a materialidade do facto, tinha lugar a averiguação da culpa do agente.

A noção de imputação desapareceu da terminologia dos Códigos actualmente vigentes em Portugal (referimo-nos evidentemente aos Códigos Penal e de Processo Penal). Mas não deixa, contudo, de ser reabilitada por autores modernos como Werner Hardwig[16], Hruschka[17] e Emilio Ondei[18]. Teria e tem o mérito inconfundível de facilmente estabelecer a necessária relação do agente e da sua acção, revelando que o crime na sua totalidade é obra sua, por ele causada e dependente da sua vontade.

Em Direito Penal, porém, e em Portugal, como também em muitos países europeus, o sistema do Direito Penal veio a ser decalcado sobre o sistema inaugurado por Von Liszt, e completado com a junção do conceito de tipicidade, devida a Beling, no final do século XIX e princípios do século XX.

É da crítica que recaiu sobre o sistema de Von Liszt, largamente preponderante, que surgiram primeiro as alterações introduzidas por Mezger e posteriormente o sistema de Welzel, que é como que uma correcção do anterior.

Nestes sistemas trata-se de alterar como que o conteúdo das duas partes fundamentais em que se cinde a análise do crime, em função da ilicitude e da culpabilidade.

---

[16] *Die Zurechnung. Ein Zentralproblem des Strafrechts*, 1957.
[17] *Ob. cit.* na nota 11 desta Introdução.
[18] *Studi sulla imputazione penale*, 1963.

Por fim, uma última corrente que, como já dissemos, reafirma ou reassume um regresso à ontologia, à descoberta da essência ou natureza do direito, aproximando-se, na direcção que toma, da filosofia perene.

Nesta direcção, podem citar-se Arthur Kaufmann, Hassemer, Helmuth Mayer, Maihofer, Erik Wolf, e até o próprio Mezger[19], que indica no final do estudo que citamos o sistema correspondente.

Tudo isto não obsta a que o lastro do sistema, remodelado embora, mantenha conceitos (com alterações do seu sentido, eventualmente) originários do sistema que constituiu o ponto de partida para a sua evolução, o que, por vezes, afecta a sua clareza e dificulta a sua total compreensão.

Acresce, como já observámos, que um sistema de direito penal não pode ser um sistema fechado, formal, mas aberto ou tópico, que não consiste em formular normas abstractas, mas normas que se dirigem à realização do direito. O direito não é *id quod jussum est,* mas *id quod justum est,* e a justiça só se encorpora na própria realidade, no caso concreto.

Na teoria do crime, por isso, partiremos da noção de facto ou acção humana que, como crime, carece de ser objectivamente ilícita e culpável. Donde resulta que o crime é no seu todo um facto humano ilícito e culpável. Ao longo das lições se fundamentará, quando necessário, a razão da ordenação e dos desvios a essa ordenação, que as exigências do direito positivo, que não é em si um sistema, impuserem[20].

---

[19] Em especial em *Moderne Wege der Strafrechtsdogmatik,* 1949, págs. 50 e 51.

[20] Sobre o significado que pode ter a sistematização e axiomatização do Direito, é útil a leitura do «Prefácio» de João Baptista Machado à tradução da obra de Kelsen, *A Justiça e o Direito Natural,* Coimbra, 1963. São instrutivos quanto ao problema do método no Direito, particularmente no Direito Penal: Alessandro Baratta, *Positivismo Giuridico e Scienza del Diritto Penale,* 1966; na Áustria, Zimmerl, *Aufbau des Strafrechtssystems,* 1930 e *Strafrechtliche Arbeitsmethode «de lege ferenda»,* 1931; na Suíça, O. A. Germann, *Probleme und Methoden der Rechtsfindung,* 1965, e *Methodische Grundfragen (Problemes de Methode),* 1946; na Alemanha, Arthur Kaufmann e W. Hassemer, *Einführung in Rechtsphilosophie und Rechtstheorie der Gegenwart,* 1977, págs. 1 a 22, Claus Roxin, *Kriminalpolitik und Strafrechtssystem,* 1970; em França, Michel Villey, *Leçons d'Histoire de la Philosophie du Droit,* 1962, Maritain, *Distinguer pour unir ou les Degrés du Savoir;* em Espanha, Truyol y Serra, *Fundamentos do Direito Natural* (trad. port. — separata do *Boletim do Ministério da Justiça,* n.ᵒˢ 28, 29 e 30) e *Historia de la Filosofía del Derecho e del Estado,* 1961; ainda em castelhano, mas com edição no México, Recaséns Siches, *Experiencia jurídica, naturaleza de la cosa y lógica «razonable»,* 1971.

6. Extensão do Direito Penal

Em sentido amplo, o Direito Penal abrange o Direito Penal, o Direito Processual Penal e o Direito de Execução das Penas ou Direito Penitenciário. Estão todos eles interligados e a sua distinção é de carácter formal ou metodológico.

No passado estudava-se conjuntamente o Direito Penal e o Processo Penal, como testemunha a bibliografia jurídica com os seus livros sobre «Prática Criminal».

O Processo Penal não tem natureza meramente instrumental relativamente ao Direito Penal; o Direito Penal só se realiza através do processo. E ainda mais: os princípios fundamentais que tradicionalmente, e também por força das sucessivas Constituições Políticas, dominam ou devem dominar a positivação do Direito Penal são em grande parte relativos ao Processo Penal, e a história demonstra que a sua afirmação provém da ordenação normativa do processo, quando ainda era consuetudinária a fonte primacial do Direito Penal.

Mas a razão histórica é também uma razão actual. A visão processualista do Direito, diz Foschini[21], é uma visão realista, segundo a qual o Direito só verdadeiramente surge e se realiza como modo de ser da própria realidade. E a qualificação valorativa da realidade só tem lugar, pelo menos quanto ao Direito Penal, no processo.

As garantias para tutela dos direitos fundamentais, frente ao temível poder de punir, entrelaçam-se e completam-se, quer respeitem ao Direito Penal, quer ao Processo Penal.

Também o Direito Penitenciário se não desvincula do Direito Penal; a pena do Direito Penal é um conceito definitório e é uma realidade na sua execução. A pena, na sua execução, é o meio apropriado para redenção da culpa. O crime é sempre um facto do homem; ao homem, como ser racional e livre, se deve acomodar a execução da pena.

7. A Criminologia

O crime e o criminoso, como sequela do positivismo naturalista, criaram uma nova disciplina científica para desvendar a etiologia do

---

[21] *Sistema del Diritto Processuale Penale* I, 2.º vol., págs. 3 e segs.

comportamento criminoso e prever a dinâmica da criminalidade e do criminoso em função de leis causais.

Lombroso pesquisou as causas da criminalidade através da antropologia criminal, situando-as na anormalidade biológica; o criminoso será uma *species* do género humano.

A Sociologia Criminal acentuou o predomínio dos factores sociais na eclosão da criminalidade e ocupou-se, por isso, particularmente do crime como fenómeno social, igualmente explicado por leis causais que regulariam as estruturas sociais.

A convergência dos estudos orientados em um e outro sentido deu lugar a uma relativa simbiose que compreende a investigação tanto de causas exógenas como endógenas.

Objectivo da Criminologia seria assim a prognose da criminalidade, de importância basilar para a sua prevenção.

O naturalismo científico teve forte influência na ciência do Direito Penal através da escola positiva em Itália e da escola moderna na Alemanha, com larga repercussão por toda a parte. A função do Direito Penal seria exclusivamente preventiva da criminalidade. A tanto conduziu a mera explicação causal do comportamento humano, repudiando a personalidade do homem, como ente racional e livre.

Com a evolução da Criminologia, perdeu esta o seu rígido carácter dogmático, ou seja, a sua ligação exclusiva com o positivismo naturalista, e deixou, pelo menos quanto a muitos dos seus cultores, de pressupor necessariamente a causalidade como explicativa do comportamento humano.

A Criminologia contribui para esclarecer ou orientar a investigação de factores endógenos e exógenos da criminalidade.

O Direito, como realidade empírica, pode, na verdade, ser observado como facto social. Já assim procedera a Escola histórica de Savigny. Também a Sociologia Criminal se ocupa e se dirige à explicação do comportamento criminoso enquanto imerso e influenciado pelo meio ambiente. Mas a Criminologia não é o Direito; a observação dos factos sociais não fornece, por isso, uma regra obrigatória de conduta, como não constitui um critério de valor.

O sociologismo só pode vir ao encontro desta exigência distinguindo, de entre os factos sociais, os que sejam juridicamente válidos, como factos sociais normais, enquanto os anormais estariam reprovados pelo Direito. Normal e anormal, do ponto de vista positivo, são, porém, o equivalente de frequente e excepcional; denunciam a quantidade e não a qualidade, e é a qualidade que caracteriza o fenómeno jurídico.

O critério decisivo terá de buscar-se numa perspectiva teleológica, isto é, com base na consideração dos fins que favoreçam melhores condições de desenvolvimento e aperfeiçoamento na vida social. Mas encontrando-se nesta direcção, o sociologismo positivista extravasa já dos limites que as suas premissas teóricas lhe marcam[22].

Não pode, por isso, considerar-se que da Criminologia derive automaticamente a fixação dos critérios ou princípios orientadores da legislação e da jurisdição penais, através das conclusões assumidas pela Criminologia na forma de Política Criminal e recebidas passivamente pelo Direito.

8. Conclusões

O pendor do pensamento jurídico para restituir ao Direito a noção de fins, bens ou valores, como essencial ao seu conceito, não se traduz numa construção lógica e sistemática, e também nem sempre se funda numa filosofia justificativa.

Mas é evidente o pendor para pensar o Direito em função da sua qualidade valorativa, e esta só deixa de ser o arbítrio do Poder quando adere à própria realidade.

A busca do Direito é tarefa incessante e nunca terminada. Dois corolários destas considerações de doutrina jurídica devem, porém, ser assinalados.

Em primeiro lugar, o enquadramento da ciência jurídica nas ciências práticas, nas quais o fim toma a posição de princípio e todo o conhecimento se dirige à realização de um fim. A matéria do Direito é a actividade social do homem, menos na sua elaboração abstracta do que na sua singularidade concreta e real.

Mas não é possível conhecer senão através de uma elaboração concep-

---

[22] Importante é na doutrina portuguesa a obra de Figueiredo Dias/Costa Andrade, *Criminologia, O Homem Delinquente e a Sociedade Criminógena*, Coimbra, 1984.

tual; daí que a ciência jurídica não realize o Direito, porque só o descreve, mas descreve-o sempre com vista aos fins que lhe são próprios.

Em segundo lugar, convém ter presente que a matéria que abrange a 1.ª parte das *Lições de Direito Penal* se limita à «Teoria do Crime», que é uma construção dogmática do conceito genérico de crime. E uma conceptualização dogmática tem de revelar desde logo a sua aptidão ao serviço da praxe.

Não se isola, nem se desvincula do processo de realização do Direito; mediante a abstracção procura facilitar a compreensão.

Por fim, o Direito Penal na sua formulação positiva consta da lei, em especial do Código Penal.

Se na base de um sistema deve estar o objecto a que se dirige, esse objecto é modelado, ou transformado, segundo directivas legais, nem sempre coerentes. Daí resultam dificuldades no acatamento de qualquer sistema, que não será nunca rigorosamente lógico ou hermeticamente fechado.

Como resultado final há que tentar uma teoria do crime partindo da «unidade» do facto criminoso, como facto do homem[23].

---

[23] Além da que foi sendo referida nas notas precedentes, outra bibliografia a considerar relativamente aos assuntos versados nesta Introdução, porque aí pressuposta, é a seguinte: Alessandro Baratta, *Ricerche su «Essere» e «Dover essere» nella Esperienza normativa e nella Scienza del Diritto*, Milano — 1968; Fritz Bauer, «Das Strafrecht und das heutige Bild vom Menschen», in *Die deutsche Strafrechtsreform*, München — 1967; Helmut Coing, *Fundamentos de Filosofía del Derecho*, trad. esp., 1961; O. A. Germann, *Grundlagen der Rechtswissenschaft*, Bern — 1950; Nicolai Hartmann, *Les Principes d'une Metaphisique de la connaissance*, 2 tomos, trad. franc.; Georges Kalinowski, *Le Probleme de la verité en morale et en droit*, Lyon — 1967; Arthur Kaufmann, *Die ontologische Begründung des Rechts*, 1965; id., «Die ontologische Struktur der Handlung», in *Schuld und Strafe* (págs. 25 a 66), 1966; id., *Rechtsphilosophie im Wandel*, Frankfurt a. M. — 1972; Karl Larenz, *Methodenlehre der Rechtswissenschaft* (trads. ports., *Metodologia da Ciência do Direito*, das 3.ª e 8.ª eds. alems.); L. Cabral de Moncada, *Subsídios para uma História da Filosofia do Direito em Portugal*; id., *Um Iluminista Português do Século XVIII — Luís António Verney*; id., *Filosofia do Direito e do Estado*, 2 vols., Coimbra — 1947 e 1966; Hans-Martin Pawlowski, *Das Studium der Rechtswissenschaft*, Tübingen — 1969; Rudolf Reinhardt, coord. da ob. colect. *Einführung in die Rechtswissenschaft*, Marburg — 1949; Klaus Riesenhuber, *Die Transzendenz der Freiheit zum Guten (Der Wille in der Antropologie des Thomas von Aquin)*, München — 1971; Umberto Scarpelli, *Semantica, Morale, Diritto*, Torino — 1969; Jacques Schlanger, *Une Theorie du Savoir*, Paris — 1978; Manuel Duarte Gomes da Silva, *Esboço de uma Concepção Personalista do Direito*, Lisboa — 1965; Arthur Utz, *Ethique Sociale*, 2 tomos, ed. franc., Friburgo (Suíça) — 1960; Alfred Verdross, *Statisches und dynamisches Naturrecht*, Freiburg — 1971; Pier Luigi Zampetti, *Metafisica e Scientia del Diritto nel Kelsen*, Milano — 1956; Xavier Zubiri, *Inteligencia sentiente*, Madrid — 1980.

LIVRO I
A LEI PENAL

§ 1.º
O CÓDIGO PENAL

9. Razão de ordem

«Lei Penal» é a denominação tradicional para designar o Direito Penal.

O Direito, em geral, pode ser considerado de um ponto de vista realista ou de um ponto de vista normativo. Do ponto de vista realista, o Direito é um predicado da própria realidade jurídica. Inere aos factos, à realidade social que valora ou qualifica. É a própria actividade social dos homens enquanto justa.

Na teorização dogmática, corresponde a esta perspectiva o Direito como instituição, como ordem concreta; nesta perspectiva, culmina o processo jurídico de ordenação na vida social e é ela também que ilumina o fundamento e natureza do Direito.

De um ponto de vista normativo, o Direito é considerado como um complexo de normas jurídicas.

As duas perspectivas não se contradizem. O Direito não pode valer na vida social se não for positivado, isto é, se não passar pela elaboração de regras gerais e abstractas que facilitem a realização da justiça nos casos concretos.

As normas jurídicas como normas gerais e abstractas formam o conteúdo do Direito positivo e destinam-se a dirigir, ou regular, as acções humanas na vida social.

A ordem jurídica não se limita, na direcção da actividade humana na vida social, a impor deveres; atribui direitos, como também concede a faculdade de fazer ou não fazer. Isto é, as normas jurídicas podem formular-se como normas preceptivas ou proibitivas (dever fazer ou não fazer); como normas atributivas (ter o direito de fazer ou não fazer), e como normas permissivas (poder fazer ou não fazer). Por modos diferenciados todas elas regulam, dirigem a actividade social dos homens; todas elas são disposições normativas, e não descritivas, porque apreciam, valoram a actividade social dos homens.

Há, no entanto, disposições legais que só indirectamente exercem função normativa. São disposições que integram outras normas, as completam ou esclarecem; normas directivas (que consignam princípios jurídicos); declarativas e explicativas (definições e classificações) ou normas respeitantes à interpretação e coordenação de normas (sobre interpretação e sobre conflitos de leis, etc.). Todas estas últimas normas cabem na ordem jurídica como *disposições metanormativas,* esclarecendo o sentido ou relacionação das normas dentro da unidade da ordem jurídica.

As normas jurídicas relativas ao Direito Penal, e que constituem a legislação penal, encontram-se, quanto ao seu núcleo essencial, codificadas, isto é, constam do Código Penal, e é com base no Código Penal que se procede à exposição teórica do Direito Penal. Acresce ainda que o próprio Código Penal em vigor se ocupa precisamente, no título I do seu livro I, da «Lei Criminal».

Correspondendo ao Título I da Parte Geral do Código, a exposição da matéria segue de perto os artigos 1.º a 9.º, procurando interpretá-los de forma sucinta[1].

O preocupante empolamento da legislação penal extravagante ou especial envolve nas suas malhas, cada vez mais apertadas, o homem e a sua actividade social; essa legislação, no entanto, deve acomodar-se às directrizes básicas do Direito Penal que o Código Penal desvenda.

10. O Código Penal

Há, sem dúvida, uma evolução da legislação penal, mas também há um condicionamento histórico dessa evolução. Por isso se anota-

---

[1] Esta matéria encontra-se desenvolvida em *Direito Penal Português. Parte Geral*, I, 2.ª ed. — 1982, n.ºs 18 a 78, e em grande parte a sua exposição consta também dos programas de outras disciplinas.

rão brevemente os princípios que marcaram a história do Direito Penal português antes da codificação, para, seguidamente, nos referirmos à codificação e por conseguinte também ao novo Código Penal, de 1982.

a) Portugal surgiu como reino independente no século XII em pleno período da Reconquista.

O arianismo como cisma do catolicismo foi, durante muito tempo, como que a Igreja nacional dos bárbaros ao serviço do Império Romano; a renúncia ao arianismo culminou a sua integração na comunidade com os povos originais da Península. As leis visigodas já revelam a forte influência do Direito Romano juntamente com a preocupação de limitar o poder do Estado pela exaltação e respeito da pessoa humana, preocupação omissa em muitos outros povos bárbaros.

De notar, nesta perspectiva, que a limitação do poder do Estado pelo Direito é definida pelo Código Visigótico (livro I, Título I, Lei I), em preceito copiado das *Ethimologiae* de Santo Isidoro de Sevilha: *Rex eris si recta facias; si non facias, non eris.* Também decretou o mesmo Código a submissão dos reis às próprias leis, contrariando a omnipotência do imperador romano, constante do princípio adverso, pelo qual os imperadores estavam *a legibus solutos.*

A definição de lei, na sua essência, é também, no Código Visigótico, a definição dada por Santo Isidoro (*Ethimologiae*, livro V, cap. 21): *Erit lex honesta, justa, possibilis, secundum naturae, secundum consuetudinem patriae, loco temporique conveniens, necessaria, utilis; nullo privato commodo, sed pro communi utilitate civium scripta.* (A lei deve ser honesta, justa, possível, conforme à natureza, conforme ao costume do país, adequada ao lugar e ao tempo, necessária, útil, instituída não para fomentar um interesse privado, mas para utilidade comum dos cidadãos.) Esta definição passou também para o Direito Canónico (Decreto de Graciano) e serviu de base à definição, mais simplificada, que S. Tomás de Aquino adoptou na *Suma Teológica* (I-II^{ae} a. 3).

Santo Isidoro, que dividiu as leis em permissivas, proibitivas e penais, dava como fim às leis penais a defesa da sociedade, pela prevenção geral, através da correcção e emenda do delinquente (*Libri Sententiarum,* III, 50).

É ainda de anotar a exigência, no Código Visigótico, da intenção criminosa como requisito indispensável para a existência do crime (*Lex Visigothorum*, VIII, 3, 6). Por isso não era punível o próprio crime de homicídio, enquanto meramente culposo; esta lei vigorou no Direito Português até ao reinado de D. João I; foi este rei que fez punir o homicídio culposo, mas manteve a impunidade das ofensas corporais involuntárias (culposas). Desta doutrina manteve--se ainda no Código Penal de 1886 a faculdade de prescindir da pena nos crimes culposos de ofensas corporais (art. 369.º) e, já muito reduzida no seu alcance, no actual Código Penal de 1982 (art. 148º, n.º 2).

Com a compilação do Direito Romano levada a cabo pelo imperador bizantino Justiniano, e com a fundação de universidades pelo Papado, deu-se um renascimento e rejuvenescimento no seu estudo e na sua aplicação. Foram muitos, relativamente, os portugueses que, em Bolonha ou em Paris, frequentaram os estudos jurídicos e que, de volta a Portugal, ascenderam a altos cargos, junto do rei ou nos tribunais superiores.

O poder real preocupou-se então com a necessária compilação das leis, que se iniciou logo no reinado de D. João I e que culminou com a aprovação régia, no reinado de D. Afonso V: as *Ordenações Afonsinas*. As *Ordenações Afonsinas* mal chegaram a ser aplicadas; foram substituídas pouco depois, no reinado de D. Manuel I, pelas *Ordenações Manuelinas* que vigoraram até 1605, quando foram substituídas pelas *Ordenações Filipinas* (no reinado de Filipe II de Espanha, I de Portugal). D. João IV pretendeu ainda reformar de novo as *Ordenações*, propósito que não teve sequência; a longa guerra pela Independência esgotava todos os esforços da governação.

Entretanto, o pensamento europeu aderira ao racionalismo cartesiano, e a compilação das leis vigentes iria tomar uma orientação mais sistemática e diferenciada.

A elaboração de um Código Penal, e de um Código de Direito Público (livros II e V das *Ordenações*), ainda foi ordenada por D. Maria I, através de Decreto de 31 de Março de 1778, sendo cometida ao eminente jurisconsulto e professor Pascoal de Melo Freire, o qual deu conta dessa incumbência apresentando os respectivos projectos de um Código de Direito Público e de um Código de Direito Criminal. Não chegou a ser feita a revisão desses projectos, embora tivesse sido ainda designada uma comissão para esse fim. Pascoal de Melo Freire morreu em 1798; as vicissitudes no tempo, e pouco depois a guerra resultante das Invasões Francesas, concorreram para que se malograsse essa tentativa de reforma da legislação penal.

b) Após a revolução liberal de 1820 as Cortes Constituintes prometeram a publicação de um Código Penal, quando já tinha sido publicado o Código Penal francês, de Napoleão, em 1810, e que ainda se encontra em vigor. Não obstante o incentivo das Cortes, solicitando projectos a quem os quisesse apresentar, nem mesmo o projecto apresentado por José Manuel da Veiga, em razão de vicissitudes jurídico-políticas conhecidas, viria a receber a aprovação formal suficiente para que entrasse em vigor.

Só depois de ser reposta em vigor a Carta Constitucional, finda a guerra civil, volta a tratar-se da elaboração de um Código Civil e de um Código Penal. António Luís de Seabra (depois visconde de Seabra) veio a ser incumbido da codificação do Direito Civil; a comissão para elaboração do projecto de Código Penal era constituída por Manuel Duarte Leitão, juiz-conselheiro do Supremo Tribunal de Justiça; José de Castro Neto Leite de Vasconcelos, desembargador; e José Maria da Costa da Mata, advogado. Em 1852 foi apresentado o projecto, que veio a ser promulgado pelo Decreto de 10 de Dezembro de 1852 e foi sancionado pela lei do *bill* de 1 de Junho de 1853.

A crítica foi-lhe muito desfavorável; tão desfavorável que, pouco depois, foi nomeada comissão para o modificar; viria a assumir nela lugar de destaque Levi Maria Jordão, que a integrava como secretário e relator. Em 1861, a comissão apresentou um projecto completo de um novo Código, precedido de extenso relatório, assinado por toda a comissão, mas escrito exclusivamente por Levi Maria Jordão.

Entre as fontes doutrinárias directas do projecto deve referir-se a participação, por algum modo, de ilustres criminalistas estrangeiros, como Mittermayer, Bonneville, Karl Levitta, Ortolan, Hauss, Carrara e Ellero, que, todos eles, foram louvados e condecorados pela sua colaboração. O projecto ficou conhecido como «Código Penal de D. Pedro V», em homenagem ao monarca que muito se interessara pela nova codificação do Direito Penal.

O projecto, refundido embora em 1863-1864, não chegou a converter-se em lei. Mas o espírito que o animava e muitas disposições que continha foram aproveitados na Reforma do Código Penal de 1852, quer pela Lei de 1 de Julho de 1867, quer pela Lei de 14 de Junho de 1884, que deu nova redacção a noventa artigos da parte geral do Código e substituiu muitos artigos da parte especial.
Foi uma remodelação profunda do Código de 1852, «menos servil em relação a exemplos estrangeiros e mais conforme com a índole do povo, costumes e carácter nacional»; assim o afirmou o autor do Projecto de Lei, o então ministro da Justiça Lopo Vaz, grande admirador da obra de Levi Maria Jordão.
A Lei de 1884 autorizou o Governo a integrar as novas leis no Código de 1852, publicando um novo Código, o Código Penal de 1886.
O Código de 1886, durante a sua vigência, foi objecto de alterações que novos condicionalismos sociais ou políticos determinaram, mas verdadeiramente só importa referir as alterações posteriores a 1936. Foi pelo Decreto-Lei n.º 26 643 de 28 de Maio de 1936 (Organização Prisional) que foi dada regulamentação sistemática à execução das penas, matéria que, no Direito Penal, em sentido lato, se deve incluir; como ainda, seguindo o exemplo italiano e alemão, foi aí que se definiu os denominados delinquentes de difícil correcção.
Esta parte da Reforma Prisional veio a ser transferida para o próprio Código Penal, com algumas modificações que pretenderam retirar à prorrogação das penas aplicáveis a tais delinquentes a natureza de medidas administrativas de segurança. O respectivo projecto de lei, que foi aprovado pela Assembleia Legislativa em 1944, foi por mim redigido, em resposta a incumbência que me fora confiada por Vaz Serra, então ministro da Justiça.
Em 1954, por decisão do Ministério do Ultramar, foi abolido o cumprimento de penas de degredo nas províncias ultramarinas. Os

condenados em penas de degredo foram imediatamente transferidos para a Metrópole; mas a proibição de execução das penas de degredo no Ultramar não alterava o regime jurídico do Código Penal, que previa — por deficiência de cadeias penitenciárias — a substituição das penas de prisão maior por penas de degredo. Houve que legislar, em um prazo de poucos dias, dando nova redacção a muitos artigos do Código Penal (Dec.-Lei n.º 39 688, de 5 de Junho de 1954). Dada a urgência, tive também de proceder à elaboração daquele decreto-lei.

Finalmente, pelo Decreto-Lei n.º 184/72, de 31 de Maio, para acomodar o Código Penal à alteração da Constituição de 1933, que fora então aprovada, receberam nova redacção vinte e sete artigos do Código Penal. Tratava-se tão-somente de integrar na legislação ordinária os princípios e exigências impostos pela nova redacção da Constituição. Foi-me cometida a redacção do projecto que o Decreto-Lei n.º 184/72 reproduziu.

Todas estas alterações, embora importantes, tinham âmbito limitado, e foram impostas por um imperioso condicionalismo jurídico, ou mesmo constitucional. Assim se explica a minha intervenção acidental, pois que Beleza dos Santos fora já encarregado, em 1936, no mesmo ano em que foi publicado o decreto sobre a Organização Prisional, a si devido, de elaborar o projecto de um novo Código Penal.

Beleza dos Santos nunca chegou a apresentar qualquer projecto de Código, ou a dar notícia de trabalhos preparatórios[2]. Em 1960 solicitou Beleza dos Santos escusa do encargo que lhe fora cometido, e foi nomeado, para o mesmo fim, Eduardo Correia.

Em 1963 Eduardo Correia apresentou ao ministro da Justiça, Antunes Varela, o projecto da Parte Geral do Código Penal. A Parte Especial veio a ser apresentada posteriormente.

Foi designada uma comissão para a revisão da Parte Geral, e mais

---

[2] Após a sua morte, foram publicados alguns textos que deixara, incompletos, sobre os fins das penas, em volume da iniciativa de seu filho, J. J. Pizarro Beleza, sob o título genérico *Ensaio sobre a Introdução ao Direito Criminal* (Coimbra-1968); estes textos constituem porventura um ensaio justificativo de princípios a seguir na elaboração do Código.

tarde uma comissão para revisão da Parte Especial, esta última sediada em Coimbra. As actas das sessões foram publicadas[3] e constituem elemento valioso, embora bastante pobre se comparadas com os trabalhos preparatórios e revisão do Projecto de Código Civil, que se encontrava também em elaboração.

Na apresentação do Projecto da Parte Geral do novo Código Penal, Eduardo Correia revela os princípios que são o seu fundamento — a culpa e a pena.

Os primeiros vinte números do relatório desenvolvem a noção de culpa, e são por si elucidativos: «O projecto que elaborámos parte do reconhecimento da ideia da culpa, arranca do pensamento de que 'ser homem tem o sentido de ser responsável'. Isto corresponde à nossa tradição cultural e jurídica, como se ilumina, no pensamento cristão, pelas palavras de Pio XII, ao escrever: 'O direito penal não terá sentido se não tomar em consideração que o homem é um ser pessoal, dotado de inteligência e de vontade livre, um ser que decide, ele próprio, sobre o que faz e o que não faz'.»[4]

Esta tomada de posição, que o relatório procura justificar, é também reafirmada no estudo que publicou em homenagem a Von Liszt, em alemão, e que veio a ser impresso em português no *Boletim da Faculdade de Direito de Coimbra,* em 1970[5]. Desse texto transcrevemos apenas um trecho: «Ora, ao elaborarmos o Projecto da Reforma do Código Penal português, não deixámos de ter presentes estas ideias e as virtualidades do seu desenvolvimento. Não para negar que o direito penal vise afirmar ou defender certos bens ou interesses jurídicos. Entendemos simplesmente, que é inerente à

---

[3] V. a respectiva indicação bibliográfica, acrescida de notas explicativas, por Miguel Pedrosa Machado, *Caderno de Apoio às Aulas Práticas de Direito Penal,* Lisboa-1988, págs. 53 a 57.

[4] Eduardo Correia, *Código Penal. Projecto da Parte Geral,* sep. do *Boletim do Ministério da Justiça* (n.º 127), 1963, págs. 8-9, n.º 3 do relatório preambular; o passo aí transcrito da obra de doutrina social do Papa Pio XII é-o da ed. *Trois Discours de Sa Sainteté le Pape Pie XII aux Juristes,* cidade do Vaticano, 1955; as referências aos ensinamentos pontifícios, muito frequentes neste relatório preambular de Eduardo Correia, reportam-se não só a esses discursos de Pio XII, mas ainda à Encíclica *Mater et Magistra* de João XXIII (relatório cit., *ibid.,* pág. 63).

[5] Eduardo Correia, *A Influência de Franz v. Liszt sobre a Reforma Penal Portuguesa,* sep. do vol. XLVI (1970) do *Boletim da Faculdade de Direito da Universidade de Coimbra,* Coimbra-1971 (estudo primeiramente publicado na *Zeitschrift für die gesamte Strafrechtswissenschaft,* vol. 81, 1969, págs. 723 e segs.).

realização dessa finalidade pelo direito penal, tal como corresponde à sua própria institucionalidade, quando se queira reconhecer a dignidade e personalidade do homem, construí-lo sobre a base da sua liberdade e, portanto, de uma culpa ético-jurídica. E se esta há-de referir-se a um facto como ponto de apoio necessário do direito penal — por isso mesmo que não é moral —, nada parece impedir que, partindo dessa culpa pelo facto, o direito penal considere também a culpa pelo modo de ser do agente.»[6]

A confirmação, em 1970, dos princípios que desenvolvera na apresentação do Projecto em 1963 (Parte Geral), e já depois de elaborado e discutido o projecto da Parte Especial, levam a concluir que é o princípio da culpa, no seu sentido tradicional no direito português, que deve orientar tanto a interpretação como a aplicação do novo Código Penal.

Era esse também o entendimento que compartilhava Figueiredo Dias, embora com uma adesão dubitativa[7]; mas modificou o seu pensamento sobre a ideia de culpa, considerando que ela, no sentido tradicional, se encontrava em flagrante declínio e que do que se trata agora «é da necessária superação de uma liberdade indeterminista com vista a alcançar uma liberdade pessoal»[8] e que «o lugar da liberdade concreta e pessoal do homem reside na mais originária e radical das realidades: o *existir humano*»[9]. Figueiredo Dias termina a conferência, a que assim nos referimos, com algumas palavras judiciosas, formulando o desejo de que a sua opinião pudesse ser tomada «como um contributo para um diálogo doutrinal» e reconhecendo que, quanto à doutrina que defende a respeito do conceito de liberdade, «se trata de um ponto de vista particular — no qual Tie-

---

[6] Est. cit., págs. 28-29 da separata (págs. 24-25 do cit. vol. do *Boletim*).
[7] Jorge de Figueiredo Dias, *A Reforma do Direito Penal Português. Princípios e Orientações Fundamentais*, sep. do vol. XLVIII (1972) do *Bol. Fac. Dir. de Coimbra* (primeiro publicado pela Real Academia de Jurisprudencia y Legislación, *La reforma del derecho penal portugues: principios y orientaciones fundamentales*, Madrid — 1971); v., para o ponto agora focado em texto, págs. 14 e segs. da separata (págs. 116 e segs. do cit. vol. do *Boletim*).
[8] Figueiredo Dias, *Culpa e Personalidade. Para Uma Reconstrução Ético-Jurídica do Conceito de Culpa em Direito Penal* (versão, desenvolvida, de conferência proferida na Alemanha em 1981 e que, em tradução de Peter Hünerfeld, surgiu na *Zeitschrift für die gesamte Strafrechtswissenschaft*, vol. 95, 1983, págs. 220 e segs.), estudo publicado em 1983 como posfácio da 2.ª edição do seu livro *Liberdade, Culpa, Direito Penal;* v. pág. 256 desta edição.
[9] *Ibidem*, pág. 258.

demann julgou, com razão, poder divisar a influência da filosofia da existência alemã —, que não pode ter a pretensão de colher uma aceitação generalizada»[10].

Apreciando o novo Código Penal, escrevi no Prefácio destas lições, em edições anteriores, que «o novo Código Penal segue muito de perto os trabalhos de revisão do Código Penal alemão: o primeiro projecto segue o projecto alemão de 1962. Vicissitudes na reforma do Código alemão, que quanto à parte geral foi concluída e transformada em lei em 1975, ainda influenciaram possivelmente também alterações ao projecto primitivo do Código Penal português. Quer no sistema, quer na redacção dos artigos, o Código Penal português constitui em grande parte uma versão do Código alemão. Daí resulta que não é fácil o confronto, quanto à matéria, entre a legislação portuguesa anterior e a nova legislação. Tal dificuldade é acrescida pelo excesso na utilização de vocabulário mais de índole germânica que latina».

---

[10] *Ibid.*, pág. 277. Não me era possível tomar em conta a influência que a doutrina de Figueiredo Dias teria em algumas alterações ao projecto de Código Penal, posteriores a 1977, e que se não encontram documentadas oficialmente.

§ 2.º
A NORMA PENAL

11. As normas jurídicas e a sua validade

Pode separar-se o problema da existência do problema da validade das normas; como importa também distinguir os graus sucessivos da determinação dessa validade.

Usualmente distingue-se o problema da existência ou validade formal das normas, do problema da sua eficácia (validade extrínseca), e da sua justiça (validade intrínseca).

E assim, a validade formal respeita à existência da norma; ela depende da elaboração das normas em conformidade com os preceitos constitucionais. A existência da norma pode constituir uma presunção da sua validade extrínseca ou intrínseca, mas não são de confundir existência e validade.

A eficácia da norma (validade extrínseca) é como que a sua positivação empírica; o direito precisa de existir como facto.

A obediência às normas jurídicas é a regra geral, mediante a aceitação, voluntária ou involuntária, consciente ou inconsciente da comunidade social e por outro lado os órgãos do Estado velam pela efectiva incorporação na vida social do direito formalmente promulgado.

A ineficácia da lei não deriva da sua inaplicação acidental embora prolongada; só se pode considerar privada de eficácia ou validade extrínseca quando, pelo seu olvido ou repulsa constante na prática judicial e na prática dos cidadãos, e também dos órgãos do Estado encarregados da sua directa execução se manifesta a impossibilidade de um início ou reinício da sua vigência efectiva.

Quando a legislação é quantiosa, confusa e desajustada da realidade que se destina a regular, acontece que, na sucessão de ensaios legislativos, se perca toda a eficácia das normas jurídicas, das quais o jornal oficial conserva apenas a publicação como um epitáfio; são então as normas ineficazes, mortas.

A validade intrínseca ou material das normas deriva do seu fundamento, do seu conteúdo de justiça, do qual deriva a sua obrigatoriedade, o dever jurídico — que é também dever moral — do seu cumprimento[11].

12. Estrutura da norma penal

Encontram-se na legislação penal, como em toda a ordem jurídica, normas jurídicas preceptivas e proibitivas, bem como atributivas e permissivas.

Mas importa, em especial, referir a estrutura das chamadas normas incriminadoras, que são aquelas que definem, nos seus elementos essenciais, os crimes: são elas normas preceptivas ou proibitivas, consoante prevêem crimes de omissão ou crimes de comissão.

Na sua estrutura as normas incriminadoras em sentido lato compreendem dois preceitos: o preceito primário, que define o crime, e o preceito secundário ou sanção, que comina a pena.

É esta a estrutura das normas penais fundamentais.

Contudo, pode essa estrutura apresentar-se de algum modo imperfeita sem que tal imperfeição afecte a existência dos dois preceitos que a compõem.

a) Há preceitos legais que contêm mais de uma incriminação de forma que no mesmo artigo da lei se compreende uma pluralidade de incriminações: *normas conjuntas ou cumulativas.*

b) A cumulação de incriminações na mesma disposição legal pode ser aparente se nela se descrevem modalidades de execução do mes-

---

[11] V. *Direito Penal Português* cit., I, n.º 23. O Autor que mais longe levou o estudo da teorização formal da norma penal foi Karl Binding, no primeiro volume da sua monumental obra *Die Normen und ihre Übertretung* (vol. I, 4.ª ed., Leipzig — 1922); sòbre essa obra, procedendo à sua revisão crítica, mas dando conta da sua repercussão, é fundamental o livro de Armin Kaufmann, *Lebendiges und Totes in Bindings Normentheorie (Normlogik und moderne Strafrechtsdogmatik),* Göttingen-1954.

mo crime; como também em diversas disposições legais podem ser previstas modalidades de realização prática do mesmo crime. As normas em que se prevêem modalidades de execução do mesmo crime denominam-se *normas alternativas*.

c) Algumas disposições legais podem ser privadas de preceito secundário, sendo este determinado indirectamente por referência a outros preceitos penais ou indicado conjuntamente para várias infracções, como sucede muitas vezes com contravenções previstas em regulamentos.

d) Casos há, ainda, em que falta inicialmente o preceito primário; comina-se a sanção para uma infracção, cujos elementos constitutivos só parcial, e não totalmente, estão definidos no preceito primário.

Denominam-se tais disposições legais *normas penais em branco*.

Tal sucede quando o elemento ou elementos constitutivos faltosos na descrição de normas incriminadoras dependem de actos ulteriores de autoridades administrativas ou de qualquer outro condicionalismo ainda não estatuído.

As normas penais em branco só terão validade quando estejam completas, e com a necessária publicação no jornal oficial, da definição dos elementos faltosos.

§ 3.º
A FUNÇÃO DE GARANTIA DO DIREITO PENAL

13. **O princípio da legalidade: «nullum crimen sine lege, nulla poena sine lege»**

A função do princípio da legalidade é uma função de garantia, pela limitação do poder de punir do Estado e para tutela dos direitos fundamentais do homem.

Surgiu com mais clareza na reacção do liberalismo ao Estado absoluto. Não era, porém, estranho ao antigo direito português como expressão perene de uma exigência do Direito; aflora na lei de 4 de Dezembro de 1706, no alvará régio de 28 de Julho de 1751, e constava dos assentos da Casa da Suplicação de 4 de Maio de 1754, 8 de Agosto de 1758 e 25 de Novembro de 1769.

Foi incluído em todas as Constituições que em Portugal vigoraram. Na Carta Constitucional de 1826 encontra-se no art. 145.º, §§ 1.º, 2.º e 10.º, de onde transitou para a Constituição de 1911, e para a Constituição de 1933. Na Constituição de 1976, o art.º 29.º n.º 1, é praticamente a repetição das disposições das Constituições anteriores e reza assim: «Ninguém pode ser sentenciado criminalmente senão em virtude de lei anterior que declare punível o acto ou omissão nem sofrer medida de segurança cujos pressupostos não estejam fixados em lei anterior.»

O princípio pretendeu inicialmente suprimir o arbítrio judicial na incriminação e na aplicação das penas, reservando exclusivamente para a lei a função de incriminar e cominar penas. Constituía deste modo limite da função do juiz subordinando-o explicitamente às determinações legais. Foi incluído na Declaração dos Direitos do

Homem dos Estados Unidos da América do Norte no século XVIII e depois na Declaração dos Direitos do Homem e do Cidadão em 1789, em França.

Feuerbach deu-lhe a fórmula latina que se vulgarizou: «Nullum crimen sine lege; nulla poena sine lege.»

Lei é, para os efeitos da incriminação e cominação de penas, tão--só a lei em sentido formal, pois que é matéria reservada (reserva relativa) à competência da Assembleia da República [Constituição, art. 168.°, n.° 1, al. c)].

A explanação do princípio da legalidade, de modo a mais seguramente indicar o seu conteúdo mediante a referência às várias matérias a que ele se estende, é enunciada com brevidade nas fórmulas latinas que se seguem.

E, assim, quanto à proibição de incriminação a não ser pela lei, abrange ela no seu conteúdo:

a) nullum crimen sine lege praevia

Em toda a sua extensão, o princípio de que só a lei pode incriminar contém a proibição da própria incriminação pela lei quando esta for retroactiva.

Consta do próprio art. 29.° da Constituição que exige «lei anterior» nos seus n.ᵒˢ 1, 3 e 4.

O Código Penal reproduz e regulamenta o princípio constitucional nos arts. 1.° e 2.°, que serão interpretados a propósito da aplicação da lei penal no tempo.

b) nullum crimen sine lege certa

A norma legal incriminadora tem de ser «certa», isto é, tem de determinar com suficiente precisão o facto criminoso. A acção ou omissão em que o facto consiste não pode ser inferido da lei; tem de ser definido pela lei. Não é norma incriminadora constitucionalmente válida aquela cujo teor se apaga numa cláusula geral que remeta o seu preenchimento para o arbítrio do julgador. A lei penal incerta é por si inconstitucional, isto é, o princípio impõe-se ao legislador como ao juiz, que a não deve aplicar.

A doutrina acrescentou aos corolários indicados do princípio *nullum crimen sine lege certa* estoutro — *nullum crimen sine lege stric-*

ta pelo qual pretende significar a proibição da aplicação analógica de leis penais, e que será comentado a propósito da interpretação e integração da lei penal, por isso que não pode actualmente considerar-se, de forma tão rígida, o princípio da legalidade.

c) *nulla poena sine lege*

O princípio da legalidade estende-se ao preceito secundário da norma penal, à cominação de penas ou medidas de segurança. Encontra-se no mesmo n.º 1 do art. 29.º da Constituição: «ninguém pode ser sentenciado criminalmente senão em virtude da lei anterior que declare punível...», e no n.º 3 do mesmo artigo: «não podem ser aplicadas penas ou medidas de segurança que não estejam expressamente cominadas em lei anterior».

A pena tem de ser cominada pela lei.

14. O princípio da culpabilidade: «nulla poena sine culpa»

Princípio fundamental do Direito Penal é igualmente o princípio da culpabilidade.

É inequívoca a afirmação do relatório preambular do Código Penal do princípio da culpabilidade[12], mas isso não obsta a que, relativamente à tradição cultural e legislativa portuguesa, se verifique no novo Código a possibilidade de um entendimento formal do princípio da culpa e, sobretudo, um enfraquecimento ou desnaturação do princípio no que respeita à correspondência da culpa à pena, que à

---

[12] É o Código Penal, na sua publicação oficial, precedido de um Relatório, subdividido em três secções, sucessivamente epigrafadas de *Introdução* (n.º 1), *Parte geral* (n.ºs 2 a 17) e *Parte especial* (n.º 18 a 36); é do pórtico do seu n.º 2 que reproduzo o seguinte trecho, como confirmação clara do que afirmo em texto: «Um dos princípios basilares do diploma reside na compreensão de que toda a pena tem de ter como suporte axiológico-normativo uma culpa concreta. O princípio *nulla poena sine culpa,* combatido ultimamente em certos quadrantes do pensamento jurídico-penal, embora mais, ou quase exclusivamente, contra a vertente que considera a culpa como fundamento da pena, ganhou o voto unânime de todas as forças políticas representadas no parlamento alemão, quando se procedeu à apreciação dos grandes princípios orientadores da reforma daquele sistema penal. [...] E mais. Podemos dizer, sem querer entrar em pormenores, que ele corresponde, independentemente da perspectiva em que se coloque o investigador, a uma larga e profunda tradição cultural portuguesa e europeia.» V. tb. *supra*, notas 4 a 6, a referência à posição teoricamente defendida por Eduardo Correia, na preparação do novo Código Penal.

essência do princípio concerne, e que, em razão da colagem do Código português à reforma do Código alemão, sofre desvios graves. Mais ainda, aceita-se em medida criticável um largo campo de responsabilidade objectiva.

É um princípio orientador que desfalece em vários aspectos do novo Código.

15. O princípio da Jurisdição: «nulla poena sine judicio»

Os tribunais são os órgãos de soberania com competência para administrar a justiça em nome do povo (Constituição, art. 205.º). Só os juízes competentes podem fazer justiça, e «sentenciar criminalmente» (Constituição, art. 29.º); e a justiça penal tem sempre lugar em processo criminal (o art. 32.º da Constituição indica os princípios gerais a que deve subordinar-se o processo, para garantia da justiça).

É este um princípio do maior relevo para o Direito Penal, mas que naturalmente cabe explicitar no Direito Processual Penal[13].

16. Concepção subjectiva do crime e responsabilidade objectiva como desvios aos princípios fundamentais de Direito Penal

Em conformidade com o princípio da legalidade, o crime é um «facto».

Facto é «feito» pelo homem, e supõe um acontecimento externo e concreto.

O que muitos denominam «direito penal do facto» impede o alargamento da incriminação ao pensamento e vontade não exteriorizada.

---

[13] V. o meu *Curso de Processo Penal*, ed. de 1986, vol. 1.º, pág. 17, e, por todos, Heinrich Henkel, *Strafverfahrensrecht. Ein Lehrbuch*, 2.ª ed., 1968, págs. 15 a 19, e Karl Peters, *Strafprozeß. Ein Lehrbuch*, 4.ª ed., 1985, págs. 7 a 13; outras indicações em Figueiredo Dias, *Direito Processual Penal*, 1.º vol., 1974 (reimp. 1981), págs. 23 a 36, e em Miguel Pedrosa Machado, *Caderno de Apoio* cit., págs. 14 e segs., e *O Princípio «in dubio pro reo» e o Novo Código de Processo Penal*, sep. da *Revista da Ordem dos Advogados*, 1989, pág. 5, nota 1.

Mais ainda, o facto ou acção exterior deve lesar ou pôr em perigo um bem jurídico penalmente tutelado.

Neste sentido, não é admissível considerar a essência do crime em aspectos exclusivamente subjectivos, qualificando como acidental o seu aspecto objectivo. São desvios aos princípios fundamentais tanto o denominado «direito penal da vontade», como a responsabilidade sem culpa.

No Código Penal estes dois problemas clássicos não são inteiramente clarificados, de modo que por duas vezes, e no momento próprio, se tentará o seu esclarecimento: por um lado, quanto à extensão da responsabilidade para além da culpa (responsabilidade objectiva), em que se dá valor autónomo ao elemento objectivo do crime, sem correspondência com a culpa, e, por outro lado, nos casos em que se antecipa a incriminação, atribuindo eventualmente responsabilidade penal, ou se reduz a estrutura do crime ao aspecto subjectivo, como poderá acontecer considerando a existência de crimes sem que se verifique a lesão ou perigo de lesão de bens jurídicos, através de uma acção exterior.

Em sentido oposto, estas duas divergências do conceito de crime podem surgir na interpretação do actual Código, diferentemente do que sucedia no anterior, e serão por isso oportunamente ponderadas.

17. O Direito Penal e o Estado de Direito

Estado de Direito é um conceito formulado já no século XIX pela doutrina alemã, mas que corresponde a uma exigência da organização política e social a que não era alheia a antiga tradição. Na sua essência, designa a subordinação ao direito, à justiça, «tanto dos indivíduos, como do Estado».

Mas pode distinguir-se uma sensível alteração na sua definição, correspondendo à passagem do Estado individualista liberal, que pode designar-se Estado legal, para o Estado social[14].

---

[14] Esta matéria tem maior relevância no estudo do processo penal, e para ele a remeto, sendo certo, como já disse (*supra*, n.º 6), que direito penal e processo penal cabem na noção genérica, mais vasta, de direito penal. Indico, contudo, da copiosa literatura a respeito do Estado de Direito, a obra muito significativa acerca da evolução do conceito de Estado de Direito, de René Marcic, *Vom Gesetzesstaat zum Richterstaat (Recht als Maß*

A LEI PENAL

O Estado legal foi um produto do racionalismo idealista. O direito, como a justiça que é seu objecto, eram matéria cognoscível pela boa razão. As tarefas do Estado eram limitadas e tinham em vista fundamentalmente assegurar a liberdade de todos e de cada um.

Não era negada a natureza ontológica do Direito, mas esta foi negada com o predomínio que alcançou no pensamento jurídico o positivismo em qualquer das suas modalidades. O Estado de Direito passou a ser o Estado legal.

As crises políticas, económicas e sociais impuseram ao Estado um cada vez maior intervencionismo na vida social, para correcção dos males resultantes duma liberdade inútil quando separada do seu fim. O Estado tomou sobre si o encargo de garantir, ao lado da liberdade, a segurança e bem-estar social.

Esta modificação das tarefas do Estado impôs uma avalancha legislativa; o Estado, quer através do Poder Legislativo, quer do Poder Executivo, passou a ser um legislador incansável. A multiplicação legislativa abastardou a legislação e obscureceu o seu entendimento.

A supremacia do Direito sobre o Estado só pode ser imposta pela jurisdição independente, douta e prudente.

A lei já não é, de modo algum, um limite para o Estado, mas um instrumento de governação. Só a jurisdição pode modelar a lei em função da justiça, o direito positivo em função do direito natural.

Jurisdição é, na sua etimologia, um vocábulo esclarecedor; é a substantivação de *jus dicere* (dizer o direito), assim como juiz (*judex*) é aquele que «diz» o direito, e como juízo (*judicium*) é o acto do juiz, enquanto juiz, isto é, enquanto diz o direito.

A Constituição vigente não encimou a organização do Estado pela declaração da sua subordinação à Moral e ao Direito[15]; e tão-

---

der Macht/Gedanken über den demokratischen Rechts— und Sozialstaat), Wien-1957, as valiosas referências de António José Brandão, *Sobre o Conceito de Constituição Política*, Lisboa-1944, págs. 56 a 61, e de Eberhard Grabitz, *Freiheit und Verfassungsrecht (Kritische Untersuchungen zur Dogmatik und Theorie der Freiheitsrechte)*, Tübingen-1976, págs. 192 a 207, e ainda, em síntese, a conferência de Richard Lange, *Der Rechtsstaat als Zentralbegriff der neuesten Strafrechtsentwicklung*, Tübingen-1952 (em separata de *Berliner Kundgebung 1952 des deutschen Juristentages*).

[15] Esta declaração constava ainda da Constituição de 1933; lia-se, com efeito, no corpo do seu art. 4.º: «A Nação Portuguesa constitui um Estado independente, cuja soberania, una e indivisível, só reconhece como limites a moral e o direito.»

-pouco no seu texto faz referência directa (isto é, sem adjectivação) ao Estado de Direito.

No entanto, o art. 205.º define os tribunais como «os órgãos de soberania com competência para administrar a justiça em nome do povo».

Dizer o direito é administrar justiça, pois que o direito é o objecto da justiça, e nessa função os juízes são soberanos em nome do povo. O art. 205.º da Constituição corresponde a disposições similares que se encontram noutras Constituições modernas.

O mesmo texto fundamental também considera entre os princípios gerais que as decisões dos tribunais são obrigatórias para todas as entidades públicas e privadas e prevalecem sobre as de quaisquer outras autoridades (art. 208.º, n.º 2), preceitos estes que devem entender-se como emanação da soberania do Direito sobre o Estado, como sobre as entidades privadas.

Por isso e para isso são os tribunais independentes; independente de qualquer outro poder do Estado, o Poder Judicial que, ele só, deve garantir a total subordinação de todos — Estado e cidadãos — à justiça e ao direito.

É, porém, claudicante a forma regulamentar como a Constituição organiza os tribunais, a selecção e carreira dos magistrados judiciais, como também atenta contra o Estado de Direito o uso e abuso legal de privilégios da função legislativa e administrativa do Estado, e a nebulosa redução do condicionalismo processual necessário à correcta administração da justiça.

A jurisdição é o ponto de encontro da justiça e do direito positivo, no qual se situa a única real garantia do Estado de Direito.

Os dois primeiros princípios por Feuerbach proclamados *(nullum crimen sine lege; nulla poena sine lege)* estruturavam sobretudo o Estado legal, no qual a lei funcionava como garantia da liberdade individual, mas fora já esclarecido por Feuerbach que essa garantia implicava necessariamente a própria limitação do legislador, que não poderia criar leis de excepção ou privilégios em relação à lei.

Porque estes desvios têm proliferado na actualidade, vêm sendo criadas outras autoridades — Provedores ou Altas-Autoridades — como compensação ou tentativa de compensação da insuficiência da garantia jurisdicional da soberania do Direito sobre o Estado, enquanto se mantêm ou intensificam os privilégios da administração no contencioso administrativo[16].

---

[16] Sobre Feuerbach e a referência que lhe é feita no texto, v. principalmente Gustav Radbruch, em *Eine Feuerbach-Gedenkrede*, n.º 172 dos cadernos *Recht und Staat*, Tübingen-1952, e em *Paul Johann Anselm Feuerbach, ein Juristenleben*, 2.ª ed., Göttingen--1957 (trata-se, em ambos os casos, de edições póstumas, a primeira a cargo de Eberhard Schmidt e a segunda de Erik Wolf).

Sobre a última questão focada, e entre a inúmera bibliografia que a seu pretexto se poderia reunir, v. Eberhard Schmidt, *Justiz und Staat*, na sua colectânea de estudos *Justitia Fundamentum Regnorum*, Heidelberg-1947, págs. 31 e segs., O. A. Germann, *Probleme und Methoden der Rechtsfindung*, Bern-1965, Robert Charvin, *Justice et Politique (Évolution de leurs rapports)*, Paris-1968, J. Castán Tobeñas, *Los Derechos del Hombre*, 2.ª ed., Madrid-1976, E. García de Enterría, *La Constitución como Norma y el Tribunal Constitucional*, Madrid-1981, e *La lucha contra las inmunidades del poder*, 3.ª ed., Madrid-1983, Allan R. Brewer Carias, *Estado de derecho y control judicial*, e Otto Bachof, *Normas Constitucionais Inconstitucionais?*, tradução portuguesa e nota prévia de J. M. Cardoso da Costa, Coimbra-1977.

§ 4.º

INTERPRETAÇÃO E INTEGRAÇÃO DA LEI PENAL

18. Interpretação da lei penal

A interpretação da lei consiste em determinar o conteúdo e espírito da lei.

Normas sobre a interpretação da lei constam do art. 9.º do Código Civil. São elas válidas para a ordem jurídica em geral.

Mas importa anotar as particularidades que a interpretação da lei apresenta em direito penal e que essencialmente decorrem do princípio da legalidade.

Há que considerá-las, quer quanto aos sujeitos da interpretação, quer quanto aos meios de interpretação, quer quanto aos resultados da interpretação.

Quanto aos sujeitos, a interpretação pode ser legislativa, judicial ou doutrinária, consoante provém do próprio legislador em lei interpretativa, da jurisdição ou da doutrina.

A interpretação legislativa é interpretação autêntica; a lei interpretativa integra-se na lei interpretada. Vigora *ex tunc,* mesmo quando ulterior ao facto ou situação a que se aplica; é o que dispõe o art. 13.º do Código Civil.

Em direito penal, porém, há que fazer restrições à aplicação do art. 13.º do Código Civil, pois, segundo o art. 29.º da Constituição (n.º 4), e arts. 1.º e 2.º do Código Penal, entre as várias leis que se sucedem no tempo será sempre aplicável a lei mais favorável ao arguido.

As leis interpretativas posteriores não se integram nas normas interpretandas se não forem mais favoráveis ao arguido.

Quanto aos meios de interpretação, pode ela ser gramatical ou lógica, e interpretação teleológica. Domina afinal, em todo o caso, o espírito da lei.

Em direito penal a interpretação quanto aos meios tem limites em razão dos resultados a que conduz.

Quanto aos resultados a interpretação pode em geral ser declarativa, extensiva ou restritiva. A interpretação é declarativa quando se chega à conclusão de que o legislador disse o que efectivamente queria dizer. A interpretação é extensiva quando se conclui que o texto da lei deve ser alargado, ir além da sua letra para corresponder ao seu espírito. A interpretação é restritiva quando se conclui que o legislador disse mais do que queria dizer, isto é, de que as palavras da lei vão além do seu espírito.

Tendo em conta o princípio da legalidade, e no sentido de evitar um alargamento da lei penal que com ele se mostra duvidosamente compatível, o art. 18.º do Código Penal de 1886 estabelecia que «não é admissível analogia ou indução por paridade ou maioria de razão para qualificar qualquer facto como crime, sendo sempre necessário que se verifiquem os elementos essencialmente constitutivos do facto criminoso que a lei expressamente declarar».

O artigo do Código revogado referia-se às normas incriminadoras, ou melhor, ao preceito primário das normas incriminadoras, proibindo, quanto a elas, quer a analogia quer a interpretação extensiva.

Não se referia, porém, a normas nas quais se prevêem elementos ou circunstâncias acidentais do crime, ou circunstâncias dirimentes da responsabilidade penal.

Quanto às circunstâncias acidentais do crime, vigorava no Código Penal de 1886 a proibição da analogia relativamente às normas que previssem circunstâncias agravantes da responsabilidade penal; segundo o art. 34.º do Código revogado eram «unicamente» circunstâncias agravantes as que viessem enumeradas na lei.

Já quanto às circunstâncias atenuantes, o n.º 33 do art. 39.º do mesmo Código dispunha que seriam circunstâncias atenuantes quaisquer outras circunstâncias além das enumeradas na lei, que precedam, acompanhem ou sigam o crime se enfraquecerem a culpabilidade do agente ou diminuírem por qualquer modo a gravidade do facto criminoso ou dos seus resultados.

Estas disposições não têm paralelo no novo Código Penal e por isso não é proibida a interpretação extensiva das normas incriminadoras. Quanto às circunstâncias, quer atenuantes quer agravantes, o novo Código Penal equipara-as neste particular, podendo ser tomadas em consideração tanto as circunstâncias atenuantes como agravantes expressamente indicadas na lei como também quaisquer outras que «deponham a favor do agente ou contra ele» (art. 72.º).

Suprimiram-se deste modo as restrições à aplicação do regime do Código Civil que o anterior Código Penal, por mais rigoroso respeito do princípio da legalidade, estabelecia.

19. Integração da lei penal

Manteve-se, porém, quanto às normas incriminadoras a proibição da aplicação analógica. As normas incriminadoras que enumeram exaustivamente os crimes ou que estatuem sobre a responsabilidade penal são insusceptíveis de aplicação analógica. Essa é uma consequência iniludível do princípio da legalidade.

Somente não se verifica uma delimitação formal rigorosa dos crimes, em todos os casos, optando-se frequentemente pela substituição da descrição dos elementos essenciais do facto criminoso, por cláusulas gerais ou conceitos valorativos, que tornam fluida a sua definição e podem consentir uma extensão da lei que facilita o ingresso da analogia no processo interpretativo[17].

---

[17] V. de novo o meu *Direito Penal Português*, I, desta feita os n.ºs 44 a 48; e Beleza dos Santos, «Interpretação e Integração das Lacunas da Lei em Direito e Processo Penal», no *Bol. Fac. Dir. Univ. Coimbra*, vol. XI (1929), págs. 102 e segs., e Eduardo Correia (com a colab. de Figueiredo Dias), *Direito Criminal*, vol. I, Coimbra-1963 (reimp. 1971), págs. 133 e segs.; fora das nossas fronteiras, e por paradigmáticas ou especialmente aprofundadas, cf. as exposições de V. Manzini, *Trattato di Diritto Penale Italiano*, 4.ª ed. (actualizada por P. Nuvolone e G. D. Pisapia) vol. I, Torino-1961, págs. 283 e segs., J. del Rosal, *Tratado de Derecho Penal Español (Parte General)*, vol. I, Madrid-1969, págs. 273 e segs., Roger Merle/André Vitu, *Traité de Droit Criminel*, Tomo I, 5.ª ed., Paris-1984, págs. 244 e segs., e R. Maurach/H. Zipf, *Strafrecht. Allgemeiner Teil*, 1, 7.ª ed., Heidelberg-1987, págs. 109 e segs.

§ 5.º
APLICABILIDADE DA LEI PENAL

20. Introito

Todas as leis têm a sua aplicabilidade limitada no tempo, entre o início e termo da sua vigência. Uma lei que sucede a outra começa a vigorar no momento em que a anterior cessa a sua vigência, donde surge o problema da lei aplicável ao caso concreto dentro das leis que se sucedem no tempo.

Todas as leis têm também a sua aplicabilidade limitada no espaço sendo necessário delimitar o campo da aplicabilidade das leis nacionais na eventual colisão com leis estrangeiras.

Pode também haver limitação da aplicabilidade das leis, ou melhor da jurisdição nacional em razão de imunidades, outorgadas com maior ou menor alcance ao chefe do Estado, ao Governo, a deputados, ou concedidas pelo direito internacional a representações diplomáticas ou ao pessoal dessas representações e a cônsules.

São no entanto imunidades que, em princípio, respeitam à isenção ou limitação da jurisdição penal que melhor cabem no direito processual penal.

E podem ainda as leis penais internas concorrer entre si na sua aplicabilidade ao mesmo objecto, dando lugar ao denominado «concurso de normas».

Nos números seguintes tratar-se-á da aplicação da lei penal no tempo e da aplicação da lei penal no espaço[18].

Omitem-se a questão da aplicação da lei penal quanto às pessoas, pois que mais respeita ao direito processual, e o concurso de normas, porque respeita à teoria geral do Direito, e, em lições de Direito Penal pode ser versado, no essencial, a propósito do concurso de crimes[19].

21. Aplicação da lei penal no tempo; o princípio da irretroactividade da lei penal

As leis, em geral, não são aplicáveis retroactivamente; as leis regulam para o futuro e não valem para o passado, isto é, não são retroactivas. E também não vigoram após a sua revogação, isto é, não são ultra-activas. Estes princípios são comuns a todos os ramos do Direito, mas podem ser afastados excepcionalmente por expressa determinação do legislador (Código Civil, art. 12.º).

Em direito penal o princípio da irretroactividade não pode ser excepcionado pela legislação ordinária, porquanto é uma garantia

---

[18] É esta uma matéria cujo tratamento se pode encontrar em todas as obras gerais de Direito Penal — e por isso apenas citarei, a título de exemplo, além do meu *Direito Penal Português*, I, n.ºˢ 49 e segs., e de uma ou outra obra onde ela se encontre especialmente desenvolvida [Nélson Hungria, *Comentários ao Código Penal*, vol. I, Tomo 1.º, 2.ª ed., Rio de Janeiro-1953, L. Jiménez de Asúa, *Tratado de Derecho Penal*, Tomo II, 3.ª ed., Buenos Aires-1964, págs. 597 e segs., H. H. Jescheck/W. Russ/G. Willms (org.), *Strafgesetzbuch. Leipziger Kommentar (Großkommentar)*, 10.ª ed., Berlim/New York-1985, §§ 2 a 9 (por H. Tröndle), págs. 67 e segs. do 1.º vol. — 1.ª div., e Rudolphi/Horn/Samson (org.), *Systematischer Kommentar zum Strafgesetzbuch*, vol. 1. — *Allgemeiner Teil*, § 2 (por H.-J. Rudolphi, fasc. de 1986) e §§ 3 a 9 (por E. Samson, fasc. de 1985)], trabalhos já surgidos em directa referência à actual lei fundamental portuguesa, por ser a Constituição a sede de muitos dos princípios de que nesta matéria se faz aplicação (J. Sousa e Brito, A Lei Penal na Constituição, nos *Estudos sobre a Constituição*, 2.º vol., Lisboa — 1978, págs. 197 e segs.), e ao novo Código Penal português (em primeiro lugar, as edições anotadas da nova legislação, de que cabe destacar M. Maia Gonçalves, *Código Penal Português Anotado e Comentado*, 5.ª ed., Coimbra — 1990, e M. O. Leal-Henriques/M. J. C. Simas Santos, *O Código Penal de 1982 (Referências Doutrinárias — Indicações Legislativas — Resenha Jurisprudencial)*, vol. 1, Lisboa — 1986; e, em segundo lugar, estudos como os de M. A. Lopes Rocha, *Aplicação da Lei Criminal no Tempo e no Espaço*, na edição do Centro de Estudos Judiciários, *Jornadas de Direito Criminal*, Fase I, 1983, págs. 85 e segs., e de A. A. Taipa de Carvalho, *Sucessão de Leis Penais*, Coimbra — 1990).

[19] Cf. *infra*, n.º 205.

constitucional, expressamente assegurada nos n.ᵒˢ 1 e 3 do art. 29.º da Constituição, e repetida no n.º 1 do art. 1.º e, quanto às penas e medidas de segurança, no n.º 1 do art. 2.º do Código Penal.

22. Aplicação da lei penal no tempo: o princípio da retroactividade da lei penal mais favorável ao arguido

O princípio da irretroactividade da lei penal consente excepções, igualmente constantes da Constituição (art. 29.º, n.º 4) e que se repercutem nos n.ᵒˢ 2 e 4 do art. 2.º do Código Penal.

A lei posterior à perpetração do crime é mais favorável em dois casos respectivamente previstos no n.º 2 do art. 2.º e no n.º 4 do mesmo artigo, isto é, no caso de eliminação da infracção pela nova lei, e no caso de, sendo embora incriminado o facto tanto pela lei anterior como pela posterior à sua perpetração, a nova lei consentir uma punição mais leve.

a) Eliminação da incriminabilidade do facto

Reza assim o n.º 2 do art. 2.º do Código Penal:
«O facto punível segundo a lei vigente no momento da sua prática deixa de o ser se uma lei nova o eliminar do número das infracções; neste caso e se tiver havido condenação, ainda que com trânsito em julgado, cessam a respectiva execução e os seus efeitos penais.»

A primeira parte deste n.º 2 do art. 4.º corresponde ao n.º 1 do art. 6.º do Código revogado que se exprimia deste modo: «a infracção punível por lei vigente, ao tempo em que foi cometida, deixa de o ser se uma nova lei a eliminar do número das infracções».

Pode haver eliminação da incriminação do preceito primário da norma incriminadora quando haja revogação da incriminação sem substituição por qualquer outra; é esta uma hipótese que não suscita dificuldades.

Mas pode haver alteração da incriminação, pela nova lei penal, e é este o caso a que cumpre dar maior atenção.

É que no primeiro caso pode dizer-se que a eliminação é eliminação de qualquer norma incriminadora, e no entanto não é directamente à norma incriminadora que se refere a eliminação, no teor do n.º 2 do art.º 2.º; a eliminação é eliminação do facto punível, concretamente praticado, do número das infracções. Quer dizer, trata-se de eliminação da incriminabilidade de um facto concreto, que não corresponderá aos elementos constitutivos essenciais da nova norma incriminadora.

E não sucede assim somente quando a nova lei não mantenha a incriminação ou a substitua por outra com diversos elementos constitutivos essenciais da infracção, mas também quando, em razão de nova lei penal ou não penal, o facto deixa de ser punível, porque é justificado (a nova lei prevê então uma causa de justificação que se verifica no caso concreto), ou porque o agente do facto é exculpado pela nova lei (porque esta prevê causa de exculpação ou de exclusão da culpa que se verifica no caso concreto), ou porque a nova lei prevê novas causas de extinção de responsabilidade ou novas condições de impunidade que do mesmo modo se verificam quanto ao facto concreto cometido.

Não se procede portanto exclusivamente a um confronto entre as duas leis — aquela que se encontrava em vigor ao tempo da perpetração do facto e aquela que a revogou, mas ao confronto das duas leis com referência ao facto efectivamente praticado. Não é exigível a eliminação da incriminação, mas a eliminação da incriminabilidade do facto.

A «lei penal mais favorável» é, na hipótese do n.º 2 do art. 2.º, sempre a nova lei, que por isso é aplicável retroactivamente, mesmo que a condenação pelo facto tenha já transitado em julgado.

b) A segunda parte do n.º 2 do art. 2.º contém matéria nova e diz que quando o facto criminoso tiver sido eliminado do número das infracções por aplicação da nova lei, e «se tiver havido condenação, ainda que transitada em julgado, cessam a respectiva execução e os seus efeitos».

Era diversa a solução preconizada pelo Código anterior, que não permitia, por respeito do caso julgado, a aplicação retroactiva da lei posterior.

Essa a razão, porventura, pela qual a redacção da segunda parte do n.º 2 do art. 2.º é incisiva, ordenando que se aplique a nova lei, em razão da qual o facto deixa de ser incriminado mesmo «se tiver havido condenação, ainda que transitada em julgado».

Considera a lei uma injustiça a manutenção de uma condenação quando o facto cometido não é já incriminável pela nova lei penal, e teoricamente assim é.

Daqui a consequência de que a condenação penal tem de se considerar inexistente por não recair sobre um facto legalmente punível, embora o fosse ao tempo em que a sentença foi proferida.

É este um preceito de enorme importância numa época na qual novas leis penais se multiplicam, porquanto a publicação de nova lei obriga o tribunal da execução a fazer uma correição dos casos julgados para verificar a não incriminabilidade dos crimes já julgados, e proceder em conformidade com a segunda parte do n.º 2 do art. 2.º, sob pena de manter uma prisão ilegal ou sequestro. E no entanto dificilmente se poderá presumir que esse enorme trabalho esteja a ser regularmente efectuado.

c) Modificação pela nova lei penal da medida da responsabilidade penal; aplicação da lei penal mais favorável no caso concreto

Quando o facto é punível no caso concreto, tanto pela lei penal revogada como pela nova lei, aplicar-se-á de igual modo retroactivamente a nova lei penal se for mais favorável ao arguido.

Neste caso não há alteração na incriminabilidade do facto, mas tão-só nas suas consequências, isto é, na maior ou menor gravidade da pena aplicável em concreto.

É o que dispõe o n.º 4 do art. 2.º: «Quando as disposições penais vigentes no momento da prática do facto punível forem diferentes das estabelecidas em leis posteriores, será sempre aplicado o regime que concretamente se mostre mais favorável ao agente, salvo se este já tiver sido condenado por sentença com trânsito em julgado» (correspondente à excepção 3.ª do art. 6.º do Código Penal de 1886).

O regime mais favorável é o da lei, entre as que se sucedem no tempo, cuja aplicação ao caso concreto dê lugar a pena mais leve.

A alteração na legislação penal incide então, já não sobre o preceito primário de normas incriminadoras, mas sobre o preceito secundário, a sanção penal.

As leis sucessivas a tomar em consideração devem ser aquelas que entraram em vigor entre o momento da prática do crime (*tempus delicti*) e o trânsito em julgado da sentença condenatória. Não é assim, como ficou dito, na hipótese de sucessão das leis penais das quais alguma elimine a incriminabilidade do facto, porque então será de aplicar a lei penal mais favorável (a que eliminar a incriminabilidade do facto) que tenha estado em vigor entre o momento da prática do facto e o termo da execução da pena.

d) Leis temporárias e de emergência (art. 2.º, n.º 3, do Código Penal)

O regime legal descrito nas alíneas anteriores não é aplicável às denominadas «leis temporárias» e «leis de emergência».

Denominam-se «leis temporárias» aquelas que por imposição da própria lei têm tempo limitado de aplicação, pois que são destinadas a vigorar durante um período em que se verificam circunstâncias excepcionais, que fundamentam a própria lei, e por isso também a delimitação temporal da sua vigência.

As leis de emergência são também limitadas quanto ao tempo da sua vigência; mas o prazo dessa vigência não consta da lei. É uma limitação implícita que resulta da verificação de circunstâncias excepcionais, em tempo de determinadas crises ou calamidades. A lei, em razão do seu fim, deixa de vigorar quando já não subsistem os motivos de emergência que a justificaram.

Quanto a esta espécie de leis, no domínio do Código Penal de 1886 foi proferido um assento pelo Supremo Tribunal de Justiça[20], que procurou esclarecer o seu regime, omisso no Código então vigente. O novo Código, no n.º 3 do art. 2.º, reconheceu a conveniência de formular expressamente o regime legal das leis temporárias e de emergência, na esteira do referido assento.

---

[20] Assento de 18 de Julho de 1947, publicado no *Diário do Governo*, I série, de 15-8--1947, e no *Boletim do Ministério da Justiça*, n.º 2, págs. 151 e segs. (assento sobre o qual me pronunciei, oportunamente — em sucessivas edições das minhas lições feitas sobre a velha legislação e, finalmente, em *Direito Penal Português*, I, pág. 117 —, no sentido de concordar com a sua solução, embora criticando o modo de a justificar).

e) O tempus delicti *para efeitos de aplicação da lei penal no tempo*

O momento da execução do facto ou *tempus delicti* não é o mesmo, em direito penal, para os efeitos da aplicação no tempo da lei penal, que para os efeitos de fixação do início da prescrição do procedimento criminal ou da fixação da competência territorial em direito processual penal. Para aplicação da lei penal no tempo, o momento de prática do crime coincide com a execução do facto criminoso, quer consista em acção, quer em omissão (art. 3.º do Código Penal); para os efeitos da prescrição de procedimento criminal e da fixação da competência territorial do tribunal, o crime considera-se cometido no momento da sua consumação (Código Penal, art. 118.º e Código de Processo Penal, art. 19.º).

23. **Aplicação da lei penal no espaço; o princípio da territorialidade**

A função de punir cabe no âmbito da soberania do Estado, que dela não pode por isso abdicar, nos limites do território nacional.

O princípio geral da aplicação da lei penal no espaço é, assim, o princípio da territorialidade. Na legislação anterior (Código Penal de 1886, art. 53.º, n.ᵒˢ 1 e 2, e § 1.º oriundo da lei de 1 de Julho de 1867) dispunha-se que a lei penal portuguesa é aplicável, não havendo tratado em contrário, «a todas as infracções cometidas em território ou domínios portugueses, qualquer que seja a nacionalidade dos infractores».

É idêntico o preceito do art. 4.º do Código Penal de 1982: «salvo tratado ou convenção internacional em contrário, a lei penal portuguesa é aplicável: *a)* a factos praticados em território português seja qual for a nacionalidade do infractor [...]»

a) Território nacional

O território nacional compreende a porção da superfície terrestre sujeita à jurisdição do Estado, com o correspondente subsolo, águas territoriais e espaço aéreo.

Consideram-se também território nacional os navios ou aeronaves portugueses: é o que dispõe a al. *b)* do art. 4.º do Código Penal de 1982, que substitui o n.º 2 do art. 53.º do Código Penal anterior.

É o chamado «princípio do pavilhão» ou «da bandeira», que é admitido pelas convenções internacionais sobre navegação aérea (Convenção de Chicago relativa à navegação aérea de 7 de Dezembro de 1944 e Convenção de Tóquio de 14 de Setembro de 1963; a estas Convenções seguiram-se ainda sob pontos particulares a Convenção da Haia de 16 de Dezembro de 1970 e de Montreal de 23 de Dezembro de 1971).

b) Lugar do crime (locus delicti)

O art. 7.º do Código Penal dispõe que o facto se considera praticado «tanto no lugar em que, total ou parcialmente, e sob qualquer forma de comparticipação, o agente actuou ou, no caso de omissão, devia ter actuado, como naquele em que o resultado típico se tenha produzido».

O Código Penal de 1886 era omisso sobre a determinação do lugar do delito; a doutrina portuguesa então ponderou largamente a questão; intervieram no seu estudo e discussão com especial relevo os professores Henriques da Silva, Pedro Martins e Caeiro da Mata.

A questão foi resolvida pelo Código de Processo Penal com base na opinião dominante e que foi a dos dois últimos autores citados, ou seja, a chamada doutrina da «ubiquidade»[21].

Diversamente do que sucede quanto à determinação do lugar do delito dentro do território nacional — e que é então sobretudo um problema de competência do tribunal, em que o lugar do delito é, em princípio, o lugar da consumação do crime — na delimitação da esfera da aplicação da lei penal substantiva, o lugar do delito situa-

---

[21] J. Pedro Martins, *Da Competência Penal Internacional Segundo a Lei Portuguesa*, 1902, pág. 125, Henriques da Silva, «Questões práticas de direito penal internacional», na revista *Estudos Jurídicos*, 1903, págs. 159 e segs., e Caeiro da Matta, *Direito Criminal Português*, 1911, vol. II, págs. 77 e segs. E cfr. o art. 46.º do anterior Código de Processo Penal (C. P. P. de 1929), artigo cujo corpo era do seguinte teor: «Se a infracção se praticou só em parte em território nacional, será competente para conhecer dela o tribunal português em cuja área se praticou o último facto de consumação, execução, preparação ou comparticipação que seja punível pela lei portuguesa» (*v.*, sobre o ponto, Luís Osório, *Comentário ao Código do Processo Penal Português*, I, 1932, págs. 437 e segs.).

-se no território nacional quando tenha sido praticado «total ou parcialmente ou sob qualquer forma de comparticipação em território nacional».

O previsto no art. 7.º do Código Penal corresponde, quanto ao que se entende por «prática parcial do facto», à extensão que lhe dava mais explicitamente o art. 46.º do Código de Processo Penal. Fora efectivamente este artigo do Código de Processo Penal que suprira a deficiência da regulamentação da questão suscitada pela doutrina; a solução legislativa do anterior Código de Processo Penal está fundamentalmente recolhida pelo art. 7.º do novo Código Penal e, subsequentemente, pelo art. 22.º do novo Código de Processo Penal[22].

24. Extraterritorialidade da lei penal portuguesa: o princípio realista

O princípio da territorialidade é o critério fundamental da aplicação da lei penal no espaço. Complementares daquele são o princípio realista, o princípio da nacionalidade e o princípio da universalidade; todos eles são subsidiários em relação ao princípio da territorialidade.

O princípio realista revela-se necessário em casos nos quais é insuficiente ou ineficaz o princípio da territorialidade para salvaguarda de interesses fundamentais da comunidade nacional, quando eles não sejam ou não possam ser tutelados pela legislação do país em que foram cometidos, casos que vinham indicados no n.º 3 do art. 53.º do Código Penal de 1886. O Código de Processo Penal resumiu a enumeração indicada naquele n.º 3 do art. 53.º do Código Penal de 1886, englobando-os na classificação de crimes contra a segurança e o crédito do Estado Português (crimes contra a segurança exterior e interior do Estado, de falsificação de selos públicos, de moedas portuguesas, de papéis de crédito público ou de notas do banco nacional, de companhias ou estabelecimentos legalmente au-

---

[22] Quanto à evolução desta questão, no âmbito da relação entre o Código Penal de 1886 e o complemento que assim lhe foi introduzido pelo art. 46.º do Código de Processo Penal de 1929, v. *Direito Penal Português*, I, n.º 58 - II.

torizados para a emissão das mesmas notas) e o art. 5.º do novo Código Penal indica-os mediante a enumeração dos artigos do Código que os prevêem e que são correspondentes àqueles que abrangia o anterior Código [trata-se da al. *a*) do n.º 1 do art. 5.º do novo Código Penal].

Nestes casos a lei penal portuguesa é aplicável a todos esses crimes, embora cometidos no estrangeiro, quer por portugueses quer por estrangeiros.

25. Extraterritorialidade da lei penal portuguesa: o princípio da nacionalidade

O princípio da nacionalidade é também subsidiário em relação ao princípio da territorialidade.

Não existe uma jurisdição penal internacional, e cada Estado não extradita os seus cidadãos; cada nação transformar-se-ia em um asilo de delinquentes, se não previsse a punição de crimes cometidos no estrangeiro pelos nacionais. Constitui mesmo garantia constitucional a não extradição ou expulsão de cidadãos portugueses do território nacional (Constituição, art. 33.º, n.º 1).

O Código Penal versa em conjunto no art. 5.º a questão da aplicabilidade da lei penal portuguesa a crimes cometidos por cidadãos portugueses e também por estrangeiros fora do país.

Mas há que distinguir: na al. *a*) faz a aplicação da lei penal portuguesa a portugueses e estrangeiros em razão do princípio realista.

Na al. *b*) faz aplicação da lei penal portuguesa a cidadãos portugueses — que nunca podem ser extraditados — e estrangeiros que não possam ser extraditados, por crimes que são em geral considerados como ofensivos de interesses que ultrapassam as fronteiras de qualquer país, e que por isso se costumam referir ao chamado princípio da universalidade. E efectivamente são dessa espécie os crimes enunciados na parte final da al. *b*) do art. 5.º (escravatura, rapto de reféns, ou de menores, arts. 161.º, 162.º e 163.º; crimes contra a paz, arts. 186.º e 188.º; crimes de genocídio, art. 189.º, n.º 1; destruição de monumentos culturais e históricos, art. 192.º; e tráfico de pessoas, art. 217.º).

Verdadeiramente, e dado que os Portugueses não podem ser extraditados, a al. *b*) prevê a aplicação da lei penal portuguesa também a estrangeiros que não possam ser extraditados, em razão dos condicionamentos estabelecidos para a extradição de estrangeiros e que constam do Decreto-Lei n.º 437/75, de 16 de Agosto. Os crimes enumerados supõem em geral crimes ofensivos da própria comunidade internacional e que, por isso, cada país se comprometeu em regra a cumprir mediante tratados ou convenções internacionais.

A al. *c*) do art. 5.º é que, com fórmula genérica, aplica o princípio da nacionalidade quando determina que a lei penal portuguesa é aplicável a crimes cometidos fora do território nacional por portugueses, condicionando essa aplicação às circunstâncias de o agente ser encontrado em Portugal (não é de pedir a extradição), e serem os factos previstos pela legislação penal do país em que foram cometidos.

A mesma alínea é, porém, também aplicável a crimes cometidos por estrangeiros, de modo que se torna um pouco confusa a sua interpretação.

Os estrangeiros que sejam encontrados em Portugal, e tenham cometido crimes fora do território nacional, responderão perante os tribunais portugueses e com aplicação da lei penal portuguesa se não for mais severa que a do lugar do crime, quando se trate de crimes cometidos por estrangeiros contra portugueses, isto é, em que seja português o ofendido, ou ainda nos casos em que o estrangeiro tenha cometido crimes em que é possível a extradição (o que indicia a gravidade do crime), mas esta não possa ser concedida em razão das limitações à concessão da extradição ou por concessão do direito de asilo, nos termos que também a Constituição prevê (art. 33.º, n.º 5).

E assim a lei penal portuguesa será aplicada a crimes cometidos por estrangeiros fora do território nacional, quando eles se encontrem em Portugal e os crimes tenham a gravidade que legitima a extradição, mas esta não pode ser concedida se os delinquentes beneficiarem do direito de asilo. É uma extensão aos cidadãos estrangeiros asilados do regime aplicável aos cidadãos portugueses.

O outro motivo de extensão da aplicação da lei penal portuguesa a estrangeiros que se encontram em Portugal é baseado no princípio realista agora alargado de modo a abranger para além dos interesses fundamentais de segurança e crédito do Estado os interesses dos próprios cidadãos portugueses (crimes cometidos por estrangeiros fora do país, contra cidadãos portugueses).

De todo o modo há restrições (à aplicação da lei penal portuguesa a factos praticados fora do território nacional) que o art. 6.º refere: a aplicação da lei penal portuguesa não terá lugar, se o agente tiver sido julgado no país em que cometeu o crime e se não haja subtraído ao cumprimento, total ou parcial, da pena; e, no julgamento que tenha lugar em Portugal, o facto será julgado segundo a lei penal que for mais favorável em concreto, quer seja a lei penal portuguesa, quer seja a lei penal do país em que foi cometido o crime.

26. Extraterritorialidade da lei penal portuguesa: o princípio da universalidade

Não há verdadeiramente uma legislação penal internacional ou um direito internacional penal.

Os interesses fundamentais da comunidade internacional são tutelados pela legislação penal de cada país em obediência a princípios fundamentais do direito internacional, costumes ou tratados (Constituição, art. 29.º, n.º 2).

Mas, actualmente alarga-se a previsão, em tratados ou convenções internacionais, da incriminação de factos ofensivos de interesses fundamentais da comunidade internacional. São desse tipo os crimes enumerados na al. *a*) do n.º 1 e no n.º 2 do art. 5.º do Código Penal.

Todos esses crimes são puníveis pela lei interna (Constituição, art. 29.º, n.º 2), isto é, têm de constar da própria lei penal portuguesa, e o Estado, por tratados ou convenções, compromete-se a incriminá-los.

São crimes dessa natureza a pirataria, escravatura, tráfico de mulheres e crianças, tráfico de estupefacientes e publicações obscenas, falsificação de moeda; o seu número tende a aumentar, e na actualidade iniciou-se o ensaio de punição do terrorismo como crime ofensivo do interesse da comunidade internacional, com as dificuldades que a sua definição, nos contrastes da política internacional, suscita.

LIVRO II
TEORIA DO CRIME

TÍTULO I

A ESTRUTURA ESSENCIAL DO CRIME

CAPÍTULO I
NOÇÃO E ANÁLISE DO CRIME
CLASSIFICAÇÃO DAS INFRACÇÕES PENAIS

§ 1.º
NOÇÃO GERAL DE CRIME E SUA ANÁLISE

27. Razão de ordem

a) Da Introdução a estas lições consta uma breve exposição sobre o objecto do Direito, que é sempre a actividade humana; também é esse o objecto da Moral, mas a aproximação do Direito e da Moral, como ciências práticas, não consente a sua unificação.

O Direito só se refere às acções exteriores, que se traduzem numa obra, em um facto, por isso que o Direito pretende realizar a justiça na vida comunitária.

A justiça, porém, distingue-se em justiça comutativa, distributiva e legal.

O relacionamento justo na vida em sociedade, que a ordem jurídica estabelece, diversifica-se em função das partes intervenientes nesse relacionamento.

Todos os homens vivem em sociedades, e dentro delas estão em relação uns com os outros — é o significado mais importante da justiça *ad alterum* (em relação ao outro) —, relação a que corresponde a justiça comutativa.

Cada qual está em relação com o todo, sociedade ou Estado, e tem o dever de respeitar o bem comum a todos, que o Direito define, e a justiça é então denominada justiça legal.

O Estado, por sua vez, tem o dever de assegurar o bem comum de todos e de cada um, o que forma o conteúdo da justiça distributiva.

A justiça comutativa respeita particularmente ao direito privado; a justiça distributiva e a legal respeitam ao direito público. A tutela dos bens ou interesses privados é regulamentada pelo direito privado, enquanto a tutela ou defesa do interesse público é regulamentada pelo direito público.

Como consequência, a responsabilidade civil é diferente, na sua espécie, da responsabilidade penal. A responsabilidade penal é uma responsabilidade pessoal, no sentido de que a responsabilidade — a pena — recai directamente sobre a pessoa do delinquente. A responsabilidade civil é uma justiça igualitária, que impõe a reparação do dano causado por outrem, quer seja responsabilidade por factos ilícitos, quer seja responsabilidade por risco.

O conteúdo da responsabilidade civil é sempre ou a restituição de coisa alheia ou a indemnização do prejuízo suportado. A injustiça é então reparada como que em forma igualitária, com a restituição da própria coisa ou mediante a reparação do dano. A injustiça é então fundamentalmente objectiva, porque ou é independente de culpa por parte do responsável (na responsabilidade por risco) ou surge com fundamento na culpa, mas na culpa definida em abstracto, isto é, definida como a falta daquela prudência que é essencial numa pessoa normal, ou seja, do comportamento diligente que se verifica no «bom pai de família» (Código Civil, art. 487.º).

A responsabilidade penal tem natureza diferente, e por isso mesmo se verifica a acumulação da responsabilidade penal com a responsabilidade civil.

A responsabilidade penal é sempre pessoal, e incide sobre a pessoa do delinquente; a responsabilidade civil não tem carácter pessoal, pode ser assumida por terceiros, e não incide sobre a pessoa do devedor, e antes consiste na reparação do dano, mediante a restituição da própria coisa ou a entrega de valor equivalente ao dano sofrido.

A responsabilidade civil pode estar conexa com a responsabilidade penal e pode também, em geral, ser julgada em processo penal; mas o fundamento e critério de avaliação da responsabilidade civil, seja ela julgada em processo civil ou em processo penal, obedece exclusivamente às disposições sobre responsabilidade civil constantes do Código Civil (Código Penal, art. 128.º).

As indicações que ficam feitas têm em vista, somente, demonstrar que a noção de acto ou facto ilícito, em direito civil e em direito penal, não coincidem.

Em direito penal, o facto, que é seu objecto, é sempre um facto culpável, como a responsabilidade tem como sujeito passivo o próprio delinquente.

Por isso, para definir o crime, não basta indicar as características dos actos ilícitos, mas explicitamente as características dos actos penalmente ilícitos.

Não é a noção de acto ilício, na teoria geral do direito, ou e sobretudo em direito civil, que constituem o objecto do direito penal; o objecto do direito penal é o facto punível.

b) O conceito abstracto e formal de crime, que interessa à teoria geral do crime ou dogmática e que deve servir de base para a sua melhor compreensão, e também para justificação do sistema, é a noção geral de crime.

Os seus elementos são elementos comuns a todo e qualquer crime. O estudo dos crimes em especial (Parte Especial do Código Penal) deve ser objecto também de uma Parte Especial no seu ensino, quando ele seja previsto no plano de estudos universitários.

Mas o crime deve também ser considerado de um ponto de vista realista, na sua substância material, em concreto. E é o crime como facto real, concreto, que constitui o fundamento da responsabilidade penal, assim como é o facto punível, efectivamente cometido, que é objecto do processo penal.

De modo a obter o conceito de crime, quer em geral, quer como definição legal de cada crime, pode fazer-se a distinção entre uma estrutura essencial do crime, a qual contém todos os elementos essenciais do crime, e uma estrutura acidental, na qual se incluem as circunstâncias do crime, que se possam verificar em cada facto punível; deste modo se facilita a aproximação do conceito de crime à realidade do facto cometido, para assegurar a individualização da responsabilidade penal.

Na teoria geral do crime expor-se-á primeiramente a «Estrutura Essencial do Crime» e far-se-á depois breve referência à «Estrutura Acidental do Crime» (Títulos I e II).

No Título III, tratar-se-á das «Formas do Crime», ou modalidades que podem revestir os crimes, e que não são directamente previstas, na parte especial, em relação a cada crime, mas na parte geral, mediante disposições legais que integram ou completam as incriminações da parte especial.

28. Noção legal de crime

a) Na história da legislação portuguesa, o primeiro projecto de um Código Penal foi elaborado por Pascoal de Melo Freire, por encargo cometido pela rainha D. Maria I; e no intróito do título I dizia que «o que por sua vontade obrar acção que a lei proibe ou deixar de fazer o que ela manda, comete delito», para acrescentar, no § 1.º, completando a definição, que «sem dolo ou malícia, ou culpa não se pode considerar delito para o efeito da pena».

A acção exterior é, assim, voluntária, na forma de dolo ou culpa, e «obra» do homem, isto é, por ele causada.

Tanto pode haver crimes comissivos como omissivos, pois que infringem a lei penal as acções que a lei proibe como a omissão das acções que a lei penal ordena.

Delito, no seu sentido próprio, seria somente o crime doloso, pois que o crime culposo se considerava quase-delito, e dava como exemplo de quase-delito o crime de homicídio culposo, o qual, segundo as Ordenações, seria «punido ou relevado segundo sua culpa ou inocência» (Livro V, título 35).

O Código Penal de 1852 definia crime ou delito no seu art. 1.º, que passou para o Código de 1886: «Crime ou delito é o facto voluntário declarado punível pela lei penal.»

Este artigo teve por fonte o Código Penal espanhol de 1848 que, quase pelas mesmas palavras, definia crime no seu art. 1.º

Da definição ressaltava a substância real do crime como facto humano voluntário; o facto consiste em acção ou omissão (art. 5.º do Código Penal de 1886, também oriundo do Código de 1852).

Facto é obra da vontade, quer como acção ou intervenção positiva e directa da vontade na realização da injustiça, quer como omissão. Do mesmo modo a Constituição, reproduzindo Constituições anteriores, distingue como modalidades do facto a acção e a omissão.

A voluntariedade do facto toma a forma de dolo ou culpa (negligência) no Código de 1886 (n.º 7 do art. 44.º, art. 2.º, art. 3.º, e § único do art. 43.º).

b) O novo Código Penal de 1982 não fornece directamente uma definição legal de crime. Mas ressalta do seu contexto que inflecte na mesma direcção.

O art. 1.º, que proclama o princípio da legalidade, declara que «só pode ser punido criminalmente o facto descrito e declarado passível de pena por lei anterior ao momento da sua prática» (n.º 1).

Não pretende propriamente definir o crime, mas antes a dependência da incriminação de uma lei anterior.

Essencialmente o n.º 1 do art. 1.º do Código tem conteúdo idêntico ao art. 1.º do Código brasileiro que, sem as vicissitudes de uma adaptação do § 1.º do Código alemão, se expressa assim: «Não há crime sem lei anterior que o defina. Não há pena sem prévia cominação legal.»

Faz no entanto uma referência à matéria do crime enquanto alude ao «facto». E «facto» é, na epígrafe do Título II do Livro I, o próprio facto punível («Tat» como «Straftat») ou crime pois que logo o Capítulo I indica os «pressupostos da punição», isto é, os elementos essenciais do facto criminoso, em geral, tanto os elementos objectivos, como subjectivos — dolo ou negligência (art. 13.º) —, que são as formas que reveste a voluntariedade no crime.

A corroboração desta similitude do conceito de crime, no anterior e no novo Código, pode sugestivamente fazer-se mediante breve alusão às alterações sofridas recentemente (1983) pelo art. 1.º do Código Penal espanhol. O art. 1.º do Código Penal espanhol declarava que «são delitos ou transgressões as acções ou omissões voluntárias punidas pela lei»; acrescentava, porém, a presunção de voluntariedade no crime e consagrava ainda um largo campo de responsabilidade objectiva, porquanto a perpetração voluntária de um delito ou transgressão acarretava responsabilidade criminal ainda que o mal causado fosse distinto daquele que o agente se propusera cometer.

Ora, por isso que no mesmo artigo se definia o crime como facto voluntário e se admitia largamente a aplicação do *versari in re illicita*, a doutrina espanhola, tentando impedir contradições, interpretou por diversas formas a «voluntariedade» do facto para que esta voluntariedade pudesse abranger os casos de responsabilidade objectiva previstos no mesmo artigo, que seriam afinal casos de involuntariedade.

O novo art. 1.º (reforma de 1983) teve por fim consagrar o princípio de que a voluntariedade no crime é necessariamente ou dolo ou culpa, excluindo definitivamente a presunção da voluntariedade nos casos anteriormente previstos no mesmo artigo de responsabilidade objectiva. Ora, o novo artigo do Código espanhol reza assim: «são delitos ou transgressões as acções e omissões dolosas ou culposas punidas pela lei». Afasta a referência à voluntariedade, substituindo-a pela referência às formas de dolo ou culpa que a vontade criminosa reveste.

É precisamente a técnica que o Código Penal alemão (§ 15) adopta e que o Código Penal português reproduz no art. 13.º

Não obstante a diferente tessitura do novo Código Penal português, não há, portanto, divergência sobre o conceito legal de crime.

29. Análise do crime

A análise implica a decomposição do crime nos seus elementos; estes elementos são partes de um todo.

Santo Agostinho, na *Cidade de Deus,* afirma que «todo o princípio diz respeito ao seu fim e toda a parte ao seu todo».

Ora, os elementos da noção de crime são partes do todo que é o crime, e não uma justaposição ou soma de elementos autónomos.

A análise é uma exigência metodológica e não ontológica.

Acção, como acto exterior, é sinónimo, na terminologia comum, de facto. Este último vocábulo é menos expressivo, porque também, em direito, é usado para designar o facto natural, mas é no entanto aquele que obteve a preferência na terminologia legal; importa por isso acentuar que facto punível é sinónimo de acção punível.

O facto ou acção é punível se for voluntário (na forma de dolo ou de culpa) e se for ilícito ou injusto, enquanto lesa o bem comum, como tal reconhecido pelas normas legais incriminadoras.

Na análise do crime, não se constrói a estrutura do crime pela sobreposição de elementos autónomos, pois que o crime é totalmente um facto penalmente ilícito, e é totalmente um facto culpável (Arthur Kaufmann). O facto criminoso é totalmente obra do seu agente; o facto ilícito é um ilícito culpável; e o facto culpável tem por objecto ou fim a realização do facto penalmente ilícito[1].

Nesta síntese definitória são utilizados conceitos valorativos que carecem de explicação.

Diz Levi Maria Jordão[2] que «o jurisconsulto romano Javolino prevenira com razão que toda a definição é perigosa em direito e por isso, considerando que as leis não são livros de doutrina, mas antes regras de prática, aconselhava Pacheco que as definições em direito criminal se limitassem ao aspecto prático e externo ou à resenha das circunstâncias evidentes e tangíveis que na esfera legal distinguem e caracterizam o que se trata de explicar».

---

[1] Arthur Kaufmann, «Skizze einer personalen Handlungslehre», na sua colectânea de estudos de dogmática do direito penal, *Schuld und Strafe*, 1966 (págs. 25 a 66). De igual modo, e relaxando a sua anterior ligação à filosofia kantiana, Hellmuth Mayer, «Vorbemerkungen zur Lehre vom Handlungsbegriff», in *Festschrift für Hellmuth v. Weber*, 1963, págs. 137 e segs., particularmente a pág. 160 (nota 42). Significativo também o estudo de Dietrich Lang-Hinrichsen, «Bemerkungen zum Begriff der 'Tat' im Strafrecht», no *Festschrift für Karl Engisch*, 1969, págs. 353 e segs. Uma concepção personalista do direito defendeu, num estudo publicado em 1965, Manuel Gomes da Silva, *Esboço de uma Concepção Personalista do Direito*. No Brasil, v. Miguel Reale, «Preliminares ao Estudo da Estrutura do Delito» (separata da *Rev. da Faculdade de Direito da Univ. de S. Paulo*, 1968). O conceito de pessoa é um conceito metafísico, e não um conceito criado arbitrariamente pela lei.

[2] Levi Maria Jordão, *Commentario ao Codigo Penal Portuguez*, I, 1853, pág. 5.

Também por isso os conceitos de qualificação ou juízos de valor deverão reflectir com clareza e simplicidade a realidade que aqueles conceitos modelam.

Enquanto ilicitude e culpabilidade impendem como qualificações sobre a unidade do facto criminoso, devem servir de critério para determinação dos elementos componentes que a sua análise fornece, isto é, dos elementos constitutivos que suportam essas qualificações.

Mas, por isso mesmo, não deve cavar-se um fosso entre ilicitude e culpabilidade até ao ponto de transformar uma distinção metodológica e sistemática em uma distinção substancial de realidades ontologicamente autónomas; por esta via quebra-se a unidade do crime, substantivando como realidades diversas dois aspectos da sua análise, que se traduzem na qualificação valorativa do facto em razão da sua ilicitude ou do «mal» do crime e em razão da sua imputação ao agente.

A clareza dos conceitos pressupõe uma uniformidade do seu entendimento, pois que, na verdade, se a mesma denominação designar, para as diversas correntes doutrinárias, ou nas diferentes fórmulas legislativas, coisas ou realidades diversas ou mesmo contraditórias, vem a instalar-se na legislação e no seu entendimento uma perplexidade que impõe constante esforço, para manter a lógica do sistema, e, na sua exposição, um constante confronto com as opiniões das «escolas» que entre si se digladiam.

Desta maneira se complica assustadoramente tanto o ensino, como o estudo do direito penal.

Há, por isso, que esclarecer as noções de ilicitude e culpabilidade, apontando o seu real conteúdo, e, para além delas ainda, a noção ou conceito de tipicidade. Estes três conceitos dominam na terminologia do Código Penal e da doutrina corrente.

30. Ilicitude e facto ilícito

O crime é unitariamente um facto voluntário e ilícito.

Ilicitude e voluntariedade ou culpabilidade são conceitos que o Código Penal vigente utilizou na sua terminologia. Não nos dá directamente, como já dissemos, uma noção legal de crime, mas a partição fundamental do crime enquanto facto ilícito e enquanto facto culpável revela-se quando exclui a existência de qualquer crime em que se verifiquem causas de exclusão da ilicitude ou causas de exclusão da culpa (epígrafe do capítulo III do título II do livro I).

Ilicitude é uma palavra só nos tempos modernos integrada na terminologia jurídica, porque essa integração deriva de aproximação à terminologia germânica.

No Código Penal de 1886 designava-se o conceito em causa por ilegalidade e ilegal, e doutrinariamente também por injustiça e injusto.

Ilicitude — ou ilegalidade — é um conceito de relação; designa a contrariedade do facto à lei; enquanto contrariedade do facto à lei penal, trata-se de ilicitude penal.

Ilícito, como substantivo, é o próprio facto contrário à lei e é, então, o mesmo que facto punível ou crime. O facto só é, porém, penalmente ilícito se for culpável, e só é culpável se for ilícito. A vontade culpável é uma vontade racional e livre, e nela assenta a decisão de dar causa à sua realização, violando a lei penal e ofendendo assim a justa ordenação da vida comunitária.

Ilicitude, antijuridicidade e injustiça são um e mesmo conceito, e a diversidade de nomenclatura não deve perturbar este entendimento.

Há praticamente unanimidade na doutrina actual ao distinguir uma ilicitude objectiva e uma ilicitude subjectiva, mas é falaz a convicção de que tal distinção tem origem recente. Na verdade, ela tem remota origem, pois que se encontra na *Ética* de Aristóteles, donde a recebeu S. Tomás de Aquino, que a comentou e esclareceu na *Suma Teológica* (II-II q. 59, art. 1.º e 2.º).

Só interessa ao direito penal a injustiça contrária à justiça distributiva e à justiça legal ou social, isto é, a injustiça que ofende o bem comum de todos; não importa aqui considerar a injustiça particular ou civil, à qual já aludimos ao focar a distinção entre responsabilidade civil e penal.

Há sempre algo de comum em todas as formas de justiça, porquanto a justiça como a injustiça são sempre *ad alterum,* e por isso esta pressupõe um ofensor e um ofendido; donde a conveniência de apreciar a injustiça ou ilicitude relativamente a um e outro.

Toda a ordem jurídica se refere a relações entre os homens, e por isso a acção exterior, o facto ilícito, tem de ser considerado na perspectiva do agente e do paciente, do ofensor e do ofendido; e é diferente o conteúdo da ilicitude, da injustiça, quanto a um e outro.

Quanto ao agente, a acção exterior só é «sua» quando é voluntária, culpável, porque dele depende; quanto ao paciente ou ofendido, este suporta o efeito lesivo da acção alheia.

É essencial, para haver responsabilidade penal, e quanto ao agente, que o facto ilícito seja culpável, tenha a sua causa na sua vontade. Pelo contrário, e relativamente ao ofendido, o dano que suporta é igual quer seja voluntária quer involuntária a ofensa.

Daqui resulta que a acção exterior só é ilícita relativamente ao agente se for voluntária, e que é ilícita ou injusta relativamente ao ofendido, que sofreu a mesma acção ou dano, quer tenha sido voluntária, quer involuntária a acção que foi a sua causa.

Pode o agente cometer injustiça quanto ao lesado, sem que ele próprio seja injusto, porque não é culpado, e no entanto o ofendido deve ser indemnizado, pela injustiça do dano que suporta.

Donde a conclusão que um homem justo (aquele que não quis fazer o mal) pode cometer acidentalmente e involuntariamente uma injustiça, e que o homem injusto, embora pretenda praticar o mal, não pratique injustiça, porque não causa qualquer dano a outrem.

O facto ilícito, na sua noção essencial, é sempre voluntário, e por isso objecto de culpa; pode designar-se por ilícito aquele facto que, sem culpa, deu causa à lesão de bens jurídicos de outrem.

31. Culpa e facto culpável

Culpa ou culpabilidade designa a relação do agente com o facto injusto enquanto lhe é imputado como «seu».

E o substrato da culpabilidade são os pressupostos dessa imputação, consciência e vontade de praticar o mal do crime.

O sistema dogmático não é forçosamente e nem mesmo normalmente criado pela lei. A diferente ordenação do sistema na parte geral do Código Penal de 1982 (arts. 10.º a 39.º) e no Código anterior (arts. 1.º a 52.º), bem como as alterações de terminologia, não significam necessariamente a legalização de qualquer sistema doutrinário. Aliás, a publicação da reforma do Código Penal alemão, que lhe serviu de modelo, não significa que se deva excluir da parte geral do direito penal matérias que nele não encontrem suficiente regulamentação.

A designação de culpabilidade foi substituída pela de culpa, e também por censurabilidade, conceito criado pela doutrina alemã para dar um conteúdo não definido no antigo Código alemão à culpabilidade, e que por isso se deve considerar equivalente a culpabilidade, como censurável é o mesmo que indesculpável.

O crime na sua totalidade é, assim, facto ilícito (objectivamente ilícito) e culpável.

Na análise dos elementos da estrutura do crime, os seus elementos aglomeram-se em razão da sua valoração bidimensional no facto ilícito — enquanto injusto — e no facto culpável. Os elementos do facto injusto são, em princípio, elementos objectivos, pertencentes ao facto na sua materialidade (acção exterior) e produtivos de lesão ou perigo de lesão de um bem jurídico tutelado pela lei penal — ou seja, o mal do crime, como se exprimia o Código Penal de 1886.

A culpabilidade é o conceito racional e abstracto a utilizar na dogmática; e que, enquanto se verifica no facto concreto, consiste no conteúdo real do substrato que é o seu suporte.

32. A tipicidade

Ilicitude e culpabilidade pertencem à essência ou substância do crime.

Por isso são princípios fundamentais aos quais aludimos (§ 3.º do Livro I).

A introdução do conceito de tipicidade é relativamente recente, mas rapidamente se expandiu na doutrina europeia. Deve-se a Beling, nos princípios deste século, um sistema tripartido do crime: tipicidade, ilicitude e culpabilidade.

A evolução deste sistema foi rica de cambiantes que mais respeitam à evolução da dogmática alemã do que à sistematização do crime perante o direito português.

Para Beling, o facto típico era considerado numa perspectiva meramente naturalista e causal; a ilicitude sobrepunha-se ao facto típico, aceitando-se a plena separação do facto típico da sua valoração, considerada fundamentalmente, de forma negativa, nas causas de justificação ou de exclusão da ilicitude. Mas na actualidade muitos aceitam o conceito de tipicidade como expressando o princípio da estrita legalidade na definição dos elementos do crime.

Neste último sentido a função da tipicidade é sobretudo adverbial; o crime deverá ser um facto tipicamente ilícito e tipicamente culpável.

A lei formula e define, nos seus elementos constitutivos essenciais, o crime; a definição ou descrição legal de um crime será um «tipo legal», e o tipo de crime como facto que se subsume à incriminação legal (ao tipo legal), será mais expressivamente um *facto típico*.

Usada a expressão com referência ao facto objectivamente ilícito ou com referência ao facto culpável será um *tipo objectivo* e um *tipo subjectivo,* ou um facto tipicamente ilícito e um facto tipicamente culpável.

Indicam-se estas locuções, nas suas diferentes modalidades, porque algumas delas são utilizadas pelo próprio Código Penal (sobretudo *tipo legal* e *tipo*).

33. A análise do crime na sua estrutura essencial e na sua estrutura acidental

A partição fundamental do crime, na sua análise, em facto ilícito e culpabilidade, implica que os elementos do crime se aglomerem em um ou outro conceitos: o facto ilícito decompõe-se em elementos, como igualmente a culpabilidade.

A ilicitude e a culpabilidade como conceitos de relação ou juízos de valor não são susceptíveis de graduação. Pelo contrário, o facto ilícito ou o facto culpável, como substratos reais, são susceptíveis de graduação; o facto objectivamente ilícito é mais ou menos grave, como mais ou menos grave é o facto culpável ou culpabilidade.

A sua gravidade depende das características acidentais ou de circunstâncias, que são elementos componentes quer do facto ilícito quer da culpabilidade.

E assim, são elementos essenciais do crime aqueles que, por lei, são indispensáveis para a existência do crime.

São elementos acidentais aqueles que apoiam ou fundamentam a quantidade ou gravidade quer do facto ilícito quer da culpabilidade.

No sistema do anterior Código (arts. 30.º a 40.º), a teoria das circunstâncias acidentais estava directamente referida à teoria do crime.

No actual Código, as circunstâncias acidentais são objecto de parcimoniosa regulamentação no título relativo à aplicação das penas.

Não parece que a mudança de localização altere a natureza das circunstâncias acidentais do crime. E, por isso, nada obsta e tudo aconselha a que se estudem os elementos essenciais do facto ilícito e da culpabilidade na estrutura essencial do crime, e que quanto às circunstâncias que influem na gravidade ou quantidade do crime — e já não na sua existência — se estudem na estrutura acidental do crime.

O sistema a este respeito do Código anterior tornava contudo mais visível e precisa a regulamentação da gradual concretização do tipo de crime para efeito de apreciação judicial do facto concreto, ao qual se aplica a lei. As fases sucessivas dessa concretização eram mais fortemente balizadas pela lei.

No entanto, as circunstâncias acidentais do crime têm também no Código actual uma posição na estrutura do crime que o art. 72.º consagra. Corresponde este artigo ao § 46 do Código alemão. A modéstia da regulamentação explica-se porque na Alemanha se iniciou com a reforma de 1946 a regulamentação legal das circunstâncias acidentais, omissa em geral no Código de 1871, e não é de estranhar que, sendo até meados deste século praticamente inexistente uma teoria sobre a graduação da pena, entregue ao poder discricionário ou prudente arbítrio dos tribunais, se revele insuficiente, teórica e praticamente, o primeiro ensaio de regulamentação.

Entre nós, pelo contrário, a cópia da tímida regulamentação germânica corresponde a um grande recuo na clarificação legal em matéria de especial relevo na praxe[3].

---

[3] *Vide*, na doutrina portuguesa, o recente estudo de Miguel Nuno Pedrosa Machado, *Circunstâncias das Infracções e Sistema do Direito Penal Português (Ensaio de Introdução Geral)*, 1989.

§ 2.º
CLASSIFICAÇÃO DAS INFRACÇÕES PENAIS

34. Razão de ordem

A noção de crime é um conceito formal, abstracto, apto para abranger todas as espécies de crimes.

Porém, mesmo na teoria geral do crime é conveniente formular uma classificação das modalidades que a noção de crime pode revestir.

A violação da lei penal toma configuração diferente consoante consista em fazer o que a lei proíbe, ou em não fazer o que a lei manda: no primeiro caso, a acção exterior é uma acção positiva que a lei descreve, e no segundo caso a acção exterior é a omissão da acção que se devia cometer; e também, no primeiro caso, a vontade é a de cometer o facto ilícito e, no segundo caso, é a vontade de não cometer a acção ou facto que devia cometer. Uma primeira classificação consistirá, assim, em distinguir os crimes comissivos dos crimes omissivos, e respeita à materialidade do facto, do ponto de vista da ilicitude objectiva.

A vontade no crime pode revestir a forma de dolo ou de negligência, e os crimes serão correspondentemente crimes dolosos ou crimes culposos.

Nos crimes dolosos, a vontade dirige-se à realização do fim injusto; nos crimes culposos, a vontade não se dirige intencionalmente ao fim injusto. O agente, porém, devia e podia ter previsto a realização do fim ilícito, usando da diligência de que era capaz.

Os crimes culposos são muito menos graves do que os crimes dolosos e, teoricamente, em número restrito. Os crimes comissivos como os crimes omissivos podem ser ou dolosos ou culposos, de modo que as particularidades que a cada uma das duas modalidades pertencem se conjugam quando se trata de crimes omissivos dolosos, ou crimes omissivos culposos, e de crimes comissivos dolosos ou crimes comissivos culposos.

A própria lei, porém, procede directamente a uma classificação das infracções penais, seguindo a orientação que foi iniciada pelo Código Penal francês, o qual distinguiu as infracções penais em crimes, delitos e contravenções. A distinção, no Código Penal francês, assentava na diferente gravidade da pena aplicável que, por sua vez, seria determinante na determinação das formas de processo. As penas, na sua gravidade, seriam ou penas maiores, ou penas correccionais ou de polícia correccional.

Esta classificação tripartida, como foi designada, assentava num critério meramente quantitativo, pois dependia da gravidade das penas aplicáveis.

O Código Penal português de 1886, aceitando a crítica que, sobretudo oriunda da doutrina italiana, pretendia fundamentar uma distinção qualitativa, classificou as infracções penais em crimes e contravenções, classificação essa denominada «bipartida»; e definia o crime ou delito no art. 1.º e a contravenção no art. 3.º. A contravenção, em razão de terminologia processual posterior, veio também a ser denominada transgressão.

O novo Código Penal introduziu uma divisão fundamental que pretende ser mais do que uma classificação, uma separação radical entre duas espécies de infracções: crimes e «contra-ordenações».

O intento confesso do legislador foi o de proceder a uma descriminação ou descriminalização, cerceando o âmbito do direito penal, a que se ajuntará uma nova forma de incriminação ou neo-incriminalização que corresponderá a uma diversa espécie de direito punitivo ou sancionatório. O seu conteúdo será já não o ilícito penal, mas o «ilícito de mera ordenação social», que abrangeria as contra-ordenações, entre as quais possivelmente se englobariam também as contravenções.

Importa, por isso, averiguar da razão e fundamento da nova espécie de infracções, denominadas pela lei como contra-ordenações, para, mediante a indicação do seu regime legal, ajuizar da sua importância e significado na ordem jurídico-penal.

Dos problemas novos que suscita o Código Penal é este um dos poucos já discutidos e apreciados insistentemente pela doutrina[4], o que mostra o interesse que suscitou a criação do «ilícito de mera ordenação social». Também à análise e apreciação do exemplo alemão, aqui de novo modelar, se acede com facilidade[5]. Tanto basta para limitarmos a exposição quanto possível.

A nova classificação legal distingue assim os crimes das «contra-ordenações» e contravenções, que são fundamentalmente conceitos paralelos e que, na previsão do próprio legislador, deverão vir a formar uma só categoria de factos, absorvendo as contravenções pela nova noção legal de transgressões da ordem.

Finalmente, ao lado do Direito Penal comum, existe e tende a alargar-se o âmbito do Direito penal especial; é esta uma tendência que se verifica, aliás, no Direito em geral, na maior parte dos casos sem suficiente justificação.

Mas há que tomá-la em consideração, pelo menos nos casos mais relevantes de Direito Penal especial. Referir-nos-emos sucintamente aos crimes militares (direito penal militar), aos delitos fiscais (direito penal fiscal) e aos crimes políticos.

---

[4] Eduardo Correia, «Direito Penal e Direito de Mera Ordenação Social», in *Bol. Fac. Dir. Coimbra*, 1973, págs. 257 e segs. (vers. port. da conferência «El derecho penal de justicia y el llamado derecho penal administrativo», Madrid-1972), Figueiredo Dias, «O Movimento da Descriminalização e o Ilícito de Mera Ordenação Social», in *Jornadas de Direito Criminal. O Novo Código Penal Português e Legislação Complementar*, ed. do Centro de Estudos Judiciários, I, págs. 315 e segs., e «Para Uma Dogmática do Direito Penal Secundário. Um Contributo para a Reforma do Direito Penal Económico e Social Português», in *Rev. Leg. Jur.*, 116.º, págs. 263 e segs., Manuel da Costa Andrade, «Contributo para o Conceito de Contra-Ordenação (A Experiência Alemã)», in *Revista de Direito e Economia*, VI/VII, págs. 81 e segs., Miguel Pedrosa Machado, *Elementos para o Estudo da Legislação Portuguesa Sobre Contra-Ordenações*, U.C.P. - 1984, e «Sobre a Tutela Penal da Informação nas Sociedades Anónimas: Problemas da Reforma Legislativa», in *O Direito*, 106.º-119.º, esp. nas págs. 301 e segs., José Faria Costa, «A Importância da Recorrência no Pensamento Jurídico. Um Exemplo: a Distinção Entre o Ilícito Penal e o Ilícito de Mera Ordenação Social», in *Revista de Direito e Economia*, IX, págs. 3 e segs. Esta lista bibliográfica não pretende ser exaustiva; em muitos dos textos referidos se encontram ulteriores anotações e citações.

[5] A análise e apreciação da literatura alemã encontra-se no livro de Heinz Mattes, de útil consulta, *Untersuchungen zur Lehre von den Ordnungswidrigkeiten* (I, 1977; II, 1982), cujo tomo 1, a dar conta de uma larga exposição de direito comparado, está traduzido em espanhol, pelo Prof. Rodriguez Devesa, sob o título de *Problemas de Derecho Penal Administrativo* (1979).

I — CRIMES COMISSIVOS E CRIMES OMISSIVOS

35. Observações preliminares

O facto ilícito consiste sempre na ofensa de um bem jurídico. A ordem jurídica pode, porém, impor a tutela de um bem jurídico por uma norma proibitiva ou por uma norma preceptiva. Isto é, pode impor o dever de não agir de maneira a ser causa da ofensa do bem jurídico (norma proibitiva) ou impor o dever de agir, para evitar a ofensa de um bem jurídico (norma preceptiva).

A vontade do agente tanto domina a acção como a omissão, pois que pode consistir em querer agir contra a lei proibitiva (volição) ou em não querer agir (nolição); querer e não querer são ambos voluntariedade, ou vontade, que se distinguem em função do modo da sua realização, por acção ou por omissão.

36. O objecto jurídico do crime: evento jurídico ou formal. O objecto material. Crimes formais e materiais

Todo o crime ofende ou lesa bens ou interesses penalmente tutelados. A ilicitude assenta primacialmente na lesão ou perigo de lesão do objecto jurídico do crime — o interesse penalmente protegido.

Há, porém, crimes em que a ofensa do bem jurídico se efectiva mediante a ofensa de um objecto material; distingue-se, assim, o objecto jurídico ou formal do objecto material. Os crimes em que a ofensa do bem jurídico só tem lugar mediante a ofensa do objecto material recebem a denominação de crimes materiais, enquanto os crimes em que a ofensa do bem jurídico não tem objecto material recebem a denominação de crimes formais.

A denominação de crimes formais e materiais é a denominação tradicional; na terminologia germânica são denominados crimes de evento e crimes de pura actividade. Não parece aconselhável importar a nova denominação, porque permite confusões, como ainda se dirá, mas que se revelam já, porque os crimes de pura actividade têm necessariamente evento jurídico, que existe em todos os crimes.

37. Os crimes omissivos como crimes materiais e como crimes formais

O facto pode consistir em uma acção ou em uma omissão; e tanto a acção como a omissão podem ser crimes formais ou crimes materiais.

Em ambos os casos é essencial o evento jurídico; mas só nos crimes materiais há lugar a um evento (ou resultado, como em regra é denominado no Código Penal em vigor) material.

Neste caso, não se considera os crimes omissivos como puros crimes omissivos, e antes se denominam também crimes comissivos: haverá então crimes omissivos puros (só com evento jurídico) e crimes comissivos por omissão (*delicta comissiva per omissionem*), que se contrapõem aos crimes comissivos por acção (*delicta comissiva per actionem*).

Aos crimes omissivos materiais, ou crimes comissivos por omissão, se refere directamente o Código Penal vigente no art. 10.º, que nesta matéria foi inovador.

É este preceito legal que procura dar, logo na parte geral do Código Penal, o alcance da incriminação dos crimes comissivos por omissão.

Do ponto de vista moral, a omissão é, da mesma maneira que a acção, susceptível de demérito. A realização do bem supõe uma perfeição e por isso só a acção é plenamente meritória. O mal é uma imperfeição e por isso tanto se insere na acção como na omissão.

No entanto, a Moral não se transfere para o Direito; não há que fazer equivaler acção e omissão.

Enquanto a acção se origina numa vontade positiva, a omissão origina-se numa vontade negativa. Enquanto a acção viola, eventualmente, um dever de não agir, a omissão viola um dever de agir; dever de agir que consiste na exigência de uma mais extensa e intensa solidariedade social, impondo a tarefa de socorro ou auxílio aos outros para evitar a ofensa de bens jurídicos alheios.

Alarga-se deste modo, grandemente, a incriminação, ou seja, a matéria incriminável.

A dificuldade de uma incriminação por uma omissão é muito maior que quanto à acção; a cada acção que se comete corresponde um número infindável de omissões possíveis. A sua individualização como algo de voluntário levanta graves problemas na sua definição e sobretudo na sua comprovação.

Há uma certa correlação entre a omissão e a negligência ou culpa; negligência significa precisamente um comportamento omissivo. O campo próprio da incriminação por omissão situa-se na responsabilidade por culpa ou negligência.

Daí que a responsabilidade por omissão, no anterior Código, se limitasse da seguinte forma:

1.º — Contravenções: nas contravenções é sempre punida a culpa ou negligência; não há mesmo responsabilidade a título de dolo (arts. 3.º e 4.º do Código Penal de 1886, disposições ainda em vigor, por força dos arts. 6.º e 7.º do Decreto-Lei n.º 400/82, de 23 de Setembro, por meio do qual se aprovou o novo Código Penal);

2.º — A omissão era punível excepcionalmente nos crimes, devendo no entanto distinguir-se: nos crimes puníveis como culposos, a omissão era incriminável; nos crimes só puníveis a título de dolo, a omissão só era punível quando pudesse subsumir-se às normas incriminadoras da parte especial do Código, isto é, quando incriminada a omissão relativamente a cada tipo legal.

O Código Penal de 1982, no relatório que o precede, pronuncia-se sobre o alargamento da incriminação das omissões, nos seguintes termos: «Ligada a uma ideia pedagógica, norteada pelo fermento da participação de todos os cidadãos na vida comum, consagra-se, em termos limitados, a equiparação da omissão à acção. Desta forma, a comissão de um resultado por omissão só é punível quando sobre o omitente recaia um dever jurídico que pessoalmente o obrigue a evitar esse resultado (art. 10.º, n.º 2). Fácil é de ver que a consagração ilimitada daquela equiparação levaria a terríveis injustiças, e o preceito que nasce carregado de uma intencionalidade de justiça transformar-se-ia, perigosamente, no seu contrário. A existência do dever jurídico, criado para impedir o resultado, é, hoje, o ponto mais extremo que legalmente se pode conceber no sentido de alargar a equiparação da omissão à acção no domínio do direito penal.»

Liga, assim, o propósito declarado do legislador, a fundamentação da incriminação genérica da omissão que assenta na ideia de maior gravidade, na sociedade moderna, da omissão de deveres de solidariedade, ao aviso sobre a dificuldade e perigo que representa a incriminação. Tenta-se uma maior eticização do direito de punir, pois se pretende que os cidadãos não só se abstenham de fazer o mal (o mal mais grave), mas que cumpram o dever de evitar ou impedir o mal que não causem directamente.

Até onde vai a maior extensão da incriminação da omissão no Código de 1982?

No confronto com a legislação anterior, o novo Código:

1.º Mantém a normal incriminação da omissão culposa nas contravenções (pelo menos enquanto se mantiver em vigor a remissão que o novo Código faz para o regime legal do Código de 1886);

2.º Mantém a normal incriminação das omissões culposas nos crimes culposos, os quais são também excepção;

3.º Alarga a incriminação por omissão nos crimes dolosos, isto é, a omissão dolosa aos crimes comissivos por omissão, nos termos do art. 10.º

Procedamos à interpretação deste artigo.

a) *O artigo 10.º do Código Penal como norma acessória das normas incriminadoras de crimes comissivos por acção*

O n.º 1 do art. 10.º do Código Penal reza assim: «Quando um tipo legal de crime compreende um certo resultado, o facto abrange não só a acção adequada a produzi-lo, como a omissão da acção adequada a evitá-lo, salvo se outra for a intenção da lei.»

As normas incriminadoras de crimes comissivos por acção são extensivas, por força do art. 10.º, aos correspondentes crimes comissivos por omissão.

O que são crimes comissivos por acção?

São, como aliás se infere do contexto do mesmo artigo, os crimes em cujos elementos essenciais, além da acção, se exija um resultado ou evento material. São também denominados «crimes materiais».

Todos os crimes produzem um evento jurídico, dano ou perigo de dano de um bem jurídico. Mas nem todos os crimes, e nem mesmo a maior parte dos crimes, têm um evento ou resultado material. Para tanto é necessário que a lesão ou perigo de lesão do bem jurídico se realize através do objecto material contra o qual se dirige a acção.

Nos bens jurídicos materiais, o bem jurídico ou objecto jurídico encorpora-se no objecto material e é ofendido através deste. Por isso se verifica em princípio nos crimes materiais uma separação entre a acção e o evento material, entre a execução e a consumação do crime.

Os crimes materiais ou crimes de evento material são os crimes comissivos do art. 10.º; se incriminados na parte especial do Código como crimes comissivos por acção serão, em princípio, também incriminados, quando cometidos por omissão, por força do citado artigo.

Dizendo que o preceito do art. 10.º é uma norma acessória das normas incriminadoras de crimes comissivos por acção pretende significar-se que a tipicização dos crimes comissivos por omissão no art. 10.º é uma tipicização indirecta que só se completa integrando a norma do art. 10.º com a norma incriminadora do crime comissivo por acção correspondente.

A omissão é sempre omissão de um dever. A delimitação desse dever, na qual consiste a tipicização da omissão, faz-se por duas formas: 1.º — tem de ser um dever jurídico e pessoal, pois que, nos termos do n.º 2 do art. 10.º «a comissão de um resultado por omissão só é punível quando sobre o omitente recaia um dever jurídico que pessoalmente o obrigue a evitar esse resultado»; 2.º — pela referência ao objecto desse dever, que é diferente, consoante a norma incriminadora do crime comissivo por acção: dever de praticar a acção adequada a evitar o evento ou resultado previsto naquela norma (art. 10.º, n.º 1).

b) A tipicidade da omissão nos crimes comissivos por omissão

Para definir a tipicidade da omissão em todos os crimes comissivos por omissão há que formular critérios gerais, cuja concretização só terá lugar mediante o seu ajustamento ou integração com a norma que incrimina, na parte especial, os correspondentes crimes comissivos por acção.

Em primeiro lugar, os crimes comissivos por omissão são, por força do n.º 2 do art. 10.º, crimes próprios (*delicta propria,* que em alemão se designam por crimes especiais, *Sonderverbrechen*), pois que só são puníveis quando sobre o omitente recaia um dever jurídico e pessoal de evitar o evento ou resultado. Adoptou-se a designação de «garante» para indicar o titular desse dever pessoal. Em relação a cada crime comissivo por omissão é diferente o círculo de pessoas que tomam a posição de «garante», isto é, que são titulares do dever pessoal de evitar determinado evento.

A doutrina alemã tem uma longa história sobre a classificação dos deveres de garantia, quer em função da sua fonte (lei, contrato), quer em função do seu conteúdo (de tutela, de vigilância, etc). Seja qual for a classificação adoptada para substituir ao amontoado de uma enumeração ou ao agrupamento em função da natureza do seu conteúdo, não se progride muito no sentido de sair da indefinição de cada crime em especial.

As fórmulas extremamente abstractas da lei têm de concretizar-se relativamente a cada crime em especial. É esse o esforço que se exige do intérprete, e com muito maior responsabilidade do juiz. E o dever pessoal de agir só se verifica, já não com relação à incriminação, mas no caso concreto, relativamente à situação de perigo de produção do evento que deve ser evitado.

É, assim, quanto a cada espécie de crime comissivo por omissão e mais ainda relativamente a cada situação concreta perante a qual se coloca o problema do cumprimento do dever de agir, que importa encontrar critérios práticos de decisão.

Desde logo a delimitação do dever pessoal, como garante, está repleta de dificuldades. Uma definição genérica do dever pessoal nubla ou esconde os seus pressupostos e sobretudo os seus contornos ou limites. A indicação de um dever com conteúdo abstracto e genérico não é suficiente para traçar com clareza desejável a extensão desse dever no caso concreto, para poder determinar quando surge a exigência legal do seu cumprimento. A atribuição de um dever pela lei não extravasa da própria lei; é a exigência do seu cumprimento que importa à definição do crime.

Ora, o cumprimento do dever de garantia, ou seja, o dever de agir para impedir um resultado, surge perante o perigo da sua produção.

E neste particular haverá que considerar quais as caracterfstas da situação de perigo: perigo próximo, iminente ou em execução ou somente a proximidade de perigo, ou um perigo de formação do perigo.

Por outro lado, o perigo ameaça determinado bem jurídico e precisamente aquele que é objecto jurídico da incriminação em especial, mas pode discutir-se se o dever de salvaguarda do bem jurídico ameaçado abrange quaisquer lesões, seja qual for a sua gravidade ou a sua insignificância, ou se a obrigação de intervir activamente é menos extensa do que a obrigação de omitir qualquer lesão, mesmo mínima, no correspondente crime comissivo por acção.

São estes problemas que se colocam na própria definição do dever genérico de agir: deveres de tutela, protecção ou vigilância, são na sua extensão indefinidos. Como defini-los para os efeitos de exigir o seu cumprimento no caso concreto?

Não é possível continuar a exemplificação. Dela deriva a conclusão de que a tipicidade da omissão não cumpre o seu objectivo de «descrever» os limites da incriminação. Impõe essa tarefa à jurisdição, na apreciação do caso concreto.

É grande o risco assumido; e maior o prudente arbítrio transferido para os tribunais. Importa que a interpretação judicial seja rigorosa na delimitação do alcance da incriminação para obter por esse modo alguma certeza no que é exageradamente impreciso, desde que se prescindiu da incriminação especial de cada crime comissivo por omissão.

c) *A estrutura essencial da omissão ilícita*

A forma indirecta de tipicização dos crimes comissivos por omissão acarreta dificuldades quanto à determinação da estrutura essencial da omissão ilícita.

Essa delimitação vem a fazer-se por uma comparação ou correspondência dos elementos não indicados em qualquer norma incriminadora dos crimes comissivos por omissão aos elementos expressamente referidos na norma incriminadora dos crimes comissivos por acção.

E, assim, à acção causal (nos crimes comissivos por acção) corresponderá a omissão de uma acção causal (nos crimes comissivos por omissão).

O evento ou resultado é, nos crimes comissivos por acção, o evento material produzido pela acção, e é, nos crimes comissivos por omissão, o não impedimento do evento lesivo pela acção omitida.

O nexo causal não liga idênticos elementos; estabelece-se entre a acção e o evento nos crimes comissivos por acção e entre a acção omitida e o não impedimento desse evento, em razão da violação do dever de agir, nos crimes comissivos por omissão.

Contudo, é, de certo modo, meramente simbólica a correspondência que se procura. A causalidade da acção não é o mesmo conceito da causalidade da omissão; sendo a omissão materialmente «nada», não pode ser fisicamente a causa de alguma coisa, diferentemente do que sucede relativamente à acção e por isso a relação causal ligará, segundo a lei, a «acção omitida» ao «não impedimento do evento».

Parece, assim, que se não trata da mesma noção de causa; e o mesmo se pode dizer do evento: evento material nos crimes comissivos por acção; evento figurado — o não impedimento de um evento — nos crimes comissivos por omissão.

Como que se transpõe, com figuração diferente, a estrutura típica do crime comissivo por acção para o crime comissivo por omissão.

Não são de menosprezar as dificuldades dessa transposição que exige a prévia admissão e comprovação de um paralelismo entre realidades diversas.

Não é diferente nos crimes comissivos por acção e por omissão a regulamentação das causas de exclusão da ilicitude e da culpa.

Questões privativas dos crimes omissivos serão eventualmente referidas a propósito da matéria a que respeitam.

Para exemplificar, e como observação prévia, indicamos questões que surgem quanto ao dolo, à tentativa e à comparticipação criminosa.

O Código Penal define expressamente o dolo e a negligência nos arts. 14.º e 15.º

Dúvidas podem surgir sobre se a noção de dolo nos crimes omissivos pode ser a mesma que a noção legal, sobretudo quanto à possibilidade de dolo eventual; a decisão de prosseguir um resultado é sempre positiva e a decisão de o não impedir deve corresponder àquela decisão positiva. Mas o dolo na situação concreta da omissão tem de ser um «querer não querer» e não simplesmente um não querer.

Questões igualmente importantes se podem levantar tanto relativamente à estrutura do facto ilícito como relativamente à estrutura do facto culpável, na tentativa e na comparticipação.

d) Restrição dos crimes comissivos por omissão incrimináveis por força do art. 10.º

O n.º 1 do art. 10.º, ao proceder genericamente à incriminação dos crimes comissivos por omissão, correspondentes a crimes comissivos por acção constantes das normas incriminadoras que lhes respeitam directamente, excepciona dessa genérica ampliação os casos em que «outra for a intenção da lei».

Como indicar com mais precisão o alcance desta excepção?

O Código alemão (§ 13) limita por outro modo a generalidade da incriminação, exigindo, como requisito positivo, a correspondência da omissão à realização do tipo legal mediante uma acção.

O projecto primitivo do Código Penal não continha a ressalva indicada na parte final do n.º 1 do art. 10.º Como verificar a intenção da lei contrária à extensão da incriminação expressamente determinada pelo mesmo n.º 1 do art. 10.º?

Diferentemente do que sucede com a fórmula utilizada no § 13 do Código Penal alemão, que exige a comprovação duma correspondência ou equivalência da omissão à acção em cada crime, pelo art. 10.º do Código Penal português a equivalência ou correspondência entre crime comissivo por acção e por omissão só não está legalmente determinada «se outra for a intenção da lei».

A intenção da lei, para restringir a incriminação geral dos crimes comissivos por omissão, não é fácil de comprovar.

Não obstante a diferente fórmula usada pelos Códigos alemão e português, parece que a intenção contrária da lei se baseará necessariamente na falta de equivalência, em alguns crimes, pressuposta por lei.

Esta correspondência, porém, deve ser comprovada no direito alemão, e pelo contrário, essa correspondência é presumida pelo Código Penal português e há por isso que comprovar a não correspondência.

A via para descobrir a intenção da lei é contudo similar àquela que revela a não equiparação jurídica da acção e omissão nas incriminações.

Uma limitação de carácter genérico parece poder indicar-se partindo do estudo casuístico de cada crime comissivo por acção. Ao incriminar genericamente os crimes comissivos por omissão quando estejam incriminados os correspondentes crimes comissivos por acção, foi dito que se tratava de crimes materiais, com evento material. Mas dentro desta noção cabem crimes em que a acção é definida exclusivamente pela sua aptidão causal relativamente ao evento (tipo causal) e crimes em que a acção tem de revestir certa forma ou modalidade. Neste último caso nem todas as acções causais serão típicas, mas somente as que revestirem determinada ou determinadas formas.

Ora, quando seja assim, parece não poder atribuir-se à lei a intenção de incriminar o crime comissivo por omissão; se nem todas as acções causais constituem acção típica, é inadmissível que a omissão possa equivaler a certas formas de acção e ter mais valor para o direito que outras formas de acção causal que não se subsumem à incriminação.

II — CRIMES DOLOSOS E CRIMES CULPOSOS

38. A distinção entre crimes dolosos e crimes culposos e o seu significado

A voluntariedade no crime reveste as formas de dolo ou de negligência, consoante se verifica uma voluntariedade directa ou indirecta.

No passado, e no direito português, os crimes culposos eram uma excepção, reduzida ao crime de homícidio e a ferimentos graves.

A dogmática dos crimes culposos e dolosos tornou-se muito duvidosa e discutida em razão da radical separação do dano e da culpabilidade, ou seja, do facto ilícito e da culpabilidade, devendo observar-se que a separação é meramente sistemática, e não ontológica, pois que não há ilicitude penal sem culpa, nem culpa sem facto ilícito que é o seu fim ou objecto.

A culpa veio a ser reduzida à simples decisão da vontade de infringir o dever de agir ou não agir que a lei impõe.

Por outro lado, também a noção de facto teria uma evolução na doutrina germânica com múltiplas variantes que estão na origem da complexidade e incerteza que hoje ainda subsiste na dogmática alemã, e de certo modo se alastrou para fora da Alemanha. Em razão da larga invasão do Código Penal português pela terminologia germânica haverá que ponderar sucintamente algumas dessas dúvidas, quando se mostre conveniente para interpretação da lei vigente.

De todo o modo, há particularidades nos crimes culposos que devem desde já ser anotadas.

Assim, o princípio da legalidade, que a tipicidade deveria garantir, não tem plena actuação nos crimes culposos. Nos crimes culposos, e segundo a definição legal, diz-se que age com negligência quem não procede com o cuidado a que, segundo as circunstâncias, está obrigado e de que é capaz (Código Penal, art. 15.º).

Cuidado corresponde à designação tradicional — diligência. A falta de diligência da vontade é a culpa, ou negligência. Mas a diligência é considerada, objectivamente, como a diligência a que está obrigado o agente, e como diligência subjectiva, a diligência de que o agente é capaz. A diligência objectiva é que revela a contextura do facto ilícito, e essa diligência obrigatória não é, em geral, verdadeiramente descrita na lei.

E ainda mais, a definição legal de diligência fá-la depender das «circunstâncias» do caso concreto. A tipicidade nos crimes culposos, como garantia do princípio da legalidade, transforma-se na delimitação do crime culposo, não pela definição legal, mas quanto ao facto concreto, na apreciação judicial.

A incriminação por negligência implica a verificação do evento de perigo. O perigo é uma probabilidade de dano, e por isso com maior dificuldade de comprovação.

A noção de perigo, para alcançar sucessivas antecipações da tutela penal, pode diluir-se de modo a constituir mero suporte fictício da responsabilidade objectiva.

É que, presentemente, e com maior ou menor largueza, se aceita como evento jurídico do crime, ao lado do evento de dano, o evento constituído pelo perigo concreto, real, ou pelo perigo presumido[6].

---

[6] *Vide*, por paradigmático (e com indicações da literatura alemã), Jürgen Wolter, *Objektive und personale Zurechnung von Verhalten, Gefahr und Verletzung in einem funktionalen Straftatsystem*, 1981.

III — TRANSGRESSÕES DA ORDEM E CONTRAVENÇÕES

39. As contra-ordenações ou transgressões da ordem. Terminologia

A denominação de contra-ordenações tem origem germânica, aliás recente; na evolução doutrinária do conceito utilizaram-se sucessiva ou concomitantemente estoutros vocábulos: ilícito penal de polícia ou transgressões ou contravenções de polícia, ilícito penal administrativo ou infracções ou transgressões penais administrativas e finalmente transgressões ou infracções da ordem (pública ou social), que a legislação portuguesa adoptou mediante um ensaio de tradução literal que não se ajusta ao sentido da expressão alemã *Ordnungswidrigkeit* precisamente pelo carácter artificial do neologismo criado pela lei. A tradução correcta de *Ordnungswidrigkeiten* é transgressões da ordem.

40. História e doutrina

No relatório do Decreto-Lei n.º 433/82, de 27 de Outubro (diploma que institui o «ilícito de mera ordenação social», e que já foi entretanto objecto de revisão ou correcção pontual, através do Decreto-Lei n.º 356/89, de 17 de Outubro), declara-se que «o aparecimento do direito das contra-ordenações ficou a dever-se ao pendor crescentemente intervencionista do Estado contemporâneo que vem progressivamente alargando a sua acção conformadora nos domínios da economia, saúde, educação, cultura, equilíbrios ecológicos, etc.». «A necessidade de dar consistência prática às injunções normativas decorrentes deste novo e crescente intervencionismo do Estado convertendo-as em regras efectivas de conduta, postula naturalmente o recurso a um quadro específico de sanções.»

Para assegurar a realização dos objectivos deste crescente intervencionismo do Estado não bastaria ou seria inadequado o recurso ao direito penal ou às sanções penais.

Seria sempre necessária, no entanto, uma outra espécie de direito punitivo (ou sancionatório).

As «contra-ordenações» não seriam crimes e não pertenceriam ao âmbito do direito penal. Neste sentido, o relatório do Decreto-Lei n.º 433/82 suscita a criação de um ramo de direito punitivo autónomo e distinto do direito penal, que corresponderá teoricamente a uma distinção entre duas espécies autónomas de infracções puníveis; elas «tendem a extremar-se, quer pela natureza dos respectivos bens jurídicos, quer pela desigual ressonância ética» (cit. relatório do Decreto-Lei n.º 433/82). Contudo, o relatório reconhece, depois de apontar aquela tendência, que a distinção «terá em última instância de ser juridicamente pragmática, por isso também necessariamente formal».

Ora, se é necessariamente formal, depende exclusivamente do arbítrio do legislador.

Importa, no entanto, ponderar qual o critério de distinção que poderá justificar ou não o uso que da incriminação como «contra-ordenação» se vem fazendo fora do quadro geral das normas que o Decreto-Lei n.º 433/82 aponta ao futuro legislador para aquela incriminação, visto que o Decreto-Lei n.º 433/82 a esta não procede, não contendo (diferentemente da legislação alemã) uma parte especial com as respectivas incriminações.

E para tanto é mister atentar na «diferente natureza dos bens jurídicos» que as incriminações como contra-ordenações tutelam, e na inferior «ressonância ética» das mesmas contra-ordenações em relação aos crimes.

São estas características que no relatório se apontam como razão de distinção entre crimes e contra-ordenações e fundamentariam, mais do que uma distinção quantitativa ou qualitativa, uma diversa natureza essencial.

A diferente natureza dos crimes e contra-ordenações tem uma origem histórica e várias justificações teóricas.

a) A origem histórica vai, na Alemanha, entroncar em diferente estruturação da administração da justiça no seu relacionamento com os poderes políticos.

Em Portugal ela pode muito mais claramente situar-se no século XVIII e revela-se na Lei de 1760 que cria a Intendência-Geral da Polícia. *Expressis verbis* consta dessa lei: «Sucedendo assim nesta corte o mesmo que, com o referido motivo havia sucedido em todas as outras da Europa que por muitos séculos acumularam as referidas leis, e éditos, que foram publicando em benefício da Polícia, e paz pública, sem haverem surtido o procurado efeito enquanto a jurisdição contenciosa, e política, andaram acumuladas, e confundidas em um só magistrado; até que sobre o desengano de tantas experiências vieram nestes últimos tempos a separar, e distinguir as sobreditas jurisdições com o sucesso de acolherem logo delas os pretendidos frutos da paz, e do sossego público... Por isso é criado o lugar de Intendente-Geral da Polícia, com ampla e ilimitada 'jurisdição' em matéria de Polícia.»

Critica a Lei de 1760 o exercício no passado das funções que seriam de polícia pela jurisdição, mas procura separá-las distinguindo agora uma jurisdição contenciosa de uma jurisdição de polícia, que seria destacada daquela.

A Lei de 1760 foi mandada aplicar ao Brasil por D. João VI, ainda Príncipe Regente, em 1809.

A autonomização da polícia, como função e como órgão da administração, em relação à jurisdição, teve o efeito de centralizar os serviços de polícia, cerceando os poderes locais, além do efeito de interferir com a própria jurisdição.

O século XIX foi um século dominado pelo liberalismo, na feição que lhe deu a Revolução Francesa; datam de então as tentativas de purificar a jurisdição das interferências doutros poderes do Estado, procurando, no entanto, manter, em homenagem à centralização dominante e à mudança da organização social, a função de polícia na administração.

Em 1791 a Assembleia Nacional francesa definia assim a missão geral da polícia: «A polícia, considerada em suas relações com a segurança pública, deve preceder a acção da justiça; a vigilância deve ser a sua principal característica; a sociedade, considerada em massa, é o objecto essencial da sua solicitude». E no Código de Processo Penal de 1794 (arts. 19.º e 20.º) fixou-se a distinção, para mais completo esclarecimento, entre polícia administrativa e polícia judiciária: «A polícia é administrativa ou judiciária. A polícia administrativa tem por objectivo a manutenção habitual da ordem pública em cada lugar e em cada parte da administração geral. Tende principalmente a prevenir os delitos. A polícia judiciária investiga os delitos que a polícia administrativa não pôde evitar que fossem cometidos, colige as provas e entrega os autores aos tribunais incumbidos pela lei de os punir.»

A polícia judiciária seria auxiliar do tribunal; não participa na acção dos tribunais, cumpre-lhe executar as suas ordens.

O tema da polícia e as suas relações com os tribunais domina o século XIX.

Em Portugal, a Novíssima Reforma Judiciária impediu a intervenção, *motu proprio*, de órgãos policiais na preparação dos processos judiciais. Prevaleceu uma organização local da justiça, sem interferência de órgãos centralizadores da administração.

As condições peculiares do Brasil conduziram a uma discussão sobre o relacionamento da polícia e jurisdição que se prolongou praticamente durante todo o século XIX. Desse debate dá pormenorizada conta João Mendes de Almeida Júnior[7] que, esclarecendo muitas das particularidades do direito processual penal brasileiro, revela também a origem da organização de uma polícia judiciária em moldes que procuravam basear-se nos sistemas a que deu origem a distinção formulada pela Revolução Francesa, facilitada pela tendência centralizadora que as condições da vida local comandavam.

Por toda a parte, aliás, se tentou extremar a polícia da jurisdição, suprimindo as anomalias do despotismo esclarecido nessa matéria e que em Portugal foram introduzidas pelo Marquês de Pombal.

b) Doutrinariamente a questão é de novo suscitada na Alemanha por Goldschmidt, no princípio deste século, tomando por base ele-

---

[7] João Mendes de Almeida Júnior, *O Processo Criminal Brasileiro*, vol. I, 1920, mormente a págs. 278 a 308.

mentos oriundos da doutrina liberal, mesclados com princípios do direito público que tinham subsistido na Alemanha.

No liberalismo individualista, a ordem jurídica garantiria a coexistência da liberdade de cada um com a dos outros, os direitos fundamentais do homem a ele referidos como pessoa individual constituiriam a base da ordem constitucional. Frente a esta situar-se-ia a ordem administrativa que superintenderia na realização dos fins do Estado relativos à segurança e bem-estar da comunidade, como tal.

À ordem constitucional corresponderá um direito penal constitucional, depois denominado direito penal de justiça; à ordem administrativa, um direito penal administrativo.

A doutrina de Goldschmidt teve grande repercussão na Alemanha, mas ofuscou-se a sua primitiva influência, sem resultados legislativos. Ressurge fundamentalmente com Eb. Schmidt, que forneceu a base doutrinária e interveio directamente na elaboração da primeira lei sobre direito penal económico (ou transgressões da ordem económica).

Como seus antecedentes haveria que citar a legislação económica na Alemanha de antes e durante a II Guerra Mundial, que largamente se serviu de medidas administrativas no condicionamento da economia, sancionadas directamente pela administração. Algo de similar aconteceu em França, mas em França, finda a guerra, aboliram-se as medidas excepcionais que as vicissitudes da guerra tinham permitido, regressando-se à normalidade anterior.

Sob o impulso da doutrinação de Eb. Schmidt foi publicada a lei sobre o direito penal económico de 1949, em que se distinguem crimes e transgressões da ordem de carácter económico. Desde então e abrangendo transgressões da ordem em outras matérias foram publicados vários diplomas até à lei geral sobre transgressões da ordem, de 1968, objecto de reforma e de nova edição em 1975 e também já em 1987 *(Gesetz über Ordnungswidrigkeiten).*

Mas o consenso para a elaboração da lei não se manteve. Muitos dos seus defensores aumentaram o número crescente dos seus críticos.

A justificação para a criação dum direito punitivo da Administração, que grosso modo entronca na velha jurisdição de polícia do século XVIII, foi tentada sob vários aspectos que completam ou se sobrepõem à justificação proposta por Goldschmidt.

Reflexo dos diferentes aspectos que tal justificação revestiu é o próprio relatório do Decreto-Lei n.º 433/82, consoante se infere das passagens supracitadas.

c) Para que seja excluída do âmbito do direito penal uma outra espécie de direito sancionatório ou punitivo constituído pelas transgressões da ordem é mister admitir-se que crimes e contra-ordenações não são apenas quantitativa ou qualitativamente diferentes, mas que possuem diversa natureza; isto é, não se tratará de uma classificação, quer em função da quantidade, quer da qualidade, da noção genérica de crime ou infracção penal, mas de uma diversidade essencial que respeita à quididade de cada um dos conceitos.

Para tanto não basta indicar critérios de valoração, mas definir a realidade que é objecto de valorações distintas; caso contrário a distinção é feita em função do arbítrio ou do capricho do legislador. Para corresponder à essência das coisas, a sua natureza está nelas e não na perspectiva arbitrária da sua apreciação.

A classificação das infracções penais, em crimes e contravenções, que o Código revogado estabelecia baseia-se numa diferença de qualidade, sem que tal diferença possa corresponder a uma diversa essência; na sua essência, crimes e contravenções cabem ambos na noção genérica de crime ou infracção penal.

Ora é esta distinção essencial que as várias justificações de que se faz eco o relatório do Decreto-Lei n.º 433/82 procuraram em vão.

E em primeiro lugar a distinção entre ordem jurídica ou de justiça e ordem administrativa.

Está por detrás da distinção a doutrina de Goldschmidt. A administração tem um campo próprio de actuação que resulta dos seus fins próprios: o bem comum ou bem-estar social. As exigências do bem-estar social cresceram com a evolução das sociedades, a que corresponde uma maior tarefa da administração; daí, diz-se, a necessidade de prover a administração dos poderes suficientes para garantir a execução da sua tarefa própria.

O intervencionismo do Estado, na sociedade moderna, exigiria a garantia da sua eficácia, mediante injunções normativas a que corresponderia «naturalmente» um quadro «específico» de sanções.

Um outro aspecto da mesma posição doutrinária é a que assinala como objecto jurídico das contra-ordenações o interesse administrativo em que se consubstancia a exigência do bem-estar social.

E contudo não há qualquer distinção de fundo entre ordem jurídica e ordem administrativa; o Estado, como os indivíduos, estão sujeitos somente a uma ordem jurídica unitária. Não há injunções juridicamente válidas que não assentem num dever jurídico; não há subordinação dos cidadãos ao Estado que não assente na ordem jurídica. Os interesses administrativos são, como os interesses individuais ou outros, bens jurídicos desde que tutelados pela ordem jurídica.

Toda a ordem jurídica é uma ordem de justiça; na vetusta distinção da justiça em comutativa, distributiva e legal se consubstanciam todos os deveres de justiça, de uns para os outros, de todos ou do Estado para com cada um, de cada um para com a sociedade ou o Estado. Como os cidadãos, o Estado é subordinado ao direito e não tem poderes que não emanem directamente da ordem jurídica. A administração, como tal, não é fonte de poderes, nem pode impor deveres. Os mandados da administração têm de ser legítimos e prosseguir a realização de interesses que a lei protege e em razão dos quais impõe deveres, tanto à administração como aos particulares.

Não há, deste ponto de vista, nenhuma distinção essencial entre o objecto jurídico dos crimes e contra-ordenações.

Também se aponta como justificação teórica a falta de «dignidade penal» das contra-ordenações, que assentaria, afinal, na indiferença ou menor ressonância ética do ilícito de mera ordenação social.

Direito e moral têm princípios comuns, mas essa base comum não se expressa na formulação das normas positivas do direito pela mesma forma em que pode ter lugar na moral.

Mas, para os que aceitam essa relacionação entre moral e direito, toda a ordem jurídica, enquanto impõe deveres, obriga em consciência, o que só é possível precisamente porque o direito assenta em princípios que são comuns à moral. De todo o modo, a menor ou maior eticidade, é sempre e ainda um problema de quantidade e não justifica a distinção essencial que se procura.

41. O regime das transgressões da ordem

a) A definição das «contra-ordenações» no Decreto-Lei n.º 433//82 é formal, como, aliás, refere o seu relatório.

Diz o art. 1.º (n.º 1) que «constitui contra-ordenação todo o facto ilícito e censurável que preencha um tipo legal no qual se comina uma coima».

Como facto tipicamente ilícito e culpável a definição coincide com a que se deduz do Código Penal para os crimes, tendo apenas em atenção o citado n.º 1 do art. 1.º A distinção estaria na pena aplicável, que para as contra-ordenações consiste em uma coima.

Mas é ilusória essa semelhança.

O n.º 2 do art. 1.º dispõe que a lei determinará os casos em que uma «contra-ordenação» pode ser imputada independentemente do carácter censurável do facto e, em consequência, a culpabilidade do agente será tendencialmente exigível nas contra-ordenações; mas qualquer lei poderá prescindir da culpa do agente, sancionando a mera responsabilidade objectiva.

Da mesma forma, e em contrário do que dispõe a congénere lei alemã e do disposto no art. 12.º do Código Penal, parece ser admitida a responsabilidade penal das pessoas colectivas, bem como de associações sem personalidade jurídica (art. 7.º) (*vide infra,* n.ºs 101 e 179).

O próprio decreto-lei quadro das contra-ordenações prevê desde logo que as transgressões da ordem sejam ou infracções puníveis ou pressuposto de medida de polícia aplicável independentemente de culpa.

Donde resulta que as disposições relativas à culpa, quer à imputabilidade, quer ao dolo e negligência, quer mesmo ao erro ou tentativa, serão ou não aplicáveis consoante o vier a entender o legislador nas incriminações em especial.

b) A sanção das transgressões da ordem é denominada «coima», correspondente a *«Bußgeld»* (multa correccional). Processo de coimas se designou na legislação portuguesa o processo de transgressões e coima a multa aplicável à infracção de posturas municipais ou de freguesia (Código Penal de 1886, art. 485.º).

É uma pena pecuniária. Tem sido tentado dar natureza diferente da coima às penas criminais de multa. E para tanto se argumenta com a não convertibilidade da coima em pena de prisão.

Mas a pena de multa do Código Penal não é, ela própria, convertível em cadeia. Bem ou mal, e antes mal do que bem, foi julgada inconstitucional a conversão da pena de multa em prisão.

Dizia o Decreto-Lei n.º 371/77 no seu relatório: «Constitui clara excepção à constitucionalidade do actual diploma a matéria dos arts. 123.º e 124.º do (antigo) Código Penal. Com efeito, a pura e simples conversão em prisão da pena de multa colidiria frontalmente com o art. 27.º da Constituição. Daí a nova regulamentação do Código Penal: a pena de multa nunca é convertível; é aplicável em alternativa com a pena de prisão.»

Não há, pois, diferença de natureza entre pena de multa e coima. Varia somente a denominação.

Note-se que todo o regime sobre o não pagamento da multa (Código Penal, art. 47.º) e da aplicação da pena de prisão em alternativa constitui efectivamente uma tentativa para ladear as dificuldades causadas pela proclamação da inconstitucionalidade da conversão[8].

De notar é ainda que, para além da coima, são admitidas como penas ou sanções acessórias a apreensão que é não o acto de aprender objectos mas a perda ou confisco de objectos, e mais ainda a privação de direitos fundamentais dos cidadãos, como a interdição de exercer uma profissão ou uma actividade, a privação do direito a subsídio outorgado por entidades ou serviços públicos e a privação do direito de participar em feiras ou mercados, além da publicidade da punição, lista esta, constante do art. 21.º do Decreto-Lei n.º 433/82, que a legislação avulsa e crescente sobre transgressões da ordem tem ainda tratado de alargar, o que veio a estar na origem do seu próprio acréscimo ou alargamento, através do citado Decreto-Lei n.º 356/89. A apreensão ou perda de objectos pode ter lugar independentemente da prova de uma contra-ordenação e quanto a terceiros (arts. 25.º e 26.º).

Admitida a natureza de um ilícito penal administrativo diferente do ilícito criminal, a consequência seria, como expressamente admitiu Goldschmidt e com ele muitos dos que o seguiram, que da decisão administrativa de aplicação de coimas houvesse recurso para os tribunais administrativos. Esta via não foi seguida na Alemanha com o argumento de que ofenderia os princípios em que se baseia o

---

[8] Cf. *Dir. Pen. Port.*, II, n.º 437-II.

Estado de Direito consagrado na Constituição. O próprio argumento denuncia o carácter híbrido da regulamentação que na lei portuguesa é ainda mais patente.

Parece que todo o regime legal se destina a iludir a violação do princípio constitucional de separação de poderes e a atribuição de jurisdição aos órgãos administrativos.

E, na verdade, o processo de contra-ordenação é instruído e julgado pelas entidades administrativas e as suas decisões «transitam em julgado» (Decreto-Lei n.º 433/82, art. 3.º, n.º 2).

O recurso admitido para o tribunal penal é dificultado na sua interposição, defesa e efectivo julgamento. Só mediante uma interpretação integrativa das disposições processuais do Decreto-Lei n.º 433/82 com o regime do processo penal[9] se pode alcançar a compreensão do regime desse recurso. É este aspecto fundamental de outorga de facto à administração da jurisdição em matéria de transgressões da ordem que propulsionou a separação das contra-ordenações das demais infracções penais, e que suscita, com razão, a questão da sua inconstitucionalidade.

Transcrevo para colocação do problema o que escrevi em um parecer publicado em 1954: «As lutas políticas e o interesse da opinião comum na organização constitucional do Estado incidem quase sempre e por toda a parte nas relações entre o Governo e as Assembleias representativas. Propugna-se um enfraquecimento do Governo, mediante a atribuição quase exclusiva da função legislativa aos Parlamentos, além da dependência efectiva da actividade do Governo, se não do próprio Governo, da fiscalização ou da confiança das Assembleias. O fortalecimento da acção do Governo implica, pelo contrário, e é o sistema adoptado pela nossa Constituição (Constituição de 1933), a sua comparticipação em maior ou menor medida na função legislativa e certa garantia de independência do Governo

---

[9] Recentemente revisto; eis a seriação dos diplomas que importa considerar: Decreto-Lei n.º 78/87, de 17 de Fevereiro (que aprova o novo Código de Processo Penal); Decreto-Lei n.º 387-E/87, de 29 de Dezembro (que tentou resolver dúvidas e omissões do regime instituído); e Decreto-Lei n.º 17/91, de 10 de Janeiro (que veio estabelecer um conjunto de normas que regulam de modo autónomo o processamento e julgamento das contravenções e transgressões). Para a fase em que foi necessário compatibilizar o Decreto-Lei n.º 433/82 com o velho Código de Processo Penal, v. o meu *Curso de Processo Penal*, ed. de 1986, vol. 1.º, págs. 164 e 171, e vol. 2.º, págs. 51, 64 a 69, 155 a 158, 187 a 189, 218, 249-250 e 270.

e da sua acção, sem prejuízo da fiscalização da Assembleia Nacional.

Obnubila-se, desta sorte, a separação rígida da função legislativa e executiva, que já não correspondem a uma idêntica separação dos poderes legislativo e executivo.

Mas se é neste aspecto das relações entre o Governo e as Assembleias representativas que se debatem acerbamente as opiniões políticas é, pelo contrário, no relacionamento das funções legislativa e executiva com a função jurisdicional que assenta a verdadeira organização jurídica da nação e a base do que sói chamar-se o Estado de Direito. De menos interesse, portanto, dum ponto de vista político, de importância incomparavelmente superior, de um ponto de vista jurídico.

Ora, neste particular, a Constituição portuguesa de 1933 é clara, quando no seu art. 116.º dispõe que 'a função judicial é exercida por tribunais ordinários e especiais'. Os tribunais não são apenas, como órgãos de soberania, independentes. Exercem a função judicial que só a eles compete. Quer dizer, a função judicial ou jurisdição não se define pelo órgão de que provém. Pelo contrário, segundo o preceito constitucional, aos tribunais compete, e só a eles, o exercício da função judicial.

Importa, por isso, esclarecer o que se entende por função judicial. A natureza da jurisdição ou o critério diferencial da função judicial não pode ser dado por elementos formais como seria o caso se se definisse a função em razão do órgão, ou seja dos tribunais. Se assim fosse, a 'função judicial' não teria conteúdo material, e a disposição do art. 116.º (Constituição de 1933) seria inútil.

Como desvendar o conteúdo material da jurisdição? Há-de procurar-se através da natureza da sua actividade, natureza deduzida do seu duplo objectivo: garantia de observância das normas jurídicas, aplicação das normas jurídicas aos casos concretos da vida social.

A actividade jurisdicional garante a observância das leis. A actuação do Governo tem também por objecto a actuação do direito objectivo na medida em que o Estado está subordinado na actividade e funcionamento de todos os seus órgãos, ao Direito e à Moral. Mas o respeito pelo direito, na actividade executiva, não constitui uma 'garantia de observância' do direito e antes implica somente uma actuação tendente a realizar objectivos de interesse público, permitidos pelo direito, isto é, 'com observância do Direito'.

Na jurisdição o direito forma o próprio conteúdo da função judicial; na administração o direito é tão-somente o seu limite.

Por outro lado, a jurisdição caracteriza-se pela circunstância da correspondente actuação constituir aplicação da lei aos casos concretos da vida social. A administração, nem mesmo com uma lei formal, pode exercer a jurisdição, isto é, definir uma situação concreta e contenciosa em aplicação da lei. É-lhe vedado, mesmo sob a forma de lei, revogar uma decisão judicial, transformando-se substancialmente em instância de recurso; pode apenas modificar o regime jurídico que lhe está na base, modificação que eventualmente acarretará a alteração da própria situação jurídica objecto do julgamento; não pode assim *condenar* ou *absolver* um delinquente; conceder ou denegar direitos controvertidos. Quando a administração aplica normas jurídicas aos casos concretos, não procura definir concretamente o direito numa relação jurídica concreta; não tem em vista e por objecto garantir directamente a observância da lei; mas tão-somente realizar os próprios fins do Estado, dentro dos limites que a ordem jurídica traça à actividade administrativa.

É que, naturalmente, a exclusividade do exercício da jurisdição pelos tribunais, alicerçada na Constituição, determina a mais importante limitação aos demais poderes do Estado e das funções correspondentes: função executiva e função legislativa. De alguma sorte é a projecção no funcionamento da orgânica do Estado do princípio fundamental da sua subordinação à Moral e ao Direito, isto é, a consagração de um Estado de Direito, por oposição ao puro voluntarismo como fonte da lei e da administração e em consequência causador da subversão da garantia duma ordem jurídica superior ao próprio Estado.»

Não é diferente a posição da actual Constituição. O art. 205.º determina que «os tribunais são órgãos de soberania com competência para administrar a justiça em nome do povo».

A função de soberania que lhes cabe é exclusiva, sem o que não será soberania; e por isso se liga directamente ao povo e não aos outros órgãos de soberania. E o conteúdo dessa função é a administração da justiça, isto é, a aplicação da lei em todas as relações jurídicas concretas, quer entre os indivíduos, quer entre estes e o Estado. Na aplicação da lei se compreende assim a definição da lei no caso concreto e a imposição coactiva do seu cumprimento.

Nesta perspectiva será inconstitucional o julgamento pela administração das «contra-ordenações» e a equiparação a uma «sentença» duma decisão administrativa à qual se dão efeitos de «caso julgado» (efeito da sentença), e a redução do processo a um formalismo que parece querer iludir, ladeando-o, o princípio fundamental do Estado de Direito, na forma em que ficou caracterizado.

42. A parte geral do direito das transgressões da ordem

O regime legal das «contra-ordenações» não consta do Código Penal, mas do Decreto-Lei n.º 433/82. Este decreto-lei contém o regime geral; não prevê quaisquer «contra-ordenações» em especial. Corresponde assim à parte geral do Código Penal relativamente aos crimes, pois que o Código Penal só na parte especial prevê e descreve os crimes em especial.

Daí a importância que tem a verificação da consonância ou dissonância da parte geral, em matéria de «contra-ordenações» (Decreto-Lei n.º 433/82) com a parte geral no Código Penal em matéria de crimes.

A «parte especial» no que respeita a contra-ordenações (transgressões da ordem) é constituída por múltipla e heterogénea legislação que tem sido publicada por vários ministérios com duvidoso critério e pior técnica legislativa, de maneira que dificulta fortemente a sua compreensão e entendimento pelos juristas e ainda mais pelo público em geral.

Não nos ocuparemos, nestas lições, senão da parte geral, ou seja, do Decreto-Lei n.º 433/82.

O Decreto-Lei n.º 433/82 proclama no seu art. 32.º: «Em tudo o que não for contrário à presente lei aplicar-se-ão subsidiariamente, no que respeita à fixação do direito substantivo das contra-ordenações, as normas do Código Penal.»

Deste modo todas as normas da parte geral do Código Penal são em princípio aplicáveis às transgressões da ordem. A sua não aplicação dependerá de terem sido contrariadas pelo Decreto-Lei n.º 433//82; diversamente, a omissão da sua repetição neste último decreto-lei é irrelevante, pois que omissão não equivale a contrariedade.

Ocupamo-nos, ao versar a teoria da lei penal e do crime, tão-só da correspondente teoria da lei penal e da transgressão da ordem; no Código Penal, a teoria da lei penal e do crime consta dos arts. 1.º a 30.º e, no Decreto-Lei n.º 433/82, a correspondente teoria geral consta dos arts. 1.º a 16.º

Poderá julgar-se que as disposições gerais sobre lei penal e contra-ordenações seriam só aquelas que contrariassem as normas do Código Penal. Mas não é assim. Os preceitos do Decreto-Lei n.º 433/82 citados são quase todos repetitivos das disposições correspondentes do Código Penal. Daí a conveniência de apontar particularmente aqueles preceitos que formulam regras com conteúdo diverso do Código Penal. Quanto às omissões de repetição, como dissemos, não têm relevância, em razão de princípio proclamado no art. 32.º do Decreto-Lei n.º 433/82. Os preceitos que sejam repetitivos, mesmo com redacção mais simplificada, não carecem de grande comentário porque quanto a eles vale a interpretação que, na teoria do crime e ao longo destas lições, vai sendo feita.

a) O art. 1.º do Decreto-Lei n.º 433/82 (definição de contra-ordenações ou transgressões da ordem) contém dois números. O n.º 1 reza assim: «Constitui contra-ordenação todo o facto ilícito e censurável que preencha um tipo legal no qual se comina uma coima.»

A definição é tradução literal do n.º 1 do § 1.º da lei de transgressões da ordem alemã de 1975 e disso padece a sua clareza. Não pode contudo duvidar-se que este n.º 1 do art. 1.º contém uma definição que é decalcada sobre a definição de crime: a transgressão da ordem, como crime, é um «facto» ilícito e culpável (censurável); divergem entre si quanto à espécie de sanção que é a coima nas «contra-ordenações» e a prisão ou multa nos crimes.

Sucede, porém, que o n.º 2 do mesmo art. 1.º (e igualmente correspondente ao n.º 2 do § 1.º da lei das transgressões da ordem alemã) continua: «A lei determinará os casos em que uma contra-ordenação poderá ser imputada independentemente do carácter censurável do facto.»

Tomado à letra, este preceito não só destruirá o valor da definição como pode ser corrosivo de todas as disposições sobre imputabilidade, dolo e negligência e erro sobre a ilicitude que o mesmo decreto-lei sobre as transgressões da ordem contém.

Aponto o problema para o versar seguidamente, tratando em especial das disposições gerais do Decreto-Lei n.º 433/82 que não são repetitivas do Código Penal. É de notar que, em comentários da doutrina alemã, vem sendo feito um esforço para minorar o alcance literal dos termos utilizados.

b) O art. 2.º (princípio da legalidade) diz que: «só será punido como contra-ordenação, o facto descrito e declarado passível de coima por lei anterior ao momento da sua prática».

Corresponde ao n.º 1 do art. 1.º do Código Penal com a simples alteração da indicação da espécie de pena (coima) que é aplicável às «contra-ordenações»; e está em conformidade com o § 3.º da lei alemã sobre transgressões da ordem.

c) O art. 3.º (aplicação da lei no tempo) contém quatro números, tal-qualmente o art. 2.º do Código Penal.

Os n.ᵒˢ 1 e 3 são repetitivos dos números correspondentes do art. 2.º do Código Penal.

O n.º 2 altera o correspondente n.º do art. 2.º do Código Penal: nos termos do Código Penal, há que distinguir entre a eliminação da incriminabilidade do facto criminoso em concreto pela nova lei (art. 2.º, n.º 2) — caso no qual o crime não só não é punível como também se anula o efeito do caso julgado se já tiver havido condenação nos termos de lei anterior —, e a alteração, pela nova lei (art. 2.º, n.º 4), da sanção prevista para o crime, que como tal permanece na nova lei — caso no qual é de aplicar a lei mais favorável em concreto «salvo se este já tiver sido condenado com trânsito em julgado».

Quanto à incriminabilidade das «contra-ordenações», tanto a hipótese do n.º 2 como a do n.º 4 do art. 2.º do Código Penal, encontram-se previstas em conjunto no n.º 2 do art. 2.º do Decreto-Lei n.º 433/82, em razão do qual em um ou outro caso a lei mais favorável não se aplicará se já tiver havido sentença com trânsito em julgado: «Se a lei vigente ao tempo da prática do facto for posteriormente modificada, aplicar-se-á a lei mais favorável ao arguido, salvo se já tiver transitado em julgado a decisão da autoridade administrativa ou do tribunal.»

d) Na matéria da aplicação da lei no espaço (art. 4.º do Decreto-Lei n.º 433/82 e art. 4.º do Código Penal), quanto ao momento da prática do facto (art. 5.º do Decreto-Lei n.º 433/82 e art. 5.º do Código Penal) e quanto ao lugar da prática do facto (art. 5.º do Decreto-Lei n.º 433/82 e art. 7.º do Código Penal), há alguma alteração na redacção dos preceitos em confronto, sem que se modifique o seu teor essencial. São afinal disposições repetitivas.

e) Da responsabilidade das pessoas colectivas (art. 7.º do Decreto-Lei n.º 433/82. Corresponde ao art. 12.º do Código Penal).

A redacção bastante diferente dos artigos em confronto, bem como das suas epígrafes, suscita grande dúvida sobre o alcance igual ou diferente dos dois preceitos.

Literalmente pode parecer que o Decreto-Lei n.º 433/82 consagra a responsabilidade penal das pessoas colectivas ao exprimir-se assim (art. 7.º, n.ºs 1 e 2): «1 — As coimas podem aplicar-se tanto às pessoas singulares como às pessoas colectivas, bem como às associações sem personalidade jurídica.»

«2 — As pessoas colectivas ou equiparadas serão responsáveis pelas contra-ordenações praticadas pelos seus órgãos no exercício das suas funções.»

E contudo, não parece que seja essa a mais correcta interpretação; pelo contrário pode entender-se que, essencialmente e embora com menos clareza, se reproduz a doutrina do art. 12.º do Código Penal.

As pessoas colectivas não têm responsabilidade penal; não são imputáveis nem podem agir com culpa. Aqueles que actuam em nome da sociedade é que respondem penalmente, e as pessoas colectivas podem responder civilmente pelo montante das coimas aplicadas.

f) Dolo e *negligência* (art. 8.º do Decreto-Lei n.º 433/82 e arts. 13.º, 14.º e 15.º do Código Penal). O art. 8.º do decreto-lei das «contra-ordenações» condensa a doutrina dos artigos citados do Código Penal. Exige, nos mesmos termos, uma imputação a título de dolo ou de negligência, dolo e negligência que são conceitos idênticos nos crimes e nas «contra-ordenações» ou transgressões da ordem.

De igual modo o conceito de inimputabilidade (Decreto-Lei n.º 433/82, arts. 10.º e 11.º e Código Penal, arts. 19.º e 20.º) é idêntico em um e outro diplomas.

g) *Erro* (art. 8.º, n.º 2 e art. 9.º do Decreto-Lei n.º 433/82 e arts. 16.º e 17.º do Código Penal).

Quanto ao erro sobre o facto (art. 8.º, n.º 2, do Decreto-Lei n.º 433/82 e art. 16.º do Código Penal), há uma divergência importante na regulamentação dos dois diplomas legislativos. Enquanto o preceito do Código Penal dispõe que «o erro sobre elementos de facto ou de direito de um tipo de crime ou sobre proibições cujo conhecimento seja razoavelmente indispensável para que o agente possa tomar consciência do ilicitado do facto, exclui o dolo», o n.º 2 do art. 8.º do Decreto-Lei n.º 433/82 determina que o «erro sobre elementos do tipo, sobre a proibição, ou sobre um estado de coisas que, a existir, afastaria a ilicitude do facto ou a culpa do agente, exclui o dolo».

Este n.º 2 do art. 8.º condensa em si os n.ºs 1 e 2 do art. 16.º do Código Penal; a sua última parte corresponde ao n.º 2 daquele Código.

A divergência entre eles está em que o conhecimento da proibição (norma incriminadora) não é necessário relativamente aos crimes, para se verificar a consciência da ilicitude quando não seja razoavelmente indispensável para esse conhecimento, e é de considerar sempre indispensável quanto a contra-ordenações. É a consequência de uma incriminação menos natural, e por isso não é de presumir que o agente tenha conhecimento da anti-socialidade ou ilegalidade do facto que comete, sem conhecimento da própria lei.

O art. 9.º do Decreto-Lei n.º 433/82 (erro sobre a ilicitude) e o art. 17.º do Código Penal têm o mesmo teor.

h) É igual o regime legal nos crimes e nas transgressões da ordem quanto às formas de tentativa e comparticipação (Decreto-Lei n.º 433/82, arts. 12.º, 13.º, 14.º, 15.º e 16.º e Código Penal, arts. 22.º, 23.º, 24.º, 25.º, 26.º, 27.º, 28.º e 29.º).

Já é diferente o regime legal do concurso de crimes (Código Penal, art. 30.º) e do concurso de contra-ordenações, e de contra-ordenações e crimes (Decreto-Lei n.º 433/82, arts. 19.º e 20.º).

Enquanto, e segundo o Código Penal, têm o mesmo regime legal o concurso real e o concurso ideal de crimes, no decreto-lei das «contra-ordenações» só haverá verdadeiramente concurso real; o concurso ideal tem regime próximo do do concurso aparente. Não é fácil explicar este desacordo. É, no entanto, de presumir que o legislador esqueceu a doutrina do art. 30.º quanto aos crimes, e seguiu o exemplo da lei das transgressões da ordem alemã (§§ 19, 20 e 21); é, porém, certo que o Código alemão segue quanto ao concurso de crimes orientação oposta à do Código Penal português. De toda a maneira é forçoso admitir a diversidade dos regimes jurídicos no concurso de crimes, por um lado, e no concurso de contra-ordenações e de crimes e contra-ordenações por outro lado.

i) Causas de justificação e de exculpação (causas que excluem a ilicitude e a culpa).

É omisso o Decreto-Lei n.º 433/82 sobre esta matéria regulada pelos arts. 31.º a 39.º do Código Penal. A omissão não significa, como já afirmei, falta de regulamentação. Os preceitos citados da parte geral do Código Penal são aplicáveis às «contra-ordenações» por força do art. 32.º do Decreto-Lei n.º 433/82.

43. Contravenções

Nos termos do art. 6.º do Decreto-Lei n.º 400/82, de 23 de Setembro, que aprova o novo Código Penal e revoga o anterior, permaneceram em vigor as normas relativas a contravenções constantes do Código de 1886.

E assim «considera-se contravenção o facto voluntário punível que unicamente consiste na violação ou na falta de observância das disposições preventivas das leis e regulamentos, independentemente de toda a intenção maléfica» (art. 3.º do Código Penal de 1886).

A primeira parte deste artigo reproduz a definição de crime dada pelo art. 1.º; os elementos diferenciais entre crime e contravenção constam da última parte do preceito.

É indubitável que se trata duma distinção qualitativa, mas que reconhece a identidade de natureza, como infracções penais, de crimes e contravenções[10].

Convém somente agora acentuar dois aspectos do regime legal das contravenções.

Em primeiro lugar no que respeita à punição. O Código Penal revogado limitava rigorosamente a penalidade das contravenções: se elas constassem da violação de disposições preventivas das leis, o máximo da penalidade não podia exceder os 6 meses de prisão, em caso algum, ou multa com limites também fixados; e esses limites, quanto a contravenções de regulamentos ou posturas não podiam exceder um mês. Quanto à multa, os limites foram fixados pelo Código Administrativo, mas em princípio não devem exceder, pois que a multa é inferior à prisão como pena, a equivalência com o máximo de prisão autorizado.

Disposições específicas sobre contravenções constam do Código Penal revogado e mantêm-se em vigor por força do citado art. 6.º do Decreto-Lei n.º 400/82, de 23 de Setembro, quanto aos agentes das infracções, à não punição da tentativa, à aplicação das penas, aos seus efeitos e à extinção de responsabilidade penal (cf. *Direito Penal Português*, loc. cit. na última nota; Código Penal de 1886, artigos 4.º, 25.º, § 2.º do art. 123.º e 486.º e seu § único).

Finalmente, o julgamento das contravenções cabe sempre e exclusivamente ao poder judicial, através da forma de processo a que sucessivamente se vieram a referir o art. 3.º do Decreto-Lei n.º 78/87, de 17 de Fevereiro (diploma que aprova o novo Código de Processo Penal), o art. 1.º do Decreto-Lei n.º 387-E/87, de 29 de Dezembro (que o completa, por se ter dado conta de que «o movimento de conversão das transgressões e contravenções ainda subsistentes em contra-ordenações» tem «carácter necessariamente moroso», o que implica que o seu processamento deva ser adequadamente regulamentado) e, ainda mais recentemente, procurando autonomizar a questão, o Decreto-Lei n.º 17/91, de 10 de Janeiro.

---

[10] *Dir. Pen. Port.*, I, n.ᵒˢ 86 e 87.

Conduzem as contravenções a responsabilidade menos grave que as «contra-ordenações», ou transgressões da ordem, mas felizmente quanto a elas conserva-se ainda o regime do processo penal, da competência exclusiva da jurisdição.

Classificando as infracções penais o Código Penal revogado aceitou uma classificação bipartida admitindo os crimes e as contravenções como espécie da infracção penal.

O regime geral das contravenções continua a ser aquele que foi moldado pelo Código Penal de 1886.

O critério diferencial entre crimes e contravenções aponta para a natureza preventiva das contravenções. Os crimes, quanto ao objecto jurídico, podem exigir a lesão do interesse penalmente tutelado ou somente o perigo real dessa lesão. Nas contravenções a norma incriminadora atende ao mero perigo abstracto, ou seja, à possibilidade de a actividade empreendida ou omitida ser causa de perigos eventuais e porventura indeterminados quanto a bens jurídicos de diversa natureza, públicos ou privados.

Deste modo, o desvalor da acção prevalece sobre o desvalor do bem ou perigo concreto de dano.

Esvanece o desvalor objectivo do facto, mas não se apaga o desvalor da acção, como acção imprudente, desvalor este que é decisivo para confirmação da ilicitude objectiva nas contravenções. É isso que quer dizer o art. 3.º do Código Penal de 1886 quando faz consistir a contravenção unicamente na violação (acção) ou falta de observância (omissão) de disposições preventivas de leis ou regulamentos. Há, por isso, uma presunção legal da situação de perigo, que pode não ser um perigo concreto, real.

A culpa nas contravenções toma sempre a forma de negligência; não quer isto dizer que não possa ser intencional a execução da contravenção; mas, intencional ou culposa, a contravenção é sempre punida a título de negligência («independentemente de toda a intenção maléfica»).

Em face do texto legal poderia supor-se, com apoio em uma opinião corrente na literatura penal francesa, que a negligência era sempre presumida por lei e isso equivaleria a admitir encobertamente uma responsabilidade objectiva; o texto do art. 3.º do Código Penal de 1886 não autoriza, porém, tal conclusão.

O regime jurídico das contravenções apresenta as seguintes particularidades relativamente ao dos crimes[11]:

a) Fontes de direito:
Os crimes só podem ser previstos nas leis, e as contravenções em leis e diplomas regulamentares do Governo ou das autarquias.

b) As penas das contravenções — prisão ou multa — têm limites que o Código Penal de 1886 fixou.

c) Agentes das contravenções só podem ser os seus autores, materiais ou morais, com exclusão dos cúmplices (Código Penal de 1886, art. 25.º).

d) As contravenções não podem revestir a forma de tentativa.
A tentativa pressupõe a intenção ou dolo de dano, e as contravenções são necessariamente culposas.

e) Quanto à aplicação da pena, o art. 35.º do Código Penal de 1886 dispõe que «a responsabilidade penal por contravenções não pode ser atenuada nem agravada, salvo o disposto no art. 36.º». E este art. 36.º só permite a agravação das penas nas contravenções quando se verifique a circunstância da reincidência, sendo esta circunstância definida de maneira especial para as contravenções: «nas contravenções dá-se a reincidência quando o agente, condenado por uma contravenção, comete contravenção idêntica antes de decorrerem seis meses, contados desde a dita punição».

f) Efeitos das penas nas contravenções:
O § único do art. 486.º do Código Penal de 1886 prescreve que «a perda dos objectos e instrumentos apreendidos em contravenção só pode ser pronunciada quando a lei especialmente a decretar».

g) Extinção da responsabilidade penal:
Constitui causa específica de extinção das contravenções puníveis

---
[11] *Dir. Pen. Port.*, n.º 87.

com multa, e consequentemente do procedimento criminal, a oblação voluntária, de harmonia com o n.º 5 do art. 125.º do Código Penal de 1886.

Mediante o pagamento voluntário (oblação) a contravenção penal extingue-se, degradando-se em mera infracção administrativa. É um caso de extinção da responsabilidade penal pela extinção da própria contravenção e privativa desta espécie de infracções.

Quanto à prescrição da pena das contravenções, tem o prazo de um ano (Código Penal de 1886, § 3.º do art. 126.º) e a prescrição do procedimento criminal tem o mesmo prazo (Código Penal de 1886, § 2.º do art. 125.º).

IV — DIREITO PENAL ESPECIAL

44. Crimes militares

Aos crimes comuns opunha o Código Penal de 1886 os crimes militares, definidos no seu art. 16.º.

Legislação ulterior — Código de Justiça Militar — seguiu as pisadas do Código de Justiça Militar espanhol e afastou-se da definição de crime militar constante do Código Penal. Para tanto e sobretudo criou a categoria de crimes acidentalmente militares que ficariam sujeitos à competência dos tribunais militares.

A Constituição de 1976 reduziu a competência das leis militares e a jurisdição militar aos crimes essencialmente militares, mas o novo Código de Justiça Militar de 1977 alargou a denominação de crimes essencialmente militares de maneira a compreender crimes que não ofendessem somente deveres militares ou a disciplina militar, mas muitos dos que, por acréscimo (e como tal acidentalmente militares), o anterior Código de Justiça Militar incriminava, substituindo a noção de crime essencialmente militar constante dos anteriores Código Penal e Código de Justiça Militar e também dos preceitos da Constituição de 1976.

Todo esse problema foi explicado em *Direito Penal Português*, I, n.º 88.

Refere-se a questão apenas porque parece prevalecer na praxe, se não na doutrina, a opinião que prefere ignorar a evidente inconstitucionalidade da definição de crimes essencialmente militares pelo Código de Justiça Militar de 1977.

Para tanto há que considerar a norma constitucional como não dando ela própria conteúdo ao conceito de crimes essencialmente militares. Nesse sentido se pronunciou o único comentário publica-

do ao Código de Justiça Militar de 1977, bem como a Procuradoria-
-Geral da República.

Mantenho inteiramente a interpretação dada em *Direito Penal Português*, I. O esvaziamento ou formalização do preceito constitucional não é uma interpretação da Constituição, mas uma derrogação da Constituição, cuja função de limite ao legislador ordinário se suprimirá por essa forma[12].

45. Crimes políticos e crimes de imprensa

A distinção entre crimes políticos e crimes comuns, para fazer sobressair o seu carácter especial, radicou-se durante o século XIX, e foi consequência da vitória do liberalismo. A Constituição francesa de 1830 e belga de 1831 deram-lhe particular acolhimento, estabelecendo um regime jurídico especial quanto à gravidade das penas, à competência para o seu julgamento, à prescrição, etc., bem como, relativamente aos crimes políticos cometidos no estrangeiro, à proibição da extradição de nacionais ou estrangeiros, e à proibição de julgamento em processo de ausentes.

A demarcação dos crimes políticos relativamente aos crimes comuns, porém, manteve-se indecisa, oscilando sobretudo na doutrina entre uma concepção predominantemente objectiva e uma concepção predominantemente subjectiva.

Em sentido estrito, os crimes políticos, para merecerem um tratamento de favor numa orientação liberal, deveriam na sua objectividade jurídica lesar interesses relativos à organização política do Estado e ao seu funcionamento, e do ponto de vista subjectivo deveriam ser determinados exclusivamente por uma intencionalidade política. De sorte que o critério básico para a sua demarcação estaria na natureza do interesse lesado (crimes contra a segurança interior do Estado) e porventura ainda restringido pela natureza dos motivos também políticos, isto é, desde que os crimes não fossem um meio para perpetração de crimes de outra natureza, como por exemplo crimes contra a segurança exterior do Estado, ou se destinassem à consecução de fins egoístas ou ambições pessoais.

---

[12] *Dir. Pen. Port.*, I, n.º 88.

Dada a relatividade da organização estritamente política do Estado, seria de admitir uma relativa tolerância quanto aos crimes políticos.

Note-se que a Revolução Francesa, considerada motor do liberalismo, foi severa para com os delinquentes políticos, e disso são exemplo a «lei dos suspeitos» de 1793 e a lei de 10 de Junho de 1794, proposta por Robespierre, a qual suprimiu toda a espécie de garantias para os delinquentes políticos, privando-os inclusivamente de defensor.

Na nossa legislação, o art. 38.º do Código de Processo Penal de 1929, já revogado, continha, no seu § único, uma noção bastante lata de crime político, mas ela não consta do Código de Processo Penal em vigor.

O significado da finalidade política é hoje marcante no que respeita à admissibilidade da defesa e luta de qualquer ideologia política, pelos partidos ou organizações políticas; revela-se essa tolerância particularmente na incriminação do denominado crime de organizações terroristas (Código Penal, art. 288.º; no lugar próprio se abordará mais de perto o sistema legal a este respeito — *vide infra*, n.ºs 194 e segs.).

Há no entanto que ter em conta que é diferente a definição de crime político para efeitos de extradição ou concessão de direito de asilo.

Também é de difícil solução a incriminação por delitos de imprensa.

Delitos de imprensa são delitos definidos em razão do instrumento mediante o qual são cometidos; são os crimes cometidos através da imprensa.

Normalmente, agravam os efeitos perniciosos do crime cometido. No entanto, e por outro lado, a imprensa, como veículo da liberdade de expressão e como meio de informação e também de formação da opinião pública, exerce uma função tutelada pela Constituição, e a conciliação entre os direitos individuais e a liberdade de imprensa revela-se bastante difícil.

A dificuldade de conciliação denuncia-se no carácter vago das definições legais; verdadeiramente, a questão não está clarificada suficientemente na lei. O problema não passou ainda da esfera política para a atenta consideração dos aspectos jurídicos que suscita.

46. Delitos fiscais e outros exemplos

A doutrina e também a praxe alude com frequência a formas, mais ou menos importantes, do direito penal, isto é, a ramos diversificados de direito penal. O mesmo sucede, e mais acentuadamente, com o direito civil.

É esse o fruto da especialização, que traz consigo o risco de uma autonomização que põe em perigo a mais correcta compreensão do direito. É de notar que o velho direito romano se incluía totalmente no Direito civil — o direito da Cidade ou do Estado — e que a actual divisão das matérias constantes do direito civil tem origem moderna; é devida a Windscheid. Esta tendência já tem levado ao ensaio de construção de um Direito penal económico, um Direito penal das sociedades, um Direito penal fiscal, um Direito penal aduaneiro, um Direito penal do trabalho, e muitos mais.

Verdadeiramente, não se trata de ramos especiais destacados do direito penal comum, mas da teorização da parte especial do Direito Penal, delimitada em função de sectores de actividade na vida social e profissional ou e sobretudo em função da diferente superintendência — em razão da complexidade da organização da Administração pública — na ordenação e fiscalização de tais actividades por diversos departamentos.

Tais distinções não apresentam interesse em uma teoria geral, e até podem prejudicar o seu melhor entendimento. As particularidades que apresentam esses ramos especiais de direito penal cabem exclusivamente no estudo de cada crime, de cada espécie de crimes, sempre subordinadas aos princípios gerais do direito penal comum.

Os delitos fiscais estão entre os casos cuja autonomia legislativa mais nítida se revela[13].

---

[13] Cfr. agora, designadamente, o denominado «Regime Jurídico das Infracções Fiscais não Aduaneiras», aprovado pelo Decreto-Lei n.º 20-A/90, de 15 de Janeiro.

CAPÍTULO II
O FACTO ILÍCITO

§ 1.º
ELEMENTOS E CIRCUNSTÂNCIAS ESSENCIAIS

I — PRELIMINARES

47. O desvalor do evento jurídico do crime e o desvalor da acção no modo da sua execução

A teorização do crime conduz a uma noção abstracta, cujo conteúdo só abrange aqueles elementos que são comuns a todos os crimes.

Todo e qualquer crime, como dissemos anteriormente, é um facto penalmente ilícito e culpável, no qual a ilicitude e a culpabilidade se não isolam, porque só a acção voluntária que ofende, lesa ou põe em perigo o bem comum constitui o crime. Na análise do conceito, no entanto, e sem quebra da sua unidade ontológica, distingue-se do facto penalmente ilícito o facto culpável.

O desvalor ou mal do crime é o acto injusto relativamente a outrem. Esta injustiça ou ilicitude objectiva traduz-se em um desvalor do fim a que se dirige a acção — lesão ou perigo de lesão de um bem penalmente tutelado.

Na maioria dos crimes, porém, o desvalor do crime não resulta exclusivamente da violação de um bem jurídico, mas também do modo da sua execução, isto é, do meio utilizado para o conseguir. Pode dizer-se que há então a lesão ou perigo de lesão de um bem ou interesse, como fim último da acção criminosa, e um fim intermédio, que consiste na forma que reveste o meio de realizar o fim último.

Exemplo claro de um crime em que a ofensa do bem jurídico tutelado é, por si, bastante para a incriminação é o crime de homicídio; aquele que mata outrem é réu do crime de homicídio.

Mas, mais frequentemente, exige-se nas incriminações da parte especial do Código uma forma especial de realização da ofensa (por exemplo, mediante violência, ou mediante fraude) que a própria lei descreve.

E, assim, o desvalor do facto penalmente ilícito não se limita ao desvalor que representa a ofensa de um interesse penalmente tutelado, pois que, ao lado dele e completando-o na maior parte dos crimes, há que tomar em consideração o desvalor do fim intermédio que consiste na modalidade de excução do crime. Há o desvalor do facto ilícito, em todos os crimes, que assenta no evento jurídico do crime, e há um desvalor do facto ilícito que assenta na gravidade do meio ou forma que toma a acção.

48. Elementos essenciais e circunstâncias

a) A partição, na análise do crime, em facto ilícito e culpabilidade, corresponde à terminologia mais comum e justifica-se pela mais clara interpretação do sistema legal, que facilita.

Tanto o facto ilícito como a culpabilidade são constituídos por elementos.

Os elementos do facto ilícito e os da culpabilidade podem ser elementos essenciais ou elementos acidentais; elementos essenciais são aqueles que respeitam à estrutura essencial do crime. Elementos acidentais, são aqueles que respeitam à estrutura acidental.

b) Também importa esclarecer o significado da qualificação dos elementos como elementos descritivos e elementos normativos.

O facto punível é tendencialmente um facto descrito pela lei penal. A descrição do crime pressupõe que os seus elementos sejam valorados directamente sobre a realidade que descrevem.

E, no entanto, tal não é sempre possível, e até se definiu, na legislação mais moderna, uma forte tendência, já não só para completar, mas também para substituir a descrição da realidade natural por juí-

zos de valor. Então, a definição de muitos elementos do crime é feita indirectamente: a lei fornece ou indica o critério de apreciação de uma realidade que se não descreve, ou pelo menos se esvanece.
A distinção entre elementos descritivos e normativos é referida expressamente no actual Código Penal, no n.º 1 do art. 16.º, onde se distingue os «elementos de facto ou de direito de um tipo de crime» (*vide infra,* n.º 132, qual o seu significado). Elementos de facto são, na terminologia legal, os elementos descritivos, e elementos de direito, os elementos normativos.

c) Com a designação dos componentes do facto ilícito e da culpabilidade como elementos se entrecruza a distinção entre elementos e circunstâncias.

As circunstâncias têm enorme relevo na doutrina do direito penal.

No anterior Código Penal (de 1886) havia, ao lado de elementos essenciais do facto, circunstâncias essenciais do facto, das quais dependia a sua incriminabilidade (cit. Código, art. 44.º, n.º 6); é e continua sendo esclarecedora a distinção, de modo que, ao tratar dos elementos essenciais do facto, se fará a sua indicação, tratando separadamente de uns e de outras.

As causas de justificação e as causas de exculpação são também circunstâncias do facto; assim as denominou também o Código Penal de 1886 (art. 41.º: «São circunstâncias dirimentes da responsabilidade penal: 1.ª — A falta de imputabilidade; 2.ª — A justificação do facto»).

Do mesmo modo o Código Penal espanhol as denominou «circunstâncias eximentes» da responsabilidade penal. Dirimir ou eximir significa anular; é a ilicitude penal ou a culpa que são anuladas pelas circunstâncias dirimentes (ou eximentes). As circunstâncias dirimentes que anulam a ilicitude do facto, são as circunstâncias justificativas ou causas de justificação (Código Penal de 1886, art. 44.º: «justificam o facto:...»); as circunstâncias essenciais que elidem ou anulam a culpabilidade, equivalem às causas de exculpação.

E, finalmente, às circunstâncias dirimentes, justificativas ou exculpativas, que respeitam à estrutura essencial do crime, se contrapõem as circunstâncias acidentais, que respeitam já não à estrutura essencial, mas à estrutura acidental do crime.

É esta uma síntese conveniente neste proémio, e que se desenvolverá ou explicará ulteriormente.

Seguidamente, indicar-se-á os elementos essenciais do facto ilícito (n.ᵒˢ 49 a 53), separando-os das circunstâncias essenciais do facto ilícito (n.ᵒˢ 54 e 55).

II — OS ELEMENTOS ESSENCIAIS DO FACTO ILÍCITO

49. Acção e omissão

A teoria geral do crime, como já disse e repito, tem em vista a apresentação de um conceito abstracto, e mais ou demasiadamente abstracto para facilitar a compreensão de cada crime. Por isso é mister classificar os crimes em razão das particularidades que revelam os elementos essenciais do facto ilícito.

É sabido que, em razão do princípio da legalidade, só são puníveis os factos que expressamente sejam definidos pela lei. Mas, indicando ou classificando os crimes em razão das modalidades que revestem os seus elementos essenciais, facilita-se a aproximação do conceito genérico de crime do conceito mais largo de cada crime em especial.

a) Ora, como já disse, o crime é sempre uma acção humana, e acção exterior.

Mas o Direito penal tanto ordena como proíbe; as normas penais são preceptivas ou proibitivas, e a violação da norma proibitiva consiste sempre em um comportamento positivo, em uma acção em sentido restrito, enquanto a violação de uma norma preceptiva consiste na omissão do comportamento devido.

Os crimes cometidos por meio de uma acção são crimes comissivos e os crimes cometidos por omissão, são crimes omissivos (*vide supra*, n.ºs 35 e segs.).

b) Os crimes omissivos podem ser crimes omissivos puros ou crimes comissivos por omissão; são estes últimos que são expressamente referidos no art. 10.º do Código Penal, preceito que foi já objecto de interpretação (*ibid.*, n.º 37).

Os crimes omissivos puros e os crimes comissivos por omissão são já uma subdistinção dos crimes omissivos, a qual assenta não na forma da acção — positiva ou negativa (acção ou omissão) —, mas no evento do crime.

É essencial a todos os crimes o evento jurídico, que consiste na lesão ou perigo de lesão do objecto; alguns crimes têm, porém, um evento material.

Os crimes com evento material denominam-se crimes materiais, e os crimes só com evento jurídico denominam-se crimes formais.

50. O evento jurídico e o evento material

a) Evento é a denominação historicamente consagrada para significar o resultado, o fim a que se dirige e realiza a acção ou omissão.

Há que distinguir, porém, o evento jurídico do evento material. Evento jurídico é a lesão ou perigo de lesão do bem jurídico tutelado pela norma incriminadora; evento material é a modificação do mundo exterior, relativamente ao objecto material do crime. Em todos os crimes se verifica, como elemento essencial, o evento jurídico; o evento material só terá lugar nos crimes materiais ou de resultado.

Logicamente o evento material é uma forma de realização do evento jurídico, e pode então observar-se a desnecessidade da distinção. Mas a distinção impõe-se, porque é quanto aos crimes materiais que se coloca mais dubitativamente a questão do nexo de causalidade.

O bem jurídico tutelado, nos crimes materiais, encorpora-se no objecto material sobre o qual incide a acção e que suporta os seus efeitos.

O bem jurídico tutelado é o objecto jurídico do crime. Objecto material é a pessoa ou coisa sobre que incide a actividade física do agente.

Tal como não existe, nos crimes formais, evento material, também, e nos mesmos crimes formais, não existe objecto material.

b) Pode o próprio tipo legal de crime exigir mais do que um evento jurídico, ou mais do que um evento material.

É o que se verifica nos denominados *crimes pluriofensivos*.

c) O momento da produção do evento tem interesse para fixar o momento consumativo do crime. O evento, como consequência, é posterior à execução e, portanto, será com a sua verificação que se consuma o crime.

Há, porém, eventos que perduram e em que a consumação não é instantânea.

A este respeito se distinguem os *crimes instantâneos* dos *crimes permanentes*.

O carácter instantâneo ou permanente refere-se à própria consumação, à lesão do bem jurídico. Ora, há bens jurídicos que, pela sua natureza, só são susceptíveis de ofensa mediante a sua destruição; assim, o crime de homicídio consuma-se no momento em que a vítima perdeu a vida como resultado da acção causal. E há bens jurídicos de natureza imaterial que não podem ser destruídos e são apenas susceptíveis de compressão, como a honra ou a liberdade, e estes são ofendidos enquanto se mantiver em execução a actividade lesiva.

Relativamente aos bens imateriais, a lei penal pode tomar em atenção a possibilidade e impor o dever de o agente pôr termo à compressão do bem jurídico lesado, ou pode, não atribuindo a lei ao agente do crime o dever de pôr termo à ofensa, o crime consumar-se no momento em que a acção ofensiva agride o bem jurídico. Exemplo clássico de crime permanente é o crime de sequestro (no Código Penal de 1982, cf. art. 160.º).

A execução nos crimes permanentes toma necessariamente uma dupla feição: é uma acção seguida de uma omissão continuada. A acção agride o bem jurídico, e a omissão ofende o dever de pôr termo à situação criada. No crime de sequestro, a execução inicia-se privando de liberdade a vítima e continuar-se-á enquanto durar a detenção da vítima. A imposição do dever positivo de restituição da liberdade é violada pela omissão do dever de pôr termo à privação de liberdade.

51. **O objecto jurídico do crime; crimes de dano e crimes de perigo. Referência aos crimes de perigo como um dos casos de crimes incongruentes**

a) Em razão do seu objecto formal ou jurídico, o facto exterior recebe a qualificação de ilícito. A qualificação reflecte o conteúdo real do facto fundamentalmente enquanto ele ofende interesses penalmente tutelados. A ilicitude material assenta, primacialmente, na lesão ou perigo de lesão do objecto jurídico do crime — o interesse penalmente protegido.

Consoante o modo de ofensa do objecto jurídico, os crimes distinguem-se em crimes de dano e crimes de perigo; nos crimes de dano verifica-se a efectiva lesão, mediante a destruição ou diminuição do bem jurídico, e nos crimes de perigo verifica-se somente o perigo de lesão.

A distinção parece clara no seu enunciado, mas não o é sempre na sua aplicação prática.

A incriminação de crimes de perigo obedece à tendência para a sua expansão de modo a abranger um estádio anterior à consumação da lesão do interesse penalmente protegido. Protótipo desta tendência foi historicamente a incriminação da tentativa.

A noção de perigo, porém, é uma noção perigosa e de difícil apreensão e prova.

Talvez por isso era muito parcamente admitida a responsabilidade penal sem efectiva lesão do interesse jurídico. São difíceis de demarcar os limites da antecipação de tutela penal dos bens jurídicos de modo a abranger o perigo da sua lesão.

Atente-se em que em todos os crimes de dano que pressupõem uma actividade complexa, a lesão é naturalmente precedida de perigo de lesão a partir de alguma fase dessa actividade.

Por outro lado, também é difícil demarcar a distinção entre crimes de dano e crimes de perigo nos crimes que têm por objecto jurídico bens ideais, imateriais, pois que é indeciso o momento em que se passa do perigo para a efectiva lesão.

Podem ainda suscitar problemas os chamados «crimes pluriofensivos», isto é, como atrás se disse, crimes cujo objecto jurídico é constituído por mais do que um bem jurídico, e mais ainda se o bem jurídico é ele mesmo relativamente indeterminado na sua definição, como acontece por vezes quanto a crimes contra a ordem e tranquilidade pública ou contra a incolumidade pública (na terminologia tradicional).

Teoricamente, convém esclarecer previamente o próprio conceito de perigo e distinguir concomitantemente espécies diferentes de perigo.

Perigo é a potência de um fenómeno para ocasionar a perda ou diminuição de um bem, o sacrifício ou restrição de um interesse (Rocco). É, portanto, o dano provável.

A probabilidade não pode ser mero juízo subjectivo; tem de ser probabilidade efectiva, próxima e real.

A doutrina antiga distinguia entre perigo real e perigo presumido; a doutrina moderna distingue o perigo concreto do perigo abstracto (crimes de perigo concreto e crimes de perigo abstracto). O perigo abstracto não é elemento do crime, é mero motivo da incriminação. Verifica-se, por exemplo, nas contravenções, que consistem na inobservância das disposições «preventivas» de leis e regulamentos. Para que se verifique a contravenção, não é necessário que ela seja causa de perigo real; independentemente de qualquer perigo concreto, a contravenção é punível porque é contrária a normas que pretendem prevenir perigos, mesmo que não tenha lugar a criação efectiva do perigo.

Por isso a designação de perigo presumido corresponde mais expressivamente ao que hoje se designa por «perigo abstracto».

A distinção indicada não esclarece no entanto a noção de perigo real ou concreto. Tomada como fundamento de incriminação, dada a elasticidade do conceito de perigo concreto, é ele susceptível de pôr em «perigo» a conveniente certeza e delimitação das incriminações.

Nesta alínea, só interessa formular a distinção entre crimes de dano e de perigo, precavendo contra a expansão da incriminação de crimes de perigo por atentatória da certeza do direito. Mas já a seguir e em breve nótula indicarei a pouco cautelosa expansão de crimes de perigo no Código Penal.

Assente fica, porém, que só o perigo real ou concreto pode ser evento jurídico do crime; e que a sua delimitação é sempre tarefa melindrosa.

O perigo, nos crimes de perigo, é considerado como evento ou resultado jurídico do crime. Em outra perspectiva, o perigo pode entender-se como potencialidade causal da acção. São diferentes perspectivas que se não contradizem, mas que importa considerar para obter alguma clareza em matéria imersa em escuridade.

b) O princípio da culpabilidade em um direito penal do facto pressupõe a simetria do ilícito e da culpa; deve haver congruência entre o objecto da ilicitude e da culpabilidade de modo que, por um lado, se não puna a simples ideia ou intenção, como, por outro lado, se não dê o passo a uma responsabilidade objectiva.

Deste ponto de vista seriam incongruentes (a terminologia é expressiva e foi adoptada por Maurach) os crimes em que a culpa exceda a matéria do facto ilícito ou em que o facto ilícito não constitua, todo ele, objecto de culpa.

Na alínea anterior, foi assinalada a distinção do evento jurídico nos crimes, entre dano e perigo de dano, dando origem à distinção entre crimes de dano e crimes de perigo; observou-se que nestes crimes de perigo se verifica uma antecipação da tutela penal, que deve ser cautelosa porque abre as portas a uma maior incerteza na aplicação do direito.

A correspondência entre facto ilícito e culpa era entendida, perante a legislação anterior, fundamentalmente a propósito dos crimes preterintencionais, isto é, quanto aos crimes em que se verificava — e em estreitos limites — a existência de elementos essenciais do facto ilícito não abrangidos no objecto do dolo, embora fosse indispensável a negligência.

Em casos limites, em várias legislações — mas não no Código Penal revogado — havia ainda crimes qualificados pelo evento, em que o evento ou um evento do facto criminoso, sendo elemento constitutivo do facto ilícito e determinando maior responsabilidade, era imputado objectivamente, não constituindo objecto nem do dolo, nem da negligência.

A responsabilidade objectiva em direito penal é uma anomalia censurável e que importa suprimir onde subsista. É usual encomiar a evolução do direito penal no sentido da supressão quer do princípio do *versari in re illicita,* quer da redução dos seus vestígios. Nesse particular, a tradição jurídica portuguesa, mesmo já nas *Ordenações*, foi constante e era, porventura, aquela que mais coerentemente e com maior segurança se ateve ao princípio da culpabilidade.

Diferentemente, na Alemanha, onde desde a Idade Média houve sempre largo campo de aplicação duma responsabilidade penal objectiva, o progresso na realização do princípio da culpabilidade vem sendo feito paulatinamente ainda na actualidade.

Um grande número de crimes qualificados pelo evento manteve-se e mantém-se no Código alemão; para minimização desse defeito foi recentemente exigido que, nos crimes qualificados pelo evento que permanecem no Código Penal, o evento seja pelo menos imputável a título de negligência; essa disposição (§ 18 do Código alemão) foi copiada pelo Código Penal português (art. 18.º), porque introduzindo na parte especial número equivalente de crimes cuja punibilidade se agrava em razão da produção de um evento, houve de fazer idêntica correcção na parte geral.

Melhor teria sido reformar desde logo as incriminações de modo a tornar desnecessária a correcção.

Importa no entanto ter em atenção se o *quantum* da agravação imposta por lei excede na formulação actual a normal medida de responsabilidade a título de culpa ou negligência, pois que então terá lugar uma larvada responsabilidade objectiva; e efectivamente excede.

Outro dos artifícios técnicos para disciplinar dogmaticamente desvios à congruência do facto ilícito e culpabilidade é a teoria obscura e difícil dos crimes de perigo na legislação e doutrina germânicas.

É difícil encontrar na doutrina germânica defensores convictos da extensão que a noção tomou na lei. Os ensaios doutrinários, com tino e subtileza, procuram atenuar ou restringir o seu alcance, mas, em regra, ou buscam directamente uma classificação que permita uma menos hesitante e confusa aplicação do direito, ou manifestam expressamente o anseio de total modificação em futura reforma legislativa.

A admissão de crimes qualificados pelo evento no Código Penal nos termos do congénere alemão revela-se na seguinte enumeração (incompleta): arts. 145.º, 154.º n.º 3, 208.º com referência às incriminações dos arts. 201.º, 202.º, 205.º e 206.º; 267.º com referência às incriminações dos arts. 253.º a 266.º, e ainda dos arts. 269.º, 270.º, 271.º, 273.º, 275.º, 276.º, 277.º, 278.º, 279.º, 280.º, 281.º (por força do n.º 5 do art. 269.º), n.º 2 do art. 270.º, n.º 3 do art. 271.º, n.º 6 do art. 273.º, n.º 5 do art. 275.º, n.º 3 do art. 276.º, n.º 8 do art. 277.º, n.º 5 do art. 278.º, n.º 5 do art. 279.º, n.º 2 do art. 280.º e n.º 2 do art. 281.º Os crimes qualificados pelo evento são, em grande parte, crimes de perigo de que resulta um evento de dano.

A estrutura do crime é então mais complexa. Para a compreender convém também aludir brevemente aos crimes de perigo (e de perigo comum) que o relatório do Código Penal entende serem a consagração de «uma linha de pensamento político criminal que acha necessária a intromissão do direito penal para salvaguardar certos bens jurídicos que uma sociedade tecnológica põe em perigo»; «o ponto comum destes crimes, não falando obviamente dos problemas dogmáticos que levantam — continua o relatório —, reside no facto de que condutas cujo desvalor da acção é de pequena monta se repercutem amiúde num desvalor do resultado de efeitos não poucas vezes catastróficos».

Os problemas dogmáticos que levantam os crimes de perigo, consoante constam dos preceitos da parte especial do Código, são efectivamente difíceis, e são difíceis porque traduzem um artificialismo técnico destinado quer a tornar praticável o sistema quer a reduzir dentro do possível a objectivação da responsabilidade penal que da lei decorre.

De todo o modo é uma tarefa necessária.

A noção de perigo perde contornos precisos e estende-se difusamente de maneira a alargar-se a toda a matéria que a lei encara sob essa denominação. E isto progressivamente, consoante o seu maior ou menor afastamento em relação aos crimes de dano.

Serão, para o Código Penal, crimes de perigo:

1.º — Os crimes já atrás designados por crimes de perigo abstracto ou perigo presumido, nos quais o perigo é razão motivante da lei, mas não entra na estrutura do facto; são os crimes que a doutrina alemã denomina de «mera actividade»; sê-lo-á também no Código alemão a tentativa impossível — que, admitida pelo projecto primitivo, não passou para o Código Penal português. Não há então evento de perigo; independentemente de qualquer situação concreta de perigo tem lugar a incriminação da acção ou omissão em abstracto perigosa.

2.º — Os crimes de «perigo de perigo», ou «risco de perigo», em que é de exigir que o facto contenha realmente potencialidade causal de perigo. A definição legal assentará então na idoneidade do acto para a criação de um perigo e é em função dessa idoneidade que se fundamenta a incriminação e a responsabilidade.

Neste grupo, muito extenso e muito discutível e discutido, enxameiam as opiniões sobre a estrutura concreta a dar aos crimes. Por um lado pretende-se precisar os seus contornos, ancorando a sua caracterização na qualidade perigosa do meio ou acção cometida, por outro lado procura-se exigir no caso concreto um perigo real ainda que mais ténue ou remoto.

Rigorosamente, na definição destes crimes, o evento de perigo concreto não existe ainda e a prognose do perigo será então uma prognose *ex-ante* e não *ex-post*, isto é, em que o perigo só caracteriza a acção e não carece de ser comprovado no caso concreto. Mas é grande o esforço doutrinário e jurisprudencial na Alemanha para ultrapassar essa barreira e aproximar este grupo de crimes de perigo do grupo que se segue, admitindo ainda, por diferentes vias, um evento de perigo concreto.

3.º — Os crimes de perigo concreto.

Nestes, o perigo ou situação de perigo é evento ou resultado da acção. Na sua estrutura, a situação de perigo integra-se no facto ilícito como evento produzido pela acção no caso concreto. Não existindo a situação de perigo no caso concreto, não há crime.

Todas estas espécies de crimes de perigo, espalhadas pelo Código e com origem em uma arcaica legislação germânica, podem ainda mesclar-se com crimes qualificados pelo evento. E então haverá crimes de «risco de perigo», em que só a acção é potencialmente perigosa, à qual se segue um resultado danoso que, não sendo abrangido pelo dolo, é contudo também fundamento da maior responsabilidade penal. Será, assim, elemento essencial do facto ilícito, embora exorbitando da responsabilidade a título de culpa e justificativo da própria medida da pena.

c) O quadro dos crimes de perigo toma maior complexidade quando os crimes de perigo são *crimes de perigo comum*, pois que então e muitas vezes o risco se dirige a uma pluralidade de bens jurídicos incertos, mas as noções que ficam dadas fornecem um primeiro esquema para a abordagem da interpretação das incriminações que se lhes reportam.

Note-se que para além do problema da estrutura do facto ilícito, os crimes de perigo apresentam também grandes dificuldades quanto à estrutura do dolo — dolo de perigo; este aspecto, de grande relevância, deve ser abordado no lugar próprio. Então se completará uma análise rudimentar dos crimes de perigo.

d) A crítica da doutrina alemã foi desde longa data severa; a exemplificá-lo a opinião de M. E. Mayer, segundo o qual a noção de perigo, consoante se utilizava na lei, vinha a padecer de todas as deficiências que podem afectar um pressuposto de responsabilidade penal, ou de V. Bar, que afirmava ser tal conceito impraticável e fluido.

Por isso mesmo, muito meritória é na literatura germânica, e na jurisprudência, a tentativa de «domesticar» dentro do possível a noção de perigo, consoante resulta da lei, para a restringir.

Isso não obsta a que a maioria da doutrina, ainda que usando todos os esforços nesse sentido, opte pela supressão ou total remodelação do sistema herdado da velha legislação e apenas mitigado pela sua parcial reforma.

As dificuldades, entre nós, serão dobradas, visto que o sistema, com as suas inegáveis imperfeições, se enxerta em um direito avesso à tradição de responsabilização objectiva, de que esforçadamente, mas só recentemente, o direito alemão procura libertar-se no plano legislativo[1].

52. A estrutura complexa do facto ilícito. A pluralidade de factos

a) O facto, na sua unidade jurídica, pode apresentar uma estrutura complexa em alguns dos seus elementos essenciais.

---

[1] Fundamental, Arthur Kaufmann, *Das Schuldprinzip. Eine* strafrechtlich-rechtsphilosophische *Untersuchung*, 1961, págs. 240 a 246 (e designadamente a conclusão de Lange cit. a págs. 244, nota 99).

Quanto ao evento, foram já indicados os crimes pluriofensivos, como também os crimes permanentes; a unidade do facto punível não é prejudicada pela estrutura complexa que ele reveste.

A unidade do evento jurídico, bem como do evento material, quando nele se materializa o evento jurídico, pode determinar a unidade do facto. É elucidativa a tradicional distinção entre factos sucessivos ou reiterados, a que aludia já o Código de Processo Penal (Cód. Proc. Pen. de 1929, art. 45.°, n.° 2; no novo Cód. Proc. Pen., cf. art. 19.°, n.° 2).

A insistência na execução de um crime, por sucessivas acções dirigidas à produção do evento, não multiplica o número de factos criminosos. A pluralidade de acções repetidas de execução não pulveriza o crime em vários crimes.

Factos reiterados são aqueles que também realizam um só crime, mas cada um dos factos realiza parcialmente, e não totalmente, a execução, e a produção de um evento parcial do crime.

Factos sucessivos ou reiterados, neste sentido, não são vários factos, mas um só facto punível.

Esta unidade pode ser ainda criada pela própria lei. É o que acontece com os denominados crimes complexos, habituais ou eventualmente continuados.

b) Quanto à relação entre o tipo legal e o facto concreto, deve atender-se, neste ponto, às seguintes considerações:

O tipo legal é um conceito que a lei define e o facto concreto é o substrato real do crime. O primeiro interessa sobretudo à dogmática do direito penal enquanto o segundo é o fundamento da responsabilidade penal na aplicação da pena. A passagem da teoria para a praxe equivale à concretização do conceito em um facto real[2].

---

[2] A evolução, na doutrina alemã, do conceito de tipo, sobretudo a propósito da teoria das circunstâncias acidentais do crime, tem sido reveladora do sucessivo alargamento da noção de tipo. São sobremaneira elucidativas as posições assumidas, primeiro pelo próprio Beling, admitindo uma zona exterior do tipo objectivo constituída por actos preparatórios e actos concomitantes, mas nunca por actos posteriores à consumação. Bruns considerou já as circunstâncias posteriores como indícios de maior ou menor responsabilidade penal, e Lang-Hinrichsen, reformulando o conceito de facto concreto, de modo a abranger tanto elementos anteriores ou concomitantes como posteriores, e tanto relativos ao facto ilícito como à culpa. A posição da doutrina alemã é naturalmente bastante contraditória, mas elucidativa na sua evolução. A questão será aflorada a propósito das circunstâncias acidentais. É de citar, na literatura portuguesa, o trabalho de Miguel Machado, *Circunstâncias das Infracções...*, v.g. a págs. 113-114.

O facto ou acção não é definível na sua unidade. Alertei já para a existência dos denominados crimes sucessivos ou reiterados, a que se refere o Código de Processo Penal, em que a pluralidade de actos constitui uma só execução do crime. A pluralidade de actos repetidos de execução não pulveriza, como disse, o crime em vários crimes.

Esta unidade do crime ou do seu evento pode, porém, ser criada directamente pela lei. E é isso que pode suceder com os denominados crimes complexos, habituais e continuados.

Crimes complexos são crimes que consistem na junção de duas incriminações distintas e em que, por isso, o facto concreto que lhes corresponde é constituído por factos autonomamente subsumíveis a diferentes normas incriminadoras (exemplo: o crime de roubo em que a violência usada tome a forma de homicídio — Código Penal, art. 306.º, n.º 4).

Crimes habituais exigem a repetição de factos ofensivos; essa repetição terá lugar mediante actos de vontade e eventos diversos; mas a incriminação exige a repetição de vários factos para a sua punibilidade. É o que sucede, por exemplo, com os maus tratos (Código Penal, art. 153.º). Os maus tratos exigem uma repetição ou persistência na actuação criminosa, repetição que revele uma tendência ou hábito da vontade; os maus tratos têm a sua origem em uma inclinação habitual da vontade.

Crime continuado é expressamente regulamentado na parte geral do Código Penal vigente (n.º 2 do art. 30.º). A natureza do crime continuado, como crime único ou pluralidade de crimes, é fortemente discutida na doutrina e a respectiva noção é ou omissa ou prevista expressamente nos actuais Códigos Penais. Porque a sua noção legal terá de ser ainda objecto de interpretação, ocupar-me-ei do seu estudo oportunamente (*infra,* n.ºˢ 209 e 210).

53. O nexo de causalidade

Os elementos essenciais do facto típico não devem considerar-se somente de um ponto de vista estático. Há também o ponto de vista dinâmico. O entrosamento dos elementos que compõem o facto ilícito traduz-se em conceitos de relação entre eles; um destes conceitos de relação é constituído pela causalidade.

A noção de causa pode ser utilizada e é utilizada com significados diversos. Disse já que a acção humana, e portanto o crime, se situa entre a sua causa — o agente — e o seu objecto, o objecto jurídico. Nesta perspectiva a causa tem o significado de imputação; pretende correlacionar o facto objectivo na sua totalidade — acção ou omissão e evento — com o agente, delimitando o facto enquanto lhe pode ser atribuído como «seu» e enquanto por ele deve ser responsável.

a) Em outro sentido procura fixar-se já não a relação entre o facto e o agente, mas a relação entre a acção ou omissão e o evento material.

Neste segundo sentido se utilizou e utiliza a expressão imputação objectiva. A imputação foi o conceito genérico que serviu de base ao primeiro sistema doutrinário de direito penal. Toda a teoria do crime assentava nos conceitos fundamentais de imputação objectiva *(imputatio facti)* e de imputação subjectiva *(imputatio juris),* designando respectivamente a relação de imputação ao agente do facto exterior e os pressupostos da atribuição do facto à vontade do agente.

Neste mesmo sentido a expressão causa, ou mais usualmente causalidade, veio a significar tão-somente a relação da actividade exterior do agente com as suas consequências, ou seja, com o evento material do crime.

E, em conformidade, o conceito de causa é frequentemente utilizado na descrição dos crimes materiais pelas normas incriminadoras. No Código Penal de 1982, logo na parte geral, o art. 10.º, com o fim de incriminar genericamente os crimes comissivos por omissão, exige que a acção seja «adequada» a produzir o evento ou resultado.

Da locução legislativa ressalta o intento de fazer sobressair a noção de adequação da acção ou omissão à produção do evento ou ao impedimento da sua produção.

Para entender o alcance da qualificação da causa como «adequada», impõe-se uma explicação prévia.

O sistema, tanto legal como doutrinário, do direito penal assenta na noção de crime. Esta noção como que autonomiza o facto do seu agente, o qual é depois considerado sobretudo com referência à culpabilidade, expressando-se nos pressupostos ou substrato da culpabilidade. Para tanto concorreu o positivismo naturalista.

Para a orientação naturalista, o facto humano, como qualquer facto natural, é produto de causas; a lei da causalidade é uma lei universal e a noção de causa não pode ser desvirtuada arbitrariamente pelo direito.

Foi com Von Buri que entrou na dogmática penal, por este modo, a definição da acção como causa, mediante a fórmula da *conditio sine qua non,* ou teoria de equivalência de condições.

A relação de causalidade limita-se nesta doutrina à relacionação causal da acção (causa) com o evento (efeito, consequência ou resultado).

Enquanto na doutrina da imputação objectiva para estabelecer o nexo de imputação se parte do evento para o agente, na doutrina da causalidade (como regra científica e estranha ao direito) parte-se da acção para o evento.

A imputação objectiva implica uma valoração normativa; a mera causalidade na teoria da equivalência de condições pretende fixar cientificamente quais as consequências da acção cometida.

A evolução do problema posto manifestou-se no sentido de limitar o alcance da estrita aplicação do conceito científico de causa natural, buscando um conceito de causa mais restrito e consentâneo com a justiça das soluções pretendidas.

As restrições na doutrina ao conceito naturalístico de causa foram da mais diversa natureza. Para as indicar sumariamente há que apelar para a sua classificação em dois grupos: teorias individualizadoras e teorias generalizadoras.

As teorias individualizadoras procuravam distinguir entre causa e condição, tendo aquela maior eficiência causal no caso concreto do que as meras condições. Estas teorias individualizadoras não têm desde há muito defensores.

Grande êxito, pelo contrário, obteriam as doutrinas que limitavam o alcance da causalidade, seguindo um critério, não individualizador, mas generalizador, isto é, baseado não na maior eficácia das condições no caso concreto mas na importância que, em geral e segundo a experiência comum, teriam como condicionantes do evento.

São desta espécie as teorias da causa adequada e da relevância jurídica, as quais se seguiram ao predomínio teórico da equivalência de condições.

Tanto a doutrina da causalidade adequada como a da relevância jurídica criticavam especialmente à teoria da equivalência das condições o alargamento incomensurável ou extensão dos efeitos ou resultados na delimitação do facto, extensão que ultrapassaria largamente a função da causalidade na estrutura jurídica do crime.

A teoria da adequação ou causalidade adequada — que apresenta várias divergências na sua formulação nos autores que a defenderam — define como causa tão-somente aquela condição que, em conformidade com a experiência comum, seja adequada à produção do resultado. De início e com Von Kries era a experiência comum do agente que levaria à qualificação como causa adequada (experiência subjectiva), mas este critério foi em breve abandonado.

Na formulação que se tornou dominante, a adequação assentará num prognóstico objectivo *a posteriori;* deste modo o juízo sobre a adequação não é o juízo formulado pelo próprio agente da acção, mas o juízo formulado pelo juiz, após a perpetração do facto, o qual deverá tomar em consideração, por um lado, a experiência comum (e não a experiência subjectiva) — e por isso se diz generalizadora a doutrina da causa adequada —, e, por outro lado, tomar em consideração os conhecimentos pessoais do agente, pois que a experiência comum também revela que uma condição que, em abstracto, não seria causa adequada, se torna adequada precisamente em razão desse conhecimento pelo agente.

A teoria da relevância jurídica significa um novo passo na evolução da teoria da adequação e é, no fundo, uma simples modalidade da adequação. Foi seu corifeu Ed. Mezger e originou, com a importância que atribui à relevância jurídica da causalidade, uma evolução que ainda não terá encontrado consenso para uma definição rigorosa.

A finalidade ínsita na teoria da relevância e da adequação é a mesma. A divergência estará no modo de acentuar a importância normativa do direito na delimitação da causalidade.

Dum ponto de vista científico, a equivalência das condições é corolário da definição de causa como todo o antecedente necessário de um resultado. A limitação desse conceito, na sua extensão inservível para a imputação objectiva de efeitos à acção humana, é que originou tanto a teoria da adequação como a da relevância.

Pretende-se precisamente saber em que termos é justa a imputação objectiva de um resultado tanto à acção que o produz como ao agente que pratica a acção. Ora, se em função desta finalidade não serve o critério de decalcar a causalidade jurídica sobre a causalidade física, tão-pouco é admissível consentir à lei a formulação arbitrária de qualquer critério. Há-de partir da causa, enquanto realidade ontológica, para a constringir, tendo em atenção os valores próprios do direito.

O complemento que a relevância jurídica dá à doutrina da adequação parece consistir em submetê-la ao mesmo processo de tipicização que os outros elementos essenciais do facto. A lei não cria a causalidade, mas integra-a no facto típico, de modo que a causa é uma causa típica.

A substância da causa permanece ontológica; a sua delimitação, que não suprime e apenas restringe o seu âmbito, faz-se no molde da sua relevância jurídica.

Pouco a pouco regressou parte da doutrina germânica à designação de imputação objectiva para expressar a essência da causalidade.

A noção clássica de imputação objectiva não perdia, porém, de vista a relação tanto da acção externa como dos seus efeitos com o seu agente. Considerando a imputação objectiva isoladamente, como elo entre a acção e os seus efeitos, torna-se mais fácil a degeneração do conceito de imputação objectiva, como definição dos efeitos daquela acção que a lei reputar mais conveniente imputar ao agente arbitrariamente. E por esta via pode resvalar para o absurdo.

A relevância jurídica do nexo causal não cria o nexo causal, delimita-o; tal como a acção, enquanto elemento essencial do crime, é a acção típica, a causa relevante é a causa típica.

b) O Código Penal alemão não continha e não contém preceitos relativos ao nexo causal; daí o relevo que tomou, em sua substituição, uma discussão teórica nem sempre unívoca. Por isso o ónus de traduzir em regras práticas uma fórmula teórica como a da causa adequada que o art. 10.º do novo Código Penal adoptou cabe à jurisprudência e doutrina.

No direito português a tradição é inversa. Não obstante a sua longevidade, os preceitos que, tradicionalmente, e já com origem nas *Ordenações,* orientavam a praxe, são mais precisos e claros do que o conceito abstracto e formal de adequação. Para o transformar em critério prático, e para definir o critério da experiência comum, poderá o intérprete servir-se, por isso, das normas esclarecedoras da legislação revogada.

O problema da causalidade coloca-se em direito penal, como já assinalei, nos crimes materiais ou comissivos (como é denominação consagrada de origem latina: *delicta comissiva*) e em muitos casos a solução prática não oferece dificuldade, e poder-se-á dizer evidente; e é sobretudo por isso que costumam indicar-se grupos de casos nos quais se torna dificultosa a decisão.

Também, embora se trate de matéria pertencente à teoria geral do crime, na prática tais dificuldades sobressaem nos crimes de homicídio, doloso e culposo, e de ferimentos (ou contra a integridade física).

A indicação do conjunto de casos que de certo modo podem orientar a pesquisa da conveniente solução faz-se apontando a sua diferenciação em relação aos casos normais. E isto porque se não parte na lei da doutrina da equivalência de condições que só limita a extensão da punibilidade mediante a exclusão eventual da culpa. Todas as demais doutrinas são limitativas da causalidade, como o é o princípio da causalidade adequada.

Tais grupos de casos são fundamentalmente:

1.º Casos de causalidade acidental;
2.º Casos de interrupção do nexo de causalidade;
3.º Casos de concurso de causas;
4.º Casos de causalidade hipotética.

Estes casos que se verificam com muito maior frequência nos crimes de homicídio e ferimentos não podiam deixar de preocupar a praxe criminal no passado e foram objecto de estudo e discussão, como de regulamentação legislativa. Já dos principais se ocuparam, entre nós, as *Ordenações*. São eles previstos, com exemplificação prática, no *Ensaio de Código Penal* de Mello Freire e foram também previstos expressamente pelo Código de 1886.

Não era assim no Código alemão que teve de deixar ao arbítrio da praxe e à invenção da doutrina o preenchimento da lacuna.

O novo Código seguiu este claudicante exemplo, o que não obsta, porém, a que a referência feita às soluções legislativas decorrentes do direito penal anterior não constitua uma forma de explicitar os grupos principais de casos duvidosos que ficaram apontadas.

1.º *Causalidade acidental*

Forma o grupo de casos mais numerosos e que exige mais clara definição.

O critério geral da doutrina da causalidade adequada centra-se na definição da adequação ou causa adequada.

A orientação legislativa pregressa, como a praxe, sem omitir essa definição, procuram, sobretudo, delinear a noção de causa acidental, sem iludir a sua contraposição com a causa adequada ou normal, a que igualmente se referem.

A causa adequada está presente através da sua evidência, que a sequência necessária do evento revela; e não existirá quando se defina como causa acidental.

E assim, haveria causa adequada se à acção se segue necessária e directamente o evento. A própria linguagem torna evidente a causalidade: aquele que «matar» outrem é aquele que comete a acção causal da morte de outrem e produz a morte. Causa e evento incluem-se no significado de matar.

Do mesmo modo quanto àquele que «ferir» outrem. A própria acção é já definida através do seu resultado necessário.

A ligação da noção de causa adequada ou juridicamente relevante com a qualificação do evento como necessário procura-se, no Código de 1886, através da «necessidade» do efeito ou consequência (art. 360.º: «A ofensa corporal voluntária de que resultar como *efeito necessário* da mesma ofensa, doença ou impossibilidade de trabalho...»; art. 361.º: «Se, por *efeito necessário* da ofensa ficar o ofendido privado da razão [...]»).

A referência à adequação da causa, no nosso antigo Código, é feita sobretudo quando à acção se não segue o evento [na tentativa e delito frustrado e segundo os arts. 10.º e 11.º é indispensável a execução completa dos actos que «deveriam produzir o crime consumado e só o não produzem por circunstâncias independentes da sua vontade»; ou a «execução começada e incompleta dos actos que *deviam* produzir o crime consumado»; no crime de envenenamento, que era no anterior Código um crime de atentado, ou de consumação antecipada, havia igualmente que caracterizar a «adequação» da acção, e, por isso (art. 353.º, § único), era envenenamento todo o atentado contra a vida de alguma pessoa por efeito de «substâncias que podem dar a morte mais ou menos prontamente...», e, completando a definição no crime de ofensas corporais ministrando substâncias nocivas à vítima, qualifica estas como «não sendo em geral por sua natureza mortíferas, sendo apenas, em geral e por sua natureza, nocivas à saúde»].

[Em geral, segundo a experiência comum e por sua natureza, as substâncias serão de classificar em mortíferas ou nocivas à saúde. As primeiras qualificam a causa adequada do envenenamento, as segundas não têm como efeito necessário a morte.]

Até aqui, a indicação de como a lei, quanto ao homicídio e ofensas corporais (crimes contra a integridade física), orientava a aplicação pragmática do critério da adequação na definição de causa típica nesses crimes de homicídio e ofensas corporais.

Mas essa definição torna-se mais nítida, mediante a sua contraposição com a indicação dos casos em que a causa, sendo «acidental», não tem relevância jurídica, isto é, não é causa típica do evento.

Esta contraposição, que bifurca o conceito de causa em causa adequada ou típica e causa acidental (irrelevante, atípica), ressalta claramente do art. 362.º, que se refere à causa acidental:

α) «Se o ferimento ou espancamento ou ofensa não foi mortal, nem agravou ou produziu enfermidade mortal»;

β) «e se se provar que alguma circunstância acidental, independente da vontade do criminoso e que não era consequência do seu facto, foi a causa da morte, não será pela circunstância da morte agravada a pena do crime».

Este art. 362.º do Código de 1886 é suficientemente explícito para indicar os casos em que, tendo havido ofensas corporais (mesmo com intenção de matar), não se verifica a causa adequada; a causa acidental é positiva e negativamente definida pela citada disposição legal.

A ofensa deve ser mortal (por sua natureza e segundo a experiência comum); a causa a que se segue outra causa que é daquela necessário efeito é ainda causa adequada da morte (por exemplo: a enfermidade ou infecção causada pelos ferimentos).

Negativamente, a causalidade é excluída quando a morte se seguiu porque interferiu no processo causal uma causa acidental (circunstância acidental) que o agente não provocou nem pôs ao seu serviço (independentemente da vontade do criminoso).

2.º *Interrupção da causalidade*

Os casos de interrupção da causalidade são aqueles em que à causa adequada posta pelo agente se sobrepõe uma outra causa igualmente adequada para produzir o evento, mas que não provém do mesmo agente, quer directamente, quer como consequência da causa inicial.

Tais casos são aqueles em que a causa que produziu o resultado é outra e diversa, inteiramente independente da posta pelo agente, e causa só por si o resultado.

Exemplo de causa acidental é a morte da vítima por desastre de viação, quando como ferido é transportado ao hospital em ambulância. Verdadeiramente, o transporte do ferido não é consequência da acção de ferir; não se segue como consequência a esta. Os ferimentos foram produzidos pela acção do agente; a morte foi directamente produzida pelo desastre.

Exemplo de interrupção da causalidade é o da tentativa de envenenamento da vítima mediante ministração de veneno por um agente, mas em que a morte vem a ser causada por outro inimigo da vítima, que a mata a tiro. A morte foi então causada pelo segundo agressor, que é responsável por homicídio, enquanto o primeiro será responsável por tentativa.

3.º *Concorrência de causas*

No grupo de casos anteriormente indicado (interrupção da causalidade), a causa não se insere no nexo causal iniciado pelo agente. Na concorrência das causas, todas elas concorrem em conjunto para a produção do resultado.

Como o nexo causal é elemento do facto típico, a concorrência de causas é concorrência de acções na produção do mesmo resultado. A relevância jurídica das diferentes causas (enquanto acções causais) equivale a comparticipação de vários agentes no crime, e a relevância jurídica das diferentes espécies de acções causais depende da regulamentação legal da participação criminosa. A tipicidade do nexo causal molda-se pela definição legal da acção causal dos vários comparticipantes.

É um grupo de casos que indicia nitidamente que a adequação de causa depende muito particularmente — no sentido da sua delimitação — da sua tipicização legal.

4.º *Causalidade hipotética*

Os casos de relevância da causalidade hipotética são sobretudo debatidos em direito civil a propósito da responsabilidade civil.

A causa hipotética não tem relevância em direito penal. Verifica-se quando a causa posta pelo agente foi eficaz e produziu o resultado, mas outra causa independente do agente e ulterior produziria de todo o modo o mesmo resultado sem a intervenção do agente. (Exemplo: *A* matou a vítima antes de esta tomar o avião para uma viagem; o avião em que seguiria caiu, não se salvando ninguém; a vítima teria morrido sem que o criminoso a tivesse matado. O matador é pessoalmente responsável e a existência de causa hipotética não influencia a solução.)

III — AS CIRCUNSTÂNCIAS ESSENCIAIS DO FACTO ILÍCITO

54. As qualidades especiais do agente

Não há crime, como facto voluntário, sem sujeito agente. Logicamente não existe responsabilidade penal das pessoas colectivas ou associações. O novo Código contém disposições que parecem contrariar este princípio fundamental (arts. 11.º e 12.º) e que por isso exigem atenção especial. Proceder-se-á ulteriormente à sua interpretação.

Em princípio, a perpetração de um crime não depende de qualidades pessoais que restrinjam o círculo de pessoas que o podem cometer. Mas há crimes que só podem ser cometidos por um círculo restrito de pessoas *(intranei)*.

Estes crimes são tradicionalmente designados por «crimes próprios» *(delicta propria)*, que no vocabulário alemão receberam o nome de «crimes especiais» *(Sonderverbrechen)*.

A falta da qualidade do sujeito agente exigida para a incriminação é uma forma de delimitação do próprio objecto jurídico do crime e significa também que o dever sancionado pela norma penal só incumbe, em princípio, às pessoas providas das qualidades que a norma incriminadora refere.

Tem a categoria dos crimes próprios especial importância no regime de comparticipação (art. 28.º).

As qualidades pessoais do agente podem constituir apenas circunstância acidental, modificativa da gravidade da culpa, e já não circunstância essencial do facto ilícito.

Há também crimes que só podem ser cometidos por mais do que um agente. Se, em geral, os crimes «podem» ser cometidos em comparticipação por vários agentes (participação facultativa), há crimes que só podem ser cometidos por uma pluralidade de agentes (crimes de participação necessária, conspiração, rebelião, associações criminosas, etc.).

A participação criminosa, como forma do crime, é matéria a tratar ulteriormente (*infra*, n.ᵒˢ 171 e segs.).

55. Tempo, lugar e instrumento. Circunstâncias extrínsecas ao acto (pressupostos). Circunstâncias que concorrem no ofendido

a) Na estrutura acidental do crime será versada em especial a matéria das circunstâncias.

Já se observou *supra*, porém, que a valoração objectiva do facto ou acção exterior se faz em função do objecto jurídico, mas que não só o seu desvalor resulta do próprio facto, no seu núcleo essencial, mas ainda de circunstâncias extrínsecas ao próprio facto, que nele concorrem, enquanto redundam numa alteração do objecto jurídico.

Em geral, as circunstâncias têm particular relevo quanto à graduação da responsabilidade penal, isto é, na medida da pena. Quando incluídas na descrição legal do crime, como seus elementos típicos, são circunstâncias essenciais. Há factos que só são crimes, por exemplo, se cometidos em certo tempo ou lugar com determinado instrumento, etc., e então o tempo, ou lugar ou o instrumento do crime serão circunstâncias essenciais do facto tipicamente ilícito.

b) O tempo e o lugar, como circunstâncias, não são o acto, mas concorrem no acto ilícito. Do mesmo modo muitos factos ou situações particulares, anteriores e extrínsecas ao acto e nas quais ou relativamente às quais o acto é praticado.

E, assim, são circunstâncias essenciais, em alguns crimes, a oposição ou não oposição do ofendido ou de terceiro (violação, estupro, introdução em casa alheia, etc.), a situação em que o ofendido ou terceiro se encontra (situação de perigo no caso de omissão de auxílio), o exercício do poder paternal ou da tutela no crime do art.

196.º, etc. Tais circunstâncias são por vezes denominadas «pressupostos», visto que preexistem ao facto ilícito, mas fundamentam o seu desvalor objectivo.

c) A ilicitude objectiva pode depender de circunstâncias que qualificam ou concorrem no ofendido. A gravidez da mulher no crime de aborto, a qualidade de cônjuge no crime do art. 153.º, n.º 3, ou no do art. 197.º, n.º 2, 2.ª parte, a idade da vítima em alguns «crimes sexuais» (v. g., art. 202.º, n.º 1, última previsão, art. 204.º, art. 205.º, n.º 2), a qualidade de funcionário público em crimes como os dos arts. 384.º e 385.º, a qualidade de parente em várias incriminações, etc., exemplificam tais circunstâncias.

IV — OBSERVAÇÕES FINAIS

56. Conexão entre tipos legais de crimes

Para finalizar este § 1.º, dedicado aos elementos e circunstâncias essenciais do facto ilícito, farei ainda algumas observações, de carácter complementar e sistemático. Em primeiro lugar, e já neste número, farei uma referência de ordem técnica à conexão entre tipos legais de crimes, como matéria que, embora desenvolvida ulteriormente, pode ajudar a completar o elenco de questões em geral compreendidas na estrutura essencial das infracções. Em segundo lugar, tentarei uma síntese de quanto se procurou explicar, sobre a relação entre a ilicitude e a tipicidade. Finalmente, e para que mais facilmente se compreenda a ligação entre as matérias de que neste capítulo se trata, deixarei feita a necessária indicação de sequência.

Quanto à conexão entre tipos legais de crimes, eis quanto importa anotar por agora:

A especialização nas incriminações é um processo normal de técnica legislativa.

Do crime-base, por especificação de algum dos seus elementos constitutivos, ou por acréscimo de algum outro elemento se fazem derivar crimes qualificados ou privilegiados. Consoante os elementos especializantes têm valor agravante ou atenuante se lhes dá a designação de «qualificados» ou «privilegiados» (ex.: homicídio qualificado — art. 132.º; privilegiado — art. 133.º).

Contudo, a derivação de uma incriminação geral, por especialização, de crimes qualificados ou privilegiados, pode ser suprimida por lei, autonomizando em relação à incriminação-base as incriminações dela derivadas, e desse modo se opõe a uma derivação da incriminação-base uma incriminação autónoma. Em princípio é de entender que se verifica uma relação de especialidade, mas a interpretação da lei pode conduzir à conclusão de que ela pretendeu autonomizar o crime derivado, tornando-o um tipo autónomo de crime[3].

Mas não se reduz aos crimes qualificados ou privilegiados uma relacionação entre normas incriminadoras. Todo o complexo problema do concurso de normas tem na sua disciplina função de relevo. Essa matéria foi tratada em *Direito Penal Português,* I, e não pode ser retomada agora. A sua actualização exige ainda o esclarecimento e interpretação da unidade e pluralidade de crimes, que se irá fazer quando se tratar do concurso de crimes e crime continuado (arts. 30.º, 78.º e 79.º do Código Penal) (cf. *infra,* n.ᵒˢ 202 e segs.).

57. Ilicitude e tipicidade. Síntese

Para que o facto humano seja crime é preciso que seja objectivamente ilícito e culpável.

A ilicitude é, diferentemente da culpa ou culpabilidade, um juízo objectivo, despersonalizado, sobre o desvalor do facto, enquanto a culpabilidade ou culpa é um juízo de desvalor que recai sobre o delinquente.

Ao findar a exposição dos elementos essenciais do crime em geral, cabe fazer breve alusão a matéria já referida para melhor compreensão do modo da sua utilização no desenvolvimento do sistema.

«Ilicitude» é conceito, tal como antijuridicidade e ilegalidade, que pode ser tomado em sentidos diferentes. Em primeiro lugar, e no seu significado mais directo e amplo, ilicitude é a contrariedade ao direito: em direito penal, a contrariedade às normas penais incriminadoras constitui a ilicitude penal. Neste sentido, como ilicitude penal, não é um juízo que recaia sobre o facto objectivo, despersonalizado, do crime, mas a própria essência, o *in se* do crime, que é na sua globalidade o ilícito penal.

Mas em segundo lugar, ilicitude objectiva não é toda a relação de

---
[3] *Dir. Pen. Port.,* I, n.º 75.

contrariedade da acção humana à norma jurídica; é só um aspecto ou parte dessa relação omnicompreensiva da contrariedade à norma incriminadora.

A ilicitude penal desdobra-se em dois juízos ou qualificações: de ilicitude objectiva e de culpa ou culpabilidade, que correspondem à função valorativa e à função imperativa da norma jurídica.

Os elementos do facto que servem de suporte à qualificação do facto como ilícito constituem o facto ilícito, enquanto aqueles elementos que servem de suporte à sua qualificação como culpável constituem a culpa ou culpabilidade (como substrato) ou o facto culpável.

Na verdade, a ilicitude objectiva pode considerar-se ainda em um sentido formal ou em um sentido material: num sentido formal, como conceito de relação, e relação de contrariedade à lei; do ponto de vista objectivo, em um sentido material, como substrato ou matéria sobre a qual recai o juízo de desvalor objectivo do facto, isto é, o «ilícito» objectivo ou facto objectivamente ilícito, enquanto lesão ou perigo de lesão de um bem jurídico tutelado pela norma penal.

Os elementos do facto que são componentes do facto ilícito, e os elementos do facto e do agente que são componentes do facto culpável, constituem a estrutura essencial ou acidental do crime, consoante são indispensáveis para a sua existência ou respeitam à sua quantidade ou gravidade.

O direito penal, porém, como foi assinalado, tem carácter fragmentário, isto é, não tutela todos os bens jurídicos, mas só os fundamentais, e mesmo quanto a estes não os tutela em toda a sua extensão, mas geralmente contra certas espécies de agressão ou ofensa.

Ao lado da ilicitude em geral, há que considerar, como específica, a ilicitude penal.

Esta especificidade é mais rigorosa em razão do princípio da legalidade. O facto punível, o crime, é por isso típico. A tipicidade é um corolário do princípio da legalidade. Esta ideia mestra é por vezes obscurecida, na medida em que a expressão tipicidade, que entrou na terminologia jurídico-penal, tem origem recente na dogmática germânica e, pelas vicissitudes que se verificaram na sua própria génese e evolução, recebeu e recebe plúrimos significados.

Na lógica da sua utilização, nos termos da fundamentação aduzida, a ilicitude penal será uma ilicitude típica, como ilícito penal ou crime será um facto típico.

Deste modo, o conceito legal do crime, constante da descrição das normas incriminadoras, será o tipo legal.

E adjectivando de igual modo a descrição legal do facto objectivamente ilícito e da vontade culpável, o tipo legal do crime bifurca-se em um tipo objectivo e em um tipo subjectivo.

Por sua vez, a própria matéria subjacente à valoração legal é constituída pelo facto típico ou, na sua análise, pelo facto tipicamente ilícito ou facto típico objectivo e pelo facto tipicamente culpável ou facto típico subjectivo.

Não acrescentarei a este esclarecimento outros — e são muitos — significados do *Tatbestand* ou tipo na dogmática germânica. Tal exigiria um desenvolvimento desnecessário.

Quis-se acentuar apenas que a tipicidade é, na estrutura do facto, delimitativa, adjectiva e não autónoma.

No entanto a pluralidade de significados que tem tomado na dogmática germânica, quando repetida na lei, pode originar alguma perplexidade na sua interpretação. E é por isso que acrescento agora uma breve nota de esclarecimento sobre o alcance da expressão na linguagem do Código Penal português.

No art. 10.º, «tipo legal» designa o conceito legal do crime, isto é, a descrição legal dos elementos essenciais de cada crime; a matéria que descreve ou tipifica é o «facto punível» a que se refere o art. 1.º do Código Penal, e que é o facto correspondente ao tipo legal, ou seja, à descrição da lei penal. Tipo legal objectivo é o conceito constante da descrição legal do facto objectivamente ilícito ou facto tipicamente ilícito. «Tipo de crime», no art. 22.º, 2, *a*), virá a significar o tipo legal objectivo e o mesmo significado terá no art. 24.º, n.º 1. No art. 14.º, «facto que preenche um tipo de crime» (e visto que será o facto que é objecto da representação no dolo) é o facto objectivo típico, ou facto tipicamente ilícito; no art. 16.º, os elementos de facto ou de direito de um tipo de crime são os elementos de facto ou de direito constantes de descrição legal pela norma e tipo de crime é então o tipo legal. No art. 30.º, tipo de crime é, também, o tipo legal de crime, ou seja, a incriminação, enquanto define o seu conceito legal.

Também o conceito de «facto» no Código Penal não é sempre o mesmo: na epígrafe do título II do livro I — Do Facto —, facto é o facto punível, isto é, o crime; aqui «facto» foi a transposição mutilada da correspondente epígrafe do Código alemão — *Straftat* (facto punível).

Em geral, porém, no Código Penal, «facto» designa o facto tipicamente ilícito, sem que se exclua o seu uso como correspondente ao do substrato do tipo legal do crime em toda a sua extensão.

58. Indicação de sequência

Termina assim a exposição sobre o facto ilícito nos seus elementos essenciais. Segue-se um parágrafo sobre as causas de exclusão da ilicitude ou causas de justificação (terminologia do Código Penal vigente e terminologia condizente com o Código Penal de 1886, respectivamente).

As causas de justificação não são elementos — elementos negativos — do facto ilícito.

São antes elementos ou circunstâncias do facto justificado.

A doutrina dos elementos negativos do facto tem a sua origem num importante sector da dogmática germânica e veio ao encontro de problemas que encontram a sua razão de ser na própria legislação[4].

Por agora importa somente referir que não sendo elementos negativos do facto ilícito não têm de ser tratados juntamente com os elementos essenciais positivos.

A ausência de causas de exclusão de ilicitude não é elemento negativo do facto ilícito, nem se equipara à existência dos elementos essenciais que ficam delineados.

---

[4] Indicações bibliográficas, *v. g.*, em H.-H. Jescheck, *Lehrbuch des Strafrechts. Allgemeiner Teil*, 4.ª ed., 1988, pág. 224.

§ 2.º
CAUSAS DE JUSTIFICAÇÃO

59. Noções gerais

O capítulo III do título II da parte geral do Código Penal refere-se às «Causas que excluem a ilicitude e a culpa». Distingue as causas que excluem a ilicitude (ou causas de justificação) das causas que excluem a culpa (ou causas de exculpação).

Respeitam às causas de exclusão da ilicitude os arts. 31.º, 32.º, 34.º, 36.º, 38.º e 39.º; respeitam às causas de exclusão da culpa os arts. 35.º, 37.º e n.º 2 do art. 33.º

O Código Penal de 1886 tratava a mesma matéria denominando as causas de justificação e de exculpação «circunstâncias dirimentes», isto é, considerava essas causas numa perspectiva metodológica diferente.

Na verdade, podem as causas de justificação ser consideradas sob o ângulo da estrutura do facto como circunstâncias a ele pertinentes ou que nele concorrem, ou num plano normativo, procurando a definição das causas de exclusão da ilicitude através da demarcação do âmbito das normas incriminadoras por normas permissivas antitéticas daquelas.

A primeira perspectiva designa as causas de justificação como circunstâncias dirimentes da responsabilidade penal, e mais precisamente como circunstâncias que acrescem ao facto, entrando na sua estrutura, e determinando a sua justificação, isto é, fundamentando a sua licitude ou a sua irrelevância penal.

A segunda perspectiva empreende a delimitação, dentro da ordem jurídica, do lícito e do ilícito ou melhor do ilícito penal, que as normas penais configuram, por outras normas que demarcam os seus limites.

As circunstâncias são elementos do facto e entram na sua estrutura, à qual acrescem; o conflito de normas, esse, respeita ao problema geral da convergência de normas e sua delimitação recíproca no âmbito da ordem jurídica.

O novo Código Penal coloca-se no n.º 1 do art. 31.º em um plano normativo proclamando o princípio geral de que «o facto não é criminalmente punível quando a sua ilicitude for excluída pela ordem jurídica considerada na sua totalidade».

Tal não obsta, porém, a que seguidamente faça uma exemplificação das mais importantes causas de justificação; mais importantes porque de mais frequente aplicação em matéria penal, e, por isso, indica «nomeadamente» (n.º 2 do art. 31.º) que «não é ilícito o facto praticado: *a)* em legítima defesa; *b)* no exercício de um direito; *c)* no cumprimento de um dever imposto por lei ou por ordem legítima da autoridade; *d)* com consentimento do titular do interesse jurídico tutelado».

60. Interpretação do n.º 1 do art. 31.º

O n.º 1 do art. 31.º não só proclama a unidade da ordem jurídica como entende que da ordem jurídica considerada na sua totalidade pode emanar a delimitação do ilícito penal.

O princípio, eminentemente doutrinário, tende a permitir a extensibilidade das causas de exclusão da ilicitude, admitindo que estas se deduzem de princípios básicos que no próprio art. 31.º se não definem.

A fórmula escolhida não enuncia um critério; indica somente a extensibilidade das causas de exclusão da ilicitude, mediante o apelo a princípios que, pelo menos no próprio preceito, se não apontam.

A delimitação do ilícito penal pela ordem jurídica considerada na sua totalidade é um princípio formal, que não fornece, assim, critério prático para a sua aplicabilidade.

Importa, no entanto, e antes da referência às causas de justificação, «nomeadamente» indicadas, aclarar alguns aspectos gerais sobre a interpretação do n.º 1 do art. 31.º *a)* O n.º 1 do art. 31 diz-nos que o facto não é «criminalmente punível» quando a sua «ilicitude for excluída». Que é que se exclui?

É excluída a ilicitude do facto criminalmente punível; facto criminalmente punível é, sem dúvida, o crime.

Será o preceito aplicável também às «contra-ordenações»? No sistema em vigor o crime distingue-se da «contra-ordenação» (transgressão da ordem).

No Decreto-Lei n.º 433/82 sobre ilícito de mera ordenação social (ilícito penal administrativo) reproduzem-se grande parte dos preceitos do Código Penal, de modo a estabelecer uma genérica identidade de regime legal, mas omite-se a repetição dos preceitos sobre causas de exclusão da ilicitude e da culpa.

Essa omissão não é decisiva para o afastamento da sua aplicação às contra-ordenações, pois que o Código Penal funciona como direito subsidiário.

No entanto, o Decreto-Lei n.º 433/82 é, como o Código Penal, decalcado sobre a congénere lei alemã, em que aquela omissão se não verifica e pode esta circunstância querer revelar a inaplicabilidade das disposições sobre as causas de exclusão da ilicitude às transgressões da ordem; tal argumento, embora não deva considerar-se frouxo, pode ser ainda reforçado pela redacção do n.º 1 do art. 31.º, porquanto esta se refere à exclusão da ilicitude do «facto criminalmente punível», isto é, do crime. No entanto, inclinamo-nos para não admitir que seja esta a interpretação mais correcta: o princípio geral do n.º 1 do art. 31.º, bem como os preceitos sobre causas de justificação, não obstante não terem sido reproduzidos no decreto-lei sobre ilícito de mera ordenação social, são-lhes igualmente aplicáveis [cf. *supra*, n.º 42, al. *i)*].

b) O mesmo n.º 1 do art. 31.º indica a exclusão da ilicitude como efeito da apreciação da ordem jurídica na sua totalidade.

Mas trata-se da exclusão da ilicitude quanto ao facto punível.

Ora a ilicitude pode ser a ilicitude penal, sem prejuízo da manutenção de outra espécie de ilicitude, *v. g.* a ilicitude civil.

Na verdade, em razão das causas de justificação, o facto pode constituir um facto lícito, o exercício de um direito ou cumprimento de um dever, ou pode simplesmente ser penalmente irrelevante, isto é, dirimir a sua criminalidade, a sua natureza de ilícito penal, mantendo a sua qualificação como facto ilícito civil ou administrativo...

A unidade da ordem jurídica não permite que um facto seja lícito e ilícito, mas não obsta a que um facto não incriminado seja ilícito civil, fiscal ou disciplinar...

O facto criminalmente ilícito é também ilícito civil, ou melhor, é causa de responsabilidade civil.

A responsabilidade civil era, no Código Penal revogado, «efeito da condenação ou da pena»; o novo Código não contém disposição legal correspondente à do anterior. No entanto, e embora por forma diversa da do Código de Processo Penal de 1929, mantém-se no direito processual penal o princípio de que à acção penal é inerente a acção civil por responsabilidade civil (é do seguinte teor o art. 71.º do novo Código de Processo Penal, entrado em vigor a 1 de Janeiro de 1988: «O pedido de indemnização civil fundado na prática de um crime é deduzido no processo penal respectivo, só o podendo ser em separado, perante o tribunal civil, nos casos previstos na lei»; casos que o artigo seguinte trata de enunciar). Mas o inverso não é verdadeiro. A própria natureza subsidiária do direito penal o revela: o âmbito da responsabilidade civil, do ilícito civil, é muito mais amplo do que o da ilicitude penal.

c) O princípio da unidade da ordem jurídica estrutura-se em geral mediante a coordenação das normas que a integram.

Na sua relacionação recíproca, normas e também princípios essenciais do direito podem convergir e enfrentar-se na sua aplicação. Essa convergência toma a forma de concurso de normas, quando incidem sobre a mesma matéria, impondo-lhe múltipla qualificação ou a forma de conflito de normas quando se revelam antitéticas, isto é, quando são entre si opostas.

Se a antinomia das normas em conflito é total e insanável, só uma interpretação correctiva pode permitir a sua conciliação. Mas, em regra, a delimitação de uma norma por outra norma far-se-á em função do princípio da especialidade. A lei geral pode atribuir um direito genérico ou impor um dever genérico e, por outro lado, punir certas formas do exercício do direito ou do cumprimento do dever. Inversamente, pode a lei punir em geral um facto, enquanto permite, em certas circunstâncias, a sua prática, quer como exercício de um direito, quer como cumprimento de um dever. No primeiro caso a norma incriminadora será especial em relação à norma permissiva; no segundo caso esta última será especial em relação à norma incriminadora.

Quando o facto incriminado se define como um género de que uma espécie, uma modalidade do facto é legalmente autorizada, a norma que autoriza a perpetração dessa espécie do facto previsto como crime é norma especial.

Mas não é só o critério da especialidade que é adequado à resolução do conflito de normas antitéticas.

O princípio da subsidiariedade é também utilizável. A subsidiariedade verifica-se na modalidade de interferências de normas, precisamente quando o núcleo comum às duas normas prevê numa e noutra normas factos susceptíveis de efeitos jurídicos. Por isso se afirma em doutrina que uma tal hipótese corresponde a uma especialidade recíproca.

Perante normas antitéticas que contêm expressa ou implicitamente várias hipóteses, das quais uma é abrangida tanto por uma norma como pela outra norma, pode valer o critério da especialidade, já não em abstracto, mas relativamente ao caso concreto. É perante este que pode decidir-se qual a norma que deve considerar-se prevalente porque correspondente mais directamente ao facto praticado, excluindo a aplicabilidade da outra norma.

Trata-se afinal do problema geral da delimitação recíproca das normas na mesma ordem jurídica[5].

d) As causas de justificação, «nomeadamente» expressas no Código, são as constantes das alíneas do art. 31.º, e que os arts. 33.º, 34.º, 36.º e 39.º definem.

Importa verificar, relativamente a cada uma, se o facto praticado nas circunstâncias que indicam exclui a criminalidade do facto, dando origem à irrelevância penal ou se a exclusão da ilicitude equivale à justificação do facto como acto lícito.

---

[5] V. tb. *infra*, n.º 205, e *Dir. Pen. Port.*, I, n.ºs 69 e segs.

I — LEGÍTIMA DEFESA

61. Considerações gerais

a) Como ficou dito, as causas de justificação não são apenas as que se encontram indicadas no art. 31.º (n.º 2) do Código Penal. Podem provir de qualquer legislação relativa a outros ramos do direito.

O n.º 1 do art. 31.º sugere a ideia de formular os princípios gerais que possam fundamentar a delimitação das normas incriminadoras.

A indicação de um princípio genérico que presida à delimitação das normas incriminadoras, ou uma sistematização de vários princípios, é aliciante e tem sido frequentemente tentada. Para ela se inclina, de algum modo, o n.º 1 do art. 31.º

Abordar-se-á sucintamente o tema quando nos referirmos à causa de justificação designada por «direito de necessidade», no art. 34.º

Certo é, porém, que todas as tentativas de sistematização desses princípios gerais têm também o seu preço, que consiste na inevitável imprecisão e fluidez que critérios gerais postulam, pois que se renuncia à delimitação em razão da matéria para indicar o padrão ou directriz para a sua apreciação.

É que as fórmulas gerais, que são então o seu invólucro, são tanto mais gerais quanto mais esvaziadas de conteúdo idóneo para directa e clara aplicação aos casos concretos.

Basta, por agora, assinalar que, além das causas de justificação indicadas no Código Penal, outras podem fundamentar-se em normas oriundas doutros ramos da ordem jurídica ou de legislação especial, e que podem ainda deduzir-se, com maior ou menor dificuldade, de princípios gerais da ordem jurídica.

b) A legítima defesa tem buscado o seu fundamento, ora como direito individual de defesa de bens ou interesses individuais, ora como uma forma de tutela ou defesa da própria ordem jurídica.

Na primeira concepção, legítima defesa é um direito individual; na segunda é caracterizada como um substitutivo da função pública de defesa e tutela da ordem jurídica.

A legítima defesa não é, na sua essência, um poder delegado pelo Estado e o seu exercício não constitui o exercício pelos particulares de uma função pública. É um direito individual, que, como tal, a Constituição consagra.

Isso não obsta a que a legítima defesa, além de um direito de defesa contra a agressão a bens individuais, deva coincidir com a finalidade de conservação da ordem jurídica.

c) Convém atentar no âmbito da legítima defesa, no seu significado próprio, como direito ou garantia individual, e demarcá-la — não obstante a semelhança — da defesa ou tutela da ordem de segurança públicas pelos órgãos do Estado aos quais ela incumbe.

Ao poder público, e não aos particulares, está confiada a manutenção da ordem pública e a segurança geral, como bens colectivos.

A intervenção da autoridade e a força do Estado para efectivação dessa função não se regula estritamente pelas regras jurídicas específicas da legítima defesa individual. Aproxima-se, mas não se confunde, a disciplina jurídica da intervenção do Estado na manutenção da paz e da segurança pública, no que concerne ao exercício da força pública, da legítima defesa individual; mas são diferentes o condicionamento e os pressupostos da sua intervenção. Esse condicionamento e pressupostos estão mais clara ou mais confusamente regulamentados no direito público.

De toda a maneira, contra a agressão da autoridade que ofenda direitos, liberdades e garantias, têm os indivíduos o direito de resistência expressamente consagrado na Constituição.

Mas uma coisa é a função de defesa pública e outra a agressão da autoridade e força públicas aos direitos fundamentais de todos e de cada um (Constituição, art. 21.º).

62. A legítima defesa no Código Penal e no Código Civil

A legítima defesa é definida no Código Penal e no Código Civil (art. 337.º).

Os pressupostos e requisitos da legítima defesa em direito civil e em direito penal não coincidem. Tradicionalmente a regulamentação da legítima defesa forjou-se em direito penal, com aplicação ou efeitos em direito civil. A dupla regulamentação, diversa no Código Penal e no Código Civil, exige a demarcação dos respectivos campos de aplicação.

O art. 337.º do Código Civil de 1966 não revogou o art. 46.º do Código Penal de 1886; autonomizou o instituto da legítima defesa em direito civil. A diferente natureza do ilícito penal e do ilícito civil induziu o legislador a seguir esse rumo.

Também agora o regime jurídico da legítima defesa, instituído pelo Código Penal de 1982, não revogou a regulamentação do Código Civil de 1966. Ambos os regimes de legítima defesa concorrem no ordenamento jurídico. Só seria diversa a solução se não fosse possível demarcar-lhes uma esfera diversa de aplicação.

Ilícito penal e ilícito civil não coincidem: o ilícito penal acarreta a ilicitude civil; há, porém, ilícito civil sem ilícito penal.

Em consequência, não apenas quanto aos crimes, mas também quanto ao ilícito civil que se molda sobre o crime, é nos termos do Código Penal que se define a legítima defesa.

Porém, quando haja responsabilidade civil sem responsabilidade penal, a legítima defesa é regulamentada nos termos do Código Civil.

Importa acrescentar que a amplitude da legítima defesa é maior no regime do Código Penal do que no regime do Código Civil, como facilmente se deduz da indicação dos requisitos da legitimidade da defesa no Código Penal e no Código Civil, o que também propugna pela solução indicada.

63. Objecto da legítima defesa

Objecto da legítima defesa são «quaisquer interesses juridicamente protegidos do agente ou de terceiro» (art. 32.º).

A definição do objecto, contida em locução diversa, não se afasta da que constava da legislação anterior.

A legítima defesa pode, pois, ser legítima defesa própria ou alheia, de quaisquer direitos ou interesses legítimos próprios ou de terceiro. Mas tratar-se-á sempre de direito individuais; a legítima defesa respeita à esfera individual e não aos interesses públicos. A defesa contra a agressão a interesses públicos em geral cabe exclusivamente à autoridade pública; a apreciação contraditória dos particulares sobre tais interesses leva a que a sua defesa possa ser mais motivo de perturbação do que de afirmação do direito.

64. Agressão e defesa

O acto ou facto de defesa é o acto ou facto de repelir ou prevenir uma agressão. A defesa é reacção a uma agressão. Agressão e defesa são, assim, os conceitos que importa primeiramente esclarecer.

Sendo agressão e defesa conceitos correlativos, só pode haver defesa quando se verifique uma agressão. A agressão delimita o conceito de defesa; é circunstância extrínseca essencial à noção de defesa e por isso seu pressuposto.

A agressão é acto ofensivo de bens ou interesses juridicamente tutelados, que constituem o objecto, tanto o objecto contra o qual se dirige uma agressão como o objecto de defesa, para sua salvaguarda ou tutela. Porque o objecto da legítima defesa pode ser qualquer interesse juridicamente protegido, a agressão pode eventualmente consistir em omissão: é toda a ofensa do interesse tutelado.

A definição legal da agressão qualifica-a como ilícita e actual; a agressão ilícita e actual é o pressuposto da defesa.

A defesa, porém, pode ser legítima ou ilegítima. Para ser legítima, a defesa é qualificada igualmente pela lei; o Código de 1982 indica que o acto ou facto de defesa deve ser «meio necessário» para repelir a agressão. As características que qualificam o acto de defesa para que possa considerar-se legítima são os requisitos da legitimidade da defesa que a distinguem da defesa ilegítima ou excesso de legítima defesa.

A formulação do conceito legal de legítima defesa no Código Penal de 1982 representa formalmente um regresso à fórmula do Código francês de 1808 (art. 328.º). Foi esta que esteve na origem da definição do Código Penal português de 1852, como igualmente do

Código Penal prussiano, e que é, praticamente inaltera, a do § 32 do actual Código alemão de 1975; tendo recebido idêntica formulação o art. 32.º do Código actual, regressa-se assim à concepção de legítima defesa que era também a do nosso Código de 1852 (art. 14.º, n.º 3).

A definição de legítima defesa do Código de 1852 foi criticada pela doutrina coeva (*Comentário* de Levi Maria Jordão e *Teoria do Direito Penal* de Silva Ferrão).

Ora, o Código francês simplificou o conceito de legítima defesa, alargando o seu âmbito relativamente à noção de legítima defesa consoante fora delineada pela legislação canónica e civil anterior.

As *Ordenações* (livro v, título 35) consagravam a legítima defesa do seguinte modo: «Se a morte for em necessária defensão, não haverá pena alguma, salvo se nela excedeu a temperança que devera e pudera ter, porque então será punido segundo a qualidade do excesso.»

Já a doutrina que se desenvolvera no direito canónico exigia para justificar a impunidade a temperança ou moderação da defesa inculpada: *moderamen inculpatae tutelae*.

No *Ensaio do Código Criminal* de Mello Freire (título xxx, § 5.º) declara-se que «... não tem pena alguma o homicício feito em justa e necessária defesa da própria vida ou de algum membro do corpo, contra todo e qualquer injusto agressor»; e no § 8.º: «não sendo a defesa inculpada e provando-se que o matador excedeu a temperança que devera e pudera ter, será punido segundo a qualidade do excesso».

A definição do Código Penal francês, exigindo apenas a necessidade de defesa e suprimindo o requisito da sua «temperança», quis dar expressão ao carácter absoluto dos direitos individuais que eram objecto da legítima defesa, como corolário do mais extrénuo individualismo.

Mas o perfil da legítima defesa consoante foi gizado por canonistas e legistas manteve-se nos Códigos que se subtraíram à rigidez da primitiva fórmula oriunda do individualismo da Revolução Francesa.

A reforma do Código Penal português de 1884 regressou, como a crítica o exigia, à definição tradicional (Código Penal de 1886, art. 46.º), procurando escrupulosamente esclarecê-la. Serviu-lhe de apoio similar empreendimento da legislação espanhola com o Código Penal espanhol de 1848, o qual se inspirou no Código Penal brasileiro do Império (1830), que não abandonara o rumo que se mantém ainda no Código Penal de 1890 e nos posteriores.

Portugal, Brasil, Espanha e países da América Central e do Sul de origem espanhola mantiveram a legitimidade da defesa condicionada pela moderação ou temperança, com fórmulas iguais ou similares, e em geral também a exigência da defesa inculpada.

As duas orientações mantiveram-se diferenciadas na legislação. Já não assim na efectiva aplicação do direito, isto é, na realidade do instituto da legítima defesa, porquanto, quer em França, quer na Alemanha, não obstante a manutenção da mesma concepção legal, a jurisprudência e a doutrina criaram limites à legítima defesa, que aproximaram a sua estrutura, com variável fundamento ou criativa argumentação, na realidade da vida jurídica, daquela que a tradição jurídica portuguesa mantivera.

Este panorama pode originar alguma perplexidade na interpretação do novo Código. E na verdade o dilema que se coloca é o seguinte:

1.º — Na lógica da interpretação do novo Código, o confronto deste com o Código revogado revela indubitavelmente a supressão de requisitos de legitimidade da defesa que a condicionavam ou limitavam e a conclusão deveria ser que se optou pela supressão desses limites constantes da lei anterior e que no novo não foram reproduzidos, com a mesma ou diversa formulação.

2.º — A originária concepção individualista da legítima defesa que o Código francês e, seguindo-o, o Código alemão conservam, veio a ser limitada na interpretação jurisprudencial e doutrinária, quer mediante o apelo a princípios gerais, quer mediante o confronto com outras instituições da ordem jurídica, quer mediante uma interpretação evolutiva, de modo que requisitos não expressos legalmente da legitimidade da defesa lhe foram apostos por essa forma indirecta.

E sendo assim, surge a dúvida sobre se o novo Código regressou à concepção originária, que estava na base da orientação do legislador francês e prussiano, ou se pretendeu importar os limites que, criativamente, a doutrina e jurisprudência francesa ou alemã impuseram à rigidez da fórmula legal.

A primeira alternativa é efectivamente a mais lógica, pois que, na evolução do direito pátrio, não pode deixar de estar presente em nova legislação aquilo que há-de suprimir-se na legislação a revogar, bem como o alcance ou amplitude da inovação.

Mas também é certo que o rígido conceito individualista de legítima defesa não é actualmente recebido no direito vigente de qualquer país, mesmo daqueles que lhe conservam a expressão legal. E por isso há que ponderar a segunda alternativa.

Ora não é curial e seria absurdo pretender que os preceitos do Código português devem ser interpretados segundo a orientação que a jurisprudência e, comentando-a, a doutrina alemã, vêm seguindo.

O Código de 1982 insere-se na unidade da ordem jurídica nacional e limites não expressos hão-de derivar do contexto do direito pátrio; por outro lado a função da jurisprudência é a aplicação da lei à realidade nacional e não tem por isso que moldar-se sobre jurisprudência alheia. É certo, porém, que seja qual for a solução adoptada se impõe um alargamento da função e arbítrio judiciais para no instituto da legítima defesa fixar mais claramente a sua delimitação.

Estas observações deviam preceder e explicar o rumo que se prefere para completar a deficiente regulamentação dos requisitos da legitimidade da defesa no novo Código Penal.

Há que desvendar o modo de concretizar os limites da legítima defesa na definição dos seus pressupostos e requisitos, enquanto deficientemente expressos na lei, não mediante uma importação de interpretações, jurisprudencial e doutrinária, estrangeiras, mas mediante a correcção que o sentido da legislação nacional, a jurisprudência e a doutrina nacionais lhe apontam.

65. Pressupostos da defesa: «a agressão actual e ilícita»

A agressão actual e ilícita dirige-se contra «quaisquer interesses juridicamente protegidos do agente ou de terceiro», que constituem o amplo objecto da legítima defesa.

A agressão, na linguagem comum, implica de algum modo violência, como acometimento ou ataque. À medida que se generalizou na doutrina e na legislação o objecto da legítima defesa de maneira a abranger toda a esfera jurídica dos indivíduos foi abandonada a exigência do meio violento, da força física como qualificativo da agressão.

E então veio a agressão, no seu significado essencial, a consistir na ofensa de um bem jurídico. Ofensa como acto que se dirige à violação do bem jurídico ou dano.

Esta extensão, que toma a agressão como pressuposto da legítima defesa, pode levantar dificuldades e, por isso, impõe mais nítida delimitação da defesa na sua conexão com a agressão.

Atente-se em que objecto da legítima defesa são quaisquer interesses juridicamente protegidos, sem diferenciação entre bens jurídicos mais importantes ou menos importantes, protegidos por tutela penal, isto é, crimes, ou pela ordem jurídica em geral.

Donde resulta alguma dificuldade na determinação dos justos limites da defesa legítima; será possível neste campo pretender que, racionalmente, uma moderação da defesa deva corresponder a uma ausência de defesa. Neste sentido se pronunciou a recente reforma do Código Penal espanhol que, na legítima defesa de bens patrimoniais, terá por pressuposto não qualquer agressão, mas uma agressão que consista em um crime[6].

Também a agressão, dada a sua noção de ofensa de um bem jurídico do defendente ou de terceiro, pode ter lugar mediante acção ou omissão, desde que esta ponha em risco o bem jurídico e seja omissão do dever de agir que incumbe ao omitente.

A agressão não carece de ser agressão voluntária, isto é, culpável. A doutrina é praticamente unânime, e de remota origem; já Mello Freire a referia como pacífica.

---

[6] Eis o n.º 4 do art. 8.º tal como resultou da «Ley Orgánica 8/1983», de «Reforma Urgente y Parcial del Código Penal»:
«(Están exentos de responsabilidad criminal:)
El que obre en defensa de la persona o derechos, propios o ajenos, siempre que concurran los requisitos siguientes:
1.º Agresión ilegítima. En caso de defensa de los bienes, se reputará agresión ilegítima el ataque a los mismos que constituya delito y los ponga en grave peligro de deterioro o pérdida inminentes: en caso de defensa de la morada o sus dependencias, se reputará agresión ilegítima la entrada indebida en aquélla o éstas.
2.º Necesidad racional del medio empleado para impedirla o repelerla.
3.º Falta de provocación suficiente por parte del defensor.»

O Código Penal de 1982 indica as duas características que delimitam a agressão enquanto ofensa de interesses juridicamente tutelados, do defendente ou de terceiro, exigindo que ela seja actual e ilícita. Importa por isso interpretar o significado da actualidade e da ilicitude da agressão.

a) Actualidade da agressão

A fórmula legal do Código de 1982 «agressão actual e ilícita» substituiu a definição constante do n.º 1 do art. 46.º do Código de 1886: «agressão ilegal, em execução ou iminente».

Do confronto se verifica que enquanto ilegal corresponde a «ilícita» no novo Código, a actualidade da agressão era indicada pela referência a momentos diferentes da agressão para melhor a delinear, que são a agressão «em execução» e a agressão «iminente».

Em antiga doutrina ensinava-se que a agressão devia ser *laesio inchoata,* isto é, agressão em execução, já iniciada. Daí o esclarecimento sobre se a defesa podia ter lugar, contra a agressão iminente, ainda não iniciada.

A doutrina assentou em que a actualidade, que algumas legislações indicavam como limite da noção de agressão, abrangia o perigo imediato de execução, e nesta conformidade tanto a agressão em execução como a agressão iminente seriam conteúdo da agressão actual.

Na legislação portuguesa, o Código Civil de 1967, na esteira do Código italiano, refere também a actualidade, que tem o significado amplo que a expressão do Código Penal português consignava, desdobrando o seu conteúdo «em execução» ou «iminente».

Já, portanto, a mesma expressão «actual» se encontrava na legislação portuguesa e só isoladamente surgiu na doutrina portuguesa a sua interpretação em sentido restritivo.

A dúvida pode surgir, com maior razão, quando o Código de 1982, ao definir a defesa, declara que esta é meio necessário «para repelir» a agressão; o Código de 1886 utilizava, ao invés, a locução meio empregado «para prevenir ou suspender» a agressão.

Nesta última fórmula é manifesto que se indica por defesa que consiste em prevenir a agressão a defesa que se contrapõe a uma agressão iminente, e por defesa que consista em suspender a agressão a defesa que se contrapõe a uma agressão em execução.

Repelir a agressão não é expressão tão unívoca. É tradução da expressão latina *vim vi repellere licet,* mas é então repelir uma força ou acto já em execução.

Contudo, parece poder ainda aceitar-se uma identidade de sentido com a legislação anterior. O art. 32.º do Código Penal de 1982 repete a definição do n.º 2 do § 32 do Código alemão; repelir foi a tradução preferida para *abzuwenden,* que tem, porventura, significado mais amplo («remover», como traduziu a fórmula do Código da Prússia Silva Ferrão, ou *detourner,* desviar, como tem sido traduzida em francês).

Por isso, não deve tirar-se destas alterações a ilação de que a agressão não pode ser iminente. A agressão não existe se ainda não é iminente o perigo de se transformar em execução e não é já agressão quando a actualidade da agressão cessou e se não verifica o perigo da sua continuação ou ulterior desenvolvimento.

b) *Ilicitude da agressão*

O anterior Código falava de «ilegalidade de agressão». Ilegalidade foi a expressão consagrada pelo Código francês; «ilegítima» a denomina o reformado n.º 4 do art. 8.º do Código Penal espanhol, «ilícita» o novo Código Penal português. Por «injusta» traduziu Silva Ferrão o qualificativo alemão *rechtswidrig,* como também designa a agressão o Código italiano; este, aliás, substitui agressão por «ofensa», ofensa injusta, e por «injusta» designa a agressão o Código Penal brasileiro.

Mas por todos os diferentes vocábulos apontados se pretende indicar a mesma coisa.

Porque a injustiça é objectiva por natureza, é ela, porventura, a designação menos equívoca.

A generalidade da doutrina actual, porém, substituiu «injustiça», que é objectiva, por ilicitude objectiva. E é neste sentido que há-de entender-se a ilicitude da agressão.

Não se trata de ilicitude penal; quer dizer, a agressão não carece de ser crime como o seu objecto não precisa de ser constituído por intereses jurídicos penalmente protegidos. E não carece a agressão de ser culpável. É esse o significado que obtém em todas as legislações o mesmo consenso interpretativo.

As expressões que consignam esta característica da agressão sucedem-se na sua utilização consoante as épocas, mas permanece o mesmo o seu conteúdo.

Ilícita só pode ser a acção humana, no seu desvalor objectivo; e por isso não é agressão, como pressuposto da legítima defesa, o ataque ou agressão dos animais. Relativamente à agressão de animais pode verificar-se estado de necessidade, mas não legítima defesa.

Mas, quanto à agressão de inimputáveis ou não culpáveis, poderá vir a colocar-se a questão de mais rigorosos limites da defesa, não obstante o silêncio da lei.

Também é agressão aquela que provém de autoridade pública ou funcionário no exercício de funções, desde que usada a autoridade ou exercida a função ilegalmente, e constitua ofensa da esfera jurídica dos indivíduos.

A própria Constituição reconhece o direito de resistência, e a actividade ofensiva de autoridade e funcionários é de taxar também como ilícita.

A questão coloca-se somente quanto à delimitação da ilicitude do exercício da função pública, e far-lhe-emos referência a propósito da obediência indevida desculpante (art. 37.º do Código Penal).

No entanto, e desde já se pode naturalmente antecipar que contra a agressão de funcionários públicos há legítima defesa, muito embora a actividade que a desencadeia possa ser discutida e anulada ou anulável pelo contencioso administrativo. É que o direito de resistência ou legítima defesa destina-se a impedir de imediato a consumação da ofensa e tal resultado não se alcança com o recurso aos tribunais.

66. Requisitos da legitimidade da defesa; confronto do Código de 1886 com o Código de 1982

O Código Penal indica os limites legais ou requisitos da legitimidade da defesa na concisa referência à sua «necessidade» para repelir a agressão (art. 32.º).

Era muito mais explícito o Código revogado, com a redacção que fora dada ao art. 46.º pela reforma de 1884, a qual exigia «a necessidade racional do meio empregado para prevenir ou suspender a agressão» (n.º 3 do art. 46.º); ao lado dela ou para além dela, a «impossibilidade de recorrer à força pública» (n.º 2 do art. 46.º) e que a agressão não fosse motivada «por provocação, ofensa ou qualquer crime actual praticado pelo defendente» (art. 46.º, n.º 1).

Os requisitos assim indicados da legitimidade da defesa corroboravam o conceito da legítima defesa como *moderamen inculpatae tutelae,* como moderação da defesa inculpada.

A defesa, enquanto inculpada, vinha delimitada no n.º 1 do art. 46.º; e enquanto moderada, vinha delimitada nos n.ᵒˢ 2 e 3 do mesmo art. 46.º

Estes requisitos, como ficou dito, não constavam também do Código de 1852, que se referia somente «à necessidade actual da legítima defesa de si ou de outrem».

Assinalámos, por isso, o eventual alargamento da defesa legítima, aproximando-a do conceito que prevalecera no Código de 1852 e que como o Código alemão tivera o seu modelo no Código francês de 1808, ainda em vigor.

Mas também foi feito o aviso de que uma interpretação evolutiva e correctiva deu, tanto em França como na Alemanha, um conteúdo mais delimitado à defesa legítima, e porventura se pode induzir daí que o novo Código não impõe de novo a concepção rigidamente individualista da legítima defesa e consentirá uma interpretação mais conforme com a interpretação actual dos Códigos alemão e francês que estabeleça por via indirecta limites da defesa legítima que a aproximam da definição do Código Penal português revogado (de 1886) ou do Código Civil português de 1967 (art. 337.º) e, por isso, do Código italiano que o inspirou.

Para proceder à indicação mais precisa dos limites legais da defesa, irá seguir-se o método de confronto com o anterior Código que moldava os seus requisitos, com maior ou menor felicidade, tendo por modelo a velha delimitação através do *moderamen inculpatae tutelae.*

67. **A necessidade da defesa: a defesa como «meio necessário para repelir a agressão»**

Único requisito da legitimidade da defesa no Código de 1982 é que ela consista em um «meio necessário para repelir a agressão». O problema interpretativo concentra-se no alcance que na definição deve ser dado à «necessidade» da defesa.

Na verdade, tal-qualmente no Código revogado, a necessidade é referida ao meio de defesa, ou seja, ao facto em que ela consiste, no seu confronto com a agressão que se destina a repelir, isto é, a prevenir ou suspender.

Na orientação individualista que presidiu à elaboração do conceito no Código Penal francês e que o Código alemão reproduziu, a necessidade da defesa seria o único requisito essencial à legitimidade da defesa.

Na justificação que lhe deu a jurisprudência alemã, o direito não cede perante a injustiça e, por isso, sendo a agressão ilícita pode sempre ser repelida, isto é, pode sempre ter lugar uma defesa legítima. Nesta perspectiva unilateral a limitação da defesa, diminuindo o seu âmbito, por restrições da sua legitimidade quando fosse necessária viria a contrariar a natureza do instituto.

À concepção puramente individualista sobrepôs-se, no entanto, a correcção por outros princípios resultantes da socialidade do direito. Esta orientação expandiu-se na Alemanha, sobretudo a partir do fim da II Guerra Mundial. E esta correcção viria a ter a sua concretização considerando a «necessidade» como normativamente definida, isto é, como conceito que importa definir em função da finalidade do direito, ou em razão da coordenação de princípios fundamentais do direito.

«Necessidade» não será definida assim em si mesma e em sentido absoluto, mas restringida em conformidade com fins jurídicos. Convém, por isso, verificar em que medida tais limites jurídicos da «necessidade» da defesa devem ser considerados.

Como referência directa à «necessidade» da defesa, o Código anterior exigia a sua «racionalidade», o que tem significado similar ao de outras qualificações constantes de outros Códigos, e ao *moderamen* ou «temperança» da nossa tradição jurídica.

Parte da doutrina germânica, para basear no texto da lei a normatividade do conceito de «necessidade», invocou a indicação constante do n.º 1 do § 32 do respectivo Código, que considera lícito o facto que é permitido ou autorizado pela legítima defesa.

Esta indicação genérica não foi reproduzida no Código Penal português e, por isso, não vale a pena aprofundar o seu significado, tanto mais que daí se pretende inferir precisamente a exigência de dar ao conceito de «necessidade» uma conformação normativa, ou seja, de o entender em função dos fins do próprio direito e da natureza jurídica da legítima defesa.

Ora, moderação, temperança, racionalidade da defesa, expressam de maneira directa essa finalidade. Não deixam, por isso, de consistir, numa fórmula abstracta, um critério valorativo impreciso ou vago. A sua determinação faz-se mediante a sua concretização, em função das múltiplas circunstâncias pela jurisprudência.

À modelação normativa da «necessidade» da defesa, procedeu a jurisprudência alemã, como é próprio de toda a jurisprudência, casuisticamente; o seu comentário pela doutrina pretende muitas vezes criar e fundamentar critérios gerais, agrupando os diferentes casos em função da espécie de limites que configuram.

Desde que se não parta, agora, na interpretação do novo Código, da natureza ultra-individualista que estava na origem da fórmula do Código alemão e que passou para a legislação portuguesa, e se admita que a «necessidade» tem de interpretar-se não como conceito descritivo mas como conceito normativo, impõe-se perante o novo Código Penal idêntica via.

Simplesmente parece mais difícil verificar em que termos a «necessidade» da defesa engloba normativamente aqueles limites da defesa legítima, que o anterior Código expressamente indicava, e que o novo Código intencionalmente aboliu.

E assim:

a) A necessidade conecta o facto da defesa ao facto de agressão e essa conexão tem de ser ponderada de um ponto de vista jurídico; tem por isso de ser racional, tem de revelar moderação, temperança, uma medida que se ajuste aos objectivos ou fins do direito.

O facto da agressão consiste em acto que inicia a execução ou põe em perigo um bem jurídico individual; o facto da defesa consiste em acto que, embora previsto como crime, é o meio necessário para evitar o dano da agressão.

A necessidade só se verificará juridicamente se o facto idóneo para evitar o dano for o meio menos prejudicial entre os meios de defesa possíveis.

O meio mais prejudicial «não é necessário», se outro meio menos prejudicial for igualmente eficaz; o meio mais grave, ofensivo de interesses superiores, não é legítimo porque não é necessário. É abuso da defesa e não uso ou exercício legítimo de defesa.

b) O Código Penal de 1886 (art. 46.º, n.º 2) estabelecia que não era necessária a defesa quando possível o recurso à força pública; assim como a defesa privada devia eleger o meio de defesa menos gravoso para salvaguardar o bem jurídico a que se dirigia a agressão, também devia ceder à força pública interveniente, desde que fosse eficaz. É função da força pública proteger a segurança de todos, e quando se encontre nas circunstâncias do caso em condições de intervir eficazmente é não só inútil como racionalmente desnecessária a defesa privada.

Também perante o novo Código, omisso a esse respeito, há que entender praticamente o mesmo, pois que se deduz da primazia da força pública na manutenção da ordem e tranquilidade públicas; os particulares não concorrem nessa tarefa. Só na sua falta têm o direito de intervir na defesa dos seus direitos ou de outrem.

c) No facto da agressão e no facto da defesa se integram os bens jurídicos que aquela pretende ofender e os que esta sacrifica à salvaguarda daqueles.

Poderá então sustentar-se racionalmente, juridicamente, que não é de invocar a necessidade da defesa, em casos de agressões que consistem em ofensas de muito pequena importância, ou, como alguns as denominam, em «bagatelas»? Deverá então prescindir-se racionalmente da defesa (ou seja, excluir a legítima defesa) sobretudo se o único meio de defesa for fortemente desproporcionado em relação à ofensa em que consiste a agressão?

A afirmativa tem sido por vezes admitida na interpretação jurisprudencial e doutrinária alemã.

E, de certo modo, o seu fundamento traduz a ideia de uma proporcionalidade entre a agressão e a defesa, em razão do dano que causam; serviu de base ao critério da proporcionalidade que o nosso Código Civil recebeu do Código italiano. Mas não é como critério fundamental que pode ser admitido. É como adjuvante do critério geral, ou seja, o direito não pode considerar justa uma defesa implacável contra danos de pequena monta, usando de meios que, para esse fim, são juridicamente inadequados, porque constituem um meio gravemente injusto para um fim que embora justo é de ínfima importância.

A ordem jurídica garante a tutela e permite a defesa da esfera jurídica de cada um, mas impõe também uma solidariedade entre todos e uma renúncia, em certos casos, ao egoísmo individual. Deste princípio é corolário, por exemplo, a incriminação da omissão de socorro, perante o perigo grave que atinja terceiros (Código Penal, art. 219.º).

Deste princípio latente na ordem jurídica, resultaria a limitação racional da defesa, quando o meio efectivamente necessário para salvaguardar um bem de pequena monta consista em causar grave dano ao ofensor. A necessidade então não é racional, e é mais conforme aos fins do direito a privação da defesa, porque esta seria injusta.

Ensaio de regulamentação legislativa neste ponto é o preceito sobre a legítima defesa que a reforma de Código espanhol introduziu (art. 8.º, n.º 1): «em caso de defesa dos bens reputar-se-á agressão ilegítima o ataque contra eles dirigido que constitua crime e os ponha em grave perigo de deterioração ou perda iminente».

Deste modo, torna juridicamente indefensáveis os bens patrimoniais contra agressões que não constituam crime e exige ainda maior gravidade do perigo e a iminência do dano.

A solidariedade, exigível juridicamente a todos, reveste mais extenso significado, em razão de particulares deveres de protecção, assistência ou respeito, baseados especialmente em relações de família, isto é, entre cônjuges ou entre pais e filhos. E, por isso, se compreende que, não sendo exigível a qualquer defendente a fuga perante a agressão, deva ela ser o meio racional — se possível — de o evitar em tais hipóteses. Pequenas ofensas ou agressões dos pais não justificam uma legítima defesa dos filhos; se a agressão for de pequena importância deve ser irrelevante e a agressão grave é, pelo contrário, ainda mais grave.

No mesmo sentido, mas atendendo apenas à qualidade do agressor, a moderação da defesa e a exigência, inclusive, da fuga, quando possível, do agredido, se impõe quando aquele for um inimputável.

Também se se mostra que a agressão não é intencional, mas meramente culposa, ou de boa-fé, é racional um maior comedimento ou o uso de meio que induza o agressor a maior prudência, ou o esclareça e convença da injustiça da agressão.

68. A defesa inculpada

O Código Penal de 1886 exigia que a defesa fosse inculpada. Era esse o significado da última parte do n.º 1 do art. 46.º

Esse requisito da legitimidade da defesa foi, porventura, o mais discutido, ou melhor, criticado pela teoria individualista da legítima defesa.

Manteve-se no Código português, no Código espanhol — ou neles foi readmitido na segunda metade do século XIX — bem como em grande número de Códigos da América Latina.

A reforma em curso do Código Penal espanhol (1983) simplificou a fórmula, algo complexa, reduzindo-a à «falta de provocação suficiente». No Código Penal português de 1886 (reforma de 1884) dizia-se assim: «não ser motivada a agressão por provocação, ofensa ou crime actual praticado pelo que defende».

A provocação pode ser preordenada, isto é, destinada a incitar a agressão, para o provocador poder, sob a aparência de defesa, cometer ele próprio a agressão premeditada.

Ou pode ser intencional, embora não dirigida ao fim de servir de pretexto a uma agressão, sob a aparência de uma defesa.

Ou pode ser culposa, quando o provocador não tomou consciência do efeito motivante para a agressão por parte do provocado.

No primeiro caso, a provocação preordenada veio a ser, em geral, admitida como excludente da legitimidade da defesa, mesmo naqueles Códigos que não consagravam o princípio da «defesa inculpada». Foi assim, em especial, na Alemanha.

Mas também, nos demais casos, a pressão da praxe e a evolução da doutrina procuraram uma justificação para incluir o requisito da não provocação intencional ou culposa, isto é, voluntária, ao lado do requisito da necessidade da defesa para repelir a agressão, único expresso directamente na lei.

Quanto à provocação preordenada, à falta de expressa previsão de norma legal, foi-se buscar o fundamento desse requisito da legitimidade da defesa no princípio das *actiones liberae in causa*.

Quanto aos casos de mera provocação voluntária, intencional ou culposa (não preordenada), buscou-se ainda, mormente em Itália, o seu fundamento na similitude ou analogia com outra causa de justificação: o estado de necessidade objectivo ou direito de necessidade.

No estado de necessidade exige-se que o perigo de lesão do interesse superior não tenha sido causado voluntariamente por aquele que, em estado de necessidade, ofenda direito ou interesse de menor importância de outrem.

Também este requisito da não motivação voluntária do perigo, no estado de necessidade, se encontra na regulamentação legal no estado de necessidade como causa de justificação, tanto no Código Civil português como no actual Código Penal [art. 34.º, al. *a*)].

Além de princípios jurídicos de carácter geral também se invocaram outros de ética social para dar fundamento, em casos mais nítidos, à mitigação do direito absoluto de defesa contra uma agressão ilegal.

Para avaliar a importância do tema, há que fazer referência às consequências jurídicas que derivam da exigência — mais ampla ou mais restritamente definida — duma defesa inculpada; e para tanto nada melhor que indicar esses efeitos no sistema do Código Penal de 1886.

Esses efeitos têm de considerar-se no que respeita à agressão e no que respeita à defesa.

A agressão, embora motivada por provocação, continua sendo uma agressão ilícita. E a defesa deixa de ser legítima para ser defesa ilegítima (ou excesso de legítima defesa) e por isso se diz que a defesa tem de ser inculpada para ser legítima. Isto é, a não provocação da agressão será requisito da legitimidade da defesa.

A exigência deste requisito conduz, assim, à restrição do âmbito da legítima defesa. Tendo dado o defensor motivo bastante para a agressão, a sua defesa não será legítima.

Sendo tanto a agressão como a defesa ilícitas, só, no entanto, a defesa culpada será sempre ilícito penal. A razão está em que a agressão não é sempre um crime ou um ilícito penal; basta que seja ilícito. A defesa, essa, é considerada como causa de justificação do crime em que consiste; mas dando motivo suficiente à agressão, o provocador que dela se defenda, foi concausa da agressão, na medida em que determinou, por essa forma, o agressor à perpetração da agressão.

Não se defende, então, de uma agressão exclusivamente alheia, mas de uma agressão a que deu causa, porque determinou o agressor a cometê-la.

Determinar outrem a cometer uma agressão pode, porém, ser uma actuação não apenas intencional, mas com a finalidade de criar para si próprio um pretexto para agredir, como se se defendesse; e neste caso como que foi participante no acto da agressão.

Contudo, o princípio das *actiones liberae in causa* não é fundamento em todos os casos de provocação preordenada, da ilicitude da defesa, porquanto verdadeiramente só em alguns deles a agressão é exclusivamente acto do provocador. E só o é se a agressão for inculpável, sendo então o agressor instrumento físico do pretenso defendente. A determinação de outrem à agressão — por provocação preordenada — não suprime a agressão do próprio agressor. É aliás o que resulta da distinção no art. 26.º do Código Penal entre autor mediato e instigador ou autor moral; este é co-responsável do autor material ou executor do crime. «Determina outrem ao crime», mas não é ele que o executa, sendo o autor moral e executor agentes do crime, servindo-se aquele de outrem para a execução do crime.

69. A questão do *animus defendendi* como requisito da legitimidade da defesa

Citámos repetidamente a concisa definição da legítima defesa pelo Código Penal (art. 32.º): a legitimidade da defesa depende de o facto praticado pelo defendente ser «o meio necessário para repelir a agressão». Similar era a definição, no aspecto que ora interessa, no Código anterior: «necessidade (racional) do meio empregado para prevenir ou suspender a agressão» (Código de 1886, art. 46.º, n.º 3).

Da fórmula legal se pretendeu, e pode pretender, partir para incluir, entre os requisitos da legitimidade da defesa, a intenção de defesa, como elemento subjectivo da causa de justificação.

Meio necessário «para» repelir a agressão indica a relacionação do meio necessário com o seu fim — repelir a agressão. Mas o fim poderá ser considerado como o «fim subjectivo» do defendente (a intenção de defender-se), ou como o fim objectivo da acção de defesa.

Na Alemanha predomina a opinião de que é requisito da legitimidade da defesa o *animus defendendi*. Para tanto contribui a doutrina dos «elementos subjectivos da ilicitude», aos quais corresponderiam elementos subjectivos das causas de justificação; está longe de ser pacífica a admissão de elementos subjectivos em todas as causas de justificação, sendo muito controversa essa admissão sobretudo no estado de necessidade. É de presumir que a lógica de sistemas adoptados também para tanto contribua fortemente.

Mas, relativamente à exigência da intenção de defesa, no instituto da legítima defesa, parece claro que ela resultaria da conveniência de limitar a legitimidade da defesa para além do limite resultante da necessidade objectiva do meio de defesa, pois parecia mais fácil consegui-lo por uma interpretação do próprio preceito legal que incluísse, na legítima defesa, o requisito da intenção de defesa.

No entanto, a ilicitude objectiva, como se anotou, é o «mal», o «mal» objectivo na antiga terminologia jurídica portuguesa. A demarcação do mal do crime é naturalmente objectiva. E sendo assim, não entram na substância das causas de justificação elementos subjectivos.

Da interpretação do art. 32.º, como do n.º 3 do art. 46.º do anterior Código, não deriva a exigência do *animus defendendi*.

A necessidade, no contexto da lei, relaciona efectivamente o acto de defesa com o seu fim. Este, porém, não é um fim indeterminado, porque é um fim concreto e objectivo. É a necessidade da defesa, em relação ou contra a agressão, que tem de verificar-se efectivamente.

Não se deduz de o facto da defesa ser meio necessário «para» repelir a agressão, a extensão dessa correlação objectiva, à correlação entre a intenção do agente e o meio de defesa.

Aliás, a exigência do elemento subjectivo da intenção de defesa do agente não conduz a resultados satisfatórios, por isso que se não ajusta ao sistema legal, e para tanto basta indicar os efeitos que derivam da falta de intenção de defesa.

Se a defesa era objectivamente necessária, a defesa é objectivamente lícita. Não há desvalor do evento ou da acção; há apenas desvalor da vontade.

A má intenção do defendente só poderia ser punida como tentativa se o conceito legal de tentativa correspondesse à chamada teoria subjectiva da tentativa.

Mas como o anterior Código, também o Código vigente exige a idoneidade objectiva dos actos de execução na tentativa para que esta seja punível. A mera intenção criminosa, exteriorizada em actos inidóneos, não é punível. E acresce que a punição por tentativa não tem lugar em todos os crimes, e por isso a solução seria desigual e também injusta e contrária ao espírito da lei.

Deste modo não parece que a exigência do *animus defendendi* possa ser mais do que um ensaio de limitação da definição legal da legítima defesa — limite subjectivo em vez de limite objectivo — por se afigurar mais fácil derivá-lo duma interpretação rebuscada da lei, enquanto novos requisitos da legitimidade da defesa de natureza objectiva só poderiam buscar-se com dificuldade, mediante o apelo a princípios gerais[7].

70. Síntese; considerações gerais

As observações feitas na interpretação dos requisitos da legitimidade da defesa provocam certa perplexidade quando se trata de, com a possível clareza, indicar conclusões.

E em primeiro lugar há que partir do que se mostra evidente: a

---

[7] Em tese geral, ou como ensaio de enquadramento genérico da questão, v., com as necessárias indicações de literatura alemã, Heribert Waider, *Die Bedeutung der Lehre von den subjektiven Rechtfertigungselementen für Methodologie und Systematik des Strafrechts*, 1970.

legítima defesa consoante se encontra definida no art. 32.º do Código Penal corresponde à definição constante do Código alemão (§ 32). A definição do Código alemão é, praticamente inalterada, aquela que constava do Código prussiano de 1851, que se manteve como base fundamental do novo Código. A definição de legítima defesa do Código prussiano teve a sua origem no Código Penal francês, como a teve a definição do Código Penal português de 1852.

O relatório oficial do projecto alemão de 1962, que manteve inalterado o teor da regulamentação da legítima defesa, justifica essa posição por não dever abandonar-se o princípio de que o direito não cede perante a injustiça, fórmula com a qual se caracterizou a concepção individualista. Foi longa a discussão e muitas as propostas de alteração que não foram aprovadas.

Reconhecendo as asperezas da definição legal, o relatório entendeu, na falta de suficiente consenso nos trabalhos preparatórios, entregar à jurisprudência, mediante a interpretação do conceito de «necessidade», a tarefa de alcançar uniformidade na sua delimitação.

Parece impor-se a conclusão de que o novo Código Penal português repudiou a noção de legítima defesa como fora consagrada no Código de 1886. No novo Código não se limaram ou modificaram alguns requisitos da legitimidade da defesa que constavam do anterior Código; suprimiram-se e a supressão não pode, em princípio, corresponder a uma parcial modificação.

Em segundo lugar, e quanto ao possível amolecimento da rigidez da lei, mediante uma interpretação evolutiva e recorrendo à delimitação do âmbito da legislação mediante a invocação de princípios gerais de direito, da ética social ou semelhantes, importa ter em atenção a possibilidade legal de invocar tais princípios.

Nos termos do art. 31.º, as causas de justificação podem ser definidas pelo Código Penal, provir de outros ramos do direito ou ter por fundamento princípios da ordem jurídica.

Mas uma coisa é a ampliação das causas de justificação ou causas de exclusão da ilicitude, pelo modo que o art. 31.º indica, outra é a restrição do âmbito das causas de exclusão da ilicitude que a lei tenha previsto.

Os requisitos da legitimidade da defesa constituem uma delimitação do direito de defesa. Restringir o âmbito do direito de defesa, ou condicioná-lo por requisitos que a lei expressamente não contempla, equivale a ampliar a extensão dos casos de defesa punível, ou seja, a alargar o âmbito da incriminação, violando, por esse modo, o princípio constitucional da legalidade nas incriminações.

Uma coisa é admitir causas de justificação não positivadas expressamente nas leis e outra é restringir o alcance das causas de exclusão da ilicitude expressamente positivadas.

A restrição do âmbito de legítima defesa, tal como se encontra definido pelo art. 32.º, consistirá sempre no correspondente alargamento da incriminação do facto da defesa. Ao acréscimo de limites às causas de exclusão da ilicitude corresponde uma mais ampla incriminação.

E é isso o que sucede aceitando a delimitação da definição legal da legítima defesa, mediante o apelo a quaisquer princípios gerais, ou atribuindo o poder de os criar à iniciativa judicial ou consenso da doutrina.

Finalmente importa ponderar, rememorando o que foi dito sobre o sistema legal ou doutrinário das causas de justificação, que pode seguir-se a orientação que consiste em definir as circunstâncias ou elementos do facto em que se integra a justificação do próprio facto, ou aqueloutro que consiste em coordenar as normas incriminadoras com as normas permissivas que as limitem.

Ora, se esta segunda via se patenteia no estado de necessidade foi a primeira que deu origem ao modo por que se encontra definida a legítima defesa.

Portanto não é possível criar limites à legítima defesa, como causa de exclusão da ilicitude, que não constem expressamente da lei, quer mediante a *analogia legis* quer mediante a *analogia juris,* sem ofensa do princípio da legalidade, porquanto a restrição assim obtida do direito de defesa corresponde à incriminação indirecta dos factos que a definição legal da legítima defesa abrangia no seu teor, como exercício do direito de defesa.

E, no entanto, não nos parece fácil prever qual a orientação que virá a prevalecer.

Se a pressão das circunstâncias e de uma concepção da legítima defesa menos vincadamente individualista poderá induzir a jurisprudência e com ela a doutrina a esquecer o valor do direito positivo e as regras da sua interpretação, em conformidade com o princípio da legalidade, ou se, atendo-se como era tradição nacional a este último princípio, a jurisprudência se eximirá ao risco de cair numa fase de confusão e arbítrio. A primeira via é o regresso a uma concepção hoje em grande parte ultrapassada na doutrina e que a lei portuguesa ultrapassara há mais de um século; a segunda via é um rumo indeciso e por isso contraditório, com prejuízo da certeza que o direito procura, mormente em direito penal, em razão do princípio da legalidade.

Repete-se a situação criada com a publicação do Código Penal de 1852, perante a legislação anterior.

Razão suficiente para que, à guisa de conclusão, me acolha à opinião expressa por Levi Maria Jordão e por Silva Ferrão.

Escreveu então Levi Maria Jordão (*Comentário ao Código Penal Português — 1853*, p. 34): «o que a lei deve ·é marcar, de acordo com a razão, os limites do direito de defesa, para que à sua sombra não se introduza a desordem na sociedade, e fiquem impunes verdadeiros delitos.

É para estranhar que o Código o não fizesse claramente, achando essa doutrina no Código espanhol e até nos escritos antigos de que tanto se serviu a cada passo: por isso ajudados da letra do artigo e dos outros Códigos marcaremos esses limites...»

Por sua vez, Silva Ferrão (*Teoria do Direito Penal,* vol. I, 1856, p. 73) diz: «O Código também é deficiente, por não fixar algumas regras que determinem quais são os *justos limites* da defesa, para ser legítima, expressão que também emprega, sem a definir, nos arts. 377.º e 378.º, ficando assim este ponto entregue absolutamente ao arbítrio dos juízes e dos jurados.»

71. A defesa ilegítima: a definição do excesso de legítima defesa no Código Penal

É usual, pelo menos na doutrina portuguesa, versar, em continuação da legítima defesa, o excesso de legítima defesa.

De um ponto de vista de um rigoroso método ou sistema, não se impõe este modo de proceder. Mas é de persistir no costume, até porque o Código Penal se refere ao excesso de legítima defesa e indica a sua disciplina jurídica no artigo seguinte (art. 33.º) àquele que define a legítima defesa, e por conseguinte a propósito das causas de exclusão da ilicitude.

O art. 33.º reza assim:

«1. Se houver excesso dos meios empregados em legítima defesa, o facto é ilícito, mas a pena pode ser especialmente atenuada;
2. Se o excesso resultar de perturbação, medo ou susto não censuráveis, o agente não será punido.»

Deixando por ora em suspenso o n.º 2 do art. 33.º, procurar-se-á primeiramente obter a noção do excesso de legítima defesa, tal qual ela emerge da primeira parte do n.º 1: «excesso dos meios empregados em legítima defesa».

O excesso de legítima defesa (que melhor se denominaria «excesso na defesa»), só tem lugar quando se verificam os pressupostos de defesa, isto é, quando se verifica uma agressão ilícita e actual.

O excesso de legítima defesa é excesso nos meios empregados pela defesa, isto é, respeita aos requisitos da legitimidade da defesa.

Como os requisitos de legitimidade da defesa estão concentrados no «excesso nos meios empregados», será a defesa excessiva se tais meios não forem daqueles que o art. 32.º designa por «meio necessário para repelir a agressão...».

Na medida em que se ajuntem outros requisitos além da «necessidade do meio empregado» para qualificar a defesa como legítima, há que verificar quando falta algum desses requisitos ignorados na lei e a ela acrescidos pela interpretação judicial ou doutrinal[8].

Se não houver agressão ilícita e actual pode ter lugar uma *legítima defesa putativa*, por erro desculpável sobre esses pressupostos da defesa, cujas consequências jurídicas serão anotadas a propósito do erro sobre o facto previsto no n.º 2 do art. 16.º; não exclui então a ilicitude do facto, mas desculpará o defendente ou, se o erro for indesculpável, subsistirá só a responsabilidade por negligência (n.º 3 do art. 16.º) (cf. *infra*, n.ºˢ 133 e 134).

---

[8] Um ensaio nesse sentido encontra-se em *Direito Penal Português*, I, págs. 347 e segs. e 360 e segs., quanto ao anterior Código, diploma que, aliás, indicava outros requisitos da legitimidade da defesa.

72. O excesso de legítima defesa é um crime

a) O excesso de legítima defesa é um crime cometido em defesa

A legítima defesa constitui uma causa de justificação. O excesso de legítima defesa é um excesso ilegítimo de defesa. Subsiste, portanto, o crime que a legítima defesa não justifica.

É isso o que diz o n.º 1 do art. 33.º, quando declara que quando houver excesso o facto é ilícito, isto é, se subsume à norma incriminadora, enquanto facto objectivamente ilícito (porque não justificado).

b) Que espécie de crime constitui o excesso de legítima defesa?

O excesso de legítima defesa não é uma figura unitária, mas uma expressão compreensiva dos vários crimes que podem constituir a forma que toma, em concreto, a defesa excessiva. O crime poderá ser crime de homicídio se a defesa excessiva consistir em matar o agressor, crime de dano, se a defesa excessiva consistir em causar danos desnecessários, etc.

c) O excesso na defesa como circunstância atenuante

O excesso na defesa também tem sido considerado como uma circunstância atenuante. E as duas perspectivas não se excluem.

O crime cometido em excesso de legítima defesa é o crime cometido em defesa (não legítima). É um facto ilícito, mas em que a gravidade do facto ilícito é, em princípio, menor. Como circunstância atenuante era expressamente indicado o excesso no anterior Código, e nada obsta a que como tal se considere no Código actual pois que na medida da pena se atenderá ao «grau de ilicitude do facto», isto é, à gravidade do facto ilícito [art. 72.º, n.º 2, a)].

d) O excesso punível

O excesso de legítima defesa só será punível, como é evidente, se for crime, e para tanto precisa de ser também um facto culpável, isto é, cometido com dolo ou culpa.

Daí a distinção do excesso punível em excesso doloso e excesso culposo — distinção doutrinária utilizada sobretudo em razão da terminologia adoptada pelo Código italiano (expressamente no mesmo sentido, o Código brasileiro). Excesso doloso e excesso culposo são igualmente de entender, enquanto formas do excesso punível, como crime doloso ou crime culposo cometido em excesso de legítima defesa. A culpa e o dolo, porém, no excesso reportam-se especialmente ao próprio excesso, no sentido de que foram intencionalmente excedidos os limites que são requisitos da legitimidade da defesa ou de que foram excedidos por culpa. Mas essa particularidade não contradiz, antes se enquadra na própria noção legal de dolo e de culpa (*v. infra*, n.ᵒˢ 106 e segs.).

Aliás, toda a problemática geral do dolo e da culpa se insere no excesso doloso e culposo; toda ela é aplicável aos crimes cometidos em excesso de legítima defesa. E, assim, para exemplificação, pode haver crimes cometidos em excesso de legítima defesa que são «crimes qualificados pelo evento» (*v.* art. 18.º) ou que permitem, em geral, combinações entre o dolo e a culpa, ou ainda «crimes aberrantes» (*v.* a refer. *infra*, n.º 122), ou ainda crimes em que se verifique o erro sobre a pessoa ou a coisa que desse crime sejam objecto material (*v.* art. 16.º, n.º 1), etc.

e) *O excesso impunível*

Porque o excesso punível é o crime cometido mediante uma defesa ilegítima, e por isso representa tão-somente uma modalidade contida na incriminação do tipo de crime cometido, também são aplicáveis todas as regras gerais ou especiais relativas ao crime cometido, sobre causas de justificação ou sobre causas de exculpação. A circunstância de o facto que constitui o excesso não ser justificado por legítima defesa não significa que não possa ser justificado por outra causa de justificação, como, por exemplo, caso fortuito ou estado de necessidade. Sobre o mesmo facto podem concorrer várias causas de justificação e a exclusão de uma não acarreta a exclusão das demais.

E o mesmo sucede com as causas exculpativas.

No crime cometido em excesso de legítima defesa, doloso ou culposo, podem verificar-se as causas de desculpabilidade que são relevantes relativamente aos crimes em geral e ainda a causa exculpativa especial constante do n.º 2 do art. 33.º; é excluída a culpabilidade do crime, cometido em excesso de legítima defesa, quando o excesso tenha sido determinado por perturbação, medo ou susto desculpáveis do defendente. É esta a única alteração de importância à doutrina geral do crime, no que respeita aos crimes cometidos em excesso de legítima defesa. Como adiante, e no lugar próprio, se explicará (*v. infra*, n.ºs 144 e segs.).

E, assim, ao excesso punível — qualquer espécie de crime cometido em excesso de legítima defesa — se contrapõe o excesso impunível.

Delimitado o excesso do ponto de vista objectivo, ele ficará impune se não acrescer à ilicitude objectiva a culpabilidade, ou se não for justificado por outra causa de justificação.

f) Concurso e participação no excesso

O problema do excesso de legítima defesa pode complicar-se porque pode consistir em uma pluralidade de crimes (por exemplo, ofensas corporais e dano, e subtracção de coisa alheia e introdução em casa alheia, etc.). O excesso é então constituído por uma pluralidade de crimes e punível como concurso de crimes, cuja penalidade total será correspondentemente atenuada, nos termos que resultam da forma particular de determinação da pena aplicável ao concurso.

Como também pode o excesso de legítima defesa ser composto por crimes dolosos e crimes culposos, e ainda factos penalmente ilícitos, mas não culpáveis, haverá então que apreciar de igual modo a punibilidade de cada crime ou cada facto penalmente ilícito, a título de dolo ou de negligência, e proceder depois à formação da pena total.

Também pode verificar-se a participação de terceiros no excesso de defesa, em relação à qual importa atentar na forma que reveste a participação na defesa excessiva, aplicando na determinação da pena de cada comparticipante as regras gerais sobre comparticipação; pode, aliás, um interveniente na defesa agir quando já não há defesa, e por isso com autonomia em relação aos que colaboraram na defesa excessiva.

g) O excesso impunível em outras causas de justificação

Finalmente, o instituto do excesso de legítima defesa indica regras legais igualmente aplicáveis quando se verifique «excesso» em outras causas de justificação como, por exemplo, no direito de necessidade ou estado de necessidade.

É uma observação que importa frisar.

O Código Penal de 1982, tal como já acontecia com o anterior, na redacção que vigorava nessa data e que devia ter sido tomada como ponto de referência da Reforma, ocupa-se ou refere-se apenas ao excesso de legítima defesa. Mas nas demais causas de justificação pode igualmente configurar-se um crime quando se excedam os requisitos legais da circunstância justificativa, verificando-se embora os seus pressupostos. Assim é no estado de necessidade ou na acção directa, como resulta do próprio sistema do Código Civil.

As conclusões admitidas quanto à natureza e regime jurídico do excesso de legítima defesa são corolários de regras gerais de incriminação e não um regime especial do excesso de legítima defesa, e por isso aplicáveis ao excesso nas demais causas de justificação, e aplicáveis, não por analogia, mas por dedução das regras gerais de incriminação como acontece no excesso de legítima defesa.

73. A punição do excesso de legítima defesa

Quanto à punição do excesso de legítima defesa, o Código Penal, na parte final do n.º 1 do art. 33.º, dispõe que a pena pode ser especialmente atenuada, e portanto que será em regra atenuada, podendo ser mesmo «especialmente» atenuada.

Há que desvendar o sentido da disposição legal e para tanto distinguir diferentes hipóteses. Primeiramente convém afirmar que seria absurdo admitir que, se o excesso de legítima defesa consiste em um crime culposo, se possa aplicar a esse crime culposo cometido em excesso de legítima defesa pena superior à do crime culposo cometido, ou mesmo puni-lo se o facto de defesa só for incriminado como crime doloso, visto que só são puníveis por negligência os crimes relativamente aos quais a lei expressamente preveja a punição a título de negligência (art. 13.º).

Em segundo lugar há que pôr em correlação e harmonizar a disposição genérica sobre a punição do excesso que consta do art. 33.º, n.º 1, com a diferente punição que o Código preveja para o mesmo tipo de crime, como doloso ou culposo.

E não deve suscitar dúvidas a solução que se impõe. A penalidade que recai sobre o crime cometido em excesso de legítima defesa é a pena directamente aplicável a esse crime.

Se o excesso constituir um crime doloso, porque o próprio excesso é intencional, a penalidade será a prevista para o crime doloso cometido. Se o excesso for um excesso culposo, o excesso ficará impune se o crime cometido não for punível quando cometido por negligência; se o excesso constituir um crime culposo, como tal punível pela lei, a penalidade do excesso culposo de legítima defesa é a penalidade do crime culposo efectivamente cometido.

A responsabilidade pode ser atenuada, e essa atenuação pode ir até à atenuação especial. A atenuação ou atenuação especial recai sobre a penalidade do crime doloso ou culposo. O n.º 1 do art. 33.º inclui expressamente os crimes cometidos em excesso de legítima defesa entre os casos em que é permitida a atenuação especial, o que porventura já de um modo geral está abrangido pela al. b) do n.º 2 do art. 73.º

Deste modo, como relativamente ao anterior Código, é de concluir que o excesso de legítima defesa constitui o crime efectivamente cometido e que também o excesso de legítima defesa pode ser considerado como uma circunstância atenuante do crime cometido; pode dizer-se que a circunstância de determinado crime ser cometido em excesso de legítima defesa pode fundamentar a atenuação da pena ou em termos gerais, por aplicação do art. 72.º, ou em termos especiais, mediante as regras legais relativas à atenuação especial e constantes do art. 74.º

O excesso traduz-se sempre em um facto punível não justificado, e que por isso permanece crime, e cuja pena é atenuada, segundo as regras da atenuação geral, em razão da verificação dos pressupostos da causa de justificação, ou segundo as regras de atenuação especial, se o juiz dever considerar de maior importância essa circunstância para a graduação da pena.

74. Evolução da doutrina portuguesa sobre a interpretação do excesso de legítima defesa

É conveniente explicar a origem das divergências de opinião que caracterizaram a doutrina portuguesa acerca do tema que ora nos ocupa e que na respectiva conceptualização e interpretação ainda se repercutem[9].

Marnoco e Sousa, no seu estudo sobre a legítima defesa no direito penal português, publicado, em 1903, em *Estudos Jurídicos*, marcou o rumo futuro da doutrina portuguesa, a qual o seguiu ou procurou corrigir as suas opiniões. Exprimindo-se nos seguintes termos: «a legítima defesa já não produz este efeito, quando no seu exercício tenha havido excesso. Então é uma circunstância atenuante, geral ou especial (arts. 378.º e 39.º, n.º 17). Em face do art. 378.º, dá-se o excesso de legítima defesa sempre que se excedam os limites marcados no art. 46.º. E assim se tem entendido na jurisprudência, como se vê do acórdão do Supremo Tribunal de Justiça de 26.6.1896. Isto, porém, não se pode considerar inteiramente exacto, porquanto, se a agressão for ilegal, não se pode admitir reacção contra ela, se já está consumada, não há agressão a prevenir ou suspender, se tiver havido ofensa ou qualquer crime actual praticado pelo que defende, não é justa a reacção, se houver possibilidade de recorrer à força pública, não é lícito ao agredido exercer a defesa por autoridade própria. *Por conseguinte, no nosso modo de ver, unicamente se pode dar excesso de legítima defesa quando não haja a necessidade racional do meio empregado para prevenir ou suspender a agressão.* (...) O excesso de legítima defesa supõe, primeiro que tudo, que seja admitida por lei a defesa individual. Ora, nos casos dos n.ᵒˢ 1 e 2 do art. 46.º não é permitida a defesa individual.»

Assim, para Marnoco e Sousa, seriam pressupostos da defesa a preexistência de uma agressão ilegal e actual e, ainda, não motivada por provocação, ofensa ou crime actual do que se defende, e a im-

---

[9] O texto das lições sobre o excesso da legítima defesa é lacónico para não prejudicar a sua clareza. Pareceu, apesar disso, ser conveniente esta referência à evolução doutrinária portuguesa; referência que, no entanto, e para procurar manter esse carácter sintético, consiste apenas na reprodução de alguns excertos de *Dir. Pen. Port.*, I, a págs. 373 e segs., local onde o assunto se pode ver desenvolvido e mais pormenorizado.

possibilidade de recurso à força pública, isto é, os limites referidos nos n.ᵒˢ 1 e 2 do art. 46.º (do Código Penal de 1886). Requisito da legítima defesa seria tão-somente o enunciado no n.º 3 do citado art. 46.º — necessidade racional do meio empregado para prevenir ou suspender a agressão.

Esta opinião foi perfilhada por Beleza dos Santos e seguida também por Eduardo Correia.

Não é esta a interpretação que perfilhámos. A agressão condiciona a defesa enquanto é circunstância preexistente e extrínseca ao próprio acto de defesa, e por isso seu pressuposto. Os requisitos ou circunstâncias que definem a defesa legítima são inerentes ao próprio acto de defesa.

O segundo ponto polémico sobre a noção de excesso de legítima defesa e os seus efeitos — ponto que foi a conciliação dos arts. 378.º e 39.º, n.º 17, do Código Penal de 1886 — acarretou maiores confusões à doutrina. E proveio também a divergência de opiniões da tese defendida por Marnoco e Sousa; não que a doutrina posterior a tenha seguido, mas porque partiu do mesmo erro inicial, que está na base da interpretação do Marnoco e Sousa. Esse erro inicial é o que resulta da tentativa de conciliação do art. 378.º e n.º 17 do art. 39.º, como se se tratasse de preceitos legais convergentes, e entre os quais houvesse que definir, dentro do excesso de legítima defesa, os casos de excesso subsumíveis a uma ou a outra das disposições citadas.

Para Marnoco e Sousa, a atenuação especial do excesso de legítima defesa encontrava-se estabelecida no art. 378.º, que reduzia a pena de prisão correccional ou absolvia da pena, deixando subsistir a obrigação de reparação civil. Mas este artigo só seria aplicável no caso de a defesa se ter realizado por meios violentos (homicídio ou ferimentos). Nos demais casos, a responsabilidade criminal seria somente atenuada segundo as regras gerais sobre atenuação das penas.

A doutrina posterior não aceitou, em regra, a partição da regulamentação do excesso de legítima defesa entre o art. 378.º e o n.º 17 do art. 39.º, nos termos propostos por Marnoco e Sousa; mas aceitou o seu ponto de partida, isto é, que ambas as disposições previam a atenuação nos crimes cometidos em excesso de legítima defesa, atenuação legal ou atenuação ordinária.

Só que a atenuação legal modificativa é muito mais importante do que a atenuação ordinária judicial, e parecia absurdo que a atenuação mais importante fosse atribuída aos crimes mais graves (homicídio e ofensas corporais) cometidos em excesso de legítima defesa e a atenuação ordinária judicial fosse a única a ter lugar em excessos de legítima defesa que não fossem homicídio e ofensas corporais.

E daí que Beleza dos Santos tivesse vindo a propor um outro critério de delimitação do campo de aplicação do art. 378.º e do n.º 17 do art. 39.º. O art. 378.º não seria aplicável quando o excesso consistisse em um crime de homicídio ou de ofensas corporais, mas quando o defendente retorquisse, em excesso de defesa, a uma agressão contra direitos pessoais; e haveria aplicação do n.º 17 do art. 39.º — atenuação ordinária judicial — quando a defesa excessiva se dirigisse contra uma agressão a bens patrimoniais.

Por sua vez, Eduardo Correia adoptou outra interpretação: partiu também da necessidade de conciliação dos art. 378.º e n.º 17 do art. 39.º do Código Penal de 1886. O campo de aplicação de um ou outro preceitos resultaria da maior ou menor relevância de estados emocionais na execução da defesa: as emoções agressivas ou esténicas teriam uma eficácia atenuativa inferior às emoções depressivas ou asténicas.

A inovação tem o seu fundamento em um claro equívoco: o Código Penal alemão, que servia de esteio, não tinha qualquer disposição legal sobre excesso de legítima defesa. Continha e contém uma disposição similar à que se encontra formulada no n.º 2 do art. 33.º do actual Código Penal, que veio a ser fonte do art. 337.º do Código Civil português de 1966. Foi daqui que foi trasladada para o Código Penal de 1886, pelo Decreto-Lei n.º 184/72, de 31 de Maio, o qual fundamentalmente pretendeu conciliar a legislação penal com a Revisão Constitucional de 1971[10].

O excesso de legítima defesa que resultar de perturbação, medo ou susto não censuráveis é uma causa de exculpação do crime cometido em excesso de legítima defesa.

O Código Penal alemão não prevê expressamente o excesso de legítima defesa, e nem isso é absolutamente necessário. Toda a defesa ilegítima que consista em um crime é punível, com a pena aplicável a esse crime.

---

[10] V. *Dir. Pen. Port.*, I, págs. 579-580.

75. A desculpabilidade do excesso de legítima defesa

O n.º 2 do art. 33.º do Código Penal reza assim: «Se o excesso resultar de perturbação, medo ou susto não censuráveis, o agente não será punido.»

Este preceito, que, como foi dito, já em termos similares recebera do Código Penal alemão o Código Civil português de 1966 e fora incluído em 1972 no Código Penal revogado, respeita à exclusão da culpabilidade.

Remetemos a sua interpretação para o lugar que lhe convém, a fim de o apreciar em conjunto com as demais causas de exculpação, de maneira a melhor compreender o seu significado e alcance (cf. *infra*, n.ºs 144 e segs.).

II — DIREITO DE NECESSIDADE

76. Definição legal da justificação do facto cometido em estado de necessidade

O art. 34.º do Código Penal dispõe: «Não é ilícito o facto praticado como meio adequado para afastar um perigo actual que ameaça interesses juridicamente protegidos do agente ou de terceiro, quando se verifiquem os seguintes requisitos:

a) não ter sido voluntariamente criada pelo agente a situação de perigo, salvo tratando-se de proteger o interesse de terceiro;

b) haver sensível superioridade do interesse a salvaguardar relativamente ao interesse sacrificado;

c) ser razoável impor ao lesado o sacrifício do seu interesse em atenção à natureza ou ao valor do interesse ameaçado.»

A matéria que este artigo abrange é mais usualmente subordinada à epígrafe «estado de necessidade», o qual, para o separar da matéria que constitui o «estado de necessidade desculpante» (que o art. 35.º contempla) se qualifica de justificativo ou objectivo.

Ao encimar o preceito legal com a epígrafe «direito de necessidade» quis, porventura, o Código acentuar a natureza da dirimente.

No mesmo sentido aponta a correlação que fizemos entre as causas de exclusão da ilicitude explicitamente enumeradas nas alíneas *a)*, *b)*, *c)* e *d)* do n.º 2 do art. 31.º

Em conformidade com esta enunciação o facto não é ilícito, nos termos da alínea *b)*, se for cometido no exercício de um direito, e, considerado à parte o direito de defesa (legítima defesa) na al. *a)*, o exercício de um direito expressamente nomeado nas causas de exclusão da ilicitude, nos artigos do capítulo III do título II, da parte geral do Código Penal, é o «direito» de necessidade a que se reporta o art. 34.º

Se a expressão «estado de necessidade» mais figura o pressuposto da justificação (embora seja a denominação usual e também entre nós consagrada no Código Civil), aquela que o Código Penal escolheu, «direito de necessidade», também não é feliz porque dá ao direito por conteúdo aquilo que designa não o seu conteúdo, mas o seu pressuposto.

Sob outro aspecto também pode a expressão utilizada induzir em erro. Já se fez o aviso de que a natureza jurídica das causas de justificação não é sempre a mesma; essa falta de unidade da sua natureza jurídica dera origem na doutrina à dupla denominação com que vieram a ser designadas — ou causas de justificação ou causas de exclusão da ilicitude. À primeira denominação, para parte da doutrina alemã, corresponderia o significado de que elas não apenas dirimiam a responsabilidade penal, mas conferiam ao facto plena licitude em toda a ordem jurídica — e seriam por isso exercício de um direito ou cumprimento de um dever —; à segunda denominação corresponderia o significado de irrelevância penal, embora se mantivesse ou pudesse manter a ilicitude civil.

De qualquer modo, com uma ou outra natureza, comum será sempre o efeito de exclusão da ilicitude penal, enquanto fundamentada na falta de ilicitude objectiva penal.

Ora, o âmbito de legítima defesa penal é mais amplo do que aquele que assenta na definição de legítima defesa no Código Civil; e o mesmo sucede com o estado de necessidade, que é mais restrito na definição do Código Civil. A divergência pode suscitar a questão de saber se a exclusão da ilicitude penal acarreta ou não, na sua esteira, a exclusão da ilicitude civil.

No anterior Código não constava expressamente o estado de necessidade como causa de justificação. Semelhantemente ao que sucedia em legislações coevas (e também no Código Penal alemão), a matéria era tratada globalmente, vindo indicada no n.º 2 do art. 44.º e no art. 45.º do Código Penal com a redacção que lhe fora dada pela reforma penal de 1884.

Era este o teor desses preceitos:

— n.º 2 do art. 44.º: «Justificam o facto: os que praticam o facto dominados por medo insuperável de mal igual ou maior, iminente ou em começo de execução.»

— art. 45.º: «Só pode verificar-se a justificação do facto nos termos do n.º 2 do artigo precedente, quando concorrerem os seguintes requisitos: 1.º Realidade do mal; 2.º Impossibilidade de recorrer à força pública; 3.º Impossibilidade de legítima defesa; 4.º Falta doutro meio menos prejudicial do que o facto praticado; 5.º Probabilidade de eficácia do meio empregado.»

77. O estado de necessidade no Código Civil

O Código Civil de 1966, indo ao encontro da evolução da doutrina e legislação mais modernas sobre o estado de necessidade, refere-se no art. 335.º à colisão no exercício de direitos e também à colisão na tutela de direitos, na medida em que a salvaguarda de um direito implica o sacrifício de um direito de outrem. É neste último plano que se situa o estado de necessidade como causa de justificação no Código Civil (art. 339.º). Quando se verifiquem os pressupostos do estado de necessidade estabelecidos pela lei, e o acto necessário para salvaguarda do direito ameaçado se compreenda dentro dos limites dos actos autorizados, o acto necessário é acto justificado ou lícito. É o que resulta expressamente do art. 339.º, o qual qualifica de «lícita a acção de destruição ou danificação de coisa alheia com o fim de remover o perigo actual de um dano manifestamente superior, quer do agente, quer de terceiros».

Na interpretação do art. 339.º do Código Civil há que distinguir os pressupostos do facto necessário, e que constituem o «estado de necessidade», dos requisitos da legitimidade do facto necessário.

Os pressupostos são configurados no *perigo actual de um dano* (manifestamente superior que só possa ser removido mediante a lesão de direito ou bem jurídico alheio). Os requisitos da legitimidade do facto necessário constam igualmente do texto do citado art. 339.º, que só considera justificado o facto que consistir na destruição ou danificação de coisa alheia, desde que necessárias para salvaguarda de um interesse manifestamente superior.

De todo o seu contexto conclui-se que:

a) os factos justificados só podem ser da espécie taxativamente indicada: destruição ou danificação de coisas;

b) devem ser necessários para remover o perigo actual de lesão de interesse próprio ou alheio.

Essa necessidade encontrava-se melhor caracterizada nos diferentes números do art. 45.º do Código Penal de 1886, e, por isso, na aplicação que do «estado de necessidade» objectivo se faça em direito penal, se deveria ter em consideração a mais perfeita delimitação da necessidade do meio empregado, ou seja, do facto praticado, em função dos n.ºˢ 2 a 5 do citado artigo do Código Penal de 1886.

O estado de necessidade, consoante fora gizado no Código Civil de 1966, era causa de justificação, nos mesmos termos, em direito penal, como causa de justificação oriunda de outro ramo da ordem jurídica. Hoje é mais ampla a causa de justificação do estado de necessidade no Código Penal.

78. O denominado «estado de necessidade supralegal»

A criação do estado de necessidade supralegal teve origem na deficiência do direito positivo. Essa deficiência era maior no Código alemão. No Código Penal português (art. 45.º), os termos em que era admitida a exculpação eram, na descrição objectiva da dirimente, bastante amplos, ao contrário do que sucedia naquele Código. Na Alemanha, por isso, fez-se mais premente o movimento da jurisprudência e doutrina para ultrapassar a estreiteza da fórmula legal.

E que assim foi, comprova-se pela natureza do debate inicial. Consistiu ele em criar um conceito de estado de necessidade unitário, ou como estado de necessidade desculpante ou como estado de necessidade justificativo.

A questão da regulamentação legal do estado de necessidade supralegal como causa de justificação é relativamente recente; começa a sua expansão na doutrina no princípio do segundo quartel do século XX, quando o ensaio de alargamento da dirimente do estado de necessidade alcançava a primeira conclusão que consistia na separação do estado de necessidade como causa de justificação, do estado de necessidade como causa de exculpação (desculpante).

É essa separação, pela regulamentação à parte do «direito de necessidade», que o Código Penal de 1982 consagra.

No que respeita à ordem jurídica portuguesa, a consagração do estado de necessidade como causa de justificação teve lugar com a publicação do Código Civil de 1966.

A existência de definições diferentes do estado de necessidade em direito civil e penal serão ainda anotadas mais adiante. Por agora fixemo-nos na origem da regulamentação do Código Penal, para poder compreender o seu alcance.

O movimento de ampliação da dirimente do estado de necessidade deu origem ao «estado de necessidade» supralegal. Supralegal pretende dizer que o fundamento da dirimente se não encontra directamente no direito positivo, mas em princípios gerais da ordem jurídica.

Por isso, há estreita correlação entre o n.º 1 do art. 31.º do Código Penal e o art. 34.º

Da ordem jurídica considerada na sua totalidade pode emergir a justificação de factos declarados puníveis pelas leis penais.

O texto do art. 34.º deve a sua inspiração aos trabalhos preparatórios da reforma do Código alemão e a propostas contidas nos diferentes projectos da sua parte geral. E nesses trabalhos preparatórios, tal como na doutrina, a directriz determinante consistia em concretizar, pela forma que fosse possível, um princípio geral de direito, que uns consubstanciavam na fórmula da ponderação de interesses, e outros, do meio justo para um fim justo (teoria da ponderação de interesses e teoria do fim).

As exigências da prática eram no sentido de fornecer à aplicação do princípio pontos de apoio suficientes na sua definição legal.

79. O princípio da ponderação de interesses e o princípio do meio justo para um fim justo, como princípios reguladores das causas de justificação

Simplificando a exposição, pode partir-se da ideia geral de que a ordem jurídica define e tutela os direitos de todos e de cada um. A tutela jurídica de bens jurídicos não é, porém, absoluta, e não o é, especialmente, quando eles colidam entre si. Essa colisão pode verificar-se, já não no seu exercício, mas na própria tutela dos direitos; e é assim na legítima defesa e é assim no estado de necessidade, e daí a aproximação que soe fazer-se entre ambas as causas de justificação[11].

Na legítima defesa, porém, o conflito surge por iniciativa do titular de um dos direitos em conflito (agressor), que poderá sofrer a lesão de interesses próprios para salvaguarda daqueles que agrediu, enquanto, no estado de necessidade, o titular do interesse a sacrificar para salvaguarda do interesse em perigo não interveio na criação do perigo.

Num e noutro caso se colocará o problema de escolher qual dos interesses, na situação concreta, deve perder a protecção jurídica.

Ora, se a ordem jurídica se destina à protecção de bens jurídicos a sua tessitura pode considerar-se uma ordenação da coexistência e recíproca delimitação de todos os interesses juridicamente protegidos. E em caso de conflito a prevalência caberá ao interesse que for considerado superior. E é esse princípio que se designa por «ponderação de interesses».

Foi ele adoptado pelos que inicialmente buscaram, na Alemanha, a elaboração de um estado de necessidade supralegal e aquele que obteve maior repercussão na doutrina do século xx.

Mas a ele se contrapõe, como concorrente, o chamado princípio do meio justo para um fim justo, que se aproximava de correntes filosóficas como o neokantismo em G. zu Dohna, ou mesmo positivista como em V. Liszt e Eb. Schmidt.

Numa e noutra teoria a dificuldade estará em concretizar suficientemente a fórmula geral, de maneira a permitir a sua aplicação aos casos concretos.

No decurso da reforma do Código Penal alemão iniciada em 1909 e da qual emergiam variadas propostas, desde logo se optou pela ponderação de interesses. Mas foi a crítica provinda do representante da corrente oposta (Eb. Schmidt) que levou ao ensaio de ajustamento ou compromisso entre as duas orientações. O princípio do meio justo para um fim justo está também na base da elaboração do critério geral na regulamentação legal.

Aquilo que importa, porém, é desvendar ou interpretar o conteú-

---

[11] *Dir. Pen. Port.*, I, n.º 121.

do das regras jurídicas em que esse ajustamento se concretizou, ou seja, interpretar o preceito do art. 34.º do Código Penal. E é a essa interpretação que vamos proceder.

80. Interpretação do art. 34.º do Código Penal. Pressupostos do direito de necessidade: o perigo actual que ameaça interesses juridicamente protegidos do agente ou de terceiro

Já foi delineada a distinção entre pressupostos e requisitos do facto justificado. A distinção é indispensável para alcançar segurança na interpretação e corresponde, aliás, à própria lei; no Código Civil se referem os pressupostos do estado de necessidade, e no n.º 2 do art. 16.º do Código Penal vêm indirectamente indicados a propósito do erro que sobre eles recai.

Pressuposto do direito de necessidade é o estado de necessidade (tomada a locução agora no seu significado mais correcto) mas que, para evitar confusões, se designa por perigo ou situação de perigo para um interesse juridicamente protegido, do agente ou de terceiro.

A situação de perigo para um bem jurídico do agente ou de terceiro é uma noção que tem enorme amplitude; e por isso se impõe a sua delimitação legal.

a) O perigo dirige-se à lesão de um bem jurídico do agente ou de terceiro

Perigo é probabilidade de lesão do bem jurídico ou ameaça para o bem jurídico.

Os bens jurídicos postos em perigo são bens ou interesses do agente ou de terceiro. Não compreende os interesses públicos.

O estado de necessidade, relativamente aos interesses da comunidade e do Estado, ou seja aos interesses públicos, não está regulamentado pelo Código Penal. Obedece a normas de direito público. É o que sucede também, como já foi esclarecido, quanto ao objecto da legítima defesa.

Directamente, o art. 34.º não distingue os interesses que podem ser objecto do direito de necessidade em razão quer da sua natureza quer da sua importância. Uma restrição pode inferir-se da indicação dos requisitos da legitimidade do facto necessário para afastar o perigo, pois que os interesses a salvaguardar devem ser sensivelmente superiores aos interesses sacrificados para conseguir essa salvaguarda. Daí, e por outras razões a que ainda se aludirá, que os interesses de pequena monta não possam ser salvaguardados pelo direito de necessidade, sem qualquer restrição.

b) *O perigo deve ser actual*

A actualidade do perigo vem expressamente exigida no art. 34.º

A actualidade do perigo entende-se como idêntica qualificação da agressão na legítima defesa.

O facto lesivo deve ser iminente ou em execução; no n.º 2 do art. 44.º do Código revogado com lídima expressão designava-se por «mal iminente ou em execução». É praticamente unânime a doutrina, na qual surgiu esse significado amplo de actualidade, em considerar actual o perigo cuja remoção não pode aguardar qualquer delonga, sob pena de não ser eficaz o meio para o afastar ou remover.

c) *O perigo deve ser objectivo, real*

Não basta a persuasão pessoal da existência do perigo; o perigo deve ser real.

O perigo é probabilidade de realização do dano, probabilidade objectiva e não o juízo subjectivo sobre a sua probabilidade.

O n.º 2 do art. 45.º do Código de 1886 exigia a «realidade do mal». A omissão da similar exigência no actual Código não tem, porém, significado. Basta ter em atenção que, por exemplo, no art. 16.º o erro sobre «um estado de coisas que, a existir, excluiria a ilicitude», exclui o dolo, mas não exclui a ilicitude. Verifica-se então uma *causa de justificação putativa* (em razão do erro sobre os pressupostos da causa de justificação), mas o facto permanece ilícito e pode tão-somente ser desculpável. É assim quando haja erro desculpável sobre a existência da agressão na legítima defesa; e é assim quando haja erro desculpável sobre a existência de «perigo actual que ameace interesses juridicamente protegidos do agente ou de terceiro».

d) *Causa do perigo*

Em razão dos seus pressupostos se distingue claramente o direito de necessidade e a legítima defesa, como causas de justificação.

Na legítima defesa, a causa de perigo para a incolumidade dos bens jurídicos do agente ou de terceiros é a agressão daquele contra o qual se dirige o acto de defesa.

No estado de necessidade, o perigo que ameaça quaisquer bens jurídicos do agente ou de terceiro pode provir tanto da actividade humana como de acontecimentos naturais e não deve provir do próprio titular do interesse posto em perigo.

81. Interpretação do art. 34.º do Código Penal. Requisitos da legitimidade do facto necessário; a adequação do facto

A problemática dos requisitos da legitimidade do facto necessário é mais complexa e difícil.

A razão da dificuldade da interpretação está na dificuldade da própria matéria.

O estado de necessidade é uma causa de exclusão da ilicitude de factos puníveis. O facto lesa interesses legítimos e que fruem de tutela penal. Para que lhes seja retirada a tutela penal devem verificar-se condições que caracterizem a maior relevância jurídica da salvaguarda e manutenção do interesse ameaçado.

Só pela descrição dos pressupostos do estado de necessidade não se alcança qualquer directriz para nos orientar na formulação de um critério que mostre a conveniência de transformar um facto ilícito punível, isto é, que ofende gravemente a ordem jurídica, porque é penalmente sancionado, em facto lícito, ainda que tenha por objecto e se dirija à salvaguarda de «qualquer» interesse juridicamente protegido do agente ou de terceiro.

Essa directriz há-de surgir da indicação dos requisitos da legitimidade que a lei aponta. Porque o problema é complexo vamos ordenar os dados em que assenta a solução legal, comentando sucessivamente os requisitos da legitimidade do facto necessário.

No corpo do art. 34.º declara-se que «não é ilícito o facto praticado como meio adequado para afastar o perigo...». Quer dizer, o facto para perder a sua ilicitude (a ilicitude penal) deve ser *adequado* (ou *meio adequado*) para afastar o perigo.

É esta adequação do facto ao seu objecto (salvaguarda de um interesse) que fundamentará a exclusão da sua ilicitude.

O corpo do art. 34.º exige que o facto seja meio adequado, mas acrescenta nas suas diferentes alíneas requisitos indispensáveis para a justificação do facto.

Importa, para ordenar a matéria, tomar posição sobre a dúvida que pode levantar-se, e que respeita ao modo de fixar a relação em que se encontram a exigência de «meio adequado» no corpo do artigo com os requisitos expressos nas alíneas *a*), *b*), e *c*) do mesmo artigo.

Três hipóteses se podem apresentar:

1.ª A adequação do facto ao seu objecto é um conceito que constitui um requisito autónomo da legitimidade do facto, a que acrescem os demais requisitos enumerados nas alíneas do art. 34.º

2.ª Os requisitos indicados nas alíneas do art. 34.º esgotam a definição jurídica da adequação do facto. Este será sempre adequado, se se verificarem os únicos elementos que o definiriam e seriam os constantes das alíneas *a*), *b*) e *c*).

3.ª A adequação do facto é o conceito básico, cuja definição se completa legislativamente pela indicação de elementos que entram no seu contexto e que por serem de mais duvidoso esclarecimento são expressamente enunciados nas citadas alíneas.

É esta última a posição a tomar na interpretação da lei.

A adequação é um conceito normativo de difícil manejo. As alíneas esclarecem aspectos duvidosos ou de mais difícil determinação e que à adequação do facto se referem.

Pode configurar-se a adequação do facto como o requisito da legitimidade compreensivo de todos os outros requisitos indicados nas alíneas porque todos eles concorrem para determinação do facto adequado como facto justificado.

E considerando a adequação do facto ao seu objecto, como definição da estrutura essencial do facto justificado pelo estado de necessidade, convém dilucidar o significado do termo «adequado», evitando a confusão com o mesmo termo enquanto aplicado ao nexo causal, causa adequada ou acção adequada a produzir um resultado (art. 10.º).

A adequação do facto cometido em estado de necessidade (art. 34.º) é também um conceito de relação; essa relação é, para a teoria da ponderação dos interesses, exclusiva ou fundamentalmente, consoante as variantes que toma nos autores aquela teoria, uma relação comparativa entre o objecto do facto necessário, ou interesse a salvaguardar, e o interesse sacrificado. Mas não é essa teoria que com exclusividade nos pode orientar na interpretação da lei. A relação a estabelecer não é apenas entre o interesse sensivelmente superior, cuja salvaguarda é objecto do facto necessário, e o interesse inferior que é sacrificado, mas entre o facto necessário e seu objecto, que é o interesse a sacrificar, e o facto que dá origem ao perigo e seu objecto, que é o interesse a salvaguardar.

Quer isto dizer que a ponderação directa e imediata dos interesses tem relevante importância, mas integra-se no confronto a fazer entre o valor que tem para a ordem jurídica a conservação do interesse jurídico em perigo, mediante a lesão doutro interesse juridicamente protegido e o valor que tem para a ordem jurídica o respeito da esfera jurídica alheia, impondo a omissão de um facto que a ofende.

Para responder a esta questão fundamental há que ir além duma ponderação do valor abstracto dos interesses, importa apreciar todas as circunstâncias do caso concreto.

A insuficiência do critério da ponderação dos interesses tem, por isso, de ser corrigida, ampliando os termos a comparar. E é esse o sentido que terá de dar-se à adequação do facto «para afastar o perigo» de lesão de um bem jurídico, o qual será, note-se bem, não somente facto lesivo de um interesse juridicamente protegido, mas um facto punível.

A adequação é necessariamente um conceito normativo, conceito que consagra a sua idoneidade jurídica para se sobrepor e apagar o desvalor objectivo que deriva de ser um crime, e por isso também ofensivo de um interesse juridicamente protegido.

Esta noção de adequação inclui no seu conteúdo não apenas os requisitos especialmente indicados nas alíneas do art. 34.º, mas ainda outros, cuja enumeração completa é impossível, visto que muitos dependem de circunstâncias do caso concreto insusceptíveis de generalização abstracta.

O facto adequado é, primeiramente, um facto necessário, necessário porque não há, no caso concreto, qualquer meio lícito de salvaguardar o interesse em perigo. Só pode considerar-se adequado o facto que era necessário.

a) Donde resulta que não é admissível o exercício do «direito de necessidade» se for possível o recurso à força pública, como declarava o n.º 2 do art. 45.º do Código revogado.

b) E também não é adequado o facto cometido em estado de necessidade, se a salvaguarda do interesse em perigo puder obter-se por legítima defesa — igualmente um meio lícito. Quer dizer: se a causa de perigo é a agressão alheia, a salvaguarda do interesse em perigo deve obter-se mediante a defesa contra o agressor, e não mediante a agressão a bem jurídico alheio, desde que aquela seja possível, como também constava do citado art. 45.º do Código Penal de 1886 (n.º 3).

c) A adequação jurídica do facto ao seu objecto não se verifica ainda se o meio utilizado, ou seja, o facto perpetrado, entre os factos ilícitos possíveis para salvaguarda do interesse ameaçado, não for o menos prejudicial; não é legítimo eleger um meio mais gravoso, quando é «adequado» e possível um meio menos gravoso para afastar o perigo (é o que também dispunha o n.º 4 do art. 45.º do Código Penal de 1886).

d) O facto não é necessário se não for eficaz; um meio ineficaz é um meio inútil, e por isso desnecessário. Desde que ineficaz por natureza, é também inútil ou desnecessário. A eficácia ou, como se exprimia o n.º 5 do art. 45.º do Código Penal de 1886, a probabilidade de eficácia do meio empregado, é também característica do facto adequado[12].

---

[12] *Dir. Pen. Port.*, I, n.º 148, especialmente al. *c*).

E assim, e concluindo, no conceito de facto adequado se inclui a característica da sua necessidade, que se revela na impossibilidade de recurso a qualquer meio lícito, incluindo a legítima defesa, na impossibilidade de recurso a meio ilícito menos gravoso do que aquele que foi empregado, e na probabilidade da sua eficácia.

82. A não provocação voluntária pelo agente do estado de necessidade [al. *a*) do art. 34.º]

A situação de perigo ou estado de necessidade não deve ter sido causada voluntariamente pelo agente do facto necessário.

Este requisito da legitimidade do facto vem expressamente considerado na al. *a*) do art. 34.º

Também consta da regulamentação do estado de necessidade no Código Civil, como causa de justificação do ilícito civil. Simplesmente, no Código Civil declara-se que o agente não deve ter culpa — e culpa exclusiva — na criação da situação de perigo, enquanto no Código Penal se declara que a situação de perigo não deve ter sido criada voluntariamente pelo agente.

A voluntariedade a que se refere o Código Penal, no entanto, equivale à «culpa» a que se refere o Código Civil. Duvidoso é, contudo, se o Código Penal exigirá culpa exclusiva, ou se bastará que tenha o agente concorrido voluntariamente com outros na criação do perigo.

Parece mais curial, atendendo a que a criação do perigo, no Código Penal, deve ser imputada à vontade do agente, dar o mesmo alcance à fórmula do Código Penal e do Código Civil.

A falta de voluntariedade ou culpa do agente é requisito da legitimidade do facto cometido para salvaguarda de interesses próprios, mas dará origem à indemnização de terceiro, cujo interesse foi sacrificado à tutela do interesse sensivelmente superior (é o que dispõe o n.º 2 do art. 339.º do Código Civil); ainda que considerando lícita a lesão, a equidade exige a justa compensação.

A alínea *a*) do art. 34.º limita, porém, a exigência deste requisito negativo do exercício do direito de necessidade para salvaguarda de interesse próprio. Quando a situação de perigo ameaça interesse alheio, não pertencente ao agente, será lícito o facto praticado, mesmo que o agente tenha sido causa voluntária do estado de necessidade.

Deste modo, semelhantemente ao que sucedia na legítima defesa, nos termos em que era regulada no Código Penal de 1886, no qual a defesa não era legítima quando o defendente tivesse motivado a agressão nos termos da última parte do n.º 1 do art. 46.º desse Código, também agora o Código Penal de 1982 (e tal como o Código Civil) exige como requisito da legitimidade do acto necessário que a sua necessidade não tenha tido origem em causa posta voluntariamente pelo agente.

Há dissonância evidente a este respeito entre o regime legal da legítima defesa e o regime legal do direito de necessidade; a essa divergência se fez breve alusão, quando foi versada a matéria da legítima defesa, tendo sido esclarecido então que, por analogia, devia o mesmo requisito ser exigido quanto à legítima defesa, se fosse possível a interpretação analógica na restrição do âmbito das causas de justificação.

83. **A sensível superioridade do interesse a salvaguardar relativamente ao interesse sacrificado [al. *b*) do art. 34.º]**

Dissemos que os diferentes requisitos da legitimidade do facto necessário se englobam no conceito normativo do «facto adequado», expresso na definição do «direito de necessidade» constante do corpo do art. 34.º

Logicamente para essa definição do «facto adequado» como «facto lícito», concorrem os requisitos indicados nas alíneas *a*), *b*) e *c*).

As alíneas *b*) e *c*) referem separadamente dois requisitos da maior importância, mas cujo significado só poderá apreender-se desde que se ajustem entre si.

Há-de ter-se presente ao tratar de cada um deles que a sua separação é fruto de análise, mas que o requisito da al. *c*) restringe o requisido da al. *b*). Ou mais precisamente, há um tal entrosamento entre os dois requisitos que não permite interpretá-los isoladamente, pois que ambos concorrem para fixar uma única directriz na delimitação jurídica do «facto adequado».

Não obstante, tratar-se-á primeiramente do requisito da al. *b)* de maneira especial, até porque esse modo de proceder permite trazer como achega à interpretação aspectos pertinentes dos trabalhos preparatórios do Código Penal[13].

O facto penalmente ilícito praticado como meio adequado para afastar um perigo actual que ameaça interesses juridicamente protegidos do agente ou de terceiro é facto justificado, mas só o será, acrescenta a al. *b)* do art. 34.º, havendo «sensível superioridade do interesse a salvaguardar relativamente ao interesse sacrificado». Deste modo se esclarece ou completa a definição do facto justificado, pelo corpo do artigo, como facto adequado.

Tomado isoladamente, o requisito da al. *b)* do art. 34.º consagraria a teoria da ponderação de interesses, na sua forma mais rígida. A legitimidade do facto necessário dependeria então essencialmente da superioridade do interesse a salvaguardar no seu confronto com o interesse sacrificado. Para compensar a circunstância de que o meio empregado para alcançar essa salvaguarda é um facto punível, exige-se uma «sensível» superioridade, ou, como diz o Código Civil, uma «manifesta» superioridade do interesse a salvaguardar.

A superioridade do interesse, porém, não é fácil de determinar.

É evidente que tem de ser a superioridade que deriva de uma apreciação da ordem jurídica, ou seja do direito. O caminho mais fácil para fixar a hierarquia dos interesses dentro da ordem jurídica, e em matéria penal, seria, e foi, a inicialmente seguida, o de atentar na gravidade da pena aplicável à ofensa dos vários interesses. Mas os resultados a nada de seguro nos conduzem ou são mesmo desastrosos; o direito penal não impõe penas superiores a interesses superiores, mas a factos lesivos desses interesses, tendo em atenção geralmente o modo de lesão, a culpabilidade e múltiplas circunstâncias.

E por isso mesmo haveria que considerar o direito à honra ou à liberdade, ou mesmo à integridade física inferiores a direitos patrimoniais. Acresce que nem todos os bens jurídicos são bens jurídicos protegidos pela lei penal (longe disso), de modo que o critério prático obtido seria, além de deficiente, defeituoso.

---

[13] Refiro-me às *Actas das Sessões da Comissão Revisora do Código Penal. Parte Geral* (tomo I, 1965; tomo II, 1966), primeiro publicadas no *Boletim do Ministério da Justiça* e depois em separatas.

Critérios para a decisão do conflito podem encontrar-se na ordem jurídica, quer em princípios dela emergentes, quer e sobretudo em disposições legais que particularmente decidam ou indiquem o modo de resolver colisões de direitos (assim e por exemplo, o direito à assistência social não é de exigir juridicamente dos indivíduos, mas do Estado, ao qual incumbe, e não se pode fazer valer contra a esfera jurídica individual, como, por exemplo, não será justificado o furto de medicamentos, por falta do dinheiro necessário para os obter licitamente).

Onde regras particulares ou gerais do ordenamento jurídico sejam insuficientes, tentou-se então basear uma hierarquização dos interesses, ou no próprio direito natural, o qual, por sua natureza, só indica os primeiros princípios, eles próprios carecidos de concretização, ou na ética social, ou seja, na opinião ou costumes geralmente admitidos em determinada sociedade; mas também este critério não fornece normas concretas para decidir. As opiniões e costumes não são uniformes dentro da mesma sociedade, e ao juiz caberia, afinal, decidir segundo a sua recta consciência.

A hierarquia de interesses jurídicos fora da lei só é de vislumbrar num esboço genérico e não oferece, por isso, um critério útil de decisão ou uma medida segura de valor.

Em conclusão: a simplicidade formal do critério da ponderação dos interesses é enganosa nos resultados a que pode conduzir, cheia de dificuldades na sua aplicação e origem de confusão na sua própria definição.

84. A razoabilidade da imposição ao lesado do sacrifício do seu interesse em atenção à natureza ou ao valor do interesse ameaçado [alínea c) do art. 34.º]

O primitivo projecto do Código Penal aceitava, fundamentalmente, a teoria da ponderação dos interesses. Nas actas publicadas da 1.ª Comissão Revisora suscitou-se o problema. O Conselheiro J. Osório pôs claramente a questão nos seguintes termos: «é duvidoso que deva aceitar-se um direito de necessidade com a amplitude que o projecto lhe confere, porque à disposição em exame falta uma nota essencial; não basta que o interesse a salvaguardar seja sensivelmente superior ao interesse lesado, mas é necessário que ao lesado seja exigível que deixe sacrificar o seu interesse ou os seus direitos.»[14]

Posta a questão, veio ela a ser discutida sobretudo para fixar limites ao critério da ponderação de interesses, na sua fórmula rígida, e veio a ser aprovado o acréscimo duma regra limitativa da primeira, do seguinte teor: que «o interesse sacrificado não consista na vida ou noutro bem jurídico, quando tal sacrifício não possa razoavelmente impor-se ao titular». É esta a origem da al. c) do art. 34.º

Parece, porém, que a al. c) não constitui rigorosamente um limite ou excepção à norma da al. b). Assim como as alíneas do art. 34.º integram a definição do corpo do artigo, como já foi dito, também a al. c) não se reduz, no seu alcance, a restringir a fórmula da al. b); mescla-se com ela, remodelando o critério que dela consta. Não podem compreender-se nem interpretar-se a não ser em conjunto.

Na verdade, o que sobressai agora da disciplina legal é a razoabilidade ou racionalidade do sacrifício do interesse próprio para salvaguarda de interesse alheio. Esta racionalidade qualificará de idêntico modo a salvaguarda do interesse ameaçado. Não será lícito o facto lesivo de um interesse alheio, em estado de necessidade, se não for meio racional de salvaguarda de interesse próprio ou alheio; não será juridicamente admissível um dever de sacrificar o próprio interesse à salvaguarda de interesse alheio, se não for razoável ou racional «a imposição desse dever».

Para complementar a ordenação das regras constantes do art. 34.º e suas alíneas convém acrescentar ainda que, deste modo, o «facto adequado» (corpo do artigo) tem de ser, além do meio necessário, meio «racionalmente adequado», parafraseando a expressão utilizada pelo anterior Código na delimitação da defesa legítima (necessidade racional do meio empregado).

A alínea c) acrescenta ainda que a razoabilidade ou racionalidade da imposição do dever de sacrifício — e também do direito de necessidade — dependerá da «natureza ou valor» do interesse ameaçado.

Não é muito feliz a referência à natureza ou valor «do interesse ameaçado», pois que tratando-se necessariamente da comparação

---

[14] *Actas*, I, 1965, pág. 235.

entre o interesse ameaçado pela situação de perigo e o interesse a sacrificar, a disposição legal vem exigir logicamente que essa comparação se faça tendo em atenção a natureza e valor dos dois interesses colidentes, um enquanto objecto do perigo, e o outro enquanto objecto de facto necessário.

O que a al. *c*) acrescenta ao critério da ponderação de interesses é a exigência de essa ponderação se fazer tendo em atenção quer a natureza, quer o valor de um e outro interesses.

Por essa forma a superioridade de um interesse verificar-se-á primeiramente em função da sua natureza, e sendo da mesma natureza em função do seu valor.

A distinção em razão da natureza deve ser aquela de que se serviu o Código Civil para indicar os interesses que (por sua natureza) não podem ser sacrificados para salvaguarda de quaisquer outros interesses ou direitos pessoais que podem ser salvaguardados mediante o exercício do direito de necessidade, mas não podem ser lesados como meio de salvaguarda de quaisquer interesses.

Mas é de recorrer também ao próprio Código Penal e atender-se ao que dispõe o art. 35.º, que trata do «estado de necessidade desculpante» como causa exculpativa, o qual manifestamente superioriza o direito à vida, à integridade física, à honra e à liberdade, em relação a quaisquer outros interesses. Parece mesmo que só por lapso se não terá harmonizado o art. 34.º com o art. 35.º nesta matéria.

É evidente que deve ser mais exigente a lei na delimitação do direito de necessidade como causa de exclusão da ilicitude, do que na delimitação do estado de necessidade desculpante. Nesta, por exemplo, o Código Penal revogado admitia que o interesse sacrificado fosse igual ao interesse a salvaguardar, e o próprio Código Penal vigente admite a exculpação do facto ofensivo do interesse superior no n.º 2 do art. 33.º (excesso de legítima defesa resultante de perturbação, susto ou medo desculpáveis).

Deve entender-se — por isso que só é causa de exclusão da culpa, como estado de necessidade desculpante, o facto adequado a afastar perigo actual e não removível de outro modo que ameace a vida, a integridade física, a honra ou a liberdade — que, perante tais direitos, e sempre, quaisquer outros são necessariamente, e segundo a qualificação jurídica que deriva da própria lei penal, manifesta ou sensivelmente inferiores porque os primeiros por natureza lhe são superiores.

Não seria compreensível que se proibisse a exclusão da culpa quando o facto fosse lícito, pois a culpa pressupõe a ilicitude.

Portanto não é nunca razoável impor a quem quer que seja o sacrifício desses direitos para salvaguarda de interesses de outra natureza, *v. g.*, direitos patrimoniais.

Esta argumentação, exclusivamente baseada nos textos legais, porém, não abarca todas as hipóteses possíveis. Nada nos revela sobre a hierarquização, a superioridade ou inferioridade entre os diferentes direitos pessoais.

Mas algo de evidente se antolha fácil concluir: quanto ao direito à vida, no qual assentam todos os outros direitos e é o suporte da personalidade humana, é ele em si mesmo incomensurável, quer qualitativa, quer quantitativamente. Não pode licitamente sacrificar-se, em estado de necessidade, uma vida para salvar muitas vidas e muito menos para salvar qualquer outro interesse próprio ou alheio.

E quanto ao valor? Apontando para uma hierarquia em razão da natureza dos interesses, e também para uma hieraquia em razão do valor, não podem ter, no preceito da al. *c*), natureza e valor idêntico significado.

Valor terá de significar uma classificação diversa daquela que assenta na natureza dos interesses, predominantemente reveladora, já não da quididade dos interesses, mas sobretudo da sua quantidade, se não também da sua qualidade acidental.

Para além da conclusão sobre a superioridade abstracta dos interesses indicados no art. 35.º, n.º 1, em razão da sua natureza, não fornece o Código Penal elementos para mais completa especificação. Mas não é só no Código Penal que se podem buscar indicações complementares. O Código Civil, e relativamente ao mesmo instituto do estado de necessidade, opõe decididamente os direitos pessoais aos direitos patrimoniais, de sorte que só os segundos podem ser sacrificados pelo exercício do direito de necessidade e ou ainda mais restritivamente só direitos sobre coisas, que possam ser violados mediante o uso, danificação ou destruição da coisa, objecto de direito patrimonial (Código Civil, art. 339.º); embora aceitando uma interpretação extensiva, de modo a compreender também no exercício do direito de necessidade em matéria civil, a apropriação ou detenção de coisas, e a ofensa a direitos de crédito sobre a coisa destruída ou danificada, e mesmo que o facto necessário possa lesar em geral direitos ou interesses patrimoniais e que à salvaguarda destes não possam sacrificar-se direitos pessoais, ficará ainda omisso o critério de hierarquização entre os diferentes direitos pessoais e entre os diferentes direitos patrimoniais.

Com excepção do direito à vida, como já se disse, todos os demais direitos poderão hierarquizar-se — os direitos pessoais, por um lado, e os direitos patrimoniais, por outro — em razão do seu valor.

Esta interpretação pretende acomodar-se o mais possível às indicações que resultam das disposições do Código Penal que foram citadas, bem como das disposições pertinentes do Código Civil, pertencentes à mesma ordem jurídica nacional. A generalidade dos direitos pessoais (com excepção do direito à vida) teriam uma mesma natureza e distinguir-se-iam pelo grau do seu valor, como os direitos patrimoniais teriam uma mesma natureza e distinguir-se-iam entre si em razão do seu valor. E isto torna-se necessário porque, diferentemente do que sucede no estado de necessidade no Código Civil, no estado de necessidade como causa de exclusão da ilicitude em matéria penal não se exclui o exercício do direito de necessidade mediante um facto ofensivo de direitos pessoais, se forem também direitos pessoais, e então de maior valor, os que se encontram em situação de perigo.

O critério do valor dos interesses distingui-los-á, para efeito da sua comparação, quando sejam interesses da mesma natureza, isto é, quando se verifica colisão de direitos pessoais ou colisão de direitos patrimoniais.

O esforço interpretativo até agora expendido não alcança ainda um resultado útil, porque não fornece a directriz apropriada para o juízo a formular em concreto sobre a prevalência de um interesse, em todas as hipóteses.

E isso porque, se se fazem distinções quanto à natureza e valor dos interesses para o efeito da sua ponderação, é a própria ponderação de interesses que constitui por sua vez um componente a tomar em consideração na formação do critério de decisão. E essa decisão tem, como dissemos, de consistir em verificar na situação ou caso concreto se, perante a ameaça de lesão de um bem jurídico, é justo e conforme com a lei ou o ordenamento jurídico praticar determinado crime para salvaguarda do interesse ameaçado.

Ora o n.º 2, al. c) do art. 34.º procura contribuir para fixação da directriz orientadora da decisão judicial, exigindo a racionalidade da imposição ao lesado do dever de suportar o sacrifício do seu interesse. Essa razoabilidade já não se especifica em geral, mas com relação ao caso concreto.

Importa tomar em consideração todas as circunstâncias do caso concreto, objectivas e subjectivas, para decidir da razoabilidade de criar um direito de necessidade para o titular do interesse em perigo e sobretudo para impor o dever jurídico de suportar o efeito lesivo de um crime, a quem, em outras circunstâncias, veria penalmente protegida a sua esfera jurídica. E é este atributo da racionalidade que constitui o requisito fundamental da legitimidade do facto necessário, porque caracteriza a própria adequação do facto como, ele próprio, racional no caso concreto.

A ponderação dos interesses, como as distinções que pressupõe, deve servir de suporte ao juízo da racionalidade, faz parte da matéria a apreciar para julgar daquela racionalidade.

A conclusão agora é já repetitiva: à razoabilidade da imposição jurídica ao lesado de suportar sacrifício do seu interesse corresponde a razoabilidade ou racionalidade do meio adequado à salvaguarda do interesse alheio; à racionalidade na imposição do dever corresponde a racionalidade na outorga do direito. As alíneas do art. 34.º integram deste modo o contexto do corpo do artigo, como se pretendeu explicar pela sua análise interpretativa.

A razoabilidade ou racionalidade é uma fórmula genérica que só toma contornos precisos em concreto. Para a sua compreensão é possível, por semelhança, rememorar o conceito de necessidade racional que, na concepção tradicional da legítima defesa, designava o *moderamen* de vetusta origem[15].

Este apelo ao conceito de racionalidade que a definição da legítima defesa do anterior Código consagrava, e que o novo Código su-

---

[15] *Dir. Pen. Port.*, I, n.º 133-II.

primiu na sua definição, ressurge agora no estado de necessidade e ressurge como critério para decidir se — perante a ameaça para um interesse jurídico, em estado de necessidade — é racional que a agressão a interesses jurídicos alheios, em que se consubstancia o «direito de necessidade», extinga o direito de defesa contra a agressão do titular do interesse a sacrificar.

O conflito que traduz o estado de necessidade quanto às consequências da sua solução é um conflito entre a concessão do «direito de defesa» ao titular do interesse agredido por outrem, para salvaguarda de outro interesse, e a concessão de um «direito de necessidade» ao titular do interesse ameaçado pela situação de perigo ou a terceiro.

A solução no sentido da concessão do direito de defesa acarreta a negação do direito de necessidade e a concessão do direito de necessidade acarreta a negação do direito de defesa e o consequente dever de suportar o sacrifício do interesse penalmente tutelado.

A decisão nesta difícil escolha, que representa, mais do que uma aplicação do direito, uma criação do direito no caso concreto, cabe ao juiz, com base no critério legal que é indicado pela razoabilidade ou racionalidade de uma ou outra solução e que com a possível concisão procurámos esclarecer. De algum modo e no conflito entre a legítima defesa e estado de necessidade, a racionalidade reaparece como critério para a sua delimitação recíproca, agora integrado como requisito fundamental do direito de necessidade.

85. O estado de necessidade e a legítima defesa como «direito de necessidade» e como «direito» de defesa — e o estado de necessidade e a legítima defesa como causas de exclusão da ilicitude penal

Não será porventura este o lugar próprio, metodologicamente, para de novo aludir à questão da natureza das causas de justificação no Código Penal; parece mais conveniente, para os propósitos didácticos e sintéticos aqui tidos em vista, anotar essa questão parcelarmente, a propósito das diferentes causas de exclusão da ilicitude, do que dissertar sobre ela, em geral; suscita-se o problema, sem o tornar em axioma para dedução de soluções forçadas em cada caso.

Quanto ao estado de necessidade: o Código Penal configura o estado de necessidade como um «direito» de necessidade, a que corresponderá um dever, o dever de suportar a agressão do bem jurídico próprio sacrificado pelo exercício daquele direito.

A fundamentação teórica do estado de necessidade supralegal, que se pretendeu codificar, é também indício de que a regra geral sobre o «direito de necessidade» emanaria de um princípio essencial a todo o ordenamento jurídico, e deveria logicamente ser válido em todos os ramos do direito.

A sua natureza seria, portanto, a de uma causa de justificação, tanto em direito penal como nos outros ramos do direito; nem de outro modo a exclusão da ilicitude podia equivaler à outorga de um direito e à imposição de um dever.

Mas não é assim.

O estado de necessidade não está exclusivamente regulado no Código Penal; na ordem jurídica privada está regulado também no Código Civil e o estado de necessidade em direito público obedece ainda a outra regulamentação. Estas diferentes regulamentações do mesmo princípio geral de direito não se ab-rogam umas às outras, pois que coexistem. Da correlação entre o estado de necessidade em direito civil e o estado de necessidade em direito penal resulta que neste último o direito de necessidade não é sempre rigorosamente um «direito» e, por isso, causa de justificação em sentido estrito, mas antes causa de exclusão da ilicitude penal, isto é, causa de irrelevância penal do facto.

Sendo mais restrito o estado de necessidde em direito civil, pode haver exclusão da ilicitude penal como irrelevância penal e manutenção da ilicitude civil; donde resulta que dirimida a responsabilidadae penal, permanecerá a responsabilidade civil.

O «direito de necessidade», como causa de exclusão da ilicitude, não é, pois, na sua regulamentação positiva no Código Penal, a declaração de uma regra geral válida em todos os ramos do direito. Foi eventualmente essa a pretensão ambiciosa do estado de necessidade supralegal; não é a realidade jurídica que subsiste.

Por isso é ilógica a denominação de «direito» de necessidade para o que se denominava estado de necessidade em direito civil, já que o Código Penal não atribui um direito de necessidade onde o Código Civil o recusa. A admitir que só há causa de exclusão da ilicitude nos termos do art. 34.º quando se verifique o exercício de um «direito» de necessidade, haveria de considerar-se limitado o preceito do art. 34.º pelas disposições restritivas do Código Civil. Mas na medida em que é mais amplo o conteúdo do direito de necessidade no Código Penal do que a justificação do facto necessário no Código Civil, o efeito da causa de exclusão de ilicitude sobre o facto punível será o de dirimir a ilicitude penal, deixando subsistir a ilicitude civil.

Mas então, e também, não se compreende a imposição de um «dever» de sacrificar o próprio interesse, quando tal dever não seja imposto pela lei civil. E não sendo imposto pela lei civil pode figurar-se a hipótese de se manter o «direito» de defesa (de que a imposição do dever privaria o titular do interesse sacrificado) contra uma agressão «ilícita» mediante o exercício de um «direito» insubsistente de necessidade.

A conciliação do que aparenta ser uma contradição e portanto a solução do dilema posto decorre de considerações já produzidas; a colisão de direitos não é regulada pelas normas gerais sobre os «direitos» de necessidade, quando venha regulado por normas especiais ou essa regulamentação se obtenha quanto a certas espécies ou casos de colisão de direitos pela interpretação do direito positivo. Ora, quando o Código Civil recusa a justificação do facto necessário, considerando-o ilícito, desde logo resolveu o conflito, fazendo prevalecer a legítima defesa sobre o estado de necessidade. O art. 34.º como o art. 36.º é, para resolução de conflitos, subsidiário.

Porque é subsidiário, tem de ceder perante a primazia de normas especiais que adoptem critério diferente do indicado no art. 34.º

Seguem-se alguns exemplos. E, assim, e relativamente aos crimes de difamação e injúrias (crimes contra a honra), dispõe a al. *a*) do n.º 2 do art. 164.º que «quando a imputação for feita para realizar o interesse público legítimo ou por qualquer outra justa causa» o agente não será punido pelo crime de difamação, e o n.º 2 do art. 165.º dispõe que tratando-se de imputação de factos, serão aplicáveis às injúrias as regras dos n.ºs 2, 3 e 4 do artigo anterior.

Os crimes contra a honra eram considerados, no passado, muito mais graves.

As ofensas à honra lesam a dignidade moral. O Código Civil de 1867 encimava a enumeração dos direitos originários (ou naturais) com a indicação do direito de existência (art. 359.º) de que o artigo seguinte (art. 360.º) delineava o âmbito: «O direito de existência não só compreende a vida e integridade pessoal do homem, mas também o seu bom nome e reputação, em que consiste a sua dignidade moral.»

O direito de existência era considerado o primeiro dos direitos originários — que hoje se denominam usualmente direitos fundamentais, e a existência do homem, como homem, compreende a existência física e a existência moral ou dignidade.

Mal se compreende que o valor jurídico de dignidade moral do homem consinta limitações tão vagas e imprecisas como seja «o interesse público legítimo ou qualquer outra justa causa», fórmula pela qual se restringe drasticamente o dever de respeito pela dignidade moral dos outros, que é considerada de natureza ou valor inferior a qualquer interesse público legítimo ou a qualquer outra justa causa.

O abastardamento da tutela da dignidade moral do homem foi ao longo do tempo fomentado pela virulência de disputas políticas e cada vez mais, por respeito para com a liberdade na luta política, mingua quanto à efectiva tutela penal.

De todo o modo, as regras citadas nos arts. 164.º e 165.º estabelecem um critério especial de valoração do interesse da dignidade moral no seu confronto com o interesse público legítimo e qualquer outra justa causa, dando preferência, no caso de conflito, a estes sobre aquele, não sendo por isso de aplicar a regra geral do art. 34.º

Também os arts. 178.º e 185.º do Código Penal contêm preceitos que afastam a aplicação directa do art. 34.º O art. 178.º (divulgação de factos referentes à intimidade da vida privada) dispõe no seu n.º 2 que «o agente não será punido quando a divulgação for feita como meio adequado para realizar um interesse público legítimo ou tenha qualquer outra causa justa».

Ainda o art. 185.º, e quanto à violação do segredo profissional, determina que «o facto previsto no artigo anterior não será punível se for revelado no cumprimento de um dever jurídico sensivelmente superior ou visar um interesse público ou privado legítimo, quando, considerados os interesses em conflito e os deveres de informação que, segundo as circunstâncias, se impõem ao agente, se puder considerar meio adequado para alcançar aquele fim».

Não são, portanto e apenas, normas de outros ramos do direito que resolvem directamente conflitos de interesses ou deveres e que estabelecem normas prevalentes sobre os preceitos gerais dos arts. 34.º e 36.º do Código Penal, mas também disposições do próprio Código Penal com referência a alguns crimes.

Toda a problemática do estado de necessidade é muito complexa e essa complexidade aumenta com ensaios concorrentes de codificação do que se considera um princípio geral de toda a ordem jurídica. São então inevitáveis as dificuldades, de que pretendemos dar apenas um apontamento.

Similar problema, a que já se fez breve alusão, se verifica quanto à legítima defesa. A legítima defesa foi definida tradicionalmente no Código Penal. Aí se gizou esse instituto, como emanação de um princípio com validade geral; o Código Civil já definiu de modo diferente a legítima defesa no campo civil.

A legítima defesa como direito fundamental dos indivíduos respeita a toda a ordem jurídica e como tal vem consagrada na Constituição, nos termos e como o era em Constituições anteriores, mas não é verdadeiramente definida de uma maneira positiva (exigindo a Constituição de 1976, ainda, como direito fundamental ou constitucional, a impossibilidade de recurso à força pública, que o Código Penal suprimiu)[16].

Como direito é a legítima defesa considerada na Constituição. A positivação do seu conceito no Código Penal e no Código Civil, porque discordante, não lhe atribui sempre os mesmos efeitos.

E assim a legítima defesa será um direito e como tal válido em todos os ramos do direito enquanto corresponda ao preceito constitucional e também e cumulativamente se subsuma à definição do Código Penal e do Código Civil, desde que estes não contrariem as exigências constitucionais.

---

[16] É do seguinte teor o art. 21.º da Constituição:
«Todos têm o direito de resistir a qualquer ordem que ofenda os seus direitos, liberdades e garantias e de repelir pela força qualquer agressão, quando não seja possível recorrer à autoridade pública.»

Se a defesa penal não constitui também legítima defesa civil, a sua legitimidade penal exclui somente a ilicitude penal, deixando subsistir a responsabilidade civil; dirime a responsabilidade penal, mas não isenta de responsabilidade civil.

86. Observação sobre a seriação das causas de justificação

O Código Penal intercala, entre as causas de justificação que expressamente define, nos arts. 32.º e 34.º (legítima defesa e direito de necessidade), e as que se lhe seguem, no art. 36.º (conflito de deveres) e nos arts. 38.º e 39.º (consentimento do ofendido), as causas de exculpação de estado de necessidade desculpante (art. 35.º) e de obediência indevida desculpante (art. 37.º).

Parece preferível, de um ponto de vista do método de exposição teórica, terminar o estudo das causas de justificação, e relegar para o Capítulo III (no que será o respectivo § 5.º — *infra,* n.ᵒˢ 125 e segs.) o estudo das causas de exculpação, entre as quais se conta o estado de necessidade «desculpante», bem como a obediência indevida «desculpante».

Por outro lado, entre as causas de justificação referidas no n.º 2 do art. 31.º, consta a legítima defesa [al. *a)*], que o art. 32.º define, e não consta o direito de necessidade (art. 34.º), de que nos ocupámos nos números anteriores, nem o conflito de deveres (art. 36.º); e também consta do n.º 2 do art. 31.º [als. *b)* e *c)*] a indicação das causas de justificação que são o exercício de um direito e o cumprimento de um dever imposto por lei ou por ordem legítima da autoridade.

Não se impõe, por isso, que se mantenha a ordem do Código Penal e, pelo contrário, mostra-se conveniente tratar em seguida do «exercício de um direito» e do «cumprimento de um dever imposto por lei ou por ordem legítima da autoridade».

Por este motivo, há que remeter para depois o estudo do conflito de deveres (art. 36.º), que está estreitamente conexo com o direito de necessidade.

Verdadeiramente, o exercício de um direito ou o cumprimento de um dever constituem a delimitação da ilicitude penal que se quis definir no n.º 1 do art. 31.º

O conflito de deveres (art. 36.º) pressupõe, para sua melhor interpretação, a exposição das causas de justificação que consistem no «exercício de um direito» e no «cumprimento de um dever».

III — O EXERCÍCIO DE UM DIREITO E O CUMPRIMENTO DE UM DEVER

87. O exercício de um direito. Direito e exercício do direito

Direito é a figura abstracta definida pela lei, e exercício do direito é a situação concreta, o comportamento ou facto que realiza o direito.

O exercício do direito é facto justificado na medida em que esse exercício, ou seja, o facto, se contenha dentro dos limites intrínsecos que o demarcam.

Quer dizer, o exercício ou uso do direito não pode consistir no seu abuso; o abuso do direito não é exercício legítimo do direito.

Este é um limite intrínseco do direito. Mas, para além dos limites intrínsecos do exercício do direito, há limites que se denominam limites extrínsecos, porque derivam da colisão do exercício de um direito com o exercício dos direitos de outrem.

Os direitos são, assim, limitados extrinsecamente, em razão da coexistência de direitos de outrem, com os quais podem colidir.

É na dinâmica do seu exercício, da sua actuação, que pode verificar-se a «colisão de direitos».

A colisão de direitos pode revestir duas formas, que o Código Civil aponta nos arts. 334.º e seguintes: colisão no exercício de direitos e colisão na tutela de direitos. Na verdade, dois direitos pertencentes a diversos titulares podem interferir no seu exercício de modo tal que seja incompatível a realização total ou parcial de um ou de ambos os direitos; mas também podem os direitos pertencentes a diversos titulares, embora não interfiram no seu exercício, tornar-se incompatíveis se a salvaguarda ou tutela de um direito exigir o sacrifício de um direito de outrem. A colisão da primeira espécie é colisão no exercício de direitos; a colisão da segunda espécie é colisão na tutela de direitos.

A colisão na tutela de direitos verifica-se na legítima defesa e no direito de necessidade, de que já nos ocupámos (neste capítulo e §, foram as secções I e II).

E, assim, indicar-se-á o significado e importância do contraste entre exercício ou uso do direito e o seu abuso (limites intrínsecos do exercício legítimo do direito); bem como a acção directa, como exercício coercivo e legítimo de um direito.

a) Abuso do direito

O abuso do direito é um conceito polémico e, por isso, de difícil definição, larga e longamente discutido na doutrina.

A formulação abstracta do conceito dificilmente consegue formular critérios gerais de fácil aplicação prática, e não foge a este defeito o ensaio legislativo do Código Civil que, no art. 334.º, enumera, sem ordem de preferência ou sentido de coordenação, «limites impostos pela boa fé, pelos bons costumes e pelo fim económico e social dos direitos»; a interpretação da lei, nesta matéria, não pode evitar um certo arbítrio.

Acresce que se disputa também o predomínio da intenção ou fim do agente, ou o predomínio do fim objectivo no exercício do direito. Não parece de aceitar a orientação subjectivista, na interpretação do art. 334.º do Código Civil. A autonomia do titular de um direito, no seu exercício, como actividade do titular do direito, deve ser funcionalmente adequada à realização do objecto da tutela jurídica, e não parece tomar em atenção qualquer intenção subjectiva, embora reprovável, porque imoral; o direito é menos exigente do que a moral, por sua própria natureza[17].

b) A acção directa (exercício coercivo de um direito)

Em princípio, não cabe no exercício de um direito o uso da força. O Código Civil, porém, admite o exercício coercivo de um direito, ou um modo ofensivo de o exercer, que designa por «acção directa» (art. 336.º).

---

[17] Há uma larga bibliografia sobre o abuso do direito; nestas lições, basta apelar para a exposição que do tema em apreço foi feita no estudo do Código Civil.

O princípio geral, no direito de origem romana, não consente, em caso algum, o uso da força para impor a terceiros o exercício do próprio direito. Pelo contrário, incriminara o arbitrário uso da força no exercício de direitos. A garantia e tutela dos direitos de cada um, no seu exercício, era dada pelo recurso aos tribunais: a todo o direito corresponde uma acção.

A tutela defensiva de direitos, pelos próprios indivíduos, está legitimada nos casos de legítima defesa e direito de necessidade. Mas não era assim quanto a uma tutela ofensiva.

Na verdade, o Código Civil de 1867 (art. 2535.º) dispunha: «Ninguém é autorizado a fazer-se restituir ao exercício dos seus direitos por autoridade própria, salvo nos casos declarados na lei»; e casos declarados na lei seriam, além do direito de retenção, os previstos nos arts. 2317.º, 2318.º, 462.º, § único, e 486.º desse Código.

A importância da proibição geral de recurso à justiça privada, herdada do direito romano, é realçada em muitas legislações, por interessar sobremaneira à paz e tranquilidade públicas, e perfeitamente admissível onde a tutela do Estado seja eficaz e as instituições judiciais funcionem satisfatoriamente. E por isso, em legislações penais, se punia e ainda pune «o exercício arbitrário das próprias razões», quando possível o recurso aos tribunais; no velho Código Penal português e no brasileiro, e com a mesma denominação, se incriminava o facto de «fazer justiça pelas próprias mãos para satisfazer pretensão, embora legítima, salvo quando a lei o permita».

Por sua vez, o Código Civil português de 1867 determinava (art. 2537.º) os meios pelos quais os lesados ou ameaçados nos seus direitos poderiam ser restituídos, indemnizados ou assegurados, na fruição destes; e esses meios seriam «os juízos e as acções».

Esse princípio consta igualmente do Código de Processo Civil, segundo o qual a todo o direito corresponde uma acção destinada a fazê-lo reconhecer em juízo ou a realizá-lo coercivamente. As excepções devem constar expressamente da lei.

Fundamentalmente, a legitimação da «acção directa» no Código Civil em vigor não alterou a regra geral, que já a anterior legislação consagrava. Na verdade, para além da consagração legal da «acção directa», há que considerar a rigorosa delimitação do seu âmbito.

O art. 336.º, n.º 1, procede a essa delimitação de uma maneira geral, mas que pretende seja rigorosa. E o n.º 2 do mesmo art. 336.º reduz a tutela ofensiva da acção directa à «apropriação, destruição ou deterioração de uma coisa, à eliminação da resistência irregularmente oposta ao exercício do direito, ou a outro acto análogo»[18].

88. Excurso sobre o conflito de normas

A divagação sobre o conflito de normas quebra o ordenamento da matéria que este parágrafo abrange (§ 2.º do cap. II), pois que apenas pretende evitar alguma eventual confusão entre conflito de normas e colisão de direitos (no seu exercício, ou na sua tutela).

Trata-se, por isso, de um breve apontamento.

A ordem jurídica, na sua unidade, não pode contradizer-se; e não obstante, na realidade, verificam-se contradições quanto ao alcance das suas normas, quando colidem ou se revelam antitéticas, enquanto parecem impor efeitos de diversa natureza à mesma realidade de facto.

Por isso, quer no chamado concurso de normas (normas concorrentes), quer no conflito de normas (normas antitéticas), há que interpretar cada uma das normas, de maneira a salvaguardar a unidade da ordem jurídica, delimitando-a e permitindo a sua efectiva vigência.

Com essa finalidade se utilizam critérios que a doutrina escogitou ou desenvolveu, e que têm a sua origem em princípios gerais proclamados pelo Código Civil, quanto à interpretação das leis.

Tais princípios podem reduzir-se ao princípio da especialidade, ao princípio da subsidiariedade ou especialidade recíproca, e ao princípio da consumpção. A estes princípios se fará alusão, a propósito do concurso de normas ou concurso aparente de crimes (*infra,* n.º 205).

Ora, a colisão de direitos no seu exercício ou na sua tutela é a colisão na actuação concreta dos titulares dos direitos em abstracto definidos pelas normas jurídicas, e, por isso, respeita sobretudo à aplicação da lei em cada caso concreto.

---

[18] *Dir. Pen. Port.*, I, págs. 307 e segs.

89. O cumprimento de um dever

Assim como o *exercício* de um direito consiste no uso do direito de que se é titular, o *cumprimento* de um dever consiste na observância efectiva de um dever de agir ou não agir, que respectivamente decorre de uma norma preceptiva ou proibitiva, ou de uma ordem legítima da autoridade [art. 31.º, n.º 2, al. *c*)].

Tanto a causa de justificação do «exercício de um direito» como a do «cumprimento de um dever» são enumeradas no art. 31.º do Código Penal, mas não se encontram formalmente definidas nos artigos seguintes. O art. 37.º trata apenas da «obediência indevida desculpante», como causa de exculpação. É omissa a delimitação da «obediência devida», quer por força da lei, quer por ordem legítima da autoridade, tal como é omissa a delimitação do exercício de um direito.

Há que buscar apoio em outras fontes, para dilucidar as questões que se colocam.

A causa de justificação apontada bifurca-se em: 1.º) cumprimento de um dever imposto por lei; 2.º) cumprimento de um dever imposto por ordem legítima da autoridade. Assim se dividirá também a breve exposição que se segue.

a) *Cumprimento de um dever imposto por lei*

É mister não olvidar que as causas de justificação são, verdadeiramente, circunstâncias justificativas, que dirimem a ilicitude do facto.

Cumprimento de um dever imposto por lei não é a imposição de um dever pela lei, mas o seu cumprimento, isto é, o modo de agir que se conforma com a imposição legal. É uma circunstância que conota o facto praticado e cujo alcance carece de esclarecimento.

O Código Penal de 1886 procedia a esse esclarecimento com a fórmula que constava da parte final do n.º 4 do art. 44.º: o exercício de um direito como o cumprimento de um dever só justificariam o facto se o agente tivesse procedido com a devida diligência ou o facto fosse um resultado meramente casual.

Pode mesmo asseverar-se que esta delimitação do facto lícito abrange todas as causas de justificação, porque todas elas consistem no exercício de um direito ou no cumprimento de um dever (*vide* o n.º seguinte: n.º 90).

b) Cumprimento de um dever imposto por ordem legítima da autoridade

Deve insistir-se em que as causas de justificação são circunstâncias dirimentes da ilicitude do facto. É também essa observação que se deve ter em conta na interpretação da parte final da disposição a que agora nos referimos.

A al. *c*) do n.º 2 do art. 31.º do Código Penal refere-se no final ao cumprimento de um dever imposto «por ordem legítima da autoridade».

Pressuposto da existência de uma ordem é uma relação de subordinação de um sujeito a outro sujeito.

Dentro do Estado há uma relação genérica de subordinação dos indivíduos ao Estado; e há relações específicas de subordinação, quer de direito público (subordinação ou obediência hierárquica), quer de direito privado (dos filhos menores para com os pais, dos empregados ou trabalhadores em relação aos patrões ou dadores de trabalho, etc.).

O preceito legal ao qual nos reportamos inclui nas causas de justificação o cumprimento de um dever imposto por ordem legítima da autoridade. Mas refere-se tanto ao cumprimento do dever de obediência por parte dos particulares, como ao dever de obediência dos funcionários públicos aos seus superiores hierárquicos. Esta última espécie de obediência sói designar-se «obediência hierárquica», que era a denominação da causa de justificação constante do n.º 3 do art. 44.º do Código Penal de 1886[19].

Era obrigatória a obediência dos funcionários públicos aos seus superiores legítimos, e aqueles só seriam puníveis por crimes que se verificassem no «excesso nos actos ou na forma de execução», isto é, em actos que ultrapassassem ilegitimamente a ordem do superior legítimo.

---

[19] Preceito que era do seguinte teor:
«(Justificam o facto:) Os inferiores, que praticam o facto em virtude de obediência legalmente devida a seus superiores legítimos, salvo se houver excesso nos actos ou na forma de execução.»

O crime cometido não ficaria impune, pois que, embora o executor da ordem ficasse isento de responsabilidade penal, nela incorria o superior que tivesse dado a ordem. Na verdade, o art. 298.º do Código Penal de 1886 determinava que, se um empregado público fosse acusado de ter cometido algum dos actos abusivos («abuso de autoridade») qualificados crimes nos artigos dessa secção (arts. 291.º a 297.º) e provasse que o superior, a que deve directamente obediência, lhe dera, em matéria da sua competência, a ordem em forma legal para praticar esse acto, seria isento da pena, a qual seria imposta ao superior que dera a ordem.

O crime cometido seria sempre punível, mas a responsabilidade penal recairia somente sobre o autor da ordem, qualificando a perpetração de um crime como abuso de autoridade no exercício da função pública.

Excepção ao princípio da isenção da pena do executor da ordem do superior legítimo seria aquela que constava do art. 301.º, n.º 3 (prisão ilegal de membros do poder legislativo).

Prevalecia no Código Penal de 1886 a responsabilidade do autor da ordem, enquanto o executor ficaria isento de responsabilidade penal em razão da obediência devida ao superior hierárquico.

Depois desta necessária referência histórica, devemos passar à análise directa das questões a colocar nesta matéria.

Os pressupostos da legitimidade da ordem da autoridade podem ser pressupostos formais e pressupostos substanciais.

Pressupostos formais são: a competência para dar a ordem e a forma ou formalidades que ela deve revestir ou que a devem acompanhar.

A competência do superior hierárquico é delimitada quanto à matéria — competência material; e quando ao território — competência territorial.

A matéria relativamente à qual é competente um funcionário hierarquicamente superior não é, em regra, rigorosamente especificada, e é mais usualmente definida com referência à prossecução de fins legais dos serviços ou da função que lhe é confiada.

Também quanto à competência territorial será esta mais ou menos extensa consoante a posição hierárquica que o funcionário superior ocupe dentro do serviço público a que pertence.

Diversamente, e quanto aos funcionários inferiores aos quais seja cometida a execução da ordem, é mais clara a delimitação da sua competência, quer material, quer territorial, e sempre dentro dos limites apontados pela ordem do superior hierárquico.

Para além dos pressupostos formais, há que ponderar a verificação dos pressupostos substanciais da ordem dada, os quais consistem na sua intrínseca legalidade.

E a este respeito importa somente reiterar uma afirmação já feita [al. *a*) deste n.º], isto é, que tanto o cumprimento de um dever imposto por lei como o cumprimento de um dever imposto por ordem legítima da autoridade não se situam na esfera da interpretação da norma jurídica, mas na determinação da legitimidade do comportamento, isto é, do facto praticado.

É a legitimidade da ordem concretamente dada relativamente a certa situação de facto, bem como a legitimidade da execução concretamente perpetrada, ou seja, o seu cumprimento, que importa verificar.

Na al. *c*) do n.º 2 do art. 31.º do Código Penal, não se aborda essa questão; que, no entanto, estava explicitamente tratada no Código Penal de 1886, onde, a propósito das causas de justificação do exercício de um direito e de cumprimento de um dever, imposto por lei ou por ordem legítima da autoridade, se dizia que os respectivos agentes cometeriam um acto justificado se tivessem procedido com a devida diligência ou o facto fosse um resultado meramente casual.

É essa definição da ilegitimidade ou legitimidade do facto praticado que importa dilucidar em seguida.

90. A diligência devida, o caso fortuito e o caso de força maior

As causas de justificação que constam das alíneas *b*) e *c*) do n.º 2 do art. 31.º do Código Penal de 1982 — exercício de um direito e cumprimento de um dever — não se encontram definidas nos artigos subsequentes, ao contrário do que sucede com a legítima defesa, o direito de necessidade, o conflito de deveres e o consentimento do ofendido.

Todas as causas de justificação, aliás, se podem reconduzir ao exercício de um direito ou ao cumprimento de um dever, em termos que, embora oriundos do Código Penal de 1886, não foram inteiramente reproduzidos, mas só indicados, no Código Penal de 1982.

Convém, por isso, fazer o confronto dos dois Códigos e verificar se há coincidência ou disparidade entre eles, nessa matéria.

Para alcançar uma conclusão, importa também dar alguma breve notícia sobre origem histórica, quanto a este problema, dos preceitos do Código Penal de 1886 (n.ᵒˢ 1 e 4 do art. 44.º). Tratam eles de três hipóteses distintas de justificação do facto: caso de força maior, diligência devida e caso fortuito[20].

a) Caso de força maior

O Código Penal de 1852 (n.º 1 do art. 14.º) dispunha que nenhum acto é criminoso «quando foi constrangido por força irresistível».

Ao n.º 1 do art. 14.º do Código Penal de 1852 corresponde o n.º 1 do art. 44.º do Código Penal de 1886, já referido (e transcrito em nota).

A diferença de redacção não é alteração do sentido da lei, porque se procurou somente tornar claro este sentido, ensombrado como fora pelas dúvidas suscitadas por nova terminologia oriunda de novos conceitos doutrinários.

Na verdade, os Códigos Penais anteriores à unificação da Itália reflectem, na sua terminologia, a doutrina das «forças» que a Escola Clássica vulgarizou: as forças que actuam sobre a vontade podem provir do próprio agente ou de causas estranhas, e quanto à sua influência sobre a liberdade da vontade podem ser resistíveis ou irresistíveis.

Ora, a força irresistível podia ser uma força física estranha ao próprio agente, como o serão acontecimentos ou factos naturais (ca-

---

[20] Com o seguinte teor:
«(Justificam o facto:) 1.º — Os que praticam o facto violentados por qualquer força estranha, física e irresistível; (...)

2.º — Os que praticam o facto em virtude de autorização legal, no exercício de um direito ou no cumprimento de uma obrigação, se tiverem procedido com a diligência devida, ou o facto for um resultado meramente casual.»

so de força maior), mas também a força irresistível poderia ser uma força oriunda do próprio agente, isto é, uma força interna à qual não podia resistir.

A força irresistível que tivesse uma causa estranha e física denominar-se-ia «violência» (a qual se distinguia da simples coacção, como vício da vontade) (*vide,* sobre a coacção como vício da vontade, bem como sobre o erro e a fraude ou dolo, *infra,* n.ᵒˢ 128 e segs.).

Assim se explicam todas as alterações na redacção do n.º 1 do art. 44.º do Código Penal de 1886, no seu confronto com o Código anterior.

O novo conceito de «forças», porém, exigia que se regulamentasse a força irresistível cuja origem estivesse no próprio agente, ou melhor, que se indicassem as causas internas que podiam despenalizar o facto praticado. E nesse sentido o Código Penal de 1886 dispôs que (n.º 2 do art. 44.º) não seriam puníveis (pois que verdadeiramente não se trata de «justificação») «os que praticam o facto dominados por *medo insuperável de um mal igual ou maior, iminente ou em começo de execução*»[21].

b) *A diligência devida*

A diligência devida, como o caso fortuito, estavam previstos já no primeiro Código Penal em língua portuguesa — o Código Penal do Brasil de 1830 que, no n.º 4 do seu art. 10.º, dizia que «também se não julgarão criminosos os que cometeram crimes casualmente no exercício ou prática de qualquer acto lícito, feito com atenção ordinária». As fontes desta disposição do Código do Império do Brasil,

---

[21] O medo insuperável como causa de exculpação não vem expressamente tratado no Código Penal de 1982, ou pelo menos com idêntica terminologia. A razão encontra-se também na evolução da doutrina penal. O n.º 2 do art. 44.º do Código Penal de 1886 não tem directamente correspondência no actual Código Penal, o que não significa que essa matéria, com diversa perspectiva, não tenha sido regulamentada, como «estado de necessidade desculpante». Efectivamente, foi partindo da interpretação do «medo insuperável de mal igual ou maior» que se alcançou a possível distinção entre estado de necessidade (como direito de necessidade) e estado de necessidade desculpante (como causa de exculpação). Entendeu-se, de um ponto de vista doutrinário, que, independentemente do medo insuperável, a superioridade do bem a salvaguardar, em relação ao mal praticado para o salvaguardar, justificaria o facto praticado; foi essa a origem do estado de necessidade (ou direito de necessidade) como causa de justificação que a legislação actual de muitos países contempla.

bem como do Código Penal português de 1852, encontram-se em doutrina e legislação muito antigas, tradicionais no direito português, como também no direito espanhol, que, no seu primeiro Código Penal, de 1848, dispunha (n.º 8 do art. 8.º) que está isento de responsabilidade penal o que, na ocasião de executar um acto lícito, com a devida diligência, causa um mal por mero acidente, sem culpa nem intenção de o causar. A semelhança destes preceitos em vários Códigos, de origem portuguesa e espanhola, revela idêntica origem, que se situa na tradição jurídica já visível no século XIV[22].

O Código Penal de 1886, por sua vez, dispunha (n.º 4 do art. 44.º) que «justificam o facto [...] os que praticam o facto em virtude de autorização legal, no exercício de um direito ou no cumprimento de uma obrigação, se tiverem procedido *com a diligência devida*» ou o facto for consequência acidental de um facto ilícito.

Como já foi dito, o exercício de um direito ou o cumprimento de um dever vêm indicados como causas de justificação nas alíneas *b)* e *c)* do n.º 2 do art. 31.º do Código Penal de 1982, mas não se encontram nele definidas (*supra,* n.ºˢ 86 e 89), e o que importa então é saber quando é legítimo o «exercício» de um direito ou o «cumprimento» de um dever. Não se trata da interpretação em abstracto das leis inanimadas, mas do «exercício» legítimo ou ilegítimo de um direito, e do «cumprimento» legítimo ou ilegítimo de um dever, o que só se verifica em concreto, com referência ao facto efectivamente cometido.

A omissão da referência à legitimidade do facto que constitui exercício de um direito ou cumprimento de um dever, nas alíneas *b)* e *c)* do n.º 2 do art. 31.º do Código Penal de 1982, não é, por isso, suficiente para suprimir a exigência da delimitação imprescindível.

Assim também o entendeu a Comissão Revisora do Projecto do Código Penal, que transferiu para a doutrina o encargo de encontrar uma noção válida de causalidade (e portanto também de casualidade ou caso fortuito), como também uma noção válida do modo

---

[22] A investigação histórica pode ir mais longe, e encontrar a origem da doutrina já nas Sete Partidas, como depois nas Ordenações do Reino. Mello Freire trata do assunto a propósito do crime de homicídio, e na classificação das formas de homicídio (*Instituições de Direito Criminal,* título IX, § V — por mais recente e acessível, v. a trad. de Miguel Pinto de Menezes, prefaciada por Francisco José Velozo, no *Boletim do Ministério da Justiça,* n.ᵒˢ 155 e 156).

(facto) legítimo de proceder ou agir no exercício de um direito ou no cumprimento de um dever.

Daí que, no que respeita ao caso fortuito, como no que respeita à diligência devida, o Código Pemal use indistintamente a vaga fórmula de adequação: a causalidade deveria ser adequada, como o modo de comportamento no exercício de um direito ou no cumprimento de uma obrigação deveria ser adequado. Sobretudo na parte especial do Código multiplica-se a qualificação de adequado ao facto praticado, para dar fundamento à sua legitimidade.

E, contudo, a clareza e exactidão da doutrina tradicional no direito português não pode deixar de impor-se.

Na verdade, é o próprio Código Penal de 1982 que, no corpo do seu art. 15.º, dispõe que age com negligência quem não proceder com o cuidado a que, segundo as circunstâncias, está obrigado e de que é capaz.

O preceito refere-se à definição de negligência ou culpa em sentido estrito, e por isso aos crimes culposos. Nos crimes culposos, como já foi dito, a diligência objectiva ou subjectiva só pode verificar-se em concreto, e em função do circunstancialismo do facto.

À negligência opõe-se a diligência, e por isso a diligência exclui a negligência. A diligência que exclui a negligência como forma de culpabilidade é a diligência de que o agente é capaz.

Mas não existe culpabilidade se esta não tiver por objecto o facto ilícito, e, por isso, se o agente usar da diligência devida (isto é, imposta por lei) não só o facto não será ilícito, como não poderá ser culpável. Será então circunstância justificativa, sendo certo que não pode haver culpabilidade sem facto ilícito como seu objecto[23].

A doutrina alemã, cujo Código, na sua parte geral, era cheio de lacunas, teve de alcançar ou forjar conceitos que colmatassem as lacunas da lei. E, nessa orientação, se defendeu, simultânea ou sucessivamente, uma delimitação do facto ilícito, que consistiria ou no *risco permitido* ou na *adequação social,* em vez de diligência devida e caso fortuito.

Esta profusão de designações substitutivas dos firmes conceitos

---

[23] O problema será de novo abordado a propósito da negligência como forma da culpabilidade (*infra*, n.º 117).

da tradição legislativa portuguesa polvilha a parte especial do novo Código Penal; e ao mesmo tempo consente ou fomenta múltiplas dúvidas, quanto ao seu teor.

c) *O caso fortuito*

Diferentemente do caso de força maior, o caso fortuito tem origem em um acto humano; se, na produção do resultado, não participou como causa a acção humana, haverá caso de força maior e não caso fortuito.

O caso fortuito verifica-se quando a acção do agente for causa acidental do resultado. Está, por isso, estreitamente ligada à noção de causalidade. Só é causa, como imputação objectiva de um facto, a causa normal, por contraposição, precisamente, à causa acidental (*vide supra* n.º 53).

IV — CONFLITO DE DEVERES

91. Conflito de deveres (art. 36.º) e sua inserção no sistema das causas de justificação

Retoma-se agora e de novo o tema do estado de necessidade que o Código Penal apelidou de «direito de necessidade». O direito de necessidade indica a regra legal para resolver conflitos de direitos em estado de necessidade.

No conflito de deveres formula-se a regra legal para resolver o conflito de deveres em estado de necessidade.

Os preceitos dos arts. 34.º e 36.º são assim paralelos, ou próximos, cabendo na mesma noção genérica de estado de necessidade.

Na realidade, o conflito de deveres não tem lugar para salvaguarda de um interesse próprio, mas tão-só para salvaguarda de interesse alheio. Os deveres em conflito são necessariamente deveres para com outros.

Mas no conflito de deveres a solução legal do conflito assenta nos mesmos princípios que orientam a solução no caso do conflito de direitos; objecto tanto do direito como do dever é o bem jurídico e nele se encontra um fundamento para a hierarquização, tanto dos direitos como dos deveres.

As actas da Comissão Revisora indicam como razão fundamental da autonomização do conflito de deveres a circunstância de no conflito de deveres não ser de exigir uma «sensível» superioridade do bem a salvaguardar, bastando no conflito de deveres a superioridade ou igualdade desse bem.

Deste ponto partimos agora para a interpretação do preceito do art. 36.º , que reza assim: «Não é ilícito o facto de quem, no caso de conflito no cumprimento de deveres jurídicos ou de ordens legítimas da autoridade, satisfaz o dever ou a ordem de valor igual ou superior ao do dever ou ordem que sacrifica.»

O sacrifício de um dos interesses alheios em conflito é consequência da impossibilidade de cumprimento tempestivo ou simultâneo dos deveres colidentes. *Ad impossibilia nemo tenetur*. Donde a necessidade de dar prevalência ao cumprimento de um dos deveres.

A regra do art. 36.º deve ser integrada pelo mais largo esclarecimento que nos fornecem as regras constantes do art. 34.º (direito de necessidade).

Não há que colocar efectivamente a questão da sensível superioridade dos deveres ou interesses que os deveres se destinam a salvaguardar, pois que bastará a sua igualdade.

Mas para fixar a sua superioridade ou a sua igualdade há que buscar o critério do art. 34.º, para o qual o art. 36.º implicitamente remete.

Na interpretação do art. 34.º foi observado que os interesses se hierarquizam em razão da sua natureza ou do seu valor [al. *c*) do art. 34.º]; quando a distinção entre eles se baseia em natureza diferente, tem de preferir o dever correspondente; quando a distinção respeita ao seu valor, isto é, seja mais quantitativa que qualitativa, preferirá o de maior valor e sendo de igual valor é lícito o não cumprimento de qualquer dos deveres em conflito, dada a impossibilidade de cumprimento simultâneo.

Acresce que o valor do dever, tal-qualmente o valor do direito ou o objecto dele, o interesse, no art. 36.º se não formula abstractamente, mas em concreto, podendo derivar das circunstâncias do caso concreto. Valem agora as considerações que também foram feitas a tal respeito na interpretação do art. 34.º

Não se julgou, porventura, necessário alterar, tornando essa correspondência mais nítida, o texto do art. 36.º nesse sentido. Mas é ela um corolário natural: a alteração do art. 34.º, sobretudo da alínea *c*), não se repercutiu no art. 36.º, mas ao que nos parece isso não tem relevância dado o reconhecimento implícito da interdependência e correlação do conflito de direitos e conflito de deveres. E parece esta interpretação obter ainda apoio no preceito do art. 185.º, que respeita ao conflito entre o dever de segredo profissional e o cumprimento de deveres de informação na medida em que eleva a critério prático de decisão o poder considerar-se aquela violação como «meio adequado» do cumprimento de deveres de informação.

V — CONSENTIMENTO DO OFENDIDO

92. O consentimento do ofendido

O Código Penal de 1886, no seu art. 29.º, n.º 5, dispunha que o consentimento do ofendido não eximia de responsabilidade criminal salvo nos casos especificados na lei.

A razão do preceito estaria no interesse público sempre imanente em uma incriminação e, por isso, indisponível do ponto de vista penal. É extremamente formal esta opinião que, aliás, não corresponde à realidade do direito.

Tradicionalmente fazia-se, como ainda se faz, a distinção entre crimes públicos e particulares; e estes, que no direito antigo constituíam maioria, só podiam ser punidos mediante acusação ou queixa particular, como podia extinguir-se o procedimento penal pelo perdão de parte. No novo Código Penal verifica-se, aliás, um acréscimo de crimes particulares e quase públicos.

O direito actual dá relevância, por dois modos, à autonomia da vontade do ofendido ou, em certos casos, de quem o substitua: ou na exclusão da ilicitude ou na instauração e prossecução do procedimento criminal.

Da acusação ou queixa como pressuposto do procedimento criminal trata o Direito Processual Penal[24].

O consentimento do ofendido, como causa de exclusão da ilicitude, é regulado em novos moldes nos arts. 38.º e 39.º do novo Código de 1982.

Entre o regimento legal do n.º 5 do art. 29.º do Código Penal de

---

[24] Cf. *Curso de Processo Penal*, ed. cit. de 1986, vol. 2.º, págs. 19 e 95-97; e v. arts. 111.º e segs. do Código Penal e arts. 49.º a 52.º do novo Código de Processo Penal.

1886 e o regime legal dos arts. 38.º e 39.º do novo Código Penal surgiu o regime do Código Civil que admitiu como causa de justificação da responsabilidade civil o consentimento do lesado. É do seguinte teor o art. 340.º do Código Civil:

«1. O acto lesivo dos direitos de outrem é lícito, desde que este tenha consentido na lesão. 2. O consentimento do lesado não exclui porém, a ilicitude do acto, quando este for contrário a uma proibição legal ou aos bons costumes. 3. Tem-se por consentida a lesão quando esta se der no interesse do lesado e de acordo com a sua vontade presumível.»

Contudo, este preceito do Código Civil, porque recusa eficácia justificativa ao consentimento do lesado quando ele seja contrário a uma proibição legal, não tornava possível a extensão da justificação aos actos lesivos que constituíssem crimes.

O novo Código Penal veio estabelecer regras sobre o consentimento do ofendido, seguindo a orientação que, legislativamente, iniciara o Código Penal italiano de 1930.

A al. d) do n.º 2 do art. 31.º do novo Código Penal indica entre as causas de exclusão da ilicitude que expressamente indica «o consentimento do titular do interesse jurídico lesado» e regulamenta-o nos arts. 38.º e 39.º, tratando em geral dos seus requisitos no art. 38.º e da equiparação àquele do consentimento presumido no art. 39.º, no qual aponta também os pressupostos da presunção.

O consentimento do ofendido, porém, pode ter relevância no direito penal por duas formas, e já era assim na anterior legislação.

Primeiramente o consentimento do ofendido pode ser uma circunstância extrínseca essencial do crime como pode ser o dissentimento ou falta de consentimento.

Neste caso, que se verifica quer quando a norma incriminadora exige como circunstância essencial do facto ilícito o consentimento, quer quando exige o dissentimento ou discordância do ofendido, pode tal circunstância encontrar-se expressamente enunciada ou derivar implicitamente da descrição da própria acção do agente do crime; efectivamente, quando o crime deva ser cometido por intimidação, coacção ou violência, estes modos de perpetração do crime são incompatíveis com um verídico consentimento.

Mas então o consentimento da vítima não constitui uma causa de justificação; o dissentimento é que é elemento constitutivo, circunstância essencial do facto ilícito.

Em segundo lugar, o consentimento pode ser, e é o caso que nos interessa, causa de justificação e por isso o condicionamento e requisitos do consentimento serão diferentes ou podem ser diferentes consoante se trata do consentimento como circunstância essencial do facto ilícito, ou como causa de justificação.

Quando circunstância essencial do facto ilícito, em geral, o seu condicionamento dependerá dos requisitos constantes da própria norma incriminadora ou que dela se infiram.

E assim a capacidade ou vícios da vontade podem ser diferentemente considerados, por exemplo, no crime de violação (arts. 201.º, 202.º e 203.º) ou no crime de estupro (art. 204.º), ou ainda em outros crimes sexuais (arts. 215.º e 216.º), nos crimes de introdução em casa alheia (art. 176.º), de gravações e fotografias ilícitas (art. 179.º), etc.

Pelo contrário, o consentimento como causa de justificação não é elemento essencial do facto ilícito e antes fundamento da justificação do facto. A terminologia alemã usa, aliás, diferentes vocábulos para designar os dois conceitos jurídicos do consentimento do ofendido, *Einwilligung* (para a causa de exclusão da ilicitude), e *Einverstanden* (para os casos em que é elemento constitutivo do facto ilícito), que já foram traduzidos nesta matéria para línguas latinas como consentimento e acordo, e talvez melhor como consentimento e assentimento ou anuência. Contudo, no Código Penal é utilizado para ambos os conceitos o mesmo vocábulo: consentimento.

Tratar-se-á seguidamente do consentimento do ofendido como causa de justificação.

93. Interpretação do art. 38.º do Código Penal

O art. 38.º do Código Penal reza assim:
«1. Além dos casos especialmente previstos na lei, o consentimento exclui a ilicitude do facto, quando se refira a interesses jurídicos livremente disponíveis e o facto não ofenda os bons costumes.
2. O consentimento pode ser expresso por qualquer meio que tra-

duza uma vontade séria, livre e esclarecida do titular do interesse juridicamente protegido e pode ser livremente revogado até à execução do facto. 3. O consentimento só é eficaz se prestado por quem tenha mais de 14 anos e possua discernimento necessário para avaliar o seu sentido e alcance no momento em que o presta. 4. Se o consentimento não é conhecido do agente, este é punível com a pena aplicável à tentativa.»

Refere o n.º 1 que há casos em que normas da parte especial regulam o consentimento como causa de justificação em alguns crimes; os requisitos do consentimento que assim estejam previstos para alguma incriminação prevalecem sobre a regra geral do art. 38.º Não deve referir-se esta ressalva ao consentimento como circunstância essencial do facto ilícito, como é óbvio. Exemplificar-se-ão a final casos de regulamentação especial do consentimento como circunstância dirimente e como circunstância essencial do facto ilícito.

Importa considerar na interpretação do art. 38.º quais os interesses juridicamente protegidos e de que o seu titular pode dispor, isto é, o objecto da disponibilidade — e seguidamente como se configura essa disponibilidade, ou seja os requisitos que condicionam a validade do consentimento.

a) Interesses ou bens disponíveis e indisponíveis

Trata-se de interesses ou bens da esfera jurídica do seu titular; não abrange os interesses públicos, nem tão-pouco os interesses de terceiro, quando sobre eles não haja o poder de disposição.

Os interesses próprios são direitos patrimoniais. Quanto aos direitos pessoais é que a delimitação suscita maiores dificuldades.

É indiscutível a indisponibilidade do direito à vida; não apenas por razões metajurídicas, mas por expresso reconhecimento legal: o Código Penal incrimina o auxílio ou ajuda ao suicídio, revelando assim claramente a indisponibilidade do direito à vida e a ineficácia justificativa do consentimento (arts. 134.º e 135.º). Mas a questão coloca-se relativamente a outros direitos pessoais, não no sentido do consentimento quanto à sua possível restrição, mas relativamente à sua perda ou extinção, que poderá equivaler inclusivamente à escravatura.

b) *Bons costumes como limite da disponibilidade dos bens*

Tais direitos nunca, aliás, são disponíveis em si mesmos, mas em formas do seu uso ou agressão. É a limitação dessas formas de uso ou agressão que assinala a exigência de o «facto» lesivo não ofender «os bons costumes» (art. 38.º, n.º 1, *in fine*). Este limite vem igualmente consagrado no Código Civil (art. 336.º) e encontra-se também na parte especial do Código Penal alemão relativamente às ofensas corporais (crimes contra a integridade física e a saúde).

A restrição assim formulada — ofensa contra os bons costumes — é relativamente indefinida e susceptível de maior ou menor extensão consoante a espécie dos direitos lesados. Vem expressamente confirmada no art. 149.º quanto aos crimes ofensivos do corpo ou da saúde, mas elucida-se no n.º 2 desse artigo que «para decidir sobre se a ofensa no corpo ou na saúde contraria os bons costumes tomar-se-ão em conta os motivos e os fins do agente ou do ofendido, bem como os meios empregados e a amplitude previsível da ofensa».

Se o esclarecimento do n.º 2 do art. 149.º relativamente ao alcance da ressalva dos bons costumes nas ofensas corporais se estende, como parece curial, aos demais crimes, o conteúdo da fórmula «bons costumes» é uma restrição da eficácia do consentimento em função da gravidade do facto ilícito e da culpabilidade, não exclusivamente, mas concomitantemente com a restrição que resulta duma reprovação pela moral ou pela opinião comum (o sentimento geral sobre moralidade a que alude o n.º 3 do art. 205.º em referência então ao sentimento geral sobre moralidade sexual).

Esta visão multifacetada da ressalva legal também se deduz da ineficácia do consentimento no lenocínio e no tráfico de pessoas (arts. 215.º e segs.).

c) *Eficácia do consentimento*

O consentimento deve consistir em uma «vontade séria, livre e esclarecida» do ofendido, e por conseguinte consiste num acto de vontade racional e livre. Estas qualificações implicam a relevância dos vícios da vontade que afectam a vontade séria, livre e esclarecida: erro sobre o facto e seu significado, engano ou coacção. Não se exige, porém, qualquer forma particular de expressão do consentimento (n.º 2 do art. 38.º).

E pressupõe uma capacidade natural que não equivale à capacidade civil. A existência de capacidade ou de vícios da vontade, apreciados em razão da natureza e circunstâncias do facto e do dador do consentimento, podem variar relativamente à natureza e gravidade dos crimes. Assim o demonstra a exigência de diferentes requisitos da capacidade para dar o consentimento em diferentes crimes. É o que deriva do n.º 3 do art. 38.º quando acrescenta ao limite inferior da capacidade natural para a eficácia do consentimento a idade de 14 anos, a exigência de o ofendido possuir o discernimento necessário para avaliar o sentido e alcance do consentimento, ou, o que é o mesmo, o sentido do valor e alcance ou importância do facto consentido no momento em que presta o consentimento.

d) Punição de crime consentido, quando o agente não conheça o consentimento?

O n.º 4 do art. 38.º dispõe que, se o consentimento do ofendido não é conhecido do agente, este é punível com a pena aplicável à tentativa. No seu significado literal o preceito seria corolário da punição da tentativa impossível.

O problema de interpretação que o texto legal suscita é algo complexo, e deixamos a sua apreciação para quando tratarmos directamente da tentativa como forma do crime (*infra*, n.º 170).

94. Consentimento presumido (art. 39.º)

Art. 39.º (Consentimento presumido):

1. Ao consentimento efectivo é equiparado o consentimento presumido.
2. Há consentimento presumido quando a situação em que o agente actua permite razoavelmente supor que o titular do interesse juridicamente protegido teria eficazmente consentido

no facto, se conhecesse as circunstâncias em que este é praticado.

Está fundamentalmente de acordo com o n.º 3 do art. 340.º do Código Civil, embora este seja mais preciso na indicação dos factos de que se infere a presunção: que a lesão se deu no interesse do lesado e que com a lesão se conformaria a sua vontade presumível. No art. 39.º não é tão clara a indicação do fim objectivo da lesão — no interesse daquele que sofre a lesão —, mas essa circunstância como que se inclui na presunção racional de que, se conhecesse as circunstâncias em que o facto é praticado, teria consentido.

95. Casos especiais previstos na parte especial do Código Penal

«Além dos casos especialmente previstos na lei» (art. 38.º, n.º 1), o consentimento é causa de exclusão da ilicitude em geral, nos termos indicados nos arts. 38.º e 39.º, a que acabo de me referir.

Ficou dito que a referência feita pelo art. 38.º a casos especialmente previstos não devia abranger os casos em que o consentimento — e são muitos — é elemento essencial do facto ilícito.

De toda a maneira, a expressão é usada com os dois diferentes significados jurídicos. E aparentemente pode até duvidar-se a qual deles diz respeito. Vamos considerar os casos especialmente previstos nos arts. 149.º e 159.º

Ao art. 149.º já se fez uma breve alusão quando assinalei que o seu n.º 1 reproduz a delimitação da eficácia do consentimento constante do n.º 1 do art. 38.º — o consentimento não é eficaz quando o facto consentido ofenda os bons costumes.

O art. 149.º, porém, contém um preceito (n.º 2) que se destina a esclarecer o alcance da ressalva dos bons costumes. Há que tomar em linha de conta, para decidir sobre a contrariedade aos bons costumes, a maior ou menor gravidade da ofensa corporal, os motivos e fins do agente ou do ofendido, bem como os meios empregados e a amplitude das suas consequências previsíveis.

Esquematicamente, o que se pretende é indicar o processo de valoração objectiva e subjectiva do facto lesivo no seu confronto com o acto do consentimento, enquanto aquele é objecto deste. A gravidade da ofensa e suas prováveis consequências é de correlacionar com o fim a que se dirige o próprio facto ou ao qual serve de meio, quer para o agente quer para o ofendido.

Uma grande desproporção entre o valor diminuto do fim e o grande desvalor do facto lesivo deve levar à ineficácia do consentimento. Já observámos que esta directriz do n.º 2 do art. 149.º, como critério de decisão sobre a qualificação do consentimento, como contrário aos bons costumes, podia ou devia ter carácter geral. A noção e função dos bons costumes quanto à eficácia nos crimes de ofensas corporais ou em outros crimes é igual, e igual parece dever ser o critério da sua definição em geral.

A regulamentação legal das intervenções e tratamentos médico-cirúrgicos, ou seja a infracção à lei penal no exercício do direito (ou dever) que é o exercício da medicina, consta especialmente dos arts. 150.º, 158.º e 159.º

O art. 150.º prevê a incriminação por ofensas corporais quando as intervenções e tratamentos não forem levados a cabo de acordo com as *leges artis*, e por médicos ou pessoas autorizadas a fazê-los, e sempre com o fim de prevenir, diagnosticar ou sarar a doença (n.º 1 do art. 150.º).

Este preceito vem aplicar aos tratamentos médico-cirúrgicos aquela cláusula geral que delimita objectivamente o âmbito do exercício legítimo de direitos e deveres, isto é, a sua adequação ao seu fim, ou a diligência devida que expressamente exigia quanto ao exercício de direitos e cumprimentos de deveres o Código de 1886 (n.º 4 do art. 44.º).

O art. 158.º vem acrescentar, como pressuposto da incriminação da intervenção e tratamento médico-cirúrgicos, a falta de consentimento do paciente.

O exercício da medicina só é exercício de um direito se esse exercício tiver lugar em conformidade com os ensinamentos da medicina, quer no exame e diagnóstico, quer no tratamento, e também não é um poder arbitrário, mas pressupõe, quer como exercício de um direito, o consentimento do ofendido, quer como cumprimento de um dever (quando imposto pela ordem jurídica), a sua conformidade com a imposição legal.

E assim, tanto a conformidade do exercício da medicina com as regras técnicas e de prudência que condicionam o seu exercício constitui exercício ilegal da medicina, como também o consentimento do paciente condiciona o seu exercício legal.

As intervenções e tratamentos médico-cirúrgicos só constituirão crime se não forem feitas em conformidade com as regras técnicas e morais da profissão, ou se forem feitas sem o consentimento do paciente. A desconformidade com as normas próprias do exercício da profissão e a falta do consentimento do paciente são elementos essenciais em que se fundamenta a ilicitude do facto.

Simplesmente o Código Penal pune o irregular exercício da medicina, atribuindo-lhes (a essas duas circunstâncias) diferente gravidade, pois que as intervenções e tratamentos médico-cirúrgicos efectuados contrariando as normas profissionais são puníveis nos termos do art. 150.º, por negligência (por falta da «diligência devida»), com pena de prisão até 2 anos, se dessa falta de diligência devida resultar perigo para o corpo, saúde ou vida do paciente; e as intervenções e tratamentos médico-cirúrgicos efectuados com o seu objectivo próprio (a cura, art. 150.º, n.º 1) e ainda mais, em conformidade com as regras da profissão, mas que forem «arbitrárias», porque efectuadas sem o consentimento do paciente, serão puníveis com prisão até 3 anos e multa de 120 dias (art. 158.º).

No art. 158.º coloca-se directamente a questão do consentimento (ou melhor, assentimento ou anuência) e este obedece a requisitos que são particularmente exigidos pelo art. 158.º, n.º 2, als. *a*) e *b*), e pelo art. 159.º

O n.º 2 do art. 158.º indica os casos em que se prescinde do consentimento porque este é presumível e o art. 159.º indica requisitos especiais para a eficácia do consentimento nas intervenções médico--cirúrgicas.

O consentimento do ofendido no art. 159.º não é, assim, uma causa de justificação, mas condição do exercício da medicina no caso concreto (exercício de um direito).

Sem consentimento do ofendido, nos termos especialmente indicados no n.º 2 do art. 158.º e no art. 159.º, não subsiste o direito de exercer a medicina. O exercício do direito é que é condicionado pelo consentimento do paciente (assentimento), sua presunção (ou dispensa) nos termos dos arts. 158.º e 159.º, ou, o que é o mesmo, a falta de anuência é fundamento da ilicitude do facto, circunstância essencial do facto ilícito, tal como a imposição de obrigação legal prevê o exercício de medicina por cumprimento de um dever (art. 158.º, n.º 3).

CAPÍTULO III
FACTO CULPÁVEL OU CULPABILIDADE

96. Terminologia

Culpa, como vocábulo latino, tinha dois significados: em sentido amplo abrangia o dolo ou malícia e a própria culpa em sentido estrito, como ainda hoje é também tomada no direito em geral (negligência no Código Penal).
Para designar a culpa em sentido lato, generalizou-se em vários idiomas, com similar significado, o vocábulo culpabilidade (*culpabilidad* em espanhol, *culpabilité* em francês, *colpevolezza* em italiano, *culpability* em inglês).
Os actos ou acções humanas, do ponto de vista do seu valor ou desvalor ético ou jurídico, da sua bondade ou malícia, são louváveis ou culpáveis, como desde há séculos é fórmula corrente; ou são dignos de mérito ou fundamento de demérito ou reprovação.
Do adjectivo culpável deriva o substantivo culpabilidade.
A língua alemã adoptou a palavra *Schuld* — que também significa dívida ou obrigação — para exprimir a culpa em sentido lato, enquanto propósito *(Vorsatz)* e negligência *(Fahrlässigkeit)* designam respectivamente o dolo ou intenção e a culpa em sentido escrito.
Usar-se-á indiferentemente a expressão culpa ou culpabilidade porquanto, se o Código Penal baniu a palavra culpabilidade do seu vocabulário, ela é usual em toda a literatura jurídica latina e por vezes se torna mais claro o seu significado, pois que os crimes cometidos com negligência se dizem ainda culposos. Quando seja evidente o significado de «culpa» como «culpabilidade», será em princípio usado o vocábulo tradicional culpabilidade.

97. Culpa moral e culpa jurídica

A culpa é um conceito central do direito penal, mas não um conceito exclusivo do direito penal.

Surge primordialmente na moral e repercute-se tanto na ordem social como na consciência individual.

A culpa jurídica é diferente da culpa moral, mas tem idêntico fundamento e por isso a conexão entre culpa moral e jurídica é estreita; no entanto, para definição da culpa jurídica há que atender à sua formulação positiva, que pode ser mais ou menos correcta.

Frequentemente, mas com exagerada ênfase, se afirma que o princípio da culpabilidade é uma conquista da civilização, produto de progresso cultural relativamente recente. Mas não é assim. O sentido da culpa é natural no homem e nas sociedades antigas ou modernas. Tem sido parcialmente obnubilado ou deformado em alguns povos ou em determinadas épocas, mas é, em geral, comum a todos os povos e a todas as épocas.

98. Culpa, imputação e responsabilidade

A culpa é pressuposto e fundamento de responsabilidade penal (como o é da responsabilidade moral).

Responsabilidade (de *respondere*) é a consequência ou efeito que recai sobre o culpado. Neste sentido a culpa está entre os pressupostos da punição a que se refere a epígrafe do capítulo I do título II do livro I do Código Penal.

Sendo pressuposto e fundamento da responsabilidade, deve ser também sua medida; não é a maior responsabilidade que determina maior culpa, mas a maior culpa que deve determinar maior responsabilidade.

Também têm a mesma origem os conceitos de culpa e imputação. Imputação é a atribuição do facto ao seu agente, como «seu». O domínio do facto pelo agente é o domínio da sua vontade racional e livre, e é esta que constitui o substrato da culpa. Imputação é um conceito de relação entre o crime e o seu autor e é a culpabilidade que lhe serve de suporte.

99. Culpabilidade e substrato da culpabilidade

a) Quando se diz que a culpa é pressuposto e medida da responsabilidade e da pena, considera-se a culpabilidade como abrangendo o seu objecto — o próprio crime, como facto ilícito.

Na análise da infracção separa-se a culpa do seu objecto e define-se o seu substrato (conceito material de culpa): a vontade culpável. E seguidamente indicam-se os elementos componentes da vontade culpável.

A vontade não é exclusivamente o acto terminal da vontade. Hão-de tomar-se em consideração fins, motivos, sentimentos, emoções e tendências que participam na formação da vontade. A culpabilidade assenta em uma corrupção do processo de formação da vontade, que contraria o dever moral ou jurídico do homem.

Ao direito positivo cabe integrar em regras legais os elementos componentes da formação da vontade culpável, no conceito genérico de culpa, e essa integração far-se-á ordenando-os em categorias que indiquem o seu valor jurídico, quer como elementos essenciais do facto ou vontade culpável, quer como elementos que determinam a maior ou menor gravidade da culpa.

Neste capítulo tratar-se-á dos elementos essenciais da culpa e seguidamente dos elementos que negativamente a delimitam ou excluem — causas de exculpação. Os elementos componentes da culpa, que são essenciais para a sua existência, mas a quantificam, são circunstâncias atenuantes ou agravantes a considerar na estrutura acidental do crime.

b) A distinção apontada entre culpabilidade e o seu substrato reflecte-se claramente na distinção do conceito de culpabilidade (culpa) como conceito de qualificação, e culpabilidade (culpa) como conceito material. Podem ambos ter o mesmo alcance, pois que o conceito de qualificação ou juízo de valor recai sobre a matéria que o conceito material ou de substância procura descrever e demarcar. Trata-se de diferente perspectiva metodológica, mas não necessariamente de uma oposição irredutível.

Esta oposição foi sobretudo assinalada pela sucessão, na doutrina germânica, de uma concepção normativa de culpabilidade a uma concepção psicológica.

A primeira observação a fazer é sobre a validade da própria alternativa, que reduz toda a problemática à oposição de duas concepções de culpabilidade, que entre si se digladiam e entre as quais haveria que escolher.

Ora, ambas as teorias têm as suas raízes no positivismo; e ambas as teorias surgiram em razão de deficiências da legislação alemã, e em certa medida pela influência predominante de algumas correntes filosóficas. A exposição, mesmo sucinta, da evolução dessas teorias não facilita muito a compreensão e não poderá ser muito esclarecedora fora do condicionalismo em que surgiram. Apenas referiremos alguns tópicos.

A teoria psicológica, que foi em geral aceite, na Alemanha, em grande parte do século xix, baseava-se já no naturalismo.

A culpabilidade é, então, o reflexo na psique do agente do facto ilícito; é um fenómeno psicológico, como o facto é um fenómeno físico, e por isso se esgota no dolo e negligência; esta limitação da culpabilidade ao próprio fenómeno psicológico, em obediência ao naturalismo dominante, foi facilitada pelas enormes lacunas da legislação germânica; esta não continha preceitos respeitantes ao dolo e culpa, ou circunstâncias exculpativas, e nenhuma regulamentação da aplicação da pena e sua medida. A doutrina construiu sobre o vazio legislativo pois que a disposição legal fundamental para construir um conceito de dolo foi um preceito insuficiente acerca do erro sobre as circunstâncias do facto, que ampliado no seu âmbito é o actual § 16, correspondente (embora com diverso alcance) ao art. 16.º do Código Penal de 1982.

Estavam fora da culpabilidade as causas exculpativas, como o estava a consciência da ilicitude, pois que bastava o mero conhecimento do facto (consciência psicológica) ou também a decisão da vontade (teorias da representação e da vontade no dolo), excluindo qualquer outra matéria do conteúdo da culpa. É esta indevida limitação da matéria da culpa que induz R. Frank à criação da concepção normativa da culpabilidade e à «descoberta» de circunstâncias exteriores que a dirimem (as causas de exculpação).

A formulação da teoria normativa foi alterada posteriormente, pelo próprio Frank, por Goldschmidt e por Freudenthal. O alargamento inicial do substrato da culpa faz-se com referência já não a um puro fenómeno psicológico, mas ao seu desvalor, e por isso o critério determinante para definir a culpabilidade estaria no juízo de reprovação ou censura. A culpa seria *Vorwerfbarkeit* (reprovabilidade ou censurabilidade), pois que quer o agente quer o facto seriam reprováveis ou censuráveis.

É evidente que, deste modo, definindo culpa como *Vorwerfbarkeit* ou censurabilidade, como traduz o Código Penal português, usa-se um vocábulo que corresponde no seu significado e origem a culpabilidade. E então culpa é censurabilidade como culpável é censurável. Mas deste modo não se define um conceito, pois apenas se emprega um sinónimo para o definir.

A teoria normativa teve o mérito de alargar — sua razão fundamental — a matéria ou conteúdo material da culpa ou culpabilidade para além dos limites estreitos que lhe imprimira a teoria psicológica.

Por outro lado, a teoria psicológica da culpabilidade, como mero fenómeno psicológico, mutilava o sentido da vontade culpável, que é vontade que não deve ser.

A teoria normativa desenvolve o aspecto fundamental da vontade indevida, enquanto contrária ao dever.

A história do conceito de culpabilidade em direito não se faz com a contraposição das concepções psicológicas e normativa, que na Alemanha se basearam ambas predominantemente numa orientação naturalista.

c) O que importa reter, por agora, da longa disputa que aflorámos, é o reconhecimento de uma maior amplitude da matéria da culpabilidade do que aquela que lhe era dada pela teoria psicológica e da consequente inclusão na sua matéria ou conteúdo da consciência da ilicitude e das causas de exclusão da culpa.

E também importa, desde já, revelar os perigos que a concepção normativa, por razões diferentes, veio a arrastar consigo na sua evolução.

É que destacando o juízo da reprovação ou censura, como elemento essencial e determinante da culpa, descambou a concepção normativa frequentemente numa obliteração duma culpa real, reconhecida pelo direito — por desdenhar o seu substrato justificativo — para como mero juízo legislativo possibilitar a definição da matéria da culpa em função da responsabilidade. Ora, não é a responsabilidade que serve de fundamento à culpa, mas a culpa à responsabilidade. E não é o legislador que pode preencher, a seu alvedrio, o conteúdo da culpa material, pois tem de reconhecer uma realidade ontológica que o ultrapassa. É o mesmo, aliás, que sucede com os direitos fundamentais do homem, que o direito não pode outorgar ou recusar a seu alvedrio, mas deve reconhecer ou «declarar».

100. A natureza racional do homem e sua liberdade como fundamento da culpabilidade

Culpabilidade e responsabilidade pelo facto ilícito exigem consciência e vontade do facto ilícito. Mas a consciência e a vontade livre, em quaisquer actos, pressupõe a razão e liberdade no homem, isto é, pressupõem o homem como pessoa. Razão e liberdade ou autonomia são atributos da pessoa humana.

É só para o homem, em função da sua natureza racional, que existe a moral e o direito.

Esta natureza do homem, porém, é negada pelo determinismo. A disputa sobre a liberdade do homem é tão antiga como a própria filosofia. O contraste é absoluto: ou o homem é senhor das suas acções, que orienta e dirige, ele próprio causa *(causa sui);* ou o homem, como o mundo natural, está sujeito a uma causalidade que o domina. Nesta última hipótese o homem não será pessoa, sujeito agente, mas objecto, resultado, elo de uma cadeia causal universal.

Sem a razão e liberdade do homem não pode haver nem «bem» nem «mal», moral, ou jurídico, mas só necessidade causal, fatal e irresponsável.

Não cabe em um estudo jurídico discutir a questão em si mesma, mas pressupô-la. Não porque seja indiferente, bem pelo contrário como já foi assinalado, mas porque ela excede largamente os estudos jurídicos. Fazem-se somente breves anotações acerca dos efeitos que a discussão teórica tem produzido e produz nas doutrinas jurídicas e nos sistemas legislativos.

O direito penal é direito penal de culpa; mas importa que, transformando a essência da culpa em conceito criado pelo direito, ele não vá servir de álibi à ausência de autêntica culpa, enquanto receba o conteúdo da perigosidade, e se modele em função da responsabilidade que o legislador imputa, para alcançar fins que se propõe.

Tem razão Figueiredo Dias[1] quando escreve que «[...] o princípio da culpa na sua estrutura geral, abstracta e acentuadamente formal, nada diz sobre o que seja materialmente a culpa de que no direito penal se trata. É seguro, por outro lado, que na determinação daquele conteúdo material de nenhum auxílio se revela o apelo para a natureza psicológica, ou antes normativa da culpa ou do juízo em que ela se traduz. O dado ou ponto de partida para o esclarecimento da questão tem de ir buscar-se a um momento que possa ser sucedâneo a qualquer concepção de culpa: ele encontrar-se-á quando se repare em que, onde quer que se fale da responsabilidade ou de culpa em sentido moderno, aí se pressupõe sempre a liberdade do homem que age»[2].

Mas não basta afirmar a liberdade como atributo da pessoa humana e a vontade consciente e livre tendo por objecto o mal, no seu exercício, como a culpa em concreto.

Não pode haver, certamente, liberdade no homem, quando se siga logicamente o trilho marcado pelo determinismo físico ou naturalista, mas tão-pouco o pode haver substituindo-se-lhe um determinismo psíquico, em que são os motivos que tomam a função de causas, e o processo causal não se inicia com o homem e apenas passa por ele.

E também não há verdadeira liberdade ou autodeterminação

---

[1] *Liberdade, Culpa, Direito Penal*, 2.ª ed., 1983, págs. 18-19.

[2] Viria contudo a vincar-se, na evolução do pensamento de Figueiredo Dias (alterando a doutrina que seguira), a adesão a correntes filosóficas do existencialismo (apontam no mesmo sentido as observações de Klaus Tiedemann, «Stand und Tendenzen von Strafrechtswissenschaft und Kriminologie in der Bundesrepublik Deutschland», in Juristenzeitung, 35.°, 1980, pág. 491 e Peter Hunerfeld, Strafrechtsdogmatik in Deutschland und Portugal. Ein rechtsvergleichender Beitrag zur Verbrechenslehre und ihrer Entwicklung in einem europäischen Zusammenhang, 1981, págs. 190-192); justificando essa adesão, que veio a repercutir-se em várias alterações ao projecto primitivo do Código Penal de 1982, Figueiredo Dias defendeu a sua nova posição em algumas conferências que foram publicadas em várias revistas jurídicas (como o texto «Culpa e Personalidade. Para uma reconstrução ético-jurídica do conceito de culpa em Direito Penal», publ. como *posfácio* à 2.ª ed. cit. de *Liberdade, Culpa, Direito Penal*, e tb., em vers. alem., na *Zeitschrift für die gesamte Strafrechtwissenchaft*, 95, 1983, págs. 220 e segs., e, em vers. esp., nos *Cuadernos de Política Criminal*, 1987, n.° 31, págs. 5 e segs.).

quando se procura salvar a noção de liberdade, excluindo-a da contingência da motivação: isto é, quando se justapõe à causalidade no homem fenómeno a liberdade transcendente do homem nómeno. A vontade só é então livre enquanto destacada do processo da sua motivação, como obediência a um dever formal. Nesta filosofia de Kant, directa ou indirectamente entroncam princípios da dogmática ou dos sistemas penais que reduzem a culpa à decisão voluntária, expurgando-a de todo o processo da sua formação; essencial somente a possibilidade dessa decisão em obediência à lei ou dever. Motivos, paixões, inclinações ou tendências respeitam então à realidade empírica e não afectam nem condicionam o dever de obediência à lei.

Há como que um desesperado esforço para compatibilizar liberdade e necessidade, sem negar nem uma nem outra.

O mesmo empenho se revela na concepção que fundamenta a liberdade do homem em doutrinas antropológicas (de Rohrbach, de Gehlen, e sobretudo de Lersch e de Rothaker). Separa-se então o estrato inferior da personalidade (passivo, causal) e que constitui o *es* ou *id,* da camada ou estrato superior, o *ich* ou *ego* (eu); o juízo de culpa não respeita aos elementos que são objecto de conhecimento e consistem nos motivos, emoções ou inclinações que fazem parte da camada inferior da personalidade. O juízo de culpabilidade será um juízo que tem por objecto a atitude do «eu» e por conteúdo a censura por o comportamento não ter sido o que poderia ser, isto é, conforme com o direito.

Esta concepção de liberdade ou poder agir doutro modo não é autêntica liberdade, pois que é em sentido próprio «indeterminismo». E se o determinismo é heterodeterminação das acções humanas sem liberdade, o indeterminismo é uma liberdade ou autodeterminação independente do processo da sua formação, incompreensível, porque independente da sua motivação. Só o valor, a lei ou o dever formal se imporia ao espírito livre.

No mesmo sentido a concepção existencialista da liberdade (Jaspers); então é o próprio facto da existência que fundamenta a liberdade (e a culpa). E a existência é conjuntamente — e incompreensivelmente — necessidade e liberdade, conceitos que, integrados um no outro, só podem tentar pelo mistério o esclarecimento de um mistério.

Por fim, e dispensando uma comprovação da liberdade, muitos juristas resignam-se a aceitar uma «ficção» necessária da liberdade do homem; ficção necessária para a existência da culpa, como para a existência do próprio direito.

101. A responsabilidade penal como responsabilidade pessoal e a responsabilidade das pessoas colectivas (Código Penal, art. 11.º)

Se a culpa é pressuposto da responsabilidade penal, e se a culpa é vontade consciente e livre de que só o homem é capaz, a responsabilidade penal é necessariamente pessoal. É também essa a afirmação constante do art. 11.º do Código Penal (*vide* Constituição de 1976, art. 30.º; Constituição de 1933, art. 8.º; Código Penal de 1886, art. 113.º).

Incompreensivelmente, porém, o art. 11.º, declarando que «só» as pessoas singulares (as pessoas em sentido ontológico) são susceptíveis de responsabilidade penal, consente excepções, pois que será assim «salvo disposição em contrário».

Com esta ressalva permite — indistintamente — o Código Penal atribuir responsabilidade penal a pessoas colectivas ou jurídicas e a sociedades ou meras associações de facto.

Constam do Código alguns desvios ao rigoroso cumprimento do princípio da pessoalidade da responsabilidade penal, sem que se tente, contudo, destruí-lo. Assim, o art. 12.º pode ter um alcance, como se verá, a propósito da comparticipação criminosa, que não afronta a validade do princípio (cf. *infra,* n.º 179).

Diversamente, porém, quanto às contra-ordenações, em que se mescla a responsabilidade pessoal com a responsabilidade objectiva de pessoas jurídicas ou associações (arts. 7.º, 17.º, 25.º do Decreto--Lei n.º 433/82).

Esqueceu-se a fórmula incisiva do Código Civil de 1867 quando declarava com grande sentido da realidade que «só o homem é suscepível de direitos e obrigações; nisto consiste a sua personalidade jurídica».

A extensão do conceito de personalidade a sociedades, associações, fundações, etc., é a substituição de um conceito de substância por um mero conceito de qualificação para imputação pela lei de direitos e deveres; não é a criação de uma pessoa, que ontologicamente só o homem é.

A responsabilidade penal de pessoas colectivas é responsabilidade sem culpa — sem imputabilidade, sem dolo ou negligência —, sem consciência da ilicitude.

As conveniências da prevenção geral da criminalidade não podem alterar a realidade ontológica e não devem postergar a validade do princípio da culpabilidade.

§ 1.º
IMPUTABILIDADE

102. Imputabilidade e imputação

Com base no conceito de imputação se formulou a primeira teorização do que actualmente se denomina a parte geral do Direito Penal.

Distinguia-se a imputação objectiva *(imputatio facti)* da imputação subjectiva *(imputatio juris)*.

A noção de imputação designava o nexo que liga o crime ao seu autor, como sua causa.

A imputação objectiva é actualmente conceito largamente utilizado — alterado já o seu anterior alcance — para designar a relação causal da acção ou omissão do agente com os efeitos ou resultados do crime, sobrepondo-se à noção de causalidade adequada ou procurando esclarecê-la.

A imputação subjectiva está na origem da matéria que ora cumpre dilucidar.

Imputar é atribuir alguma coisa a alguém; desde que a causa é o homem, os actos que comete e seus efeitos são seus porque conscientes e autodeterminados. A consciência e vontade livre nas acções é o modo de exercício da inteligência e liberdade de que o homem é dotado.

Estes requisitos da inteligência ou razão e vontade livre podem ser considerados em potência ou no seu exercício, ou, se se preferir, em abstracto, enquanto qualificam o homem e designam potências do espírito que o ornam, e em concreto, enquanto se verifica o seu uso ou exercício em determinada acção. Em abstracto, como potência, denomina-se imputabilidade, ou seja, a capacidade de proceder consciente e voluntariamente. Em concreto, no seu uso, relativamente a qualquer acto, denomina-se imputação.

Os conceitos de imputabilidade e imputação são comuns à moral e ao direito, e excedem largamente, no seu campo de aplicação, o direito penal.

Nem todos os actos humanos conscientes e voluntários são crimes e todos esses actos são imputáveis aos homens, que são a sua causa, e por isso são «seus»; são imputáveis ao homem actos interiores e acções exteriores, boas ou más, morais ou imorais, lícitas ou ilícitas.

O fundamento da imputabilidade é sempre a natureza racional do homem; mas a capacidade ou potencialidade para prática de actos bons ou maus é uma capacidade moral, assim como será capacidade jurídica a potencialidade de praticar actos jurídicos, e como é naturalmente a imputabilidade penal uma capacidade de culpa penal.

Porque é diferente o objecto da actividade humana, moral ou imoral, lícita, ilícita, ou criminosa, os requisitos da imputabilidade podem receber e recebem uma maior precisão.

Assim, no Código de 1886, requisitos da imputabilidade são a necessária inteligência e liberdade, mas tais requisitos são comuns à imputabilidade em todo o vasto campo da actividade humana; em matéria penal a necessária inteligência é a necessária inteligência do mal do crime (cf. arts. 26.º e 39.º, n.º 6, do Código Penal de 1886).

A distinção entre imputabilidade e imputação foi já colocada; a importância ou interesse da distinção na regulamentação jurídica foi justificada no relatório da Reforma Penal de 1884, que se integrou no Código Penal de 1886, nos seguintes termos: «Na designação dos indivíduos que não tenham responsabilidade criminal por falta de imputação, pareceu-me conveniente designar separadamente quais os que não são susceptíveis de imputação e os que acidentalmente a não têm, por não estarem no exercício regular da sua inteligência no momento da acção; por este modo poderá a lei do processo estabelecer e o juiz ordenar que não haja contra os primeiros formas regulares de procedimento criminal, porque ocioso é investigar o que a lei reputa como provado.»

A razão da distinção entre imputabilidade e imputação no Código Penal de 1886 foi assim de ordem prática: a inimputabilidade será a fixação prévia da insusceptibilidade de imputação.

Por outro lado é de observar que a verificação no próprio facto da vontade culpável, consciente e livre, é o pressuposto da imputação (uso, no caso concreto, da necessária inteligência e liberdade) e por isso materialmente a imputação é sempre imputação a título de dolo ou de culpa, isto é, os seus requisitos reflectem-se ou exprimem-se na vontade culpável.

A distinção entre imputabilidade e imputação foi suprimida no novo Código; a dúvida sobre a conveniência da supressão foi levantada na 1.ª Comissão Revisora, mas não teve seguimento a questão suscitada, por se entender, com alguma confusão, que afinal não havia discrepância fundamental em relação ao anterior Código[3].

a) Do Código de 1982 só conta a noção de inimputabilidade penal.

A inimputabilidade penal é incapacidade de culpa; aliás é esta a expressão usada pelo Código alemão para substituir a de inimputabilidade[4]. Correlativamente imputabilidade penal será capacidade de culpa. Definindo a inimputabilidade, indicam-se, como faltosos, os requisitos da imputabilidade.

A preferência pela definição de inimputabilidade resulta de que, sendo o homem um ser racional e livre, por sua natureza, é normalmente imputável; a imputabilidade não carece de comprovação. A *falta de imputabilidade,* ou *inimputabilidade,* é que precisa de ser provada.

A comprovação, porém, pode ser presumida pela lei; há causas que privam douradouramente o homem da sua razão ou autodeterminação e então constituem um estado, uma situação duradoura de inimputabilidade. A prova de tais estados ou situaçõs torna desnecessária a averiguação dos requisitos materiais da imputabilidade no momento em que comete o facto punível.

Mas ninguém é imputável em todos os momentos da sua vida: há causas que o privam acidentalmente da capacidade de culpa. Era em

---
[3] *Actas,* 8.ª sessão (I, págs. 134 e segs.).
[4] A locução constante quer do § 19, quer do § 20 do *Strafgesetzbuch* (Código Penal alemão), e logo nas respectivas epígrafes, é a de «Schuldunfähigkeit».

relação a estas que o Código revogado falava de imputação e falta de imputação do facto. Mas então a inimputação seria já a falta de dolo ou culpa, isto é, do exercício ou uso da sua inteligência e liberdade, como consciência e vontade culpável no próprio facto.

O novo Código mantém ainda a indicação de um estado de inimputabilidade, para excluir desde logo a capacidade de culpa durante a permanência desse estado — e este é a menoridade (art. 19.º). Todas as demais causas da inimputabilidade, que se reúnem no conceito amplo de anomalia psíquica (art. 20.º, n.º 1), impõem já a averiguação directa da incapacidade de culpa no momento da prática do facto.

Não se trata, porém, de imputação, ao que parece, pois que se não exige, pelo menos no texto da lei, o uso ou «exercício» da sua capacidade de culpa, isto é, ser culpável quanto ao facto, mas tão-só da capacidade de exercício da sua vontade consciente e livre. E sendo assim, desaparece inteiramente do novo Código Penal a noção de imputação.

b) As causas de inimputabilidade são, assim, na nova legislação, arrumadas ou ordenadas formalmente nas duas espécies seguintes: a menoridade de 16 anos e a anomalia psíquica que causa a incapacidade de culpa no momento da prática do facto[5].

103. As causas da inimputabilidade

a) A menoridade

«Os menores de 16 anos são penalmente inimputáveis» (art. 19.º).

Os menores de 16 anos não têm, por força a lei, capacidade de culpa; não há que averiguar directamente e em relação a cada facto punível cometido se se verificam os requisitos da inimputabilidade ou a capacidade da vontade culpável.

b) A anomalia psíquica

O n.º 1 do art. 20.º reza assim: «é inimputável quem, por força de uma anomalia psíquica, é incapaz, no momento da prática do

---

[5] Sobre a imputabilidade, pode consultar-se Beleza dos Santos, primeiro nas suas «Lições», publ. por Hernâni Marques, *Direito Criminal*, Coimbra-1936, págs. 341 e segs., e, mais tarde, no estudo «Imputabilidade Penal. Noções Jurídicas Sumárias», publ. na *Revista de Direito e de Estudos Sociais*, V, 1949-1950, págs. 86 e segs. e em separata.

facto, de avaliar a ilicitude deste ou de se determinar de acordo com essa avaliação».

Renunciou o Código a indicar enfermidades mentais ou psíquicas que necessariamente produzissem a privação da razão e vontade livre, isto é, renunciou ao critério biológico na definição de uma causa necessária da privação permanente ou duradoura das faculdades mentais, bastando a existência de anomalia psíquica de que resulte a falta de capacidade de avaliar a ilicitude do facto ou de se determinar de acordo com essa avaliação, no momento da prática do facto. Para excluir a imputabilidade é pois necessário cumulativamente a comprovação de anomalia psíquica e da falta de capacidade por ela causada para avaliar a ilicitude do facto ou para se determinar de acordo com essa avaliação no momento do facto.

As discussões científicas sobre as diferentes enfermidades mentais e sobre os seus efeitos induziram o legislador a preferir uma designação genética que abrange todas as causas, mais ou menos patológicas, duradouras ou transitórias, que tenham por efeito aquela incapacidade.

Poderá estender-se a qualificação como anomalia, ou como anomalia psíquica, a todas as causas de perturbação grave do entendimento e da vontade verificáveis no momento da perpetração do facto, porque à falta de mais segura delimitação, a interpretação torna possível a inclusão nesta causa de inimputabilidade de quaisquer perturbações psíquicas, seja qual for a sua causa, endógena ou exógena. Mas levando tão longe a indefinição de anomalia psíquica, então já se não tratará de exigir uma «causa» de inimputabilidade, mas tão-só da verificação da inimputabilidade independentemente da verificação da sua causa.

E na verdade a anomalia psíquica no art. 20.º do Código Penal abrange mesmo toda a forte perturbação psíquica ou emoção anormal, não na sua causa, mas nos seus efeitos, isto é, equivale a qualquer motivo que prive o agente do exercício das faculdades intelectuais ou da sua autodeterminação no momento de cometer o facto punível (Código Penal 1886, art. 43.º, n.º 3); só que, no regime do Código anterior, essa privação devia ser acidental e não voluntária. E neste aspecto o Código de 1982 não faz idêntica distinção (a importante matéria das *actiones liberae in causa* será tratada seguidamente, n.º 104).

Nos termos da lei, contudo, exigem-se dois requisitos — a causa que consiste em anomalia psíquica e o efeito que seguidamente se indica.

Este efeito há-de consistir na incapacidade para avaliar a ilicitude do facto ou para se autodeterminar de acordo com essa avaliação.

A falta destes requisitos é correlativa da exigência desses requisitos como próprios da imputabilidade penal.

A imputabilidade penal consiste na capacidade de avaliação do ilícito e de autodeterminação da sua vontade. Esta definição dos requisitos da imputabilidade penal encontra-se nos Códigos alemão, austríaco, suíço, brasileiro, etc.

Mas nem em todos, como nos Códigos alemão e português, se exige que esses requisitos se verifiquem no «momento da prática do facto».

No Código brasileiro de 1940 a definição adoptada, e repetida na reforma de 1969, foi a seguinte: «capacidade de entender o carácter ilícito do facto ou de determinar-se de acordo com esse entendimento». Fórmula semelhante, pois. Não é ela alheia também ao Código português de 1886; neste, porém, os preceitos acerca do erro sobre a ilicitude (art. 29.º) esvaziaram parcialmente a definição e, por outro lado, da noção de imputabilidade em razão do seu objecto não se destaca suficientemente a noção de imputabilidade penal; indica-se sobretudo o seu fundamento geral e comum.

No comentário ao Código brasileiro, Nelson Hungria, um dos principais autores do Código ou de uma fase importante da sua reforma, refere a opinião comum da doutrina sobre o alcance da fórmula definitória. É «a capacidade de entendimento ético-jurídico òu a capacidade de adequada determinação da vontade, ou autogoverno», pois que o Código brasileiro «não repudiou o sistema de assentar a responsabilidade penal na responsabilidade psíquica ou moral que por sua vez assenta no pressuposto da vontade livre».

E neste sentido, ela corresponde à inteligência do mal do crime (cf. Código Penal de 1886, art. 39.º, n.º 6) e à liberdade da vontade que constituíam os requisitos da imputabilidade penal no Código de 1886; e que assim era demonstra-o também o relatório da reforma de 1884 onde se escreveu que «o uso das faculdades intelectuais consiste não apenas na consciência psicológica do facto, mas no discernimento necessário para compreender o alcance, a gravidade e a fealdade da acção criminosa».

Se a capacidade de avaliar a ilicitude do facto ou de se determinar de acordo com essa avaliação define a imputabilidade como capacidade de culpa, a própria avaliação da ilicitude do facto ou de se autodeterminar constitui a essência da própria culpa. Por isso a definição dada no art. 20.º repercurtir-se-á no conceito de dolo e negligência, em especial na consciência da ilicitude (arts. 16.º e 17.º). Quando se tratar dessa matéria se abordará de novo a questão.

104. A privação voluntária da imputabilidade (Código Penal, art. 20, n.º 4)

O n.º 3 do art. 43.º do Código de 1886 declarava não terem imputação os que, por «motivo independente da sua vontade, estiverem acidentalmente privados do exercício das suas faculdades intelectuais no momento de cometer o facto punível».

À privação do exercício, no momento do facto, da necessária inteligência e liberdade, por qualquer motivo independente da vontade, se contrapunha a privação voluntária ou dependente da vontade.

Quando houvesse privação voluntária do exercício das faculdades intelectuais não se considerava excluída a imputação.

O crime cometido em momento no qual o agente se encontrava privado voluntariamente do exercício das faculdades intelectuais seria punível, se pudesse ser imputado a título de dolo ou de culpa.

Neste ponto o Código Penal de 1982 afasta-se de muito da legislação anterior. Exige que a capacidade penal se verifique, no momento da prática do facto (art. 20.º).

O esquema que serviu de base à regulamentação legal do Código de 1886 assentava no princípio das *actiones liberae in causa*, de antiga origem e sobretudo desenvolvido na teologia ou filosofia moral.

Não interessa repetir a interpretação dos preceitos do Código de 1886[6], mas a singela síntese das suas conclusões.

A privação voluntária das faculdades intelectuais — quer preorde-

---

[6] Ela consta de *Dir. Pen. Port.*, I, n.ᵒˢ 160-164.

nada à execução do crime já projectado, quer intencional, mas sem o propósito de cometer o crime, quer meramente culposa, não excluía a imputação. Excluiria a imputação a sua privação casual (não intencional nem culposa).

Mas a imputação do crime cometido e a correspondente responsabilidade criminal só se verificaria, porém, havendo, além de privação voluntária as faculdades intelectuais, dolo ou culpa no próprio crime.

Haveria dolo se a privação da imputabilidade fosse preordenada à sua execução e por isso a decisão de o cometer anterior à privação voluntária das faculdades intelectuais.

Haveria culpa (ou negligência) se o agente previsse ou pudesse prever que no estado de privação das suas faculdades intelectuais cometeria o crime.

Evidentemente que a punição do crime culposo só teria lugar relativamente a crimes puníveis a título de culpa por expressa disposição legal, isto é, quando o crime cometido fosse incriminável como culposo.

O princípio das *actiones liberae in causa* foi alvo de crítica e desconfiança, em especial na doutrina alemã, e não foi aceite, pelo menos nesta matéria, pelo Código Penal alemão. Donde a consequência da actual regulamentação legal no Código Penal português.

O Código Penal dispõe no n.º 4 do art. 20.º que «a imputabilidade não é excluída quando a anomalia psíquica tiver sido provocada pelo próprio agente com a intenção de cometer o facto». Esta disposição coincide praticamente — ou pelo menos em grande parte — com a solução do anterior Código quanto à responsabilidade a título de dolo pelo crime cometido em estado de inimputabilidade provocada voluntariamente e posteriormente à formação do propósito criminoso. A coincidência não é total, pois que no regime do Código anterior não se exigia que a voluntariedade fosse ela própria intencional, bastando que fosse culposa; e no novo Código a provocação pelo próprio agente da anomalia psíquica deve ter por fim a intenção de cometer o facto.

A razão da diferença está no diferente fundamento teórico. Não é o princípio das *actiones liberae in causa* que orienta o regime legal. Aquele que, para cometer o crime, provocou a anomalia psíquica, transformou-se em instrumento material de execução do seu propósito.

E assim se explica que, logicamente, todos os demais casos previstos no Código de 1886 sejam no Código actual casos de inimputabilidade, e, por isso, casos em que o crime cometido nessa situação não acarreta responsabilidade penal.

Procurou-se então uma diferente solução para os casos de mera culpa e que, por força da rejeição das *actiones liberae in causa*, ficariam impunes. E logicamente incriminou-se, no velho Código alemão (agora reformado), o próprio facto de beber imoderadamente ou ingerir substâncias tóxicas, de modo a produzir um estado de completa inimputabilidade. É o que dispõe, na esteira do § 323, *a*), do Código alemão, o art. 282.º do Código Penal vigente.

Dispõe o citado art. 282.º, n.º 1: «Quem, pela ingestão, voluntária ou por negligência, de bebidas alcoólicas ou outras substâncias tóxicas, se colocar em estado de completa inimputabilidade e, nesse estado, praticar um acto criminalmente ilícito, será punido com prisão até 1 ano e multa até 100 dias.»

Literalmente, a estrutura deste crime consiste na ingestão de bebidas alcoólicas ou outras substâncias que tenham o efeito de privar o agente da capacidade de culpa; o cometimento, no estado de inimputabilidade, de qualquer facto punível (de «um acto criminalmente ilícito», isto é, que não é culpável e por isso não é crime) foi considerado, em geral, estranho à estrutura do crime e mera condição objectiva de punibilidade. Porém, quando a norma legal não conduz à justiça das soluções práticas ou é ela mesma injustificada, há muitas vezes uma subtil transformação do sentido da norma de que se encarregam, por diferente via, a jurisprudência e a doutrina, dentro de limites, evidentemente, que não contradigam a força da lei.

E poucos preceitos legais foram, como o § 323, *b*), do Código Penal alemão, analisados até à exaustão, na tentativa de evitar contradições, esclarecer o seu alcance e sobretudo dar-lhe uma justificação racional; as vias para o atenuar ou integrar em um sistema que não houvesse de ostentar uma afirmação de responsabilidade objectiva é que são diversas.

E assim ponderou-se que o crime cometido não podia ser somente uma condição de punabilidade, pois que verdadeiramente a fundamenta. O «acto criminalmente ilícito» integraria a estrutura do crime como seu evento; o crime do art. 282.º seria então um crime qualificado pelo evento.

Esta interpretação foi também contrariada por outra que alcançou maior adesão. O crime de ingestão de bebidas alcoólicas teria a natureza de um crime de perigo abstracto ou mesmo de um crime de perigo concreto, consoante se pudesse entender que era normalmente perigosa a ingestão de bebidas alcoólicas causadoras da inimputabilidade ou que o facto de se embriagar seria acompanhado da previsão ou previsibilidade pelo agente do perigo de perpetração de um crime (crime de perigo concreto).

Estas e ainda outras construções dogmáticas para compreensão da estrutura do crime do § 323, a), do Código alemão, correspondente ao art. 282.º do Código Penal português, revelam sobretudo o persistente esforço doutrinário e jurisprudencial para dar um enquadramento mais preciso à incriminação e para evitar dentro do possível a expansão de uma responsabilidade objectiva, tentando afinal aproximar o regime legal daquele que assentava no princípio das *actiones liberae in causa* que o Código de 1886 consagrava, não obstante o carácter prolixo da sua regulamentação.

O que importa, porém, não é tanto trilhar os caminhos que a doutrina alemã tem escogitado, e são mais do que aqueles que ficam apontados, mas interpretar directamente o art. 282.º do Código português, porquanto este contém um número, o n.º 2, que se não encontra no § 323, a), do Código alemão.

Ora esse n.º 2 reza assim: «se o agente contou ou podia contar que nesse estado (de completa inimputabilidade) cometeria factos criminalmente ilícitos, a pena será a de prisão de 1 a 3 anos e multa até 150 dias».

O n.º 2 do art. 282.º não pretende, à maneira das diversas interpretações do preceito alemão, esclarecer o conteúdo da incriminação do n.º 1; é outra incriminação, omissa no Código alemão.

O art. 282.º incrimina o facto de ingestão intencional ou culposa de bebidas alcoólicas que produza o estado de embriaguez completa ou inimputabilidade completa, punindo-o com prisão até 1 ano e multa até 100 dias, se o agente tiver efectivamente cometido um crime em estado de plena inimputabilidade (n.º 1) e incrimina seguidamente o mesmo facto que produza a mesma situação de inimputabilidade, quando o agente tivesse previsto ou pudesse prever que nessa situação viria a cometer o crime (art. 282.º, n.º 2).

Nesta segunda incriminação o crime cometido em estado de embriaguez não é mera condição de punibilidade, mas evento do crime de ingestão de bebidas alcoólicas. Esta segunda incriminação poderá conter um crime qualificado pelo evento em cuja incriminação (art. 282.º, n.º 2) se realiza a exigência que o art. 18.º impõe a todos os crimes qualificados pelo evento (o evento deverá ser abrangido pela previsão ou previsibilidade do agente, isto é, é imputado a título de negligência ou culpa).

Verdadeiramente, porém, o crime praticado em estado de embriaguez não é um evento da ingestão de bebidas alcoólicas. E como parece preponderar na doutrina alemão e dada a amplitude que tomam na parte especial os crimes de perigo, de diferentes graus (já mencionados nestas lições), pode propender-se no mesmo sentido, considerando a incriminação do n.º 1 do art. 282.º como um crime de perigo abstracto e o crime previsto no n.º 2 do art. 282.º um crime de perigo concreto. A penalidade muito superior (de 1 a 3 anos) seria limitada, quando fosse inferior a pena aplicável ao próprio crime cometido em estado de embriaguez, tal como a penalidade (prisão até 1 ano) do crime previsto no n.º 1 do art. 282.º tem similar limite (art. 282.º, n.º 3).

Quanto à incriminação do n.º 2, afinal, virá a solução legal a aproximar-se, por diferente caminho, da solução baseada nas *actiones liberae in causa* do Código de 1886.

Pelo contrário, a incriminação do n.º 1 excede o âmbito justificável pelo princípio das *actiones liberae in causa* e, por isso, há que buscar uma aparência de culpa, onde ela não existe, mediante o recurso à noção de crime de perigo abstracto.

Finalizando, há que fazer uma última advertência a respeito do limite da penalidade fixada pelo n.º 3 do art. 282.º

A incriminação do n.º 2 corresponde essencialmente, embora não seja inteiramente precisa, aos crimes imputados a título de culpa ou negligência pelo Código anterior, enquanto a incriminação do n.º 1 é inovação criticável do novo Código.

E quanto à penalidade que constitui um limite na aplicação das penas cominadas ou que constitui limite das penas cominadas, quer no n.º 1 quer no n.º 2, deve ser a penalidade dos crimes culposos cometidos.

105. A imputabilidade diminuída ou semi-imputabilidade

Ocupando-nos da interpretação do art. 20.º do Código Penal, não seguimos a ordenação dos números que o artigo contém, omitindo os n.ᵒˢ 2 e 3. A omissão tem a sua justificação na conveniência de não incluir na teoria do crime questões que, no fundo, respeitam à responsabilidade criminal.

A redacção do n.º 2 do art. 20.º induz, de certo modo, em erro, quando parece referir-se a outra categoria de inimputabilidade, matéria que estamos tratando.

Diz assim: «Pode ser declarado inimputável quem, por força de uma anomalia psíquica grave, não acidental e cujos efeitos não domina, sem que por isso possa ser censurado, tem, no momento da prática do facto, a capacidade para avaliar a ilicitude deste ou para se determinar de acordo com essa avaliação sensivelmente diminuída.»

Ora, a declaração de inimputabilidade, que o preceito autoriza, é fictícia, pois que *pode ser declarado inimputável, nos termos do preceito, quem ainda é, nos termos do mesmo preceito, imputável.*

E na verdade, o n.º 2 respeita aos delinquentes que têm, no momento da prática do facto, capacidade para avaliar a ilicitude dele ou para se determinar de acordo com essa avaliação. Para ser inimputável deveria verificar-se não a capacidade, mas a incapacidade, como declara o n.º 1.

Essa capacidade é, no entanto, «sensivelmente diminuída».

O preceito do n.º 2 refere-se assim à imputabilidade diminuída ou semi-imputabilidade.

Todos os conceitos abstractos incluem, quanto à sua matéria, graus, que se repercutem na graduação da responsabilidade. A semi-imputabilidade interessa à determinação da menor culpabilidade como igualmente da menor responsabilidade. Estes aspectos serão de analisar no lugar próprio.

Há semi-imputabilidade em razão de anomalias que podem ser

factor de perigosidade criminal; e daí o problema de como conjugar a diminuição da culpa com um elevado grau de perigosidade. É esse aspecto da responsabilidade penal na aplicação de penas ou de medidas de segurança que o legislador pretendeu resolver mediante a proclamação de um princípio orientador nos n.ᵒˢ 2 e 3 do art. 20.º [7]

A declaração de inimputabilidade é tão-somente a exclusão da responsabilidade penal para aplicação de medidas de segurança. A matéria será tratada no título respeitante à responsabilidade criminal.

Agora fica só feito o aviso de que, não obstante a aparência em contrário, o n.º 2 do art. 20.º não delimita o conceito de imputabilidade, alargando a noção de inimputável, que permanece a mesma, e quanto à matéria que versamos, admite ao lado da plena imputabilidade a semi-imputabilidade ou imputabilidade diminuída.

O tratamento penal de certos semi-imputáveis como inimputáveis implica o prévio estudo da perigosidade criminal e do problema da conjugação da culpabilidade e perigosidade que não podemos antecipar precedendo a própria exposição do regime legal.

De igual modo não cabe, de momento, indicar as consequências da imputabilidade diminuída, que deverá logicamente conduzir a uma atenuação das penas, quando sejam aplicáveis.

---

[7] *Dir. Pen. Port.*, II, n.º 346.

§ 2.º
O DOLO

106. As duas formas da culpabilidade: o dolo e a negligência (ou culpa em sentido estrito)

Substrato da culpabilidade é a voluntariedade no crime. A voluntariedade pode ser directa ou indirecta e consistir assim em dolo ou negligência.

Em princípio o elemento subjectivo do crime é o dolo; a culpa ou negligência é excepcional — no sentido de que só são puníveis os crimes a título de culpa, nos casos especialmente previstos na lei.

É o que dispõe o art. 13.º do Código Penal: «Só é punível o facto praticado com dolo ou, nos casos especialmente previstos na lei, com negligência.» E embora a excepcionalidade da responsabilidade por culpa constasse do art. 2.º do anterior Código, a origem directa do preceito é o § 15 do Código alemão.

Esta bifurcação da culpabilidade em dolo e negligência não corresponde inteiramente à estrutura legal da culpabilidade como fundamento e medida da responsabilidade penal.

Tem-se discutido se deve falar-se de «formas» de culpabilidade ou de «elementos» da culpabilidade, porquanto a culpabilidade se não esgota nos conceitos legais de dolo ou negligência. «Pressuposto» do dolo ou negligência é a imputabilidade, e a culpabilidade pode ser excluída por «causa de exclusão da culpa», como indica a epígrafe do capítulo III do título II do livro I do Código Penal. No entanto, no seu significado substancial, dolo e negligência são as formas de culpabilidade e os crimes, do ponto de vista subjectivo, serão dolosos ou culposos; isso não obsta, porém, a que os elementos componentes, quer do dolo quer da negligência, se vão buscar para além da definição legal de dolo ou negligência; e efectivamente assim sucede com os elementos que os excluem e negativamente demarcam o seu conteúdo positivo (exemplificando: o erro previsto no n.º 1 do art. 16.º exclui o dolo — e não a negligência, nos termos do n.º 3) de modo a delimitar a noção legal.

107. Conceito legal de dolo

O Código Penal de 1852, como o de 1886, não usaram a palavra «dolo», embora de boa raiz latina e tradicional, mas a de intenção — «intenção criminosa». O novo Código emprega exclusivamente a palavra dolo.

O Código revogado não definia a intenção criminosa; o novo Código contém a definição legal de dolo e de negligência.

A definição de dolo consta do art. 14.º, mormente o seu n.º 1; os dois outros números (n.ᵒˢ 2 e 3) esclarecem o alcance da definição e particularmente o n.º 3 pretende demarcar o limite inferior do dolo para o distinguir da negligência (dolo eventual).

Nem sempre uma definição legal supera todas as dificuldades na sua delimitação, e pode até, em vários aspectos, agravá-las. Era deficiente a parte geral do Código alemão recentemente reformado e não obstante essa deficiência a reforma foi feita mantendo a estrutura do Código reformado e optando ainda pela manutenção dessa deficiência nos casos em que se não obteve suficiente consenso da jurisprudência e doutrina; já aludimos a esse aspecto da reforma alemã.

Ora o Código alemão de 1871 não continha qualquer definição ou preceito relativo ao dolo e negligência. A construção do conceito de dolo foi obra criativa da jurisprudência e doutrina e o apoio legal para essa construção procurou-se na única disposição legal que regulamentava o erro (§ 49 do Código de 1871) que é hoje, alterado, o § 16 (erro sobre as circunstâncias do facto), a que acresceu com a reforma o § 17 (erro sobre a proibição).

Diferentemente, o Código Penal português definiu, no seu essencial, o dolo no n.º 1 do art. 14.º, o qual reza assim:

«Age com dolo quem, representando-se um facto que preenche um tipo de crime, actua com intenção de o realizar.»

A fonte do art. 14.º, como também do art. 15.º, não foi assim o Código alemão, mas a doutrina, tomando em consideração as longas disputas que nela se afrontaram e afrontam.

A definição legal indica no n.º 1 do citado art. 14.º os elementos que a compõem e importa dilucidar. Costuma distinguir-se entre a estrutura do dolo e o objecto do dolo; esta distinção facilita a seriação dos problemas que a análise jurídica suscita.

Na verdade se o dolo é vontade e esta é acto psíquico, acto interior, também é verdade que a vontade não existe independentemente do seu objecto; isto é, a vontade dirige-se sempre a um fim que é o seu objecto.

Haverá assim que considerar primeiramente a estrutura do dolo e seguidamente o seu objecto.

Na estrutura do dolo se distingue por sua vez um elemento cognoscitivo e um elemento propriamente volitivo; não que esses elementos sejam realmente isoláveis, pois que nada pode ser querido sem que seja conhecido, mas porque a separação é imprescindível para a análise.

Da estrutura do dolo com os seus elementos, cognoscitivo e volitivo, e do seu objecto dá conta o n.º 1 do art. 14.º quando se refere:

1.º — à representação (do facto); 2.º — à intenção de o realizar, e 3.º — ao objecto: «um facto que preenche um tipo de crime».

«Representação» e «intenção» são pois os nomes legalmente escolhidos para designar os dois elementos da estrutura do dolo; o objecto do dolo será «o facto que preenche um tipo de crime».

Para explicar plenamente a estrutura do dolo não basta, porém, atentar na interpretação do art. 14.º O dolo é uma forma da voluntariedade do crime, voluntariedade directa, mas esta é excluída (ou diminuída) em função de causas que influem na vontade ou a suprimem. A *vis absoluta* ou coacção física irresistível suprime a vontade no facto, como a suprime ou pode afectar, mais ou menos gravemente, a ignorância ou o erro, o medo, fortes emoções, tendências ou inclinações. A integração destes factores, que podem excluir ou perturbar a voluntariedade e fazem parte do processo de formação da vontade, em esquemas ou conceitos jurídicos que não constam do n.º 1 do art. 14.º, faz-se mediante a sua inclusão nas causas exculpativas ou nas circunstâncias atenuantes ou agravantes.

Por agora interessa, para que seja mais claro o teor da exposição, referir que, nos termos do art. 16.º, é elemento constitutivo do dolo a consciência da ilicitude, pois que a falta de consciência da ilicitude «exclui» o dolo. Desse artigo se infere que ao lado da «representação» do facto que preenche um tipo de crime, ou implícita nessa representação, se deve verificar a «consciência da ilicitude do facto».

Deste modo, o elemento cognoscitivo na estrutura do dolo será tanto a representação do facto como a consciência da ilicitude do facto ou mais simplesmente a representação ou consciência do facto ilícito.

Não há verdadeiramente necessidade de dar denominação diversa ao elemento cognoscitivo do dolo. O Código Penal italiano designa os elementos da estrutura do dolo por «consciência» e «vontade»; a consciência tanto abrange ou pode abranger o conhecimento da materialidade do facto, ou consciência psicológica (consciência testemunho), como o conhecimento do significado antijurídico do facto (consciência moral ou jurídica). Estas observações servem de fundamento para ampliação do elemento cognoscitivo ou intelectual do dolo, de modo a abranger ao lado da «representação», a que directamente se refere o n.º 1 do art. 14.º, também a «consciência» a que alude o art. 16.º; similar alargamento se verifica quanto ao objecto do elemento volitivo do dolo, que se não confina à materialidade do facto típico, porque alcança o desvalor jurídico do facto, ou seja o «facto ilícito».

108. **A estrutura do dolo. O elemento cognoscitivo ou intelectual: a «representação» e (ou) a «consciência»**

Não é, em língua portuguesa, a palavra *representação* aquela que mais expressivamente esclarece aquilo que de maneira genérica é designado pela doutrina por elemento intelectual ou cognoscitivo do dolo.

No Código Penal de 1886 as designações legais eram as de «previsão» ou «conhecimento»; mas não deixava também esse Código de considerar indispensável à imputabilidade e imputação a inteligência do mal, ou discernimento. É que não basta conhecer, importa também entender, discernir, isto é, conhecer o sentido, significado ou desvalor do facto.

Representação foi vocábulo que se vulgarizou em razão da longa disputa, que mais modernamente ainda subsiste, entre duas concepções opostas sobre a definição do dolo: a teoria da representação e a teoria da vontade.

Não cabe nos limites destas lições referência detalhada a essa disputa; basta dizer que a teoria da representação ofuscou a importância da vontade como «intenção» (n.º 1 do art. 14.º) ou, na expressão utilizada por Levi Maria Jordão no seu projecto de Código Penal (art. 30.º), como «resolução determinada de cometer o crime ou delito». A maior relevância atribuída ao elemento cognoscitivo ou ao elemento volitivo reflecte-se actualmente sobretudo na demarcação entre dolo e negligência, na definição do dolo eventual.

Tratando do elemento intelectual ou cognoscitivo é indispensável ter em atenção as disposições sobre ignorância ou erro (arts. 16.º e 17.º), e dissemos já que confrontando-as com o n.º 1 do art. 14.º se pode inferir que o elemento cognoscitivo do dolo consiste na «representação» do facto e na «consciência» da sua ilicitude; enquanto referido ao facto, o elemento cognoscitivo toma o nome de «representação» e enquanto referido à ilicitude do facto toma o nome de «consciência».

Consciência, porém, é o conhecimento prático *(aplicatio scientiae ad opus, ad ea quae agimus)*, e abrange tanto a consciência psicológica que se limita a reconhecer, testemunhando-a ou prevendo-a, a realidade natural, como a consciência moral que julga sobre o bem e o mal dos próprios actos. A consciência moral, ou a consciência jurídica sobre a licitude ou ilicitude, que sobre aquela se molda, pressupõe a consciência psicológica, à qual acresce o juízo sobre o mal ou o bem, a justiça ou a injustiça dos próprios actos.

E por isso se pode dizer que a consciência, enquanto consciência psicológica, equivale a «representação» e enquanto consciência moral ou jurídica é referida nos arts. 16.º e 17.º do Código Penal.

Daí que o objecto do elemento cognoscitivo do dolo é o facto ilícito e não apenas o facto típico na sua materialidade.

A consciência psicológica ou moral, porém, apresenta graus diversos. Pode haver uma consciência actual ou uma consciência actualizável, isto é, uma consciência efectiva do facto e do seu desvalor ou a possibilidade de tomar conhecimento do facto e do seu desvalor. No primeiro caso haverá, em regra, dolo; no segundo caso, mera culpa ou negligência.

E, também, poderá não ser sempre exigível juridicamente o conhecimento actual de todos os elementos do facto ou da sua ilicitude.

As distinções que a este respeito importa fazer indicar-se-ão ulteriormente.

109. Objecto da «representação»: *a)* a consciência do facto injusto

O n.º 1 do art. 14.º declara que objecto da representação é «um facto que preenche um tipo de crime»; mas ao regulamentar o erro sobre o facto, o n.º 1 do art. 16.º dispõe que exclui o dolo o erro sobre «elementos de facto ou de direito de um tipo de crime» e ainda sobre «proibições cujo conhecimento seja razoavelmente indispensável para que o agente possa tomar consciência da ilicitude do facto».

A doutrina do erro, como os preceitos legais sobre a relevância ou irrelevância do erro, indica o reverso da indicação positiva do objecto do elemento cognoscitivo do dolo.

Porque convém versar em conjunto a teoria do erro, que excede os limites do erro sobre o facto, só se indicarão agora as conclusões, deixando para a teoria do erro (entre as causas de exculpação ou causas de exclusão da culpa) a interpretação, embora sucinta, dos preceitos legais para justificação das conclusões apresentadas.

Importa, porém, esclarecer desde já a diversa, pelo menos aparentemente, definição do objecto da representação no n.º 1 do art. 14.º e no n.º 1 do art. 16.º (consoante observámos).

No n.º 1 do art. 14.º o objecto será um «facto» que preenche um tipo de crime; no n.º 1 do art. 16.º já não é um «facto», mas os elementos (de facto e de direito), de um tipo de crime, a que ainda acrescem «as proibições cujo conhecimento seja razoavelmente indispensável para que o agente possa tomar consciência da ilicitude».

Não há que negar a divergência formal; há necessariamente que conciliar os dois preceitos, ajustando-os um ao outro. A divergência fundamental consiste em que no art. 14.º o objecto da representação é um facto, enquanto no art. 16.º os elementos de um tipo de crime (elementos de facto ou de direito).

Não parece duvidoso que o objecto do dolo, tanto da representação como da intenção, é um facto real e não um conceito legal ou um elemento de um conceito legal, e por isso consoante o indica o n.º 1 do art. 14.º e não como o indica o n.º 1 do art. 16.º, o qual se refere não aos elementos de facto ilícito, mas aos elementos de um tipo (objectivo) de crime, que é o conceito abstracto e legal de facto ilícito.

O «facto» a que se refere o n.º 1 do art. 14.º é o facto que preenche um tipo de crime; preencher, em língua portuguesa, não tem todos os significados que podem atribuir-se a *erfüllen* em língua alemã. Mas pretende a lei dizer que o facto, objecto da representação, deve subsumir-se ou corresponder à descrição do facto injusto pela norma incriminadora.

Consequentemente, é o facto injusto, com todos os elementos que o integram, que constitui o objecto da representação.

Referindo-se ao conceito legal, à descrição legal do facto pela lei, e aos elementos — não do facto — mas do próprio tipo legal, o art. 16.º, tratando directamente do erro, pretende especialmente excluir relevância do erro sobre os elementos do facto ilícito, quando esse erro não impeça que o facto conhecido ou previsto e o facto realizado sejam tanto um como o outro correspondentes à discrição da norma incriminadora, isto é, ao conceito legal dos diferentes elementos do «tipo legal».

Não há efectivamente qualquer outro preceito no Código Penal que resolva essa questão fundamental, a qual tradicionalmente foi versada a propósito do erro sobre o objecto (Código Penal de 1886, art. 29.º, n.º 3).

a) Objecto da representação é o facto ilícito com todos seus elementos.

Os elementos essenciais do facto tipicamente ilícito foram já enunciados (*supra*, n.ᵒˢ 49 e segs.). E são eles: a acção ou omissão, o evento ou resultado e o nexo causal (nos crimes materiais), o objecto material e as circunstâncias essenciais. São estes elementos os componentes da estrutura essencial do facto.

O n.º 1 do art. 16.º, por sua vez, distingue os elementos do tipo legal objectivo em elementos de facto e de direito.

Elementos de facto do conceito definido na norma incriminadora são elementos descritivos que contrastam com elementos normativos na incriminação. A norma penal, na generalidade dos casos, procura definir a estrutura objectiva do facto na sua materialidade; frequentemente, porém, define o substracto material do facto, mediante uma qualificação, um juízo de valor decorrente de normas jurídicas diversas da norma incriminadora ou mediante o recurso a juízos de valor ético ou social. A enumeração genérica dos elementos essenciais do facto ilícito cruza-se, mas não se confunde com a distinção quanto ao modo da sua definição na lei, de teor descritivo ou normativo.

Todos os elementos essenciais do facto ilícito devem ser objecto do dolo. Consoante eles são tipicizados mediante uma fórmula descritiva ou mediante um juízo de valor, do qual se parte para os definir, assim lhes corresponderão elementos do tipo legal que os descrevem directamente na sua materialidade (elementos de facto do tipo de crime, na terminologia do n.º 1 do art. 16.º) ou que os definem mediante a sua correspondência a um juízo de valor que a lei formula (elementos de direito do tipo de crime, na terminologia do n.º 1 do art. 16.º).

A dúvida que a doutrina levantou dizia respeito aos elementos de direito (elementos normativos) e consistia em saber se o conhecimento do agente deveria ter por objecto tão-somente a realidade do facto — ou elemento componente do facto que a lei define mediante um juízo de valor — ou deveria abranger o conhecimento ou consciência do próprio valor a que a lei apela para definição do substrato do facto. O n.º 1 do art. 16.º resolve expressamente a dúvida que também já nesse sentido resolvemos na interpretação do anterior Código[8].

---

[8] *Dir. Pen. Port.*, I, n.º 171.

Na verdade, os diferentes elementos em que se decompõe o facto não são autónomos, nem estáticos; integram a dinâmica espiritual do próprio facto. E assim os elementos objectivos do facto ilícito não são objecto de representação como se fossem fotografados por um conhecimento passivo, mas são apercebidos, entendidos no seu significado e sentido em função do todo a que pertencem; o conhecimento do objecto da vontade é um conhecimento prático, um conhecimento em razão do fim.

Conhecer para agir é sempre discernir, ajuizar e não só contemplar cada elemento objectivo do crime, sem simultânea apreciação da sua instrumentalidade, da sua inserção no processo finalístico da vontade. E é também por isso, como veremos, que a «representação» de todos os elementos componentes do facto pode equivaler, na generalidade dos crimes, à consciência da ilicitude, só se exigindo coinhecimento da «proibição legal» quando do conhecimento do próprio facto, em todos os seus elementos, não resulte implicitamente essa consciência da ilicitude (cit. art. 16.º, n.º 1).

b) A representação pode tomar a forma de «previsão» enquanto conhecimento do facto que o agente intenta cometer, ou de «conhecimento» enquanto tem por objecto circunstâncias preexistentes à perpetração do facto e que constituam também seus elementos essenciais.

Quanto as estas circunstâncias extrínsecas — circunstâncias especiais que concorrem no ofendido ou no acto (e não circunstâncias do ofendido ou do acto) —, não careciam, no Código Penal de 1886, de ser objecto de consciência ou conhecimento actual por parte do agente, para que o facto fosse imputado a título de dolo (art. 44.º, n.º 6 do Código Penal de 1886) e quanto a elas bastaria apenas um conhecimento actualizável, isto é, a obrigação e a possibilidade do seu conhecimento pelo agente.

Determinava efectivamente o citado n.º 6 do art. 44.º que justificam o facto «os que praticam um facto cuja criminalidade provém somente das circunstâncias especiais, que concorrem no ofendido ou no acto, se ignorarem e não tiverem obrigação de saber a existência dessas circunstâncias especiais».

O n.º 6 do art. 44.º do Código de 1886 consagrou doutrina diferente da que constava do projecto de Código Penal de Levi Maria Jordão.

O art. 29.º do Código Penal de 1886 era decalcado sobre o art. 33.º do projecto de Levi Maria Jordão; mas precisamente não passou para o art. 29.º do Código Penal o § 1.º do art. 33.º desse projecto, o qual tinha o seguinte texto: «dependendo, porém, a criminalidade do facto punível só do carácter especial do agente ou pessoa objecto do mesmo facto, ou ainda das circunstâncias especiais em que foi praticado, não será imputado como crime ou delito a quem ignorar a existência dessas relações ou circunstâncias no momento da acção.»

E, em sentido contrário, foi incluído no art. 44.º do Código Penal de 1886 o n.º 6 do art. 44.º acima reproduzido, que altera profundamente a doutrina do projecto.

A proposta do projecto de Levi Maria Jordão teve por fonte o Código da Prússia, reeditando doutrina similar à que se manteve no Código alemão[9].

O n.º 6 do art. 44.º do Código Penal de 1886 passou praticamente despercebido à doutrina e comentadores do Código.

O problema que, em toda a sua amplitude, quis resolver não deixava de existir e tratou-o, na *Revista de Legislação e de Jurisprudência,* Beleza dos Santos, em anotações a crimes contra a honestidade (crimes sexuais na actual terminologia), procurando nessa matéria uma solução.

O Código Penal de 1982, sem abarcar toda a extensão do problema que o preceito do n.º 6 do art. 44.º do Código Penal de 1886 mencionava, procurou dar solução legislativa a esse problema, quanto aos crimes nos quais Beleza dos Santos apreciou a questão em particular.

É essa a origem do art. 210.º (em matéria de crimes sexuais) segundo o qual «quando o tipo legal de crime supuser uma certa idade da vítima e o agente, censuravelmente, a ignorar, a pena respectiva reduzir-se-á de metade no seu limite máximo».

O mesmo problema foi colocado quanto aos crimes de intervenção e tratamento médico-cirúrgicos, no n.º 4 do art. 158.º, e quanto

---

[9] V. *Dir. Pen. Port.*, I, n.º 210.

ao crime de receptação (encobrimento real no Código Penal de 1886) no n.º 3 do art. 329.º

Diz o n.º 4 do art. 158.º: «se, por negligência, se representarem falsamente os pressupostos do consentimento, o agente será punido com prisão até 6 meses e multa até 50 dias».

E diz o n.º 3 do art. 329.º: «quem, sem previamente se ter assegurado da sua legítima proveniência, adquirir ou receber, a qualquer título, coisa que, pela sua qualidade ou pela condição de quem lha oferece ou pelo montante do preço proposto, faz razoavelmente suspeitar que ela provém de actividade criminosa, será punido com prisão até 1 ano ou multa até 50 dias».

O problema, em toda a sua extensão, foi resolvido criteriosamente nos projectos e reformas do nosso Código Penal no século XIX. A circunstância de ter passado despercebido também a Beleza dos Santos o n.º 6 do art. 44.º suscitou uma solução parcelar e pouco convincente, quanto à circunstância da idade da vítima nos crimes sexuais (art. 210.º), e também nos crimes dos arts. 158.º e 329.º

E, assim, todos os elementos essenciais do facto ilícito, incluindo as «circunstâncias especiais que concorrem no ofendido ou no acto», são necessariamente objectos do conhecimento ou representação no dolo, mas a sua ignorância indesculpável acarreta nos crimes indicados uma atenuação legal da responsabilidade criminal.

110. Objecto da «representação»: *b*) a consciência da ilicitude

É também objecto da representação a ilicitude do facto. É a esse respeito esclarecedor o n.º 1 do art. 16.º, do qual se infere que o conhecimento de todos os elementos essenciais do facto ilícito resulta, em regra e implicitamente, o conhecimento ou consciência da ilicitude do facto; nos casos em que não seja implícita a consciência da ilicitude deve ser objecto da representação, no dolo, a própria «proibição» ou norma incriminadora, para além da representação dos elementos essenciais do facto ilícito.

Ou seja: «exclui» o dolo a falta de consciência da ilicitude; logo, a consciência da ilicitude faz parte da estrutura do dolo, pois que a ilicitude é objecto do dolo.

Em princípio a consciência da ilicitude integra o conceito de dolo, quer presumida em razão de poder inferir-se da consciência ou representação do próprio facto, quer porque se exige, nos demais casos, o conhecimento actual e não meramente potencial da «proibição».

E sendo assim, o verdadeiro campo da aplicação do art. 17.º será uma espécie diversa de erro de direito, isto é, a persuasão da existência de justificação legal inexistente. Os demais casos cabem no regime do art. 16.º, isto é, excluem o dolo e excluirão também a negligência, consoante for aplicável o n.º 1 ou o n.º 3 desse artigo.

Deste modo pode dizer-se que o elemento cognoscitivo do dolo toma a denominação de «representação» (art. 14.º, n.º 1) e de «conhecimento ou consciência» (no art. 16.º); por isso nos permitimos usar os vocábulos «representação» ou «consciência», como sinónimos, referindo-os ao objecto da representação ou consciência.

Do objecto da representação (ou da consciência) como elemento cognoscitivo do dolo faz parte o facto ilícito com todos os seus elementos essenciais e a sua ilicitude.

Ulteriores esclarecimentos deve fornecer a interpretração mais completa da matéria do erro, como causa de exclusão do dolo e da negligência (*v. infra,* n.ᵒˢ 130 e segs.).

111. A intenção ou elemento volitivo: *a)* O dolo directo; *b)* O dolo eventual

Elemento volitivo do dolo é a própria culpável. É a intenção, nos termos do n.º 1 do art. 14.º

A vontade não existe independentemente do seu objecto; é transitiva em relação a este, que é o seu fim e por isso também seu efeito ou evento. O fim caracteriza deste modo o processo voluntário como meta a que ele se dirige para o realizar.

Quando o fim subjectivo, o fim que se propõe o agente, é o próprio facto tipicamente ilícito (facto que preenche um tipo de crime), a intenção criminosa é intenção no mais alto grau (malícia, na terminologia mais antiga, que ainda o Código de 1886 esporadicamente empregou).

É este sentido pleno ou mais restrito que «a intenção» toma no n.º 1 do art. 14.º

Os n.ºˢ 2 e 3 do mesmo artigo explanam a noção de dolo, mormemente no que respeita ao elemento volitivo, à intenção, como se verifica pela sua simples leitura:

— n.º 2 — «Age ainda com dolo quem se representa a realização de um facto que preenche um tipo de crime como consequência necessária da sua conduta.»

— n.º 3 — «Quando a realização de um facto for representada como uma consequência possível da conduta, haverá dolo se o agente actuar conformando-se com aquela realização.»

O agente, tanto no caso do n.º 2 como do n.º 3 (tal qual como foi dito para o caso do n.º 1), tem consciência do facto a realizar, o facto ilícito, em todos os seus elementos constitutivos essenciais, pois que os conhece ou prevê.

O n.º 2 do art. 14.º diverge do n.º 1 quanto ao elemento volitivo; existe ainda intenção mas em sentido mais alto, em grau inferior.

Doutrinariamente distingue-se o elemento volitivo no dolo em intenção (n.º 1 do art. 14.º), dolo directo (no n.º 2 do art. 14.º) e dolo eventual (no n.º 3 do art. 14.º).

a) Dolo directo (n.º 2 do art. 14.º)

O facto tipicamente ilícito não constitui o fim ou meta que se propõe o agente; é consequência necessária da realização pelo agente do fim que se propõe.

O «fim», pode distinguir-se em fim subjectivo do agente e fim objectivo da acção. O próprio comportamento como meio de realizar um fim subjectivo é, com as consequências necessárias que acarreta, fim do agente, pois que quem quer o fim quer os meios que utilizou para o alcançar.

O dolo directo cabe na definição do dolo como a gizou a jurisprudência alemã; dolo é vontade de realização do crime (facto ilícito) com conhecimento de todos os seus elementos essenciais ou, mais abreviadamente, dolo é consciência e vontade de cometer o crime (facto ilícito). A diferença com a intenção definida no n.º 1 está no elemento volitivo especialmente, visto que a realização do facto ilícito não é no n.º 2 o fim que o agente propõe à sua intenção, mas consequência necessária da sua realização.

b) Dolo eventual

O n.º 3 do art. 14.º define o que doutrinariamente se designa por dolo eventual. É, nos termos da lei, a fixação do limite inferior do dolo, e por isso respeita ao problema discutido e discutível da demarcação jurídica dos conceitos de dolo e negligência.

O Código Penal decidiu-se por fornecer uma fórmula que possa servir a praxe na distinção entre dolo e negligência consciente. Não deve supor-se, porém, que por esta via legislativa se alcança total clareza e nitidez na sua aplicação aos casos concretos.

No dolo eventual há um enfraquecimento até ao limite que a lei pretende indicar mediante um critério que servirá como critério orientador. O enfraquecimento que se verifica tem lugar tanto na consciência ou elemento cognoscitivo como na vontade ou elemento volitivo.

Quanto ao elemento cognoscitivo ou «representação» pondere-se que entre conhecer e prever e não conhecer ou não prever (representar-se ou não se representar) o facto ilícito, há inúmeras posições intermédias. Não há uma rígida dicotomia entre a previsão do facto como certo ou como impossível. Pode prever-se também como muito provável ou provável, ou como possível em grau diverso.

E quanto ao elemento volitivo o grau do seu enfraquecimento é também progressivo de maneira a tornar difícil a própria indicação de um critério genérico.

Este enfraquecimento ou degradação do elemento cognoscitivo e do elemento volitivo no dolo eventual, para os efeitos da sua demarcação da negligência, consta do critério que o n.º 3 do art. 14.º oferece: quanto ao elemento cognoscitivo não é necessário que o agente preveja a realização do facto ilícito como consequência necessária (dolo directo) e antes bastará que a preveja como consequência possível do seu comportamento.

E quanto ao elemento volitivo, não será preciso que o crime seja o fim subjectivo do próprio agente ou mesmo que seja com ele conexo de modo que para realizar esse fim seja necessário realizar ou cometer o crime; bastará que «se conforme com essa realização».

Conveniente será repetir que o conceito legal de dolo eventual é dolo e na sua estrutura se contém tanto a «representação» ou consciência do facto como a vontade do facto. Ultrapassada fica assim a disputa — nos seus termos mais rígidos — entre as teorias da representação e da vontade do dolo, na sua aplicação à definição de dolo eventual. O dolo eventual não consiste na mera representação ou consciência do facto.

Mas para continuar a explicação há que chamar a atenção para a dificuldade do problema. Na praxe trata-se de afirmar a subsistência ou insubsistência dos elementos essenciais do dolo; a lei, mais do que dar uma diferente definição do dolo, procura indicar critérios para sua delimitação, mormente em relação à negligência, e tais critérios destinam-se a esclarecer a subsistência do elemento cognoscitivo, da representação, e a estabelecer a subsistência do elemento volitivo.

O primeiro consta da 1.ª parte do n.º 3 do art. 14.º e diz-nos que o elemento cognoscitivo pode consistir na «representação da realização do facto» como uma consequência possível da sua conduta; o segundo consta da 2.ª parte do mesmo n.º 3 e diz-nos que subsiste o elemento volitivo quando o agente se «conforme com a realização do facto».

Com respeito ao dolo eventual, os critérios para sua demarcação provêm preferentemente ou da consideração da probabilidade de realização do crime ou da vontade dessa realização.

Consciência e vontade, porém, como já assinalámos, não são separáveis senão por necessidade de análise. Ambos os aspectos têm de ser tomados em linha de conta e efectivamente ambos constam do critério legal.

Quanto à «representação», o agente, no dolo intencional e no dolo directo (n.ᵒˢ 1 e 2 do art. 14.º), faz em princípio uma prognose, uma previsão de certeza, da realização do crime; no dolo eventual faz uma prognose, uma previsão dubitativa dessa realização. Nisso consiste o grau inferior, a degradação relativa do elemento cognoscitivo. Até onde?

A representação da realização do facto, na intenção e no dolo directo, tem idêntica consistência, pois que é sempre um conhecimento ou previsão de realização do facto como certo. Aquém da certeza (ou previsão do facto como consequência necessária) fica, porém, a probabilidade e a maior ou menor possibilidade.

Cada um desses conceitos não revela a maior ou menor importância da dúvida, pois que as palavras são mais pobres que a realidade, e longe de traduzirem a realidade necessariamente a oprimem.

E assim, no dolo eventual, o grau da importância da representação dependerá da circunstância de a representação, afastando-se da certeza, se esvanecer progressivamente em juízo de probabilidade, séria possibilidade ou simples possibilidade, em todos os graus que pode revestir realmente o juízo sobre a possibilidade de realização do facto.

Quanto ao elemento volitivo, o agente, no dolo eventual, tal como no dolo directo, não tem por fim a realização do crime; este é meio ou consequência da realização de outro objectivo.

São várias as fórmulas escogitads para decidir da subsistência da vontade. Não importa tanto enumerá-las ou discuti-las nas suas vantagens, como esclarecer o modo da sua interpretação ou aplicação na praxe.

O Código Penal diz que o agente se não conforma com a realização do facto, que foi prevista.

Seguro é que o Código põe o acento tónico no elemento volitivo e não no grau de possibilidade.

As fórmulas apresentadas teoricamente são inúmeras para permitir a comprovação da «vontade» no crime; e mais ou menos felizes. Indispensável é que constituam uma via para verificar ainda a vontade de cometer o crime. Na dúvida, o agente age porque «aceita» ou «consente», para realizar o fim que se propõe, na realização do crime; «assume o risco» de realização do crime para alcançar a realização de um outro fim; ou «conforma-se», dá o seu assentimento a essa realização para não desistir da realização do seu propósito final.

Nenhuma fórmula suprime as dificuldades da sua aplicação.

Os actos psíquicos são de difícil comprovação por terceiros; não se comprovam em si mesmos, mas mediante ilações. Daí a tendência, muitas vezes, na história do direito, para comprovar a intenção mediante o recurso à certeza ou probabilidade efectiva de produção do evento e já não ao juízo do agente sobre essa certeza ou probabilidade.

As dificuldades de aplicação de quaisquer critérios, na prática, são inegáveis, e só a clarividência e bom senso do julgador poderá deslindá-las no caso concreto.

Há que ter presente, em todo o caso, que representação e vontade não se isolam na realidade psicológica, mas, como repetidamente dissemos, tão-somente na sua análise. E na prática há que reuni-las de novo.

Quer dizer, importa considerar o grau de possibilidade na prognose intelectiva e a intensidade da vontade. Um juízo de grande probabilidade é dificilmente conciliável com a ausência do elemento volitivo, ou seja com a falta de anuência da vontade à realização do crime; a mera suspeita de que eventualmente possa advir a realização dum crime exigirá uma prova mais segura da conformação da vontade com essa realização.

112. O dolo e o momento da execução e consumação do crime; o dolo antecedente

O dolo é resolução determinada de cometer o crime. Em princípio, o dolo impregna a actividade de execução, mas é assaz frequente que a verificação do evento (a consumação nos crimes materiais) tenha lugar posteriormente, pois que pode ser o resultado de forças causais movimentadas pela vontade e que não são elas próprias actividades do agente; em tal caso existe dolo desde que se verifiquem os seus requisitos durante a actividade de execução.

Pode, porém, acontecer que a própria actividade de execução seja involuntária e é isso o que sucede nas denominadas *actiones liberae in causa*. O anterior Código Penal admitia expressamente o princípio das *actiones liberae in causa*; o novo Código Penal, porém, como já anotámos (*supra*, n.ᵒˢ 103 e 104), parece exigir que a capacidade de consciência e vontade do facto se verifique no momento de perpetração do crime, isto é, durante a sua execução. Não repete, contudo, a mesma regra na definição do dolo.

O dolo nas *actiones liberae in causa*, como propósito anterior à execução praticada em estado de inimputabilidade, denominava-se dolo antecedente. No regime legal do novo Código Penal o dolo deve ser concomitante à execução do crime, incorporado na própria execução, e por isso se não pondera a questão do dolo antecedente, sem que, no entanto, a questão possa ser suprimida.

Não pode haver, e neste particular o regime legal não sofre alteração, dolo subsequente, ou seja, uma ratificação pela vontade do acto inconsciente e involuntariamente cometido.

113. Dolo específico

Os elementos essenciais do dolo, consoante resultam da sua definição legal, representam uma simplificação do processo de formação da vontade na sua conceptualização, simplificação que a reduz àqueles elementos essenciais que nunca poderão faltar no dolo.

Isso não obsta a que, na apreciação da vontade criminosa, entrem no campo jurídico, para valoração do dolo, outros componentes do processo formativo da vontade, quer como elementos constitutivos essenciais do dolo em determinados crimes, quer para dar razão de maior ou menor intensidade do dolo na graduação da culpabilidade. A noção legal atém-se, porém, aos elementos essenciais do dolo em todos os crimes.

Se aos elementos essenciais, comuns a todos os crimes, acresce algum outro elemento essencial, exigível relativamente a algum crime em especial, o dolo denomina-se então dolo específico.

Assim, e por exemplo no art. 408.º (denúncia caluniosa): «quem, por qualquer meio, perante autoridade ou publicamente com a consciência da falsidade da imputação, denunciar ou lançar sobre determinada pessoa a suspeita de que esta praticou crime, contravenção, contra-ordenação ou uma falta disciplinar, com intenção de conseguir que contra ela se instaure o respectivo procedimento, será punido com prisão até 2 anos».

Não basta então a consciência e vontade do facto, pois se exige ainda o fim de conseguir instauração do respectivo procedimento.

O dolo, em geral, não inclui a exigência de um determinado fim subjectivo, para além do próprio facto ilícito. Quando essa exigência seja feita relativamente a certos crimes, aos elementos essenciais e gerais do dolo acresce então um elemento essencial específico do dolo nesse crime.

A exigência de um fim ulterior ao fim realizado com o facto ilícito pode encontrar-se claramente formulada na norma incriminadora ou estar nela implícita; tal depende da técnica legislativa utilizada, que nem sempre é uniforme. Para além do fim ou intenção especial, também pode exigir-se a presença na vontade criminosa, para que constitua dolo, de outros elementos. No processo de formação da vontade intervêm, com forte influência, actos psíquicos afectivos, que são motivos propulsores da vontade.

Os fenómenos psíquicos, cognoscitivos, voluntários e afectivos não são independentes entre si; a vontade pode ser enfraquecida ou fortalecida em razão das emoções que acompanham o acto voluntário, como o seu valor ou desvalor alterado também pela natureza dos motivos.

Os sentimentos, as emoções, se precedem a decisão voluntária, movem e impulsionam a mesma vontade e podem desse modo alterar a sua consistência, diminuindo-a, ou intensificam a força e intensidade da vontade se a seguem e por isso forem provocadas pela própria decisão voluntária.

Quando tais elementos sejam incluídos na definição de dolo, relativamente a quaisquer crimes, o dolo será igualmente um dolo específico. Normalmente, porém, o seu enquadramento pela lei faz-se nas causas de exculpação (exclusão da culpa) ou na graduação da culpabilidade, como circunstâncias acidentais, determinando correspondentemente a graduação da responsabilidade. É aí que têm particular relevo e serão por isso versadas a propósito das «causas de exclusão da culpa» e da graduação da responsabilidade penal, na aplicação das penas.

114. Intensidade do dolo

Se elementos componentes do processo de formação da vontade não são elementos essenciais do dolo nem excludentes do dolo (ou da culpabilidade), são contudo sempre de ponderar na aplicação do direito.

Não deve nunca olvidar-se que os conceitos legais são uma simplificação tosca da realidade, e esta é que forma directamente o objecto de apreciação jurídica. À decisão judicial cumpre concretizar o direito.

O dolo é definido nos seus elementos essenciais, mas a concretização supõe a ponderação de outros elementos da vontade real ou do processo voluntário, consoante se verifiquem em concreto.

É isso que se pretende dizer ao referir a maior «intensidade do dolo». A intensidade do dolo constitui circunstância acidental do dolo e por isso também do crime [art. 72.º, n.º 2, al. *b*)], quando não seja especialmente fundamento de agravação ou atenuação relativamente a crimes determinados (por exemplo, art. 183.º).

115. **Dolo de perigo; remissão**

O Código Penal refere-se ao dolo de perigo na parte especial (*v*. a epígrafe do art. 144.º). Deverá tratar-se do dolo de perigo, por conveniência metodológica, ulteriormente e em sede problemática autónoma (*infra*, n.ºˢ 121 e segs.).

§ 3.º

A NEGLIGÊNCIA
(Culpa em sentido estrito)

116. **Conceito legal de negligência (Código Penal, art. 15.º)**

O art. 15.º do Código Penal, contrapondo o conceito de negligência ao dolo, reza assim:

«Age com negligência quem, por não proceder com o cuidado a que, segundo as circunstâncias, está obrigado e de que é capaz:

a) representa como possível a realização de um facto correspondente a um tipo de crime, mas actua sem se conformar com essa realização;

b) não chega sequer a representar a possibilidade da realização do facto.»

A contraposição entre dolo e culpa é indicada nas als. *a)* e *b)* do art. 15.º, por forma negativa.

Quanto ao elemento cognoscitivo, as als. *a)* e *b)* indicam duas modalidades: ou o agente prevê a possibilidade de realização do facto ilícito, tem dela consciência («representa», na terminologia legal), e estamos perante a denominada «culpa consciente» [al. *a)*]; ou o agente não previu, não teve consciência (não «representou»), a possibilidade de realização do facto ilícito [al *b)*], e estamos perante a denominada «culpa inconsciente».

Deste modo, a previsão na culpa consciente não é uma prognose de certeza, da necessária consequência do próprio comportamento voluntário, mas uma prognose dubitativa, da possibilidade de realização do crime, tal como no dolo eventual (n.º 3 do art. 14.º).

Na culpa inconsciente não existe consciência, previsão (representação) da possibilidade de realização do facto ilícito.

Tradicionalmente os dois aspectos eram versados em conjunto e ainda actualmente o podem ser.

O que importa, para tanto, é ponderar o aspecto positivo na definição de negligência ou culpa. E esse aspecto positivo — e não mera contraposição da negligência ao dolo por forma negativa — é indicado no corpo do art. 15.º

Na verdade, o corpo do art. 15.º exige, nos crimes culposos, a violação de um dever de cuidado ou diligência. Este cuidado ou diligência é tomado em um sentido objectivo e em um sentido subjectivo. No primeiro sentido integra a tipicidade do facto ilícito nos crimes culposos; no segundo sentido procura definir o elemento subjectivo, por forma positiva. É a diligência que o agente «deve» ter, e a diligência que o agente «pode» ter.

117. A diligência objectiva (devida ou «obrigatória»)

Clássica é a indicação do dever de diligência na noção de culpa. Já o jurisconsulto romano Paulo, referindo-se à culpa, escrevia: *culpam autem esse, quod cum a diligenti provideri potuerit non esset provisum.*

Diligência passou para o vocabulário jurídico alemão como *Sorgfalt,* a que o Código Penal português faz corresponder «cuidado». Não significa esta preferência alteração de sentido. Só a anotamos porque, quer no Código anterior, quer na doutrina, diligência, por ser vocábulo mais vernáculo, continua sendo de uso legítimo. Usá-lo-emos também.

O dever da diligência, diligência objectiva, concorre para delimitação do facto ilícito nos crimes culposos: é uma fórmula genérica, aplicável a todos os crimes culposos e que carece de ser completada relativamente a cada crime culposo em especial.

Para este efeito há a considerar:

a) Em primeiro lugar, a possível concretização da diligência objectiva na norma incriminadora. Não há um *crimen culpae,* mas crimes culposos, de modo que o dever de diligência toma, quanto a cada espécie de crime, o sentido da diligência exigida para evitar o mal desse crime, a qual pode ser descrita na própria norma.

No anterior Código, e na esteira do Código Penal francês, fazia--se relativamente ao homicídio e ofensas corporais culposas a enumeração das formas que poderia revestir a violação da diligência devida: «por imperícia, inconsideração, negligência, falta de destreza ou falta de observância de algum regulamento» (art. 368.º), a que se acrescentava (§ único do art. 368.º) «por facto ilícito ou facto lícito praticado em tempo, lugar ou modo ilícito». Em outros crimes culposos a enumeração não era tão extensa, e no crime de dano reduzia-se à «violação ou falta de observância das providências policiais e administrativas, contidas nas leis e regulamentos...» (art. 482.º do Código Penal de 1886).

A norma incriminadora de cada espécie de crime culposo pode assim completar a noção de diligência objectiva que delimita a estrutura do facto ilícito.

No novo Código Penal, o art. 150.º, definindo a falta de diligência objectiva no exercício da profissão médica, exige que aquele exercício se conforme com as regras da arte médica *(leges artis);* o médico deve agir com perícia e a violação da diligência devida é «imperícia» profissional.

b) Seguidamente, a definição legal da diligência devida depende das «circunstâncias» do caso, como assinala ainda o corpo do art. 15.º

A tipicidade, nos crimes culposos, por isso, não pode revestir o rigor exigível nos crimes dolosos, pois é susceptível de medida diversa consoante as circunstâncias que se verifiquem no caso concreto e que não são abstractamente indicadas nem no art. 15.º, nem nas incriminações em especial. A tipicidade do crime culposo só se completa mediante a apreciação do caso concreto em razão das criscunstâncias que nele concorrem.

c) A violação do dever de diligência objectiva pode consistir em uma acção ou omissão: acção perigosa, isto é, acção de que possa resultar como consequência o facto ilícito em cada crime culposo; omissão das cautelas apropriadas para evitar a realização do crime.

d) A diligência objectiva tem limites, que a lei também demarca.

O Código de 1886 determinava que o exercício de um direito ou cumprimento de um dever constituía causa de justificação (art. 44.º, n.º 4) quando o agente tivesse procedido com a «devida diligência» ou o resultado fosse «meramente casual» (caso fortuito ou de força maior).

Esta ressalva equivalia a excluir a justificação do facto na falta de diligência objectiva obrigatória. Em estreita correlação com este princípio está a admissão, pela doutrina alemã moderna, de casos em que, não obstante o perigo de perpetração do facto ilícito, tal perigo é consentido pela ordem jurídica. São os casos de «risco permitido», do risco normalmente inerente a actividades lícitas. Constitui limite à obrigatoriedade da diligência objectiva e é essa uma questão que o apelo à doutrina da «adequação social» pretende também resolver. Respeita a questão às causas de justificação nos crimes culposos.

São, em geral, as causas de justificação ou de exclusão da ilicitude aplicáveis indistintamente aos crimes dolosos e culposos; mas quanto aos crimes culposos é muito importante a justificação resultante de não ser devida maior diligência no caso concreto ou haver caso fortuito ou de força maior.

É justificado o facto ilícito nos crimes culposos, se o crime for um resultado meramente casual. É evidente que a causa deve ser «adequada» e, portanto, se a realização do crime não é consequência normal da falta de diligência objectiva, não haverá crime, mesmo que o agente o tenha previsto como consequência possível. É que o facto ilícito nos crimes culposos abrange em geral a estrutura objectiva do correspondente crime doloso.

118. A diligência subjectiva («cuidado de que o agente é capaz», art. 15.º)

Dissemos que a falta de diligência (ou cuidado) nos fornece a chave para desvendar o conteúdo positivo do conceito legal de negligência ou culpa.

Depois de indicar sumariamente em que consiste a falta de diligência objectiva e a delimitação que dela resulta para a estrutura do facto ilícito e sua tipicidade nos crimes culposos, importa agora analisar a diligência no seu sentido subjectivo, tal como resulta da contraposição dos elementos cognoscitivo e volitivo. Não são estes equivalentes ao elemento cognoscitivo e ao elemento volitivo no dolo e tanto assim é que as alíneas *a*) e *b*) do art. 15.º se destinam precisamente a negar ou o elemento cognoscitivo ou o elemento volitivo tal como são exigidos no conceito de dolo. É diferente, na negligência, a sua estrutura e objecto.

a) Na verdade, o facto ilícito, no crime culposo, abrange o facto ilícito do correspodente crime doloso enquanto é consequência possível da acção perigosa ou da omissão de cautelas que formam a violação do dever de diligência ou de cuidado a que o agente está obrigado.

E a consciência do agente, na culpa consciente, deve então ter por objecto a acção perigosa ou a omissão das cautelas que consubstanciam a violação do dever de cuidado ou diligência, bem como deve ter a consciência da violação desse dever jurídico; e para além disso o agente deve prever ou poder prever que à violação do dever de diligência se siga como consequência a realização do facto ilícito correspondente ao do crime doloso.

Diferentemente, quanto ao elemento volitivo: a resolução ou decisão voluntária não se dirige directamente ao facto ilícito.

b) A estrutura e objecto da culpa inconsciente é mais complexa e mais difícil de simplificar em jeito de análise.

O elemento cognoscitivo como o elemento volitivo, na culpa inconsciente, só são positivamente referidos mediante a indicação legal da falta de cuidado de que o agente é capaz. Para apreender o seu alcance é preciso ultrapassar a formulação negativa constante da al. *b*) do art. 15.º, formulação segundo a qual o agente nem sequer previra a possibilidade de realização do crime.

Para tanto convém relembrar que consciência e vontade não são actos psíquicos autónomos. A vontade está ou pode estar presente em actos interiores, quer sensitivos, quer psíquicos, enquanto os move, orienta ou domina. E por sua vez a vontade pressupõe a consciência ou conhecimento e dirige-se necessariamente a um fim que se deseja.

O processo de formação da vontade não se reduz ao seu aspecto terminal — a decisão ou resolução voluntária; nesse processo intervém eficazmente a vontade.

Ora, o processo de formação da vontade implica o conhecimento das circunstâncias em que se pretende agir; e por isso a necessária atenção para não agir precipitada ou levianamente.

Implica uma correcta apreciação ou juízo sobre o fim que se propõe e as suas consequências, e implica uma oportuna decisão, correspondente ao juízo formulado pela razão.

O processo formativo da decisão voluntária é ou pode assim ser dominado pela vontade. Pode haver precipitação ou leviandade na apreensão das circunstâncias exteriores que a vontade podia e devia evitar. Pode haver deficiência grave no juízo ou apreciação da realidade preexistente ou na prognose das consequências da realização do fim que se propõe, não as prevendo, e pode haver perplexidade ou retraimento em tomar a decisão que devia e podia tomar.

Os defeitos que desse modo viciam ou corrompem a formação da vontade são defeitos dependentes ainda da vontade.

E assim, o agente pode ignorar, por desatenção ou inconsideração, que a vontade podia evitar a situação em que age e o perigo de realização de um crime. Pode ignorar, por deficiente apreciação da realidade, a possibilidade dessa realização; e pode ainda deixar de tomar a resolução que se impõe, intervindo ou não intervindo de modo a impedir o mal ou evitá-lo, como consequência da sua indecisão.

E deste modo, a voluntariedade na culpa, sobretudo na culpa inconsciente, não é o acto final da decisão voluntária; não é a vontade do próprio facto e no facto, é uma voluntariedade indirecta, ou, como dizia o Código Penal de 1886: «a punição da negligência (...) funda-se na omissão voluntária de um dever».

O dever de diligência subjectiva, da própria vontade e do seu alcance, está em evitar o erro na compreensão da realidade em que pretende agir, em evitar o erro na apreciação dos resultados possíveis da sua acção ou omissão; erro que poderia ser evitado, ignorância que poderia ser corrigida, com o esforço devido da vontade enquanto dirigido ao próprio processo formativo da vontade.

c) A prudência é virtude e é acto. Como acto é a própria razão recta na sua aplicação aos actos singulares.

Os crimes culposos tanto se designam por «crimes por imprudência» como por «crimes por negligência».

Dever do homem, como homem, é agir racionalmente, isto é, prudentemente. Prudência é tomada, em geral, no seu sentido moral, mas, consoante a matéria a que se reporta, pode falar-se em prudência na actividade política, na actividade económica, na actividade profissional, prudência na actividade jurídica. O conceito não se altera; o campo de aplicação é que é diverso.

A prudência compreende um elemento cognoscitivo e um elemento preceptivo ou decisão. O elemento cognoscitivo refere-se ao conhecimento da realidade; o elemento preceptivo, à realização do bem que constitui o objecto racional da vontade.

Como elo de ligação entre um e outro destes elementos está já não o conhecimento do que se faz, mas a previsão do que não se encontra realizado.

A própria denominação da prudência deriva do vocábulo *providentia* ou previsão. É indispensável estar atento às consequências futuras das próprias acções ou omissões.

O acto decisivo de prudência é a eleição, a escolha da decisão a tomar, que consiste na diligência. E daí que negligência seja o aspecto mais característico da falta de prudência (ou de diligência).

A diligência devida ou obrigatória é, na matéria que tratamos, a prudência exigível pelo direito para evitar o mal dos crimes puníveis como culposos.

A diligência subjectiva é a prudência de que é capaz cada qual.

119. A punição da negligência

Os crimes culposos são uma excepção; assim o determina o art. 13.º e têm por isso de ser especialmente previstos na lei.

Em geral, os crimes só são puníveis a título de dolo. A tradição foi sempre nesse sentido.

Nos primórdios da história portuguesa não havia mesmo crimes culposos. O primeiro crime culposo foi o crime de homicídio e só paulatinamente se estendeu a punição a alguns outros.

A gravidade do crime, no aspecto subjectivo, é muito inferior quando cometido por negligência.

Há entre a vontade directa no dolo e a vontade indirecta ou negligência uma tão grande diferença que ela tem de traduzir-se em muito menor responsabilidade. Assim era no Código de 1886, que no art. 110.º dispunha que «os crimes meramente culposos só são puníveis nos casos especiais declarados na lei», sendo que a estes crimes nunca seriam aplicáveis «penas superiores à de prisão (limite máximo de 2 anos) e multa correspondente».

Quanto a contravenções, se fossem contravenções previstas em leis ou decretos do Governo, a pena de prisão não poderia exceder 6 meses e se previstas em regulamentos administrativos ou posturas camarárias o limite máximo seria de um mês. Igualmente eram fixados limites quanto ao quantitativo das multas.

Porque a matéria das contravenções continua regulada pelo anterior Código, também devem considerar-se em vigor os limites estabelecidos quanto às respectivas penas.

Não contém o novo Código a indicação de limite máximo para a punição da negligência, quer quanto à pena de prisão, quer quanto à pena de multa.

Sendo o crime culposo mais grave naturalmente o homicídio por negligência, verifica-se quanto a este um aumento da penalidade, a qual pode alcançar três anos no novo Código, que em sentido inverso diminuiu o máximo das penas aplicáveis a crimes dolosos.

A responsabilidade a título de negligência manteve-se até à época actual limitada na sua extensão e na sua gravidade. O desenvolvimento da técnica, a industrialização e mecanização aumentaram os aspectos nocivos da negligência na vida social. A preocupação quanto às consequências da imprudência no comportamento em geral induziu a uma maior severidade na punição da negligência, mormente nos crimes em que se mescla o dolo e a negligência.

Exemplos de punição, pelo novo Código Penal, de crimes culposos, são o homicídio (art. 136.º), as ofensas corporais (art. 148.º), a embriaguez seguida de «acto criminalmente ilícito» (art. 282.º), a falência (art. 326.º), a receptação (art. 329.º), a violação de segredos de Estado (art. 343.º, n.º 4), a deficiência de vigilância na evasão de presos (art. 391.º), ou a prisão ilegal (art. 417.º, n.º 3).

120. Espécies ou graus de negligência

Do direito romano provém já a distinção entre *culpa lata, levis* e *levíssima* (negligência grave, leve e levíssima). A Feuerbach se deve particularmente a distinção entre culpa consciente e inconsciente, consoante se verifica a previsão do crime ou baste a sua previsibilidade; e parece que a distinção está presente nas alíneas *a*) e *b*) do art. 15.º

Na parte especial, o Código Penal, porém, utiliza ainda outras qualificações para a negligência como «grosseira» (art. 136.º e art. 391.º) ou grave (arts. 254.º, n.ᵒˢ 1 e 2, 306.º, n.º 4, 417.º, n.º 3).

Não é fácil interpretar correctamente os qualificativos de «grave» e «grosseira» que o Código Penal atribui, em algumas incriminações, à negligência. Grave pode corresponder à velha distinção de culpa grave, leve e levíssima, e porventura a culpa próxima ao dolo, em uso nos autores antigos, e «grosseira» é tradução literal do alemão e inapropriada em língua portuguesa; também é utilizada com referência ao erro, erro «grosseiro», com idêntica origem. O erro grosseiro, porém, é o erro crasso, que daquela forma foi traduzido para alemão. Negligência «grosseira», deve corresponder a culpa temerária, cujo significado provém de longa tradição.

§ 4.º
CONCURSO DE DOLO E NEGLIGÊNCIA NO MESMO CRIME

121. Crimes em que concorrem dolo e negligência

Por natureza a responsabilidade a título de dolo e a responsabilidade a título de negligência são de muito diferente gravidade.

Verifica-se no novo Código Penal uma tendência para minoração da gravidade da responsabilidade por dolo, expressa na redução do limite máximo das penas aplicáveis, e ao mesmo tempo uma tendência para agravação da responsabilidade a título de negligência, pelo aumento do limite máximo das respectivas penalidades e até pela supressão de qualquer limite máximo em uma escala privativa das penas aplicáveis por negligência.

É este, porém, um aspecto que importa considerar a propósito das penas, isto é, da responsabilidade penal, aplicação, modificação e extinção da responsabilidade penal.

Na teoria do crime, porém, é outro o aspecto que interessa focar.

O direito penal é dominado pelo princípio da culpabilidade. Desse princípio deriva a correspondência entre culpabilidade e responsabilidade penal. Não devem ser punidos com similar gravidade crimes dolosos e crimes culposos.

Há crimes, porém, que não são exclusivamente dolosos nem exclusivamente culposos. A responsabilidade a título de dolo pode, numa incriminação abstracta, e assim acontece no Código vigente, corresponder a crimes que constituem um misto de dolo e negligência, de dolo e caso fortuito, de negligência e caso fortuito.

E por essa via se intromete no sistema legal, em maior ou menor extensão, a responsabilidade objectiva ou uma responsabilidade a título de dolo e negligência que por aquela é ensombrada.

O que agora se pretende tratar em breve síntese é o problema do concurso do dolo e negligência no mesmo crime, com a eventual inserção de assomos mais ou menos criticáveis de responsabilidade objectiva.

122. O crime preterintencional e o crime aberrante no Código Penal de 1886

O concurso de dolo e negligência no mesmo crime aparecia fundamentalmente, no Código de 1886, na figura gizada na parte geral do Código, do *crime preterintencional*, e que segundo a fórmula legal (n.º 6 do art. 29.º) pressupunha a intenção de cometer crime distinto do cometido, e que seria imputado a título de dolo, se houvesse negligência quanto ao excesso. O crime projectado e o crime cometido deviam ser da mesma natureza, ainda que distintos. Sendo de diversa natureza verificar-se-ia o *crime aberrante* e então a solução legal, segundo a interpretação que parecia mais correcta, era a de que haveria concurso ideal de um crime intencional (na forma de tentativa) e de um crime culposo (o crime cometido). Era esta última a solução proposta por Levi Maria João no seu projecto de Código Penal, para todos os casos, facilitada ainda pela circunstância de o concurso ideal equivaler no seu projecto ao concurso real de crimes.

A solução legal não afectava grandemente a necessária correlação entre a culpabilidade e a responsabilidade penal[10].

Era o seguinte o texto do n.º 6 do art. 29.º do Código Penal de 1886: (Não exime de responsabilidade criminal) «a intenção de cometer crime distinto do cometido, ainda que o crime projectado fosse de menor gravidade».

Os crimes distintos não são crimes diversos; a divergência não podia ser qualitativa, mas tão-somente quantitativa. Uma divergên-

---

[10] *Dir. Pen. Port.*, n.ᵒˢ 183 a 186.

cia quantitativa pressupõe uma mera relação de gravidade, um excesso do crime cometido relativamente ao que se quis cometer, de modo que aquele consista na progressão, na mesma direcção, da execução do crime, que ultrapassa a intenção do agente, mas que é previsível, e por isso culposo.

Pelo contrário, a divergência qualitativa (crimes de diversa natureza) implica a perpetração de crime de diversa natureza, inteiramente alheio à intenção ou à culpa do agente; nesta hipótese, verificar-se-ia um crime aberrante, tal como é designado em doutrina.

O art. 29.º do Código Penal de 1886 continha dois números que se referiam ao erro — os n.ᵒˢ 3.º e 6.º. O n.º 3 tinha a seguinte redacção: (Não exime de responsabilidade criminal) «o erro sobre a pessoa ou coisa a que se dirigir o facto punível».

Tanto o n.º 3 como o n.º 6 contemplavam a matéria do erro; o n.º 3 contemplava o erro de percepção (ou o erro como vício da vontade) relativamente à pessoa ou coisa a que se dirige o facto punível, e o n.º 6 o erro de execução.

Esta distinção corresponde àquela que é comum quanto ao erro em direito civil, relativamente aos actos jurídicos, em que se contrapõe o erro como vício na formação da vontade ao erro na declaração da vontade ou erro obstáculo.

O erro na formação da vontade e o erro na declaração da vontade, em direito civil, têm o mesmo efeito, enquanto são ambos causa involuntária da divergência entre a vontade e a sua execução.

Em direito penal, o princípio geral era o mesmo, mas o art. 29.º do Código Penal de 1886 determinava que tanto o erro de percepção (n.º 3) como o erro de execução (n.º 6) «não eximem de responsabilidade criminal», nos casos que expressamente definia (erro quanto à pessoa ou coisa a que se dirige o facto punível, isto é, quanto ao objecto material do crime; e erro quanto à gravidade do crime, maior do que a intentada)[11].

Eduardo Correia, seguindo a interpretação defendida por Ferrer Correia[12], fundamentada sobretudo em doutrina italiana originada

---

[11] V. Dir. Pen. Port., I, n.º 207, págs. 535 e segs.
[12] Eduardo Correia, *Direito Criminal*, I, págs. 439 e segs. (e já antes nas «Lições», tb. ed. sob o título *Direito Criminal*, publs. por Francisco Pereira Coelho e Manuel Rosado Coutinho, Coimbra-1949, págs. 341 e segs.), Ferrer Correia, «Dolo e preterintencionalidade», publ. nos seus *Estudos Jurídicos-II. Direito Civil e Comercial. Direito Criminal*, 1969, págs. 277 e segs.; vide ainda Costa Leite (Lumbrales), «O Erro em Direito Penal»,

pelo Código Penal Rocco, de 1930, ensinava que o n.º 3 do art. 29.º do Código Penal de 1886 se referia somente ao erro de percepção, enquanto o n.º 6.º contemplava exclusivamente o erro de execução.

Não importa, perante a nova legislação, retomar a discussão de um problema interpretativo com grande interesse no domínio da legislação anterior, e muito menos repeti-la.

É no entanto útil recordar a conclusão final adoptada quanto ao regime legal do Código Penal de 1886, segundo essa concepção de base doutrinária italiana. Pelo n.º 3 do art. 29.º do Código Penal de 1886 punir-se-ia o crime projectado, e não o crime cometido; e pelo n.º 6 do citado artigo punir-se-ia não apenas o crime realizado quantitativamente mais grave, mas também o crime qualitativamente diferente do projectado.

No entanto, desde que, seja qual for o crime cometido, quer distinto, quer diverso do crime projectado, ficassem ambos incluídos na mesma regulamentação do n.º 6 do art. 29.º, surgiram consequências tão extravagantes que Eduardo Correia foi forçado a restringir, por uma interpretação correctiva da própria interpretação, o regime legal que considerou consagrado no preceito legal; e para tanto apelou para uma limitação, por razões de justiça, do seu alcance.

E todavia a solução era clara. O crime aberrante não era regulado pelo n.º 6 do art. 29.º Todos os crimes cometidos fora da intenção do agente só lhe poderiam ser imputados a título de culpa, se se verificasse culpa.

Equiparar, como se fez, o crime preterintencional e o crime aberrante é resvalar gravemente no campo da responsabilidade objectiva, sem intenção criminosa nem culpa.

Considerámos, no domínio do Código Penal de 1886, a solução legislativa equilibrada, desde que se não pretendesse moldar a interpretação dos artigos pertinentes pela interpretação a dar, segundo a doutrina italiana, ao Código Penal italiano de 1930, inteiramente diverso do Código Penal português, pois que então a crítica devia dirigir-se ao próprio Código italiano ou à doutrina que pretendia ser o texto da lei portuguesa igual ao texto da lei italiana.

---

no *Bol. Fac. Dir. Coimbra*, X, págs. 251 e segs., e XI, págs. 247 e segs.

E de realçar é ainda que o novo Código Penal português, de 1982, veio, a final, a merecer uma crítica justa, porque alargou, muito para além do próprio Código italiano, os casos de responsabilidade penal objectiva.

Na verdade, o novo Código não contém qualquer disposição legal, na parte geral, sobre a matéria; mas a parte especial está enxameada de crimes em que se combina o dolo com a culpa e eventualmente com o caso fortuito.

Queremos referir-nos aos denominados crimes qualificados pelo evento e também à regulamentação legal dos numerosos crimes de perigo comum, dos quais há que extrair os princípios que norteiam o novo Código na matéria que o Código anterior delimitou nos n.ºˢ 3 e 6 do art. 29.º, ou seja, em matéria de preterintencionalidade.

123. Os crimes qualificados pelo evento no Código Penal de 1982

São muitos os crimes qualificados pelo evento que expressamente vêm referidos na parte especial do Código Penal.

Sem que se pretenda esgotar a sua enumeração, vêm expressamente mencionados nos arts. 138.º, n.º 2 (exposição ou abandono de que resultar a morte que poderia ser prevista pelo agente, como consequência necessária da conduta); aborto agravado pela morte ou lesão grave da mulher grávida (art. 139.º, n.º 5); agravação pelo resultado mortal ou mais grave que a ofensa intencional, no crime de ofensas corporais (art. 145.º); no crime de maus tratos (art. 153.º) o resultado que consista em ofensa corporal grave ou morte agrava o crime, nos termos do art. 154.º; o crime de sequestro de que resultou a morte (art. 160.º, n.º 4); crime de rapto de que resultou a morte da vítima (art. 162.º, n.º 3); crime de rapto de menor de que resultou a morte da vítima (art. 163.º, n.º 3).

Entre todos estes artigos só o art. 138.º, n.º 2, condiciona expressamente a agravação à previsibilidade do resultado mortal como consequência necessária da exposição ou abandono.

A agravação pelo resultado é admitida, de maneira particular, quanto ao crime de ofensas corporais leves ou graves com evento mais grave ou letal. Também quanto aos crimes sexuais dos arts. 201.º, 202.º, 205.º e 206.º, o art. 208.º, n.º 3, prevê a agravação pelo resultado (agravação da pena nos seus limites mínimo e máximo) que consista em gravidez, ofensa corporal grave, suicídio ou morte da vítima.

São largamente incriminados os crimes de perigo comum qualificados pelo evento: o art. 267.º determina que quem nos crimes descritos nos artigos anteriores (arts. 253.º e segs.) causar com negligência a morte ou lesão corporal grave de outrem sofrerá agravação da pena (em metade da sua duração) em razão do resultado. E o mesmo preceito (art. 267.º) é aplicável aos crimes de perigo comum contra a saúde, expressamente indicados (arts. 269.º, 270.º, 271.º, 273.º, 275.º e 276.º) e quanto aos crimes de perigo comum contra a segurança das comunicações, que mandam aplicar o disposto no art. 267.º (arts. 277.º, 278.º, 279.º, 280.º e 281.º).

Para suscitar algumas questões de interpretação, trataremos, em primeiro lugar, dos crimes qualificados pelo evento, e seguidamente dos crimes de perigo comum qualificados pelo evento.

Os crimes denominam-se crimes qualificados pelo resultado ou evento quando o evento integra o facto ilícito no crime, embora não constitua objecto do dolo que a ele se não estende.

Há assim que ponderar a imputação do evento ao agente sob os dois aspectos, da imputação objectiva e da imputação subjectiva.

Do ponto de vista da imputação objectiva, o evento deverá ser consequência necessária, normal, do crime que o produz.

Essa exigência vem expressamente feita na incriminação do art. 138.º, n.º 2, mas não é reproduzida em qualquer outro artigo; verifica-se esse pressuposto nos crimes qualificados pelo evento de ofensas corporais, que produzem ofensas corporais mais graves do que as que o agente se propunha e então a incriminação corresponderá ao âmbito do crime preterintencional, consoante era regulado pelo Código de 1886. Mas já não é assim, manifestamente, por exemplo, nos crimes sexuais agravados pelo evento de ofensa corporal grave, suicídio ou morte.

A questão é algo complexa, porque os crimes qualificados pelo evento no Código alemão, donde provêm em geral, eram hipóteses de responsabilidade objectiva, e o Código alemão era omisso quanto à definição do nexo causal como elemento essencial da estrutura do facto ilícito nos crimes materiais.

O Código Penal português de 1982, embora timidamente, faz referência à causa «adequada» no art. 10.º, e dela pode inferir-se, como inferimos, não poder imputar-se objectivamente um resultado se a causalidade não for «adequada», mesmo nos casos de crimes qualificados pelo evento.

Poderá aduzir-se, para defender opinião contrária, que a exigência da causa adequada no art. 10.º não é acompanhada da sua definição; mas esse aspecto já foi ventilado no lugar próprio, e não impede que a expressão legal se torne mais clara mediante um denodado esforço interpretativo. E podia ainda aduzir-se que os preceitos da parte especial, porque também especiais, devem prevalecer sobre um princípio geral, e que, na parte especial, onde se quer exigir a adequação da causa, se lhe faz referência expressa, como no art. 138.º, n.º 2.

Tais argumentos não nos parecem, no entanto, decisivos.

Os crimes qualificados pelo evento eram no Código Penal alemão, anteriormente à sua reforma, casos nítidos de responsabilidade objectiva. Para a afastar, pelo menos nos aspectos mais clamorosos, o legislador alemão, na reforma da parte geral do respectivo Código, introduziu o § 18, segundo o qual o evento, nos crimes qualificados pelo evento, só agravará a responsabilidade penal se puder ser imputado a título de negligência; e desta forma, ficando ainda por reformar toda a parte especial, a lei alemã veio a limitar o âmbito dos preceitos não reformados da parte especial por uma regra, o § 18, contida na parte geral.

O § 18 do Código Penal alemão encontra-se reproduzido no art. 18.º do Código Penal português; o seu alcance é o mesmo, até porque só pode ser interpretado como complementar ou substitutivo de preceitos com âmbito que o contradiga na parte especial. Os preceitos da parte especial que lhe sejam contrários são necessariamente restringidos pela «errata» que o art. 18.º impõe.

Deste modo, embora na generalidade dos crimes qualificados pelo evento, que não são crimes de perigo comum, se não exija negligência para a agravação pelo resultado previsto na parte especial, e tal só acontece quanto ao crime do art. 138.º, n.º 2, a mesma restrição é aplicável a todos.

O art. 18.º, contudo, só se refere à imputação a título de negligência; não se refere ao nexo causal adequado para a produção do evento. Mas a imputação a título de negligência, imputação subjectiva, pressupõe a imputação objectiva do facto ilícito, e por isso do evento que é elemento essencial integrante do facto ilícito.

Podem, assim, tirar-se as seguintes conclusões, que restringem drasticamente os termos da incriminação dos crimes qualificados pelo evento: 1.º — Só é evento, integrante do facto ilícito, no crime, o evento ligado à acção ou omissão do agente por nexo causal adequado; 2.º — A agravação pelo resultado só é aplicável se o agente o previu ou podia prever.

Cumpre ainda dilucidar uma outra dúvida. Os crimes qualificados pelo evento são considerados, na doutrina alemã, crimes dolosos. Daí que se discuta largamente se pode haver tentativa de crimes qualificados pelo evento.

Não nos parece que possa ser assim no Código Penal português. O Código alemão (§ 11) diz expressamente que são dolosos os crimes nos quais a acção é intencional, embora baste a negligência no que respeita ao resultado ou resultados que os integram. Não existe disposição similar no Código português, donde o corolário de que o crime qualificado pelo evento não pode considerar-se, na sua totalidade, um crime doloso, ou seja, nos crimes qualificados não se verifica, por força da lei, um dolo preterintencional, e o concurso do dolo e negligência não equivale a responsabilidade a título de dolo.

Um outro problema pode suscitar-se.

Nos crimes qualificados pelo resultado, em geral, o facto doloso é já um crime, e nele se integra o evento meramente culposo, que determina a agravação da responsabilidade e esse evento constitui muitas vezes a lesão de outro e diverso bem jurídico. Deste modo, o crime qualificado pelo evento, enquanto abrange este na sua estrutura, pode ser um facto incriminável por mais do que uma norma incriminadora. Donde deve tirar-se a ilação de que a disciplina dos crimes qualificados pelo evento pode constituir uma excepção ao princípio geral do Código quanto à definição da unidade e pluralidade de crimes.

Considera-se então um só crime, o crime qualificado pelo evento, embora o mesmo facto seja subsumível a duas ou mais normas incriminadoras, hipótese na qual, segundo o disposto no art. 30.º, se verifica pluralidade de crimes.

A punição dos crimes qualificados pelo evento não se acomoda às regras estabelecidas pelo Código Penal para a acumulação de crimes (pois que são diferentes das do Código alemão) nem obedece a um mesmo critério em todos os crimes qualificados pelo evento.

124. Crimes de perigo e crimes de perigo comum no Código Penal de 1982. O dolo de perigo

Distinguem-se os crimes em crimes de dano e crimes de perigo consoante o evento do crime consiste na lesão ou no perigo de lesão do objecto jurídico do crime.

Nesta fórmula singela, a distinção é usual e não oferece dificuldades de monta.

O novo Código Penal utiliza o conceito de *perigo* na definição da estrutura dos crimes com significados plúrimos e que lhe dão uma muito maior extensão. Há no Código crimes de perigo, crimes de perigo comum e crimes com dolo de perigo, em grande profusão.

O conceito de perigo surge, assim, como um conceito plurissignificativo que pretende explicar ou justificar quer uma maior antecipação da tutela penal quer uma agravação da responsabilidade penal dificilmente conciliável ou inconciliável com o princípio da culpabilidade.

A dogmática relativa aos crimes de perigo é confusa na Alemanha, onde no Código Penal, desde a sua primitiva redacção, constavam essas incriminações. Procurar-se-á uma explicação aproximativa da dogmática dos crimes de perigo, como simples ensaios de uma síntese que não poderá ser uma síntese conclusiva e somente pretende ser uma indicação metodológica para a abordagem da problemática que os crimes de perigo e sobretudo os crimes de perigo comum suscitam no que respeita à matéria que é objecto deste parágrafo, ou seja, o concurso de dolo e negligência no mesmo crime.

O relatório que precede o Código Penal refere que à tendência para a descriminalização que é directiz do novo diploma se ajunta uma «vocação para a chamada neo-criminalização, sendo esta quase exclusivamente restrita aos crimes de perigo comum». E estes são justificados pela necessidade de salvaguardar bens jurídicos que a nova sociedade tecnológica põe em perigo. «O ponto crucial destes crimes — não falando obviamente dos problemas dogmáticos que levantam (acrescenta o relatório) — reside no facto de que condutas cujo desvalor de acção é de pequena monta se repercutem amiúde num desvalor de resultado de efeitos não poucas vezes catastróficos. Clarifique-se que o que neste caítulo está primacialmente em causa não é o dano, mas sim o perigo. A lei penal, relativamente a certas condutas que envolvem grandes riscos, basta-se com a produção do perigo (concreto ou abstracto) para que dessa forma o tipo legal esteja preenchido.»

Até aqui, o relatório do Código[13]. É ele elucidativo, no sentido de que o travejamento do crime na sua estrutura, e o sentido e medida da responsabilidade no seu sentido normal, sofrem grandes distorções, todas elas explicadas pela necessidade de prevenir a criminalidade por qualquer modo, ainda que não condizente com a estrutura do crime, consoante é gizado em geral no próprio Código, nem com o sentido e medida da responsabilidade em correspondência com a culpabilidade.

E esta diferenciação entre os princípios gerais admitidos e o seu olvido, que se manifesta nos crimes de perigo comum, ameaça sobrepor à dogmática geral do crime diversa dogmática dos crimes de perigo comum. O que daí pode resultar é que, coexistindo ambos os regimes, um acabe por subverter o outro; nessa via há já ensaios de nova dogmática no direito penal, de grande mérito e erudição, mas de consequências preocupantes[14].

Os crimes de perigo comum constam, no Código Penal, dos capítulos III e IV do título III da parte especial («Dos crimes contra valores e interesses da vida em sociedade»), que abrangem os arts. 253.º a 281.º

---

[13] De que se transcreveram passagens dos resp. n.ºs 23 e 31.

[14] Por exemplo, em teoria geral, Günther Jakobs, *Strafrecht. Allgemeiner Teil — Die Grundlagen und die Zurechnungslehre*, 2.ª ed., 1991, a págs. 313 e segs. e, antes, em sucessivas aplicações (em tema de acção e de tipo, de causalidade e de objecto do dolo), e, quanto aos crimes de perigo em especial, Jürgen Wolter, no já cit. *Objektive und personale Zurechnung...*, de 1981.

a) A noção de perigo qualifica a própria acção do agente ou constitui o resultado ou evento da acção, ou se transforma em dano (não em todos estes casos) e neste último caso dá origem a crimes de perigo comum qualificados pelo evento.

A estrutura dos crimes de perigo comum é uma estrutura complexa em que cada uma das suas partes componentes recebe autonomia, para o efeito da sua incriminação, de modo que o crime de perigo comum se configura como uma progressão criminosa, sendo punível, por si mesma, a acção perigosa na qual se integra o evento de perigo quando tenha lugar; se à produção do perigo se segue a realização do dano, a pena única recai sobre a unidade do facto complexo, visto que o último estádio pressupõe, além da acção perigosa, e da criação do perigo, um resultado de dano, verificando-se então um crime de perigo comum qualificado pelo resultado.

A acção, em si mesma, é considerada como incriminável em razão da sua potencialidade causal de perigo; é o perigo abstracto que fundamenta a incriminação.

A criação do perigo é a produção de perigo em concreto; o perigo, nesta segunda fase da estrutura do crime, refere-se ao resultado e já não à potencialidade da acção.

É de observar que a incriminação da acção potencialmente perigosa corresponde na sua estrutura à natureza das contravenções; é uma violação de disposições preventivas, cautelares, elevada agora à categoria de crime para permitir uma mais grave responsabilidade penal, que a prevenção geral justificará.

O evento de perigo é um perigo concreto, relativo não a qualquer bem jurídico em abstracto, mas a algum bem jurídico concreto (pode ser perigo para a vida, integridade física ou bens patrimoniais, por exemplo, nos arts. 253.º, 255.º, 263.º, etc.); mas estes crimes de perigo comum serão qualificados pelo evento, quando este consista na morte ou lesão corporal grave de outrem (art. 267.º).

b) Na sua estrutura subjectiva, os crimes de perigo comum permitem combinações várias de dolo e negligência.

Independentemente do resultado que dá lugar à agravação nos termos do art. 267.º — morte ou lesão corporal grave (nos crimes dos arts. 253.º a 266.º e nos crimes dos arts. 269.º/5, 270.º/2,

271.º/3, 273.º/6, 275.º/5, 276.º/3, 277.º/8, 278.º/4, 279.º/5, 280.º/2 e 281.º/2) —, os crimes de perigo comum, na sua estrutura própria, são constituídos por acção ou omissão que é causa de um perigo concreto, embora relativamente indeterminado; não é apenas a acção que é em abstracto potencialmente perigosa, pois que, como evento, se produz uma situação de perigo concreto.

E nestas hipóteses que constituem o cerne do crime de perigo comum o elemento subjectivo pode revestir alguma destas combinações: 1.º — dolo na acção e dolo de perigo quanto ao evento de perigo; 3.º — negligência na acção e negligência quanto ao evento de perigo.

c) A distinção fica obscura se não se esclarecer a noção de dolo de perigo.

O dolo de perigo não equivale ao dolo de dano (como acontece na tentativa).

No dolo de perigo há consciência ou previsão do perigo, mas não há intenção de cometer o dano. Se houver a intenção de realizar o dano, verificar-se-á tentativa ou o crime de dano consumado.

E, na verdade, e quanto ao crime de homicídio, a perpetração do homicídio mediante um facto que consiste em crime de perigo comum constitui o crime de homicídio qualificado [art. 132.º, n.º 2, al. *f)*] e quanto ao crime de ofensas coporais, em que haja dolo de perigo para a vida, será apenas um crime qualificado de ofensas corporais nos termos do art. 144.º, n.º 1.

Relativamente ao resultado danoso, o dolo de perigo é portanto equivalente a culpa ou negligência temerária.

E assim:

— quando há dolo ou negligência na acção perigosa, no perigo que caracteriza a acção, sem criação de perigo concreto ou sem dolo ou negligência referidas à situação de perigo concreto, o crime é um crime de perigo abstracto, na sua essência equivalente a uma contravenção;

— quando há dolo na acção e dolo na criação do perigo concreto, relativamente a um bem jurídico concreto, dentre os indicados na norma incriminadora (nos arts. 235.º, 255.º, etc.: vida, integridade física e bens patrimoniais de grande valor) há concurso de dolo na acção e culpa consciente na criação do perigo (dolo de perigo). Então, a responsabilidade penal é fortemente agravada e pode ser superior à do crime de dano correspondente (cf. a pena de homicídio por negligência — art. 136.º — com as penalidades dos arts. 253.º, n.º 2, e 255.º, n.º 4).

O dolo de perigo não é dolo na perpetração do crime consumado; não há quanto ao dano nem dolo directo nem dolo eventual, pois a intenção se limita à criação do perigo, não à sua realização.

Mas, sendo assim, torna-se confusa a distinção, sobretudo na hipótese também prevista na lei, de dolo na acção e negligência na criação do perigo, a que caberá menor responsabilidade; será somente à negligência inconsciente quanto ao resultado que se refere neste caso a lei?

Por fim, na sua generalidade, os crimes de perigo comum podem ser gravados pelo resultado nos termos do art. 267.º. O resultado que qualifica então os crimes de perigo comum é somente aquele que consiste na morte ou lesão corporal grave (nas incriminações previstas nos arts. 253.º, 255.º, etc., a criação de perigo tanto respeita à vida e integridade física, como a bens patrimoniais de grande valor); quando o resultado não seja homicídio ou ofensas corporais graves, o evento não integra a estrutura do crime de perigo comum e haverá um concurso de crimes porquanto, se foi criado apenas o perigo de lesão de bens patrimoniais, e não o perigo de lesão de vida ou integridade física, a lesão destes bens não é resultado de acção causal adequada, e antes resultado meramente casual.

Se houver dolo na acção e dolo de dano, e não meramente de perigo, e se verificar a morte ou lesão corporal grave, o crime cometido será então o de homicídio qualificado pela gravidade do meio utilizado — crime de perigo comum [art. 132.º, n.º 2, al. *f*)] ou crime de ofensas corporais graves, qualificado nos termos do art. 144.º, n.º 2, e não um crime de perigo comum qualificado pelo evento.

Estes vários desajustamentos confirmam ainda a intromissão mais ou menos oculta, ou mais ou menos patente, da responsabilidade objectiva na regulamentação dos crimes de perigo comum.

§ 5.º
CAUSAS DE EXCULPAÇÃO

125. As causas de exculpação

A culpa ou culpabilidade é vontade culpável. Há causas que suprimem ou excluem a vontade, produzindo necessariamente o involuntário, e há causas que influenciam a vontade culpável, de maneira mais grave ou menos grave, determinando a maior ou menor desculpabilidade da vontade.

As primeiras impedem a existência da vontade, enquanto criam o involuntário. As segundas não suprimem necessariamente a vontade, mas, segundo as circunstâncias, podem suprimi-la ou somente diminuí-la.

Note-se que só a vontade, como acto e não como potência, pode ser suprimida por causas exteriores: só o é no seu exercício.

Suprime a vontade no facto a *vis absoluta,* a violência física irresistível.

As demais causas eram tradicionalmente agrupadas, e consistiam no erro, medo ou coacção moral, e motivos, emoções e inclinações ou hábitos.

Todo este complexo de factores que entra no processo de formação da vontade influi em grau diverso na vontade culpável, ou excluindo-a ou debilitando-a de modo a dar origem à desculpabilidade da vontade ou a uma menor culpabilidade.

A exclusão da culpa e a atenuação da culpa formam uma escala gradativa que o direito positivo procura moldar, conceptualizando os seus graus em razão dos efeitos que lhes atribui.

Causas de exculpação, ou causas de exclusão da culpa, vêm expressamente indicadas nos arts. 33.º, n.º 2, 35.º e 37.º, sob a epígrafe do capítulo III do título II da parte geral do Código Penal.

126. Inexibilidade e desculpabilidade

Não contém o Código Penal de 1982, como não continham o Código Penal de 1886, uma enumeração sistemática das causas de exculpação. No Código de 1886, o art. 44.º enumerava fundamentalmente as causas de justificação; o próprio artigo, pelo modo por que estava redigido, parecia abordar somente a «justificação» do facto.

E, no entanto, o n.º 2, o n.º 3 e o n.º 6 abrangiam matéria que, de um ponto de vista sistemático, é de incluir no âmbito das causas de exculpação. E sobretudo o n.º 7 enunciava a regra geral da exculpação, pois que determinava que seria justificado, em geral, o agente do crime que tivesse procedido sem intenção criminosa e sem culpa. Além disso, vários preceitos da parte geral do Código aludiam, dispersamente, à violência, ao erro e à coacção, bem como, por forma negativa, o art. 29.º enumerava diferentes casos que não eximiriam de responsabilidade criminal — ou seja, não desculpariam o agente do crime —, impondo ainda que as causas de exculpação fossem expressamente previstas na lei (n.º 7 do art. 29.º).

E é claro que, entre as causas de exculpação, se inclui necessariamente a inimputabilidade e a falta de imputação no Código Penal de 1886 (art. 41.º, n.º 1, e art. 43.º), ou somente a inimputabilidade, no Código Penal de 1982 (v. supra, n.ºs 102 e segs.).

O projecto da parte geral do novo Código Penal apresentado por Eduardo Correia em 1963 tratava, no capítulo V do título II, da exclusão da culpa[15]. Esse capítulo tinha três artigos (arts. 44.º, 45.º e 46.º). As causas de justificação e as de exculpação vieram, porém, a ser tratadas conjuntamente no Código Penal (capítulo III do título II da parte geral).

O art. 44.º do Projecto corresponde ao art. 37.º («obediência in-

---

[15] Eduardo Correia, *Código Penal. Projecto da Parte Geral*, sep. do Bol. Min. Just., 1963, pág. 88.

devida desculpante») do Código Penal; o art. 46.º passou para o n.º 2 do art. 16.º, que se refere ao «erro».

O art. 45.º do Projecto era aquele que precisamente pretendia fornecer uma definição omnicompreensiva de todas as causas de exculpação. E rezava assim: «Age sem culpa o agente quando, nem a ele, nem ao homem do tipo médio suposto pela ordem jurídica, seria exigível, naquelas circunstâncias, outro comportamento.»

Tratava-se de consagrar legislativamente o «princípio de não exigibilidade» que florescera rapidamente na doutrina germânica e que em Portugal fora introduzido e defendido por Beleza dos Santos na *Revista de Legislação e de Jurisprudência*. O apogeu da doutrina da não exigibilidade, se foi de grande intensidade, foi no entanto de breve duração. Já estava em pleno declínio, na época em que foi elaborado o Projecto do Código Penal.

Também a Comissão revisora não se entusiasmou com o texto do citado art. 45.º, como revela a discussão subsequente, embora curta[16]. A final, foi aprovado o texto proposto substituindo, porém, a expressão «seria exigível» por estoutra «seria razoavelmente de exigir».

A noção genérica de inexigibilidade, como definição do conteúdo da exculpação ou desculpabilidade, desapareceu, como regra geral, mas subsistiu sobretudo na definição do estado de necessidade desculpante (art. 35.º do Código Penal): «quando não seja razoável exigir dele, segundo as circunstâncias do caso, comportamento diferente»; e também em vários artigos da Parte Especial do Código Penal.

Deste modo, tomou assento no nosso Código Penal mais uma antinomia, que terá de ser superada para alcançar a necessária unidade do sistema legal.

A inexigibilidade já não é sinónimo de desculpabilidade, mas pretende dar conteúdo a uma das causas de esculpação previstas pelo Código Penal — o estado de necessidade desculpante.

127. As causas de exculpação no Código Penal

a) No Código Penal de 1982 são expressamente indicadas causas de exculpação no capítulo III do título II do livro I; a epígrafe desse

---

[16] *Actas*, I, págs. 256 a 260.

capítulo III compreende tanto as «causas que excluem a ilicitude» (causas de justificação), como as «causas que excluem a culpa» (causas de exculpação).

Mas não se trata de uma enumeração exaustiva, e causas de exculpação são já as causas de inimputabilidade, que já tratámos no § 1.º deste capítulo da nossa exposição. Do mesmo modo procedera o Código Penal de 1886, embora não coincida a elaboração legal do conceito de imputabilidade no Código Penal de 1886 e no Código Penal de 1982.

b) Mas também não são somente as causas de inimputabilidade e as causas de exculpação enumeradas nos arts. 35.º — estado de necessidade desculpante — e 37.º — obediência indevida desculpante —, que esgotam a sua enumeração. Não há culpabilidade sem que se verifique vontade criminosa; da definição da vontade criminosa, nas formas que pode revestir de dolo e negligência, resulta necessariamente a exclusão da culpa (ou culpabilidade) quando essa definição se não verifique no caso concreto.

Assim acontece com a violência ou coacção física irresistível, com a coacção moral ou medo insuperável, e ainda com outras situações, cuja esfera de aplicação é limitada, por só se referirem a determinados crimes, como são o excesso de legítima defesa não punível (art. 33.º, n.º 2) e o parentesco próximo no crime de favorecimento pessoal (art. 410.º, n.º 4).

I — A VIOLÊNCIA OU COACÇÃO FÍSICA IRRESISTÍVEL

128. Posição actual de uma questão duvidosa

O Código Penal vigente omite qualquer disposição legal expressa acerca da desculpabilidade que possa resultar da violência ou coacção física irresistível.

Para essa omissão concorreu significativamente a sucessão de alterações legislativas a que houve lugar desde o Código Penal de 1852, passando pelo Código Penal de 1886 até ao novo Código, bem como a criação doutrinária de outros princípios sistemáticos.

Há, por isso, que buscar esforçadamente o sentido que tomou sucessivamente a legislação positiva, para desvendar os termos em que se pode e deve considerar a violência ou coacção física irresistível como causa de exculpação.

O problema interpretativo assemelha-se àquele que já foi colocado quanto à delimitação da imputação objectiva pelo caso de força maior e pelo caso fortuito.

Na verdade, o crime como acção humana é obra do seu agente. É obra do seu agente enquanto este foi a sua causa; e é obra do seu agente enquanto objecto final da sua vontade livre e racional. Ou seja, distingue-se, no sentido que tradicionalmente lhe era dado, a imputação objectiva da imputação subjectiva, sendo a imputação objectiva, afinal, a expressão da causalidade, e sendo a imputação subjectiva a expressão do domínio, na prática do crime, da vontade livre e consciente do agente.

Em relação à imputação objectiva ou causalidade é ela necessariamente excluída pelo caso de força maior e pelo caso fortuito; a diferença entre ambos está em que, no caso de força maior, a causa do dano é um fenómeno natural, sem qualquer participação do homem, e que, no caso fortuito, a causa é uma causa humana, mas causa «acidental», que não é juridicamente relevante como causa (v. supra, os n.ᵒˢ 53 e 90).

Pode, no entanto, a causa do facto ser ainda uma causa humana, mas que tenha a sua origem, não no próprio agente (como acontece no caso fortuito), mas em outro agente que tenha constrangido voluntariamente o executor, sendo a violência usada física e irresistível.

E é esta a questão que importa esclarecer, mediante um breve resumo histórico da sua atribulada regulamentação nos Códigos Penais publicados em Portugal (Códigos Penais de 1852, 1886 e 1982).

129. A violência ou coacção física irresistível nos Códigos de 1852, 1886 e 1982

a) O Código Penal de 1852 dispunha, no seu art. 14.º, que nenhum acto é criminoso «quando foi constrangido por força irresistível» (n.º 2.º).

A força irresistível tanto podia provir de uma força da natureza, como de uma força humana.

A interpretação da disposição citada do Código Penal de 1852 tornou-se duvidosa, em razão do novo significado que veio a ser dado ao conceito de «força». Efectivamente, a Escola Clássica italiana, então no seu apogeu, deu uma maior amplitude ao significado de força: a força tanto podia ser uma força irresistível interna, oriunda do próprio agente, como uma força irresistível estranha ao agente, a qual poderia ter a sua origem ou em outro agente, ou em acontecimentos naturais.

As consequências da força irresistível oriunda do próprio agente não deveriam ser as mesmas que as consequências da força irresistível que fosse estranha ao agente.

A posição da Escola Clássica italiana foi recebida em França, mormente através de Chauveau e Hélie, autores com grande audiência na doutrina portuguesa coeva; o Código Penal francês foi alterado para evitar a alegada confusão, e igual atitude tomou o legislador português na reforma de 1884, que se integrou no Código Penal de 1886.

A alteração consistiu em nova redacção do preceito correspondente ao n.º 1 do art. 14.º do Código Penal de 1852, e que passou a ser o n.º 1 do art. 44.º do Código Penal de 1886, segundo o qual não são puníveis «os que praticam o facto violentados por qualquer força estranha, física e irresistível».

b) O n.º 1 do art. 44.º do Código Penal de 1886 restringia, assim, o alcance do preceito do art. 14.º do Código Penal de 1852; este abrangeria o constrangimento por força irresistível, quer esta tivesse a sua origem em acontecimentos naturais, quer proviesse do próprio agente, ou de outras pessoas; e aquele excluiria do seu âmbito toda a violência que não fosse causada por força «estranha», «física» e «irresistível».

A força teria de ser em ambos os casos «irresistível», mas o n.º 1 do art. 44.º do Código Penal de 1886 só contempla a força irresistível que for «estranha», isto é, que não provenha do próprio agente, e que for «física», isto é, que provenha de acontecimentos naturais.

A força física ou violência que tenha a sua origem no próprio agente passou para o n.º 2 do art. 44.º do Código Penal de 1886 («os que praticam o facto dominados por medo insuperável de um mal igual ou maior, iminente ou em começo de execução»); medo insuperável era o efeito da violência ou força interna irresistível.

Mas pode haver força estranha ao agente, que não é força física, isto é, pode haver força irresistível que não é consequência de acontecimentos naturais e por isso não é força física, e que, no entanto, é força estranha ao agente; é o que se verifica se a força irresistível proveio de outras pessoas, que não o agente sobre o qual recai a força irresistível.

Na vigência do Código Penal de 1886, entendemos que, embora literalmente se verificasse uma omissão, esta podia ser superada mediante o recurso a outros preceitos legais. Na verdade, quando o facto exterior tenha sido consequência de violência física invencível (ou também vencível) de outrem, seria o autor da violência autor do crime, como autor moral, nos termos do n.º 2 do art. 20.º («São autores: *os que por violência física... constrangeram outro a cometer o crime, seja ou não vencível o constrangimento*»).

Deste modo se corrigia a omissão verificável no n.º 1 do art. 44.º e que o teor do n.º 2 do art. 20.º supria[17].

c) O novo Código Penal, de 1982, não trata directamente da violência física irresistível, quer estranha, quer interna; e também não trata da violência física irresistível de outrem sobre o agente.

A força estranha, física e irresistível, como já foi dito, exclui a imputação objectiva ou causalidade do agente.

A força irresistível interna, que actue no próprio agente, acarreta a inimputabilidade, que é, por isso, causa de exculpação (v. *supra*, n.ºˢ 102 e segs.).

E, finalmente, a violência física proveniente de outrem encontra a sua solução tomando em atenção disposição similar à do n.º 2 do art. 20.º do Código de 1886, por isso que o novo Código, embora com vocabulário que origina muita confusão, vem contudo a reproduzir idêntica doutrina. O executor coagido fisicamente a cometer um crime é também, no Código vigente, autor material, embora impune, e aquele que o forçou a agir é autor moral, ainda que com uma denominação que só o apego às locuções germânicas explica (autor mediato e autor imediato) (v. *infra*, n.º 182).

Na nova legislação, seguindo a orientação da anterior, aquele que coage outrem à execução do crime é autor moral, e o executor é autor material, embora impune, por isso que a comparticipação na lei portuguesa não pressupõe, como na alemã, a vontade criminosa de todos os co-autores.

---

[17] *Dir. Pen. Port.*, I, n.ºˢ 202 e 203, págs. 528-530.

II — O ERRO

130. Espécies de erro

O erro é o reverso do conhecimento ou consciência. Consciência e vontade são os elementos componentes da própria vontade culpável. O erro afecta, assim, a vontade, viciando o seu elemento intelectual.

a) Ignorância e erro

Ignorância e erro são conceitos diferentes, mas que têm idêntico regime jurídico.

Ignorância é a falta, a ausência de conhecimento de uma realidade; erro é um conhecimento falso de uma realidade. Mas o erro, sendo conhecimento do que não é, é também ignorância do que é.

b) Erro relevante e erro irrelevante

Nem toda a ignorância e erro excluem o dolo e a negligência, isto é, a culpa; depende do objecto do erro.

Por isso se distingue o erro relevante e irrelevante. É erro relevante aquele que exclui a culpa ou por outro modo tem efeitos jurídicos. É erro irrelevante o que não acarreta consequências jurídicas.

Assim, o erro sobre condições objectivas de punibilidade, estranhas ao conteúdo do facto ilícito, é irrelevante; como o será o erro que incida sobre elementos do próprio facto ilícito sempre que a divergência entre o elemento do facto ilícito conhecido ou previsto e o elemento efectivamente existente ou realizado não extravasa da definição legal desse elemento na norma incriminadora.

c) *Erro desculpável e indesculpável*

O erro relevante pode ser, na terminologia do Código Penal de 1982, censurável ou não censurável; o que corresponde inteiramente a erro indesculpável ou desculpável, ou a erro vencível ou invencível, ou a erro superável ou insuperável, de uso comum na tradição latina e de que se serviu o Código de 1886. O erro será censurável ou não censurável consoante for devido a culpa ou for fortuito ou invencível. O erro não censurável (desculpável ou invencível) exclui a culpabilidade, quer o dolo, quer a negligência, e o erro censurável (indesculpável ou vencível) só exclui o dolo, mantendo a responsabilidade por negligência.

d) *Erro de percepção e erro de execução*

Em razão do erro verifica-se uma divergência entre o facto ilícito, enquanto objecto do conhecimento ou consciência do agente, e a sua realização.

Mas esta divergência pode originar-se num vício no processo formativo da vontade, precisamente no erro, ou pode originar-se em um defeito ou inabilidade da execução. O primeiro é, em direito civil, o erro vício da vontade; o segundo é o erro na declaração da vontade.

O erro, como vício da vontade culpável, é um erro de percepção e de apreciação, ou seja, abrange tanto o erro da consciência psicológica, que testemunha ou prevê a realidade natural, como o erro da consciência moral quanto à apreciação do valor ou desvalor do facto.

Um e outro, tanto o erro propriamente dito (erro de percepção ou erro vício) como o erro de execução, têm efeitos jurídicos idênticos.

O erro relevante, aquele a que a lei atribui efeitos jurídicos, é que fundamentalmente vem regulamentado nos arts. 16.º e 17.º do Código Penal.

A interpretação destes artigos é, porventura, difícil, em razão da terminologia usada, que ensombra a sua compreensão sobretudo para os estudantes que iniciam os seus estudos de Direito penal.

Por isso, parece preferível manter a terminologia tradicional, latina, comum também quer no Direito penal brasileiro, quer no Direito penal espanhol.

E, assim, o erro relevante será ou «erro de facto» ou «erro de direito»; o erro de facto (art. 16.º), por sua vez, pode ser «erro directo» ou «erro indirecto».

Finalmente, o erro pode ser desculpável, que exclui a negligência ou culpa, ou indesculpável, o qual acarreta a punibilidade do crime, como culposo (art. 16.º, n.º 3).

131. O erro de facto

O art. 16.º do Código Penal indica em diferentes números os casos em que é relevante o erro sobre o facto. No n.º 1 refere-se ao erro sobre o facto, enquanto exclui o dolo; alude no seu n.º 3 ao erro sobre o facto censurável (ou indesculpável), enquanto ressalva a punibilidade a título de negligência.

No n.º 2 alarga o regime legal que disciplina o erro sobre o facto ao erro sobre os pressupostos das causas de justificação e ainda, por semelhança, ao erro sobre os pressupostos das causas de exculpação. A identidade de regime legal quanto à relevância do erro sobre o facto e do erro sobre os pressupostos das causas de justificação já induziu à distinção entre erro directo sobre o facto e erro indirecto sobre o facto, que seria o erro sobre os pressupostos das causas de justificação.

Tratar-se-á seguidamente do erro directo sobre o facto (art. 16.º, n.º 1), do erro indirecto sobre o facto ou erro sobre os pressupostos das causas de justificação e das causas de exculpação (n.º 2) e do erro sobre o facto devido a culpa (indesculpável ou censurável, art. 16.º, n.º 3).

132. Erro directo sobre o facto

A epígrafe do art. 16.º refere-se ao erro sobre o facto, designando-o por erro sobre as circunstâncias do facto. Não se trata de vocábulo mais lato do que erro sobre o facto, de maneira a abranger para além do erro directo o erro indirecto sobre o facto e ainda o erro sobre os pressupostos das causas de exclusão da culpa. Quis-se somente manter a semelhança com o Código alemão que antepõe ao § 16 igual epígrafe. É ela, contudo, pouco apropriada porque o Código alemão quanto ao erro directo sobre o facto não se restringe ao erro sobre as circunstâncias do facto, quando tomado o vocábulo «circunstâncias do facto» no seu significado mais correcto.

A primitiva redacção do § 16 do Código alemão no seu próprio contexto só aludia ao erro sobre as circunstâncias do facto; daí que a doutrina e jurisprudência estendessem o sentido dessa expressão, em si mesma restritiva, a todos os elementos essenciais do facto ilícito. Por esse motivo, as circunstâncias vieram a designar frequentemente todos esses elementos essenciais.

Não era e não é assim no Código Penal português, como aliás transparece do teor do n.º 1 do art. 16.º O erro tem aí por objecto todos os «elementos de facto ou de direito de um tipo de crime» e ainda as «proibições cujo conhecimento seja razoavelmente indispensável para que o agente possa tomar consciência da ilicitude do facto», ou seja, tem por objecto o «facto ilícito».

O erro sobre o facto ilícito é conjuntamente erro de percepção e erro de apreciação, isto é, tanto erro sobre a realidade dos elementos essenciais do facto ilícito, na sua materialidade, como erro sobre o significado jurídico ou desvalor do facto.

a) Erro sobre os elementos essenciais do facto

Já ficou dito (*supra*, n.º 107) que se verifica uma divergência na redacção do Código Penal, quando indica o objecto do elemento cognoscitivo ou consciência da definição do dolo (art. 14.º, n.ᵒˢ 1, 2 e 3), e quando indica o objecto do erro no n.º 1 do art. 16.º

Enquanto no dolo o objecto da consciência é «o facto que preenche um tipo de crime», o objecto do erro sobre o facto são «os elementos de facto e de direito de um tipo de crime...». Com a primeira expressão designa-se o facto na sua realidade, em todos os seus elementos constitutivos essenciais que se subsumem à sua descrição na norma incriminadora; com a expressão usada no art. 16.º designa-se não o facto real, concreto, que realiza ou corresponde a um tipo legal, mas os próprios elementos do conceito legal.

Ora, em verdade, a vontade, no dolo ou negligência, dirige-se naturalmente ao facto concreto a realizar.

Dissemos então e repetimos agora que a divergência tem uma explicação plausível; o art. 16.º pretende indicar os casos em que o erro é relevante, separando-se dos casos em que o erro sobre o facto é irrelevante. E só é erro relevante o erro sobre os elementos essenciais do facto ilícito quando a divergência entre o facto como objecto do conhecimento e o facto efectivamente realizado não consinta a subsunção tanto do facto previsto como do facto efectivamente cometido à sua descrição, como conceito, na norma incriminadora.

O art. 16.º distingue os elementos essenciais do facto ilícito em razão do modo da sua conceptualização legal: ou serão elementos de facto ou elementos de direito (e também a este aspecto já nos referimos *supra,* n.º 109). Elementos de facto são os elementos descritos na sua materialidade pela norma incriminadora; elementos de direito são os elementos descritos indirectamente mediante juízos de valor de que a norma se serve, juízos de valor jurídico, ético ou social, mas de qualquer forma usados pela lei para delimitar tipicamente o facto. São também denominados «elementos descritivos» e «elementos normativos». Uns e outros definem ou delimitam o facto ilícito nos seus elementos constitutivos essenciais.

Estes elementos são, quanto à generalidade dos crimes: a acção ou omissão, o nexo causal e o evento, as circunstâncias essenciais do facto e o seu objecto material.

A acção ou omissão, nexo causal e evento constituem o núcleo essencial do facto e são necessariamente objecto do dolo ou da negligência.

O erro sobre a acção, a omissão, o nexo causal e o evento é erro relevante, erro que exclui o dolo e também a negligência quando o erro for desculpável.

O erro sobre o objecto material é o erro sobre a pessoa ou coisa a que se dirige a acção ou omissão.

Foi a propósito do erro sobre o objecto que se procurou tradicionalmente esclarecer os limites da relevância do erro; o erro sobre o objecto seria, e é, irrelevante, quando a divergência entre o conhecimento do agente e o objecto material efectivamente existente não extravase do conceito legal que o define na descrição legal. E essa doutrina era, e é, válida para todos os demais elementos essenciais (típicos) do facto ilícito, como fica dito.

Ao contrário do que dispunha o Código de 1886, é também nesses termos que se fixará a relevância do erro sobre circunstâncias essenciais (Código Penal de 1886, art. 44.°, n.° 6) que concorrem no ofendido ou no acto, e que no Código anterior só seriam relevantes, mesmo para exclusão do dolo, quando o agente não pudesse nem tivesse a obrigação de as conhecer.

Nos termos do art. 16.°, o erro sobre as circunstâncias essenciais está sujeito ao mesmo regime, quanto à sua relevância ou irrelevância, que o erro sobre os demais elementos constitutivos essenciais do facto ilícito. Constitui excepção a esta regra geral o disposto no art. 210.°, quanto aos crimes sexuais, e também, por exemplo, nos arts. 158.°, n.° 4, e 329.°, n.° 3, respectivamente quanto à intervenção e tratamento médico-cirúrgicos arbitrários e quanto à receptação.

b) A falta de consciência da ilicitude no erro sobre o facto

O erro sobre o facto é erro sobre o facto ilícito e compreende, desse modo, o erro sobre a ilicitude do facto.

O erro sobre a ilicitude vem ainda regulado no art. 17.°, de modo que se torna necessário separar os casos de erro sobre a ilicitude ou falta de consciência da ilicitude, a que é aplicável o art. 16.°, dos casos em que, havendo também erro sobre a «ilicitude», é aplicável regime legal diferente e que serão aqueles que regula o art. 17.°

Começaremos pela falta de consciência da ilicitude que se integra no erro sobre o facto (art. 16.°).

O teor do art. 16.° compreende o «erro sobre proibições cujo conhecimento seja razoavelmente indispensável para que o agente possa tomar consciência da ilicitude do facto».

Esta fórmula quer dizer o seguinte: é também objecto de conhecimento, no dolo, a norma proibitiva (ou preceptiva) que incrimina o facto; mas não o é sempre. O conhecimento da norma proibitiva só é exigível se for indispensável para o agente tomar consciência da ilicitude.

Há, portanto, que distinguir os casos em que para tomar consciência da ilicitude o agente deve conhecer a norma proibitiva, dos casos em que para tomar consciência da ilicitude o agente não precisa de conhecer a norma proibitiva. Em ambos os casos faz parte do dolo a consciência da ilicitude; o dolo é o *dolus malus,* é consciência do facto na sua materialidade e no seu desvalor jurídico.

Porém, a consciência da ilicitude está, em geral, implícita no conhecimento do próprio facto. As directrizes básicas de ordem moral e social são manifestas a todos os homens providos de razão, e o direito penal só incrimina, em geral, as ofensas a princípios fundamentais da ordem moral e social.

A falta de consciência da ilicitude não é, então, de admitir, e não é excusável; a consciência da ilicitude acompanha naturalmente o conhecimento ou consciência dos elementos essenciais do facto ilícito.

Há, porém, crimes predominantemente de «criação política», nos quais essa presunção se não verifica e nos quais sobreleva a imposição de deveres de disciplina social; em tais casos, para tomar consciência da ilicitude, tem o agente de conhecer a própria norma que os impõe. E então só haverá dolo se o agente tiver conhecimento da «proibição» legal. É o que sempre sucede relativamente a transgressões da ordem ou contra-ordenações, como dispõe o art. 8.º, n.º 2, do Decreto-Lei n.º 433/82: «o erro sobre elementos do tipo, *sobre a proibição,* ou sobre um estado de coisas que, a existir, afastaria a ilicitude do facto ou a culpa do agente, exclui o dolo». A ignorância da «proibição» constitui, quanto às transgressões da ordem ou contra-ordenações, sempre, erro relevante sobre o facto, enquanto nos termos do art. 16.º do Código Penal, e quanto aos crimes, nem sempre o erro sobre a proibição será relevante e até normalmente será irrelevante porque a consciência da ilicitude do facto acompanha, na generalidade dos crimes, o conhecimento do próprio facto, está implícita neste conhecimento.

133. **Erro indirecto sobre o facto: erro sobre os pressupostos das causas de justificação e sobre os pressupostos das causas de exculpação («erro sobre um estado de coisas que, a existir, excluiria a ilicitude do facto ou a culpa do agente»)**

a) O erro sobre os pressupostos das causas de justificação é um erro indirecto sobre o facto. As causas de justificação, ou causas de exclusão da ilicitude, afastam a ilicitude do facto; o facto justificado é facto lícito.

As causas de justificação não são elementos do facto ilícito, pois transmudam o facto ilícito em facto lícito, e consistem em circunstâncias extrínsecas ao facto (ou, como se expressa o n.º 2 do art. 16.º, são «um estado de coisas») em razão das quais o facto é justificado. Note-se que a mais conhecida locução «pressupostos» das causas de justificação é usada pelo menos no art. 158.º, n.º 4, do Código Penal, como é utilizada no Código Civil (art. 338.º).

O erro sobre os pressupostos das causas de justificação tem a mesma relevância que o erro sobre os elementos essenciais do facto ilícito: exclui o dolo, pois que a existir a circunstância justificativa, isto é, os pressupostos das causas de justificação, o facto seria lícito.

b) O mesmo regime é aplicável ao erro sobre os pressupostos das causas da exclusão da culpa ou causas de exculpação.

Não há identidade de natureza entre o erro sobre os pressupostos das causas de justificação e o erro sobre os pressupostos das causas de exculpação.

Delimitando, porém, o alcance dessa equiparação convém ponderar que, em primeiro lugar, nem em todas as causas de exculpação pode ter lugar o erro. É, por exemplo, o caso do «erro» como causa de exculpação; não há erro sobre o erro. Há, contudo, causas de exculpação que são definidas na lei mediante a indicação de pressupostos, mediante um condicionamento objectivo de que a lei infere uma realidade psicológica: um motivo, finalidade ou emoção. E então esse condicionamento objectivo forma os pressupostos da causa de exculpação.

É possível figurar a eventualidade do erro sobre tais pressupostos ou elementos objectivos condicionantes ou probatórios da existência de elementos subjectivos.

O erro sobre os pressupostos das causas de exculpação, no entanto, é, na sua essência, erro sobre a existência do justo motivo determinante ou de justa perturbação emocional.

Esta diferença de natureza não suprime a similitude do erro sobre os pressupostos das causas de exclusão da culpa e sobre os pressupostos das causas de justificação.

O Código actual, no n.º 2 do art. 16.º, seguiu a opinião geralmente admitida na doutrina e que era também admitida no domínio do anterior Código.

134. Irrelevância do erro «censurável» ou indesculpável (n.º 3 do art. 16.º) na responsabilidade a título de negligência

O n.º 3 do art. 16.º dispõe que «fica ressalvada a punição da negligência nos termos gerais».

Há que distinguir o erro desculpável do erro indesculpável. O erro indesculpável ou culposo (erro devido a culpa ou negligência) não exclui a negligência. Ao erro devido a culpa segue-se a imputação do crime a título de culpa ou negligência.

Mas o crime será imputável a título de negligência se for punível a título de negligência, pois que, por esse título, os crimes só são puníveis por expressa disposição da lei.

135. O erro de direito

O art. 17.º dispõe: 1 — «Age sem culpa quem actua sem consciência da ilicitude do facto, se o erro lhe não for censurável»; 2 — «Se o erro lhe for censurável, o agente será punido com a pena aplicável ao crime doloso respectivo, que pode ser especialmente atenuada».

Aparenta alguma dificuldade a coordenação do disposto neste artigo com o disposto no art. 16.º

Tanto em um como em outro artigos se pretende indicar o regime legal do erro sobre a ilicitude. E, no entanto, no art. 16.º a falta de consciência da ilicitude exclui o dolo e a responsabilidade a título de negligência é a única prevista se o erro for censurável ou indesculpável, e no art. 17.º a falta de consciência da ilicitude — o erro sobre a ilicitude — só exclui a culpa, tanto o dolo como a negligência, se for desculpável; se for censurável ou indesculpável não exclui nem mesmo o próprio dolo, porque então o agente será punido com a pena aplicável ao crime doloso, podendo só beneficiar de atenuação especial da pena cominada ao crime doloso.

Se o erro sobre a ilicitude fosse o mesmo no art. 16.º e no art. 17.º, não poderia ter efeitos diversos, que nem sequer seriam cumuláveis, porque são contraditórios.

A esfera de aplicação do regime sobre o erro, no art. 16.º, tem de ser e é diversa da esfera da aplicação do art. 17.º A separação do campo de aplicação de um e outro artigo (e do respectivo regime jurídico) só pode assentar em uma diferenciação quanto ao objecto do erro.

Já anotámos que o erro sobre a licitude do facto pode ser erro directo ou indirecto, erro sobre a ilicitude do facto ou erro sobre os pressupostos das causas de justificação (ou das causas de exclusão da culpa).

O objecto do erro é nesses dois casos diferentes: no erro directo é o próprio facto ilícito que é objecto de erro; no erro indirecto é a existência dos pressupostos ou circunstâncias determinantes da justificação do facto que é objecto do erro, porque o agente supõe erroneamente cometer um facto justificado em circunstâncias justificativas inexistentes. O agente, no que respeita ao objecto do seu conhecimento, neste último caso, prevê um facto que, nas circunstâncias em que o prevê, é um facto lícito e que seria de verdade um facto lícito se tais pressupostos existissem realmente.

É o art. 16.º que distingue estas duas espécies de erro sobre a ilicitude: erro sobre a ilicitude do facto, erro sobre a justificação do facto.

Mas há uma terceira hipótese não considerada no art. 16.º

O erro sobre a justificação do facto é, no art. 16.º, n.º 2, um erro que conduz a querer um facto lícito; recai sobre «um estado de coisas» (a circunstância justificativa) que, se efectivamente existisse, se fosse real e não apenas erroneamente suposto, justificaria o facto. Em razão do erro o agente quis um facto lícito, embora tenha cometido um facto ilícito, por «o estado de coisa» ser apenas objecto duma falsa persuasão.

O art. 16.º (n.ᵒˢ 1 e 2) não prevê, portanto, uma outra modalidade: o erro sobre a existência de uma norma jurídica que considere lícito o facto ilícito efectivamente cometido. Não se trata então de erro sobre a circunstância justificativa, sobre «um estado de coisas» que efectivamente a existir justificaria o facto. O erro será sobre a própria lei, supondo falsamente um direito, uma causa de justificação que a lei não admite. Haverá então persuasão pessoal de uma lei permissiva do facto ou, como se exprime o Código Penal brasileiro, «o agente, por escusável ignorância ou erro de interpretação da lei supõe lícito o facto». Não há qualquer erro sobre o facto ou suas circunstâncias justificativas, mas erro que directamente recai sobre a lei.

É o que tradicionalmente se designa por «erro de direito» (e assim o designava o Código brasileiro)[18].

O erro sobre a ilicitude no art. 16.º é o erro sobre a ilicitude do facto e por isso sobre o facto ilícito.

A falta de consciência da ilicitude, no art. 16.º, é erro sobre a ilicitude do facto ou sobre o facto ilícito (n.º 1 do art. 16.º) — ou ainda erro sobre os pressupostos das causas de justificação ou de exculpação; é sempre erro sobre o facto, que é qualificável como ilícito ou lícito.

Pelo contrário, a falta de consciência da ilicitude no art. 17.º é a consciência errónea da «licitude» do facto, sem qualquer erro sobre o facto.

Melhor se diria então, erro sobre a licitude, que não erro sobre a ilicitude, e melhor se diria que o campo de aplicação do art. 17.º não se refere à «falta de consciência da ilicitude» (a que se refere o art. 16.º) mas à convicção errónea da licitude do facto realmente ilícito, ou persuasão errónea ou falsa da licitude do facto.

Os arts. 16.º e 17.º foram objecto de alterações de redacção pos-

---

[18] Que, agora (isto é, depois da entrada em vigor da Nova Parte Geral, determinada pela Lei n.º 7209, de 11 de Julho de 1984), utiliza também a locução «erro sobre a ilicitude do facto» (cf. a nova redacção do art. 21).

teriores à primeira revisão do projecto; talvez por isso se verifique a confusão terminológica que origina a opacidade das suas definições e o hermetismo do contexto dos dois artigos (arts. 16.º e 17.º), que uma interpretação correcta terá de vencer.

E assim:

A ignorância ou erro sobre a lei penal em que assenta a consciência ou convicção errónea da licitude excluirá a culpabilidade — o dolo e a mera culpa ou negligência — se for devida a erro desculpável ou invencível (não censurável, art. 17.º, n.º 1).

Se a consciência da licitude for devida a erro indesculpável ou vencível (censurável), é aplicável o n.º 2 do art. 17.º, o qual dispõe que não é excluída a responsabilidade penal, responsabilidade a título de dolo, que poderá ser atenuada.

Quando é, porém, indesculpável o erro sobre existência de lei permissiva do facto?

Se a consciência da licitude do facto for uma consciência dubitativa, que não exclui a dúvida sobre a ilicitude, tem o agente o dever de se informar; só uma consciência certa e segura da licitude nos termos do n.º 1 do art. 17.º permite a exclusão da culpa, pois que, se essa convicção for devida a erro censurável (indesculpável, vencível), não terá como efeito a exclusão da culpa mas tão-somente a atenuação da responsabilidade criminal a título de dolo. No caso de dúvida, deve, portanto, o agente esforçar-se por alcançar a certeza acerca da legitimidade ou licitude do facto que se propõe cometer. Só a consciência errónea, mas certa e segura, do agente (porque devida a erro desculpável) exclui a culpabilidade e a responsabilidade penal. O preceito do art. 17.º contém afinal sentido similar ao art. 6.º do Código Penal espanhol, consoante foi redigido pela reforma daquele Código datada de 1983, segundo o qual «a crença errónea e invencível de estar agindo licitamente exclui a responsabilidade criminal. Se o erro for vencível aplicar-se-á o disposto no art. 66.º» (atenuação da responsabilidade).

III — ESTADO DE NECESSIDADE DESCULPANTE

136. Considerações gerais

a) Excluem a culpabilidade as circunstâncias que suprimem a liberdade, como a violência absoluta, ou afectam gravemente o conhecimento do facto, como a ignorância ou erro; e podem enfraquecer grandemente o desvalor da vontade culpável os motivos e emoções no processo da sua formação.

A inclusão destas circunstâncias na dogmática penal não se faz sempre da mesma forma e isso torna menos claro o confronto entre os sistemas legislativos que se sucedem no tempo e os sistemas doutrinários que as pretendem definir ou enquadrar.

Estas circunstâncias exculpativas não suprimem necessariamente a culpa, a vontade culpável, e por isso se torna mister destrinçar, de certo modo delimitando-os, os casos em que devem ser juridicamente relevantes; a sua relevância, não sendo absoluta, verifica-se ou mediante a exclusão da culpa ou mediante a sua atenuação.

Isto quer dizer que tais circunstâncias ou excluem a culpa porque a enfraquecem em muito, de tal maneira que esta deixa de ser relevante do ponto de vista penal, ou elas serão consideradas na graduação da culpabilidade como circunstâncias que a atenuam, ou, em sentido oposto, a agravam.

Este último efeito verificar-se-á, porém, quando se toma em consideração não a definição das emoções e motivos no contexto das circunstâncias exculpativas, mas em geral, quanto ao valor ou desvalor, na graduação da culpabilidade, dos motivos e estados emocionais, com oposta natureza; assim é de analisar, em especial, directamente na matéria das circunstâncias agravantes e atenuantes. Por isso não se tratará agora da interpretação no n.º 2 do art. 35.º

No aspecto que ora interessa, pretendeu fazer-se a delimitação das causas de exculpações ou difinindo-as legalmente ou englobando-as numa fórmula geral, isto é, deduzindo-os da «inexigibilidade» de outro comportamento, inexigilidade então alcandorada a razão e essência da própria exculpação.

Foi esta última via largamente defendida na doutrina alemã e chegou a mostrar-se preponderante nos trabalho preparatórios da reforma do Código Penal alemão, os quais tiveram influência na elaboração do projecto do Código Penal português e sua ulterior alteração.

O conceito de exigibilidade e inexigibilidade tornou-se por toda a parte, um pouco por mimetismo, de frequente aplicação embora seja pouco expressivo, porque indefinido.

No apogeu da doutrina da inexigibilidade quis-se progredir na conceptualização jurídica da culpa, definindo esta como censurabilidade e apontando a exigibilidade como o padrão da sua medida ou razão da censurabilidade. Três invólucros formais a que falta conteúdo substancial e por isso aptos a receber arbitrariamente qualquer conteúdo.

O conceito de inexigibilidade foi limitado na evolução da doutrina e também agora das legislações, perdendo a pretensão de substituir a matéria da culpa, como sua essência, para tomar função adjuvante na conceptualização das causas de exclusão da culpa, especialmente do estado de necessidade desculpante.

E assim, a primeira questão que se coloca é, desde logo, se as causas de exculpação são inonimadas, porque englobadas no critério genérico da inexigibilidade, ou se devem ser especificadas no seu conteúdo material.

Na primeira orientação, a exclusão da culpa, tal como a exclusão da ilicitude, resultaria da aplicação duma regra geral que se sobrepõe e alarga qualquer enumeração legal; na segunda orientação, as causas de exculpação serão aquelas que a lei directamente prevê, formuladas embora com maior ou menor amplitude.

Foi esta última a orientação que acabou por prevalecer no direito alemão e também no Código Penal português, aproximando-se este então da orientação fixada no Código Penal de 1886, segundo a qual não era permitida a analogia quanto às causas exculpativas, como expressamente constava do n.º 7 do art. 29.º e do art. 52.º

A causa exculpativa de maior significado e importância entre aquelas que aos motivos e estados afectivos e tendências ou inclinações na formação da vontade se reportam, consta do art. 35.º do Código Penal: *estado de necessidade desculpante*.

A sua designação legal não exprime com clareza o seu substancial significado, mas radicou-se na generalidade das legislações. A razão determinante pode estar na origem histórica do novo regime legal, que resultou da remodelação do antigo preceito legal (art. 44.º, n.º 2), que, bifurcando-se, serviu de base a dois preceitos actuais, um sobre o estado de necessidade dirimente da ilicitude e o outro sobre o estado de necessidade desculpante.

O estado de necessidade figura, embora em contexto diferente, como pressuposto, quer do «direito de necessidade», isto é, de exclusão da ilicitude, quer do estado de necessidade desculpante, isto é, da exclusão da culpa. Há, no entanto, que ter presente na sua interpretação o conteúdo, a matéria substancial da causa exculpativa e que realmente fundamenta a exclusão da culpa.

Assim como o estado de necessidade justificante se refere a um conflito de direitos em que importa dar prevalência a um sobre o outro, no estado de necessidade desculpante procura-se decidir da importância a atribuir ao fim subjectivo do agente, enquanto de valor positivo, à motivação e estados afectivos ou tendências e inclinações que enfraqueçam a vontade ou debilitem o seu desvalor, para daí inferir até que ponto é de admitir a desculpabilidade relativamente ao facto injusto cometido.

b) Os antecedentes do regime jurídico de que agora tratamos podem elucidar a asserção que acabámos de fazer.

Segundo o Código Penal de 1886 (art. 44.º, n.º 2) «os que praticam o factò dominados por medo insuperável de mal igual ou maior, iminente ou em começo de execução» beneficiavam duma causa de exculpação; o perigo de mal igual ou maior como pressuposto da causa de exculpação deveria obedecer ao condicionamento dos n.ᵒˢ 1 a 5 do art. 45.º e que já citámos ao tratar do «direito de necessidade» como causa de justificação.

Foi da matéria regulada por esta disposição que parcialmente se subtraiu o âmbito do «estado de necessidades» que veio a ser regulado pelo Código Civil e agora do «direito de necessidade» do art. 34.º do Código Penal.

O texto do actual art. 35.º não constava do projecto primitivo do novo Código Penal; este incluía antes, e como já foi dito (v. *supra*, n.º 126), a formulação de uma causa de exculpação com base na *inexigibilidade,* que seria apenas o reverso da noção de culpabilidade como exigibilidade.

Não foi divulgada, infelizmente, documentação suficiente para acompanhar as vicissitudes da passagem dessa formulação genérica ao texto definitivo do que hoje é o art. 35.º, n.º 1, do Código Penal, texto que veio a ser o seguinte: «age sem culpa quem praticar um facto ilícito adequado a afastar um perigo actual, e não removível de outro modo, que ameace a vida, a integridade física, a honra ou a liberdade do agente ou de terceiro, quando não seja razoável exigir dele, segundo as circunstâncias do caso, comportamento diferente».

137. Pressupostos do «estado de necessidade desculpante»

a) Dissemos já que o estado de necessidade designa, em sentido próprio, o pressuposto e não a essência quer da causa de justificação, que é o direito de necessidade, quer da causa de exculpação, que é o «estado de necessidade desculpante». Estado de necessidade é tanto pressuposto de uma como de outra.

Não é, porém, definido nos mesmos termos. Em que consiste o «estado de necessidade» ou o «perigo», ou ameaça real, como pressuposto da causa de justificação, vimos já quando esta matéria foi versada. O estado de necessidade (em sentido estrito) como pressuposto da causa de exculpação não coincide na sua delimitação legal com o que é definido no art. 34.º É mais restrita a noção de situação de perigo no estado de necessidade desculpante.

No direito de necessidade deve verificar-se (como pressuposto) «um perigo actual que ameaça interesses juridicamente protegidos do agente ou de terceiro»; no estado de necessidade desculpante é mister que se verifique «um perigo actual e não removível de outro modo que ameace a vida, a integridade física, a honra e a liberdade do agente ou de terceiro».

Não é tanto numa situação de perigo actual para qualquer bem jurídico, mas tão-somente para os bens jurídicos de natureza pessoal (do agente ou de terceiro) que quanto ao crime praticado pelo agente pode ter lugar a causa da exculpação.

No «direito de necessidade» (art. 34.°) o facto cometido, para ser considerado lícito, tem de ser «facto adequado a afastar o perigo actual», adequação conotada pelos requisitos indicados nas als. *a)* e *b)* do citado art. 34.°; só verificando-se estes requisitos da legitimidade do facto poderá apreciar-se [alínea *c)* do art. 34.°] a razoabilidade da imposição legal do sacrifício do interesse de outrem para salvaguarda do interesse próprio do agente ou de terceiro.

A causa de exculpação do estado de necessidade desculpante só tem lugar quando o facto não for justificado pelo exercício do direito de necessidade; quer dizer, não pode haver exculpação em todas as situações de perigo em que se verifique a justificação do facto, e pode haver desculpabilidade quando se não verifiquem todos os requisitos de legitimidade enunciados no art. 34° (direito de necessidade). Para ter lugar a causa de exculpação do estado de necessidade desculpante há-de faltar alguma ou algumas das condições de legitimidade do facto consoante são definidas no citado art. 34.°

Ora, na causa de justificação que é o direito de necessidade, é seu pressuposto uma situação de perigo que ameace quaisquer bens jurídicos do agente ou de terceiro, enquanto é pressuposto da causa de exculpação que é o estado de necessidade desculpante tão-somente aquela situação de perigo que ameace bens jurídicos, do agente ou de terceiro, de espécie determinada, e que são a vida, a integridade física, a honra e a liberdade.

Como a causa de exculpação respeita à vontade culpável, quaisquer condições do facto tomam quanto a ele não a natureza de requisitos da legitimidade, mas sim de pressupostos da causa de exculpação.

E assim o facto ilícito praticado tem de ser «adequado» a afastar o perigo actual e não removível de outro modo. A «adequação» do facto é diferente, no art. 35.°, da adequação do facto no art. 34.°, porque não se trata de conceito restringido pelas als. *a)* e *b)* do art. 34.°; a adequação do facto no art. 35.° é definida só em função da sua aptidão para afastar o perigo não removível de outro modo.

O facto adequado não equivale então o facto lícito, pois é ainda um facto *ilícito*; é adequado desde que idóneo para afastar o perigo que não seria removível por outro modo.

Afinal vem a exigir-se, como pressuposto do estado de necessidade desculpante, alguns requisitos da legitimidade do facto, que são aqueles que o Código Penal de 1886 indicava no seu art. 45.º, ou seja: a realidade do perigo (do mal), a impossibilidade de recorrer à força pública, a impossibilidade de legítima defesa, a falta de outro meio menos prejudicial do que o facto praticado e a probabilidade de eficácia do meio empregado, tal-qualmente observámos a propósito do «direito de necessidade». Simplesmente, repete-se, no direito de necessidade este condicionamento é um condicionamento da legitimidade do facto e no estado de necessidade desculpante tem a categoria de pressupostos da causa de exculpação.

Se o agente estiver em erro sobre a existência de qualquer desses elementos, o erro, consoante os casos, excluirá o dolo ou a negligência, nos termos do n.º 2 do art. 16.º

Em conclusão: quando não se verifica a causa de justificação do direito de necessidade e se verificarem os pressupostos atrás referidos do estado de necessidade desculpante, é que «pode» ter lugar a desculpabilidade do facto ilícito cometido.

138. Fundamento e critério da desculpabilildade

O «medo insuperável de mal igual ou maior» do Código Penal de 1886 conjugava a qualidade e gravidade do motivo determinante e a emoção a que ele dava origem na fundamentação da desculpabilidade. A ameaça de mal igual ou maior revelar-se-ia como causa do medo e como motivo para a perpetração do crime.

O estado de necessidade desculpante, no Código de 1982, não se refere directamente a qualquer estado emotivo, medo ou outro. Mas objectiva nos seus pressupostos a motivação do crime: o enfraquecimento da culpa resulta fundamentalmente do confronto entre valor positivo do motivo justo e a injustiça do facto praticado. O fim objectivo que se propõe a vontade culpável, e se realiza no crime, é um fim injusto, mas constitui meio para alcançar um fim do agente que consiste na salvaguarda do direito à vida, à integridade física, à honra ou à liberdade. Este fim é o motivo final e determinante do agente.

A importância e valor do motivo determinante, consoante é inferido dos pressupostos do estado de necessidade desculpante, conduz à diminuição da culpa e à possível exclusão da culpa, por insignificante, consoante as circunstâncias do caso.

É afinal o que dispõe a segunda parte do n.º 1 do art. 35.º: a desculpabilidade terá lugar quando não seja razoável exigir dele (agente), segundo as circunstâncias do caso, comportamento diferente.

A lei renuncia a fixar em abstracto o grau de desculpabilidade; terá de ser fixado só no caso concreto. E para tanto dever-se-á atender não apenas à ponderação do valor do motivo determinante, do fim subjectivo do agente, em confronto com o desvalor objectivo do crime praticado, mas ainda a todas as circunstâncias do caso concreto e em particular ao estado emotivo do agente.

Os estados emotivos que enfraquecem a vontade são os que precedem a decisão voluntária e não os que a seguem. O medo, em maior medida, a ira ou indignação, a compaixão justa pela eventual vítima, as particulares relações de parentesco ou amizade, são todas circunstâncias a tomar em linha de conta para admitir a maior ou menor desculpabilidade do facto. São de mencionar especialmente aquelas circunstâncias que impõem ao agente deveres jurídicos de afrontar a situação de perigo; isso sucede, por exemplo, com os membros da Polícia, com os bombeiros, com os pais em relação aos filhos e ainda com os que tenham eles próprios causado voluntariamente a situação de perigo.

A racionalidade na apreciação é um juízo de verdadeira prudência, verificados que sejam os indispensáveis pressupostos fixados na lei. Com a racionalidade ou recta «razão», que é a prudência, como critério de apreciação e para decisão, já topámos em outro preceito legal, precisamente no «direito de necessidade», para decidir sobre a exclusão da ilicitude e agora em diverso circunstancialismo, para decidir sobre a exclusão da culpa.

Reportam-se a esta causa de exclusão da culpa do estado de necessidade desculpante algumas causas de exclusão de culpa previstas directamente na parte especial do Código: assim, o n.º 2 do art. 151.º dispõe que não tem lugar a punição por participação em rixa, quando a participação se limitou a reagir contra um ataque, a defender outrem, a separar os contendores «ou foi determinada por qualquer outro motivo não censurável»; de igual modo o n.º 3 do art. 156.º dispõe que o crime de coacção «só será punível quando for censurável a utilização do meio para atingir o fim visado»; e o n.º 3 do art. 219.º que «a omissão de auxílio não será punível quando se verificar grave risco para a vida ou integridade física do próprio ou quando por outro motivo relevante o auxílio lhe não for exigível».

O mesmo ainda se pode dizer quanto ao parentesco próximo no crime de favorecimento pessoal (cf. *infra*, n.º 151).

139. O estado de necessidade como circunstância atenuante

O n.º 2 do art. 35.º dispõe que se o perigo ameaçar interesses jurídicos diferentes dos referidos no número anterior e se verificarem os restante pressupostos ali mencionados, pode a pena ser especialmente atenuada ou, excepcionalmente, o agente ser dela isento.

Este preceito já não respeita às causas de exculpação. As circunstâncias dirimentes, quando imperfeitas, são naturalmente circunstâncias atenuantes. Verdadeiramente, o preceito que comentamos caberia mais correctamente na indicação das circunstâncias atenuantes da responsabilidade penal.

A explicação do valor das circunstâncias atenuantes na graduação do facto ilícito e da culpabilidade será abordada quando se tratar da aplicação das penas.

IV — OBEDIÊNCIA INDEVIDA DESCULPANTE

140. Ordem legítima da autoridade e obediência devida

a) A obediência devida dos cidadãos

O Código Penal de 1886 referia-se à obediência devida no n.º 4.º do art. 44.º («Justificam o facto: 4.º — Os que praticam o facto [...] no cumprimento de uma obrigação, se tiverem procedido com a diligência devida, ou o facto for um resultado meramente casual»); o mesmo art. 44.º, porém, destaca do âmbito do n.º 4 a denominada «obediência hierárquica», que seria justificada autonomamente pelo n.º 3 do mesmo art. 44.º («Justificam o facto: 3.º — Os inferiores, que praticam o facto, em virtude de obediência legalmente devida a seus superiores legítimos, salvo se houver excesso nos actos ou na forma da execução»).

Para prosseguir na análise dos preceitos do Código Penal de 1886 é conveniente ter presente que, quando o art. 44.º antecede a indicação de causas que isentam de responsabilidade penal, abrange na «justificação» não só as causas de justificação no seu significado próprio, e tal como vem sendo usado neste compêndio, mas também as causas de exculpação. Não importa, já na vigência do novo Código, fazer a destrinça entre as causas de justificação e de exculpação no Código de 1886; basta, no entanto, chamar a atenção para o último número do citado art. 44.º («Justificam o facto: 7.º — Em geral, os que tiverem procedido sem intenção criminosa e sem culpa»).

Ora, o n.º 3 do art. 44.º do Código Penal de 1886 (obediência hierárquica) prevê precisamente uma causa de exculpação que beneficia somente os «inferiores», mantendo a responsabilidade penal dos seus superiores legítimos. E, assim, nos termos do Código Penal de 1886, as ordens dos superiores hierárquicos, quando consistissem na prática de um crime, podiam dirimir a responsabilidade dos subordinados, mantendo-se necessariamente a responsabilidade penal dos superiores, autores da ordem, desde que o facto que ela impunha fosse um crime[19].

O Código Penal de 1982 não contém preceito correspondente ao n.º 3 do art. 44.º do Código Penal de 1886.

Permanece, com outra redacção, o n.º 4 do art. 44.º do Código Penal de 1886, por lhe corresponder a al. *c*) do n.º 2 do art. 31.º do Código Penal de 1982 (*v. supra*, n.º 89).

Por isso não indica, mediante expressa afirmação, qual a responsabilidade penal do superior hierárquico, pois só trata de condicionar a desculpabilidade do funcionários subordinado quando executa ordem que conduza à prática de um crime; na verdade, a al. *c*) do n.º 2 do art. 31.º do Código Penal de 1982, tal como o n.º 4 do art. 44.º do Código Penal de 1886, não se refere directamente à obediência hierárquica, isto é, à obediência devida na função pública aos superiores hierárquicos pelos funcionários que lhes estejam subordinados. Ora, a ordem legítima da autoridade abarca um campo muito mais vasto, porquanto todos os cidadãos estão, também, nos termos fixados por lei, directamente subordinados ao poder público, para cumprimento de ordens das autoridades.

Há porém que distinguir a subordinação dos cidadãos a ordens da autoridade pública, que é mais restrita ou mais ampla consoante na organização do Estado se privilegie a liberdade individual ou

---

[19] Aliás, a confirmação da interpretação do Código Penal de 1886, quanto à obediência hierárquica indevida, ressalta nitidamente da fonte do Código Penal de 1886, que nesse ponto foi o Código Penal de 1852. O n.º 3 do art. 44.º do Código Penal de 1886 trouxe para a Parte Geral a causa de exculpação que, no Código Penal de 1852, constava do seu art. 298.º, incluído na secção II do título III do livro II, sobre «Abusos de autoridade», e era assim redigido: «Se um empregado público for acusado de ter cometido algum dos actos abusivos, qualificados crimes nos artigos antecedentes desta secção, e provar que o superior, a que deve directamente obediência, lhe dera, em matéria da sua competência, a ordem em forma legal para praticar esse acto, *será isento da pena, a qual será imposta ao superior que deu a ordem*.» Responsabilidade do superior hierárquico, portanto, por crime de abuso de autoridade, e isenção de pena ou exculpação do funcionário subordinado pela execução de crimes de abuso de autoridade, quando a ordem fosse dada em forma legal e pelo superior competente. Todas as dúvidas, que levaram à incompreensão da legislação vigente, na elaboração do novo Código Penal, de 1982, são derivadas de mero equívoco, resultante do desconhecimento do direito vigente, e vieram a obter uma solução não só mais complexa e difícil de compreender, como menos justificada.

uma premente colectivização, dirigida e imposta pelo Estado, da sociedade.

Em direito penal, o grau de subordinação dos cidadãos ao Estado reflecte-se particularmente na incriminação por desobediência daqueles que não cumpram os mandados legítimos da autoridade pública ou seus agentes.

O acréscimo da subordinação dos cidadãos ao Estado revela-se na maior gravidade da incriminação por desobediência e desobediência qualificada nos Códigos de 1886 e 1982.

O art. 188.º do Código Penal de 1886 punia em geral a desobediência às ordens ou mandados legítimos da autoridade pública ou seus agentes com a pena de prisão até três meses, e na desobediência qualificada (limitada, nos termos do § 3.º do citado art. 188.º, à recusa de fazer «os serviços ou prestar os socorros, que forem exigidos em caso de flagrante delito ou para se impedir a fuga de algum criminoso, ou em circunstâncias de tumulto, naufrágio, inundação, incêndio ou outra calamidade, ou de quaisquer acidentes em que possa perigar a tranquilidade pública») seria agravada a pena de prisão até três meses com a pena de multa por seis meses.

O Código Penal de 1982, no seu art. 388.º, que é similar no seu texto ao artigo correspondente do Código anterior, pune a desobediência aos mandados legítimos da autoridade ou funcionário competentes com a pena de prisão até um ano e multa até trinta dias; e pune a desobediência qualificada com a pena de prisão até dois anos e multa até cem dias.

E, assim, quanto ao desvalor atribuído ao abuso de autoridade, a qual ultrapasse ou exceda os limites legais do seu poder, verifica-se uma tendência para a sua diminuição, restringindo a incriminabilidade desses abusos, tanto como a sua gravidade, quando puníveis.

Tal tendência parece encontrar ainda apoio na diferente gravidade das penas cominadas nos crimes de coacção e desobediência à autoridade pública (arts. 384.º, 386.º, 388.º), bem como nos de resistência com motim à autoridade pública (art. 387.º), que não é mais do que o crime de coacção de funcionários, quando praticado com motim, e pelo qual são responsáveis todos os que participarem no motim[20].

---

[20] A pena do crime de coacção no novo Código é de prisão até dois anos e multa até

De toda a maneira, a obediência devida pelos cidadãos ao Estado obriga-os ao cumprimento das leis e das ordens legítimas da autoridade.

Só obrigam as ordens que forem substancialmente legítimas, em conformidade com a própria lei que as fundamenta, e emanadas de autoridade competente. Em direito penal, este condicionalismo evidente pode deduzir-se dos preceitos que incriminam a desobediência e a resistência; no Código Penal de 1886 exigia-se que as ordens ou mandados sejam «legítimos» e provenham de quem tem competência para os proferir; e no Código Penal de 1982, o seu art. 388.º (desobediência) determina que a obediência só é devida quando a ordem seja «legítima», emanada de autoridade ou funcionário competente, e comunicada pelos meios previstos («regularmente» comunicada); este condicionamento é reproduzido também quanto ao crime de resistência [denominado no novo Código Penal «coacção de funcionários» (art. 384.º)], pois que a resistência só é punível quando haja oposição a actos «legítimos» e praticados por autoridade competente («compreendido nas suas funções»), ou quando se pretenda constranger o servidor da função pública a praticar acto relacionado com a sua função, mas ilegítimo.

b) A obediência hierárquica devida

A obediência devida dos cidadãos, de que tratámos na al. *a*), é resultante de uma relação genérica de subordinação dos cidadãos ao Estado. Mas para além dela há lugar, na ordem jurídica, a relações de subordinação específica, que tanto se verificam em direito privado como em direito público.

Em todas as relações de subordinação específica de direito privado, como são as dos filhos para com os pais ou de trabalhadores ou

---

100 dias, nos termos do n.º 1 do art. 384.º, ou, no caso do n.º 2 do mesmo artigo, prisão até 3 anos e multa até 150 dias, a qual ainda é agravada para prisão de 1 a 6 anos, se ao facto não couber pena mais grave (art. 386.º). O crime de coacção é, como se vê pela epígrafe da secção I do capítulo III do título v da Parte Especial do Código, equivalente a «resistência», e o crime de resistência no Código Penal de 1886 encontrava-se previsto no art. 186.º, segundo o qual a regra geral seria a pena de prisão até um ano, e só quando se verificasse o condicionamento previsto nos n.ºs 1.º e 2.º do citado artigo podia ser agravada até 2 anos, ou prisão até 2 anos e multa até 6 meses.

empregados para com os patrões ou os empregadores, só são obrigatórias as ordens de conteúdo legítimo, e relativas a determinados fins.

As relações de subordinação específica de direito público são as relações entre os funcionários superiores e inferiores em razão da organização hierárquica dos serviços públicos. Esta hierarquização faz prevalecer a decisão do superior sobre a opinião ou convicção do subordinado. A única forma de o evitar será o recurso aos tribunais.

A responsabilidade dos funcionários e agentes e das demais entidades públicas para com os cidadãos em geral, pelas acções ou omissões praticadas no exercício das suas funções e por causa desse exercício, de que resulte violação dos direitos ou interesses legalmente protegidos dos cidadãos, está definida no art. 271.º da Constituição.

É no entanto excluída a responsabilidade do funcionário ou agente que actue no cumprimento de ordens ou instruções emanadas de legítimo superior hierárquico e em matéria de serviço «se previamente delas tiver reclamado ou tiver exigido a sua transmissão ou confirmação por escrito» (Constituição, art. 271.º, n.º 2).

E é neste contexto que, então, a responsabilidade pelo facto violador dos direitos ou interesses legalmente protegidos dos cidadãos caberá ao superior que deu a ordem. Esta ressalva, porém, quanto à responsabilidade dos subordinados, não vigora em matéria de responsabilidade penal. O n.º 3 do mesmo art. 271.º da Constituição declara que «cessa o dever de obediência sempre que o cumprimento das ordens ou instruções implique a prática de qualquer crime».

Este n.º 3 do art. 271.º foi introduzido na Constituição em razão de se admitir na doutrina penal que o funcionário ou agente subordinado que cometesse um crime por obediência a ordem do superior hierárquico seria isento de pena porque o facto estava justificado, como constava do n.º 3 do art. 44.º do Código Penal de 1886. Surgiu alguma confusão quanto à interpretação da lei porque o art. 44.º desse Código Penal se referia à «justificação» do facto, quando na verdade o artigo se referia tanto à justificação (em sentido estrito), como à exculpação. A obediência hierárquica não seria, portanto, causa de justificação, mas causa de exculpação, como já dissemos.

De toda a maneira, o preceito constitucional impôs a orientação correcta, enquanto anteriormente ela parecia duvidosa.

Fizemos estas longas citações do texto constitucional, porque elas podem desfazer dúvidas ou omissões que perturbam o entendimento da causa de exculpação do art. 37.º do Código Penal, que pretendeu encontrar uma solução para a questão resultante do preceito constitucional do n.º 3 do art. 271.º, o qual é transcrito no n.º 2 do art. 36.º do Código Penal (*v. infra*, n.º 141).

c) *O direito de resistência, quando a obediência não é devida*

«Todos têm o direito de resistir a qualquer ordem que ofenda os seus direitos, liberdades e garantias e de repelir pela força qualquer agressão, quando não seja possível recorrer à autoridade pública» (art. 21.º da Constituição). O actual texto constitucional não foi uma inovação porquanto similar princípio constava da Constituição de 1933 (n.º 19.º do art. 8.º).

Os termos em que está redigido a preceito transcrito sugerem que o direito de resistência é um direito individual e pode ser exercido pelo titular dos direitos que sejam ofendidos por ordem ilegítima de autoridade; e embora também se refira à legítima defesa (que na legislação ordinária tanto pode ser legítima defesa própria como alheia) só é constitucionalmente garantido o direito de resistência para salvaguarda dos direitos próprios ameaçados. Em todo o caso, e sempre, é indispensável ter presente que o direito de resistência só é permitido quando não seja possível recorrer à autoridade pública, e este recurso à autoridade pública para garantia dos próprios direitos se exerce em princípio mediante o recurso aos tribunais, que é a forma legítima e normal de garantia dos direitos ameaçados.

141. Abuso de autoridade e obediência indevida

A exposição que vimos fazendo pretende ser uma introdução geral à questão específica que é a causa de exculpação de «obediência indevida desculpante», a qual só abrange o funcionário subordinado e executor da ordem «que conduz à prática de um crime», e não exclui a responsabilidade do superior que tiver sido o dador da ordem.

A matéria que o art. 37.º do Código Penal abrange não esclarece inteiramente o seu alcance, pois a «obediência indevida» do funcionário subordinado está necessariamente dependente do «abuso de autoridade» em que incorre o superior hierárquico que deu a ordem que conduz à prática de um crime.

Foi esta a questão duvidosa já enunciada (no número anterior), e para cuja resolução era mister previamente expor, ainda que em breves traços, qual a subordinação dos cidadãos às ordens legítimas da autoridade, bem como a subordinação dos funcionários às ordens legítimas ou ilegítimas dos seus superiores hierárquicos.

E ela foi enunciada e resolvida expressamente pelo art. 271.º da Constituição, onde (no seu n.º 2) se exclui a responsabilidade do funcionário ou agente que actue no cumprimento de ordens emanadas de legítimo superior hierárquico e em matéria de serviço, se previamente delas tiver reclamado ou tiver exigido a sua transmissão ou confirmação por escrito. Verificado este condicionamento, o inferior não tem qualquer responsabilidade civil ou administrativa.

Deste preceito geral se destaca, porém (n.º 3 do art. 271.º da Constituição), a responsabilidade penal, pois que cessa o dever de obediência sempre que o cumprimento das ordens ou instruções implique a prática de qualquer crime.

É precisamente a este caso de obediência indevida que se refere o art. 37.º do Código Penal: é uma obediência indevida do funcionário ou agente subordinado, mas obediência indevida que é desculpável quando ele não tenha conhecimento da criminalidade do facto que comete, em obediência ao superior hierárquico, «não sendo isso evidente no quadro das circunstâncias por ele representadas» (ou, por outras palavras, o subordinado não tem consciência da ilicitude do facto, se a ilicitude penal, se essa ilicitude, não for para ele evidente no caso concreto). Há, para o subordinado, a presunção de licitude dos factos cuja execução lhe for ordenada por superior legítimo.

É evidente a omissão de uma referência expressa à punibilidade do superior hierárquico, dador da ordem dirigida à prática de um crime[21].

É desta omissão, e das dúvidas que ela possa suscitar, que nos vamos ocupar.

142. A obediência indevida e a ordem do superior que conduz à prática de um crime

A solução do problema posto no Código Penal de 1886 não levantava dificuldades, mas já suscita alguma perplexidade na aplicação do Código Penal de 1982. A comparação entre os dois Códigos, nesta matéria, pode concorrer para o seu esclarecimento.

a) No Código Penal de 1886

O Código Penal de 1886 (art. 44.º, n.º 3) considerava desculpável a obediência indevida do subordinado, executor, ou cúmplice material, do crime cometido.

Entendeu-se então que a ordem do superior hierárquico era uma forma de coacção moral, que excluiria toda a culpa, pois que não caberia ao inferior, sob pena de prejudicar a necessária disciplina dos serviços públicos, o sindicato da legitimidade da ordem; mas muito menos impunha ao subordinado a obediência, antes considerava indevida essa obediência.

E, efectivamente, e sob a rubrica «Dos agentes do crime», o

---

[21] O Código Penal de 1852 definia os crimes de abuso de autoridade nos arts. 291.º a 300.º (é precisamente no art. 298.º que se concede a isenção de pena ao funcionário inferior que tenha cumprido ordens do superior hierárquico competente na forma legal); nos arts. 301.º a 304.º, incriminava o «excesso de poder e desobediência». O Código Penal de 1886 tratava dos abusos de autoridade igualmente nos arts. 291.º a 300.º, e do excesso de poder e desobediência nos arts. 301.º a 305.º; é relativamente aos crimes de abuso de autoridade que pode verificar-se a isenção de pena do executor. Os crimes de abuso de autoridade não passaram para o Código Penal de 1982; em número limitado encontram-se preceitos dispersos de alguma incriminação do abuso de autoridade (por exemplo, o art. 417.º, prisão ilegal) no capítulo que trata dos crimes contra a realização da justiça. Prevê já copiosamente os «crimes contra a autoridade pública» (arts. 384.º e segs.). Mas o denominado «abuso de autoridade» (arts. 428.º e 432.º) é de reduzido alcance, em contraste com o espírito que presidia às incriminações dos Códigos anteriores. Em todo este contexto, são ainda hoje de consulta doutrinária muito útil os arts. 291.º a 300.º do Código Penal de 1886.

art. 20.º declarava serem autores «[...] (n.º 2) os que por [...] abuso de autoridade ou de poder constrangeram outro a cometer o crime, seja ou não vencível o constrangimento», e ainda (n.º 3) «os que, por ajuste, dádiva, promessa, *ordem,* pedido, ou por qualquer meio fraudulento e directo determinaram outro a cometer o crime». É sobretudo elucidativo o n.º 2, pois que expressamente indica como autores morais do crime os que determinaram outros à sua execução mediante «abuso de autoridade ou de poder».

Na vigência do Código Penal de 1886, o autor da ordem criminosa era punível como autor moral do crime; só o funcionário ou agente subordinado, cometendo embora o facto, beneficiaria da causa de exculpação autorgada pelo n.º 3 do art. 44.º

b) No Código Penal de 1982

Não é diferente, em princípio, a solução adoptada pelo Código Penal de 1982, sobretudo desde que se afaste o equívoco que esteve na origem de maior complexidade que veio a afuscar a sua clarificação.

O Código Penal de 1886 não excluía a ilicitude penal dos abuso de autoridade, nem a ilicitude penal da obediência indevida do funcionário ou agente subordinado. Considerava a obediência indevida do inferior desculpável, ou seja, a obediência hierárquica era causa de exculpação.

Ora, o Código Penal de 1982 inclui entre as causas de exculpação a obediência hierárquica que não é devida porque é ilícita, mas é «desculpante», porque permite a exculpação do autor ou cúmplice material do crime que seja funcionário ou agente subordinado do autor moral que é o dador da ordem.

143. O superior hierárquico como autor moral do crime e o funcionário ou agente subordinado como autor material

A omissão de incriminabilidade e responsabilidade penal do superior hierárquico, autor da ordem de teor criminoso, deve ser naturalmente suprida pela regulamentação, no Código Penal, da comparticipação criminosa.

Assim sucedia, como fica dito, no Código Penal de 1886, e assim sucede no Código Penal de 1982. Ou seja, os termos em que responde o autor da ordem pelo crime cometido pelo funcionário subordinado são definidos pelas normas legais relativas à comparticipação criminosa e que constam dos arts. 25.º a 29.º; as breves conclusões que enunciaremos hão-de encontrar a sua comprovação na interpretação, algum tanto difícil, dessas disposições legais (cf. *infra,* n.ºs 171 e segs.).

O art. 26.º do Código Penal de 1982 distingue, na autoria dos crimes, para além dos autores materiais que executem por si mesmos o crime, o autor mediato que executa o facto por intermédio de outrem e o autor que dolosamente determina outra pessoa à prática do facto, desde que haja execução ou começo de execução.

Na interpretação que damos a este preceito legal, é de considerar que o denominado autor mediato é, na sua substância, autor moral, e que autor material é somente o que pratica actos de execução do crime.

O que ressalta da regulamentação, de maior interesse para a questão da responsabilidade penal do superior hierárquico, dador da ordem criminosa, é que este, na comparticipação criminosa que o liga ao subordinado, só é penalmente responsável se tiver instigado ou ordenado a execução do crime pelo seu subordinado, se tiver intencionalmente, dolosamente, ordenado a execução do crime.

Mas esta limitação da responsabilidade penal do dador da ordem à responsabilidade a título de dolo contradiz a definição, formalmente expressa, da desculpabilidade do funcionário ou agente subordinado que o art. 37.º regulamenta, pois que o subordinado só é isento de culpa se não tiver consciência da sua ilicitude («cumpre uma ordem *sem conhecer* que ela conduz à prática de um crime»), sendo ainda reafirmada a exigência de falta de consciência da ilicitude do executor da ordem quando se esclarece que a falta de consciência da ilicitude devida à própria negligência não fundamenta a exculpação do crime cometido pelo subordinado («não sendo isso evidente no quadro das circunstâncias por ele representadas», ou seja, quando, com a necessária diligência, se podia dar conta da incriminabilidade do facto cometido).

Mas desta forma poderia ficar impune o superior, dador da ordem, e ser punível o subordinado, executor da ordem.

É possível, porém, interpretar o preceito legal, como temos defendido, no sentido de que a consciência da ilicitude do facto, por parte do executor da ordem, só se verifica quando essa ilicitude for evidente, no caso concreto, para o autor material. Há, assim, como que uma relativa presunção de desculpabilidade, e até de exclusão da responsabilidade a título de negligência.

A determinação de outrem ao crime, como autoria moral, é uma instigação directa; não existe autoria moral de autoria moral.

Na organização dos serviços públicos, e para prática de actos da função pública, a hierarquia abrange, em regra, múltiplos escalões. Uma ordem de teor criminoso pode emanar, por exemplo, do ministro, do director-geral, do chefe de repartição, etc., para execução por um agente da autoridade.

Há, nesta hipótese, que distinguir:

A ordem emanada do topo da hierarquia pode ser transmitida por escalões sucessivos da organização burocrática; essa transmissão pode ser meramente formal, visto dirigir-se directamente ao executor; ou pode ser uma ordem de um superior que se dirija ao escalão imediatamente inferior para que providencie no sentido que lhe for indicado. Neste último caso, quem tem o dever de impedir a execução é aquele de quem depende ordenar directamente o seu exercício.

Concluindo:

A obediência indevida desculpante pressupõe a comparticipação de uma pluralidade de agentes no crime.

O art. 37.º tem, por isso, de harmonizar-se com a regulamentação da comparticipação, que consta especialmente dos arts. 25.º a 29.º; o art. 37.º não altera os arts. 25.º a 29.º, porque verdadeiramente os completa, no caso de obediência hierárquica indevida.

E, assim:

1.º — Não há autores morais sem autores materiais e, por isso, não é punível o superior hierárquico que deu a ordem de teor criminoso sem execução ou tentativa de execução pelo funcionário ou agente subordinado.

2.º O superior hierárquico só é responsável como autor moral se tiver procedido com dolo, pois que, diferentemente do que sucedia no Código Penal de 1886, o Código Penal de 1982 exige o dolo do autor moral (na parte final do art. 26.º); mas pode haver autores materiais sem que sejam puníveis, pois podem ter agido sem dolo ou negligência (art. 29.º).

3.º — Há que tomar em consideração o significado que deve ser atribuído ao denominado autor mediato, consoante se indica na exposição da teoria da participação criminosa. E, muito especialmente, a coordenação da doutrina da participação criminosa com a obediência indevida desculpante, faz presumir que não pode haver responsabilidade penal do subordinado quando a falta de consciência da ilicitude seja devida a mera culpa ou negligência, porquanto parece inadmissível a punição do executor quando não há responsabilidade do dador da ordem por mera culpa.

V — O EXCESSO DE LEGÍTIMA DEFESA NÃO PUNÍVEL

144. O excessso de legítima defesa, como crime cometido mediante excesso nos meios de defesa

O n.º 2 do art. 33.º do Código Penal dispõe: «se o excesso (de legítima defesa) resultar de perturbação, medo ou susto não censuráveis, o agente não será punido».

A origem remota do preceito encontra-se no Código alemão de 1871, ou melhor, no Código prussiano de 1851. Foi introduzido na legislação portuguesa com o Código Civil de 1966 (art. 337.º, n.º 2): «o acto considera-se igualmente justificado, ainda que haja excesso de legítima defesa, se o excesso for devido a perturbação ou medo não culposo do agente». Mediante a sua introdução no Código Civil, veio a ser indirectamente aplicável em direito penal.

Nas alterações ao Código Penal de 1886 constantes da Reforma de 1972 acrescentou-se então um § único ao art. 46.º, que definia a desculpabilidade do excesso de legítima defesa nas seguintes condições: «não é punível o excesso de legítima defesa devido a perturbação ou medo desculpável do agente».

O § único do art. 46.º do Código Penal de 1886 acrescentado em 1972 reproduz, procurando somente evitar algumas dúvidas que a redacção podia suscitar, o preceito do Código Civil português. O novo Código Penal altera ainda a redacção, sem também alterar o sentido do preceito.

145. O excesso doloso ou culposo (crime doloso ou culposo) e o excesso impune

Como já ficou dito, o excesso de legítima defesa (n.º 1 do art. 33.º do Código Penal) constitui um crime; a legítima defesa justifica o crime se se mantiver os limites que são indicados pelos requisitos da legitimidade da defesa, que a lei demarca. Como diz o n.º 1 do art. 33.º, o excesso de legítima defesa é excesso nos meios empregados (o meio necessário a que se refere o art. 32.º) para repelir a agressão e ao crime assim praticado é recusada a justificação. É, portanto, um crime, e como tal punível. Será punível a título de dolo ou a título de negligência, como crime doloso ou culposo, consoante o excesso for doloso ou culposo (cf. *supra*, n.ºs 71 e segs.)[22].

O crime (ou excesso) não será punível se não for doloso nem culposo e se tratar de excesso casual ou for desculpável.

Causa especial da sua desculpabilidade é a que consta do n.º 2 do art. 33.º Este preceito põe o acento tónico quanto ao fundamento desta causa de exculpação na importância que atribui a estados afectivos — perturbação, medo ou susto — na debilitação da vontade culpável.

Deste modo, pode parecer que esta causa de exculpação tem fundamento diverso daquele que está na base do estado de necessidade desculpante. E contudo são mais as semelhanças que as divergências acidentais na definição do estado de necessidade desculpante e no excesso desculpável de legítima defesa.

Seguidamente há que verificar em relação a que crimes é aplicável a causa de exculpação definida no art. 33.º e depois ainda como se delimita a própria causa de exculpação, fazendo sobressair as convergências e divergências com o estado de necessidade desculpante.

146. Crimes a que é aplicável a causa de exculpação do n.º 2 do art. 33.º

Excesso de legítima defesa punível é o crime que se realiza com um modo especial de execução, isto é, mediante uma defesa «ilegítima». Hão-de verificar-se os pressupostos da legítima defesa e

---

[22] E tb. *Dir. Pen. Port.*, I, n.ºs 138, 141 e 220.

deverá faltar a legitimidade da defesa. Os requisitos da legitimidade da defesa condicionam a ilicitude objectiva do excesso. Mas o excesso de legítima defesa só será crime se além de facto tipicamente ilícito for facto culpável, isto é, cometido com dolo ou negligência.

O crime cometido mediante excesso de legítima defesa será então crime doloso ou crime culposo.

Os crimes não são, em geral, cometidos em excesso de legítima defesa; mas, e desde que o defendente, no excesso de legítima defesa, pratique qualquer facto criminoso, seja qual for a sua espécie, tal crime fica impune se a sua perpetração for devida «a perturbação, medo ou susto não censuráveis».

Os crimes relativamente aos quais pode ter lugar esta causa exculpativa são todos os crimes cometidos em excesso de legítima defesa. No entanto, como já foi indicado, não se verifica apenas excesso na legítima defesa, pois que também pode ter lugar, em termos similares, excesso em outras causas de justificação. É sobretudo de tomar em consideração, em geral, quanto ao «direito de necessidade», e igualmente quanto ao exercício de um direito ou no cumprimento de um dever, que compreendem, afinal, todas as causas de justificação.

147. Pressupostos da causa de exculpação

O excesso de legítima defesa, como a legítima defesa, tem por pressuposto uma agressão actual e ilícita de quaisquer interesses juridicamente protegidos do agente ou de terceiros.

Para que o crime seja cometido em excesso de legítima defesa é preciso que haja uma agressão com as características indicadas na lei. Se não houver uma agressão actual e ilícita, e esta for apenas erroneamente suposta, pode ter lugar tão-somente uma legítima defesa putativa; a exclusão da culpabilidade só pode basear-se então na relevância do erro sobre os pressupostos das causas de justificação nos termos do n.º 2 do art. 16.º

Contudo, os pressupostos da causa de exclusão da culpa não são somente uma delimitação formal do seu âmbito; constituem uma concretização ou objectivação também do seu fundamento. E é isso que convém ponderar no confronto desta causa de exculpação com o estado de necessidade desculpante.

No estado de necessidade desculpante, o estado de necessidade designa o pressuposto da causa de exculpação e a causa de exculpação vem a ser designada pelo nome do seu pressuposto. O estado de necessidade consiste em um perigo actual e ilícito de ofensa a determinados bens jurídicos, do agente ou de outrem.

Na causa de exculpação do n.º 2 do art. 33.º, o pressuposto é também uma agressão actual e ilícita, isto é, um perigo actual e ilícito, mas tendo por objecto quaisquer bens jurídicos defensáveis.

E assim como no estado de necessidade desculpante o pressuposto objectiva a natureza e valor do motivo determinante da vontade do agente, igualmente e quanto ao crime cometido em excesso desculpável de defesa, o motivo da defesa excessiva encontra-se implícito na sua formulação objectiva como pressuposto.

O motivo determinante do crime cometido encontra-se objectivado na agressão injusta que em si mesma será origem de um motivo justo.

148. A perturbação, medo ou susto não censuráveis

O n.º 2 do art. 33.º refere-se directamente apenas aos estados emocionais que juntamente com o valor positivo do motivo são fundamento da desculpabilidade.

Parece claro que a perturbação, medo ou susto são em geral o efeito da ameaça que constitui a agressão. A agressão pode ensombrar o recto juízo sobre o alcance da agressão e os limites da defesa, em razão da perturbação do ânimo, como pode dar origem ao temor ou medo, ou enfraquecer o entendimento ou a vontade mediante o susto.

O Código Penal, na redacção do n.º 2 do art. 33.º, regressou à literal transcrição do velho preceito alemão, acrescentando o susto à perturbação e medo aos quais se referia o Código Civil. Essa maior explanação não significa uma maior amplitude do seu âmbito; o susto é afinal um medo súbito.

A perturbação, medo ou susto não suprimem a vontade culpável. Poderão tomar forma patológica, como pânico, que pode excluir a imputabilidade (art. 20.º), sendo abrangido pelo conceito de «anomalia psíquica»; mas então a impunidade resulta da falta de imputabilidade e não de outra causa de exculpação.

O medo, que não se transforma em «anomalia psíquica» nos termos do art. 20.º, não suprime a vontade; não há, por princípio, privação da capacidade de ajuizar e de querer, mas enfraquecimento da vontade. Quem age, movido por forte perturbação, medo ou susto não quer directamente aquilo que faz, impelido por essas emoções; prefere o mal que faz ao mal que teme ou o perturba.

A perturbação, medo ou susto não tem valor autónomo como causa de exculpação; e no entanto é nesse sentido que se inclina parte da doutrina germânica ao admitir a causa de exculpação no chamado excesso extensivo de defesa.

O excesso de legítima defesa é ainda defesa — defesa ilegítima, por haver excesso nos meios empregados. Mas os actos praticados após o termo da agressão ou independentemente da defesa ilegítima não estão compreendidos no excesso de legítima defesa tal qual a define o n.º 1 do art. 33.º e quanto a eles, se forem crime, não há lugar a exculpação com fundamento no n.º 2 do art. 33.º

Seriam estes os casos compreendidos no denominado excesso extensivo de defesa impune.

149. Confronto entre o estado de necessidade desculpante e a causa exculpativa no excesso de legítima defesa

No estado de necessidade desculpante, o valor do motivo vem indicado, mediante a sua objectivação, no pressuposto da causa de exculpação, isto é, na definição do próprio estado de necessidade.

Relativamente à causa exculpativa privativa dos crimes cometidos em excesso de legítima defesa também assim acontece, mas o pressuposto da causa de exculpação não vem directamente referido na sua definição legal e antes está implícito na própria noção do excesso de legítima defesa constante do n.º 1 do art. 33.º

Ao invés, os estados emotivos estão directamente referenciados nesta causa de exculpação (n.º 2 do art. 33.º) e omissos na definição do estado de necessidade desculpante; neste se inserem, porém, indirectamente, no contexto do circunstancialismo a ponderar para decidir da racionalidade da exigência de comportamento diferente; a importância que assumem está ofuscada e poderá ser menor, mas não está inteiramente ausente.

VI — CAUSAS DE EXCULPAÇÃO PREVISTAS NA PARTE ESPECIAL DO CÓDIGO PENAL

150. As causas de exculpação previstas na parte especial do Código Penal

As causas de exculpação no Código Penal de 1886 eram tão somente as que como tais se encontravam previstas na lei; assim o declarava o n.º 7 do art. 29.º, bem como o art. 52.º

E, no entanto, não estavam todas elas expressamente definidas ou sistematicamente ordenadas, e até o n.º 7 do art. 44.º eximia de responsabilidade criminal, em geral, os que tivessem procedido sem intenção criminosa e sem culpa. Não havia, de facto, uma contradição, pois que dolo e culpa são as formas da culpabilidade, e não uma restrição da culpabilidade que só poderá derivar de causas não incluídas no seu conceito legal.

O projecto do Código Penal vigente seguiu orientação diferente, pois que englobava todas as causas de exculpação em um princípio genérico — a inexigibilidade (v. supra, n.º 126).

A proclamação da definição de inexigibilidade em substituição da enumeração de causas de exculpação foi no entanto abandonada na redacção definitiva do Código Penal de 1982.

As causas de exculpação são enumeradas na lei, e o dolo e a culpa só são excluídos quando da lei constarem as causas que devem ou podem excluir a culpabilidade.

Todas as causas de exculpação até aqui indicadas constam da parte geral do Código Penal, mas outras causas há, dispersas pela parte especial, que não são aplicáveis a todos os crimes em geral, pois que só excusam o agente do crime em relação ao qual são previstas.

Não é fácil fazer a sua enumeração completa, tarefa a empreender no estudo da parte especial do Código.

No entanto, e para compreensão das dificuldades que a questão suscita no Código vigente, vamos referir-nos, sucessivamente, ao parentesco próximo no crime de favorecimento pessoal e ainda a outras causas de exculpação aplicáveis em relação a diversos crimes.

151. O parentesco próximo no crime de favorecimento pessoal (art. 410.°, n.° 4)

O Código Penal de 1886 dispunha no § único do art. 23.°: «não são considerados encobridores, o cônjuge, ascendentes, descendentes e os colaterais ou afins até ao 3.° grau por direito civil, que praticarem qualquer dos factos designados nos n.ᵒˢ 1, 2 e 5 deste artigo».

As causas de exculpação, como as causas de justificação, constam dos arts. 31.° e segs. da parte geral do novo Código. As causas de justificação, além das indicadas especialmente na parte geral do Código, podem provir da ordem jurídica em geral, quer quanto à generalidade dos crimes, quer quanto a algum ou alguns crimes. As causas de exculpação devem ser expressas na lei, mas podem igualmente constar de leis especiais ou da parte especial do Código, relativamente a um ou mais crimes.

É o que acontece com o art. 410.°, n.° 4, como acontecia com o § único do art. 23.° do anterior Código.

Este preceito do Código de 1886 encontrava-se na parte geral do Código, enquanto o art. 410.° do actual Código se encontra na parte especial. A razão está em que, no Código de 1886, o encobrimento era uma forma de participação (por aderência) nos crimes, enquanto tal forma de participação foi suprimida no novo Código, que autonomizou como crime os modos de participação por aderência, quer o encobrimento pessoal — que é agora crime de «favorecimento» pessoal — quer o encobrimento real — que é agora o crime de receptação, voltando assim ao sistema seguido pelo Código Penal de 1852. Só quanto ao crime de favorecimento pessoal no Código actual, que corresponde ao encobrimento pessoal no Código de 1886, tem lugar a causa de exculpação de que nos ocupamos.

A impunibilidade, que o n.° 4 do art. 410.° decreta, respeita ao crime de favorecimento pessoal; esse crime é definido nos n.ᵒˢ 1 e 2.

«1. Quem, total ou parcialmente, frustrar ou iludir a actividade probatória ou preventiva das autoridades competentes com a intenção ou com a consciência de evitar que outrem, que praticou um crime, seja submetido a reacção criminal nos termos da lei, será punido com prisão até três anos.

2. Na mesma pena incorre quem prestar auxílio a outrem com a intenção ou com a consciência de, total ou parcialmente, impedir ou frustrar a execução da reacção criminal que lhe foi aplicada.»

A incriminação não difere essencialmente da que constava do Código de 1886 quanto ao encobrimento pessoal descrito nos n.os 1, 2 e 5, do art. 23.º No Código anterior era, porém, a descrição dos factos de encobrimento pessoal mais clara, ou, se se quiser, menos imprecisa.

Era a seguinte a redacção dos n.os 1, 2 e 5 do art. 23.º do Código Penal de 1886. Seriam encobridores: «1.º — os que alteram ou desfazem os vestígios do crime, com o propósito de impedir ou prejudicar a formação do corpo de delito; 2.º — os que ocultam ou inutilizam as provas, os instrumentos ou os objectivos do crime com o intuito de concorrer para a impunidade; 5.º — os que dão coito ao criminoso ou lhe facilitam a fuga, com o propósito de o subtrair à acção da justiça.»

A pena seria então maior ou menor, consoante a gravidade do crime relativamente ao qual se verifica a participação por aderência (art. 106.º do Código Penal de 1886). A autonomização do crime de favorecimento pessoal suprimiu essa subordinação relativa da medida da pena.

O n.º 4 do art. 410.º dispõe que «não são puníveis pelas disposições deste artigo o cônjuge, ascendente, descendente e os colaterais ou afins até ao 3.º grau da pessoa em benefício da qual actuaram».

Permanece, com este preceito, a dúvida que surgira quanto à razão de ser da impunidade.

Longamente a doutrina considerou tratar-se duma causa pessoal de isenção da pena, mas fez carreira a opinião de que se tratava duma causa de exculpação. Foi esta última a opinião que seguimos na interpretação do Código de 1886[23]. É de manter a mesma opinião na interpretação do Código de 1982.

---

[23] Dir. Pen. Port., I, n.º 221.

O motivo da actividade criminosa contra a administração da justiça não é egoísta, mas altruísta, e baseado em estreitos laços de família. Suficientemente forte e de valor positivo para enfraquecer a culpabilidade de modo a excluir a culpabilidade em matéria criminal nas actividades criminosas que engloba o art. 410.º, como englobavam os n.ºs 1, 2 e 5 do art. 23.º do Código anterior.

152. Outras causas de exculpação

Sem a pretensão de esgotar a enumeração das causas de exculpação previstas na parte especial do Código Penal, anotaremos algumas, mormente com o fito de apontar as dificuldades, praticamente insuperáveis, de lhes atribuir um alcance e sentido unívocos.

E, sendo assim, é previsível que irão surgir controversos ensaios para o seu entendimento, originando a incerteza no conhecimento do direito, ampliando as dificuldades na sua aplicação e desorientando por isso a jurisprudência.

Na verdade, e em geral, as causas da exculpação previstas relativamente a vários crimes, na parte especial do Código Penal, parecem ter por denominador comum o simples apelo ao conceito de inexigibilidade, que a revisão do projecto da parte geral do Código rejeitou.

Exemplificando:

— n.º 2 do art. 151.º (causa de exculpação no crime de participação em rixa): «O disposto neste artigo não é aplicável quando a participação em rixa se limitou a reagir contra um ataque, a defender outrem, a separar os contendores *ou foi determinada por qualquer outro motivo não censurável.*»

— n.º 3 do art. 156.º (causa de exculpação no crime de coacção): «A coacção só será punível *quando for censurável* a utilização do meio para atingir o fim visado.»

— n.º 2 do art. 178.º (causa de exculpação no crime de divulgação de factos referentes à intimidade da vida privada): «O agente não será punido quando a divulgação for feita como meio adequado para realizar um interesse público legítimo *ou tenha qualquer outra causa justa.*»

— n.º 1 do art. 179.º (crime de gravações e fotografias ilícitas): «Quem, *sem justa causa* e sem consentimento de quem de direito [...]»

— art. 184.º (crime de violação do segredo profissional): «Quem, *sem justa causa* e sem consentimento de quem de direito, revelar ou se aproveitar de um segredo de que tenha conhecimento em razão do seu estado, ofício, emprego, profissão ou arte, se essa revelação ou aproveitamento puder causar prejuízo ao Estado ou a terceiros, será punido [...]»

— n.º 3 do art. 219.º (crime de omissão de auxílio): «A omissão de auxílio não será punível quando se verificar grave risco para a vida ou integridade física do próprio *ou quando por outro motivo relevante o auxílio lhe não for exigível.*»

TÍTULO II

A ESTRUTURA ACIDENTAL DO CRIME

153. A estrutura essencial e a estrutura acidental do crime

O conceito legal de crime é uma noção abstracta, que a lei define simplificando a realidade dos factos concretos. Estes são factos singulares que enquanto objecto das normas incriminadoras são definidos na sua essencialidade, contida na fórmula abstracta de um tipo legal de crime.

A doutrina, expondo a teoria geral do crime, prossegue ainda o processo de simplificação próprio da técnica legislativa; a noção de crime indicará, então, os elementos essenciais comuns a todos os crimes.

É este um caminho que conduz a uma cada vez maior generalização e à redução a essência do conceito, e por isso os elementos essenciais da noção genérica de crime são mais pobres de conteúdo do que os elementos essenciais previstos em cada norma incriminadora para cada um dos tipos legais de crime.

Porém, ao tipo legal de crime corresponde, na realidade sobre que impende o Direito, o facto típico, o facto da vida real no qual se verificam todos os elementos essencialmente constitutivos do tipo legal.

A relevância jurídica do facto criminoso, no entanto, não se esgota na sua estrutura essencial. À estrutura essencial do crime sobrepõe-se a sua estrutura acidental.

Na verdade, ao mesmo crime, na sua estrutura essencial, corresponde uma mais grave ou menos grave responsabilidade penal consoante as circunstâncias que o diversificam e se integram na contextura do facto concreto.

Se a responsabilidade penal se medisse exclusivamente em função da estrutura essencial do crime, não haveria, em princípio, uma maior ou menor responsabilidade, relativamente ao mesmo tipo legal de crime.

A estrutura acidental do crime fornece, pela aproximação à realidade do facto criminoso, a vereda que conduz ao processo de concretização.

Assim como a noção de crime é extraída por simplificação da realidade concreta, em sentido oposto o direito procede, depois, à sua concretização ou individualização, de forma a que a justiça penal se amolde, o mais possível, ao facto singular.

Este aspecto do direito penal não tem paralelo em outros ramos do Direito e, por isso, a teoria das circunstâncias é uma teoria privativa do direito penal.

A individualização da pena e a concretização do tipo legal do crime no facto criminoso são questões correlativas.

154. As circunstâncias na estrutura acidental do crime

Referimo-nos já às circunstâncias essenciais do crime. Para esclarecer o seu significado, distinguimos os elementos essenciais.

Em sentido estrito, os elementos essenciais são elementos intrínsecos, no sentido de que respeitam ao agente e à sua acção, enquanto os elementos que são extrínsecos ao agente e à sua acção, isto é, que estão ao derredor do agente e sua acção, se denominam circunstâncias (v. supra, n.ºs 48, 54 e 55).

O crime é graduável como facto ilícito e como culpabilidade; à gravidade do crime se segue, como corolário, a gradualidade da pena; o crime não é objecto de valoração jurídica somente na sua estrutura essencial; procede-se à sua valoração, escalonadamente, sobrepondo-se à verificação da estrutura essencial a verificação da sua estrutura acidental.

As circunstâncias essenciais, porém, não abrangem somente circunstâncias que são componentes do próprio tipo de crime. Idêntica denominação, como circunstâncias, é dada às circunstâncias que excluem a ilicitude ou a culpabilidade, ou seja, causas de justificação e causas de exculpação ou, o que é o mesmo, circunstâncias justificativas e circunstâncias exculpativas (circunstâncias dirimentes da responsabilidade penal).

Pode, porém, originar alguma confusão a nomenclatura utilizada, contrapondo à estrutura essencial a estrutura acidental do crime, pois que ao crime na sua essência poderia contrapor-se o facto típico circunstanciado, ou seja, uma estrutura circunstanciada do crime. Convém afastar qualquer possibilidade de confusão, indicando o significado próprio de acidente.

A essência corresponde ao que é comum a qualquer natureza e, tratando-se de crimes, ao que é comum no crime, enquanto definido pela lei; o acidente é a individualização concreta de idêntica essência.

Um exemplo bastará para facilitar o entendimento, reportando-se, por um lado, à natureza humana, que é comum em todos os homens, e, por outro lado, à diversidade que reveste cada homem em relação aos demais. Acidentes são as condições particulares que individualizam o facto singular[1].

E deste modo circunstâncias acidentais do crime são tanto as circunstâncias extrínsecas ao facto, como circunstâncias intrínsecas desde que nelas se fundamenta a modificação da relevância jurídica do facto concreto a que são inerentes ou com o qual se relacionam.

155. A teoria das circunstâncias e suas origens

A teoria das circunstâncias dos actos humanos tem provecta origem na filosofia aristotélica, e foi dela feita larga explanação no domínio do direito por Cícero, e depois recebida e resumidamente reformulada por S. Tomás de Aquino. Este agrupou a multiplicidade das circunstâncias alongadamente enunciada por Cícero de uma maneira sintética, agrupando-as do seguinte modo: «quem, o quê, porquê, como, com quê, quando, onde» *(quis, quid, cur, quomodo, cum quibus auxiliis, quando, ubi)*.

Este agrupamento pode, contudo, induzir em erro se não se ex-

---

[1] S. Tomás, *Summa Theologica*, I*-II**, q. 7.

plicar que, ao referir entre as circunstâncias acidentais o agente (quem), o próprio acto (quid) e o motivo ou causa final (porquê), tais elementos só são circunstâncias enquanto modalidades dos elementos essenciais que são o próprio agente, o acto e a causa final.

São circunstâncias intrínsecas ao acto e individualizantes que inerem aos elementos essenciais; as demais é que são, por si mesmas, circunstâncias no acto sendo a ele extrínsecas. O agente, o acto e a causa final, em si mesmos, são sempre elementos essenciais e só como modalidade de um dos próprios elementos essenciais são circunstâncias.

Na teoria do crime, crime que é um acto humano, as circunstâncias são aspectos particulares que o individualizam, pois respeitam ao facto efectivamente cometido, real, e que se sobrepõem à substância ou essência do facto, que o tipo legal de crime inclui na sua definição abstracta. E, assim, serão circunstâncias tanto as que inerem aos elementos essenciais — circunstâncias intrínsecas —, como as que, sendo estranhas ao núcleo essencial do facto, o circundam ou com ele se relacionam — circunstâncias extrínsecas.

Parece necessário, ou pelo menos útil, esclarecer o significado e importância das circunstâncias, sem directa ligação com a legislação vigente. Suscitar antecipadamente as dificuldades que a regulamentação legal do Código Penal de 1982 levanta seria inoportuno, pois obrigaria a enxamear a exposição de inúmeros problemas de interpretação, que iriam obscurecer o próprio significado e importância das circunstâncias, tanto na individualização do crime como da pena.

Para tanto convém fazer um breve esboço da origem das contradições que a teoria das circunstâncias tem revelado no decurso dos dois últimos séculos, mormente nas codificações do Direito Penal.

a) A codificação do direito penal é obra do iluminismo e foi iniciada em França, repercutindo-se rapidamente na Europa e na América Latina.

Característica evidente da reforma legislativa foi a sua dependência de um idealismo teórico.

Em teoria verificaram-se, porém, duas vertentes distintas; uma, que predominou em França, e se difundiu sobretudo no Centro e Norte da Europa, e outra, que prevaleceu no Sul da Europa e na América Latina.

E, assim, em Portugal a vertente dominante em teoria foi a propugnada por Mello Freire, na orientação da obra de Heineccio[2].

A codificação na Europa iniciou-se com a publicação de Códigos Penais; a iniciativa da codificação pertenceu à França, que fizera vingar a Revolução Francesa em 1789. Já em 1791 é publicado o primeiro Código Penal francês, que naturalmente haveria de dar expressão jurídica aos princípios fundamentais do liberalismo do século XVIII.

Toda a evolução se define pela crítica aos males da época anterior, cuja supressão se fomenta, e pela proclamação dos ideais a realizar.

Deste ponto de vista, a crítica da legislação penal anterior, obra do iluminismo (Beccaria, Feuerbach, e vários outros jurisconsultos), incidia sobre dois aspectos que especialmente mereciam reprovação: o amplo arbítrio atribuído aos juízes na aplicação das penas, e a crueldade ou atrocidade das penas. O fim primacial a atingir seria, portanto, a abolição das penas atrozes e das penas arbitrárias.

Quanto aos ideais a realizar, é preciso recordar as características

---

[2] A obra de Heineccio — *Elementa juris civilis secundum ordinem Pandectarum*, de 1768 — foi publicada, por ordem régia, pela tipografia da Universidade de Coimbra, para servir de apoio aos estudos jurídicos, em 1826. Por sua vez, a obra de Mello Freire foi o único compêndio de direito penal português na Universidade de Coimbra até meados do século passado; o ensino do direito penal passou quase despercebido durante a maior parte do século XIX, quer porque umas vezes não havia uma disciplina autónoma de direito penal, quer porque outras vezes não havia lente que a regesse efectivamente. Basílio de Sousa Pinto seguiu a orientação que provinha das *Instituições de Direito Criminal* de Mello Freire, desde 1845. Em 1861 foi encarregado dessa regência Henriques Secco, que manifestou a intenção de redigir um compêndio de direito penal, mas não chegou a executar a intenção que manifestara. Em 1887 assumiu a regência da disciplina de direito penal Henriques da Silva; surgira já por toda a Europa um novo rumo nos estudos de direito penal: o positivismo sociológico. Henriques da Silva iniciou o ensino dessa doutrina em Coimbra, disso dando conta os seus *Elementos de Sociologia Criminal e Direito Penal*. Pode assim dizer-se que a obra de Mello Freire foi o único compêndio de direito penal português desde a data da sua publicação (1794) até ao terceiro quartel do século XIX. Após a publicação do Código de 1852, os Comentários ao Código de Levi Maria Jordão e de Silva Ferrão vieram a alcançar grande e merecido sucesso na sua interpretação, suprindo também em larga medida as deficiências do ensino universitário. O século XIX foi, no que respeita ao «ensino universitário» do direito penal, e também do processo penal, bastante deficiente; isso não obstou, porém, a que professores e jurisconsultos portugueses participassem, proficientemente, na preparação da reforma da legislação penal, e na luta de escolas que se iniciou.

do individualismo liberal, baseado na doutrina do contrato social de Rousseau, e que englobava a forte corrente da doutrina dos enciclopedistas.

Todo o direito assentava na plena e ilimitada liberdade dos homens; a sua limitação só poderia assentar no seu consentimento, mediante o pacto social. Por isso mesmo os limites à liberdade tinham de ser iguais para todos, como as penas deviam também ser iguais para todos.

Desta maneira, a pessoa do delinquente como que desaparecera do direito penal, pois que a pena corresponderia à gravidade do dano, à importância da lesão sofrida.

Um outro motivo acrescia ainda ao que acabamos de indicar, e que se liga à noção de livre arbítrio. A igualdade dos homens pressupunha que todos eram igualmente dotados de idêntica liberdade de agir. Cada homem, perante qualquer situação, em que devesse ou pretendesse agir, era inteiramente livre, no sentido de poder sempre escolher entre agir ou não agir, ou agir em um sentido ou em sentido oposto.

Aceitou-se geralmente que era inteiramente livre a escolha entre duas decisões contrárias, entre agir bem ou mal, justa ou injustamente.

Se é igual a liberdade da vontade em todos os homens, a culpa será também igual, e por isso também igual a pena.

A gravidade da pena só poderia então fundamentar-se na gravidade do dano causado, isto é, no facto material praticado.

Para determinação da responsabilidade penal, tomar-se-ia em consideração o facto, e nunca o agente do facto. Abstrair-se-ia do agente, pois que todos os homens eram igualmente responsáveis, e atender-se-ia, na fixação da pena, somente ao facto material.

Logicamente, o primeiro Código Penal francês, de 1791, partindo da noção abstracta da igual liberdade da vontade, em todos os homens, isto é, considerando os homens necessariamente iguais, reduziu-os ao anonimato e tornou impossível a sua individualização.

Deste modo, no entanto, alcançava os fins que se propunha: suprimia o arbítrio judicial, e garantia uma rígida igualdade relativamente aos agentes de cada espécie de crimes.

O Código Penal de Napoleão (1810) seguiu a mesma orientação.

Contudo, excluindo embora o arbítrio judicial, e proibindo toda a substituição da pena na sua aplicação, tornou-as elásticas na sua medida, dentro de um máximo e um mínimo, nos crimes menos graves. Dentro dos limites da penalidade, porém, a fixação da pena não atendia à individualidade do agente do crime, ou à sua culpa. A graduação da responsabilidade penal deduzia-se somente da gravidade do facto exterior, ou seja, do facto objectivamente ilícito.

Com base numa ficção, ou presunção, a plena liberdade e igualdade dos homens, que não permitia a sua individualização, não se permitia por isso também uma diferente responsabilidade.

A praxe judicial, porém, não podia vergar-se ao rigor das abstracções doutrinárias em que mergulhava o Código Penal. Segundo informa Saleilles[3], a praxe judicial não podia conformar-se com um sistema de responsabilidade presumida, e procuraria basear-se na responsabilidade concreta, individual. Impunha ainda a oposição ao sistema o facto de o julgamento penal ser quase exclusivamente da competência do júri, incapaz de compreender ou admitir a subtileza formal do sistema legal. E como não tinha outra possibilidade de afastar o rigor da lei, começou a absolver os arguidos em relação aos quais, no seu caso individual, considerava desproporcionada ou abusiva a pena fixa imposta legalmente.

Por isso, primeiro em 1824 e depois em 1832, a lei francesa introduziu no Código Penal o sistema das circunstâncias atenuantes; a doutrina, com Chauveau e Hélie e depois com Garraud, tentou ainda ir mais longe. De toda a maneira, o sistema das circunstâncias atenuantes no Código francês é frouxo e imperfeito; a admissão das circunstâncias atenuantes é uma concessão, que caberia ao poder discricionário do tribunal utilizar, sendo que não carecia de fundamentação, e tão-pouco era susceptível de recurso para superior instância.

b) O Código Penal francês foi o modelo das codificações posteriores em outros países. Influenciou naturalmente os Códigos dos diferentes Estados germânicos, entre os quais o Código da Baviera, elaborado por Feuerbach (1813), e o da Prússia, de 1851, que veio a

---

[3] *L'individualisation de la peine*, 3.ª ed., póstuma, 1927, pág. 72.

ser, com o «segundo Império» (1871), o primeiro Código da Alemanha unificada. É este último Código que sobremaneira interessa considerar, porquanto teve e tem particular relevo na elaboração do novo Código Penal português.

Ora, também nos Códigos da Baviera e da Prússia a importância e significado das circunstâncias era nula. À liberdade absoluta de todos os homens equivalia idêntica responsabilidade; a gravidade da responsabilidade só podia medir-se pela gravidade do facto. E, do mesmo modo, a agravação ou atenuação da responsabilidade dependeria do poder discricionário do juiz e era insusceptível de recurso.

A doutrina alemã bifurcara-se em duas escolas que se sucederam ao longo do século XIX — a Escola Clássica (que pouco tem de comum com a «escola clássica» italiana), cujo principal mentor foi Karl Binding, e a Escola Moderna (correspondente à Escola Positiva italiana), devida a F. von Liszt.

Provém de V. Liszt o axioma que desde então ecoou na literatura jurídica — não é o facto, mas o agente (ou autor) que deve ser punido. O *Täterstrafrecht* substituiria o informe e vazio *Tatstrafrecht*.

O mote era correcto, mas não correspondia à realidade. Era correcto, pois (como, aliás, corresponde a afirmação de todos os Códigos) é «*aquele que* comete um crime que é punível». O crime não é punível, pois é absurdo alçá-lo a sujeito de responsabilidade penal.

Mas não correspondia à realidade, porque tanto a Escola Clássica como a Moderna (Binding e Von Liszt) eram, cada um à sua maneira, positivista: positivista formal, ou positivista naturalista, ambas as teorias desprezavam a essência do homem como pessoa, ou seja, negavam a essência do homem.

A questão decisiva só tomou verdadeira importância no rumo da doutrina penal já no início do segundo quartel do século XX. Constituiu tema de uma lição inaugural na Universidade de Friburgo em 1931[4], sendo que o seu autor, Erik Wolf, se apoiava e seguia o rumo que lhe apontavam trabalhos de Husserl em questões filosóficas e os trabalhos de Edmund Mezger *Vom Sinn der strafrechtlicher Tatbestände*, 1926, e *Strafrecht*, 1931. Desde então, não deixou de acentuar-se, na doutrina alemã, uma corrente personalista do direito.

---

[4] Erik Wolf, *Vom Wesen des Täters*, 1932.

O homem não é um produto da causalidade universal, não se engolfa no mecanismo fatal da causalidade, e também não é o equivalente de qualquer animal. Têm os animais também uma natureza biofísica e biopsíquica, que se aproxima mais ou menos da natureza biofísica e biopsíquica do homem. Para além destas semelhanças, está porém o que constitui a essência do próprio homem, enquanto pessoa, enquanto substância individual da natureza racional e livre.

A razão e a liberdade só cabem ao homem em todo o universo, e por isso também só o homem é sujeito de direitos e obrigações — sujeito responsável.

É neste sentido que a responsabilidade penal cabe ao agente do facto que é obra sua e, por isso, objecto da sua culpabilidade individual, e não de uma culpabilidade presumida.

c) A época da codificação do direito iniciou-se em Portugal logo nos fins do século XVIII. Mello Freire foi encarregado por D. Maria I de elaborar um projecto de Código Penal. As vicissitudes do tempo não permitiram que esse projecto viesse a ter seguimento. O primeiro Código Penal em língua portuguesa viria a ser o Código Penal brasileiro de 1830.

O primeiro Código Penal português foi publicado em 1852; as *circunstâncias* encontram, nele, lugar de relevo, no Capítulo II do Título I do Livro I («Das circunstâncias que agravam ou atenuam os crimes» — arts. 19.º a 21.º). O art. 19.º enumera as circunstâncias agravantes (n.ºs 1 a 21) e o art. 20.º enumera as circunstâncias atenuantes (n.ºs 1 a 10), mas a enumeração tanto das circunstâncias agravantes como das atenuantes não é taxativa, pois que, nos termos do n.º 22 do art. 19.º, são circunstâncias agravantes «em geral as circunstâncias que precedem, ou acompanham, ou seguem o crime, e mostram maior perversidade na sua execução, ou aumentam o sofrimento do ofendido, ou a dificuldade de evitar a ofensa, ou de que resulta maior perigo à causa pública», e, nos termos do n.º 11 do art. 20.º, são circunstâncias atenuantes, além das expressamente indicadas nos n.º 1 a 10, «em geral as circunstâncias que precedem, ou acompanham, ou seguem o crime, e enfraquecem a culpabilidade do criminoso, ou diminuem por qualquer modo os efeitos do crime...»

O Código Penal de 1852 quis, como era regra do novo direito

penal, pôr termo ao arbítrio judicial na aplicação das penas, proibindo a sua substituição, e enumerando as circunstâncias agravantes e atenuantes.

Dada a natureza das penas cominadas pelo Código Penal de 1852 (Título II, Capítulo I, arts. 29.º, 30.º e 31.º), e a admissão de pena de morte e de penas perpétuas, a mais grave criminalidade não consente verdadeiramente uma agravação ou atenuação dessas penas, aproximando-se assim do sistema do Código Penal francês.

O Código Penal de 1886 melhorou em muito, e dentro do possível, o Código Penal anterior, quanto à regulamentação das circunstâncias acidentais e da sua importância na aplicação das penas. Algumas breves anotações, que se seguem, dão conta dessa melhoria.

— Tanto o Código Penal de 1852 como o Código Penal de 1886 classificam primordialmente as circunstâncias acidentais em razão dos seus efeitos: circunstâncias agravantes e circunstâncias atenuantes. Mas o Código Penal de 1852 refere-se às circunstâncias que agravam ou atenuam «os crimes» (epígrafe do Capítulo II do Título I), enquanto o Código Penal de 1886 dispõe, no art. 30.º, que «a responsabilidade criminal é agravada ou atenuada quando concorrem no crime ou no agente dele circunstâncias agravantes ou atenuantes».

Esta nova redacção é ainda reforçada, no seu sentido, pelo n.º 23 do art. 39.º, segundo o qual são circunstâncias atenuantes quaisquer circunstâncias que enfraquecerem a culpabilidade do agente ou diminuírem por qualquer modo a gravidade do facto criminoso ou dos seus resultados.

O facto só é penalmente ilícito se o agente for culpado, e por isso a atenuação depende da maior ou menor gravidade da vontade, como da maior ou menor gravidade do seu objecto, que é obra da vontade.

— Além disso, o Código Penal de 1852 faz uma enumeração exemplificativa das circunstâncias agravantes e atenuantes; o Código Penal de 1886 considera «unicamente» como circunstâncias agravantes aquelas que enumera.

Deste modo, pretende cercear o arbítrio judicial na agravação da responsabilidade criminal.

Também o Código Penal de 1886 esclarece a delimitação conceptual das circunstâncias agravantes, que constam da sua enumeração taxativa, no seu art. 40.º, onde se diz que as circunstâncias indicadas como agravantes «deixam de o ser: 1.º — Quando a lei expressamente as considerar como elemento constitutivo do crime; 2.º — Quando forem de tal maneira inerentes ao crime, que sem elas não possa praticar-se o facto criminoso punido pela lei; 3.º — Quando a lei expressamente declarar, ou as circunstâncias e natureza especial do crime indicarem que não devem agravar ou que devem atenuar a responsabilidade criminal dos agentes em que concorrem».

A responsabilidade criminal é responsabilidade pessoal, e como a pena corresponde à culpabilidade, deverá sempre ser individualizada a pena.

Em relação aos Códigos Penais anteriores, o Código Penal de 1982 é menos explícito.

Parece, em razão do n.º 1 do art. 72.º, que a individualização da pena se fará não exclusivamente em função dos fins que se atribuem autonomamente à própria pena — fins de prevenção de futuros crimes.

E também o Código de 1982 é muito mais parco e bastante confuso na regulamentação do significado e importância da estrutura acidental do crime, suscitando muitas dúvidas e dando lugar, necessariamente, a múltiplas e contraditórias opiniões.

Deixamos, por isso, a interpretação do regime legal em vigor sobre a importância das circunstâncias na individualização da responsabilidade criminal para a segunda parte destas lições, porque também o Código Penal só tratou das circunstâncias no Título IV («Da Escolha e da Medida da Pena») da sua Parte Geral.

Convém, no entanto, proceder a uma classificação das circunstâncias, para além daquela que respeita à sua distinção em razão dos seus efeitos, ou seja, da distinção entre circunstâncias agravantes e atenuantes.

156. Classificação das circunstâncias acidentais

O critério para valoração das circunstâncias depende da influência que exerçam na culpabilidade, compreendendo necessariamente o seu objecto, pois que a gravidade do facto ilícito, como objecto da culpabilidade, se reflecte na gravidade da culpabilidade.

Na terminologia utilizada pelo Cógido Penal de 1886, as circunstâncias, quer agravantes, quer atenuantes, distinguir-se-iam em circunstâncias relativas ao facto e circunstâncias inerentes ao agente[5].

Esta distinção era reproduzida no n.º 23 do art. 39.º quando, entre as circunstâncias com efeito atenuante, considerava as que enfraquecerem a culpabilidade do agente e as que diminuírem por qualquer forma a gravidade do facto criminoso ou dos seus resultados.

O novo Código Penal, classificando as circunstâncias, no n.º 2 do art. 72.º, dispõe que «na determinação da pena, o tribunal atenderá a todas as circunstâncias que, não fazendo parte do tipo de crime, deponham a favor do agente ou contra ele...». Trata-se de distinguir as circunstâncias quanto aos seus efeitos, e por isso as circunstâncias agravantes e atenuantes. O Código de 1982, aliás, refere-se frequentemente a circunstâncias agravantes e atenuantes; mas no art. 72.º, que encima a questão da importância das circunstâncias na individualização da pena, traduziu literalmente para português, nesta parte, o n.º 2 do § 46 do Código alemão, e a tradução literal é mais apta para confundir do que para esclarecer. Na verdade, o Código português, nos artigos ulteriores, serve-se da terminologia usual para designar as circunstâncias, quanto aos seus efeitos, como agravantes e atenuantes, e só no n.º 2 do art. 72.º adopta o bizarro circunlóquio de circunstâncias que «depõem a favor do agente ou contra ele».

O efeito das circunstâncias na determinação da medida da pena é indicado na própria lei. É dentro dos limites mínimo e máximo da penalidade que o juiz procede, em regra, à agravação ou atenuação da pena.

Há, no entanto, circunstâncias cujo efeito atenuante ou agravante se encontra predeterminado pela lei, mediante uma modificação da própria medida legal da pena. Estas serão circunstâncias modificativas da responsabilidade penal (e da penalidade), enquanto as demais são circunstâncias agravantes ou atenuantes de carácter geral.

---

[5] Dispunha o Código Penal de 1886, nos seus arts. 30.º e 31.º, que «a responsabilidade criminal é agravada ou atenuada, quando concorrerem no crime ou no agente dele circunstâncias agravantes ou atenuantes» e que «as circunstâncias agravantes ou atenuantes inerentes ao agente só agravam ou atenuam a responsabilidade desse agente».

O crime a que acresce uma circunstância modificativa será um crime qualificado ou privilegiado, consoante altere a medida legal da pena comum por uma penalidade mais grave ou menos grave.

As circunstâncias modificativas são apreciadas directamente pela lei no seu valor agravante ou atenuante, mas somente no que respeita à criação de uma nova medida legal da pena, mais grave ou menos grave. Será dentro dessa nova medida legal da pena que o juiz fixará a medida concreta da pena, tendo já em atenção as circunstâncias de carácter geral.

157. A existência e a apreciação do valor das circunstâncias

As circunstâncias só se corporizam no facto singular, no crime efectivamente cometido. Não têm, por si, valor autónomo; o seu efeito atenuante ou agravante depende da correlação de cada uma com o crime e com as demais circunstâncias concorrentes.

a) A própria existência de uma circunstância, quando seja circunstância comum, já implica a correlação com o crime a que se reporta. Na verdade, não pode considerar-se elemento acidental do crime qualquer elemento essencial, porquanto seria valorado duplamente: como elemento essencial e como elemento acidental.

É nesse sentido que se deve entender a primeira parte do n.º 2 do art. 72.º do Código Penal de 1982: «o tribunal atenderá a todas as circunstâncias que, não fazendo parte do tipo de crime...», isto é, não são circunstâncias acidentais os elementos componentes do crime ou seus elementos essenciais.

Já constava a mesma regra do Código Penal de 1886, no art. 40.º n.ºs 1 e 2, segundo o qual as «circunstâncias deixam de o ser quando a lei expressamente as considerar como elementos constitutivos do crime e quando forem de tal maneira inerentes ao crime que sem elas não possa praticar-se o facto criminoso punido por lei».

b) Quanto à apreciação do valor das circunstâncias, esse valor, agravante ou atenuante, não depende da circunstância em si mesma, mas da apreciação global dessa circunstância e das demais circunstâncias concorrentes no mesmo facto criminoso.

O Código de 1886 aplicava esta regra no n.º 3 do art. 40.º, segundo o qual as circunstâncias, embora existentes na sua materialidade, seriam irrelevantes na graduação da pena «quando a lei expressamente declarar ou as circunstâncias e natureza especial do crime indicarem, que não devem agravar ou que devem atenuar a responsabilidade criminal dos agentes em que concorrem»; não serão assim de considerar como circunstâncias ou podem ter mesmo valor atenuante relativamente a determinado crime, embora em geral tivessem natureza de circunstâncias agravantes.

Algo de semelhante se pode inferir, ou pelo menos se pode considerar implícito na parte final do n.º 2 do art. 72.º do Código Penal de 1982, quando determina que todas as circunstâncias serão relevantes quando deponham a favor do agente ou contra ele, embora não separe, na enumeração exemplificativa que faz nas alíneas do n.º 2 do art. 72.º, as circunstâncias que em geral agravam daquelas que, em geral, atenuam a responsabilidade.

Todas as circunstâncias relativas ao facto ou inerentes ao agente (relativas ao facto ilícito ou à culpabilidade) são de apreciar em conjunto: a atenuação ou agravação impende sobre a responsabilidade do agente.

Deverá apreciar-se, primeiramente, a maior ou menor gravidade do facto ilícito, que forma o objecto da culpabildidade, e em seguida, a maior ou menor gravidade da culpabilidade na qual se insere o facto ilícito como seu objecto. Donde a justeza do princípio de que a culpabilidade é a medida da responsabilidade penal.

Excepção ao princípio geral sobre o concurso de circunstâncias é o concurso de circunstâncias modificativas, pois que, incidindo o seu efeito na fixação por lei de uma nova medida legal da pena, tem a sua apreciação de preceder o concurso das circunstâncias de carácter geral. Expressamente regulada no Código anterior (o § único do art. 96.º reproduziu um assento do Supremo Tribunal de Justiça)[6] quanto às circunstâncias modificativas agravantes, esta matéria não está directamente prevista no novo Código. Será tema, no entanto, a versar na indicação das regras a ter em conta na aplicação das penas.

---

[6] Trata-se do assento de 6 de Fevereiro de 1945, publ. no *Diário do Governo,* I Série, de 16-2-45 (e tb., por ex., na *Rev. Leg. Jur.,* ano 77.º, pág. 348), que expressamente adere à solução que propus na 1.ª ed. das minhas *Lições de Direito Penal* dadas sobre o Código de 1886 (Lisboa-1940/41, I, págs. 511 a 513); v. a 2.ª ed. dessas *Lições* (Lisboa-1945),

TÍTULO III

FORMAS DO CRIME

158. Intróito

A teoria geral do crime oferece-nos uma noção eminentemente abstracta e formal. O conceito de crime, então, só pode abranger aqueles elementos que são comuns a todos os crimes. O conceito assim obtido facilita a compreensão de todo e qualquer crime, precisamente porque, formalizando-o, também o simplifica.

Esta simplificação não se alcança sem que se proceda a uma classificação dos crimes em função de características especiais, que diversificam a noção geral.

Desde logo foi necessário fazer distinções, dentro do conceito geral, que fogem à uniformidade pretendida e a excluem.

Por isso se indicaram como abrangidos pela noção geral de crime os crimes culposos, ao lado dos crimes dolosos, os crimes comissivos por omissão, e as transgressões da ordem e contravenções.

Todas estas espécies de crimes poderiam ser tratadas, sistematicamente, não antes, mas depois de gizada uma teoria geral; assim procedem vários autores, como, por exemplo, Stratenwerth[1].

Verdadeiramente a definição de crime tem de constar da descrição do facto punível (Código Penal, art. 1.º), e essa definição é a que consta de cada uma das normas incriminadoras da parte especial do Código. Tal definição é, no entanto, completada na parte geral, para

---

págs. 532 e segs., esp. a nota (1) da pág. 534, bem como o livro que as completou, *Direito Penal II*, Lisboa-1961, págs. 260 e 261.

[1] Günter Stratenwerth, *Strafrecht. Allgemeiner Teil*, I — *Die Straftat*, 3.ª ed., 1981 (há trad. esp.), e, com mais desenvolvimento, o seu *Schweizerisches Strafrecht-A. T., I: Die Straftat*, cuja 1.ª ed. é de 1982.

onde se trasladam aquelas regras jurídicas que, sendo aplicáveis a todos os crimes, teriam, se assim se não fizesse, de ser reproduzidas fastidiosamente em cada norma incriminadora.

Deste modo na teoria geral do crime se faz uma classificação dos crimes para precaver contra uma absoluta igualdade da sua estrutura.

Esta classificação, contudo, não ultrapassa a noção abstracta e formal do crime.

A realidade do crime é o facto efectivamente cometido pelo seu agente, e é essa realidade que constitui o objecto do processo penal. A responsabilidade pelo crime é responsabilidade do seu agente; e é esse o aspecto essencial na aplicação do direito penal, que só poderá ser tratada ulteriormente [2].

Ora bem:

Processo similar, embora não idêntico, se verifica também relativamente ao âmbito de cada incriminação, e por isso de cada crime nela previsto. A definição da norma incriminadora não é completa.

Assim, e em princípio, as normas incriminadoras não indicam que é elemento essencial o dolo do agente, pois que o art. 13.º, na parte geral, adverte que «só é punível o facto praticado com dolo...»; pelo contrário, os crimes culposos são só aqueles especialmente previstos na lei.

Não é esta, porém, a questão que ora se coloca, e que indicamos seguidamente.

As normas incriminadoras prevêem, em regra, o crime consumado, no qual se verificam todos os elementos constitutivos constantes da incriminação. E, no entanto, a lei pode evitar uma maior extensão das incriminações na parte especial.

Isso acontece fundamentalmente em três casos:

1.º — Antecipando a tutela penal, por uma norma legal, de maneira a que seja punível não somente o crime consumado, mas ainda o crime tentado (tentativa) ou actos preparatórios ou mesmo a conjura de várias pessoas para perpetração do crime; a punibilidade alargar-se-á então a graus do *iter criminis* cada vez mais distantes do crime consumado.

---

[2] É matéria versada no Tomo II destas lições: *Lições de Direito Penal. Parte Geral*, II — *Penas e Medidas de Segurança*, 1989.

2.º — Completando a regulamentação da parte especial do Código Penal que, normalmente, só prevê o crime cometido por um agente, e definindo na parte geral a comparticipação criminosa ou perpetração do crime por mais do que um agente.

3.º — E, ainda, as incriminações da parte especial individualizam cada crime, mas não prevêem o caso em que o mesmo agente cometa mais do que um crime (concurso de crimes).

São estes casos — tentativa, comparticipação no crime e concurso de crimes — que a epígrafe do Capítulo II do Título II da Parte Geral do Código Penal designou por «formas do crime».

159. As formas do crime

A expressão «formas do crime» é de origem recente e provém da terminologia germânica. Foi na Alemanha que se inventou a designação de *Verbrechererscheinungenformen,* que foi vertida para português como forma de aparição (ou manifestação) do crime, no primitivo projecto do Código Penal de 1982 («formas de aparecimento do crime», arts. 20.º e segs.), e obteve uma mais simplificada tradução no texto do Código.

Tratar-se-á, sucessivamente, da tentativa e dos graus do *iter criminis* que a podem preceder, quando incriminados — conjura e actos preparatórios (Capítulo I, §§ 1.º e 2.º).

Em um segundo capítulo tratar-se-á da forma do crime que consiste na comparticipação e participação criminosa, isto é, de crimes cometidos por uma pluralidade de agentes (Capítulo II, §§ 1.º, 2.º, 3.º e 4.º).

E, finalmente, tratar-se-á do concurso de crimes e crime continuado, isto é, da pluralidade de crimes cometidos pelo mesmo agente (Capítulo III, §§ 1.º e 2.º).

CAPÍTULO I
A TENTATIVA. O *ITER CRIMINIS*

§ 1.º
CONCEPTUALIZAÇÃO GERAL

160. A tentativa e o *iter criminis*

As normas incriminadoras prevêem, em geral, o crime consumado; mas muitas vezes é prevista a antecipação da tutela penal, mediante a incriminação de estádios anteriores do *iter criminis*.

Entre a decisão voluntária de cometer um crime e a sua plena realização mediante a execução dos actos que conduzem ao evento jurídico ou resultado do crime, medeia, por vezes, um longo caminho, o caminho que se seguir para consumação do crime.

A lei considera ainda, como princípio geral, que só o crime consumado é punível. A tentativa, quer perfeita quer imperfeita, ou seja, quer seja crime frustrado (como a denominava, nessa primeira hipótese, o Código Penal de 1886), quer tentativa imperfeita por se não ter completado toda a execução, só é punível em casos especiais. A regra, que o novo Código impõe, é o carácter excepcional da punição da tentativa (art. 23.º, n.º 1: «salvo disposição em contrário, a tentativa só é punível se ao crime consumado respectivo corresponder pena superior a dois anos de prisão»).

Houve um alargamento da incriminação por tentativa, mas manteve-se, no novo Código, o princípio geral da excepcionalidade da punibilidade da tentativa, confirmando-se que o crime, para ser punível, deve em regra ser um crime consumado.

Mas outras fases do *iter criminis* podem ser e são também puníveis. O princípio do seu carácter excepcional é o mesmo que mostrámos ser proclamado pelo n.º 1 do art. 23.º Mas, enquanto, relativamente à tentativa, é a parte geral do Código que indica o âmbito da excepção (nos crimes puníveis com pena superior a dois anos de prisão), no que respeita a fases anteriores do *iter criminis*, tal delimitação não consta da parte geral do Código.

Na verdade, o art. 21.º dispõe que «os actos preparatórios não são puníveis, salvo disposição em contrário». Confirma-se assim o carácter excepcional da punição, mas os casos de punibilidade não são previstos na parte geral do Código e devem constar, por isso, de incriminações constantes da parte especial.

Finalmente, há ainda casos de antecipação da tutela penal mediante a incriminação de fases do *iter criminis* anteriores aos actos preparatórios, como o é a conjura (art. 381.º); em relação aos crimes dos arts. 334.º, 335.º, 336.º, 356.º, 357.º, n.º 2, ou 358.º, referidos no art. 381.º, o planeamento por várias pessoas de crimes contra a segurança exterior do Estado, ou de crimes contra o ordenamento constitucional, será punível, nos termos da parte final do n.º 1 do art. 381.º, com pena de 1 a 5 anos de prisão, e com a pena de três meses a dois anos no caso previsto no n.º 2 do mesmo artigo.

E, assim, pode verificar-se, sempre excepcionalmente, a antecipação da tutela penal em relação ao crime consumado, tal como o direito positivo prevê, em fases, anteriores à consumação, do *iter criminis*.

a) Conjura ou conjuração, em crimes contra a segurança do Estado, como o Código Penal prevê no seu art. 381.º;

b) Actos preparatórios (que também só são excepcionalmente previstos na parte especial do Código, como determina o art. 21.º do Código Penal);

c) Tentativa e crime frustrado (ou tentativa inacabada e acabada), que os arts. 22.º a 24.º do Código Penal definem.

Com a consumação, o crime realiza-se completamente; termina o *iter criminis*.

161. O crime consumado e o crime exaurido

As incriminações dos crimes em especial respeitam normalmente só ao crime consumado, isto é, ao crime em que se realizam todos os elementos essenciais do tipo legal.

Um alargamento da incriminação a modalidades do crime anteriores à consumação só é, em princípio, previsto para a tentativa, a qual, contudo, «salvo disposição em contrário, só é punível se ao crime consumado respectivo corresponder pena superior a 2 anos de prisão» (Código Penal, art. 23.º, n.º 1). E assim, só crimes de certa gravidade admitem em geral a forma de tentativa.

Mais excepcional é o alargamento da incriminação, a extensão da punibilidade, a actos preparatórios, os quais «não são puníveis, salvo disposição em contrário» (Código Penal, art. 21.º); como ficou dito, prevê o Código Penal ainda a punição da conjura (art. 381.º), como fase anterior do *iter criminis* em crimes contra a segurança do Estado.

Deste modo, e como ficou visto, o Código Penal prevê fases do *iter criminis* anteriores à consumação: a preparação (actos preparatórios) e a execução (na tentativa) às quais se não segue a consumação.

O crime consumado é o crime perfeito; a conjura, os actos preparatórios e a tentativa são modalidades do crime não consumado, as primeiras só muito excepcionalmente puníveis e a última com as limitações impostas à extensão da sua punibilidade.

Como se disse, é com a consumação que o crime se realiza completamente; é então que termina o *iter criminis*.

No entanto, a doutrina tem distinguido entre a consumação formal ou jurídica do crime e uma consumação material ou exaurimento do crime. Para além do crime consumado pode admitir-se o conceito de crime exaurido. A consumação material ou exaurimento consistirá na produção dos efeitos ou consequências que, não sendo embora exigidos como elementos essenciais da incriminação, constituem a plena realização do objectivo pretendido pelo agente; a consumação formal verifica-se com a realização do tipo legal do crime, a consumação material ou exaurimento do crime terá lugar mediante a obtenção efectiva das consequências prejudiciais que a lei pretende evitar ou que o agente se propusera.

A figura do crime exaurido vinha sendo utilizada na explicação de vários conceitos da dogmática penal[1].

Crime consumado é o crime realizado. O caminho que precede a plena realização do crime é que constitui o *iter criminis* e situa-se entre a decisão de cometer o crime e a sua consumação, constituído por actos que se destinam à sua realização e se distinguem fundamentalmente em actos preparatórios e actos de execução.

---
[1] *Dir. Pen. Port.*, II, n.º 258.

§ 2.º
TENTATIVA

162. Teoria objectiva e teoria subjectiva da tentativa

O conceito de tentativa de crime é um tema versado e discutido predominantemente em teoria. É impressionante a disputa teorética sobre o que deve entender-se por tentativa, a qual surge e se desenvolve à margem ou mesmo contra o direito positivo.
Para além da estupefacção que a polémica doutrinária suscita, é de assinalar a enorme confusão a que deu origem; não há uma única teoria objectiva da tentativa e uma única teoria subjectiva, mas múltiplas teorias subjectivas e objectivas, ou ainda teorias que podem denominar-se mistas.

A teoria objectiva da tentativa é a doutrina tradicional, e correspondente ao direito positivo, na época em que surgiu a rebelião da «teoria» contra a lei vigente. Porque a teoria subjectiva teve a sua origem e maior expressão na Alemanha, é útil citar o texto legal (§ 43) que definia a tentativa no Código Penal alemão de 1871: «Aquele que decidiu cometer um crime mediante actos que consistem em um começo de execução é punível por tentativa se o crime intencional não for consumado.»
E convém ainda confrontá-lo com a definição de tentativa no Código Penal português de 1982: «Há tentativa quando o agente pratica actos de execução de um crime que decidiu cometer, sem que este chegue a consumar-se.»
Não parece duvidoso saber qual a origem da definição de tentativa no Código Penal português, pois esta consiste na reprodução do

§ 43 do Código Penal alemão de 1871 vigente em 1963 quando foi apresentado o projecto do novo Código Penal português, mas entretanto já revogado e substituído pelo § 22 do Código Penal alemão de 1975.

A redacção do art. 22.º do nosso novo Código Penal é posterior à revisão do projecto pela única Comissão Revisora de que se tem notícia; posteriores revisões não foram documentadas, e é destas revisões posteriores que surge a redacção da definição de tentativa que consta do Código vigente; é de presumir no entanto que o ou os redactores do texto do art. 22.º, bem como as instâncias oficiais, tinham conhecimento da reforma da parte geral do Código Penal alemão, na parte que veio a entrar em vigor em 1975, quando o projecto do Código Penal português continuava um estudo, e era objecto de sucessivas revisões, pois que só veio a ser publicado o novo Código em 1982, isto é, sete anos passados sobre a publicação da nova parte geral do Código Penal alemão.

E, sendo assim, terá de entender-se que o legislador português conscientemente ignorou o novo § 22 do Código Penal alemão e lhe preferiu a definição do § 43 do Código Penal alemão na sua versão originária de 1871.

Não era esse, no entanto, o teor do projecto de Código Penal (Parte Geral) subscrito por Eduardo Correia[1].

Para desvendar o verdadeiro sentido da lei vigente não basta demonstrar a origem dos preceitos que definem a tentativa no Código Penal português; é igualmente necessário ponderar o sentido das propostas assumidas pelo autor do Projecto e pela primeira Comissão Revisora[2].

Ora, ao tempo em que foi elaborado o projecto do Código Penal, a teoria da tentativa assentava sobretudo numa extensa e intensa discórdia da doutrina.

A teoria objectiva, tradicional, fora posta em dúvida, ou melhor, contestada por Von Buri em razão do princípio científico da causalidade universal, que dominaria tanto a natureza física, como a animal, incluindo o próprio homem.

---

[1] *Código Penal. Projecto da Parte Geral*, 1963, págs. 80 e segs.
[2] *Actas*, I, págs. 167 e segs.

Todos os fenómenos ou factos seriam o efeito necessário das condições que os determinam. Verificar-se-ia a impossibilidade de atribuir a causa do facto criminoso ao seu agente; a única solução possível seria atender à vontade do agente.

A doutrina da equivalência das condições não obteve grande êxito, mas foi seguida pela jurisprudência do Supremo Tribunal de Justiça do Império Alemão. A sua apreciação e crítica foi objecto de insistentes ensaios e controvérsias[3].

Certo é que a doutrina de V. Buri sobre a causalidade não alcançou êxito e à equivalência de condições sucedeu a doutrina da causalidade adequada, à qual o novo Código Penal (como também o Projecto) parece ter aderido, com uma breve alusão à causa adequada no art. 10.º (*v. supra,* n.º 53). A verdade é que a causalidade adequada, na teoria do crime, nada tem a ver com a doutrina de V. Buri. Também o evento não é feito da acção, pois tanto a acção como o evento são imputáveis ao seu agente; sobre o agente recai a imputação objectiva e subjectiva do crime.

Entretanto, porém, novas correntes sacudiram de novo o espectro doutrinário, na Alemanha.

E o primeiro embate surgiu com a doutrina do finalismo, devida a Welzel.

Não importa aqui atentar na riqueza e fulgor do largo ensinamento de Welzel, mas somente nas suas repercussões em relação à noção de tentativa[4].

Para Welzel, o «fim» é essencial ao Direito, e é essa uma asserção que não pomos em dúvida, e que modernamente domina tanto a teoria do Direito como da Moral. Mas, para Welzel o fim é essencial à acção do homem, e não ao agente da acção. Por isso o fim integra a noção de facto ilícito e nada tem a ver com a culpabilidade. Deste modo, o fim da acção não é objecto da vontade; poderá ser apenas conhecimento ou até possibilidade de conhecimento do fim pelo agente.

---

[3] Um resumo dessa longa disputa pode ler-se no *Leipziger Kommentar*, por ex. na sua 7.ª ed.-1954, no comentário ao § 43, da autoria de Nagler e Jagusch (*L. K.*, I, págs. 182 e segs.).
[4] Por último, de Hans Welzel, *v.* a 11.ª ed. do seu *Das Deutsche Strafrecht. Eine systematische Darstellung,* Berlin-1969, págs. 187 e segs. (há trad. esp.).

O fundamento da responsabilidade, portanto, não estará na culpabilidade, mas na perigosidade do agente, e a tentativa tanto poderá ser dolosa como culposa.

Para conformar ou amparar esta posição doutrinária teve grande importância a regulamentação, pelo Códiqo alemão, dos crimes de perigo comum, que também o Código Penal português introduziu na legislação portuguesa, considerando o mimetismo de uma arcaica e teoricamente indefensável incriminação como comprovação da sua modernidade e progresso.

Da evolução mais recente, mas previsível, da doutrina de Welzel daremos conta no final destas breves anotações.

Importa, agora, atentar na influência que as vigorosas disputas doutrinárias da década de 1950 a 1960 tiveram na elaboração do projecto do Código Penal português.

Vejamos primeiramente qual o teor do projecto do Código Penal relativamente à tentativa, e o seu confronto com o Código Penal de 1886, para compreender o alcance da inovação pretendida.

Reza assim o art. 21.º do Projecto: «Há tentativa quando o agente pratica actos de execução de um crime que, todavia, não vem a consumar-se.» E é do seguinte teor o art. 24.º do Projecto: «A tentativa só é punível: 1.º se o agente actuou com dolo; 2.º se visa um crime a que corresponde pena superior a dois anos de prisão, salvo quando a lei expressamente preveja noutros casos a sua punição.»

O texto legal sobre crime frustrado e tentativa do Código Penal de 1886 compreendia dois artigos (arts. 10.º e 11.º). Art. 10.º: «Há crime frustrado quando o agente pratica com intenção todos os actos de execução que deveriam produzir como resultado o crime consumado, e todavia não o produzem por circunstâncias independentes da sua vontade.» Art. 11.º: «Há tentativa quando se verificam cumulativamente os seguintes requisitos: 1.º — Intenção do agente; 2.º — Execução começada e incompleta dos actos que deviam produzir o crime consumado; 3.º — Ter sido suspensa a execução por circunstâncias independentes da vontade do agente, excepto nos casos previstos no artigo 13.º; 4.º — Ser punido o crime consumado com pena maior, salvo os casos especiais em que, sendo aplicável pena correccional ao crime consumado, a lei expressamente declarar punível a tentativa desse crime.»

As razões invocadas por Eduardo Correia para dar uma definição imprecisa de tentativa no seu projecto constam da acta de 10.ª sessão da Comissão Revisora[5]. A primeira objecção apresentada por alguns membros da Comissão Revisora criticava o teor do art. 21.º, por este não fazer referência ao elemento subjectivo da tentativa, à intenção.

O autor do projecto retorquiu que a não referência da tentativa à intenção havia sido intencional, por isso que se debatiam na «dogmática penal actual» duas teses: a tese finalista de Welzel e seus adeptos e a tese não finalista, para a qual a ideia de finalidade se identifica com o dolo. Por isso que esse debate era intenso e dominante nessa época, Eduardo Correia entendeu que a legislação não devia intrometer-se no debate doutrinal.

E exprimiu-se assim: «se for possível definir a tentativa sem recorrer a este elemento (intenção), isso será preferível, uma vez que deixa mais liberta a questão doutrinal. E na verdade, uma definição como a do projecto, sem deixar de ser exacta, permite que a tentativa se construa ou subjectivamente com recurso à intenção, ou objectivamente, como crime de perigo concreto. O projecto [...] deixa o terreno livre para qualquer delas». E a terminar a sua intervenção, Eduardo Correia «renovou a sua afirmação de que a referência do preceito à intenção ou a outro elemento análogo não tem qualquer conteúdo útil e só prejudica a liberdade doutrinal».

O preceito em discussão foi aprovado por maioria.

Mas, como dissémos, no art. 24.º o projecto incluía o dolo entre os requisitos da tentativa.

A Comissão Revisora aprovou o texto deste artigo por unanimidade (no seu conteúdo prescrito; porque os reparos feitos foram de mera natureza formal).

Evidentemente que no seu teor o texto deste artigo completa a definição de tentativa que o projecto de Código apresenta, mas mutilada, no art. 21.º Não se compreende, por isso, que estejam separados, de forma que o art. 21.º definiria a tentativa na sua essência, enquanto o art. 24.º diria respeito tão-somente à «punibilidade» da tentativa.

---

[5] *Actas, ibid.*

Ora, o projecto de Código, como também o próprio Código Penal de 1982, seguiu formalmente o articulado do Código alemão, e olvidou, pelo menos na aparência, o exemplo do Código Penal de 1886.

Já advertimos que o art. 24.º do Projecto desapareceu do novo Código Penal, tal como desapareceu o art. 21.º A definição de tentativa no Código Penal de 1982 está conforme com a definição de tentativa no Código Penal alemão de 1871, afastando-se da reforma do Código Penal alemão (1975) nessa matéria. A definição de tentativa no Código Penal alemão de 1871, por sua vez, está conforme com a teoria objectiva da tentativa, e com os Códigos que seguiram a tradição e também o exemplo do Código Penal francês.

A definição de tentativa é, por isso, conforme com a teoria objectiva da tentativa, mas em tradução da definição do Código alemão de 1871, abandonando a versão do Código Penal português de 1886, mais clara, porque mais adequada ao espírito e sentido da língua portuguesa.

A opinião que seguimos, na interpretação do conceito legal de tentativa, é corroborada pelo autor do Projecto do Código Penal.

O autor do projecto manifestou-se sempre partidário da tese objectivista, notoriamente assumida pelo anterior Código Penal, mas pretendia «fazer uma concessão — dentro de limites razoáveis — à tese subjectivista»[6]. E essa concessão limitava-se a admitir a punibilidade da tentativa impossível, porquanto «a punição parece merecida em atenção à sua vontade criminosa seriamente revelada»[7].

Este desvio à doutrina objectivista teria de ser limitado à admissão da punibilidade da tentativa impossível.

E compreende-se toda esta precaução na defesa do texto sobre tentativa impossível, pois que ele constituía o único desvio à doutrina que aceitara e defendera em 1953[8], afastando-se da opinião defendida por Beleza dos Santos, o qual defendera um conceito subjectivo de tentativa ao afirmar que «os actos de execução são ofensivos do sentimento de tranquilidade social» e por isso «segun-

---

[6] *Actas*, 11.ª sessão, pág. 177.
[7] *Actas, ibid.*
[8] Eduardo Correia, *Direito Criminal, I — Tentativa e Frustração, II — Comparticipação Criminosa, III — Pena Conjunta e Pena Unitária*, 1953, págs. 12 e segs.

do o pensamento da lei» o dano que a pena visa reparar é «a perturbação causada pelo crime à tranquilidade social, o desassossego que ele causa»[9].

Em síntese:
O conceito subjectivo faz depender a existência da tentativa da manifestação inequívoca, em acto exterior, da intenção de cometer o crime. Reflecte de algum modo o direito penal da vontade (por oposição ao direito penal do facto), acentuando a malícia da vontade como essência do próprio crime e subalternizando-lhe o aspecto da ilicitude objectiva.

A aceitação da noção subjectiva de tentativa implica uma outra estrutura essencial do crime. Foi adoptada pela jurisprudência alemã no século passado e influenciou a reforma do Código Penal alemão e necessariamente a sua dogmática. Nesta matéria, porém, o Código Penal português afastou-se da orientação do Código alemão, mantendo o conceito objectivo da tentativa, que era o do Código Penal de 1886.

163. Os elementos essenciais da tentativa como forma do crime

Na tentativa verificaram-se os elementos da estrutura essencial do crime em geral, facto ilícito e culpabilidade; são ambos indicados no n.º 1 do art. 22.º, esta última como «decisão» de cometer o crime consumado e o facto ilícito como «actos de execução» do crime que é objecto da decisão voluntária. Justificação mais cabal da interpretação do n.º 1 do art. 22.º tem a sua base na análise da origem e significado do preceito legal, análise que consta do número anterior desta exposição.

Precisamente porque a essa análise procedemos primeiro, torna-se possível agora afastar toda a discussão, para concisamente indicar ainda como elemento essencial da tentativa a suspensão involuntária da execução (na tentativa inacabada) ou o impedimento

---

[9] *Revista de Legislação e de Jurisprudência*, ano 66.º, págs. 194 e segs.

voluntário da consumação ou arrependimento activo (no crime frustrado).

a) *O dolo (ou «decisão» voluntária) na tentativa*

A tentativa, como todo o crime, é de analisar como facto ilícito e como facto culpável.

O facto ilícito na tentativa (ou no crime frustrado) é constituído por algum ou alguns actos de execução ou por todos os actos de execução de crime; porém, o objecto jurídico do crime de tentativa é o mesmo que a norma incriminadora do crime consumado tutela. Somente, a sua ofensa queda-se na fase da execução, originando, por circunstâncias independentes da vontade do agente, apenas o perigo de lesão do bem jurídico tutelado.

A tentativa é um crime imperfeito, no seu confronto com o crime consumado, porque, relativamente a este, se verifica uma deficiência na estrutura essencial do facto ilícito.

Pelo contrário a culpabilidade na tentativa é a culpabilidade do crime consumado, isto é, a intenção (decisão) do agente é a intenção de cometer o crime consumado.

Justifica-se, portanto, que se inicie a indicação dos elementos essenciais da tentativa fazendo referência ao dolo ou intenção, que é o dolo ou intenção de cometer o crime consumado.

Ora, e é já repetitiva a advertência, o dolo ou intenção criminosa na tentativa vai além do facto ilícito realizado, dirige-se e tem por objecto o crime consumado. O dolo, na tentativa, é o dolo do crime consumado.

A única dúvida, porventura possível, é acerca da noção de dolo na tentativa. A «decisão voluntária» do agente da tentativa equivale só a dolo directo ou também a dolo eventual?

Não parece que tal dúvida tenha razão de ser suficiente. Tanto o dolo directo como o dolo eventual são dolo, como são também decisão voluntária.

Mais importante é a concatenação do n.º 1 do art. 22.º, enquanto se refere ao dolo (ou decisão voluntária), com o art. 24.º, que trata da «desistência». É que a desistência voluntária da execução ou o impedimento voluntário da consumação do crime fixam, mediante fórmula negativa, a exigência, entre os elementos da tentativa, da suspensão «involuntária» da execução; donde a conclusão de que a suspensão da execução ou o impedimento da consumação por circunstâncias independentes da vontade do agente é elemento essencial da tentativa.

Tratar-se-á, no entanto, da questão, a propósito da causa de exculpação que consiste precisamente na desistência voluntária e no arrependimento activo a que se refere o art. 24.º (*infra*, n.º 164), tendo em atenção, desde já, que se a desistência voluntária e o arrependimento activo são causas de exculpação, naturalmente que a suspensão da execução ou o impedimento da consumação por circunstâncias independentes da vontade do agente é elemento constitutivo e essencial da tentativa, concorrendo para definir o dolo, como intenção que perdura durante toda a execução. A desistência é a desistência do propósito criminoso; quando não há desistência do propósito criminoso, não há ainda desistência voluntária da tentativa, mas interrupção voluntária da execução ou, ainda mais claramente, revogação da intenção criminosa durante a execução.

b) *O facto ilícito na tentativa*

Diferentemente quanto ao facto ilícito.

Quanto ao facto ilícito, no seu confronto com o facto ilícito no crime consumado, ou perfeito, a tentativa é um crime imperfeito. Não se verifica a consumação ou não se praticam mesmo todos os actos de execução. Na sua realização exterior a vontade não atinge o alvo a que se dirige: são praticados um, vários ou todos os actos de execução, sem que se siga a consumação do crime.

O Código Penal não distingue as duas formas de tentativa — acabada e inacabada (crime frustrado e tentativa) — porque as equipara na pena; engloba os dois conceitos sem os confundir, por isso que a sua distinção se revela onde permanece a necessidade jurídica da distinção (a propósito das formas que reveste a desistência, como desistência ou como arrependimento activo).

De toda a maneira e quanto à realização da vontade criminosa tanto o Código anterior como o Código de 1982 seguem idêntica orientação: no Código anterior haveria crime frustrado quando fossem praticados «todos os actos de execução que deveriam produzir o crime consumado...» e haveria tentativa quando a execução fosse «execução começada e incompleta dos actos que deviam produzir o crime consumado»; no Código actual, e nos termos do n.º 1 do art. 22.º, é necessário que o agente pratique «actos de execução» (todos ou alguns), sem que haja consumação.

O novo Código define o que sejam actos de execução, nas alíneas do n.º 2 do art. 22.º; essas alíneas não indicam uma pluralidade alternativa de critérios e antes devem, em conjunção umas com as outras, servir para a definição de actos de execução no caso concreto.

O tipo legal de crime e o facto típico são respectivamente um conceito e um facto concreto que o realiza. A execução é um facto real, concreto, e como tal terá de ser considerado; aqueles actos que, sendo imediata preparação ou facilitação do crime, e que, quando considerados em abstracto, não cabem na noção de execução, integram, no caso concreto, a acção de execução quando são necessários, indispensáveis, para que ela se efectue.

Outra dificuldade para individualizar concretamente actos de execução deriva da impossibilidade de determinar o começo de execução sem conhecer o plano de execução, isto é, toda a execução em que se integram os actos de execução que isoladamente não revelam o seu significado.

A intenção do agente ou dolo, na tentativa, não se dirige somente ao fim da acção, à consumação do crime, mas também ao modo de a alcançar; não consiste apenas na vontade, na perspectiva do fim, mas na vontade do fim e dos meios de o conseguir, isto é, do modo de execução do crime. O plano do agente não é mais do que o projecto do crime quanto à sua execução, que deverá finalizar com a sua consumação. E, assim, o dolo é incindível, abrangendo tanto o resultado final como o meio, os actos que o devem produzir.

Basta, como elemento essencial da execução na tentativa, apenas o acto inicial da tentativa; mas o acto incoactivo da execução é o acto inicial da execução projectada, do plano do crime, e este constitui objectivo do dolo.

Não basta, porém, que a execução projectada seja objectivo do dolo; é necesário que a execução projectada seja idónea para consumação do crime. Não basta que o agente suponha executar o crime e que considere ou julgue actos de execução os actos que pretende praticar; é indispensável que eles devessem ser executados, produzir o crime consumado.

Tanto o Código Penal de 1886 como o Código Penal de 1982 seguem, neste ponto, o mesmo rumo, ainda que, por vezes, com vocabulário diferente.

O conceito sintético do Código Penal de 1886 é apontado na definição do crime frustrado (art. 10.º) e da tentativa (art. 11.º, n.º 2) que diziam, respectivamente, haver crime frustrado «quando o agente pratica [...] todos os actos de execução que deveriam produzir como resultado o crime consumado [...]», e haver tentativa quando se verifique «execução começada e incompleta dos actos que deviam produzir o crime consumado».

Os actos de execução praticados e a praticar devem ser idóneos para a consumação do crime. Porque idóneos, ou adequados à consumação do crime, os actos de execução são portadores de perigo objectivo para o bem jurídico, tutelado pela norma incriminadora do crime consumado.

Por isso, para exprimir essa ideia, o Código Penal de 1886 declara no n.º 5 do art. 20.º (relativo à comparticipação criminosa) que são autores «os que concorrem directamente para facilitar ou preparar a execução nos casos em que, sem esse concurso, não tivesse sido cometido o crime».

Característica da noção de execução é a sua idoneidade para consumar o crime; a idoneidade é conceito consagrado tradicionalmente na legislação e na doutrina em geral. O novo Código seguiu o mesmo caminho. Quis, no entanto, facilitar a aplicação da lei, indicando, com a minúcia que julgou possível, em que consistiriam os actos de execução e a sua idoneidade.

É esse ensaio de mais completo esclarecimento da noção legal que revela nas suas alíneas, o n.º 2 do art. 22.º do Código Penal; o ensaio, porém, ressalvado o seu bom propósito, nem sempre concorre para o esclarecimento pretendido.

Há que procurar esclarecer o alcance e significado das alíneas do n.º 2 do art. 22.º

A alínea *a)* fornece a definição, em abstracto, dos actos de execução; mas em concreto só é aplicável quanto aos crimes em que a acção seja descrita pela norma incriminadora, ou seja, nos crimes formais.

Quanto à tentativa em crimes materiais, é indispensável recorrer aos critérios referidos nas alíneas seguintes, que, por isso, se sobrepõem ao critério enunciado na al. *a*); os actos que deviam produzir o crime consumado são agora, com outra locução, os actos «idóneos» para produzir o evento material ou resultado.

A alínea *a*) tem redacção algo confusa, porquanto o «preenchimento» (subsunção) de um acto a «qualquer» elemento constitutivo de um tipo de crime não é possível, mas tão-só a conformidade do acto executado com aquele elemento ou elementos do tipo legal que definem ou descrevem a acção do agente. E é isso de estranhar, porquanto das actas da 1.ª Comissão Revisora do Código Penal[10] consta a distinção dos casos em que é de aplicar o critério fixado na al. *a*) e os demais, em que se vai buscar à idoneidade do meio o critério genérico, que as alíneas *b*) e *c*) descrevem.

Também da citada Acta da Comissão Revisora consta que as alíneas do actual n.º 2 do art. 22.º teriam nova redacção[11], e verifica-se que a Comissão, com a concordância do próprio autor do projecto, suprimiu o vocábulo «preencher», por não ser, em língua portuguesa, condizente com o significado que se lhe pretendia atribuir. Mas nem a emenda do termo vetado nem a nova redacção do preceito aprovada pela Comissão passaram para o Código Penal de 1982. Foram, por certo, várias as revisões efectuadas ao longo de quase 20 anos, isto é, entre 1965 e 1982, e quanto a essas revisões não há qualquer notícia sobre os motivos das alterações à primeira revisão da parte geral do Código Penal[12].

---

[10] *Actas*, I, págs. 172 e 173.
[11] *Actas*, I, pág. 175:
«1. São os actos de execução aqueles que:
a) Correspondem à descrição de um elemento constitutivo de um tipo legal de crime;
b) São idóneos a produzir o resultado nele previsto;
2. São ainda actos de execução aqueles que, segundo a experiência comum e salvo um caso imprevisível, são de natureza a fazer esperar que se lhes sigam actos da espécie indicada no número anterior.»
[12] Nem tão-pouco na útil divulgação dos apontamentos pessoais de Maia Gonçalves, «A Última Revisão no Projecto de Código Penal», nos *Estudos em Homenagem* a Eduardo Correia, vol. III, Coimbra-1984, págs. 93 e segs.

A alínea *b*) do art. 22.º considera actos de execução «os que são idóneos a produzir o resultado típico».

Não é isenta de dificuldade a interpretação do texto legal, que reproduz a redacção do projecto, apenas com a substituição da palavra «causas» por «produzir»[13]. Algumas considerações serão úteis para mais completo esclarecimento.

A execução projectada, objecto da intenção, tem de ser idónea para a consumação do crime. A relação a estabelecer não é, necessariamente, a relação entre a execução e o evento material, mas entre a execução e o evento jurídico, lesão do bem jurídico tutelado ou mal do crime. É que na tentativa não se pode falar sempre de causalidade, com referência a um evento material, pois a tentativa também tem lugar nos crimes formais.

É também conveniente insistir em que a idoneidade não qualifica cada acto de execução; caracteriza a execução no seu todo, tal como foi projectada e quer se tenha apenas iniciado a execução (tentativa) quer tenha havido execução completa (crime frustrado). A execução completa, tal como foi objecto da intenção, é que tem de ser idónea para a consumação nos crimes materiais e será já consumação nos crimes formais.

O conceito de «idoneidade dos actos de execução» tem a sua remota origem na doutrina italiana. Idóneos são os actos de execução, no seu conjunto, portadores de perigo objectivo para o bem jurídico tutelado pela norma incriminadora do crime consumado.

Não é diferente o modo de definir a idoneidade da execução projectada, e da qual se praticou qualquer acto incoativo, daquele modo pelo qual se define a imputação objectiva (causalidade) nos crimes em geral (*v. supra*, n.º 53).

Os «actos que deviam produzir o crime consumado», consoante se expressava o Código Penal de 1886, são agora, com outra locução, os «actos idóneos para produzir o resultado típico»; o resultado típico não é, necessariamente, um evento material, mas o evento jurídico, a lesão do bem jurídico protegido pela lei penal.

Em conclusão: a definição de cada acto de execução pressupõe a sua inserção na totalidade do plano de execução que o agente se

---

[13] *Actas*, I, pág. 170.

propõe realizar; há que partir do plano concebido pelo agente quanto à execução e é em função desse plano que se atribui a cada parcela, a cada acto, do todo em que ele se insere, a qualificação de acto idóneo. Cada acto é idóneo quando apreciado em conjunto com os actos não executados, mas planeados. Era esta a interpretação dada no domínio do Código Penal de 1886, com base no n.º 2 do art. 11.º[14]; e é essencialmente a interpretação a dar, com base no Código vigente.

Finalmente, a alínea c) do art. 22.º dispõe que são actos de execução «os que, segundo a experiência comum e salvo circunstâncias imprevisíveis, são de natureza a fazer esperar que se lhes sigam actos das espécies indicadas nas alíneas anteriores».

Não há alteração substancial, embora haja alteração formal, à legislação e doutrina anteriores; a exposição que se segue tem precisamente por fim comprovar essa conformidade. Na vigência do Código Penal de 1886, a questão foi exposta com suficiente desenvolvimento[15].

O facto ilícito na tentativa consiste no começo de execução dos actos que deviam produzir o crime consumado.

Não são ainda começo de execução os actos preparatórios, e é essa uma delimitação meramente negativa dos actos de execução.

α) A exigência do começo de execução na tentativa correspondeu à pretensão legislativa de delimitar objectivamente o facto exterior, procurando defini-lo, e provém do Código Penal francês. Com esse fim, toma particular importância a doutrina da tipicidade da tentativa, como ela foi gizada por Ernst Beling[16], e da qual se parte ou que sempre está presente como ponto de referência para compreensão do conceito de «execução».

O critério definidor dos actos de execução seria um critério objectivo-formal. Formal no sentido de que a execução consiste na actividade exterior do agente que se subsume à descrição do facto pela norma incriminadora do crime consumado. Esta exigência de cor-

---

[14] *Dir. Pen. Port.*, II, n.º 267.
[15] *Ibid.*; no n.º cit., *v.* a sec. II (págs. 38 e segs.).
[16] *Die Lehre vom Verbrechen*, 1906, págs. 328 e segs.

respondência de execução à descrição legal da actividade do agente do crime oferece a mais segura garantia da legalidade da incriminação e teve por isso grande favor da doutrina ulterior. É um critério que parece satisfazer a pretensão legal de excluir o arbítrio na definição do facto ilícito na tentativa.

Contudo, à grande aceitação pela doutrina do critério objectivo-formal, seguiu-se a sua apreciação crítica que revelou a necessidade de completar, ou pelo menos esclarecer, o que fica indefinido na simplicidade aparente do critério proposto por Beling.

β) E, na verdade, ao tentar a aplicação do referido critério, surgem dificuldades resultantes da sua rigidez formal.

A maior parte das incriminações não contém uma descrição completa dos actos que constituem o comportamento ou acção do agente. Não a contêm as incriminações de tipos causais de crimes; então, a actividade causal é definida pelo significado do verbo que a designa e não pode negar-se a dificuldade de delimitar em concreto o início da execução, pois que ela é definida em função da idoneidade para produzir o resultado.

Mas também nos crimes formais, ou de mera actividade, esta é frequentemente descrita mediante elementos normativos que tornam insegura a demarcação do acto inicial ou incoativo da execução.

Não havendo uma forma vinculada de acção típica, a demarcação da execução na tentativa por um critério meramente formal torna-se impossível ou demasiado arbitrária.

Acresce que o facto ilícito na tentativa não é ainda toda a execução; é execução incompleta ou simples começo de execução, e torna-se mister por isso, e frequentemente, individualizar o acto inicial da execução.

Quando é que se inicia a execução no crime de homicídio? Será indispensável, por exemplo, puxar o gatilho da arma de fogo apontada em direcção à vítima, ou bastará já sacar da arma, ou ainda dirigir-se agressivamente ao encontro da vítima, ou colocar-se de emboscada em lugar por onde passará pouco depois a vítima?

Beling procurou alargar o estrito conceito formal de execução, que a reduz ao núcleo essencial do facto típico, e admitiu que é actividade de execução não só a que corresponde à descrição do tipo legal objectivo, como ainda a que se situa na periferia do tipo objectivo e que consiste em actos que lhe são inerentes, e que a lei valora como circunstâncias dos actos típicos essenciais; e, assim, no furto cometido com arrombamento, o arrombamento seria já acto de execução do crime de furto, etc.

Dentro do critério objectivo formal, é já o reconhecimento da dificuldade de conter numa definição exclusivamente formal a noção de execução.

Grande êxito obteve depois a fórmula de Frank, que substitui a um critério objectivo-formal um critério objectivo material; existiria então começo de execução com a prática de acto ou actos que, pela sua necessária conexão com a acção típica, se mostram, segundo uma concepção natural, como suas partes integrantes.

A fórmula de Frank pode parecer apenas um artifício sugestivo ou um processo técnico, porquanto foi reproduzida e praticamente utilizada tanto por aqueles que aceitam uma concepção objectiva, como pelos que defendem uma concepção subjectiva da tentativa; ela foi, no entanto, proposta com base numa orientação objectiva e, nesse sentido, parece que se ajusta à substância do problema desde que se entenda que a execução no crime frustrado ou o começo de execução na tentativa são o facto exterior típico e não o tipo legal objectivo da normal incriminadora do crime consumado.

O tipo legal e a execução são, respectivamente, um conceito e o facto que o realiza. Por isso, este último deve abranger e abrange elementos que, em abstracto, conceptualmente, são meras circunstâncias acidentais e que, em concreto, integram a própria execução porque a ela inerentes e essenciais.

É de sumo interesse, para esclarecer esta contraposição dos dois planos distintos em que se situa a descrição legal da acção e a acção que realiza o tipo legal, confrontar o que era disposto no n.º 2 do art. 40.º do Código Penal de 1886[17].

---

[17] Eram do seguinte teor o corpo e o n.º 2 desse artigo:
«As circunstâncias indicadas como agravantes deixam de o ser:
[...]
2.º — Quando forem de tal maneira inerentes ao crime, que sem elas não possa praticar-se o facto criminoso punido pela lei.»

A acção típica é *um facto real* e que como tal tem de ser considerado. Aqueles actos que, tomados em si mesmos na sua definição, são imediata preparação ou facilitação do crime, vêm a integrar no caso concreto a acção de execução quando são necessários, indispensáveis, para que aquela execução se efectue.

Aplicação do mesmo critério, que ressaltava do citado n.º 2 do art. 40.º do Código anterior, se verificava no n.º 5 do seu art. 20.º; aí se dizia que é autor do crime, e não mero cúmplice, aquele que pratica actos que preparam ou facilitam a execução (ou seja, a acção típica) se tais actos forem, *no caso concreto,* de tal modo necessários à própria execução que sem eles não pudesse ser cometido o crime, isto é, actos formalmente não típicos, mas inerentes ao facto típico, como meio funcional indispensável, causa adequada do crime, no caso concreto.

Ora bem.

A alínea *c)* do n.º 2 do art. 22.º do Código Penal de 1982 pretende dizer algo de semelhante; indubitável é que se trata do problema que descrevemos em texto que por isso agora recebemos das nossas lições feitas sobre o Código Penal de 1886[18].

Para comprovar essa correspondência, podemos citar a *Acta* da 10.ª sessão da Comissão Revisora do Projecto de Código Penal, na parte respeitante ao n.º 3 do art. 22.º [19] — o qual foi aprovado pela Comissão Revisora e que tem substancialmente o mesmo texto que a alínea *c)* do n.º 2 do art. 22.º do Código Penal vigente.

Aí, abordando o tema, Eduardo Correia explicou: «[...] é possível que o acto não seja um si idóneo, mas só o seja em conexão com factos posteriores que provavelmente se seguirão. Por exemplo: *A* deixa uma bomba de relógio em casa de *B,* mas é preso antes de ter posto a trabalhar o maquinismo que conduz à deflagração. É sabido que este problema tem sido resolvido, pela jurisprudência alemã, através da fórmula de Frank, que todavia é imprecisa e eminentemente relativa, quando faz apelo às partes integrantes de uma conduta unitária, do ponto de vista naturalístico. Ora o critério que no n.º 3 se propõe visa justamente a melhorar aquela fórmula, expur-

---

[18] Cf. *Dir. Pen. Port.,* II, págs. 38-41.
[19] *Actas,* I, págs. 170-171, 173 e 175.

gando dela o recurso a uma unidade naturalística que ninguém sabe bem o que seja e substituindo-o pelo apelo à experiência comum que, se é ainda uma cláusula lata, não o é tanto como o da referida unidade.»[20]

A questão que se pretendeu resolver, com a al. *c*) do n.º 2 do art. 22.º, é precisamente a mesma que surgia no anterior Código, para esclarecer o alcance da fórmula breve e enxuta do n.º 2 do art. 11.º do Código Penal de 1886.

Só que, como também diz Eduardo Correia na sessão da Comissão Revisora a que nos reportámos, o critério que a lei indica na al. *c*), consistindo no «apelo à experiência comum», «se é ainda uma cláusula lata, não o é tanto como a da referida unidade» (teoria de Frank).

Não se ganhou muito, com o novo teor da lei.

E é inteiramente curial chamar a atenção para aquele aspecto fundamental que permite definir os actos de execução. Toda a exposição da questão, bem como a solução mais segura, deve partir da distinção entre o tipo legal e a execução, que são respectivamente um conceito legal e o facto concreto que o realiza, consoante já atrás se explicou.

Os actos a que se refere a al. *c*) terão de submeter-se à noção de actos de execução da al. *b*), isto é, terão de ser actos idóneos; mas a execução é um facto concreto e este abrange o que é efectivamente indispensável para produção do resultado.

Os actos que *formalmente* antecedem ou acompanham a execução na sua definição legal, mas *em concreto* são absolutamente necessários para a efectiva execução, integram-se na execução, fazem parte da execução.

164. A desistência e arrependimento activo

Avisámos já que a desistência voluntária da execução ou o impedimento voluntário da consumação do crime fixam, mediante fórmula negativa, a exigência, entre os elementos da tentativa, da sus-

---

[20] *Ibid.*, pág. 171.

pensão involuntária da execução ou o impedimento da consumação por circunstâncias independentes da vontade do agente.

Logicamente, a suspensão involuntária da execução ou o impedimento involuntário da consumação, causados por circunstâncias independentes da vontade do agente, são elemento essencial da tentativa ou do crime frustrado.

No Código Penal de 1886, expressamente se indica entre os elementos da tentativa (art. 11.º) «ter sido suspensa a execução por circunstâncias independentes da vontade do agente [...]», e também assim entre os elementos do crime frustrado, pois que não haveria crime frustrado quando a execução completa não produzisse o resultado «por circunstâncias independentes da vontade do agente».

O Código Penal de 1982, porém, não incluiu entre os elementos constitutivos da tentativa e do crime frustrado respectivamente a suspensão involuntária da execução e o impedimento involuntário da consumação; relegou estas questões para o art. 24.º, onde literalmente se entende que a desistência como o arrependimento activo excluem a punibilidade da tentativa ou do crime frustrado (n.º 1 do art. 24.º).

Na medida em que se considera a desistência, bem como o arrependimento activo, como factos estranhos ao facto constitutivo do crime de tentativa ou do crime frustrado, são qualificados juridicamente como uma causa pessoal de isenção da pena, e não como elementos essenciais, formulados de maneira negativa, do próprio conceito de tentativa e crime frustrado.

Esta distinção artificial teve a sua razão de ser na deficiência do Código Penal alemão de 1871 (e que, em grande parte, ainda se mantém no Código Penal de 1975), que não permitiria a punição de quaisquer participantes no crime, se não fosse punível o autor material do crime; só o agente definido na incriminação da parte especial do Código seria autor[21]. Se o autor material ou imediato de tentati-

---

[21] Não era esta a posição de Eduardo Correia em 1953 — em *Direito Criminal. I — Tentativa e Frustração, etc.* (na Parte II, *Problemas Fundamentais da Comparticipação Criminosa*, págs. 87 e segs.), cit. —, inclinando-se para a doutrina seguida pelo Código Penal francês e proclamando a responsabilidade de todos os agentes conquanto todos foram causa do crime cometido (*loc. cit.*, pág. 103). Tal ponto de partida tinha de admitir restrições e alterações que o ordenamento jurídico do Código Penal então em vigor impunha. Mas a adesão à orientação do Código Penal francês é ainda de novo afirmada por

va ou delito frustrado tivesse voluntariamente desistido ou impedido a consumação, não haveria crime e, não havendo crime, não poderiam ser incriminados como participantes na tentativa ou delito frustrado quaisquer outros agentes[22].

Deste modo, a dificuldade, e também o motivo, da nova doutrina, assentava sobretudo no conceito de «facto», e seguidamente no conceito de comparticipação de vários agentes no crime.

Ora, e quanto ao que se deve entender por facto, remetemos para a noção de crime como facto humano voluntário (*supra*, n.ºs 1 e 27 e segs.), no qual se distingue a noção de facto criminoso da sua análise mediante a sua decomposição em elementos que facilitam metodologicamente a sua compreensão. O estudo analítico, como então dissemos, é o estudo analítico de partes do mesmo todo. O facto é o facto de cada agente do crime; a responsabilidade penal é necessariamente uma responsabilidade pessoal, bem como a culpabilidade é, de igual modo, pessoal. O facto de cada agente é sempre diferente do facto de outro agente.

No Código Penal de 1886, como ainda no Código Penal de 1982, e agora quanto à definição de comparticipação, prescreve-se que cada comparticipante é punido segundo a sua culpa, independentemente da punição ou grau de culpa dos outros comparticipantes.

O mesmo sucede, aliás, em muitos outros casos, como por exemplo no crime continuado com plúrimos agentes, ou quanto

---

Eduardo Correia nas *Actas da Comissão Revisora* (I, págs. 194 e segs.) para a confrontar com a orientação do Código alemão.

[22] Embora não sendo indispensável para o entendimento do Código Penal português, não deixa de ser curioso anotar que desde longa data, na legislação e doutrina germânicas, se debateram as duas teses opostas: a que considerava a desistência e arrependimento activo involuntários como elemento constitutivo da estrutura da tentativa e crime frustrado; e a que considerava a desistência e o arrependimento activo voluntários como causa de isenção da pena. Na verdade, entre as leis que adoptaram a primeira solução contavam-se a *Carolina*, o Código Penal francês e na sua peugada o Código Penal prussiano de 1851, e também o Código Penal austríaco de 1852. A segunda solução constava do Código Penal bávaro de 1813, devido a Feuerbach, do Código da Saxónia de 1855 e, por fim, do Código Penal do Império alemão, de 1871. Compreendia-se assim a importância que tomou inicialmente a doutrina defendida por Feuerbach, e recebida por alguns Códigos. Onde essa doutrina logrou afirmar-se legislativamente, a desistência ou arrependimento activo involuntários deixaram de ser incluídos entre os elementos essenciais da tentativa e delito frustrado e foram consideradas como causa de isenção da pena, ou seja, como dizendo respeito à punibilidade da tentativa.

aos agentes de crimes cometidos sob a direcção de associações criminosas.

O facto cometido por aquele que desistiu, por livre vontade, de terminar a execução, ou por aquele que impediu a sua consumação, é um facto complexo em que se insere tanto a execução já cometida, como a suspensão ou impedimento involuntários, que alargam o âmbito desse facto.

Se bem o entendemos, esta interpretação do direito vigente, similar à que expressamente constava do Código de 1886, permanece válida[23].

A suspensão da execução ou o impedimento da consumação por vontade do agente excluía assim a própria existência da tentativa ou do crime frustrado, porque excluía o requisito da intenção de cometer o crime consumado. Essa intenção devia permanecer durante a execução projectada e mesmo até à consumação do crime.

A desistência não é somente desistência voluntária de levar a cabo a execução ou consumação do crime, mas revogação da própria intenção ou resolução criminosa.

Quando não haja desistência do propósito criminoso não há ainda desistência voluntária da tentativa, mas interrupção voluntária da execução e a interrupção voluntária da execução, para nela prosse-

---

[23] Na doutrina germânica teve lugar uma larga análise do problema que a deficiência legislativa provocou. Foi tormentosa a sucessão de doutrinas sobre o fundamento da não punibilidade da tentativa, tal como constava do Código Penal alemão. Feuerbach viu a razão da não punibilidade da desistência e do arrependimento activo em uma conveniência de política criminal, por isso que a punição do agente que desiste da tentativa ou impede o evento o priva de um motivo suficiente para não consumar o crime. Era a denominada teoria da coacção psicológica da ameaça penal. A justificação apresentada por Feuerbach era mais do que falível e nem mesmo do ponto de vista psicológico correspondia à realidade; por isso ela não deixou longo rasto na doutrina alemã. F. v. Liszt também defendeu, na justificação do texto legal, uma finalidade de política criminal, considerando como efeito da desistência ou arrependimento activo, como uma causa pessoal de isenção da pena, que essa, de maneira positiva, daria ao delinquente um motivo para não consumar o crime. Seguiram-se doutrinas que consideraram a desistência e o arrependimento activo como indício bastante de grave enfraquecimento ou mesmo exclusão da culpabilidade; Welzel e Lang-Hinrichsen (v. «Bemerkungen zum Begriff der 'Tat' im Strafrecht, unter besonderer Berücksksichtigung der Strafzumessung, des Rücktritts und der tätigen Reue beim Versuch und Teilnahme», in *Festschrift für Karl Engisch*, 1969, págs. 353 e segs.) parecem orientados nesse sentido, e de modo similar autores italianos como Lattagliata (*La desistenza volontaria*, 1964) e Cavallo (*Il delitto tentato*, 1932).

guir mais tarde, não equivale à revogação da intenção de consumar o crime.

A suspensão por circunstâncias dependentes da vontade do agente é elemento da tentativa que respeita, não ao facto ilícito, mas ao dolo; é o próprio dolo dirigido ao crime consumado que, afinal, é anulado antes da consumação.

A qualificação da desistência voluntária e do arrependimento activo como dirimentes da culpabilidade na tentativa foi admitida por antiga doutrina e de novo suscitada na Alemanha, embora com particularidades derivadas de diferentes conceitos de culpabilidade. Pode admitir-se que se trata de uma causa de exculpação que delimita negativamente a existência da própria intenção criminosa. E, assim, a suspensão da execução, por circunstâncias independentes da vontade do agente (indicada no anterior Código como elemento da tentativa), pressupõe que a vontade ou intenção criminosa permaneça durante a execução.

De igual modo no que respeita à tentativa acabada (ou crime frustrado, no Código Penal de 1886), o arrependimento activo é circunstância excludente do dolo. Assim como a desistência voluntária — na tentativa inacabada — é revogação da intenção de acabar a execução, também na tentativa acabada a intenção pode ser voluntariamente revogada antes da consumação. Era esta a doutrina que consagrava já o Código de 1886 e que, com algumas alterações, subsiste no Código Penal de 1982.

Na verdade, porém, o Código Penal de 1982, no seu art. 24.º (n.º 1), indica três modalidades do conceito de desistência em sentido lato e que são: *a*) suspensão voluntária da execução (desistência em sentido estrito); *b*) impedimento da consumação (arrependimento activo) e *c*) finalmente, o impedimento voluntário — não obstante a consumação — «do resultado não compreendido no tipo de crime».

O impedimento voluntário da consumação — arrependimento activo — pode, porém, ser um arrependimento activo eficaz ou um arrependimento activo ineficaz; esta hipótese está prevista no n.º 2 do art. 24.º

Esquematicamente, pode apresentar-se o sistema do Código Penal, nesta matéria, pela seguinte forma:

Desistência
{
a) Desistência voluntária de prosseguir na execução do crime (1.ª parte do n.º 1 do art. 24.º). Só aplicável a autores materiais.

b) Arrependimento activo { eficaz (2.ª parte do n.º 1 do art. 24.º) / ineficaz (n.º 2 do art. 24.º) }

Aplicável a todos os agentes do crime.

c) Impedimento da verificação de resultado não compreendido no tipo de crime (3.ª parte do n.º 1 do art. 24.º)
}

Deixaremos para número ulterior a exegese do caso da al. *c)* (impedimento da verificação do resultado não compreendido no tipo de crime). É que a clareza da solução é ofuscada pela possibilidade de «desistência» após a consumação do crime. É esta uma dúvida que se procurará desvendar e resolver.

a) Desistência

Ainda que se não distinga, nem na sua definição no art. 22.º, nem quanto à pena no art. 23.º, a tentativa do crime frustrado, essa distinção ressurge a propósito da desistência no art. 24.º

O n.º 1 do art. 24.º indica em alternativa a desistência voluntária de prosseguir na execução do crime e o impedimento voluntário da consumação do crime ou o impedimento da verificação do resultado não compreendido no tipo de crime. Isto é, bifurca a desistência voluntária em desistência voluntária e arrependimento activo.

A denominação diferente pretende dar conta da diferente estrutura da desistência; na tentativa inacabada, a desistência é suspensão voluntária da execução ou, como diz o n.º 1 do art. 24.º, desistência voluntária de prosseguir na execução, e, na tentativa acabada, em que já findou a execução, a intervenção do agente tem de ser activa, ou, como diz o mesmo n.º 1 do art. 24.º, consiste em impedir a verificação do resultado.

A desistência de prosseguir na execução do crime só pode provir de executores do crime, isto é, de autores materiais.

b) Arrependimento activo (eficaz ou ineficaz)

O arrependimento activo pode ser eficaz e ineficaz. O arrependimento eficaz está previsto na segunda alternativa do n.º 1 do art. 24.º; o arrependimento ineficaz está previsto no n.º 2 do art. 24.º

O arrependimento activo tem lugar quando a tentativa é completa, ou seja, quando foram já praticados todos os actos de execução que deviam produzir o crime consumado. Não se aplica, portanto, no caso de tentativa inacabada, mas só em caso de delito frustrado, como designava a tentativa acabada o Código Penal de 1886.

Acrescenta, porém, o n.º 2 do art. 24.º que na tentativa acabada ou crime frustrado o arrependimento activo pode não ser eficaz e ter os mesmos efeitos do arrependimento activo eficaz.

Na verdade, a desistência (em sentido lato), no n.º 1 do art. 24.º, deve ser a causa voluntária ou da suspensão da execução ou do impedimento da consumação. Se a causa daquela suspensão ou deste impedimento for independente da vontade do desistente (ou, como dizia o anterior Código, se tiver lugar «por circunstâncias independentes da vontade do agente»), subsiste a tentativa punível.

Pelo contrário, no n.º 2 do art. 24.º o impedimento da consumação pode não ter a sua causa na vontade do agente e provir de circunstâncias independentes da sua vontade, isto é, o arrependimento activo não carece de ser, ele próprio, eficaz.

Não se verificando a consumação por circunstâncias independentes da vontade do agente, o «esforço sério do agente para impedir a consumação» é razão suficiente para a impunibilidade da tentativa acabada.

Não bastará um arrependimento por ter executado o crime e é necessário um arrependimento activo; a actividade que exterioriza o arrependimento consistirá no «esforço sério» para impedir a consumação que se seguirá à execução, esforço esse que, revelando claramente o arrependimento, não foi por si eficaz, pois que a causa do impedimento veio a ser «independente da conduta do agente», isto é, independente do seu esforço sério e voluntário.

Não obstante o art. 24.º declarar que a tentativa deixa de ser punível quando se verifique a desistência (em sentido lato), parecendo, assim, considerar a desistência e arrependimento activo como uma causa pessoal de isenção de pena que não invalida a subsistência da tentativa como facto ilícito e culpável, a verdade é que se não deve atribuir esse signficado aos termos empregados pela lei, pelas seguintes razões: a preferência que a doutrina alemã deu à opinião que considerava a desistência e arrependimento activo como mera causa pessoal de isenção da pena fundamentava-se sobretudo na dificuldade em aceitar que a desistência ou arrependimento activo de um participante na tentativa pudesse beneficiar de igual modo os demais participantes na tentativa que não houvessem desistido.

Tal, porém, só aconteceria se a desistência voluntária excluísse a ilicitude da tentativa, em vez de excluir a culpabilidade como defendemos no domínio do Código Penal de 1886 e nos parece também ajustar-se ao regime legal da tentativa no novo Código. Parece demonstrá-lo o art. 25.º, segundo o qual, no caso de comparticipação na tentativa, só o participante que voluntariamente desistir da execução ou impedir a consumação fica impune, sem prejuízo da responsabilidade penal dos demais participantes.

c) Quanto ao *impedimento da verificação não compreendido no tipo de crime,* e tal como dissemos no proémio da explicação deste esquema, autonomizá-lo-emos, dada a dificuldade da sua interpretação, como objecto dos dois números seguintes.

165. **A desistência e arrependimento activo em crimes consumados, na parte especial do Código Penal (arts. 251.º, 268.º, 301.º e 382.º)**

O alargamento da noção legal de desistência (de arrependimento activo) de modo a abranger o impedimento voluntário do resultado não típico, isto é, de resultado ulterior à consumação, torna difícil pôr um limite à sua extensão.

É pouco clara, ou mesmo muito imprecisa, a aplicação do conceito abstracto nos casos concretos.

Trata-se de desistência em «crimes consumados».

A «desistência» terá como efeito a impunibilidade da tentativa, que é também a impunibilidade do crime já «consumado».

E para tanto, nos termos do art. 24.º, bastará o impedimento voluntário ou o esforço sério para impedir a verificação do resultado não típico.

A definição deste «resultado» é só feita de modo negativo: é «resultado não compreendido no tipo de crime».

Para auxiliar a interpretação ou a fixação do conceito legal de «resultado não compreendido no tipo de crime» pode recorrer-se a alguns preceitos da parte especial do Código que efectivamente, segundo me parece, fornecem apoio para esclarecimento da questão suscitada, bem como atentar no uso da mesma expressão no n.º 4 do art. 118.º

A via que se pretende seguir é algo laboriosa mas prometedora porque pode, segundo julgamos, afastar muitas dúvidas e fornecer elementos para a definição do arrependimento activo na tentativa.

Referem-se, em especial, à desistência em determinados crimes os artigos 251.º, 268.º e 382.º; e refere-se ao impedimento de efeitos ou resultados posteriores à consumação, sob a denominação de «restituição» nos crimes de furto e apropriação ilícita, o art. 301.º

Os efeitos jurídicos da desistência, porém, não são, nos arts. 251.º, 268.º e 382.º, idênticos, e aproximam-se, por vezes, dos efeitos jurídicos atribuídos à «restituição» no art. 301.º

Ora, diferentes efeitos jurídicos devem corresponder a diferentes conceitos de desistência; a desistência poderá assim abarcar duas realidades ou conceitos jurídicos diversos na sua natureza e por isso também nos seus efeitos.

O art. 251.º, referindo-se à «desistência» em crimes de falsificação de documentos, moeda, pesos e medidas [arts. 236.º, 237.º 238.º, 244.º, 245.º, 247.º e 248.º][24], reza assim:

«Não será punível quem, nos casos dos artigos anteriores, voluntariamente:

a) abandonar a preparação dos crimes neles referidos, afastar o perigo, por eles causado, de que outrem continue a praticar os actos preparatórios, ou impedir a consumação do crime. Se, neste último caso, a não consumação do crime, ou o afastamento do perigo de que outros continuem a sua preparação, tiver lugar independente-

---

[24] Cf. o disposto no art. 250.º

mente da acção do desistente, basta, para a sua não punição, o esforço sério do agente nesse sentido;

b) destruir ou inutilizar os meios ou objectos referidos no artigo anterior, ou der à autoridade pública conhecimento deles ou a ela os entregar.»

Em função deste art. 251.°, a consequência ou efeito jurídico de desistência será a não punição do crime de actos preparatórios.

Lembremos de novo o que já foi dito sobre o alcance do n.° 1 do art. 24.°: nele se contém a desistência de prosseguir na execução (ou suspensão voluntária da execução), que consiste na omissão voluntária de actos de execução necessários para consumar o crime, e o impedimento da consumação (quando já completa a execução), isto é, a desistência em sentido lato ou impróprio na tentativa acabada ou crime frustrado, que tem de ser uma actividade positiva (e não simples omissão) e por isso tem a denominação mais correcta de «arrependimento activo».

O art. 24.° (n.° 1) alarga ainda a noção de «desistência» de modo que, fundamentando a impunibilidade da tentativa acabada, se abranja também a desistência como causa de impunibilidade de um crime consumado. A desistência na tentativa acabada, quando consiste em impedir — não obstante estar já verificada a consumação do crime — «a verificação do resultado não compreendido no tipo de crime», é, por isso, desistência em um crime consumado.

Não dá o art. 24.° suficientes elementos para demarcar os limites de extensão da impunibilidade do crime consumado quando seja impedido ou sejam feitos esforços sérios para impedir um resultado não típico.

Teoricamente pode falar-se de uma consumação material, para além da consumação formal, ou exaurimento do crime. Mas uma noção teórica não é a lei; pretende ser uma explicação da lei. O que acontece é que a noção de exaurimento levanta também grandes dificuldades na sua aplicação; ela pode, no melhor dos casos, explicar, sistematizando-o, o direito positivo, mas não pode criar o direito positivo.

Ora, a consumação material ou exaurimento para além da consumação não se encontra no art. 24.° e é apenas indicada como a verificação do resultado do crime, posterior e para além da consumação.

A dúvida fundamental fica por esclarecer: *resultados não típicos* são todos os que não sejam o resultado típico, e por isso não tem os limites que toda a definição pressupõe.

Pudemos, porém, verificar que a noção de desistência na parte especial do Código, produzindo efeitos jurídicos diversos, deve corresponder a duas categorias jurídicas diferentes.

Utilizam o mesmo vocábulo que o art. 24.º — desistência — os artigos 251.º, 268.º e 382.º; só têm no entanto o mesmo efeito jurídico que a desistência, regulamentada em geral no art. 24.º, os casos previstos no art. 251.º Já são diferentes os efeitos da «desistência» nos casos previstos no art. 382.º E são ainda diferentes os efeitos jurídicos da «desistência» em crimes de perigo comum, a que se refere o art. 268.º

Há assim «desistência» que acarreta a impunibilidade (art. 251.º), e desistência que tem como efeito quer a atenuação da pena quer a atenuação ou isenção da pena (arts. 268.º e 382.º); e com este último efeito prevê o art. 301.º a «restituição» nos crimes de furto e apropriação ilícita.

Em todos estes casos o condicionamento dos efeitos jurídicos depende da não verificação de um resultado ulterior à consumação do crime.

166. A desistência como causa de exculpação e como circunstância atenuante na parte especial do Código Penal

Os mesmos efeitos — impunibilidade — que os previstos no art. 24.º só são atribuídos à desistência no crime de actos preparatórios de crimes de falsificação de documentos, moeda, pesos e medidas (art. 251.º).

a) Efectivamente, no art. 251.º a desistência é desistência na preparação de certos crimes.

O art. 251.º parece referir a «preparação» (como crime de actos preparatórios) a «todos» os crimes previstos nos artigos anteriores, mas trata-se de mero defeito de redacção; o art. 251.º quer referir-se à preparação dos crimes «mencionados no artigo anterior» (art. 250.º), cuja preparação é punível por força do art. 250.º e que o teor deste artigo expressamente indica.

Os actos preparatórios constituem uma fase do *iter criminis* e não são em regra puníveis (art. 21.º). Em alguns casos são eles próprios incriminados, constituindo um «tipo legal» de crime. A preparação como a tentativa dos crimes enumerados no art. 250.º são puníveis; mas a preparação constitui um crime autónomo (um tipo de crime), e por isso o abandono ou desistência de prosseguir na execução dos actos preparatórios é desistência na «execução» dos actos preparatórios ou desistência da «preparação» inacabada.

O «crime» de actos preparatórios é, em si mesmo, um crime sem evento material e por isso o impedimento da consumação dos crimes a que se refere a parte final da al. *a)* do art. 251.º é o impedimento da «verificação de um resultado não compreendido no tipo legal de crime» de actos preparatórios, evento ou resultado que consistirá na «consumação do crime» em relação ao qual os actos incriminados são actos preparatórios.

O art. 251.º ajusta-se assim à regulamentação legal da «desistência» no art. 24.º, quer quanto às modalidades que pode revestir a desistência quer quanto aos seus efeitos; inclusivamente no que concerne à equiparação ao arrependimento activo eficaz do arrependimento activo ineficaz («esforço sério do agente» para impedir o resultado).

É, porém, muito mais preciso o art. 251.º ao definir o evento ulterior à consumação do crime, a cujo impedimento eficaz ou ineficaz, mas esforçadamente procurado, se deve dirigir a vontade do agente para que o crime fique impune; define o resultado ulterior à consumação cujo impedimento voluntário acarreta a impunidade como sendo «o crime» a cuja preparação se dirige «o crime» de actos preparatórios.

b) No art. 282.º a «desistência» não suprime a punibilidade; dá lugar à possibilidade de atenuação livre da pena ou mesmo à isenção ou dispensa da pena.

Trata-se igualmente de actos preparatórios; de actos preparatórios em crimes contra a segurança do Estado[25].

---

[25] Título V, capítulo I, da Parte Especial do Código (arts. 334.º e segs.).

A causa da atenuação da pena ou sua dispensa está tanto no abandono pelo agente da sua actividade (da prossecução no *iter criminis*), como no afastamento ou diminuição considerável do perigo criado (impedimento ou arrependimento activo antes da consumação), como ainda no impedimento do «resultado que a lei quer evitar se verifique» (impedimento do resultado posterior à consumação, isto é, «não compreendido no tipo de crime»).

E neste último caso, o «resultado não compreendido no tipo de crime» é o resultado que a lei quer evitar que se verifique, o perigo de lesão ou lesão na fase ulterior, também incriminada, do *iter criminis*.

Em cada fase do *iter criminis,* autonomamente incriminada, se procede a uma antecipação da tutela penal dirigida à mesma finalidade: a tutela em graus progressivos do perigo de lesão do objecto jurídico do crime, cuja lesão se verifica na última fase do *iter criminis*.

À fase da conjura e actos preparatórios sucede a tentativa e à tentativa o crime consumado.

Quando as fases anteriores ao crime consumado são incriminadas, são elas próprias crimes consumados. Em relação aos actos preparatórios como crime, o perigo de lesão do bem jurídico na tentativa, ou a lesão do bem jurídico no crime consumado, são eventos posteriores à consumação do crime de preparação ou de tentativa enquanto crime de consumação antecipada (atentado).

E é, afinal, a lesão do bem jurídico que a lei pretende evitar que se verifique e que o agente pretende preparar para que se execute ou pretende executar para que se consume que constitui o objectivo da tutela penal e o motivo final dos crimes que precedem a verificação da efectiva lesão.

A realidade de facto é a mesma no art. 251.º e no art. 382.º

E, contudo, são diferentes, como anotámos, os efeitos.

A razão dessa divergência revela-nos também a falta de sistema, que perturba o entendimento da lei.

Quando os actos preparatórios ou a tentativa são incriminados como crimes, obtêm a autonomia de um «tipo legal» e consumam-se com a verificação dos elementos essenciais da sua incriminação.

Era o que claramente e com referência à «desistência» constava expressamente do Código Penal de 1886 (art. 13.º): «Nos casos especiais, em que a lei qualifica como crime consumado a tentativa de um crime, a suspensão da execução deste crime pela vontade do criminoso não é causa justificativa.»

O mesmo se dirá igualmente quanto ao crime «consumado» de actos preparatórios; o comportamento ulterior do agente não podia suprimir o crime já consumado.

Evidentemente que devia e deve ser tomado em consideração como «circunstância», de maior ou menor relevo. Ainda e segundo o Código Penal de 1886, constituía atenuante «a espontânea reparação do dano» (cir.ª 10.ª do art. 39.º).

O sistema era lógico, em razão do cuidado posto pelo anterior Código na regulamentação da estrutura acidental do crime.

Pelo contrário, no Código Penal alemão era inteiramente omissa qualquer regulamentação geral das circunstâncias acidentais; e daí resultou a inclusão ou confusão dessa matéria na parte especial, sem grande preocupação de sistema.

A punição da tentativa como crime de consumação antecipada ou a incriminação, como crime, dos actos preparatórios, implica logicamente não poder haver «desistência» após a consumação do crime de preparação, ou após a consumação do crime de tentativa ou tentativa de consumação antecipada.

O novo Código Penal, porém, no art. 251.º, como no art. 24.º, retira a autonomia ao crime de atentado ou ao crime de actos preparatórios, de modo a que a desistência, relativamente à fase ulterior do *iter criminis,* acarreta a impunidade de um crime já consumado; e no art. 382.º, mantém a autonomia do crime de preparação e de atentado, fazendo funcionar como circunstância atenuante a «desistência», ou seja, o arrependimento activo posterior à consumação (a espontânea reparação do mal já causado) de maneira a permitir a atenuação ou dispensa da pena.

A «desistência» tem assim no Código Penal posição diversa, ora como causa dirimente da responsabilidade penal e excludente do crime ora como circunstância atenuante da responsabilidade penal, que consiste em comportamento posterior à consumação do crime.

c) Também o art. 301.º fornece uma outra achega para a interpretação. O art. 301.º já não denomina «desistência» a «restituição» ou separação integral do prejuízo causado nos crimes de furto e apropriação ilícita, posteriormente à consumação dos crimes, embora a verificação do prejuízo se pudesse compreender numa noção teórica de consumação material ou exaurimento.

O impedimento da efectiva lesão mediante a restituição ou reparação é considerada como circunstância atenuante de especial valor, pois que altera a medida legal da pena. É uma circunstância indubitavelmente corresponde àquela que o anterior Código definia em geral como «espontânea reparação do dano». O não exaurimento do crime, por decisão voluntária do criminoso, não suprime a sua punibilidade e revela que os casos similares não podem, nem devem ser abrangidos na regulamentação do art. 24.º

d) Finalmente o Código Penal trata ainda da «desistência» em crimes de perigo comum no art. 268.º (*vide* ainda os arts. 269.º, n.º 5; 273.º, n.º 6; 275.º, n.º 5; 276.º, n.º 3; 277.º, n.º 8; 278.º, n.º 4; 279.º, n.º 5).

Não há em princípio tentativa nos crimes de perigo comum, pois que não existe a intenção de causar o dano, mas só a de causar a situação de perigo.

A noção de «desistência» está usada aqui em sentido impróprio fora da teoria da tentativa, para significar a actividade do agente posterior à consumação do crime, à qual é atribuído especial valor como circunstância atenuante, permitindo a livre atenuação ou isenção (dispensa) da pena (art. 268.º).

Mas como já foi assinalado a propósito dos crimes de perigo comum[26], na estrutura complexa destes crimes distingue-se a acção perigosa, do evento de perigo comum, podendo a acção ser intencional ou culposa, como também intencional ou culposa pode ser a criação do perigo, consentindo a lei combinações diversas de dolo e negligência. A acção perigosa é, porém, incriminada autonomamente e por isso o «crime» em que ela consiste já se consumou mesmo quando o evento de perigo tenha sido causado involuntariamente.

A acção perigosa, como crime, quando doloso, poderá eventualmente consentir a forma de tentativa.

---

[26] *Supra*, n.º 51.

De todo o modo não há tentativa relativamente ao crime de perigo comum (abrangendo a acção perigosa e o evento de perigo): quanto a este crime complexo não é possível a tentativa, e não há também «desistência» que possa ter o efeito previsto no art. 24.º A remoção voluntária do perigo é circunstância posterior à consumação do crime de acção perigosa, e só permite a atenuação ou dispensa da pena.

Afinal e concluindo: do que fica exposto pode-se inferior que a «desistência» na tentativa (art. 24.º), quando consiste no impedimento voluntário da «verificação do resultado não compreendido no tipo de crime», se refere fundamentalmente ao *impedimento, no caso de incriminação de estádios progressivos de agressão ao mesmo bem jurídico, da consumação de grau mais grave dessa agressão*.

E por isso a questão coloca-se particularmente na relacionação dos graus do *iter criminis:* actos preparatórios, como tais incriminados, e tentativa de consumação antecipada. Em tais hipóteses, não obstante a consumação do crime que constitui grau inferior da agressão ao bem jurídico a que se dirige a tutela penal, o impedimento da realização do grau ulterior exclui a punibilidade da tentativa, como pode em alguns casos excluir a punibilidade dos actos preparatórios (*vide* art. 251.º).

É de notar que a exclusão da punibilidade da tentativa acabada é exclusão da punição do facto cometido como tentativa.

A tentativa de consumação antecipada perde a sua autonomia de crime consumado para o efeito de ser considerada como consumação a lesão do interesse que a tentativa pusera em perigo, isto é, para constituir de novo uma forma imperfeita do crime consumado.

Contudo, é só a tentativa que fica impune, contrariando o sistema lógico que o art. 13.º do Código de 1886 consagrava. Os actos que entram na constituição da tentativa, esses são puníveis se forem classificados como crimes pela lei ou como contravenções, por lei ou regulamento, como estabelecia expressamente o art. 12.º do anterior Código.

O mesmo, aliás, se aplica aos actos preparatórios: a preparação do crime pode ficar impune (citado art. 251.º) por impedimento do resultado ulterior, e enquanto preparação deste; mas se independentemente da sua qualidade de actos de preparação de um crime forem em si mesmos puníveis, subsiste a punição dos actos que entram na constituição da preparação.

167. A desistência ou arrependimento activo dos autores e cúmplices morais

Em sentido próprio, que não corresponde rigorosamente à terminologia legal, a desistência e o arrependimento activo têm lugar respectivamente quando se desiste de prosseguir na execução do crime, ou quando se impede, finda a execução, a verificação do evento ou resultado.

Consequentemente, a desistência de completar a execução só respeita aos autores materiais, aos executores do crime. Não pode haver desistência de prosseguir na execução por parte de autores ou cúmplices morais. Quanto a estes (autores morais e cúmplices morais), só pode verificar-se o arrependimento activo, eficaz ou ineficaz, como já foi dito.

Mas podem os agentes morais do crime, um ou vários, dissuadir os executores que tenham persuadido a executar o crime, e os esforços feitos para dissuadir o executor ou executores poderão ser eficazes ou ineficazes.

Esta questão estava expressamente prevista no Código Penal de 1886, mas não se encontra expressamente regulada no Código vigente. Convém, precisamente por isso, e apoiando-nos na doutrina e terminologia do Código de 1886, indicar as directrizes apropriadas para abordagem do tema.

Convém notar que, diferentemente do que sucedia com a desistência ou arrependimento activo, que pressupõem a suspensão de execução já cometida ou o impedimento da consumação quando já finda a execução, os casos que agora figuramos se verificam em momento anterior ao início da execução.

E, por isso, se a desistência e arrependimento activo podem verificar-se em crimes unisubjectivos, os casos a que ora nos referimos só podem ter lugar em crimes cometidos em comparticipação.

O facto ilícito da tentativa ou delito frustrado é obra comum dos participantes; para que estes sejam responsáveis, importa que tenham querido, com a sua cooperação, dar causa ao crime.

Quanto aos autores e cúmplices morais não é possível a suspensão voluntária da execução na qual não participam; terão de intervir activamente para impedir a execução. E o mesmo sucede na tentativa de crimes omissivos.

E, no entanto, as questões que se suscitam não foram directamente previstas pelo novo Código, embora, pelo menos em parte, o tivessem sido pelo Código Penal de 1886.

Apoiando-nos na doutrina deste Código, trataremos sucessivamente da «Revogação do mandato», do «Excesso do mandato» e do «Agente provocador».

a) Revogação do mandato

A revogação do mandato situa-se em momento anterior à execução do crime. Intervém para anular o primeiro evento da autoria moral ou da cumplicidade moral: a determinação do autor material de cometer o crime.

A revogação do mandato pode ser eficaz ou ineficaz. Mas só tem interesse indicar os efeitos da revogação ineficaz do mandato. Na verdade, como a intenção criminosa, em si mesma, não é incriminável, com a anulação da intenção antes que se exteriorize em tentativa acabada ou inacabada não pode haver responsabilidade penal.

Daí, não ser necessário declarar expressamente quais os efeitos da revogação eficaz: o autor material não chegou a cometer qualquer crime e a instigação só será punível se for incriminada autonomamente.

Por isso só importa considerar os efeitos da revogação ineficaz; e era desses que tratava o § único do art. 20.º do Código Penal de 1886, o qual rezava assim:

> A revogação do mandato deverá ser considerada como circunstância atenuante especial, não havendo começo de execução do crime, e como simples circunstância atenuante, quando já tiver havido começo de execução.

«Circunstância especial», no Código Penal de 1886, é conceito

que só é usado no art. 50.º, no qual equivale à degradação da responsabilidade a título de dolo, pela responsabilidade a título de culpa. É isso que resulta da origem dos preceitos pertinentes do Código Penal de 1886, esclarecidos pela doutrina defendida por Levi Maria Jordão, que foi o seu mentor.

Efectivamente, no projecto de Levi Maria Jordão (§ 2.º do art. 47.º) dizia-se que «se (o provocador) fizer tudo que d'elle depender para impedir a execução, e o facto apesar d'isso tiver sido consummado, frustrado, ou ainda apenas tentado, responderá como procedendo esse facto de culpa sua».

A solução proposta era lógica e bem fundamentada. No actual Código, porém, não haverá, na revogação ineficaz do mandato, qualquer responsabilidade penal a título de culpa.

b) *Excesso do mandato*

O excesso do mandato estava previsto no art. 21.º do Código Penal de 1886[27]. Aplicava-se a qualquer categoria de autores morais ou mesmo de co-autores materiais.

Excesso consiste no efeito mais grave, no crime mais grave cometido, enquanto a intenção dos autores tem por objecto um crime menos grave.

A matéria é também versada a propósito da concordância ou divergência das vontades dos co-autores de um crime; poder-se-á verificar uma divergência no objecto da intenção do autor moral relativamente à do autor material. Enquanto aquele, como mandante, fixa o conteúdo da intenção — o crime a cometer — aceite pelo executor, pode este exceder o mandato, executando crime mais grave.

Será de admitir a responsabilidade do mandante pelo crime mais grave executado?

O autor moral é, em tal hipótese, causa da perpetração do crime,

---

[27] Nos seguintes termos:
«O autor, mandante ou instigador é também considerado autor:
1.º — Dos actos necessários para a perpetração do crime, ainda que não constituam actos de execução;
2.º — Do excesso do executor na perpetração do crime, nos casos em que devesse tê-lo previsto como consequência provável do mandato ou instigação.»

enquanto determina a resolução criminosa do autor material; mas contra o alargamento da responsabilidade de modo a abranger o excesso do mandato recebido, se podia alegar e alegava que não pode haver responsabilidade sem culpabilidade.

Ora, o *princípio geral* em matéria de comparticipação criminosa era e continua a ser, como ainda se dirá no lugar próprio[28], o de que não é de exigir o acordo de vontades e, bem pelo contrário, cada comparticipante é punido segundo a sua culpa e independentemente da punição ou do grau de culpa dos outros comparticipantes (no novo Código Penal, *v.* o art. 29.º).

O problema do excesso do mandato fora já colocado pela doutrina antes da codificação e amplamente discutido, pois se propuseram e defenderam várias soluções; por uns foi admitida a plena responsabilidade do mandante pelo crime mais grave cometido pelo executor; por outros, foi esta responsabilidade objectiva zelosamente combatida. Mas antes mesmo de referir a posição que, com segurança, acabou por se firmar na doutrina pátria, convém, para tornar mais lógica essa visão retrospectiva, completar a indicação da previsão do problema pelo Código de 1886, em confronto com a falta de previsão expressa e directa no actual Código. E, assim, relativamente ao Código Penal de 1886, para determinar os crimes mais graves que constituem o excesso, havia que aplicar o critério previsto no n.º 6 do art. 29.º, que definia o denominado *crime preterintencional:* o excesso implicava então uma nova relação quantitativa ou de gravidade relativamente ao crime projectado. A preterintencionalidade exigiria a verificação de um misto de dolo e culpa.

O novo Código Penal substituiu, à noção de crime preterintencional, que rejeitou, a de *crimes qualificados pelo evento,* de que já nos ocupámos. Verficou-se com essa substituição uma forte tendência para uma acentuada objectivação da responsabilidade penal[29]. É um evidente recuo na definição e aplicação do princípio da culpabilidade.

E, no entanto, por forma indirecta o novo Código veio a aceitar, ao que parece, relativamente à questão mais debatida na doutrina

---

[28] *Infra,* n.º 176.
[29] *Supra,* n.º 123.

tradicional portuguesa, que não é admissível o crime preterintencional quando o agente quis cometer um crime de ofensas corporais, tendo-se verificado, para além da intenção do agente, a morte da vítima. Trata-se, repetimos, de tomar posição na questão mais debatida na velha doutrina portuguesa, e posição que consiste em negar o crime preterintencional (em crimes de diferente natureza) na relação entre crime de ofensas corporais e crime de homicídio.

Questão extremamente discutida em outros países[30], teve praticamente solução uniforme na doutrina e praxe portuguesa na vigência das Ordenações. O homicídio nunca seria um excesso relativamente a ofensas corporais. Tal doutrina foi legislativamente confirmada pelo art. 362.º dos Códigos Penais de 1852 e de 1886. Era essa já a opinião firme de Mello Freire[31].

Ora bem: o novo Código Penal, de 1982, no seu art. 145.º, não pune como homicídio a morte que constitua efeito do crime doloso de ofensas corporais, mesmo havendo negligência quanto ao evento mortal.

Em síntese, e em busca da solução:

O crime preterintencional exigia que o crime projectado e o crime cometido fossem da mesma natureza, e ofensas corporais e homicídio não são apenas de diferente gravidade, são de diferente natureza. O homicídio, por isso, nunca será um excesso relativamente às ofensas corporais. Esta doutrina foi legalmente confirmada pelo art. 362.º dos Códigos Penais de 1852 e de 1886. Mas também o Código Penal de 1982, com a nebulosidade que empana a clareza de muitas das suas injunções, no art. 145.º não pune como homicídio a morte que é efeito do crime doloso de ferimentos ou ofensas corporais, mesmo havendo negligência quanto ao evento mortal. E esta disposição legal pode considerar-se como reflexo, ainda que bruxuleante, da doutrina que está na base do excesso do mandato.

---

[30] Surgiram, efectivamente, fora do País, divergências quanto ao modo de resolver a questão proposta. Dela se ocupou, por ex., Carrara (*Programma, Parte Speciale*, I, § 1197).

[31] Mello Freire que, defendendo, e justamente, essa posição, a viria depois a introduzir no seu projecto de Código Penal (art. 3.º, § 9.º): «ainda que do ferimento se siga a morte, não sendo esta mandada fazer, o mandante é cúmplice neste caso, do ferimento e não da morte».

c) *O agente provocador*

Move-se dentro da mesma problemática da convergência ou divergência da intenção criminosa o caso do agente provocador. Caso que respeita necessariamente à instigação ou autoria moral intencional em crimes dolosos.

O agente provocador é o autor moral de uma tentativa de crime, mas que não quer a sua consumação.

A divergência da intenção verifica-se quanto à consumação do crime; o agente provocador pretende e instiga o executor a cometer um crime, mas com o propósito firme de evitar a consumação, por isso que o fim que se propõe é obter a prova de um crime ideado ou em vias de realização pelo presumível executor.

É este um processo por vezes utilizado na descoberta de crimes ou de actividades criminosas mais complexas.

Só tem lugar em crimes dolosos, porque dolosa é sempre a tentativa.

Ora, enquanto o provocador ou instigador da tentativa não quer o crime consumado, o executor da tentativa quer consumar o crime; a intenção na tentativa é intenção do crime consumado e verificar-se-á no instigado, autor material da tentativa, e faltará no agente provocador, que não quer que a tentativa chegue ao seu termo, à consumação, pois deve ter o firme propósito de a evitar.

Não é pacífica a solução a dar ao caso do agente provocador.

É que o problema do agente provocador se complica quando o crime vem a ser consumado.

Se, não obstante as providências ou cautelas tomadas para tornar impossível ou impedir oportunamente a continuação da execução ou a produção do evento, a consumação se verificou, embora contra a vontade do agente provocador, pode colocar-se o problema da responsabilidade penal deste. Com efeito, não basta, para a impunidade do agente provocador, que a sua intenção não abranja a consumação do crime; pode verificar-se o dolo ou, mais especificamente, o dolo eventual, se a intenção de descobrir um crime ou alcançar provas de um crime for tão intensa que o agente admite, para alcançar esse objectivo, que possa eventualmente ser levada a seu termo a consumação do crime.

E pode, também, vir a ser punível a título de culpa (quando o crime seja punível a título de culpa[32]) quando tiver dado imprudentemente causa à tentativa de um crime, sem estar seguro da impossibilidade de consumação ou da eficácia das cautelas predispostas para evitar a consumação.

168. A tentativa impossível ou inidónea

A tentativa impossível, ou inidónea, constitui um «cabo das Tormentas» do novo Código Penal.

Não era fácil tomar uma posição quanto ao novo regime legal, quando se é forçado a atentar isoladamente — em função de cada artigo da Parte Geral do Código Penal — sobre matéria que se pretende nova e inovadora[33].

Cumpre-nos, porém, alterar a exposição que fizemos sobre tal matéria.

Tal exposição procurava acomodar à teoria tradicional o conceito de tentativa impossível. Para o definir, num conceito objectivo de tentativa, importava exigir a idoneidade do meio, e a existência do objecto material.

Haverá inidoneidade *absoluta* do meio, quando este é por sua natureza inapto para produzir o resultado; há inidoneidade *relativa* se o meio em si mesmo idóneo ou apto se torna inapto nas circunstâncias em que foi empregado.

Por sua voz, a *inexistência do objecto* tanto exclui a tentativa como o crime consumado, e, por isso, mais do que tentativa impossível, se pode falar de *crime impossível*.

O novo Código Penal parece claramente ter optado por um conceito subjectivo de tentativa, e mesmo do crime em geral — pelo menos em certas matérias, entre as quais se inclui a tentativa.

A génese do articulado do Código Penal encontra-se naturalmente no Projecto da Parte Geral (1963)[34].

---

[32] Cf. art. 13.º do Código Penal.
[33] *Vide* o texto que propus nas anteriores edições destas *Lições* (na 1.ª ed., 1985, págs. 271-273; na 2.ª ed., 1987, págs. 301-303; e na 3.ª ed., 1988, págs. 309-311).
[34] *Projecto* cit. págs. 80 e 81.

O art. 22.º do Projecto continha um § único, no qual, esclarecendo ou revelando o significado de actos de execução, que consta do corpo do artigo, se dizia assim: «A inidoneidade do meio empregado ou a carência do objecto só excluem a tentativa quando sejam aparentes.»

O art. 23.º, mandando aplicar à tentativa inidónea ou impossível uma pena indeterminada, em razão da perigosidade criminal do agente, que equivaleria à pena aplicável ao crime que tinha a intenção de cometer, o Projecto tornava-se incoerente, negando a qualificação como crime da tentativa inidónea.

Na revisão do Projecto, desapareceu o art. 23.º, e deu-se nova redacção ao § único do art. 22.º, a qual consta do n.º 3 do art. 23.º do Código vigente[35].

Do Código Penal alemão a incriminação passou para várias legislações estrangeiras. Uma incriminação que assenta meramente na comprovação da intenção criminosa, sem que se verifique a ofensa de qualquer bem jurídico, só é possível no critério do denominado *direito penal da vontade* que teve, por algum tempo, ressonância na doutrina alemã.

Daí que, por toda a parte, incluindo a Alemanha, mas, mais decididamente, na Áustria, na Suíça e em Espanha[36], a doutrina, perante textos legislativos similares, esforçou-se por criar ao crime punível um objecto jurídico que parecia ausente, que consistiria na manutenção da serenidade e combatendo o alarme público. Esta doutrina foi denominada *teoria da «impressão»*.

A perpetração de actos inidóneos para execução de um crime, mas que aparentemente a figuravam, seria punível em razão de alarme e apreensão suscitados no público.

Daí que, como dizia o § único do art. 22.º do Projecto da Parte Geral do Código, a punibilidade da tentativa inidónea (assim designada) só tenha lugar quando a inidoneidade do meio ou a carência do objecto sejam «aparentes». «Aparentes» pretende traduzir que tal inidoneidade ou inexistência de objecto apareciam à vista de to-

---

[35] V. *Actas*, I, págs. 182-183, e ed. do Proj. revista pelo Ministério da Justiça, no *Bol. Min. Just.*, n.º 157, págs. 32 e 33.
[36] V. Stratenwerth, *op. cit.*, e Rodríguez Devesa, *Derecho Penal Español. Parte General*, 11.ª ed., 1988, págs. 788 a 793.

dos, seriam manifestos. A redacção final do preceito do Código Penal (n.º 3 do art. 23.º) assim o veio a explicitar.

É evidente que a incriminação não é então incriminação por tentativa de qualquer crime, cujo objecto jurídico é diferente. É um crime *sui generis,* que eleva o mal da impressão perturbante causada no público a ofensas a esse particular bem jurídico.

Não pode ocultar-se o carácter formal da solução adoptada. A impressão ou opinião, ou alarme, de um mais ou menos reduzido público não pode ser tutelada penalmente.

É de augurar que, e para bem da jurisprudência portuguesa, tal incriminação — em si absurda — caia no esquecimento, como tantas outras, tanto mais que a pena legalmente aplicável é de tal forma absurda que a maior injustiça está na própria lei.

169. Punibilidade da tentativa (Código Penal, art. 23.º, n.ᵒˢ 1 e 2)

«Salvo disposição em contrário, a tentativa só é posssível se ao crime consumado respectivo corresponder pena superior a 2 anos de prisão» (art. 23.º, n.º 1).

Desde que a pena de prisão é, no Código, uma única espécie de pena, não se fazendo a distinção entre prisão simples ou correccional e prisão maior, a distinção que revela a maior gravidade dos crimes infere-se sobretudo da forma de processo que lhes corresponde.

Este ponto mereceu, em anteriores edições destas lições, uma referência explicativa directamente ligada à matéria das formas do processo, e naturalmente no modo como essa matéria se encontrava regulada na legislação processual vigente ao tempo da preparação dessas edições[37]. Mas, entretanto, começou a vigorar o novo Código de Processo Penal, publicado em 1987; e entre as características técnicas deste diploma legal conta-se o que o seu próprio preâmbulo designa por uma «redução substancial das formas de processo»[38].

---

[37] V. a anterior ed. destas Lições, a 3.ª, pág. 311, e o *Curso de Processo Penal,* 2.º vol., págs. 63-64 e 70-71.

[38] Preâmbulo do novo Código de Processo Penal, n.º 9, últ. par.; v. tb. as als. 55) e 66) do n.º 2 do art. 2.º da Lei n.º 43/86, de 26 de Setembro, e, previamente, na indicação doutrinária dos critérios gerais orientadores da recente reforma do processo penal, Figueiredo Dias, «Para uma reforma global do processo penal português. Da sua necessidade e de algumas orientações fundamentais», *in* Ciclo de Conferências no Cons. Dist. do

A referência explicativa que consiste em relacionar a distinção da maior ou menor gravidade dos crimes com a tramitação processual deve, no entanto, manter-se, e a dois títulos: por um lado, mesmo no agora unitário processo penal comum, os critérios de demarcação da competência do tribunal singular, do tribunal colectivo e da intervenção do júri incluem a consideração da medida da pena — cf., respectivamente, arts. 16.º, n.º 2, al. *c*), 14.º, n.º 2, al. *b*), e 13.º, n.º 2, do novo Código de Processo Penal; por outro lado, e já a título próprio de formas do processo, há que atender à colocação, entre os requisitos dos agora denominados «processos especiais», também ou ainda do critério da gravidade das infracções — para o «processo sumário», *v.* art. 381.º, n.º 1 («pena de prisão cujo limite máximo não seja superior a três anos»), e, para o «processo sumaríssimo», *v.* art. 392.º, n.º 1 («pena de prisão não superior a seis meses»), do novo Código de Processo Penal.

E porque a medida legal da pena tem, em regra, um limite mínimo mais baixo e um limite máximo mais elevado que nas penalidades do antigo Código, verifica-se a punibilidade da tentativa, no regime do actual Código, em muito maior número de crimes, que no regime anterior.

É contudo idêntico o princípio geral: a punibilidade da tentativa é excepcional, porque exige uma certa gravidade do crime consumado correspondente, para além dos casos em que a lei expressamente preveja a punibilidade da tentativa de crimes de menor gravidade. É o que acontece, na parte especial do Código, relativamente a muitos crimes (art. 156.º, n.º 2, arts. 220.º a 227.º, com excepção do art. 224.º; art. 228.º, n.º 5; art. 238.º, n.º 3; art. 240.º, n.º 2; art. 319.º, n.º 3; art. 375.º, n.º 3; art. 392.º, n.º 7; art. 433.º, n.º 2).

Não são puníveis sob a forma de tentativa os crimes culposos ou por negligência.

A pena para os crimes culposos, no anterior Código, não podia exceder a prisão correccional até 2 anos, pena que era aplicável ao homicídio por negligência.

A responsabilidade por negligência é mais severa no Código actual e há por isso casos de crimes culposos em que o limite máximo

---

Porto da Ordem dos Advogados, *Para Uma Nova Justiça Penal*, 1983, págs. 231-236.

da penalidade excede 2 anos. Mas, mesmo então, a tentativa não é punível porque não pode haver tentativa culposa ou por negligência.

Também não há tentativa nos crimes com dolo de perigo visto que a tentativa tem como elemento essencial a intenção de cometer o crime consumado, ou seja o dolo de dano.

170. **A punibilidade, como tentativa, do crime justificado pelo consentimento do ofendido, quando esse consentimento não seja conhecido do agente (Código Penal, art. 38.º, n.º 4)**

O n.º 4 do art. 38.º dispõe: «Se o consentimento não é conhecido do agente, este é punível com a pena aplicável à tentativa.»

É difícil a interpretação deste preceito, porque é difícil a sua coordenação com o sistema do Código Penal.

O projecto primitivo do Código Penal dispunha no seu art. 40.º [39], a propósito do consentimento do ofendido como causa de exclusão da ilicitude: «Se o agente desconhece o consentimento, será punível, todavia, sob a forma de tentativa.»

A redacção veio a ser alterada, mas manteve-se o preceito no essencial; em vez de considerar tentativa o facto cometido com consentimento do ofendido, quando desconhecido do agente, pune-se esse facto com a pena aplicável à tentativa.

Ora, no caso previsto no n.º 4 do art. 38.º, o facto não é efectivamente tentativa; o facto também não é ilícito porque é justificado; e o facto não é culpável.

---

[39] Eduardo Correia, *Projecto,* pág. 87; trata-se, do ponto de vista formal, e surpreendentemente, de um «§ único» relativo a um artigo que, além do seu próprio proémio, contém já dois §§ (págs. 86-87); o lapso foi reconhecido nas *Actas* (I, págs. 245 e segs.); mas é interessante notar este ponto, porque através dele se explica melhor a íntima relação existente, no pensamento do Autor do Projecto, entre o transcrito, em texto, «§ único», e o que, como regra básica ou inicial, dispunha o § 2.º dessa proposta de artigo: «O consentimento do ofendido não precisa de ser conhecido pelo agente e pode livremente revogar-se até à execução da acção consentida». Ao que acresce que, se se tivessem seguido os termos da votação final a que houve lugar nessa Comissão Revisora, ter-se-ia, ou deveria ter-se, juntado o «§ único» à 1.ª parte do § 2.º, passando a 2.ª parte do § 2.º a formar o § 3.º (*Actas* cit., pág. 249).

a) O facto não é tentativa

Segundo as actas da Comissão Revisora do Projecto do Código Penal, parece que o fundamento aduzido para aprovação do actual n.º 4 do art. 38.º foi o de o facto descrito no preceito ser uma tentativa impossível.

O próprio autor do projecto disse que «nada impede que se possa então falar de crime impossível — e consequentemente o agente venha a ser punido sob a forma de tentativa». E na discussão parece ter prevalecido a ideia de que o preceito era um corolário da punibilidade da tentativa impossível.

Mas há nesta fundamentação um equívoco: o facto, a ser punível, não tem a forma de tentativa.

Como foi digo do n.º 3 do art. 23.º, da inexistência do objecto jurídico tanto torna impossível a tentativa como o crime consumado; o Código e doutrina italianos, donde provém o conceito, falam de crime impossível e com razão.

Porventura a impossibilidade na tentativa é mais precisamente e só a inidoneidade dos meios, ou seja da execução do crime.

Na hipótese do n.º 4 do art. 38.º, o facto chegou ao seu termo; verifica-se mesmo a «consumação», consumação que não atinge o objecto jurídico do crime por inexistência deste. É o crime que é impossível, porque inexistente o objecto jurídico.

Havia assim razão para modificar a redacção primitiva, ao mandar aplicar ao crime impossível cometido a pena da tentativa do crime para os efeitos de atenuar a pena de crime consumado e impossível, cometido.

b) O facto é um facto justificado

O facto cometido é um facto lícito, em razão do consentimento do ofendido.

A incriminação só pode ter lugar admitindo a responsabilidade por facto lícito e baseado somente na manifestação da vontade criminosa, como sucede na concepção subjectiva; mas esta concepção, como princípio geral, foi rejeitada pelo Código Penal.

c) *O facto não é, no sistema do Código Penal, um facto culpável*

Não há culpa sem que esta tenha por objecto um facto penalmente ilícito.

É claro, quanto a este aspecto, o art. 16.º, n.º 2: o erro sobre os pressupostos das causas de justificação exclui a culpabilidade quer sob a forma de dolo (art. 16.º, n.º 2) quer sob a forma de negligência, quando for desculpável (art. 16.º, n.º 3). A vontade não se dirige então a um facto realmente ilícito, e por isso não há culpabilidade. O inverso — a vontade dirigida a um facto ilícito, que o não é — é igual e logicamente irrelevante.

Parece que o preceito do n.º 4 do art. 38.º tem a sua origem num persistente equívoco. O projecto do Código Penal previa a punição da tentativa impossível no seu art. 23.º, aceitando ao lado de um conceito objectivo de tentativa (art. 22.º) um conceito subjectivo, que se contradiziam ou anulavam reciprocamente.

O art. 23.º do Projecto não foi aprovado na revisão do projecto e não consta do actual Código (actas da Comissão Revisora — 11.ª Sessão). A Comissão Revisora olvidou na sua 16.ª sessão, ao discutir a matéria relativa ao consentimento do ofendido, aquela rejeição e considerou o actual n.º 4 do art. 38.º como corolário de um artigo que fora eliminado. Esse equívoco deve ter-se mantido nas outras revisões não documentadas do projecto do Código.

Donde resulta que o n.º 4 do art. 38.º é um corpo estranho no sistema do Código, dificilmente compreensível e dificilmente aplicável. Trata-se de um crime sem objecto jurídico, de um crime ou tentativa impossível à qual o Código recusa a qualificação como crime (n.º 3 do art. 23.º) e que, com aparente fundamento na doutrina rejeitada pelo sistema geral do Código Penal, surge no n.º 4 do art. 38.º

CAPÍTULO II
OS AGENTES DO CRIME

§ 1.º
COMPARTICIPAÇÃO E PARTICIPAÇÃO CRIMINOSA

171. Indicações gerais

O novo Código Penal (de 1982) engloba a matéria que vamos versar juntamente com a tentativa (arts. 21.º a 24.º) e o concurso de crimes e crime continuado (art. 30.º), sob a rubrica comum de «Formas do crime».

Mas, se nesse aspecto da sistematização geral não foi seguida a legislação anterior, que autonomizava esta matéria (Código Penal de 1886, arts. 19.º a 25.º), já é, no entanto, à semelhança do anterior Código que o Código Penal de 1982 designa por *agentes* aqueles que participam em um crime (arts. 25.º e 28.º).

a) É, contudo, múltipla e plurissignificativa a terminologia utilizada, quer na doutrina, quer nas legislações, na matéria de que trata o novo Código Penal nos arts. 25.º a 29.º

O Código Penal de 1886 regulamentava-a no Capítulo III do Título I da sua Parte Geral, sob a designação «Dos Agentes do Crime», distinguindo os modos de participação no crime mediante a qualificação dos agentes como autores (participação principal), cúmplices (participação secundária) e encobridores (participação por aderência).

O Código Penal de 1982 emprega a expressão «comparticipação» nas epígrafes dos arts. 25.º, 28.º e 29.º e refere as formas que pode revestir a participação de cada agente, nos arts. 26.º e 27.º (autoria e cumplicidade).

O Código Penal italiano fala de «concurso de pessoas no crime»[1] e o Código Penal brasileiro, seguindo-o nesta matéria — embora hoje de modo mais atenuado ou corrigido —, fala também de «concurso de pessoas»[2].

Os agentes do crime é que podem ser ou autores ou cúmplices (arts. 26.º e 27.º; os encobridores, que eram considerados agentes do crime (participação por aderência), são excluídos pelo novo Código. Os casos de encobrimento, real e pessoal, são agora incriminados autonomamente, constituindo o crime de receptação (arts. 329.º e 330.º) e o crime de favorecimento pessoal (art.º 410.º).

b) A pluralidade de agentes no crime abrange matéria mais vasta do que aquela que cabe em uma «forma do crime».

É que importa atentar na realidade da realização conjunta de um crime por mais do que um agente, mas também na regulamentação do direito positivo. A pluralidade de agentes no crime não se verifica apenas como forma do crime; tal só sucede quando o crime é incriminado como crime monossubjectivo e pode acidentalmente ser realizado com a participação de vários agentes.

Mas há crimes que podem ser realizados com a participação de vários agentes em que a pluralidade de agentes é essencial.

Os crimes monossubjectivos «podem» ser cometidos por vários agentes e então trata-se de mera participação facultativa (donde a denominação de «crimes de participação facultativa»).

Em contraposição, os crimes aos quais é essencial a participação de vários agentes denominam-se crimes plurissubjectivos, de «participação necessária».

---

[1] *Codice Penale*, de 1930, Cap. III do Tít. IV do Liv. I, arts. 110 e segs.: «Del concorso di persone nel reato.»

[2] Cf. os arts. 29 a 31 do Código Penal brasileiro, na sua nova Parte Geral, introduzida pela Lei n.º 7209, de 11 de Julho de 1984. E, sobre o ponto, atente-se na seguinte observação de Paulo José da Costa Jr., *Direito Penal Objetivo — Breves Comentários ao Código,* ed. Forense Universitária, 1989, pág. 71: «O Código Penal de 1984 mudou a denominação do presente título, de co-autoria para concurso de pessoas, pretendendo abranger autores e cúmplices. A expressão *concurso de pessoas* não é sinónimo de co-autoria. É mais ampla, abrangendo autores principais e secundários, imediatos e mediatos, cúmplices de todos os tipos.»

Acontece ainda que o reconhecimento pela lei da conveniência de antecipar a tutela penal em crimes cometidos por vários agentes e de maior gravidade induziu o legislador a incriminar e punir a formação de grupos ou associações fundados com a finalidade de cometer crimes; são os crimes de associações criminosas e de organizações terroristas que o Código Penal prevê nos arts. 287.º e 288.º

Do ponto de vista jurídico, importa distinguir a participação criminosa, como forma do crime, dos crimes de participação necessária, bem como do crime de associações criminosas, muito embora em todos estes casos se deva verificar uma pluralidade de agentes.

Por isso, trazemos em primeiro lugar da participação facultativa, único caso que se enquadra na forma do crime a que alude o Código Penal, fazendo, a final, breve referência aos crimes plurissubjectivos ou de participação necessária e ao crime de associações criminosas, para melhor esclarecer o alcance e significado da pluralidade de agentes na matéria que directamente versamos (a participação facultativa) e que respeita à parte geral do Código Penal.

172. O autor singular e a pluralidade de agentes

Há que distinguir o autor singular do crime monossubjectivo da pluralidade de agentes no crime.

Em geral, os crimes são previstos, nas normas incriminadoras da parte especial do Código Penal, como crimes monossubjectivos; mas os crimes monossubjectivos são susceptíveis de realização por uma pluralidade de agentes.

A técnica legislativa poderia utilizar um de dois processos: ou, e relativamente a cada crime no contexto da respectiva norma incriminadora, previa a sua realização por vários agentes, definindo e delimitando os diferentes modos da sua participação; ou a incriminação da parte especial se confinava (como confina) à definição do autor singular do crime, e mediante uma norma da parte geral se procedia à extensão da incriminação à realização do crime por uma pluralidade de agentes, e é esta a via seguida pela generalidade das legislações.

Deste modo, a participação facultativa em um crime é incriminada como forma do crime monossubjectivo; as incriminações de autoria e cumplicidade nos arts. 26.º e 27.º são normas que estendem a punibilidade do crime monossubjectivo aos casos em que o crime é cometido com a participação de vários agentes.

E trata-se de uma tipicização indirecta, e por isso de uma «forma do crime», porque os preceitos dos arts. 26.º e 27.º não estão em si mesmos completos; o seu conteúdo completa-se com referência à norma incriminadora de cada crime em especial.

Autor singular (previsto em cada norma incriminadora) é aquele que realiza por si só o crime. Quando este é obra empreendida por vários agentes, a incriminação resulta da extensão a que procedem as normas sobre a comparticipação e participação criminosa.

173. Comparticipação criminosa

O Código Penal emprega as expressões *comparticipação* e *participação;* a primeira designando o facto em que todos os agentes colaboram, e a segunda o facto ou acção individual de cada agente, que se insere no facto ou acção colectiva.

A distinção de comparticipação e participação, como conceitos de relação, assenta no seu diferente objecto; e no entanto é trivial, tanto na doutrina como na lei, designar o objecto de ambas por crime.

Daí que se fale de agentes (no plural) do crime (no singular), como se fala de participação no crime.

É claro, no entanto, que «crime» não pode ter e não tem, em ambos os casos, o mesmo significado.

O «crime», como objecto da comparticipação, indica a realidade em que todos os agentes participam; o «crime», como objecto de participação, indica o facto individual, o modo como cada agente participa na obra comum.

A comparticipação é como que um facto complexo, constituído por uma pluralidade de acções ou factos individuais; porém, crime em sentido próprio é sempre o facto individual no qual assenta a responsabilidade penal. A comparticipação, como facto complexo, consiste numa conexão de acções ou factos individuais.

Em processo penal, o crime em que consiste a participação de cada agente diz-se conexo com os crimes em que se traduzem as acções de participação dos demais agentes. E aqui, o confronto entre a legislação penal e a processual penal é elucidativo do diferente significado que tem de se atribuir ao crime, enquanto objecto da comparticipação, e ao crime enquanto modo de participação de cada agente[3].

E assim, segundo o direito penal português, consoante já se encontrava estabelecido no Código Penal de 1886, as normas incriminadoras dos crimes em especial só prevêem em regra a sua realização por um único agente (o autor singular). Sempre que haja comparticipação, o modo de participação (participação principal ou autoria e participação secundária ou cumplicidade) é previsto e punível em função das normas extensivas da punibilidade que constam da parte geral do Código Penal (arts. 26.º e 27.º).

174. A legislação e doutrina alemãs

Tradicionalmente, na Alemanha e segundo o Código Penal alemão de 1871, era outro o conceito de participação.

O autor do crime era exclusivamente definido na norma incriminadora de cada espécie de crime. Na parte geral encontrava-se apenas a regulamentação da participação secundária ou acessória; os *participantes* não participariam no crime comum, mas o crime do autor, definido exclusivamente nas normas incriminadoras da parte especial.

As lacunas da legislação eram extensas e graves, e essa circuntância aguçou o engenho da jurisprudência e doutrina de modo a preenchê-las na medida do possível. Assim surgiu a disputa sobre um conceito «restritivo» ou «extensivo» de autor.

O conceito restritivo limitava a noção de autor em função da descrição da norma incriminadora de cada crime; autor seria aquele que quer e executa o crime.

O conceito «extensivo» baseou-se na teoria da causalidade, como teoria da equivalência de condições (*v.* Buri), para estender a noção

---

[3] Cfr. art. 24.º do novo Código de Processo Penal.

de autor a todo aquele que desse causa ao crime. Deste modo, o conceito ultrapassava todos os limites, e abrangeria indubitavelmente quaisquer participantes, que como autores eram previstos na parte especial do Código; as normas sobre participação na parte geral do Código Penal não seriam, assim, uma extensão da punibilidade para outros, que não o autor, mas uma restrição à noção de autor consoante emergia da noção extensiva de autor, baseada exclusivamente na causalidade, e que as normas incriminadoras consagrariam.

Por força das normas sobre a participação, alguns «autores», enquanto causa do crime, viriam a ser punidos menos gravemente, como «instigadores» ou «cúmplices».

A teoria da causalidade teve, assim, efeito explosivo, derrubando as definições formais das normas incriminadoras.

A função omnipresente da teoria da causalidade não se manteve, e a jurisprudência e doutrina voltaram a dar o predomínio ao conceito restritivo de autor.

Mas este rumo não pôde ser seguido sem um grande esforço no sentido de alargar, tornando-o mais abrangente, o conceito restritivo de autor. A doutrina do «domínio do facto», de Claus Roxin[4], veio a obter o maior consenso doutrinário, e com base nela admitiu-se que o espírito das normas incriminadoras permitiria considerar como autor todo aquele que, no caso de pluralidade de agentes, tivesse o «domínio do facto». Alargava-se assim a noção de autor; mas mantinha-se a participação (restringida à instigação e cumplicidade) como participação no facto do autor. Autores e cúmplices não seriam agentes da infracção; agentes da infracção seriam só os autores, enquanto os cúmplices auxiliavam o crime ou facto do autor.

Fazem-se estas breves observações porque, embora o novo Código Penal, pelo menos na versão do projecto primitivo, pretendesse reproduzir, simplificando-a, a estrutura da participação criminosa do Código Penal de 1886, não deixou de sofrer forte influência da doutrina germânica naquela simplificação, ainda agravada por modi-

---

[4] *V.* a sua extensa, e muito influente, monografia *Täterschaft und Tatherrschaft,* que tem vindo a ser sucessivamente reeditada e acrescida (a 1.ª ed. é de 1963; a 5.ª, de 1990).

ficações ulteriores; e elas permitir-nos-ão, com mais segurança, proceder à interpretação sistemática das disposições sobre comparticipação e participação criminosa.

175. A génese do instituto de participação criminosa no Código Penal de 1982

a) Os arts. 27.º e 29.º do projecto do Código Penal de 1963, correspondentes aos arts. 26.º, 27.º e 29.º do Código, estavam assim redigidos:

«É punível como autor ou agente de um crime quem tiver dado causa à sua realização sob as formas seguintes: 1.º) Executando-o singular e imediatamente; 2.º) Executando-o imediatamente, por acordo e conjuntamente com outro ou outros; 3.º) Determinando — quer singular, quer por acordo e conjuntamente com outro ou outros — directa e dolosamente alguém à prática de um facto ilícito, sempre que este, ao menos em começo de execução, se tenha praticado e não houvesse sido cometido sem aquela determinação; 4.º) Determinando directa e dolosamente alguém à prática de um facto ilícito ou auxiliando-o dolosamente na sua execução, sempre que, tendo embora sem aquela determinação ou auxílio a execução sido levada a cabo, ela o fosse, todavia, por modo, tempo, lugar ou circunstâncias diferentes. Esta última forma de comparticipação constitui a cumplicidade» (art. 27.º).

E «cada comparticipante será punido segundo a sua culpa, independentemente da punição ou do grau de culpa dos restantes comparticipantes» (art. 29.º)[5].

A análise e discussão deste articulado, consoante vem relatada nas *Actas* das Sessões da Comissão Revisora, foi breve. O autor do projecto sublinhou que não seguira, nesta matéria, o modelo alemão e referiu-se especialmente à rejeição do conceito germânico de instigação. E «a unanimidade dos membros presentes (da Comissão Revisora) pronunciou-se no sentido de se manter o sistema actual de estruturação da comparticipação, e por conseguinte também o que o

---

[5] *Projecto*, págs. 82 e 83.

projecto sanciona»[6]. A análise da Comissão incidiria, por isso, sobre questões atinentes à redacção do texto.

b) Há, no entanto, algum equívoco quanto à correspondência da definição de autoria no Código Penal de 1886 e no projecto do novo Código Penal, que adiante se anotará, e que tem a sua origem na obediência a um formalismo que se pretende seja orientador tanto da dogmática, como do texto legal.

É isso mesmo que Eduardo Correia defende ao fundamentar a nova redacção do «art. 27.º», correspondente ao art. 20.º do Código Penal de 1886 que, no essencial, aceitava, mas considerava muito imperfeito «porque continua a utilizar uma casuística incompatível com a formulação abstracta que postula a parte geral de um novo Código Penal»[7].

A teorização que se quis fazer, assim, no próprio preceito legal, veio mais perturbar o entendimento da lei. Sobre as dificuldades que esta pretensão sistemática trouxe à elaboração e articulação dos novos preceitos legais, daremos breve notícia no § 2.º deste capítulo (*infra*, n.ᵒˢ 180 e segs.).

c) Quanto ao art. 29.º do projecto, não sofreu discussão de fundo na Comissão Revisora, e corresponde com leve alteração de forma ao art. 29.º do Código Penal de 1982.

A sua origem encontra-se no art. 24.º do Código Penal de 1886, que dizia assim: «Não há encobridor nem cúmplice sem haver autor: mas a punição de qualquer autor, cúmplice ou encobridor, não está subordinada à dos outros agentes do crime.»

Corresponde o actual art. 29.º à segunda parte deste art. 24.º do Código Penal anterior com supressão da referência ao encobridor, visto que o encobrimento foi agora autonomamente incriminado.

A primeira parte do art. 24.º do Código Penal de 1886 já se deduz da própria definição legal dos participantes (arts. 26.º e 27.º do novo Código), pois que para haver comparticipação é indispensável que tenha havido execução ou começo de execução (consumação ou tentativa).

---

[6] *Actas*, I, pág. 196.
[7] *Direito Criminal*, II, 1965, pág. 258.

O art. 24.º do Código Penal de 1886 foi introduzido no Código Penal de 1852 pela Reforma Penal de 1884 e deve ter sido motivado pelo projecto de Código Penal de Levi Maria Jordão, o qual preconizava no seu art. 49.º: «Não pode qualquer facto ser qualificado como de cumplicidade sem haver outro de participação principal a que diga respeito. Mas a punição dos cúmplices não é subordinada à dos autores, e tem lugar ainda que estes sejam desconhecidos, ausentes, falecidos ou isentos de culpabilidade ou responsabilidade penal.»

O Código Penal de 1886 não estabeleceu expressamente só a não subordinação da punição dos cúmplices à punição dos autores, mas concludentemente também que a punição de qualquer autor não estava sobordinada à punição dos outros agentes do crime. Todos os agentes seriam comparticipantes no crime, e a punição de cada qual seria independente da punição dos demais.

O art. 29.º do novo Código Penal contém, neste particular, a mesma doutrina que o art. 24.º do código anterior.

Os arts. 26.º e 27.º do novo Código Penal, pelo contrário e não obstante a preferência dada a um sistema oposto ao germânico e condizente com o da anterior legislação, revelam na sua redacção uma forte influência do Código Penal alemão. Neles se inserem, e as alterações posteriores ao projecto primitivo o confirmam, definições e conceitos provindo do Código alemão, que alteram ou parecem alterar a noção fundamental dos participantes no crime, como seus agentes.

É conveniente, para tentar a interpretação sistemática do Código Penal, nesta matéria, obter a noção legal de comparticipação, que provém do Código Penal de 1886, e só depois versar a matéria dos modos de participação, que o Código Penal distingue em autoria e cumplicidade.

Deste modo facilitar-se-á a compreensão das restrições que as noções legais de autoria e cumplicidade introduziram à extensão da noção de comparticipação que se manteve a mesma.

176. A comparticipação (art. 29.º do Código Penal)

Dissemos já que, para melhor entendimento da matéria, nos ocuparíamos primeiramente do conceito de comparticipação de vários agentes e, só depois, das modalidades que reveste a participação de cada agente na obra comum.

Os conceitos jurídicos tornam inteligível, do ponto de vista jurídico, uma realidade que importa disciplinar. A conceptualização jurídica busca na riqueza do que existe, no real, aquilo que é essencial para as finalidades do direito.

A realidade subjacente à noção de comparticipação é a cooperação de vários agentes na realização de um facto lesivo de interesses plenamente tutelados.

O facto lesivo é o resultado da cooperação dos vários agentes. Daí que, por facilidade de expressão, as legislações e a doutrina designem o resultados para o qual tende a comparticipação com o mesmo vocábulo — *crime* — enquanto a participação individual de cada agente e, como fundamento de responsabilidade individual, o *crime* de cada um deles.

A idêntica nomenclatura, relativamente ao objecto da comparticipação e ao facto constitutivo da responsabilidade penal de cada agente, favorece a tendência para limitar a comparticipação aos casos em que se verifique a responsabilidade de todos pelo mesmo crime.

A realidade, porém, é diversa, e mais ampla. E assim o entendeu claramente o Código Penal de 1886, e na sua esteira o novo Código Penal, de 1982, no seu art. 29.º, cujo teor reproduzimos mais uma vez: «Cada comparticipante é punido segundo a sua culpa, independentemente da punição ou do grau de culpa dos outros comparticipantes.»

a) O objecto da comparticipação

A primeira observação a fazer é que na comparticipação intervêm ou podem intervir agentes (ou comparticipantes) puníveis ou não puníveis. À estrutura da comparticipação não inere a exigência de que todos os agentes sejam responsáveis penalmente.

Os pressupostos da punição são a ilicitude e a culpa. E é precisamente quanto ao pressuposto da culpa que o art. 29.º é peremptório, logo na sua primeira parte do artigo; cada agente é punido segundo a sua culpa.

A segunda parte do artigo é mais explícita ainda: cada comparticipante é punido independentemente da punição (e/ou do grau de de culpa) dos outros comparticipantes.

A punição de cada agente terá lugar consoante e relativamente a cada um se verificar que cometeu um facto ilícito e culpável, independentemente de se verificarem, quanto aos demais agentes, os pressupostos da punição que são, precisamente, o facto ilícito e a culpa do agente.

O que há, então, de comum na comparticipação?

A actividade de todos os agentes deve dirigir-se objectivamente à realização de um facto previsto como crime, na forma de crime consumado ou tentado; quer dizer, a comparticipação deve produzir, objectivamente, como resultado, a realização de um facto que, se fora cometido por um só agente, seria punível.

E não se queda ainda por aqui o âmbito da comparticipação.

Relativamente ao autor singular, o tipo legal objectivo só abrange na sua essência os actos de execução; não compreende actos preparatórios, que, mesmo se incriminados, são consumidos pelo estádio ulterior do *iter criminis*.

A comparticipação é mais de temer que a autoria singular. Por isso, não penas os que dão causa ao crime, mas também os que o preparam ou facilitam, em conjunto com o autor ou autores, são participantes e, como tais, agentes do crime.

Agentes são os que são causa do crime, o possibilitam, preparam ou facilitam, e que, em função da maior ou menor gravidade da sua participação na realização do facto comum, a que todos os modos de participação objectivamente se dirigem, serão considerados autores ou cúmplices.

b) A punição de cada agente é independente da punição dos demais: a culpa

Pressupostos da punição são a ilicitude e a culpabilidade. Mas também, independentemente da verificação da ilicitude e culpa, pode haver isenção ou extinção da responsabilidade penal relativamente a um ou vários agentes, sem que abranja os demais; condições de punibilidade ou causas de isenção ou extinção da responsabilidade penal, de natureza pessoal, dão lugar também à não punição dos participantes a que se refiram, sem afectarem a responsabilidade penal dos demais.

Que a independência da punição de cada comparticipante engloba a independência da punição de um agente com fundamento na sua culpa, quando não haja culpa dos demais, resulta já de a culpa ser pressuposto da punição.

Mas também ressalta do teor da primeira parte do art. 29.º: a culpa é individual, e por isso cada agente é punível pela sua culpa. E ainda da história do preceito. Ao explicitar o âmbito da «punição», na última parte do art. 49.º do projecto de Código Penal de Levi Maria Jordão, diz-se que a punição tem lugar ainda que os autores sejam isentos de culpabilidade ou responsabilidade penal. A punição é a consequência da responsabilidade, e a culpa é, por isso, tanto pressuposto da responsabilidade como da punição.

Deste modo, e em princípio, a comparticipação não apresenta na sua configuração subjectiva uma coesão sempre igual.

Pode ser mais ou menos coesa consoante se verifiquem as seguintes hipóteses:

1.ª — *Dolo de todos os comparticipantes.*

Os agentes podem acordar entre si a realização do crime, ou ter recíproca consciência da participação dos demais.

E todos então serão responsáveis a título de dolo, quer como autores, quer como cúmplices.

2.ª — *Negligência de todos os comparticipantes.*

Todos os participantes são, em princípio, puníveis a título de negligência, quanto aos crimes incrimináveis como culposos.

3.ª — *Comparticipação de agentes cuja participação é dolosa com agentes cuja participação é culposa.*

Uns serão punidos a título de dolo e outros a título de negligência.

4.ª — *Comparticipação de agentes cuja participação é dolosa ou culposa com agentes que agem sem culpabilidade.*

A impunidade dos agentes sem culpabilidade não impede a punição dos demais a título de dolo ou de negligência.

Em uma fórmula sintética, pode dizer-se que não é a comparticipação que é «criminosa», mas a participação de cada agente inserida na comparticipação de todos os agentes.

Agentes do crime não são, na comparticipação, somente os agentes puníveis; são os que com a sua acção participaram na realização do objecto da comparticipação.

A confluência das acções de todos os participantes na realização do mesmo «facto», independentemente da identidade de dolo ou negligência, caracteriza a noção de comparticipação.

c) *A punição de cada agente é independente da punição dos demais agentes: a ilicitude*

Em geral, afirma-se que a ilicitude se comunica a todos os participantes, precisamente porque o facto ilícito é o facto em que todos comparticipam.

Dissemos já, porém, que ilicitude em sentido mais estrito é um conceito de relação, e consiste na contrariedade à lei; não perde este significado quando se considere a contrariedade à lei do ponto de vista objectivo, isto é, como ilicitude objectiva.

Facto ilícito não tem o mesmo grau de abstracção, e significa o facto concreto, e por isso individual, em que se consubstancia a violação da lei.

O facto é ilícito enquanto lesivo de interesse penalmente protegido, isto é, enquanto se dirige, como ao seu fim objectivo, à produção da lesão. Normalmente, na comparticipação criminosa, a finalidade objectiva da participação de todos os participantes realiza essa lesão. E é por isso que não só se considera a comunicabilidade dessa ilicitude material a todos os agentes, como a mesma comunicabilidade se estende às circunstâncias acidentais relativas ao facto ilícito. Expressamente declarava essa comunicabilidade o Código Penal de 1886 no seu art. 32.º

Porém, a justificação pode ter natureza pessoal, e em tais casos é possível a participação criminosa de um agente numa comparticipação em que o outro ou os outros agentes agem justificadamente.

Um exemplo extremo pode ser o seguinte: um agente, com a intenção de matar duas pessoas suas conhecidas, induz em erro uma e outra acerca da intenção que cada uma delas tem de matar a outra, e convence-as de que serão vítimas cada um de agressão do outro, em determinado local, pelo qual ambos têm de passar em certa ocasião; sem que cada um soubesse que o outro passava por esse local por razão diferente. O encontro convenceu cada qual da justeza do aviso recebido; e cada um deles, vendo puxar o outro da arma de que estava munido para sua defesa, fez fogo sobre o outro.

Objectivamente, a acção de cada qual é uma agressão ilícita, e cada qual agiu em legítima defesa contra a agressão, efectivamente existente, do outro.

Tal não sucede relativamente ao *autor moral*, que será responsável por ter sido causa determinante das agressões recíprocas dos dois contendores.

177. A desistência em caso de comparticipação

Em conformidade com a doutrina sobre a extensão que toma a comparticipação no art. 29.º, estão os artigos 25.º e 28.º; o primeiro relativo à desistência na tentativa em caso de comparticipação e o segundo, de acordo com a respectiva rubrica, relativo à ilicitude na comparticipação.

Vamos começar por nos ocupar do art. 25.º, que reza assim:

«Se vários agentes comparticipam no facto, não é punível a tentativa daquele que voluntariamente impedir a consumação ou a verificação do resultado, nem a daquele que se esforçar seriamente por impedir uma ou outra, ainda que os outros comparticipantes prossigam na execução do crime ou o consumem.»

Trata-se de uma disposição que releva a dois títulos: em primeiro lugar, faz aplicação do regime legal da desistência previsto no art. 24.º — que já foi objecto de análise no lugar próprio (*v. supra*, n.ºˢ 164 e segs.) — ao caso de comparticipação criminosa; em segundo lugar, e como já em seguida se verá [sob a alínea b)], constitui uma aplicação, em caso considerado duvidoso, da possibilidade de comparticipantes com dolo (pois que a tentativa pressupõe dolo) e participantes que não têm culpabilidade.

a) Ao indicar o âmbito da noção legal de *«desistência»*, consoante é gizada no art. 24.º, fez-se a distinção entre a suspensão da execução (desistência em sentido restrito ou próprio) e arrependimento activo, quando o agente impede a consumação ou para além desta impede a verificação de resultado já não exigido para a sua consumação.

Em conformidade com o texto do art. 25.º, este não prevê a desistência em sentido próprio, isto é, a desistência da prossecução na execução do crime, como causa de exculpação; prevê o arrependimento activo de qualquer participante que impeça a consumação ou a verificação de resultado do crime, ulterior à consumação.

É isso que resulta do confronto entre a primeira parte do n.º 1 do art. 24.º e o teor do art. 25.º; este omite qualquer referência à desistência de prosseguir na execução do crime.

Por sua vez a parte final do art. 25.º reproduz o n.º 2 do art. 24.º que também só ao arrependimento activo se refere.

É, assim, seguro que não será punível o participante que «impedir a consumação ou verificação do resultado» — ou «se esforçar seriamente» por evitar ou impedir uma ou outra. O esforço sério para evitar ou impedir a execução ou consumação do crime, pelos autores morais ou cúmplices, pode consistir na tentativa de dissuadir o executor de levar avante a execução do crime, ou de o convencer a impedir a consumação: neste sentido equivale à «revogação do mandato» prevista no § único do art. 20.º do Código Penal de 1886 com a diferença de, no Código Penal de 1886, a revogação do mandato só determinar a atenuação de responsabilidade se fosse posterior ao começo da execução e a degradação de responsabilidade para responsabilidade por culpa se fosse anterior ao início da execução.

b) Está, portanto, visto que o preceito respeita à tentativa, ou melhor, à comparticipação em uma tentativa de crime. Mas o que dele precisamente se infere é que, na comparticipação na tentativa, não é de exigir que todos os comparticipantes sejam puníveis; é neste particular que o art. 25.º constitui uma aplicação, em caso considerado duvidoso, da possibilidade de comparticipantes com dolo (pois que a tentativa pressupõe dolo) e participantes que não têm culpabilidade.

Em primeiro lugar, cumpre acentuar que todos os comparticipantes na tentativa, sejam executores, autores morais ou cúmplices, são *comparticipantes*, isto é, agentes da tentativa.

Mas o preceito refere-se especialmente à desistência de autores morais ou cúmplices. Efectivamente, a desistência em sentido estrito que consiste, como já notámos, em «não prosseguir na execução do crime», é sempre desistência de quem executa a tentativa. E quanto aos agentes que não executam o crime — autores morais ou cúmplices — só podem, como também podem os executores, «impedir a consumação» ou «a verificação do resultado» (não compreendido no tipo de crime). O confronto do art. 24.°, n.° 1, com o art. 25.° assim o demonstra.

Os autores morais e os cúmplices não podem «desistir» de prosseguir na execução, pois que não cometem actos de execução, e como a tentativa só é possível se se verificar começo de execução do crime, é indispensável que haja, pelo menos, começo de execução para que os autores morais e os cúmplices sejam puníveis (art. 26.°, *in fine*).

Mas não é necessária identidade na estrutura subjectiva das diferentes formas de participação na tentativa. Se o executor desistir de prosseguir na execução, isto é, já cometeu a tentativa, esta existe na sua estrutura objectiva e só a culpabilidade falha no desistente, sendo puníveis autores morais e cúmplices, ou co-autores materiais que não tiverem contribuído por qualquer modo para essa desistência; se o executor pretende prosseguir na execução, ficarão impunes os outros agentes que impedirem essa prossecução, ao impedirem, não obstante a execução, a consumação do crime. Verificar-se-á então a «desistência» na forma de arrependimento activo.

Ao impedimento da prossecução ou da consumação por outrem se equipara o «esforço sério» para o conseguir, não obstante a prossecução na execução pelo executor ou por algum dos co-autores materiais.

A punibilidade ou não punibilidade dos comparticipantes deriva exclusivamente da manutenção ou anulação da sua culpabilidade, na forma de *dolo,* visto que a tentativa só é punível quando haja dolo. Foi isso que procurámos demonstrar, ao versar a matéria da tentativa, explicando que tanto a desistência em sentido estrito como o arrependimento activo excluíam a culpabilidade. *A desistência, porém, só pode provir de um autor material e só a ele beneficia; o arrependimento activo pode provir de qualquer co-agente, e beneficiará aqueles que tiverem impedido a continuação da execução ou a consumação.*

Em qualquer caso, é a falta de culpabilidade que justifica a não punição; a lei equiparou o «esforço sério» para impedir a continuação da execução ou a consumação ou a verificação do resultado não compreendido no tipo legal ao efectivo impedimento, dando-lhe os mesmos efeitos, isto é, a impunidade. E essa equiparação denuncia claramente que se trata de impunidade não em razão de exclusão de ilicitude objectiva, mas de exclusão ou anulação da vontade criminosa na tentativa.

178. A comparticipação em crimes próprios (art. 28.º do Código Penal)

Não obstante a epígrafe do artigo, a matéria regulada pelo art. 28.º respeita directamente à comparticipação em crimes próprios; a questão que se levanta é a de saber se a ilicitude nos crimes próprios, enquanto dependente de qualidades ou relações pessoais de um agente, se comunica aos demais agentes. Tal questão respeita à identidade da ilicitude do facto relativamente a todos os agentes, mas no que respeita aos crimes próprios (crimes especiais, na doutrina germânica) assume aspectos particulares.

Reza assim o art. 28.º do Código Penal:

«1. Se a ilicitude ou o grau de ilicitude do facto dependerem de certas qualidades ou relações especiais do agente, basta, para tornar aplicável a todos os comparticipantes a pena respectiva, que essas qualidades ou relações se verifiquem em qualquer deles, excepto se outra for a intenção da norma incriminadora.

2. Sempre que, por efeito da regra do número anterior, resulte para algum dos comparticipantes a aplicação de pena mais grave,

pode esta, consideradas as circunstâncias do caso, ser substituída por aquela que teria lugar se tal regra não interviesse.»

Este art. 28.º do Código Penal não é tradução do Código alemão. A redacção dá-lhe a aparência de um preceito da lei alemã, mas, na verdade, pretende consagrar e consagra doutrina mais próxima do anterior Código Penal de 1886.

O Código alemão manteve a separação radical entre autoria e participação; alargou a noção de autor, como deveria ser entendida em função das normas incriminadoras especiais, mas os participantes, instigadores ou cúmplices, não serão agentes do crime, mas participantes no crime do autor ou co-autores materiais imediatos ou mediatos. Daí surgem dificuldades para uma solução justa da participação em crimes próprios.

O Código Penal português, porém, considera todos os agentes, autores ou cúmplices, como agentes do crime, comparticipantes no mesmo «crime».

A injustiça da solução adoptada no § 28 do Código Penal alemão já fez surgir, na doutrina germânica, mais um ensaio de alargamento da noção restritiva de autor, nela abrangendo, como pretende Roxin, aqueles agentes, nos crimes próprios, em que se verificam as qualidades ou relações especiais que são elemento essencial do facto ilícito, seja qual for a forma em que colaboram no crime — de autoria, de instigação ou de cumplicidade. Esta solução interpretativa é uma correcção da própria lei, em desespero de causa.

O Código Penal português, com fundamento na qualificação de todos os participantes como agentes da infracção, e na sequência da regra geral que decorre da definição de comparticipação (art. 29.º), tirou corolários mais lógicos relativamente à comparticipação em crimes próprios.

As deficiências da lei alemã não se revelam no Código Penal português, nesta matéria.

Nos crimes próprios, a violação do dever, que só pode ser cometida por pessoas qualificadas *(intranei)*, é o objecto jurídico do crime. A qualificação do agente é por isso circunstância essencial do facto objectivamente ilícito. O facto objectivamente ilícito é obra comum dos agentes e, desde que se verifique a qualificação em qualquer dos agentes (comparticipantes), será imputado a todos.

Desta forma bastará que seja *intraneus* qualquer dos agentes para que todos sejam puníveis, se todos disso tomarem consciência.

A igualdade de punição dos agentes qualificados e dos *extranei* pode, pelo menos em muitos casos, ser injusta. O n.º 1 do art. 28.º faz, por isso, uma primeira restrição.

Nem sempre todos os agentes, em especial os cúmplices, serão punidos como comparticipantes nos crimes próprios. Tal não sucederá quando outra for «a intenção da norma incriminadora». A restrição ou a razão de ser da restrição não estão explícitas no n.º 1 do art. 28.º Da redacção da parte final desse número deriva que a não punição de *todos* os agentes pelo crime próprio constitui uma excepção.

A excepção deve fundamentar-se na «intenção da lei»; e a intenção da lei só pode ser o resultado da interpretação da própria norma incriminadora ou de norma que a complete ou integre.

Quer isto dizer que a indicação das excepções há-de ser obtida mediante a interpretação das normas da parte especial do Código Penal; não sendo possível fazer uma indicação exaustiva, que implica suficiente análise da parte especial, limitamo-nos a uma exemplificação, qual a que oferece o art. 405.º do Código Penal. Nos termos deste preceito, «quem induzir em erro ou influenciar outrem de forma a que este, sem dolo, pratique um dos factos descritos nos arts. 401.º e 402.º, será punido com prisão de 6 meses a 3 anos».

Não é esta uma excepção, no sentido estrito da palavra, porque o art. 405.º exclui a própria existência de uma comparticipação nos termos do art. 29.º Na realidade, vem a formular uma incriminação autónoma, para não punir certa espécie de autor moral ou de cúmplice moral como agentes dos crimes de falso depoimento de parte (art. 401.º) e de falsidade cometidos por sujeitos ou intervenientes na produção de provas em processo.

Quando se trate de agentes que induzem em erro ou influenciem alguém de boa-fé a falsear o depoimento ou provas, não serão punidos como autores morais do facto ilícito efectivamente cometido pelo autor material, e antes esses agentes perdem a qualidade de agentes do crime cometido, para serem incriminados autonomamente por «instrumentalização» do autor material.

A técnica utilizada é algo estranha, porque se foi buscar a incriminação também à parte especial do Código Penal alemão; no Código português não haveria dificuldade em enquadrar a matéria da incriminação nas regras gerais sobre a comparticipação. A duplicidade de técnica legislativa mais confunde que esclarece.

A pena aplicável a todos os agentes de crimes próprios, embora só um ou alguns sejam *intranei*, é a pena prevista para o crime próprio cometido. É o que dispõe o n.º 1 do art. 28.º: «[...] basta, para tornar aplicável a todos os comparticipantes *a pena respectiva*, que essas qualidades ou relações se verifiquem em qualquer deles [...]».

Neste particular, o art. 28.º estava em consonância com o projecto primitivo, que também punia com a mesma pena todos os agentes do crime; a redacção final do Código Penal, porém, já segue opinião diversa, pois que a pena aplicável aos cúmplices é especialmente atenuada (cf. art. 27.º, n.º 2).

Parece que o Código Penal seguiu a orientação do Código Penal austríaco, mas, neste Código, a todos os participantes cabe a mesma pena como autores. A contradição poderá porventura ser corrigida com uma interpretação conveniente do n.º 2 do art. 28.º, interpretação que, aliás, é sugerida nas *Actas* da Comissão Revisora, mesmo para o caso de se ter mantido a inicial igualdade da pena aplicável a todos os agentes[8].

O n.º 1 do art. 28.º mostra também que os crimes próprios (ou especiais, na terminologia germânica) a que pretende referir-se abrangem tanto os crimes próprios em sentido estrito (ou, na terminologia germânica, os crimes especiais próprios) como os crimes qualificados por qualidades ou relações especiais do agente (ou crimes especiais impróprios, na terminologia germânica); é isso que declara a parte inicial do art. 28.º quando alude, em alternativa, à dependência da «ilicitude» ou à dependência do «grau de ilicitude» do facto, daquelas qualidades ou relações em qualquer dos agentes.

Dependência da ilicitude ou do grau de ilicitude quer dizer que as qualidades ou relações especiais do agente, ou são elementos essenciais do facto ilícito, ou são circunstâncias modificativas da pena.

Se o crime só existe verificando-se essas qualidades ou relações

---

[8] *Actas*, I, pág. 204.

especiais, o crime é, na terminologia germânica, um crime especial próprio, ou *crime próprio* na terminologia latina; se as qualidades ou relações especiais dão origem a um novo tipo legal, que se destaca da incriminação do crime base, em que elas se não verificam, o crime será um *crime qualificado* na terminologia do anterior Código Penal português, e um crime especial impróprio, na terminologia alemã.

A doutrina em geral, e era essa também a orientação do Código Penal de 1886[9], só considera a comunicabilidade das qualidades e relações especiais que fundamentam a ilicitude do facto e não aquelas que alteram a sua gravidade, dando origem a um crime qualificado.

A comunicabilidade de circunstâncias do crime que têm a natureza de circunstâncias inerentes ao agente, na terminologia do anterior Código, não tem razão de ser, pois não fundamenta nem sequer aumenta o grau de ilicitude (a gravidade do facto ilícito) e antes se reporta à culpabilidade do agente em que concorrem.

Daí resulta a necessidade das ressalvas que constam quer da parte final do n.º 1, quer do n.º 2 do art. 28.º, e sobretudo desta última.

O n.º 2 do art. 28.º dispõe que: «sempre que, por efeito da regra do número anterior, resulte para algum dos comparticipantes a aplicação de pena mais grave, pode esta, consideradas as circunstâncias do caso, ser substituída por aquela que teria lugar se tal regra não interviesse».

Para compreensão do alcance da ressalva constante deste n.º 2 do art. 28.º, poderão indicar-se várias hipóteses que suscitam a sua aplicação.

— Nos crimes próprios, as qualidades ou relações pessoais fundamentam a própria ilicitude, visto que é o interesse que é objecto do dever jurídico violado por um agente, que constitui o próprio objecto jurídico do crime.

— Nos crimes qualificados, a violação desse dever somente torna mais grave a violação do interesse penalmente tutelado, para aquele a quem incumbe esse dever e não para os agentes aos quais não incumba em especial esse dever.

---

[9] V. *Dir. Pen. Port.*, II, págs. 133-135.

E, assim, importa distinguir, primeiramente, a aplicação do sistema legal nos crimes próprios e, depois, nos crimes qualificados.

a) Nos crimes próprios

Nos crimes próprios, as qualidades ou relações especiais podem verificar-se em qualquer agente e, por isso, nos autores ou em um autor (art. 26.º), ou podem verificar-se exclusivamente nos cúmplices ou em um cúmplice.

1.º — As qualidades e relações verificam-se em qualquer autor

A doutrina do Código de 1886 era a seguinte: nos crimes próprios, a violação do dever, que só pode ser cometida por pessoas qualificadas *(intranei)* é o objecto jurídico do crime. A qualificação do agente é por isso circunstância essencial do facto ilícito. O facto ilícito é obra comum dos autores e desde que, em um autor ou em vários autores, se verifique a qualidade ou relação especial, a violação do dever é imputada a todos os que dela tenham conhecimento.

Mas em relação a todos os agentes, quer autores, quer cúmplices, há a observar que a igualdade de punição dos agentes qualificados e dos *extranei* pode, pelo menos em muitos casos, ser injusta.

Quanto aos cúmplices, essa igualdade não se verifica já, em razão da respectiva pena dever ser especialmente atenuada em qualquer caso como determina (e não determinava o projecto) o n.º 2 do art. 27.º; mas quanto aos autores há uma diferença entre os autores *intranei* e os *extranei*, isto é, entre aqueles que efectivamente violaram o dever jurídico sendo essa violação fundamento de ilicitude objectiva, e aqueles sobre os quais não impende especialmente tal dever.

Daí que será justo, como entendemos na interpretação do anterior Código, considerar como circunstância atenuante a qualidade de *extraneus* de qualquer autor.

Ora o n.º 2 do art. 28.º do Código Penal de 1982 não se refere em particular a esta hipótese, porque parece limitar a aplicação do preceito aos casos em que a igualdade de pena para todos os agentes, prevista no n.º 1 do art. 28.º, venha agravar a pena que a qualquer agente caberia se o n.º 1 não impusesse, em abstracto, a igualdade da punição.

Tal só sucede, quanto aos autores, nos crimes qualificados (ou crimes especiais impróprios).

Mas nada obsta a que se considere a atenuação da pena daqueles autores que não tenham a qualidade de *intranei;* as regras gerais sobre graduação da pena devem tomar em consideração a não violação do dever especial que só incumbe ao *intraneus,* circunstância a ponderar em conjunto com todas as demais na aplicação da pena a cada agente. O próprio texto do n.º 2 do art. 28.º, embora não preveja formalmente o caso, como advertimos, indica como via para sugerir a aplicação de outra pena, a ponderação das «circunstâncias do caso». E, na verdade, sendo legal a «substituição da pena» por outra menos grave quando esta fosse aplicável se não fora a imposição de idêntica penalidade no n.º 1 do art. 28.º, por igual ou maior razão deve poder-se atenuar, nos termos gerais, a pena dos autores que não sejam *intranei*.

2.º— As qualidades e relações pessoais verificam-se em qualquer cúmplice

No art. 28.º, o Código Penal de 1982 considera ainda que todos os participantes são agentes, e há uma equiparação de todos os agentes do crime, quanto à sua punição, ideia que estava presente na redacção do projecto primitivo.

Mas a penalidade correspondente à autoria e à cumplicidade é diferente, como já anotámos, na redacção definitiva do Código[10].

Daqui resulta que, relativamente aos cúmplices, é plenamente aplicável, e sempre, o disposto no n.º 2 do art. 28.º: a pena aplicável aos cúmplices em crimes próprios, se não existisse a regra do n.º 1 do mesmo artigo, seria a pena aplicável ao autor especialmente atenuado, isto é, uma diferente penalidade, pois que o limite máximo da pena é diminuído de um terço, e o mínimo será diminuído nos termos constantes das alíneas do n.º 1 do art. 74.º

---

[10] É confrontar, de novo, o art. 27.º do Projecto (*op. cit.*, pág. 82) com os arts. 26.º e 27.º, n.º 2, do actual Código Penal.

Logo, se não fosse aplicável a regra do n.º 1 do art. 28.º, seria sempre aplicável a regra do n.º 2 do art. 27.º

Parece, em consequência, que é de dar prevalência à regra do n.º 2 do art. 27.º, e considerar praticamente alterado, pela formulação deste preceito, o próprio texto do n.º 1 do art. 28.º, na medida em que a «pena respectiva» já não é a pena comum a todos os participantes no crime, isto é, a pena relativa ao crime, mas a pena correspondente ou aos autores ou aos cúmplices no crime.

Não sendo assim, então há necessariamente que considerar como obrigatória a atenuação especial da pena, para alcançar o mesmo resultado.

b) Nos crimes qualificados

O art. 28.º refere-se aos crimes qualificados, como já dissemos, quando prevê a sua aplicação aos casos em que as qualidades e relações pessoais do agente não são fundamento da ilicitude, mas tão-só do grau de ilicitude do facto.

Caberá então uma pena ao crime-base, em que se não verifique em qualquer agente a qualidade de *intraneus*, e outra pena ao crime qualificado, em razão de algum dos agentes ser *intraneus*.

Vamos fazer agora a distinção entre os casos em que o *intraneus* é um autor e casos em que o *intraneus* é um cúmplice.

1.º — As qualidades ou relações pessoais verificam-se em qualquer autor

É evidente que, relativamente àquele autor que for *intraneus*, isto é, no qual se verifiquem as qualidades pessoais ou relações que qualificam o crime-base, a pena aplicável é a correspondente ao crime qualificado.

Em relação aos autores que forem *extranei*, a lógica exigiria que lhes fosse aplicável a pena do crime não qualificado.

Parece entender diferentemente o art. 28.º (seguindo o Código austríaco), considerando a qualificação como agravante da ilicitude do facto, quando, em boa doutrina, a agravação resulta de uma circunstância inerente ao agente que aumenta a «sua» culpabilidade.

Para o *intraneus,* para além da lesão objectiva do interesse penalmente tutelado, há que considerar o especial dever de a não cometer, o que não sucede com os demais.

Como circunstância do crime, as qualidades e relações especiais de um agente, que agravam um crime, são circunstâncias de natureza pessoal, inerentes ao agente, e, portanto, na aplicação da pena a regra será só poder tal circunstância agravar a responsabilidade do autor em que se verifica. Mas, porque assim não é em razão do n.º 1 do art. 28.º, vem a ser aplicável aos autores *extranei* uma pena mais grave do que aquela que seria aplicável se a regra não existisse. E, em consequência, poderá a pena do crime qualificado ser substituída, para os *extranei,* pela pela aplicável aos autores do crime não qualificado, como autoriza o n.º 2 do art. 28.º

2.º — As qualidades ou relações pessoais verificam-se em qualquer cúmplice

Quanto aos cúmplices *intranei,* serão puníveis com a pena da cumplicidade no crime qualificado se houver também um autor *intraneus.*

E será essa a pena que lhes deve ainda ser aplicada se não houver qualquer autor *intraneus.* Não perde a qualidade de cúmplice, isto é, não se transforma em autor, como, para suprir deficiências do Código alemão, tem defendido grande parte da doutrina alemã, na esteira de Roxin.

Se não fosse assim, teria então de aplicar-se necessariamente o n.º 2 do art. 28.º, substituindo a pena nesses termos; é que o modo de participação secundária tem em si mesmo um grau inferior de ilicitude que a lei expressa e imperativamente consigna no art. 27.º

E quanto aos autores em que se não verifica a qualificação, deverão igualmente beneficiar o disposto no n.º 2 do art. 28.º: a pena que, sem a regra do n.º 1, é aplicável, é a pena correspondente à autoria do crime não qualificado.

As soluções apontadas são naturalmente discutíveis, mas parece-nos que constituem ainda a melhor forma de conciliar a contradição entre os arts. 26.º e 27.º, por um lado, e o art. 28.º, por outro, e também o regime legal das circunstâncias relativas à culpabilidade, como são as qualidades e relações pessoais nos crimes qualificados (e também nos crimes privilegiados).

179. As qualidades e relações especiais na comparticipação em crimes próprios e o alcance do art. 12.º do Código Penal

O art. 12.º do Código Penal dispõe:
«1. É punível quem age voluntariamente como titular dos órgãos de uma pessoa colectiva, sociedade ou mera associação de facto, ou em representação legal ou voluntária de outrem, mesmo quando o respectivo tipo de crime exija:

a) Determinados elementos pessoais e estes só se verifiquem na pessoa do representado;

b) Que o agente pratique o facto no seu próprio interesse e o representante actue no interesse do representado.

2. A ineficácia do acto que serve de fundamento à representação não impede a aplicação do disposto no número anterior.»

Com leves alterações, o art. 12.º corresponde ao art. 9.º do projecto primitivo, cujo texto era o seguinte: «Quem age, todavia, voluntariamente como órgão, membro ou representante de uma pessoa colectiva, fundação, associação, de direito ou de facto, ou em representação legal ou voluntária de outrem — ainda que seja ineficaz o acto jurídico, fonte dos poderes de representação — será punível, mesmo quando o respectivo tipo legal de crime exija: 1.º) Determinados elementos pessoais que só se verificam relativamente à pessoa do representante; 2.º) Que o agente pratique o facto no seu próprio interesse e o representante actue no interesse do representado.»[11]

Tanto o Projecto como o Código têm a sua fonte no actual § 14 do Código Penal alemão. O cotejo entre os três textos pode permitir um mais fácil entendimento do alcance do art. 12.º do Código Penal.

a) Em primeiro lugar, cumpre anotar que a Comissão Revisora

---
[11] Eduardo Correia, *Projecto*, págs. 76 e 77.

do projecto aprovou por unanimidade eliminar o termo «todavia», porque o art. 9.º (do Projecto; art. 12.º do Código Penal) não constitui uma excepção ao art. 8.º (do Projecto; art. 11.º do Código Penal[12].

A eliminação aprovada pela primeira Comissão Revisora manteve-se até à redacção definitiva do actual art. 12.º e condiz com a interpretação que nos parece correcta deste artigo: o art. 12.º não consagra, ele próprio, a «responsabilidade penal» de pessoas colectivas, sociedades ou meras associações de facto. A dúvida, quanto ao Código Penal, de permitir excepções ao *princípio da responsabilidade penal como responsabilidade pessoal* só poderá surgir em razão de sanções aplicadas a pessoas colectivas, sociedades ou associações de facto, sanções que consistem na perda de coisas ou direitos relacionados com o crime (Código Penal, art. 109.º, n.º 4). Da natureza das medidas que podem recair sobre pessoas colectivas, sociedades ou associações de facto, se tratará no lugar próprio, mas desde já se avança que não devem considerar-se «penas».

O art. 12.º alarga a noção de «agentes do crime» de modo a abranger os que agem em nome de outrem, isto é, os que agem como representantes de outrem.

A representação figura-se em três casos: representação fundada na qualidade de órgão ou membro de um órgão de uma pessoa colectiva, sociedade ou mera associação de facto; representação legal ou voluntária de outrem, quer uma pessoa colectiva, sociedade ou mera associação de facto.

O preceito, nos casos de representação legal ou voluntária, não levanta grandes dificuldades; importa por isso referir especialmente a delimitação do preceito legal quanto à representação de pessoas colectivas, sociedades e associações de facto. Isto porque já a delimitação desta representação na prática do crime pede algum esclarecimento.

O Código Penal português foi mais longe do que o Código Penal alemão; este limita o alcance do preceito, neste particular, aos órgãos ou membros de órgãos das pessoas colectivas (jurídicas), enquanto o

---

[12] *Actas*, I, págs. 112-114.

Código Penal português aceita também a representatividade de quem age como titular dos órgãos (que é ele próprio órgão ou membro de um órgão colectivo) de sociedades e associações de facto.

O art. 12.º alarga o âmbito das normas incriminadoras, porquanto alarga a definição de agentes do crime, de modo a abranger os que tenham a qualidade de representantes, com o condicionamento que o art. 12.º prescreve. A interpretação não deve ser extensiva, mas, pelo contrário, até preferentemente restritiva.

As sociedades e associações sem personalidade jurídica serão aquelas que vêm como tais reguladas e admitidas na legislação civil e comercial[13].

Como pessoa colectiva não devem considerar-se apenas sociedades ou empresas privadas, mas de igual modo as empresas públicas, institutos ou corporações públicas.

b) Agir em nome de outrem implica a *representação de outrem* que, como se disse, pode derivar da posição assumida como órgão ou nos órgãos de pessoas colectivas, sociedades ou associações de facto, por força da lei ou da vontade do representante e do representado (representação legal e voluntária).

A qualidade de representante tem de ser «exercida» na prática do facto criminoso; o representante «age», é agente do crime como representante.

Este alargamento da noção de agente do crime, de forma a abranger os representantes de «outrem», respeita especialmente a crimes próprios, isto é, a crimes de que sejam elementos constitutivos essenciais «determinados elementos pessoais», e também tem lugar em crimes de que seja elemento constitutivo essencial que «o agente pratique o facto no seu próprio interesse».

O representante toma, por extensão da noção legal de «agente» do crime, a qualidade de *agente,* embora os «determinados elementos pessoais» não se verifiquem nele, e desde que se verifiquem no representado; e o representante é considerado, por extensão da noção legal de agente do crime, agente do crime [e agora nos termos

---

[13] Sendo, por isso, normas gerais nesta matéria as constantes do Código Civil, arts. 195.º e segs.

da alínea *b*)], embora tenha actuado no interesse do representado e a incriminação exija que o agente actue no seu próprio interesse.

c) A alínea *a*) do n.º 1 do art. 12.º respeita aos crimes próprios (crimes especiais próprios). E pergunta-se: a todos os crimes próprios (ou crimes especiais próprios, na terminologia germânica) ou só aos crimes próprios em que se verifiquem «determinados elementos pessoais?» — A dúvida, como a resposta a essa dúvida, deriva da diferente indicação de «determinados elementos pessoais» no art. 12.º e no art. 28.º, que se refere a «certas qualidades ou relações especiais do agente».

Na interpretação do Código Penal alemão, tem sido defendida a opinião de que se deve fazer uma interpretação restritiva do § 14 (correspondente ao art. 12.º do Código Penal de 1982) no seu confronto com o § 28 (correspondente ao art. 28.º do Código Penal de 1982), em razão da natureza excepcional do § 14, que alarga a noção de autor.

Mas o art. 12.º do Código Penal português tem um âmbito maior do que o § 14 do Código Penal alemão, que se não coaduna com o qualificativo de excepcional. Parece mais conforme com o espírito da lei atribuir maior alcance à expressão legal no art. 12.º porque, diversamente do que sucede no direito alemão, o art. 12.º estende a qualificação de agente do crime àquele que age em nome de outrem, não apenas em crimes próprios, mas também em crimes com dolo específico, nos termos da sua al. *b*).

d) A alínea *b*) do n.º 1 do art. 12.º considera agente do crime aquele que o pratica no interesse do representado, embora a norma incriminadora exija que o facto seja praticado no seu próprio interesse.

Faz-se a equiparação do fim subjectivo exigido pela incriminação, e que é um interesse pessoal do agente, a um fim subjectivo que seja o interesse do representado.

Já assinalámos que, no art. 12.º, e verificado o condicionalismo que expusemos, o representante, actuando em nome de outrem, é considerado agente do crime, e como tal punível. Punível como agente, isto é, quer como autor (art. 26.º), se é autoria o modo da sua participação no crime, quer como cúmplice (art. 27.º), se é cumplicidade o modo da sua participação no crime, entendimento que está conforme com a regulamentação da comparticipação em crimes próprios no art. 28.º

Mas o art. 12.º tem um campo de aplicação mais vasto — quanto aos casos referidos na sua alínea b), que não são casos de crimes próprios —, e mais restrito — porque só abrange na alínea a) os crimes próprios (crimes especiais próprios), com exclusão dos crimes especiais impróprios ou qualificados.

Na verdade, as qualidades ou relações especiais do agente (determinados elementos pessoais) são só os exigidos no «tipo de crime» como elementos essenciais do facto ilícito, e não os que fundamentam tão-somente a gravidade do crime e respeitam à sua qualificação.

e) Finalmente, o n.º 2 do art. 12.º dispõe em acréscimo que «a ineficácia do acto que serve de fundamento à representação não impede a aplicação do disposto no número anterior».

É um preceito complementar e explicativo da natureza do título constitutivo da representação a que se refere o corpo do n.º 1: representação *orgânica,* como órgão ou membro de órgão de uma pessoa colectiva, representação *voluntária* ou representação *legal.*

O título constitutivo da representação pode não ser eficaz, juridicamente válido; a ineficácia do título que tem, em todo o caso, de existir, não impede a aplicação do art. 12.º

O título de representação, eficaz ou ineficaz, é bastante para fundamentar a extensão da punibilidade que o art. 12.º condiciona.

§ 2.º
PARTICIPAÇÃO NA COMPARTICIPAÇÃO: A AUTORIA

180. **Participação principal e participação secundária: autores e cúmplices**

Procurámos indicar primeiramente a estrutura da comparticipação, na qual se integra a participação de cada agente. A comparticipação supõe sempre uma pluralidade de agentes que nela participam. Os agentes do crime são participantes no crime.

O modo de participação é diferente. Há uma participação mais grave, participação principal, que o Código Penal designa por autoria, e uma participação secundária, que o Código Penal designa por cumplicidade.

Os agentes do crime podem ser, assim, autores ou cúmplices.

O art. 26.º refere-se aos autores como agentes responsáveis pelo crime, como o art. 27.º se refere aos cúmplices como agentes responsáveis pelo crime.

Não há que colocar a questão do conceito restritivo ou extensivo de autor na norma incriminadora, que tão decisiva importância tomou na doutrina alemã.

Autores, no crime em comparticipação, são todos os que o Código Penal indica no art. 26.º

Neste ponto, o Código Penal de 1982 segue orientação similar à do Código Penal de 1886.

O Código Penal de 1852 dispunha (art. 25.º) que «são considerados autores: 1.º) os que por acto imediato tomam parte na execução do crime; 2.º) os que dão ordens para se cometer o crime a pessoa que lhes está sujeita; 3.º) os que, por dádiva, promessa, violência, ameaça, abuso de autoridade, ou de poder, convencionam, ou obrigam, ou provocam a execução do crime; 4.º) os que aconselham, quando o conselho for causa determinante e sem ele não se executaria o crime».

Da remodelação do artigo pela Reforma de 1884 dá conta a redacção do art. 20.º do Código Penal de 1886[14]; é de assinalar desde já que este Código Penal substituiu a expressão «são considerados autores» por estoutra «são autores», para encimar a indicação dos autores materiais que executam ou participam na execução do crime, e a indicação dos que determinam outrem ao crime, ou autores morais. Todos eles «são» autores, e os autores são participantes principais do crime.

No Código Penal alemão, a divisão fundamental é entre autoria e participação, mas na Parte Geral do Código só se definia a participação secundária[15] (instigação e cumplicidade), enquanto *autor* seria somente indicado pela norma incriminadora de cada crime na parte especial. Daí derivou, como dissemos, o esforço jurisprudencial e doutrinário para alargar a noção deficiente de autor. Ou, com base na teoria da causalidade, se entendeu que autor, na própria norma incriminadora, seria todo aquele que desse causa ao crime (*conceito extensivo de autor*), ou se entendeu que, não podendo fazer-se tábua rasa da descrição da execução nas diferentes normas incriminadoras, e devendo o autor ser executor do crime (*conceito restritivo de autor*), o caminho certo seria procurar alargar o conceito de execução, admitindo, ao lado de uma execução imediata, uma execução mediata. O autor material, ou executor do crime, seria, assim, tanto um autor imediato como um autor mediato.

---

[14] Que era a seguinte:
«São autores:
1.º — Os que executam o crime ou tomam parte directa na sua execução;
2.º — Os que por violência física, ameaça, abuso de autoridade ou de poder constrangerem outro a cometer o crime, seja ou não vencível o constrangimento;
3.º — Os que por ajuste, dádiva, promessa, ordem, pedido, ou por qualquer meio fraudulento e directo determinarem outro a cometer o crime;
4.º — Os que aconselharam ou instigaram outro a cometer o crime nos casos em que, sem esse conselho ou instigação, não tivesse sido cometido;
5.º — Os que concorreram directamente para facilitar ou preparar a execução nos casos em que, sem esse concurso, não tivesse sido cometido o crime.»

[15] Ou, *rectius*, a participação enquanto conceito secundário, acessório ou complementar.

A participação no Código Penal alemão só respeitava à participação secundária, e seria participação no crime do autor, consistindo na instigação e na cumplicidade. Só esta participação secundária constava da norma incriminadora da Parte Geral do Código Penal.

A reforma do Código Penal alemão manteve fundamentalmente a mesma doutrina, mas procurou preencher as lacunas na definição de autor, ampliando a noção de autor material, na qual incluiu o autor mediato.

Fazem-se estas observações porque o Código Penal de 1982, ao definir os autores no art. 26.º, utilizou o conceito de autoria mediata, prescindindo de uma definição directa dos autores que o conceito engloba. E haverá que descobrir o seu real significado na sua interpretação.

Aos autores, como participantes principais, do art. 26.º, se contrapõem os cúmplices, participantes secundários, que o art. 27.º define, abandonando também nesta definição o estilo do Código anterior, para se encostar às fórmulas definitórias do Código alemão. No entanto, e mantendo-se na directriz da anterior legislação portuguesa, considerou expressamente a instigação como autoria moral, incluindo-a na autoria (art. 26.º).

181. A autoria: autores materiais

É do seguinte teor o art. 26.º do Código Penal:

«É punível como autor quem executa o facto, por si mesmo ou por intermédio de outrem, ou toma parte directa na sua execução, por acordo ou juntamente com outro ou outros, e ainda que, dolosamente, determina outra pessoa à prática do facto, desde que haja execução ou começo de execução.»

Verifica-se, na redacção do art. 26.º, uma forte influência das doutrina e legislação germânicas. Não parece, porém, que ela seja tão decisiva como a utilização de conceitos e expressões da lei alemã poderia inculcar.

Para desvendar o sentido exacto do preceito, haverá que confrontá-lo com alguma insistência com a legislação anterior, bem como com o Código Penal alemão, com o projecto primitivo e com os trabalhos de revisão.

E para não complicar a exposição, partir-se-á desde logo da indicação das conclusões, expondo depois as dúvidas e razões de interpretação relativamente às conclusões propostas.

Far-se-á a distinção fundamental entre autores materiais e morais, independentemente da terminologia do Código Penal, iniciando a exposição pela indicação dos autores materiais, ou seja, os que executam e os que participam directamente na execução do crime.

a) «*É autor quem executa o facto por si mesmo [...]*» *(autor material)*

Não há alteração relativamente à legislação anterior. O Código Penal de 1886 qualifica como autores «os que executam o crime». O Código Penal de 1886 empregava o plural; o Código Penal de 1982 emprega o singular («quem executa»).

Em um e outro Códigos, compreende o autor singular, que já estaria abrangido pela definição das normas incriminadoras de cada crime em especial. O autor singular, porém, também entra em comparticipação com outro ou outros agentes na medida em que participam no crime autores morais ou cúmplices. E essencialmente as disposições dos arts. 26.º e 27.º (como as do Código Penal anterior) referem-se à incriminação da pluralidade de agentes, um dos quais pode ser o único executor ou autor material.

b) «*É autor quem toma parte directa na execução, por acordo ou juntamente com outro ou outros [...]*»

A primeira parte do art. 26.º, que já transcrevemos, é a seguinte: «é punível como autor quem executa o facto, por si mesmo ou por intermédio de outrem, ou toma parte directa na sua execução, por acordo ou juntamente com outro ou outros [...]»

Referimo-nos na al. *a)*, *supra*, à qualidade de autor material daquele que executa por si mesmo o crime; e importa explicar a razão pela qual omitimos o significado da distinção que o art. 26.º faz entre aquele que executa o crime por si mesmo e aquele que o executa por intermédio de outrem.

Neste ponto, há evidente divergência com o Código de 1886, mas também a há, pelo menos, com a redacção do projecto primitivo e com o texto revisto da 1.ª Comissão Revisora, como resulta do projecto publicado em 1966, após a 1.ª revisão ministerial.

Do projecto primitivo, de 1963, constava (art. 27.º): «É punível como autor ou agente de um crime quem tiver dado causa à sua realização sob as formas seguintes: 1.º) Executando-o singular e imediatamente; 2.º) Executando-o imediatamente, por acordo e conjuntamente com outro ou outros; [...]»[16].

Do texto do projecto após a 1.ª revisão ministerial consta: «Diz-se autor do crime aquele que o executa ou toma parte directa na sua execução; e ainda [...]»[17] Tanto no texto do projecto primitivo como no texto publicado posteriormente à revisão da 1.ª Comissão Revisora e à 1.ª revisão ministerial é omissa a referência que contém o texto do Código Penal à execução «por si mesmo ou por intermédio de outrem».

E no texto do projecto primitivo exige-se na autoria material, quer singular quer em co-autoria, que a execução seja «imediata».

Imediata tem o mesmo significado que *directa*; prevê-se a execução pelo próprio autor, com exclusão da execução «por intermédio de outrem».

Na co-autoria material que a parte do art. 26.º transcrita na rubrica desta al. *b*) descreve, cada co-autor «toma parte *directa* na execução», enquanto com igual significado o projecto primitivo exigia execução «imediata»; mas já o texto resultante da 1.ª revisão ministerial de novo definia co-autor aquele que «toma parte directa» na execução.

Era esta também a expressão utilizada pelo Código Penal de 1886 (art. 20º, n.º 1: «São autores os que executam o crime ou *tomam parte directa* na sua execução»).

No entanto, da forma por que está redigido o texto da primeira parte do art. 26º parece resultar que esta se refere exclusivamente ao executor ou autor material, e aos co-executores, ou co-autores materiais.

Mas, sendo assim, não se entende como o autor material singular

---

[16] Eduardo Correia, *Projecto*, pág. 82.
[17] Na publ. cit. no *B. M. J.*, n.º 157, pág. 34.

possa executar o facto «por si mesmo ou por intermédio de outrem», isto é, ser executor ou autor material, directo ou indirecto, imediato ou mediato — e o co-autor seja definido como tomando parte *directa ou imediata* na execução, com exclusão dos casos em que tome parte mediata na execução.

O esclarecimento deste ponto é fundamental para caracterização da categoria dos autores que executam o facto por intermédio de outrem, que foram intercalados posteriormente, em revisões não documentadas do projecto do Código; e esse esclarecimento torna-se-á mais fácil se se fizer sucessivamente a análise do autor singular imediato ou directo e do co-autor imediato ou directo, para poder dar o lugar próprio àquele autor que o Código define como autor mediato ou por intermédio de outrem (execução mediata ou indirecta).

Explicada a razão do «salto» que fazemos na interpretação da primeira parte do art. 26.º, essa mesma explicação fornece já os fundamentos para interpretação da definição do co-autor material.

A definição do co-autor material é, quanto à estrutura objectiva de comparticipação, que é a co-autoria, igual à que constava do Código Penal de 1886; é, pelo menos, *ipsis verbis* a mesma fórmula. E é também o mesmo conceito quando se entenda, como parece acertado, que a execução por intermédio de outrem, quando repartida por vários agentes, não equivale a «tomar parte directa na execução»; só a execução por si mesma, se realizada por vários agentes, consiste em tomar «parte directa» na execução.

A definição de co-autor material é ainda completada, no art. 26º, quando o seu texto prossegue com a indicação de que o co-autor toma parte directa na execução «por acordo ou juntamente com outro ou outros».

Também esta delimitação exige esclarecimento.

A controvérsia quanto à sua interpretação respeita particularmente à estrutura subjectiva da comparticipação no caso de co-autoria material.

O texto do Código permite a punibilidade dos co-autores quando haja acordo entre eles, isto é, como dolo de todos os co-autores e acordo na comparticipação; mas seguidamente admite a co-autoria quando os co-autores cometem juntamente a execução, excluindo assim a exigência na co-autoria não só de acordo intencional de todos os co-autores, como a exigência mesmo de dolo ou negligência em todos eles, ou em algum deles. Haverá, deste modo, co-autoria cuja estrutura subjectiva pode consistir em dolo de um e negligência de outro ou outros, ou dolo ou negligência de uns e ausência de culpabilidade em outro ou outros.

E, sendo assim, harmoniza-se a delimitação da co-autoria material com a delimitação da comparticipação, consoante resulta do art. 29.º do Código Penal, que já interpretámos.

No entanto, é algo estranha a redacção da fórmula legal; disjuntivamente refere-se ou ao acordo indispensável dos co-autores ou à conjunção dos co-autores na execução do facto, deixando omissas todas as hipóteses que entre os pólos opostos se situam.

A estranheza, porém, respeita somente à redacção e explica-se pela história dos trabalhos preparatórios do Código Penal.

O projecto primitivo era explícito quando declarava no n.º 2 que é autor (ou agente) de um crime «quem tiver dado causa à sua realização» sob a forma seguinte: «executando-o imediatamente, por acordo e conjuntamente com outro ou outros». Também, assim, só admitia a execução «imediata», quer na autoria singular (n.º 1 do art. 27.º), quer na co-autoria material (n.º 2 do art. 27.º).

O projecto primitivo não se referia, em nenhum dos seus números, à execução do facto «por intermédio de outrem» ou autoria mediata. Nos restantes números do art. 27.º incluía entre os autores o instigador (n.º 3 do art. 27.º) e, no n.º 4, abrangia a cumplicidade.

Por isso a 1.ª revisão ministerial, que somente tentou simplificar a redacção do preceito, se expressava assim no n.º 1 do seu art. 32.º: «Diz-se autor do crime aquele que o executa ou toma parte directa na execução», suprimindo toda a referência ao acordo e conjunção na execução dos co-autores, que já estava resolvida na delimitação da comparticipação no artigo correspondente ao art. 29.º do Código Penal, o qual não sofreu, desde o início, qualquer alteração significativa.

A referência à autoria mediata, ou execução pelo autor singular por intermédio de outrem, sobreveio em ulteriores revisões do Código Penal, e por isso é conveniente fixar o seu significado e alcance, fora do lugar que toma no texto da lei, no número que se segue, relativo aos autores morais.

182. A autoria: autores morais

Expressamente, o Código Penal refere-se ao instigador, como autor, na última parte do art. 26.º: «É punível como autor [...] ainda quem, dolosamente, determina outra pessoa à prática do facto, desde que haja execução ou começo de execução.»

Das actas a 1.ª Comissão Revisora consta que Eduardo Correia manifestou clara preferência pela «doutrina latina da comparticipação, em especial a francesa, por contraposição à alemã» e acrescentou que «esta diferença de concepções avulta quando se considera o discutível conceito de *instigação,* tal como ele tem sido elaborado na literatura germânica, e que no projecto se resolveu não autonomizar em relação ao da autoria mediata»[18].

A Comissão Revisora «pronunciou-se no sentido de se manter o sistema actual de estruturação da comparticipação, e por conseguinte também o que o projecto sanciona, repudiando-se, como fora preconizado pelo autor do projecto, a autonomização do conceito de instigação». «A propósito do artigo 27.º (art. 26.º do Código Penal) — que o Conselheiro José Osório disse representar um nítido progresso, mesmo quanto à formulação, em relação ao direito actual (ao Código de 1886) — levantaram-se só, por conseguinte, questões atinentes à forma.»

A verdade, porém, é que o projecto, muito embora rejeitando o modelo legislativo alemão, nesta matéria, e procurando manter em geral a orientação latina (ou, na ideia da Comissão Revisora, a orientação do Código Penal de 1886), se esforça também por manter a sua adesão a conceitos ou fórmulas da doutrina germânica.

E daí resultou que, incluindo entre os autores (autores morais) aquele que determina outrem ao regime e excluindo-o da categoria da participação acessória no Código Penal alemão, não admitiu expressamente qualquer outra forma de autoria moral.

Nota-se, como foi norma dos trabalhos preparatórios do Código Penal, a falta de confronto entre o Código de 1886 — direito constituído — e o projecto de novo Código Penal — direito constituendo.

---

[18] *Actas*, I, págs. 194 e segs.

Esse confronto revela que no projecto primitivo, como no texto da 1.ª revisão ministerial, autor moral é somente aquele que determine — «quer singular, quer por acordo e conjuntamente com outro ou outros — directa e dolosamente alguém à prática de um facto ilícito, sempre que este, ao menos em começo de execução, se tenha praticado e não houvesse sido cometido sem aquela determinação» (projecto primitivo, art. 27°, n.° 3); ou «ainda aquele que dolosamente induz outrem à prática do facto ilícito, desde que haja execução ou começo de execução do crime» (1.ª revisão ministerial, art. 32.°, 2.ª parte).

Pelo contrário, no Código Penal de 1886 são autores morais os que vêm definidos nos n.ᵒˢ 2, 3, e 4, do art. 20.°: «[...] 2.°) Os que por violência física, ameaça, abuso de autoridade ou de poder constrangerem outro a cometer o crime, seja ou não vencível o constrangimento; 3.°) Os que por ajuste, dávida, promessa, ordem, pedido, ou por qualquer meio fraudulento e directo determinaram outro a cometer o crime; 4.°) Os que aconselharam ou instigaram outro a cometer o crime nos casos em que, sem esse conselho ou instigação, não tivesse sido cometido.»

É notório que se encontravam omissos no projecto primitivo, como após a 1.ª revisão ministerial, casos de autoria moral abrangidos na regulamentação do Código Penal de 1886.

E esses casos omissos seriam em grande parte casos constantes dos n.ᵒˢ 2 e 3.

Casos constantes dos n.ᵒˢ 2 e 3 do art. 20.°, ou seja: os que por violência física, ameaça, abuso de autoridade ou de poder «constrangerem outro a cometer o crime», não sendo vencível o constrangimento[19]; e ainda os que por «qualquer meio fraudulento e directo determinaram outro a cometer o crime».

E assim surge a primeira questão de que nos vamos ocupar [sob a)] neste número.

Em segundo lugar [e sob b)], trataremos do problema cujo enunciado se pode formular do seguinte modo: a determinação de outra pessoa à prática do facto, constante da última parte do art. 26.° do Código Penal de 1982, tem de ser uma determinação dolosa, res-

---

[19] Cf. *supra*, n.ᵒˢ 140 e segs.

tringindo drasticamente o âmbito da comparticipação consoante vem definida no art. 29º e era admitido no Código Penal de 1886.

a) Quanto à primeira questão:

Novas revisões, não documentadas, do projecto de Código Penal deram conta da lacuna.

Partindo de outras bases, o mesmo sucedera na Alemanha, e por isso fora criada pela doutrina a figura auxiliar de autor mediato, que constituía uma extensão da categoria de autor material ou executor do crime ao executor por intermédio de outrem.

Não nos parece, porém, que possa considerar-se, no Código Penal de 1982, a execução por intermédio de outrem uma autoria mediata como alargamento da espécie da execução do crime. E, sendo assim, a sua inserção no texto do art. 26.º está deslocada.

Quer dizer, a fórmula de «execução por intermédio de outrem» é inadequada para significar o seu conteúdo. Tendo-se utilizado um conceito adrede criado no condicionalismo da legislação germânica, obscureceu-se o entendimento da lei portuguesa.

Na verdade, aquele que executa o facto por intermédio de outrem não «executa» o facto — não é executor, nem imediato, nem mediato — e antes determina outrem a executá-lo.

A diferença com a instigação ou determinação de outrem ao crime constante da parte final do art. 26.º está em que muitas vezes o executor pode não ser imputável ou não ter culpa.

Definindo um grupo de autores morais como executores, ou autores mediatos, o Código Penal baseia na verdade a sua definição na referência à execução do crime: dentre os executores, uns executariam o facto por si mesmos e outros por intermédio de outrem, ou seja, haveria a execução do autor mediato. E assim se abre a via para seguir a opinião — similar à doutrina germânica — de que o autor mediato não é autor moral, mas executor do crime.

No entanto, a noção de execução é correspectiva da noção de executor, e há por isso de ponderar que noção de execução nos fornece o próprio art. 26.º A noção de execução serve, no art. 26.º, igualmente para definir os co-autores materiais (os que tomam parte directa na execução) e é ainda usada no mesmo art. 26.º ao condicionar a punição do instigador (autor moral) à «execução ou começo da execução» do facto por outrem.

Não parece que seja de admitir uma diversa noção de execução no âmbito do mesmo artigo; e, ainda mais, uma noção que possa estar em manifesta contradição com a noção de execução como ela nos é dada no seu lugar próprio — na definição de tentativa (art. 22.º) — e que é uma definição com base no elemento objectivo do facto.

Ora, e precisamente na mesma frase, o art. 26.º estaria a empregar a expressão *execução* de modo a abranger a determinação de inimputáveis ou executores sem culpa, considerando o executor o agente que determina outrem à execução, e a empregar esse mesmo conceito, quanto à co-autoria material, considerando exclusivamente co-autores os que directamente, por si mesmos, executam o crime.

Idêntica discrepância se observa na parte final do art. 26.º

A execução ou começo de execução que condiciona a punibilidade do instigador é a execução e começo de execução consoante vêm definidos no art. 22.º Se pudesse antecipar-se o começo de execução para o momento em que o instigador determina outrem à prática do facto, como também para o momento em que o autor mediato constrange ou engana outrem, todos os autores morais seriam puníveis por tentativa de instigação como autores do crime, independentemente da prática por outrem de qualquer acto de execução.

Uma tentativa de autoria moral (de autoria mediata, segundo o Código) seria já tentativa punível, ultrapassando os limites da incriminação da tentativa no art. 22.º

Parece, assim, mais curial entender que a execução por intermédio de outrem é ainda execução por outrem, execução directa como na co-autoria, e que, adoptando a terminologia da doutrina e da legislação alemãs, o Código Penal apenas quis adoptar uma terminologia «mais moderna» sem alterar a noção de execução do crime. Diversa opinião conduz necessariamente a contradições e antinomias insuperáveis.

b) Quanto à segunda questão:

A comparticipação está definida no art. 29.º que corresponde efectivamente à regra geral do art. 24.º do Código Penal de 1886[20].

---

[20] Cf. *supra*, n.ᵒˢ 175 e 176.

Como regra aplicável a todos os casos de comparticipação, cada comparticipante será punível independentemente da punição ou culpa dos demais comparticipantes.

Deste modo, e relativamente a todos os agentes do crime, para que esta regra do art. 29.º não seja aplicável, é necessário que seja expressamente afastada.

Excepção à aplicabilidade do art. 29.º consta — relativamente aos autores, somente quanto ao instigador — da parte final do art. 26.º: não haverá instigação que não seja dolosa.

Já não é assim quanto ao autor material singular ou quanto aos co-autores materiais. Na verdade, a redacção do projecto primitivo (n.º 2 do art. 27.º) exigia na co-autoria material a execução conjunta *e* por acordo de todos; mas essa exigência desapareceu com a eliminação das próprias palavras do texto primitivo, na 1.ª revisão ministerial (autor material é então o que executa o crime e co-autor o que toma parte directa na execução).

Em novas revisões, ressurgiu o texto primitivo na definição de co-autoria, mas substituindo, como foi assinalado, a copulativa *e* pela disjuntiva *ou,* e, deste modo, admitiu tanto a co-autoria por acordo como a co-autoria de cada participante independentemente da punição ou culpa dos demais, por aplicação da regra geral do art. 29.º

A única restrição — e essa criticável por desconforme com a restante regulamentação — é a que consta da definição do instigador ou, melhor dizendo, de uma espécie dentro da categoria dos autores morais.

Tirando em síntese as conclusões:

Autores morais são no Código Penal os que determinam dolosamente outrem à prática do facto; a determinação corresponde aqui ao conselho ou instigação sem a qual o crime não teria sido cometido (na definição legal do Código Penal de 1886) e aos casos em que a determinação de outrem respeita a executores imputáveis e culpados, abrangendo na instigação mais do que abrangia o n.º 4 do Código Penal de 1886, bem como os casos de determinação do executor inimputável ou não culpado (como autores mediatos).

Muitos outros casos de autoria moral previstos no Código Penal foram nele inseridos por uma revisão tardia do seu texto, e dando-lhe a veste de autoria mediata.

Mas são na sua substância autores morais e não executores. E quanto a eles vigora em pleno o princípio do art. 29.º

Quanto aos autores morais, ainda uma referência a contravenções, cujo regime jurídico continua a ser o do Código Penal de 1886, por expressa ressalva do decreto-lei que aprovou o novo Código Penal. Em consequência, vigora, para as contravenções, o art. 25.º do Código Penal de 1886, que reza assim: «nas contravenções não é punível a cumplicidade nem o encobrimento»; é por isso punível como resulta do anterior Código, tanto a autoria moral como a autoria material, e sempre a título de negligência (Código Penal de 1886, art. 2.º).

Quanto às transgressões da ordem («contra-ordenações»), é plenamente aplicável o regime do art. 29.º do Código Penal sobre comparticipação, como determina o art. 16.º do Decreto-Lei n.º 433/82.

183. A identidade do facto, e os modos de participação na sua realização

Do que fica dito sobre a autoria ressalta que as forma que reveste são fundamentalmente duas: autoria material, singular, ou co-autoria material, e autoria e co-autoria moral, também denominada intelectual ou psíquica, que compreende a determinação ao crime de executores inimputáveis, ou sem culpa, e a determinação ao crime do executor imputável e com culpa, isto é, a instigação em sentido estrito.

A comparticipação existe desde que a participação de cada qual coopere na produção do mesmo facto. O modo de cooperação é que é diverso; o objecto a que se dirige a cooperação é o mesmo facto (e que usualmente se indica também por identidade do crime, comum a todos os participantes).

A identidade do facto, enquanto resultado da cooperação de todos os agentes, porém, não é absoluta.

Pode acontecer que o autor material ou co-autor material cometa crime mais grave do que aquele em que efectivamente comparticiparam os demais autores.

Esta questão encontrava-se resolvida no Código Penal de 1886 no art. 21.º [21], e o problema não pode deixar de colocar-se no novo Código, que se lhe não refere expressamente. O problema que se pode ainda pôr, e deixaremos para depois, é se a mesma doutrina se pode estender aos cúmplices, dada também a sua qualidade de agentes do mesmo facto nos crimes próprios, mesmo quando sejam crimes qualificados ou crimes especiais impróprios.

No Código Penal de 1886, o autor, mandante ou instigador era também considerado autor: «1.º Dos actos necessários para a perpetração do crime, ainda que não constituam actos de execução; 2.º Do excesso do executor na perpetração do crime nos casos em que devesse tê-lo previsto como consequência provável do mandato ou instigação.»

De harmonia com este preceito, viria a aplicar-se na comparticipação o regime estabelecido para o crime preterintencional, isto é, o mandante ou instigador só seria responsável pelo excesso do executor na medida em que o excesso fosse um facto distinto apenas na quantidade ou gravidade (e não na sua natureza), do facto efectivamente querido pelo mandante; e para tanto seria indispensável que a eventualidade do excesso fosse prevista ou previsível pelo mandante.

O Código Penal de 1982 não contém qualquer preceito que directamente verse esta matéria. Há que buscar a solução legal mediante uma análise interpretativa mais complexa.

Vamos referir-nos sucessivamente à comparticipação em crimes qualificados pelo evento, em crimes de perigo, em contra-ordenações e em contravenções, e finalmente à comparticipação em geral, em crimes dolosos e em crimes culposos.

a) Todos os factos que correspondam ao tipo objectivo de uma incriminação podem ser realizados em comparticipação; pode haver, portanto, comparticipação de vários agentes em crimes qualificados pelo evento. Nestes crimes, o evento ulterior integra o tipo objecti-

---

[21] V. *supra* (excesso do mandato) e *Dir. Pen. Port.*, II, n.º 291.

vo; nas incriminações da parte especial do Código Penal, como já notámos, não se alude a qualquer nexo psíquico entre os agentes e o evento agravante, como também a natureza dos eventos agravantes é frequentemente tão anormal na sua conexão com a actividade constitutiva do crime, que dificilmente se pode considerar existente um nexo de causalidade adequada. Esta disformidade nas incriminações provém já de muito antiga legislação, que na Alemanha não foi ainda objecto de reforma global; a sua aceitação no Código Penal de 1982 levanta dificuldades, que o legislador procurou superar mediante uma regra geral (art. 18.°) — a agravação pelo resultado é sempre condicionada pela possibilidade de imputação ao agente do resultado, pelo menos a título de negligência.

De modo que, independentemente da limitação do texto das incriminações, mediante a verificação da qualificação da acção ou omissão como causa adequada do evento, e mediante a verificação de previsão ou previsibilidade do evento por qualquer dos agentes, a imputação do crime a todos os agentes, no caso de falta de causa adequada ou de previsibilidade do agente, acarreta uma extensão da responsabilidade objectiva, que as normas gerais sobre a causalidde e a exigência, pelo menos, de negligência, tentam minorar.

b) A agravação pelo resultado, em crimes de perigo comum, pode ter lugar quer haja dolo, quer haja negligência na criação do perigo.

Poderá pôr-se a questão de saber se, sendo diferente a forma de culpabilidade dos diferentes agentes do crime, é diferente ou a mesma a responsabilidade de cada agente.

E parece que deve considerar-se que é de aplicar o princípio geral do art. 29.°, sendo cada qual punível segundo a sua culpa, embora lhes seja imputado o mesmo facto.

c) Solução diversa da do art. 28.° se extrai do n.° 3 do art. 16.° do Decreto-Lei n.° 433/82, que diz assim: «Se a lei determinar que um facto em princípio qualificado como contra-ordenação deve ser considerado como crime devido a certas qualidades ou relações especiais do agente, só se aplicará a lei penal ao comparticipante ou comparticipantes que tenham essas qualidades ou relações especiais.

Na verdade, em princípio, e segundo o art. 28.°, a identidade do facto objecto da comparticipação não é afectada pela não verificação de qualidades ou relações especiais (elementos pessoais) em todos os agentes, bastando que se verifique relativamente a um dos agentes.

Quando tais elementos pessoais só sejam exigidos no crime próprio, não se comunicam aos agentes da contra-ordenação em que se não verifiquem.

d) Nos crimes dolosos e culposos em geral, as hipóteses que importa sobretudo considerar são aquelas em que haverá somente agentes puníveis a título de dolo, aquelas em que haverá agentes puníveis a título de negligência e ainda aquelas em que uns sejam puníveis a título de dolo e outros a título de negligência.

A questão a pôr agora respeita à manutenção da regra geral do art. 29.º relativamente a todas as formas de participação no crime.
1.º — Ora, neste particular, há excepções na regulamentação da autoria no art. 26.º, e da cumplicidade no art. 27.º
Ocupamo-nos agora somente da autoria e co-autoria. Pode haver autor moral e autor material, como pode haver pluralidade de co-autores morais ou materiais. O princípio geral, repetimos, é o de que se aplica o art. 29.º, enquanto define a comparticipação, e, por isso, à cooperação das diferentes formas de participação na realização do facto não corresponde a exigência de identidade na estrutura subjectiva da comparticipação, nem a punibilidade de todos os autores.

E, assim, pode haver co-autoria material dolosa e culposa, ou co-autoria moral dolosa ou culposa, e co-autores impunes ou sem culpa.

A determinação de outrem à prática do facto pode ser dolosa ou culposa, se a determinação incide sobre pessoa inimputável ou sem culpa (equivalente a execução por intermédio de outrem); e só pode ser dolosa quando induza um executor imputável ou com culpa (dolo ou negligência). Na verdade, o corpo do art. 26.º exige o dolo no instigador, mas não exige o dolo no executor instigado; logo não abre excepção expressa ao art. 29.º, contrariamente ao que se verifica quanto à cumplicidade (art. 27.º).

Assim, o executor pode não ter agido dolosamente, ou mesmo por negligência; o instigador pode intencionalmente determinar o comportamento culposo ou sem negligência do executor. A restrição do art. 26.º só respeita ao instigador; não há instigador por negligência.

A restrição é, por si mesma, incompreensível, por ilógica; mas explicável.

Na 1.ª Comissão Revisora saudou-se especialmente a renúncia à autonomização da instigação, como participação secundária que aliás nunca fora na legislação penal portuguesa, e incluiu-se na autoria, onde veio a tomar o lugar que ocupava entre os autores morais o n.º 4 do art. 20.º do Código Penal de 1886 e ainda parte dos n.ᵒˢ 2 e 3[22].

A introdução da instigação nos moldes que lhe dava o direito alemão não foi, porém, completa; no Código Penal alemão, equiparada à cumplicidade, pressupõe dolo no instigador e no instigado, enquanto no Código Penal português só exige dolo no instigador (ao contrário do que sucede no art. 27.º relativamente à cumplidade).

2.º — Pode haver co-autores morais, a título de dolo e a título de culpa, quando os autores morais «executam» o facto por intermédio de outrem.

3.º — Só haverá punibilidade a título de culpa (negligência) quando o crime objecto da comparticipação for punível por esse título[23].

4.º — Nas contravenções, continua em vigor o regime do anterior Código e, por conseguinte, todas as formas de autoria são puníveis a título de negligência[24].

---

[22] *Actas*, I, págs. 194 e segs.
[23] Cf., de novo, o art. 13.º do Código Penal.
[24] Cf. art. 4.º do Código Penal de 1886.

§ 3.º
PARTICIPAÇÃO NA COMPARTICIPAÇÃO: A CUMPLICIDADE

184. Cumplicidade

Acentuámos ao longo deste capítulo que a comparticipação é constituída pela participação de vários agentes, e que o fim a que se dirige objectivamente a cooperação de vários agentes (por maior facilidade designado por crime ou por facto, colectivo ou complexo) é resultado da obra de todos os agentes; os agentes, na comparticipação, são participantes.

As formas de participação são autoria e cumplicidade (participação principal e participação secundária).

A distinção implica uma diversa gravidade das formas de participação.

Assentando exclusivamente a valoração jurídica da participação criminosa de cada agente na teoria causal da equivalência de condições (von Buri), não será possível distinguir valor diverso para as formas de participação; todos são autores, desde que concorram para a produção do resultado comum.

Daí que se tivesse tentado fazer a distinção entre participação principal e secundária ou base na intenção dos participantes *(animus auctoris* e *animus socii)*, distinção que estava na base de uma doutrina subjectivista que durante muito tempo a jurisprudência alemã adoptou.

É de observar, porém, que a gravidade das formas de participação não assenta exclusivamente em elementos subjectivos, porque a distinção entre autoria e cumplicidade deriva fundamentalmente «da sua ilicitude objectiva», da gravidade do facto cometido por cada participante no contexto da comparticipação. E é essa diferente gravidade que origina a diferenciação entre partícipes que são autores (participação principal), a partícipes que são cúmplices (participação secundária).

A gravidade do dano jurídico resultante da comparticipação de todos dá o padrão para a incriminação pelo mesmo «crime», mas a gravidade do modo de cooperação no crime é fundamento para a relevância jurídica de cada participação, e para definir a sua gravidade relativa.

Denomina-se a cumplicidade participação secundária para acentuar a sua menor gravidade objectiva.

Não é de confundir este carácter secundário com a acessoriedade na comparticipação criminosa, por isso que a acessoriedade conota — quando devidamente entendida — a interdependência ou confluência de todas as participações na comparticipação.

Na doutrina alemã, usa-se mais comummente a expressão *acessoriedade* para designar a subordinação do valor da participação de todos os que não sejam autores ao valor do facto do autor que execute o crime. A participação (reduzida à instigação e cumplicidade) não teria desvalor jurídico próprio, mas derivado do desvalor do facto do autor.

É em outro sentido que deve considerar-se a acessoriedade, que respeita a todas as formas de participação, principais ou secundárias. A participação de cada agente só é punível se se tiver verificado, como resultado da cooperação dos vários agentes, o dano jurídico que caracterize a incriminação da Parte Especial do Código Penal. Por isso, e quanto à autoria, nenhum autor ou co-autor será punível se não tiver havido execução ou começo de execução do crime (dano ou perigo de dano, consumação ou tentativa), e quanto à cumplicidade, significa que não poderá ser punível sem que se verifique a «prática do facto» por outrem, isto é, sem que a execução ou começo de execução do crime resulte da cooperação entre autores e cúmplices. Era já a doutrina que o anterior Código consagrava, não admitindo a existência de cúmplices sem haver autor (Código Penal de 1886, art. 24.º).

Mas se a gravidade do dano ou perigo de dano, resultante da cooperação objectiva de todos, se pode imputar objectivamente a todos, desde que não haja causas pessoais que excluem a ilicitude ou a punibilidade de um ou de muitos dos participantes, principais ou secundários, é diferente a gravidade do facto ilícito das diferentes formas de participação (autoria ou cumplicidade).

Cumpre agora delimitar, pela interpretação do art. 27.º, as modalidades que reveste a cumplicidade, como participação secundária, e que são a cumplicidade material e a cumplicidade moral.

185. Cumplicidade material

Consta do n.º 1 do art. 27.º do Código Penal:

«É punível como cúmplice quem, dolosamente e por qualquer forma, presta auxílio material ou moral à prática por outrem de um facto doloso.»

O art. 27.º é quase literalmente a transcrição do § 27 do Código Penal alemão.

E se esta é a fonte do preceito do n.º 1 do art. 27.º, convém, no entanto, indicar qual a definição de cumplicidade no anterior Código Penal português, de 1886. O art. 22.º deste Código tinha o seguinte teor: «São cúmplices: 1.º — Os que directamente aconselharam ou instigaram outro a ser agente do crime, não estando compreendidos no artigo 20.º; 2.º — Os que concorreram directamente para facilitar ou preparar a execução nos casos em que, sem esse concurso, pudesse ter sido cometido o crime.»

É que não bastará analisar qualquer diferença relativamente ao § 27 do Código alemão, que serviu de modelo, mas tentar saber se o espírito da nova lei quis especialmente dar muito diverso conteúdo à definição dos cúmplices, ou somente eleger uma fórmula correspondente, mas considerada mais condizente com uma concepção «moderna» (que, aliás, não é, pois que provém do primitivo Código Penal alemão, muito anterior ao Código Penal português de 1886).

a) Na definição do n.º 2 do art. 22.º do Código Penal de 1886, o *auxílio material,* que consta do novo Código Penal, consiste em «facilitar ou preparar» a execução, enquanto no Código Penal de

1982 é o auxílio material, por qualquer forma, à prática (ou execução) do facto por outrem.

b) O n.º 2 do art. 22.º do Código Penal de 1886 exige que a facilitação ou preparação da execução seja um concurso directo do cúmplice. O art. 27.º, n.º 1, do novo Código Penal não alude expressamente ao concurso «directo» no auxílio material prestado.

c) E, finalmente, o Código Penal de 1886 relaciona e distingue, ao mesmo tempo, a cumplicidade material e a autoria material; mais particularmente distingue os actos de facilitação ou preparação que, sendo indispensáveis para que a execução fosse cometida no caso concreto, são referidos como actos de execução (autoria material, art. 20.º, n.º 5), dos actos de facilitação ou preparação da execução que mantêm essa natureza, porque, sem eles, o crime poderia ser cometido (Código Penal de 1886, art. 22.º, n.º 2).

No passado distinguia-se a cumplicidade em razão do tempo em que os actos de cumplicidade eram cometidos — antes da execução, durante a execução ou após a execução do crime; mas também por isso se incluíam actos de encobrimento no âmbito da cumplicidade.

Os esforços para limitar a cumplicidade a actos anteriores ou durante a execução vinham a ser necessários para fundamentar a concausalidade dos actos de cumplicidade no resultado comum.

O Código Penal de 1852 fizera, mais descritivamente do que o Código Penal de 1886, a indicação dos actos de cumplicidade antes e durante a execução, relegando para o encobrimento (então crime autónomo) actos posteriores.

O Código Penal de 1886 tornou mais concisa a definição de cumplicidade material, mas manteve-a com clareza e através dos mesmos conceitos: actos de preparação e actos de facilitação da execução.

A definição de cumplicidade material como auxílio material, no Código Penal alemão, provém do velho Código Penal prussiano, e manteve-se praticamente inalterada; nela ainda se não antevê o esforço para distinguir claramente cumplicidade e encobrimento. A fórmula do Código Penal alemão é, em si mesma, imperfeita no seu confronto com a legislação penal portuguesa anterior.

Não parece de admitir, assim, que estivesse presente no espírito do legislador a ideia de alargar a noção do facto ilícito dos actos de cumplicidade material. Tem de referir-se o auxílio material à execução do crime: assim como o art. 26.º distingue autoria material e moral, e a autoria material se reporta à execução, também no art. 27.º o auxílio material tem de entender-se no sentido que mais prudentemente denuncia a fórmula do Código Penal de 1886 — actos de facilitação e preparação da execução são os actos de cumplicidade material.

E o auxílio material, no novo Código, deve também ser auxílio directo, imediatamente prestado pelo cúmplice, embora o art. 27.º, n.º 1, não refira esse limite e pelo contrário se possa entrever uma posição oposta quando alude à prestação de auxílio material «por qualquer forma», que deixa supor a equiparação ao modelo alemão.

Mas esta interpretação equivaleria a admitir a cumplicidade de cumplicidade, o auxílio material a actos materiais de auxílio material, e o auxílio só respeita «à prática do facto», à sua execução.

Finalmente, quanto à distinção entre actos de cumplicidade material e actos de execução, é de ponderar que actos de execução são, como já procurámos demonstrar no estudo da tentativa, todos aqueles que inerem à execução, embora actos de preparação ou facilitação em sentido formal, em razão da definição de actos de execução no art. 22.º, n.º 2, al. c).

186. Cumplicidade moral

O «auxílio moral», no qual consiste a cumplicidade moral, segundo o novo Código, é o equivalente de conselho ou instigação de outrem que não constitua autoria moral, isto é, que não «determine» outrem à prática do facto (Código Penal de 1886, art. 22.º, n.º 1).

O facto tipicamente ilícito na cumplicidade moral é definido com menor clareza do que no Código Penal de 1886, mas a diferente redacção parece dever entender-se também como mera preferência pelo modelo formal alemão. Todos os modos de conselho ou instigação que não sejam determinantes da resolução criminosa do autor material formam o conteúdo da cumplicidade moral.

Auxílio moral é o mesmo que provocação ou incitamento ao crime. Conselho ou instigação abrangem, na legislação revogada, os modos especificados de autoria moral, que já anotámos, e que, dada a maior amplitude da expressão «auxílio moral», se torna patente que cabem no âmbito deste[25]. Não é quanto ao modo de actuação que se distingue a autoria moral e a cumplicidade moral, mas quanto ao seu efeito; na autoria moral, verifica-se como resultado a determinação de outrem ao crime, enquanto, na cumplicidade moral, a perpetração do crime por outrem não é consequência necessária do auxílio moral, que apenas «auxilia», facilita ou fortalece a decisão do autor material.

Não diz o art. 27.º, expressamente, que o auxílio (material ou moral) tem de ser directo (ao contrário do que sucedia no n.º 1 do art. 22.º do Código Penal de 1886), mas as razões invocadas quanto à cumplicidade material valem também quanto à cumplicidade moral, para considerar que não é incriminável o auxílio que não for «directo»; isto é, o auxílio tem de dirigir-se directamente àquele ou àqueles que realizam o crime, e, por isso, a pessoas determinadas, ainda que por interposta pessoa. Não é cumplicidade moral a instigação ou conselho sobre actos preparatórios de um crime, ou sobre a execução de facto indeterminado, como o não é o aplauso ou a apologia do crime, depois de cometido.

187. A culpa na cumplicidade

Os actos de cumplicidade, como factos ilícitos que se integram na cooperação de todos os agentes no crime, têm de ser considerados em si mesmos como crime de cada participante. E é esse um corolário da regra geral do art. 29.º; a culpabilidade reporta-se a cada participante e em razão do seu modo de participação.

Mas no que respeita à cumplicidade, o Código Penal abandonou em grande parte a via traçada pelo art. 29.º e que também já parcialmente abandonara quanto à autoria moral, visto que a instigação só é punível quando dolosa. E, assim, só haverá cumplicidade material ou moral «*dolosa*» em crimes praticados *dolosamente*.

---

[25] *Dir. Pen. Port.*, II, n.º 296.

A comparticipação, que, segundo o art. 29.º, pode ser dolosa ou culposa, só pode ser comparticipação dolosa no que concerne à cumplicidade. Assim, não haverá nunca cúmplices em crimes culposos, nem cumplicidade culposa em crime cometido dolosamente.

Para além da menor relevância da cumplicidade, que permitiria excluir a punição da cumplicidade culposa, como o fez o Código Penal de 1886 quanto às contravenções, teve influência decisiva na incoerência do sistema a diferente origem dos preceitos legais. Enquanto o art. 29.º tem a sua origem no art. 24.º do Código Penal de 1886, o art. 27.º tem manifesta formulação germânica (§ 27 do Código Penal alemão).

188. A instigação ou incitamento como crime autónomo, na parte especial do Código Penal

O art. 285.º incrimina «quem, em reunião pública, através de meios de comunicação social ou por divulgação de escritos ou outros meios de reprodução técnica, provocar ou incitar a um crime determinado, sem que à provocação se siga o efeito criminoso [...]».

E «se à provocação se seguir o efeito criminoso, será o provocador punido como autor do crime praticado».

Esta incriminação corresponde ao art. 483.º do Código Penal de 1886: «Aquele que, por discursos ou palavras proferidas publicamente, e em voz alta, ou por escrito de qualquer modo publicado, ou por qualquer meio de publicação, provocar a um crime determinado, sem que se siga efeito da provocação, será punido [...]» E, em § único: «Se da provocação se seguiu efeito, será o provocador considerado como cúmplice, e ser-lhe-á somente imposta a pena da cumplicidade.»

Trata-se em ambas as disposições, em princípio, da autonomização da instigação ou provocação de «pessoas indeterminadas» a um «crime determinado». Não é directa, pois, a instigação ou cumplicidade moral e, por isso, não estaria abrangida a hipótese quer na autoria, quer na cumplicidade; e, daí, se como efeito da instigação ou provocação se segue o crime, a punição do instigador (como cúmplice, no Código Penal de 1886, ou como autor, no Código Penal de 1982) vem a ser especialmente prevista na segunda parte do Código. Este art. 285.°, no seu confronto com o art. 27.°, comprova que, neste último artigo, a cumplicidade tem de ser directa.

Não seria necessária a declaração da punição do instigador de pessoas indeterminadas se ele já fosse considerado autor ou cúmplice, pelas regras gerais da comparticipação (art. 285.°, n.° 2).

Se a instigação ou provocação for ineficaz (n.° 1 do art. 285.°) é punível como crime autónomo: não se trata, portanto, de tentativa de instigação, e não lhe cabe a pena da tentativa, mas de crime autónomo.

O mesmo, aliás, sucede com as incriminações de «incitamento à guerra civil» (art. 357.°) e de «incitamento à desobediência colectiva» (art. 364.°), que são crimes autónomos e não participação no crime de desobediência colectiva ou no crime de rebelião (art. 356.°).

§ 4.º
# CRIMES DE PARTICIPAÇÃO NECESSÁRIA; CRIMES DE ASSOCIAÇÕES CRIMINOSAS E DE ORGANIZAÇÕES TERRORISTAS

189. Crimes de participação necessária

Em um crime podem eventualmente participar vários agentes; e é então que o Código Penal rege e disciplina a comparticipação e participação criminosa nos termos que foram expostos nos números anteriores. O crime monossubjectivo pode ser realizado mediante o concurso de vários agentes. É uma participação que não é essencial à existência do crime, mas uma forma eventual da sua realização.

Há, porém, crimes que, por sua natureza, só podem ser cometidos por uma pluralidade de agentes; a pluralidade de agentes é, então, elemento essencial da estrutura do crime. Tais crimes designam-se por crimes plurissubjectivos ou de participação necessária.

Os crimes de participação necessária encontram-se esparsos pela Parte Especial do Código Penal, e não cabe directamente o seu estudo na Parte Geral do Direito Penal.

É, contudo, manifesta a similitude entre crimes de participação necessária (ou crimes plurissubjectivos em sentido estrito) e a participação criminosa em crimes que podem ser eventualmente cometidos por vários agentes. Há uma realidade subjacente que lhes é comum: a pluralidade de agentes. Justifica-se, por isso, uma breve alusão do ponto de vista dogmático.

O Direito conceptualiza, em razão dos seus fins, a realidade da vida social que lhe cumpre ordenar e dirigir. É que, como já foi dito, a conceptualização jurídica pode separar a pluralidade de agentes de um crime, quando essencial por força da própria incriminação, da pluralidade de agentes em crimes que podem ser cometidos por um só agente, mas não destrói a similitude da realidade que assim separa.

Não obstante a separação, do ponto de vista jurídico, a compreensão da disciplina dos crimes de participação necessária implica a constante referência à similar realidade natural da comparticipação eventual.

A diferente conceptualização jurídica aconselha, também, que se defina a delimitação recíproca dos conceitos de participação necessária e facultativa.

Aos crimes de participação necessária, como aos crimes cometidos em comparticipação eventual, é comum a pluralidade de agentes; mas convém notar que não são crimes de participação necessária aqueles em que intervêm necessariamente várias pessoas, mas só aqueles em que cooperam vários «agentes» do crime.

Há, efectivamente, crimes em que é indispensável uma actividade da própria vítima ou ofendido como pressuposto da incriminação do autor ou agentes do crime; o consentimento ou dissentimento (ou oposição) do ofendido não transforma, embora seja circunstância essencial do facto, o ofendido em agente do crime. É o caso de todos os crimes que exigem a violência ou coacção como modo de execução do crime, o qual pressupõe a não ausência ou dissentimento da vítima; ou daqueles crimes que exigem, pelo contrário, o consentimento da vítima, sem que esta tome a figura jurídica de agente do crime.

São muitos os crimes de participação necessária previstos no Código Penal: rixa (art. 151.º), bigamia (art. 193.º), motim (arts. 290.º, 291.º, 394.º), etc.

A doutrina tem ensaiado várias distinções dentro das classificações que apresenta ou sugere.

Uma classificação usual é a que separa os crimes plurissubjectivos ou de participação necessária em sentido estrito dos crimes plurissubjectivos ou de participação necessária em sentido lato; os primeiros seriam aqueles em que os agentes do crime seriam somente os comparticipantes penalmente responsáveis; os segundos, aqueles cuja realização pressupõe a comparticipação objectiva de vários agentes, sendo, porém, incriminável, mesmo em abstracto, um só agente, como é o caso dos arts. 420.º e 423.º Mas trata-se, então, apenas de excluir estes crimes do âmbito do conceito de crimes de participação necessária, pois que haverá pluralidade de pessoas nas actividades pressupostas pela incriminação e não pluralidade de agentes.

Dentro dos crimes de participação necessária, distinguem-se os crimes unilaterais ou de convergência dos crimes bilaterais ou de encontro.

Os primeiros pressupõem a cooperação da pluralidade de agentes, na mesma direcção (motim, conjura, rebelião, etc.), enquanto nos segundos a participação de um ou vários agentes vai ao encontro da participação de outro ou outros agentes (rixa, bigamia, corrupção, etc.).

As questões que fundamentalmente se colocam na relacionação da dogmática dos crimes de participação necessária com a participação facultativa respeitam à aplicabilidade das regras gerais da comparticipação eventual ou facultativa aos crimes de participação necessária e ainda ao problema da participação eventual de outros agentes em crimes de participação necessária.

a) Quanto à aplicabilidade das normas gerais sobre o concurso eventual ao concurso necessário, tem ela lugar quando não seja afastada pela regulamentação específica de cada crime de participação necessária, em razão, precisamente, da similar matéria de facto. A especificidade das incriminações afasta frequentemente a aplicação de normas directamente previstas para a comparticipação, as quais só são aplicáveis quando compatíveis com a estrutura e natureza do crime. São apenas aplicáveis, enquanto integram o conteúdo da própria incriminação, como supletivas.

b) Pode haver participação eventual em crimes de participação necessária.

Para além da pluralidade de agentes indispensáveis à estrutura objectiva do crime de participação necessária, pode haver outros agentes que nele participem por outro título, como autores morais ou cúmplices, embora não nomeados expressamente como essenciais à incriminação.

Entre os crimes de participação necessária previstos na parte especial do Código Penal contam-se o crime de associações criminosas e o crime de organizações terroristas (arts. 287.º e 288.º). É grande a importância e significado que estes crimes tomam no plano nacional e no plano internacional, e igualmente notório o impacte que eles produzem na opinião pública[26].

Mas a dificuldade do enquadramento daquelas incriminações na teoria geral do Direito Penal, como também problemas de difícil solução em matéria de processo (prisão preventiva, instrução e julgamento), são consequência inevitável da adopção de um sistema contrário ao da Parte Geral do Código Penal. De alguns desses problemas se dará breve notícia na continuação deste parágrafo.

---

[26] Sobre o assunto, por mais recente e entre nós, v. Figueiredo Dias, As «Associações Criminosas» no Código Penal Português de 1982 (arts. 287.º e 288.º), sep. da Rev. Leg. Jur., 1988.

I — CRIME DE ASSOCIAÇÕES CRIMINOSAS (ART. 287.º DO CÓDIGO PENAL)

190. O crime de associações criminosas como crime de participação necessária

O crime de associações criminosas, como aliás o crime de organizações terroristas, são crimes de participação necessária.

Mas não nos daremos conta inteiramente do seu significado, se não tomarmos em consideração uma outra característica fundamental desses crimes, e que consiste na antecipação da tutela penal que aquelas incriminações fomentam.

Na verdade, essas incriminações como que se integram no *iter criminis*. A regra geral é a de que só é incriminável o crime consumado. A tentativa, os actos preparatórios e a conjura são — com mais ou menos largueza — excepcionalmente incrimináveis.

Ora, a incriminação de uma associação que se propõe programar e fomentar a perpetração de crimes, mas independentemente da sua individualização, preparação ou realização, como que antecipa o início do *iter criminis*.

Estas características são comuns ao crime de associações criminosas (art. 287.º) e ao crime de organizações terroristas (art. 288.º), que são afinal formas diferenciadas do crime de associações criminosas («associação de malfeitores», nos Códigos Penais de 1852 e de 1886).

Conexo com os arts. 287.º e 288.º está o art. 289.º («Terrorismo»). O terrorismo não é, porém, uma associação criminosa. Há alguma dificuldade em entender a conexão que enunciamos. Mas, porque ela é útil para a compreensão da lei, acrescentaremos à breve exposição sobre os crimes de associações criminosas e de organizações terroristas, o ensaio de interpretação do conceito de terrorismo no art. 289.º

191. A associação criminosa, e o seu objecto

O crime é a própria associação, donde a necessidade de a definir. Para tanto importa ter presente o texto legal do art. 287.º:
«1. Quem fundar grupo, organização ou associação cuja actividade seja dirigida à prática de crimes será punido com prisão de 6 meses a 6 anos.
2. Na mesma pena incorre quem fizer parte de tais grupos, organizações ou associações ou quem os apoiar, nomeadamente fornecendo armas, munições, instrumentos de crime, guarda ou locais para as reuniões, ou qualquer auxílio para que se recrutem novos elementos.
3. Na pena de prisão de 2 a 8 anos incorre quem chefiar ou dirigir os grupos, organizações ou associações referidos nos números anteriores.
4. As penas referidas podem ser livremente atenuadas, ou deixar mesmo de ser aplicadas, se o agente impedir a continuação dos grupos, organizações ou associações ou comunicar à autoridade a sua existência a tempo de esta poder evitar a prática de crimes.»

Associação é o mesmo que organização; o art. 287.º refere-se ao crime de associações criminosas, como o art. 288.º ao crime de organizações terroristas. O significado de *associação* no art. 287.º é o mesmo de *organização* no art. 288.º Toda a associação ou organização supõe uma direcção, e por isso uma hierarquia ou comando na sua actividade social.

O objecto social é a programação de crimes, e a sua actividade dirige-se, como a um fim, à prática de crimes.

Que crimes? — Não o diz o art. 287.º

Mas está fora de causa que possam ser todos e quaisquer crimes; a sua delimitação deve, porém, ser feita por exclusão. E é essa a forma adoptada para delimitar o seu âmbito.

a) No confronto do art. 287.º com o art. 288.º, verifica-se que o objecto social da organização terrorista é que tenha em vista, isto é, que se dirija ao fim de «prejudicar a integridade e a independência nacionais ou impedir, alterar ou subverter o funcionamento das instituições do Estado previstas na Constituição ou forçar a autoridade pública à prática de um acto, a abster-se de o praticar ou a tolerar que se pratique ou ainda a intimidar certas pessoas, grupos de pessoas ou a população em geral mediante a prática [...]» dos crimes que indicam as diferentes alíneas do n.º 2 do art. 288.º

Em princípio, dir-se-á que todos e quaisquer crimes poderiam ser objecto do programa social de uma associação criminosa. Mas é evidente que o art. 288.º incriminou outra forma de crime de associação (ou organização) criminosa, que da primeira se distingue em razão do seu objecto, isto é, da natureza dos crimes programados.

Os crimes a que se refere, em longa explanação, o n.º 2 do art. 288.º são, em geral, como aliás informava o projecto do Código Penal[27], os crimes contra a segurança exterior e interior do Estado, ou crimes que em razão do seu fim subjectivo deverão ser considerados crimes políticos, que entrariam na esfera da tutela da liberdade política dos partidos ou organizações políticas.

Deste modo, tais crimes não serão nunca objecto das associações criminosas.

b) Mas não deve ficar por aqui a delimitação do objecto social da associação criminosa. É absurdo admitir o crime de associações criminosas, quando estas tenham por objecto a perpetração de transgressões da ordem ou de contravenções, e também de crimes de pequena gravidade; precisamente a gravidade da pena aplicável ao próprio crime de associações criminosas obrigaria a encontrar limites mais estritos.

Ora, o crime de associações criminosas está previsto no Capítulo V do Título III da Parte Especial do Código Penal. O Título III da Parte Especial do Código Penal diz respeito aos «Crimes contra valores e interesses da vida em sociedade», e dentro desta categoria o Capítulo V ocupa-se dos «Crimes contra a ordem e tranquilidade

---

[27] *V.* o anteprojecto da Parte Especial, arts. 384.º e segs., e as *Actas das Sessões da Comissão Revisora do Código Penal — Parte Especial*, sep. do *B. M. J.*, págs. 395 e segs.

públicas»; a Secção II deste Capítulo II tem por epígrafe: «Dos crimes contra a paz pública».

Os crimes que podem ser objecto da actividade social das associações criminosas terão de constar dentre aqueles que afectam a paz pública tal como ela vai sendo considerada ao longo do Título III, e que sejam suficientemente perigosos ou graves para justificar uma vigorosa tutela penal.

O crime de associações criminosas consuma-se com a fundação da organização ou associação, com objecto social definido e apta para impulsionar a perpetração de crimes.

192. Os agentes do crime de associações criminosas

Os agentes do crime de associações criminosas podem ser «fundadores» (n.º 1 do art. 287.º), «chefes ou dirigentes» componentes da direcção (n.º 3 do art. 287.º), membros da associação (n.º 2 do art. 287.º) e apoiantes (n.º 2 do art. 287.º).

A definição imprecisa ou vaga dos agentes do crime de associações criminosas tem sido criticada pela doutrina alemã (tendo sido a legislação alemã a fonte do citado art. 287.º do Código Penal português), que aconselha mais do que uma interpretação restritiva. E, contudo, a dissonância com o regime geral do Código Penal quanto à classificação dos agentes do crime no crime de associações criminosas, que é similar à que também consta do art. 288.º, é muito maior no Código Penal português.

193. Os crimes cometidos em execução do programa social da associação criminosa

Como o crime de associações criminosas se consuma com a organização da associação e sua aptidão para dirigir a sua actividade à execução de crimes, os crimes efectivamente cometidos são crimes autónomos, outros crimes.

Quanto a estoutros crimes, dentre os que podem ser objecto da associação criminosa e em cuja realização intervenham todos ou alguns dos membros da associação criminosa, verificar-se-á um concurso de crimes.

Os crimes podem ser cometidos por membros da organização ou também por estranhos à organização.

Os agentes destes crimes, distintos do crime de associações criminosas, serão autores ou cúmplices, visto ser esta a classificação dos agentes da infracção penal nos arts. 26.º e 27.º do Código Penal.

As dificuldades que então surgem, quer para qualificação dos agentes, quer para determinação das respectivas participações, são enormes. Não as abordaremos agora, porque não conseguiríamos resumidamente dar conta delas; é matéria que mais directamente deve ser tratada no estudo da Parte Especial do Código Penal.

Basta chamar a atenção para o facto de um agente do crime de associações criminosas ser também agente na perpetração do crime programado pela associação. Esta e outras dificuldades são a consequência da celeridade imposta às reformas penais, que cada vez complica mais tanto a sua sistematização como o seu entendimento.

II — CRIME DE ORGANIZAÇÕES TERRORISTAS

194. **A distinção entre crime de organizações terroristas e crime de associações criminosas**

O crime de organizações terroristas é uma bifurcação do crime de associações criminosas.

A razão de ser desta bifurcação está no reconhecimento pela ordem constitucional da plena liberdade dos partidos políticos ou associações equiparadas, na luta política.

E, assim, o crime de organizações (ou associações) terroristas ditingue-se do crime de associações criminosas pelo fim a que se dirige a sua actividade; e esse fim é um fim político. Daqui decorre que todas as associações que tenham um fim político, seja ele qual for, são associações políticas como podem ser partidos políticos.

Politicamente é lícito defender ou promover a supressão da independência nacional, a subversão da estrutura constitucional do Estado, a coacção ou intimidação da autoridade pública, como ainda a intimidação de algumas pessoas ou da população em geral. Mas este privilégio só é consentido, ou pelo menos não punível, a associações cujo fim seja um fim político e como corolário da amplitude reconhecida à liberdade política de partidos políticos ou associações políticas (n.º 2 do art. 288.º).

A lei só qualifica como criminosa a associação política (equiparada a um partido político ou embrião de um partido político), quando na prossecução dos seus fins políticos usar de meios terroristas.

195. **O desvalor do evento ou ofensa do bem jurídico e o desvalor da acção ou do modo da acção**

Os meios qualificados como terroristas são de duas espécies. Extensivamente, o crime é cometido quando se procura realizar os fins políticos, geralmente lícitos, da associação política, mediante a prática de crimes: *a)* contra a vida, a integridade física ou a liberdade das pessoas; *b)* contra a segurança dos transportes e comunicações, incluindo as telegráficas, telefónicas, de radiodifusão ou de televisão; *c)* de produção dolosa de perigo comum, através de incêndio, libertação de substâncias radioactivas ou de gases tóxicos ou asfixiantes, de inundação ou avalancha, desmoronamento de construção, contaminação de alimentos e águas destinados a consumo humano ou difusão de epizootias; *d)* de sabotagem; *e)* que impliquem o emprego de bombas, granadas, armas de fogo, substâncias ou engenhos explosivos, meios incendiários de qualquer natureza, encomendas ou cartas armadilhadas (alíneas do n.º 2 do art. 288.º).

Esta enumeração contém, na verdade, duas espécies de meios que fundamentam a incriminação das organizações terroristas. A primeira espécie consiste em usar como meio a prática de um dos crimes referidos nas alíneas *a)* a *d)* do n.º 2 do art. 288.º; a segunda espécie, em usar como meio algum dos instrumentos indicados na alínea *e)* do mesmo preceito legal.

Já tivemos ocasião de dizer que o desvalor do facto ilícito pode ser um desvalor da acção ou modo da acção, ou um desvalor do evento ou resultado[28]. Esta distinção reflecte-se em uma outra forma de dizer, que consiste em distinguir o fim último do crime, do fim intermédio; e é esta locução que tem sido mais utilizada na discussão desta matéria.

Não há, em caso algum, crime sem evento jurídico, ou ofensa de um interesse ou bem jurídico; mas há crimes em que a ofensa tem de ser produzida pela forma ou meio indicados na descrição legal do crime.

Ora, no crime de organizações terroristas, a ofensa — em fórmula reduzida, a segurança exterior e interior do Estado — só é punível se for causada por algum dos modos, ou meios, que constam das alíneas do n.º 2 do art. 288.º

---

[28] *Supra*, n.º 47.

196. A antecipação da tutela penal no crime de organizações terroristas

Ao iniciarmos o breve estudo do crime de associações criminosas e do crime de organizações terroristas, sublinhámos as duas perspectivas que os caracterizavam, a saber: tais crimes são sem dúvida crimes de participação necessária, e por isso são estudados em correlação com a comparticipação; sob outra perspectiva, o crime de associações criminosas e o crime de organizações terroristas constituem uma antecipação pela lei da tutela penal ao recuar, para além de todas as regras gerais, o início do *iter criminis* punível. A formação da associação criminosa ou da organização terrorista antecede a conjura, no caso em que é punível, como antecede os actos preparatórios e a tentativa.

Mas relativamente ao crime de organizações terroristas essa antecipação da tutela penal é ainda maior, pois que, nos termos do n.º 6 do art. 288.º, «os actos preparatórios da constituição de um grupo, organização ou associação terrorista serão punidos com prisão de 2 a 8 anos».

Quer dizer: enquanto no crime de associações criminosas a punibilidade só atinge a fundação da própria associação, no crime de organizações terroristas já é punível o estádio anterior da preparação da fundação ou constituição da organização terrorista.

197. O crime de organizações terroristas e os crimes cometidos em realização do programa da associação ou organização

Semelhantemente ao que se verifica já quanto ao crime de associações criminosas, o crime de organizações terroristas consuma-se com a formação ou fundação da associação ou organização, e até antes, pois que se consuma com a preparação dessa fundação.

Por isso, também os crimes praticados em execução dos fins da própria organização são crimes distintos do crime de organizações terroristas.

E talqualmente no crime de associações criminosas, os agentes do crime de organizações terroristas e os agentes dos crimes que realizam os fins da organização não são necessariamente os mesmos. Estes últimos crimes podem ter por agentes agentes dos crimes de associações criminosas ou de organizações terroristas, ou serem perpetrados por pessoas alheias à associação ou organização.

Mas também os agentes na comparticipação no crime de associações criminosas ou de organizações terroristas são qualificados como fundadores (ou também promotores da fundação), chefes ou dirigentes (n.º 5 do art. 288.º) ou membros (aderentes), etc., embora não coincida inteiramente a qualificação quanto às duas espécies de crime de associações criminosas.

É sempre, porém, diferente a qualificação dos agentes dos crimes cometidos na realização dos fins da associação criminosa ou da organização terrorista; os agentes são então autores ou cúmplices.

Os desacertos que destas incongruências derivam são muitos. Desacerto também parece resultar das regras da punição dos crimes de associações criminosas ou de organizações terroristas em acumulação com crimes cometidos na realização dos fins da associação ou organização.

III — TERRORISMO

198. O conceito de terrorismo

As organizações terroristas são uma espécie de associações criminosas. A especialidade da incriminação autónoma deriva da extensão atribuída à liberdade política; é por isso que as associações que «visem prejudicar a integridade e a independência nacionais ou impedir, alterar ou subverter o funcionamento das instituições do Estado previstas na Constituição ou forçar a autoridade pública à prática de um acto, a abster-se de o praticar ou a tolerar que se pratique ou ainda a intimidar certas pessoas, grupos de pessoas ou a população em geral [...]» não são em princípio de qualificar como associações criminosas.

Era esse também o fundamento da única restrição claramente formulada na definição das associações criminosas, que constava do art. 341.º do Projecto do Código Penal (correspondente ao art. 287.º do Código Penal), o qual, sem fazer qualquer limitação quanto à natureza ou gravidade do crime ou crimes que fossem finalidade da associação, não admitia a qualificação como criminosa de qualquer associação que tivesse por fim a prática de crimes contra a segurança interior ou exterior do Estado[29].

O art. 341.º do Projecto foi aprovado sem alterações e por unanimidade na 18.ª sessão da Comissão Revisora da Parte Especial do Código[30].

---

[29] V. *Actas — Parte Especial*, págs. 333-334.
[30] A revisão da Parte Especial do Projecto não suscitou em geral qualquer discussão crítica ou esclarecedora; a 18.ª sessão (*Actas-Parte Especial*, págs. 315 e segs.) reviu mais de vinte artigos; a verdade é que a Parte Especial foi revista em 25 sessões, não obstante abranger 329 artigos.

Não constava da mesma parte do Projecto o actual art. 288.º do Código Penal sobre «Organizações terroristas». Este preceito legal considera também como criminosas as associações que, tendo por fim a perpetração de crimes contra a segurança exterior e interior do Estado e ainda outros, se proponham cometer tais crimes mediante a prática de crimes comuns. Os crimes, que são considerados políticos, enquanto finalidade da associação, só são de considerar como tais se for prevista a sua realização por meios que não sejam os indicados nas alíneas *a)* a *e)* do n.º 2 do art. 288.º

Até aqui, somente resumimos a interpretação que fizemos do crime de organizações terroristas, no que pode interessar à interpretação do conceito de «terrorismo».

Ora, os fins que se propõe a organização criminosa são incriminados pelo Código Penal (crimes contra a soberania nacional — arts. 334.º a 355.º; crimes contra a realização do Estado do Direito — arts. 356.º a 383.º; bem como alguns outros crimes, particularmente os crimes contra a paz pública — arts. 285.º, 286.º, 290.º, 291.º, 292.º, 293.º e 294.º).

A sua descriminalização só respeita aos crimes que se subordinam à finalidade política da organização terrorista, e na medida em que essa actividade é dirigida pela própria organização. Nos demais casos, todos os crimes supramencionados são puníveis. E serão, portanto, puníveis quando cometidos por uma ou mais pessoas que não sejam membros duma organização terrorista.

Talvez se chegasse a esta conclusão independentemente do art. 289.º, cuja junção sistemática com a matéria iniciada no art. 287.º só foi operada posteriormente ao Projecto do Código Penal; de toda a maneira, é esse o esclarecimento oportuno desta disposição legal.

199. A punibilidade em geral dos crimes contra a segurança exterior ou interior do Estado

Vem o art. 289.º precisamente confirmar que todos os crimes que não são puníveis por força do art. 288.º são puníveis em todos os casos que não cabem no âmbito dessa excepção.

E ainda mais e sobretudo pretende a lei que, em todos os casos não excepcionados pelo art. 288.º, a pena aplicável a esses crimes não é a penalidade prevista relativamente a cada um, na parte especial do Código, mas outra e mais grave. É isso que consta da primeira parte do n.º 1 do art. 289.º: «Quem praticar qualquer dos crimes referidos nas alíneas *a)* a *d)* ou com o emprego dos meios referidos na alínea *e)*, todas do n.º 2 do artigo anterior, *agindo com a intenção de prejudicar a integridade e a independência nacionais [...]* [reprodução da enunciação dos crimes feita pelo corpo do n.º 2 do art. 288.º], *será punido [...]*».

200. As duas modalidades do conceito legal de terrorismo

O terrorismo, no sentido em que o conceito é considerado na lei, apresenta duas modalidades, isto é, ou consiste na perpetração de qualquer dos crimes referidos nas alíneas *a)*, *b)*, *c)* e *d)* do n.º 2 do art. 288.º (contra a vida, a integridade física ou a liberdade das pessoas; contra a segurança dos transportes e comunicações, incluindo as telegráficas, telefónicas, de radiodifusão ou de televisão; de produção dolosa de perigo comum, através de incêndio, libertação de substâncias radioactivas ou de gases tóxicos ou asfixiantes, de inundação ou avalancha, desmoronamento de construção, contaminação de alimentos e águas destinados a consumo humano ou difusão de epizootias; de sabotagem), ou consiste no emprego de bombas, granadas, armas de fogo, substâncias ou engenhos explosivos, meios incendiários de qualquer natureza, encomendas ou cartas armadilhadas, nos termos da al. *e)* do n.º 2 do art. 288.º, agindo com a intenção de cometer qualquer dos crimes contra a segurança exterior e interior do Estado (e vários outros, que o n.º 2 do art. 288.º enumera).

Há, assim, uma bifurcação do conceito legal de terrorismo, cuja dilucidação poderá permitir a sua melhor compreensão, e dos efeitos jurídicos que do terrorismo derivam.

a) Concurso de crimes

Na hipótese que corresponde à primeira alternativa indicada, tem lugar um concurso de crimes, de que qualquer dos crimes indicados nas alíneas *a)* a *d)* do n.º 2 do art. 288.º constitui o meio para realizar o fim pretendido, o qual consiste na execução de um crime contra a segurança exterior ou interior do Estado, de um crime contra as instituições do Estado previstas na Constituição, de coacção da autoridade pública, ou de um crime contra a paz pública.

Há entre um e outro uma conexão de meio e fim; os crimes que são meio, e os crimes que são fim, não se unificam em um só, como aconteceria se se tratasse de um concurso aparente[31].

O crime que constitui o fim do agente tem pelo menos a forma de tentativa (quando como tal por punível), pois que o meio utilizado já é um acto de execução, nos termos das als. *b)* e *c)* do n.º 2 do art. 22.º

Estes crimes, em concurso, podem ser cometidos por um só agente ou por vários agentes, que, não actuando como membros de uma associação criminosa, são ou autores ou cúmplices, nos termos dos arts. 26.º e 27.º, aos quais correspondem penalidades diferentes.

Contudo, o n.º 2 do art. 289.º, ao arrepio do regime previsto na Parte Geral do Código Penal, equipara a cumplicidade à autoria, e a tentativa ao crime consumado.

Ao concurso de crimes, corresponde um concurso de penas (art. 78.º), também segundo o regime constante da Parte Geral do Código Penal, mas a parte final do n.º 1 do art. 289.º afasta esse regime, afasta a aplicação do art. 78.º para determinação da pena do concurso, e impõe um modo excepcional de determinação da penalidade do concurso de crimes; esta penalidade consiste na pena de «prisão de 2 a 10 anos ou na pena correspondente ao crime praticado, agravada de um terço nos seus limites mínimo e máximo se for igual ou superior».

A fixação da penalidade pela lei é, assim, formulada em alternativa; a penalidade será, em princípio, de 2 a 10 anos, mas, se a pena correspondente ao crime praticado for igual ou superior, será aplicável esta última pena, agravada de um terço nos seus limites mínimo e máximo (art. 289.º, n.º 1).

---

[31] *Infra*, n.º 205.

É bastante enigmática, ou pelo menos trabalhosa, a interpretação, e ainda mais a aplicação do sistema legal.

Na verdade, quando se trata de terrorismo, como concurso de crimes (1.ª alternativa na definição de terrorismo), não se pode atender à penalidade de um só crime, mas à penalidade dos crimes em concurso [qualquer dos crimes das alíneas *a)* a *d)* do n.º 2 do art. 288.º] e da tentativa ou consumação de algum dos crimes que constituem o fim a que se dirige a perpetração do crime que é o meio para o conseguir.

Também um ou vários agentes podem cometer dois ou mais crimes dos enunciados nas als. *a)* a *d)* do n.º 2 do art. 288.º, e poderá então haver, quanto a um ou mais agentes, concurso de mais de dois crimes.

É possível que o legislador, dando-se conta das dificuldades na aplicação prática do regime geral, preferisse criar um regime excepcional para facilitar essa aplicação. De toda a maneira, na graduação da pena, parece ser necessário atender à realidade subjacente em cada caso.

É que a penalidade imposta em todos os casos é, sempre, no mínimo de 2 a 10 anos de prisão; e pode bem acontecer que, ao crime que constitui meio para atingir um fim ulterior, corresponda uma ligeira penalidade, como, por exemplo, quando sejam alguns crimes contra a integridade física ou a liberdade das pessoas (ofensas corporais simples, art. 142.º; ameaças e coacção, arts. 155.º e 156.º) e, ao crime-fim, corresponde também uma ligeira penalidade, como sucederá, por exemplo, com o crime de coacção de funcionários do art. 384.º e ofensa a funcionário do art. 385.º, de apologia pública de um crime do art. 286.º, ou de participação em motim do art. 290.º

Mesmo que as penalidades se somassem, nunca atingiriam a rígida imposição de uma pena unitária de 2 a 10 anos de prisão.

Podemos concluir, advertindo que a penalidade rigidamente fixada pelo n.º 1 do art. 289.º para o concurso de crimes deve ser prudentemente aplicada, tendo em atenção o seu confronto com a que resultaria da aplicação do regime geral; e será sempre possível, então, atenuar especialmente a pena nos termos dos arts. 73.º e 74.º do Código Penal.

b) *O terrorismo como circunstância modificativa agravante do crime cometido*

A hipótese que corresponde à segunda alternativa separa-se linearmente da que foi versada na anterior al. *a*).

Como procurámos demonstrar, a primeira alternativa contém um concurso de crimes. Na segunda alternativa, não se verifica, em princípio, qualquer concurso de crimes.

Esta segunda alternativa consiste na perpetração de quaisquer crimes contra a segurança exterior ou interior do Estado, de crimes contra a autoridade pública ou de crimes contra a paz pública, quando, na sua execução, sejam utilizadas bombas, granadas, substâncias ou engenhos explosivos, meios incendiários de qualquer natureza, encomendas ou cartas armadilhadas.

O crime praticado é tão-somente qualquer daqueles crimes que não é em si mesmo de considerar punível, como forma de exercício da liberdade política, de associações com fim político.

Mas já é punível, quando cometido por qualquer pessoa ou grupo de pessoas que não formaram uma organização terrorista consoante é definida no art. 288.º

Não há pluralidade de crimes; há, em princípio, um só crime.

O «terrorismo» é então um meio para execução de um crime, que constitui circunstância modificativa agravante do crime cometido. A penalidade imposta ao crime, na sua natureza, corresponde a uma agravação da pena cominada para cada crime.

Mas também aqui, quanto ao terrorismo como circunstância agravante, se nos deparam dificuldades semelhantes às que anotámos relativamente à 1.ª alternativa, de que já nos ocupámos.

São de muito diferente gravidade os crimes referidos no n.º 1 do art. 289.º (que correspondem aos indicados como fim das organizações terroristas no n.º 2 do art. 288.º), de tal modo que a agravação imposta, mediante a fixação da penalidade de 2 a 10 anos de prisão, revela a importância que toma o terrorismo, como circunstância agravante, em qualquer crime; a gravidade da pena fundamentar-se--á, muitas vezes, mais na gravidade do meio utilizado do que na gravidade do crime cometido.

Importa acrescentar que também pode haver, nesta segunda alternativa, comparticipação de vários agentes, ou concurso com outros crimes, que levantarão dificuldades semelhantes às que já foram anotadas a propósito da 1.ª alternativa prevista na definição de terrorismo.

201. **A revogação ineficaz do mandato (desistência) nos crimes cometidos na realização de fins das associações ou organizações terroristas (Código Penal, arts. 287.º, n.º 4, 288.º, n.º 7, e 289.º, n.º 3)**

Finalmente, o n.º 3 do art. 289.º cabe em um conceito mais extenso de revogação ineficaz do mandato, que o Código Penal de 1886 consagrava no § único do art. 20.º O Código Penal em vigor inseriu a regulamentação da revogação ineficaz do mandato no contexto da definição de «desistência» (art. 24.º): o impedimento da consumação exclui a culpa do agente da tentativa, e também exclui a culpa o esforço sério para evitar a consumação, mesmo que o impedimento da consumação fosse devido a causa estranha ao esforço empreendido pelo desistente (art. 24.º, n.º 2).

A noção de revogação do mandato foi, porém, alargada, na parte especial do Código, e, ao que ora interessa, no n.º 3 do art. 289.º; esta disposição está aliás em consonância com similar preceito aplicável aos crimes de associações criminosas e de organizações terroristas (n.º 4 do art. 287.º e n.º 7 do art. 288.º).

A maior amplitude da revogação revela-se em que ela pode ter lugar mesmo após a consumação do crime, se contribuir para a comprovação do crime, ou para a identificação de outros agentes; mas, então, não tem lugar a exculpação do participante desistente, mas a atenuação especial da pena, ou mesmo a sua isenção.

CAPÍTULO III
CONCURSO DE CRIMES E CRIME CONTINUADO

§ 1.º
CONCURSO DE CRIMES

202. Problemas do concurso de crimes no Código Penal

O Capítulo II do Título II do Livro I do Código Penal, sobre as «formas do crime», contém um último artigo (art. 30.º) sob a rubrica «concurso de crimes e crime continuado». No art. 30.º, o n.º 1 respeita ao concurso de crimes e o n.º 2 ao crime continuado.

É o seguinte o teor do n.º 1:

«O número de crimes determina-se pelo número de tipos de crime efectivamente cometidos, ou pelo número de vezes que o mesmo tipo de crime for preenchido pela conduta do agente.»

Independentemente de ulterior desenvolvimento, convém iniciar a interpretação do texto da lei por uma análise sumária.

O texto do n.º 1 do art. 30.º contém duas partes e ambas se referem à pluralidade de crimes cometidos pelo mesmo agente.

Na primeira parte, declara-se que o número de crimes se determina pelo número de tipos de crime efectivamente cometidos (... pela conduta do agente); e, na segunda parte, declara-se que o número de crimes (também) se determina pelo número de vezes que o mesmo tipo de crime for preenchido pela conduta do agente.

Trata-se sempre de saber quando há pluralidade de crimes (número de crimes) e pluralidade de crimes cometidos por um agente.

A pluralidade de agentes respeita à comparticipação de que tratámos no capítulo anterior destas lições.

A indicação da unidade do agente na pluralidade de crimes vem referida no final do n.º 1 do art. 30.º com a expressão «pela conduta do agente», que tanto se refere à 1.ª parte (número de tipos de crime efectivamente cometidos ... pela conduta do agente), como à segunda parte (número de vezes que o mesmo tipo de crime for preenchido pela conduta do agente).

A pluralidade de crimes cometidos pelo mesmo agente não abarca somente a matéria que o concurso de crimes delimita; é uma realidade mais ampla, e que pode abranger tanto a pluralidade de crimes em que se verifica «concurso» de crimes, como aquela em que a pluralidade de crimes é juridicamente unificada em um só crime. É o que sucede com o crime continuado, e eventualmente não só com o crime continuado, mas com outros casos de unificação jurídica de vários crimes do mesmo agente. E é o que sucede também com o instituto da reincidência, em cuja base se encontra também uma pluralidade de crimes do mesmo agente.

Há, assim, que separar do conceito de concurso de crimes a pluralidade de crimes que a lei unifica, ou a que atribui efeitos jurídicos diferentes, não obstante manter a autonomia dos vários crimes do mesmo agente, como na reincidência.

Por último, a própria noção de «concurso» de crimes não é unívoca. O n.º 1 do art. 30.º extrai o critério de definição da pluralidade de crimes em concurso da pluralidade de violações da lei penal, quer seja a pluralidade de violações da mesma norma incriminadora (do «mesmo tipo»), quer seja a violação de diferentes normas incriminadoras (vários «tipos de crime» — tipos legais de crime). No primeiro caso, haverá um concurso homogéneo, realização plúrima do mesmo crime; e, no segundo caso, haverá um concurso heterogéneo, realização de diversos crimes (violação de diversas normas incriminadoras) pela conduta do agente.

O n.º 1 do art. 30.º equipara, e por isso não distingue, o que se denomina concurso real e o concurso ideal, pois que ambos pretende atribuir os mesmos efeitos.

Isso não obsta a que seja conveniente fazer a distinção, que já nos aparece claramente nos arts. 78.º e 79.º, pelo menos em razão de diversas consequências jurídicas processuais.

O comportamento do agente plurimamente qualificado pela lei

penal pode ser um só facto sobre que recaem as qualificações da lei penal, ou vários factos naturais, cada um dos quais subsumível à mesma ou a diversa norma incriminadora e, por isso, praticados em ocasiões diversas. Ambos os casos, de concurso ideal ou de concurso real, se encontram previstos nos arts. 78.º e 79.º, que são explanação — quanto às penalidades — do instituto do concurso de crimes.

E, assim, o concurso de crimes, previsto no n.º 1 do art. 30.º, abrange tanto o denominado concurso ideal, como o concurso real de crimes, pois que em ambos se verificará plúrima violação da lei penal.

Finalmente e quanto à delimitação intrínseca do «concurso» de crimes, importa saber quando há concurso de crimes ou quando o concurso é um concurso aparente.

Antes, porém, de nos referirmos a todos os aspectos do problema da pluralidade de crimes do mesmo agente, que ficam esboçados, e para facilitar a melhor compreensão do tema, faremos breve resenha da evolução legislativa do instituto.

203. A acumulação ou concurso de crimes no Código Penal de 1852, no Projecto de Código Penal de Levi Maria Jordão e no Código Penal de 1886

A gestão do conceito de concurso de crimes pela doutrina e pela legislação tem sido difícil e porventura não atingiu uma definitiva, e muito menos incontroversa, definição.

O Código Penal de 1852 referia-se à acumulação de crimes somente a propósito da aplicação das penas; no seu art. 87.º dizia que «salvo nos casos especialmente declarados, não tem lugar a acumulação das penas, excepto a de multa, por crimes anteriores à primeira condenação; e se aplicará somente a pena mais grave decretada na lei, agravando-se, segundo as regras gerais, em atenção à circunstância da acumulação dos crimes».

A definição de acumulação de crimes fica na penumbra, acentuando-se apenas a sua distinção da reincidência; quanto à penalidade, indicava-se o modo prático da sua formação, considerando a acumulação como circunstância agravante do crime mais grave cometido.

Ao concurso de crimes ou pluralidade de crimes do mesmo agente segue-se o concurso das penalidades de todos os crimes acumulados. As duas questões, naturalmente conexas, podem ter e têm tido soluções diversas, não dependendo necessariamente o modo de tratar o concurso de penalidades da solução que seja dada ao problema do concurso de crimes.

O Código Penal de 1852 é pouco claro na definição da acumulação de crimes; faz a distinção entre reincidência e acumulação, delimitando reciprocamente o instituto da reincidência da acumulação de crimes, mas não atenta directamente na caracterização da acumulação de crimes, que considera circunstância agravante do crime mais grave cometido. Por isso que se verificava a absorção pela pena mais grave das penas menos graves, teria menor importância a rigorosa definição da pluralidade de crimes.

O sistema do Código Penal de 1852 seguiu o exemplo da legislação francesa: o princípio da absorção das penas pela pena mais grave.

Era diversa a solução propugnada pelo direito romano, que fazia julgar em processos autónomos cada crime cometido. Os glosadores já se dividiriam quanto à solução a dar ao problema da acumulação de crimes; uns mantiveram o princípio do cúmulo das penas condizente com a acumulação dos crimes, enquanto outros propugnaram a aplicação da pena mais grave que absorveria as penas menos graves, aplicação a fazer, em princípio, no mesmo processo penal.

O Código francês de Instrução Criminal, de 1791, seguiu esta última directriz, que se manteve no Código de 1810.

Idêntica orientação já constava da Constituição Carolina do Império germânico, o que, para além da influência francesa, deve ter pesado na adopção do mesmo sistema pelos Códigos austríaco e prussiano. Mas os restantes Códigos da Alemanha seguiram orientação diversa, que veio a prevalecer no Código alemão, antes e depois da reforma, distinguindo já a acumulação ideal e real de crimes, e admitindo quanto a esta um sistema que se afasta da absorção de todas as penas pela pena mais grave.

Também manteve o sistema do cúmulo das penas o Código Penal brasileiro de 1830.

Na doutrina nacional, Silva Ferrão criticava o sistema do cúmulo material das penas como efeito da acumulação de crimes.

Levi Maria Jordão, no seu projecto de Código Penal, considerava também que a acumulação de crimes seria punível com a pena do crime mais grave agravada pela circunstância da acumulação, mas já distinguia com o possível rigor a noção de concurso de crimes, por este modo (art. 40.º): «A acumulação ou concurso de infracções tem lugar: 1.º — Praticando o agente por um só e mesmo facto diferentes violações da lei penal, punidas com diversas penas; 2.º — Praticando diversos factos, cada um dos quais constitua por si uma infracção.» E no art. 43.º procedia à unificação de vários crimes em um só, quando os crimes fossem conexos, caso em que, como na acumulação de crimes prevista no art. 40.º, o seu efeito seria o de «agravar a criminalidade», como circunstância agravante (n.ºˢ 15 e 16 do art. 57.º do projecto) do crime a que correspondesse pena mais grave.

O Projecto de Levi Maria Jordão propõe, na alteração à legislação anterior, uma definição mais rigorosa da acumulação de crimes, distinguindo o concurso real do concurso ideal de crimes, e estende o sistema de punição adoptado aos crimes conexos, que abrangiam, para além do crime continuado, os crimes entre si relacionados como meio e fim[1], seguindo o rumo que, em geral, ainda consta do Código Penal espanhol.

O Código Penal de 1886 aceitou do projecto de Levi Maria Jordão a definição de concurso ou acumulação de crimes, nos seus traços essenciais, mas afastou-se dele no que respeita aos seus efeitos no sistema punitivo, isto é, no cúmulo das penas; neste último ponto, manteve a absorção pela pena mais grave, no concurso ideal, como se se tratasse de um só crime, embora agravado pela circunstância da acumulação de crimes ou de eventos lesivos, e no concurso real manteve a autonomia dos crimes, mas aceitou, consoante a espécie das penas aplicadas a cada um, um cúmulo jurídico das penas, ou um cúmulo material (v. g., da prisão com a multa).

---

[1] Corpo do art. 42.º do projecto de Levi Maria Jordão:
«A conexão de infracções existe, quando entre várias infracções cometidas por um só agente, ou por agentes diferentes, houver uma relação ou conexão que ligue logicamente a existência de uma à das outras.»

Era do seguinte teor o art. 38.º e § único do Código Penal de 1886:

«Dá-se a acumulação de crimes, quando o agente comete mais de um crime na mesma ocasião, ou quando, tendo perpetrado um, comete outro antes de ter sido condenado pelo anterior, por sentença passada em julgado.»

§ único — «Quando o mesmo facto é previsto e punido em duas ou mais disposições legais, como constituindo crimes diversos, não se dá acumulação de crimes.»

O corpo do artigo, praticamente, formula a distinção entre o instituto do concurso de crimes e a reincidência.

O § único tem muito maior alcance, porquanto exclui, nos seus efeitos, a aplicação do sistema de punição do concurso real quando o concurso seja concurso ideal, e aponta para a distrição entre concurso ideal de crimes e concurso aparente.

Por outro lado, ainda deixa subsistir a dúvida quanto à permanência de uma regra geral de unificação jurídica de vários crimes em concurso ideal quando se trate de um concurso ideal de crimes homogéneos.

Na verdade, ao definir o concurso ideal, Levi Maria Jordão pressupõe «diferentes» violações da lei penal, o que pode suscitar a dúvida de saber se o concurso ideal se verifica quando o mesmo facto viola por mais de uma vez a mesma disposição legal. E esta dúvida podia igualmente surgir no Código Penal de 1886, pois que, de igual modo, ao definir o concurso ideal no § único do art. 38.º, se refere ao «mesmo facto previsto e punido em duas ou mais disposições legais». Tomado à letra, o concurso ideal só abrangeria o concurso ideal heterogéneo, em que se verifica a violação de diferentes (e não da mesma) disposições legais.

Não foi essa a interpretação que demos[2] ao § único do art. 38.º, pois que o dito parágrafo unificava a pluralidade de violações em razão da unidade do facto, mas a questão tem interesse para admitir a unificação jurídica de crimes, ao lado da unificação jurídica dos crimes conexos, que o art. 43.º do projecto de Levi Maria Jordão previa.

---

[2] *Dir. Pen. Port.*, II, n.ºs 306 e segs., págs. 193-202.

Tem agora interesse levantar, não o problema da interpretação do Código Penal de 1886, mas o problema da homogeneidade dos crimes cometidos em concurso ideal ou real no novo Código Penal, como adiante se dirá.

204. O concurso de crimes e o concurso de penas

Importa distinguir o concurso de crimes e o concurso de penas. Do ponto de vista legislativo, aliás, a distinção é clara, pois que o concurso de crimes consta do art. 30.º que pertence ao Título II (Do Facto) e o concurso de penas vem regulado no Título III (Das Penas), no seu Capítulo III, arts. 78.º e 79.º; de idêntico modo procedia o Código Penal de 1886 (art. 38.º e § único, e art. 102.º). Logicamente, poderá tratar-se agora somente do concurso de crimes deixando o concurso de penas para lugar correspondente ao que lhe confere a lei; foi essa a orientação seguida em *Direito Penal Português* — II. Não obstante, tratando-se de nova legislação que altera profundamente o direito anterior, poderia ser útil, para a sua interpretação, não cindir as duas matérias, para obter um mais seguro entendimento do regime legal; e, contudo, faremos essa cisão, seguindo o Código, pois que não se mostra aconselhável o estudo do concurso de penas sem obter noções precisas sobre o sistema das penas.

No concurso de crimes, costumam distinguir-se o concurso real, o concurso ideal e o concurso aparente de crimes.

O concurso aparente de crimes constitui uma delimitação negativa do próprio concurso; é aparente porque, efectivamente, não há concurso de crimes e é, em geral, tratado como concurso de normas, no qual se fundamenta a exclusão de qualquer espécie de concurso de crimes.

Quedam assim duas formas de concurso de crimes: o concurso real e o concurso ideal, consoante a unidade ou pluralidade de crimes corresponda a uma pluralidade de factos qualificáveis como crimes ou ao mesmo facto qualificável como crime por normas incriminadoras que concorram numa sua qualificação plúrima.

As legislações e a doutrina dividem-se quanto ao tratamento unitário ou diverso do concurso real e do concurso ideal.

Em todo o caso, predomina largamente a opinião de que o concurso ideal não é nunca um concurso aparente, isto é, a plúrima qualificação do mesmo facto como crime acarreta consequências na determinação da pena aplicável diversas das que têm lugar no concurso aparente que é um só crime. A questão primordial passa a ser a de saber se as consequências jurídicas do concurso ideal deverão ser idênticas às do concurso real, já que, e sempre, a penalidade do concurso de crimes implica na sua formação, de certo modo, um concurso de penas.

Efectivamente, se o crime único tem como consequência a aplicação da penalidade que a norma incriminadora estabelece, no concurso ideal de crimes há que tomar em consideração a pluralidade das penas previstas nas normas incriminadoras aplicáveis.

E, assim, quer quanto ao concurso real, quer quanto ao concurso ideal, se podem seguir ou o sistema de absorção de todos as penas pela penalidade mais grave, embora agravada, ou um sistema de cúmulo jurídico das penas, baseado na formação de uma única penalidade pela combinação nesta de elementos provindo das diversas penalidades aplicáveis; ou ainda se tomam em atenção as penas efectivamente aplicáveis a cada crime concorrente, somando-as em um cúmulo material de penas, ou criando uma pena total, que consiste em um cúmulo jurídico, fixado legislativamente, dessas penas.

É evidente que os diversos critérios, quanto ao concurso de penas, hão-de reflectir a apreciação legislativa sobre a maior ou menor gravidade das espécies de concurso de crimes.

O Código Penal anterior considerava menos grave o concurso ideal em relação ao concurso real; o actual Código equipara-os inteiramente, e por isso é o mesmo o regime jurídico do concurso de penas.

A diferente gravidade da pluralidade de crimes surge, então, no confronto entre as penalidades do concurso de crimes (real ou ideal) e a reincidência, e ainda entre o concurso de crimes e o crime continuado ou quaisquer modalidades de unificação jurídica de crimes, sendo sempre de ponderar a justificação racional da maior ou menor gravidade de cada um destes institutos jurídicos.

A dificuldade para obter soluções que não sejam contraditórias é enorme, ainda agravada pelas implicações que problemas de ordem prática, sobretudo processual, têm tido sempre e continuam a ter na regulamentação dos referidos institutos.

205. Concurso de normas (concurso aparente de crimes)

O n.º 1 do art. 30.º do Código Penal, em definição demasiadamente tecnicizada, considera equivalentes o concurso real e o concurso ideal ou, ainda mais incisivamente, desdenha a própria separação entre as duas formas de concurso numa definição que a ambas abrange.

Haverá concurso de crimes se um só facto ou vários factos forem qualificáveis como crimes por diferentes normas incriminadoras (concurso heterogéneo) ou se um ou vários factos forem qualificados plurimamente como crimes pela mesma norma incriminadora (concurso homogéneo).

Antes de analisar o texto legal, quanto ao seu conteúdo, importa fazer a sua delimitação negativa. A essência do concurso está na pluralidade de violações da lei penal, ou pluralidade de qualificações pela lei do facto ou factos cometidos pelo agente. E por isso se revela fundamental comprovar a pluralidade de qualificações pela lei penal.

E esse é um problema que tem sido tratado pela doutrina como *concurso de normas*.

A nomenclatura nesta matéria é algo equívoca, como a sua colocação sistemática é discutível.

A locução *concurso de normas* vem designando, em direito penal, o problema da limitação da aplicabilidade de uma norma que seja consequência da aplicabilidade de outra norma ao mesmo objecto.

Não é uma questão de interpretação. As normas integram-se num sistema — subordinando-se umas às outras, sobrepondo-se, limitando-se reciprocamente. Antes de proceder à aplicação da lei, há que determinar a norma ou normas aplicáveis ao caso concreto. E esta determinação não se faz apenas em função do tempo, do lugar ou das pessoas, mas também do próprio objecto das normas, relativamente à situação de facto que a norma prevê, na medida em que sobre a mesma situação de facto possa convergir outra norma.

O concurso de normas não é, também, uma questão privativa do direito penal, pois que pertence à teoria geral do Direito; o termo que o designa é equívoco quando se atente na matéria que abrange, mas, porque a terminologia é a geralmente adoptada, conturbar-se--ia o seu entendimento sugerindo outra.

O concurso pode verificar-se entre normas incriminadoras ou entre normas que prevêem diversas causas de justificação ou de exculpação, entre circunstâncias acidentais, agravantes ou atenuantes. Mas foi sobretudo gizado e tem o seu mais importante campo de aplicação, em direito penal, no concurso de normas incriminadoras, e, por isso, na matéria respeitante à unidade ou pluralidade de crimes.

Contudo, a teoria interessa a todo o direito porque diz respeito à aplicabilidade das normas aos casos concretos, pois que no seu sentido mais completo abrange a convergência de normas jurídicas sobre uma situação de facto e procura dar a solução sobre a aplicabilidade das normas convergentes, quer no sentido de exclusão de aplicabilidade de uma das normas, quer no sentido de aplicabilidade conjunta das normas convergentes.

E, assim, a convergência de normas sobre o mesmo objecto pode ser real ou aparente consoante se conclua pela aplicabilidade conjunta das normas convergentes, ou por uma aparente convergência, de modo que uma norma delimite o campo de aplicação da outra norma.

A expressão convergência de normas é de maior âmbito do que a de concurso de normas, embora sejam em geral tomadas no mesmo sentido; é que a convergência de normas pode referir-se a normas antitéticas — e é então verdadeiramente um conflito de normas —, ou a normas com aptidão para produzir efeitos da mesma natureza relativamente à mesma situação de facto e que, por isso, não convergem em conflito, e antes concorrem sobre o mesmo facto.

É somente esta hipótese de convergência de normas na espécie de concurso de normas em sentido próprio que interessa à delimitação do concurso de crimes. Este concurso de normas, enquanto considerado em abstracto, pode conduzir a duas soluções diferentes: ou à aplicabilidade simultânea das normas em concurso à mesma realidade de facto (concurso real de normas); ou à exclusão da aplicabilidade de uma norma por outra norma concorrente, que prevalece sobre a primeira (concurso aparente de normas, a que corresponde o concurso aparente de crimes).

O n.º 1 do art. 30.º só de maneira indirecta, adverbialmente expressa, indica a exclusão da pluralidaade de crimes no caso de concurso de normas (ou «tipos de crime»). Essa indicação consta da primeira parte do citado n.º 1, que se refere ao concurso heterogéneo de crimes, isto é, à violação de diferentes normas incriminadoras, quando exige que essa violação plúrima se tenha «efectivamente» verificado.

Não contém o Código Penal quaisquer directrizes sobre a inaplicabilidade de uma das normas convergentes sobre a mesma realidade de facto e sobre a aplicabilidade de outra norma convergente que sobre a primeira prevalece e a exclui. Remete para a doutrina a discussão e apresentação dos critérios necessários, tanto mais necessários quanto maior é a diversidade de efeitos. E se, no domínio do Código de 1852 e do Código anterior, o concurso aparente de crimes estava próximo do concurso ideal, quanto aos efeitos, é inteiramente diversa a situação perante o Código Penal de 1982, que equipara os concursos real e ideal.

Seguindo a doutrina mais comum[3], o concurso de normas (concurso aparente de crimes) verificar-se-á quando entre as normas concorrentes haja uma relação de *especialidade,* de *subsidiariedade* ou de *consumpção.*

Em todos estes casos, terá lugar a prevalência de uma norma incriminadora sobre outra formal e aparentemente aplicável, e que, por isso, é excluída pela primeira.

Para que tal aconteça, é preciso que a matéria de facto seja totalmente valorada pelas duas normas convergentes, e de modo que seja incompatível a valoração conjunta de ambas as normas, prevalecendo uma só qualificação com exclusão da outra: sobre a matéria de facto abrangida por ambas as normas só poderá recair uma qualificação jurídico-penal, uma incriminação, a incriminação da norma prevalente.

---

[3] Em *Dir. Pen. Port.*, I, *v.* n.ºˢ 72 e segs.

Esta situação tem lugar em três hipóteses, a que correspondem os critérios de definição de prevalência de normas, e que se designam por *especialidade, subsidiariedade* e *consumpção*.

a) No primeiro caso, há uma relação de especialidade entre as normas convergentes: toda a matéria de facto subsumível à norma especial cabe inteiramente no âmbito mais vasto da norma geral, relativamente à qual a primeira é norma especial.
Graficamente e para melhor compreensão, os campos de aplicação da norma geral e da norma especial correspondem a duas circunferências concêntricas das quais a menor representa o campo de aplicação da norma especial, inteiramente compreendido no campo de aplicação da norma geral *(figura n.º 1)*.

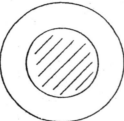

Figura n.º 1

As regras gerais de interpretação das leis, constantes do Código Civil, regulam expressamente os efeitos da relação de especialidade entre normas: a norma especial prevalece sobre a norma geral e afasta inteiramente a aplicação desta. A lei especial derrota a lei geral.

b) O crédito de subsidiariedade corresponde àqueles casos em que o campo de aplicação de cada uma das normas concorrentes interfere com o campo de aplicação de outra norma de tal modo que pode verificar-se a aplicação formal de ambas as normas a alguns factos que cabem, conjuntamente, no âmbito das normas concorrentes.
Graficamente, pode representar-se a subsidiariedade com a figura *(n.º 2)* de duas circunferências secantes.

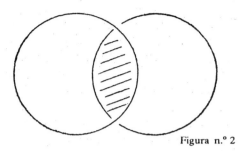

Figura n.º 2

Quando, por exemplo, alguém cometer o crime de roubo, utilizando violência contra uma pessoa (Código Penal, art. 306.º), a violência, que constitui o modo de realização do roubo, pode em si mesma constituir um crime de ofensas corporais; estas são, ao mesmo tempo, elemento essencial do facto ilícito no crime de roubo e incriminação em si mesma como crime contra a integridade física. Uma das normas integra o facto comum a ambas como modo de execução do roubo; e a outra pune-o autonomamente como ofensas corporais.

Não se trata de uma relação de especialidade entre as normas, mas de uma relação de interferência. Todavia já se verifica uma relação de especialidade recíproca na aplicação ao caso concreto.

Quer dizer, as duas normas incriminadoras não podem, no caso concreto, ser aplicadas conjuntamente, Porque isso equivaleria a violar o princípio do *non bis in idem,* de natureza substantiva: equivaleria a uma dupla valoração da mesma realidade de facto, ora como elemento essencial do crime de roubo, ora como crime de roubo, ora como crime de ofensas corporais. Ora, se a valoração como meio utilizado de execução do crime de roubo esgotar, no caso concreto, a sua apreciação jurídica, haverá somente um crime de roubo; e se exceder a violência a que deve atender-se no caso concreto, como meio de realização do crime de roubo, haverá um crime de roubo e um crime de ofensas corporais, unificado por força do n.º 4 do art. 306.º Se a violência revestir a forma de homicídio, já se verificará um concurso de crimes, porque, excedendo-se os limites da violência prevista como meio (violento) de execução do crime de roubo, o art. 306.º não unifica juridicamente os dois crimes.

O critério de subsidiariedade é, assim, ainda uma forma de especialidade. Como especialidade recíproca o considera parte da doutrina. A relação de especialidade entre normas respeita à interpretação das leis. Mas pode considerar-se não abstractamente e na interpretação das leis, mas concretamente e quanto à aplicabilidade das normas a um caso concreto. É este o sentido mais profundo de subsidiariedade; constitui uma relação de especialidade recíproca só verificável na aplicação das leis ao caso concreto.

Deste modo, é um mesmo princípio que determina a razão de ser e fundamento de exclusão de uma norma, mediante o reconhecimento da prevalência de outra. É o critério de especialidade o critério decisivo, quer na relacionação das normas entre si, na «interpretação» da lei, quer na prevalência de uma norma sobre outra, quando haja interferência de normas, mas que só é verificável perante o caso concreto, na «aplicação» das normas.

c) O critério de consumpção terá a sua aplicação quando as normas concorrentes tenham, quanto à realidade de facto que incriminam, campo de aplicação inteiramente diverso. São, quanto ao respectivo campo de aplicação, normas que se encontram em relação de total independência.

Pode figurar-se o campo de aplicação das normas concorrentes com duas circunferências que se não tocam *(figura n.º 3)*.

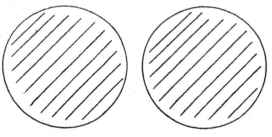

Figura n.º 3

Tal como no critério de subsidiariedade, o afastamento da aplicabilidade da norma consumpta só pode averiguar-se em concreto; não respeita à interpretação, mas à aplicação das normas no caso concreto.

A consumpção verifica-se, fundamentalmente, nos casos que a doutrina qualificou de antefacto, ou pós-facto, ou facto concomitante, não puníveis. Os facto anterior, concomitante ou posterior pode, por força da lei, ser integrado no facto a que se reporta, como modalidade de um seu elemento constitutivo, ou como circunstância acidental, modificativa da penalidade. Assim sucede quanto aos actos preparatórios, que a prática de factos ulteriores do *iter criminis* — execução ou consumação — leva a que sejam por estes consumptos, ou factos posteriores, de aproveitamento do produto do crime, como a destruição, venda ou consumo dos objectos furtados pelo agente do furto, visto que a perda do objecto do furto já foi considerada como dano jurídico no próprio furto; e o mesmo sucede com actos concomitantes, quais sejam a danificação do vestuário em caso de ferimentos sangrentos ou de perfuração por arma branca ou de fogo.

A plúrima incriminação corresponderá ainda à violação do princípio do *non bis in idem*.

E, essencialmente, a consumpção vem também a enquadrar-se no princípio da especialidade, entendido num sentido mais amplo. Se a considerarmos em sentido estrito, a especialidade concerne à interpretação das normas em abstracto; e se, no critério de subsidiariedade, se trata de verificar a especialidade na aplicabilidade das normas no caso concreto, no critério que se denomina como consumpção trata-se de verificar ainda a especialidade duma norma relativamente a outra num caso concreto, mas essa especialidade só se infere duma relação de hierarquia, que assenta na absorção do interesse jurídico tutelado por uma norma pelo interesse jurídico tutelado por outra norma, quando a violação deste interesse, em boa hermenêutica e em consonância com o espírito das leis, abrange no seu conteúdo o desvalor da violação do interesse tutelado pela outra norma.

Terminámos a delimitação negativa do concurso de crimes, que o n. 1 do art. 30.º aponta, ao exigir a «efectiva» violação de várias normas incriminadoras para que subsista o concurso.

Não há, pois concurso de crimes quando se verifique um concurso (aparente) de normas. E os critérios para definição do concurso de normas ou se buscam logo no momento da interpretação das normas (especialidade) e, por conseguinte, em abstracto, ou se buscam, com referência ao caso concreto, no momento da aplicação das normas, e tanto podem ter lugar quando as normas são interferentes (critério de subsidiariedade) — verificando qual é a norma que prevalece, como especial, no caso concreto —, como quando são independentes (critério de consumpção), se os factos materialmente autónomos infringem interesses jurídicos penalmente tutelados cuja tutela já se inclui na tutela omnicompreeensiva da outra norma concorrente.

206. Concurso de crimes (concurso real e concurso ideal; concurso heterogéneo e concurso homogéneo)

O n.º 1 do art. 30.º não atenta na unidade ou pluralidade de factos (condutas) para definir o concurso de crimes. Quer seja um facto ou vários factos que infrigem plúrimas vezes normas incriminadoras, há concurso de crimes. Ou, dito singelamente, há concurso de crimes desde que o agente cometa mais do que um crime, quer mediante o mesmo facto, quer mediante vários factos.

Com a definição legal, obnubila-se a distinção entre concurso real e concurso ideal, como desnecessária ou irrelevante.

Pelo contrário, o n.º 1 do art. 30.º alude expressamente à distinção entre concurso homogéneo e concurso heterogéneo de crimes, quando, na sua primeira parte, refere a pluralidade de tipos de crime efectivamente cometidos, isto é a perpetração de crimes de diversa espécie (concurso heterogéneo) e, na sua segunda parte, refere a pluralidade de vezes que é cometida uma pluralidade de crimes da mesma espécie («o mesmo tipo de crime»), isto é, o concurso homogéneo de crimes.

A distinção entre concurso real e concurso ideal, entre concurso homogéneo e concurso heterogéneo, entre concurso de crimes e reincidência, entre concurso de crimes e crime continuado e entre concurso de crimes conexos e unificação da pluralidade de crimes em um só crime, constitui um problema dogmático extremamente complicado, em todas as hipóteses, porque os conceitos jurídicos apontados se extremam entre si em razão das diferentes consequências jurídicas que se lhes seguem, ou se pretende que lhes sigam.

Os esforços da dogmática propendem para marcar a delimitação dos diferentes conceitos a que o direito positivo atribui consequências jurídicas diversas.

De lege ferenda, de um ponto de vista de política criminal, procura-se dar a razão ou o fundamento da justificação ou não justificação de diferentes consequências jurídicas das diversas categorias indicadas.

Por isso também, a maioria das legislações se ocupa do concurso de crimes a propósito da aplicação das penas. Independentemente da diversidade das consequências penais, as diversas espécies ou formas de concurso assinaladas constituiriam somente uma enunciação descritiva.

Assim o entendeu o Código Penal de 1982, quanto à distinção entre concurso real e ideal, mas sem cabal justificação, por isso que a distinção ressurge nos arts. 78.º e 79.º, quanto a algumas consequências jurídicas, pelo menos de carácter processual, se não também de carácter substantivo (arts. 79.º, 83.º e 84.º).

Importa assinalar que é precisamente na equiparação ou diversa valia das formas ou espécies de concurso que assenta a sua distinção. E para esclarecimento se referem de seguida, com a distinção entre concurso real e ideal e entre concurso homogéneo e heterogéneo, as consequências que, em direito comparado ou na evolução da legislação pátria, lhes têm sido atribuídas.

a) Equiparação do concurso real e do concurso ideal

A equiparação das suas formas de concurso aparece, nas legislações, sob duas formas opostas. Ou o concurso — quer real, quer ideal — implica sempre aplicação de pena correspondente ao crime mais grave, ou, nas duas formas de concurso, as penas de cada crime devem somar-se ou cumular-se materialmente.

A primeira alternativa foi seguida, por exemplo, pelo Código Penal francês e dele passou para o Código penal português de 1852; a segunda alternativa foi seguida pelos Códigos Penais brasileiros de 1830 e 1890. A unificação jurídica de vários crimes é utilizada, quando se siga a primeira orientação, como meio de agravar a responsabilidade penal que caberia ao concurso de crimes e é utilizada para o fim oposto — o de minorizar a responsabilidade penal, no confronto com o concurso de crimes, quando a este caiba um cúmulo material de penas.

b) *Equiparação do concurso heterogéneo e do concurso homogéneo de crimes*

O n.º 1 do art. 30.º alude ao concurso homogéneo e heterogéneo quando contrapõe a pluralidade ou número de «tipos de crime» cometidos (1.ª parte do n.º 1), isto é, a qualificação, do facto ou factos cometidos, como crimes «por duas ou mais disposições legais» (como se expressava o Código Penal de 1886), à pluralidade de violações do «mesmo tipo de crime» (2.ª parte do n.º 1 do art. 30.º), isto é, a violação plúrima da norma incriminadora.

A distinção entre concurso homogéneo e heterogéneo surge no Código Penal de 1886, particularmente referida ao concurso ideal; no concurso ideal, há um concurso efectivo de normas incriminadoras sobre o mesmo facto e o § único do art. 38.º daquele Código parecia excluir do próprio concurso ideal a pluralidade de violações, pelo mesmo facto, de idêntica norma incriminadora.

O Código Penal brasileiro de 1940 adoptou o sistema do cúmulo material (art. 51.º, § 1, 2.ª parte) para o concurso real e para o concurso ideal heterogéneo, equiparando assim o concurso ideal heterogéneo ao concurso real. Mas já o Código Penal brasileiro de 1969 desfaz essa equiparação, precisamente porque engloba, na mesma noção de concurso, o concurso real e ideal; é o seguinte o texto do art. 65.º do citado Código Penal brasileiro: «Quando o agente, mediante uma só ou mais de uma acção ou omissão, pratica dois ou mais crimes, *idênticos ou não* [...]». Vem assim a doutrina sobre o concurso de crimes a ser a mesma nos Códigos Penais brasileiro de 1969 e português, embora distinta quanto ao concurso de penas.

A razão da distinção ou não distinção entre concurso homogéneo e heterogéneo, como entre concurso real e ideal, assenta no diferente ou igual desvalor jurídico que se entenda dever atribuir-se-lhes.

Quando o concurso ideal homogéneo seja excluído do âmbito do concurso ideal ou do concurso real de crimes, haverá um crime único, embora com pluralidade de eventos jurídicos da mesma espécie. A distinção interessa sobretudo quando a penalidade do concurso ideal seja nitidamente superior à mera agravação do crime único.

Nos termos do n.º 1 do art. 30.º, ao definir o concurso, a lei procurou suprir todas as distinções como inúteis, procedendo à equiparação do seu significado e consequências jurídicas. Relativamente ao concurso heterogéneo e homogéneo, procedeu a essa equiparação explicitamente, porque descreve o primeiro na primeira parte do n.º 1, e descreve o segundo na segunda parte do mesmo n.º 1, com idênticos efeitos. Relativamente ao concurso real e concurso ideal, não julgou necessário fazer-lhes referência autónoma, com palavras iguais ou similares às que usou o Código Penal brasileiro — «Mediante uma só ou mais de uma acção ou omissão [...]» —, mas estão essas modalidades implícitas no seu contexto.

207. A vontade culpável nos crimes em concurso

Os crimes em concurso, na fórmula legislativa, consistem na realização de vários tipos legais, fórmula que, mais claramente, corresponde à violação plúrima por um só ou vários factos de diferentes normas incriminadoras ou da mesma norma incriminadora.

O crime é um facto humano, tipicamente ilícito e culpável. O mesmo facto pode simultaneamente realizar um ou mais «tipos de crime». Mas o «tipo de crime» realizado abarca o conteúdo global da norma incriminadora, isto é, o tipo legal, objectivo e subjectivo.

Não basta produzir pelo modo previsto na mesma ou em várias disposições legais o evento jurídico de cada uma. É indispensável que relativamente a cada crime concorrente se verifique vontade culpável. É preciso que cada crime seja doloso ou culposo, e como tal punível.

A questão coloca-se ou foi colocada historicamente, quanto ao concurso ideal. Assim como a acção exterior pode ser uma só, pode também a intenção ou negligência ser uma só?

A dúvida foi suscitada no passado e teve por exemplo o Código Penal braileiro de 1940, segundo o qual, consoante a intensão fosse uma só ou houvesse desígnios autónomos, o concurso ideal teria como consequência a aplicação no grau máximo da pena do crime mais grave, no primeiro caso, aplicando-se o cúmulo material de penas no segundo caso.

A discussão recaía, assim, sobre a autonomia das decisões da vontade.

Essa distinção foi suprimida já no Código Penal brasileiro de 1969.

Mas, não raramente, ressurge a distinção, no concurso de crimes, baseada na unicidade ou na pluralidade de desígnios criminosos, tendo em atenção a conveniência ou a justiça relativa das penas aplicáveis, na mutação de perspectiva do legislador.

Em tese, porém, a vontade não é uma decisão sem conteúdo. E o mesmo acto de vontade pode ter por objecto vários fins objectivos.

Mas se a vontade culpável, por acto único, pode referir-se a múltiplos objectos, é sempre indispensável que o acto único ou plúrimo da vontade efectivamente corresponda ao dolo ou negligência em cada um dos crimes concorrentes.

E é esta uma razão decisiva para darmos à expressão «tipos de crimes», no art. 30.º, o significado que assinalámos (de «tipo legal objectivo e subjectivo»).

A vontade culpável, como dolo ou como negligência, por um só acto de vontade ou por actos plúrimos da vontade, deve ter por objecto todos os crimes concorrentes, que serão dolosos ou culposos, consoante a vontade tomar quanto a cada um deles a forma de dolo ou de negligência.

208. Concurso de crimes e reincidência

Há pluralidade de crimes cometidos pelo mesmo agente, tanto no concurso de crimes, como na reincidência.

Donde resulta a necessidade de indicar em que consiste a diferença entre um e outra e donde resulta também a necessidade de justificar a diferente punição que possa advir para os dois casos de pluralidade de crimes do mesmo agente.

a) No Código Penal de 1852, a distinção entre acumulação de crimes e reincidência consistia em que o concurso supunha a pluralidade de crimes ainda não punidos, pois que sem condenação anterior não há reincidência, e ainda em que, no concurso, os crimes podiam ser ou não da mesma natureza (concurso homogéneo ou heterogéneo), enquanto que a mesma natureza ou homogeneidade dos crimes era pressuposto da reincidência.

No Código Penal de 1886, distinguiu-se a reincidência, cuja noção é praticamente a mesma do Código anterior, da sucessão (ou reincidência genérica); e distinguiu-se o concurso real do ideal, e este em concurso homogéneo e heterogéneo.

Em qualquer caso, a distinção entre reincidência e sucessão de crimes (reincidência específica ou genérica) era rigorosamente marcada pela exigência de condenação anterior, que excluía do consurso real todos os crimes que já tivessem sido objecto de condenação com trânsito em julgado, e constituía pressuposto da reincidência.

No Código Penal de 1982, a distinção e menos nítida ou menos formal, porque, quanto à reincidência, não basta, como seu pressuposto, a condenação anterior por qualquer crime doloso a que corresponda pena de prisão, e é necessário que a pena tenha sido total ou parcialmente cumprida — e quanto ao concurso, não se exige o requisito negativo da não condenção por qualquer dos crimes em concurso.

Acresce que a reincidência, no Código Penal de 1886, era uma circunstância modificativa de que derivava uma agravação predeterminada na lei, e verificável mediante a constatação dos seus pressupostos objectivos, enquanto, no Código Penal de 1982, é uma circunstância modificativa cuja valoração depende de apreciação judicial das circunstâncias do caso, quando revelem que a condenação ou condenações anteriores não constituíram suficiente prevenção contra o crime.

Estas definições mostram que a regra geral, no novo Código Penal, é a pluralidade de crimes dolosos em concurso, e a reincidência é uma excepção ao concurso de crimes, que só a impossibilidade de novo julgamenteo do concurso, em razão de a pena imposta pela condenação anterior já estar cumprida, prescrita ou extinta (art. 79.º, n.º 1), justifica.

Em princípio, o concurso de crimes terá lugar sempre, e a reincidência só tem lugar quando se mostre impossível, segundo a lei, o novo julgamento de todos os crimes concorrentes, por, relativamente ao crime objecto de condenação anterior, a pena já estar cumprida, prescrita ou extinta.

b) A regra geral quanto à punição da pluralidade de crimes é também, segundo o Código Penal de 1982, o cúmulo material das penas (art. 78.°, n.ºs 2, 3 e 4).

A reincidência, nos Códigos Penais de 1852 e 1886, dava conta de um género especial de corrupção, de uma gravidade fundada na habituação ao crime.

No novo Código Penal, parte-se da ideia de que a razão de ser da reincidência reside na ineficácia da pena anteriormente aplicada, que justificará a exacerbação da pena para obter a eficácia que a pena anteriormente aplicada e executada não alcançara.

§ 2.º
CRIME CONTINUADO

209. **Crime continuado. A unidade do crime na execução sucessiva ou reiterada de um crime e a unificação da continuação de crimes cometidos em concurso**

O Código Penal define o concurso de crimes e o crime continuado no mesmo artigo. O n.º 1 do art. 30.º respeita ao concurso de crimes e o n.º 2 ao crime continuado.

Diz assim o n.º 2 do art. 30.º: «Constitui um só crime continuado a realização plúrima do mesmo tipo de crime ou de vários tipos de crime que fundamentalmente protejam o mesmo bem jurídico, executada por forma essencialmente homogénea e no quadro da solicitação de uma mesma situação exterior que diminua consideravelmente a culpa do agente.»

A primeira parte da disposição mostra que, na base do crime continuado, se encontra um concurso de crimes, pois que consiste na «realização plúrima do mesmo tipo de crime ou de vários tipos de crime que fundamentalmente protejam o mesmo bem jurídico [...]». Há, no crime continuado, como no concurso de crimes referido no n.º 1, a realização de vários crimes quer pela violação plúrima da mesma norma incriminadora, quer pela violação de várias normas incriminadoras. A diferença está em que, nesta última hipótese (concurso heterogéneo), se limita o campo próprio do crime continuado à violação de várias normas incriminadoras que protejam essencialmente o mesmo bem jurídico, o que equivale a dizer que se alarga a noção de concurso homogéneo consoante resultaria da distinção feita nas 1.ª e 2.ª partes do n.º 1 do art. 30.º

O concurso homogéneo, para os efeitos do n.º 2 do art. 30.º, compreende a plúrima violação da mesma norma incriminadora e também a violação de diversas normas incriminadoras, desde que sejam da mesma espécie, isto é, protejam fundamentalmente o mesmo bem jurídico.

Antes de analisar as condições que permitem destacar do âmbito do concurso de infracções o crime continuado, há que colocar uma questão fundamental, quanto à natureza do crime continuado.

Constitui este «um só crime», como afirma o texto legal (n.º 1 do art. 30.º), e tem lugar, no crime continuado, uma unificação jurídica de crimes, ou constitui, verdadeiramente, uma «continuação de crimes», como forma específica do concurso de crimes?

Esta questão, porém, supõe um conhecimento sumário da história do crime continuado nas leis e na doutrina, e, ainda mais, dos fins para que foi criado e que actualmente se destina a servir.

a) Só interessa extrair da evolução histórica do conceito de crime continuado aqueles aspectos que permitam dilucidar a verdadeira natureza do instituto.

As doutrinas e legislações modernas não foram buscar ao direito romano o conceito de crime continuado, embora se defenda que nesse direito afloravam algumas questões que podiam denunciar uma anteabordagem do conceito.

A elaboração da doutrina moderna inicia-se verdadeiramente com os glosadores e pós-glosadores, e foi incentivada por motivos ou finalidades de ordem prática, em especial com o intuito de evitar o rigor das penas em casos de acumulação de crimes.

A suma das lucubrações de glosadores e pós-glosadores aparece na formulação dos primeiros textos legislativos na época das codificações, mas apenas em alguns Códigos. A generalidade dos Códigos Penais, seguindo o exemplo do Código Penal francês, suprimira o cúmulo material das penas no concurso de crimes, adoptando o princípio da absorção de todas as penas pela pena do crime mais grave, considerando a acumulação de crimes mera circunstância agravante do crime mais grave.

A razão que determinara a criação do crime continuado perdia assim importância, e por isso a maior parte dos Códigos do século XIX não se ocupa do crime continuado. A benevolência, por intermédio da restrição — que o crime continuado viria a constituir — à dureza do cúmulo material de penas, encontrava-se transformada em critério geral na aplicação da pena ao próprio concurso.

A questão renasceria, com renovada importância, quando a legislação penal regressa ao princípio do direito romano *tot delicta, tot poenae,* que, em Portugal, o novo Código Penal consagra.

Mantiveram, no entanto, uma definição do crime continuado o Código Penal bávaro de Feuerbach e os Códigos Penais toscano e sardo na Itália; sobretudo estes últimos têm redobrado interesse, porque são a origem da definição de crime continuado nos Códigos da Itália unificada de 1889 (Zanardelli) e de 1930 (Rocco), tendo sido de Itália que passou para o Brasil também a sua noção legal.

Na Alemanha, não obstante o exemplo do Código bávaro e de outros Estados alemães, nada passou para o Código do Império Alemão, como não passou para o novo Código Penal de 1975.

O art. 80.º do Código Penal toscano de 1853[4] dizia assim: «Várias violações da mesma lei penal cometidas no mesmo contexto de acção, ou mesmo em tempos diversos com actos executivos da mesma resolução criminosa, consideram-se como um só crime continuado; mas a continuação do crime aumenta a pena dentro dos seus limites legais.»

O Código sardo[5] refere, mas não define o crime continuado. O Código italiano de 1889 seguiu a directriz marcada pelo Código toscano, como o Código brasileiro de 1890 (art. 66.º, § 2.º) seguiu a directriz do Código italiano, mas já em 1923 se procurou aperfeiçoar a noção de crime continuado (decreto de 27 de Dezembro de 1923) do seguinte modo: «Quando o criminoso tiver de ser punido por dois ou mais crimes da mesma natureza, resultantes de uma só resolução contra a mesma ou diversa pessoa, embora cometidos em tempos diferentes, impor-se-lhe-á a pena de um só dos crimes, mas com o aumento da sexta parte.»

O Código Penal italiano de 1930 dispõe, na 2.ª parte do art. 81.º: «As disposições dos artigos antecedentes [sobre a punição do con-

---
[4] Promulgado nesse grão-ducado em 1854.
[5] O Código Penal do Reino da Sardenha foi estendido a todos os territórios de Itália após 1861, com excepção da Toscana.

curso real e ideal] não se aplicam a quem, com várias acções ou omissões executivas de um mesmo desígnio criminoso, comete, embora em tempos diversos, várias violações da mesma disposição da lei, embora de diversa gravidade. Em tal caso, as diversas violações consideram-se como um só crime e aplica-se a pena que deveria infligir-se à mais grave das violações cometidas, aumentada até ao triplo.»

O legislador brasileiro de 1940, tendo já o exemplo do novo Código Penal italiano de Rocco, e o conhecimento da larga disputa doutrinária que se desenvolvera, tanto na Europa como no Brasil, sobre uma noção objectiva ou subjectiva do crime continuado, inclinou-se para a primeira orientação, e definiu-o no Código Penal de 1940, seguido depois pelo Código Penal de 1969. E, assim, tanto o § 2.º do art. 51.º do Código Penal de 1940, como o art. 66.º do Código Penal de 1969 dispõem que «quando o agente, mediante mais de uma acção ou omissão, pratica dois ou mais crimes da mesma espécie e, pelas condições de tempo, lugar, maneira de execução e outras semelhantes, devem os subsequentes ser havidos [ou, no texto de 1969, 'considerados'] como continuação do primeiro [...]».

Entretanto, e paralelamente com a definição em alguns Códigos, do crime continuado, a jurisprudência, sobretudo na Alemanha, e a doutrina, por toda a parte, procurando fixar a noção de crime continuado para preencher lacunas legislativas ou racionalizar a noção legal, seguiu vias diferenciadas, que costumam agrupar-se em orientações subjectiva, objectiva ou mista.

Numa orientação subjectiva, a unidade do crime continuado assentaria na unidade do elemento subjectivo, da vontade ou dolo; o dolo seria único, embora se verificassem várias acções ofensivas da lei penal.

A orientação subjectiva foi e tem sido sobretudo defendida e aplicada pela jurisprudência do Supremo Tribunal alemão.

Mas surge com diversas acomodações que aligeiraram o rigor da noção de dolo unitário. A intenção ou dolo pode já não se referir ao conjunto de violações da lei penal, cada uma das quais poderá corresponder a uma intenção ou dolo diferente, mas poderemos estar perante um dolo que tem por objecto a própria continuação criminosa.

Da mesma forma, o Código Penal italiano assenta a unidade do crime continuado, não na intenção ou dolo referido globalmente a todos os eventos jurídicos, mas no «desígnio» criminoso, no planeamento da multiplicidade de violações da lei penal; o elemento aglutinador do crime continuado já não será o dolo unitário no crime continuado, como resolução ou decisão voluntária, mas a previsão e planeamento das várias violações, isto é, o elemento aglutinador transpõe-se do elemento volitivo para o elemento intelectual da vontade — de alguma sorte, para o fim proposto à sucessão de violações da lei penal.

A orientação objectivista contentava-se, para a unificação do crime continuado, particularmente com a identidade do bem jurídico ofendido, o que tinha lugar especialmente no chamado concurso homogéneo de crimes ou ainda critérios adjuvantes, da homogeneidade do modo de execução, da relativa conexão entre as diversas acções, como a maior ou menor proximidade da sua realização em função do tempo ou do lugar.

Todos estes elementos aparecem, com diferente posição ou importância, nas definições legais ou doutrinárias do crime continuado.

A sensação que permanece, após a ponderação destas definições legislativas ou doutrinárias, é a de uma grande preplexidade, e é para dar ordenação à matéria que vamos distinguir duas questões, que aparecem confundidas na história legislativa e doutrinária do crime continuado. Dessa distinção nos vamos ocupar.

b) Ao crime continuado se atribuiu longamente um dupla função: a de definir o âmbito da unidade do crime ou a de proceder à unificação jurídica de uma pluralidade de crimes.

E é a separação destes dois problemas que permitirá mais incisivamente delimitar o campo próprio do conceito de crime continuado e, por isso mesmo, auxiliar a interpretação do n.º 2 do art. 30.º do Código Penal.

A unidade do crime não tem que ver, rigorosamente, com a unificação jurídica de uma pluralidade de crimes, e, no entanto, na prática, podem facilmente confundir-se. Não admira que, também do ponto de vista prático, se mesclassem os dois problemas.

Quer dizer, deve fazer-se a distinção entre a unificação jurídica, que surge nos chamados crimes complexos (que eventualmente algumas legislações estenderam ou estendem aos crimes conexos), da pluralidade de crimes que subsiste no crime continuado, e em que esta se considera ficticiamente unificada para excluir a aplicação do cúmulo material de penas ou de outros efeitos gravosos no tratamento da continuação de crimes.

Há crimes que consumam por factos sucessivos ou reiterados, como se expressa o § 2.º do art. 45.º do Código de Processo Penal, que são um só crime; não há pluralidade de crimes, mas pluralidade no modo de execução do crime. A execução é *sucessiva,* quando é realizada parcelarmente por actos entre os quais se verifica um distanciamento no tempo ou no lugar; e é *reiterada,* quando cada acto de execução sucessivo realiza parcialmente o evento do crime.

Mas em tais crimes verifica-se uma intrínseca unidade. O agente que pretende apropriar-se do conteúdo de um cofre pode arrombar o cofre num dia, e retirar dele o dinheiro que contém só no dia seguinte. Os actos de execução que se sucedem formam em conjunto a execução tal qual é definida na norma incriminadora; que a execução seja praticada ininterruptamente ou em tempo ou lugar diversos, não obsta a que todos os actos de execução constituam uma única execução que se subsume à descrição legal. O importante é que se verifiquem todos os demais elementos objectivos e subjectivos do próprio crime. Em si mesma, a execução sucessiva é, na sua totalidade, uma execução conforme com o tipo legal; é em razão deste que é execução típica, tal como a execução ininterrupta.

Na reiteração, não são só os actos formais de execução que se escalonam no tempo, porque a cada parcela da execução se segue um evento parcial, enquanto na execução sucessiva de crimes materiais se verifica a unidade do evento.

O problema, na reiteração, está em saber-se se os eventos parcelares podem ser considerados como evento unitário.

O gatuno que assalta um armazém ou esvazia uma residência, pode proceder à subtracção dos objectos que num ou noutra se encontram em dias ou noites sucessivas: em cada dia ou noite comete uma parcela do facto total, a qual é repetição de actos de execução, e de eventos parcelares do crime. A soma dos eventos parcelares é que constitui o evento do crime único. Mas, para que seja assim, é indispensável que, por sua natureza, o evento típico seja como que impessoal; daí que, em geral, se distinga entre crimes cujo objecto jurídico consiste na violação de direitos eminentemente pessoais ou em interesses de outra natureza. E, por isso, a reiteração de crimes de homicídio em pessoas diversas, inimigas do agressor, não constituirá um só crime; isso não obsta a que, em algumas incriminações, seja objecto jurídico do crime, não a vida de cada indivíduo, e antes a vida de muitos, ou a liberdade de muitos, ou a integridade física de muitos, como no genocídio ou no sequestro de reféns, nos crimes de guerra, no lenocínio, no tráfico de pessoas, etc.[6] Decisivo é que o objecto jurídico da norma incriminadora tome então a tutela de direitos pessoais em relação a uma generalidade.

Mas a distinção entre a unidade e a pluralidade de crimes complica-se, pelo menos de um ponto de vista prático, nos casos em que, por exemplo, não é possível individualizar cada facto criminoso em uma acumulação de crimes do mesmo agente.

O ladrão formigueiro pode cometer centenas de crimes de furto ao longo de anos, crimes cuja individualidade é impossível para o próprio delinquente, e em que a prova relativamente a cada um é necessariamente falível.

A jurisprudência e doutrina procederam em relação a estes casos mediante a construção do crime continuado como crime único, mas para tanto houve que alargar a noção legal da unidade do crime, ampliando o tipo legal de forma a abranger actos nele não compreendidos conforme ele é definido na norma incriminadora. Para esse fim se atenderia, já não ao tipo legal — que só consentirá esse alargamento quando se trate de crimes que são especificação ou qualificação do crime base —, mas, de forma a abranger todos os tipos que se dirijam à tutela do mesmo bem jurídico, ao mesmo fim, e se buscou a razão da unificação do crime no elemento subjectivo: no dolo referido ao crime continuado na sua totalidade, ou no dolo referido só à própria continuação. Deste modo se fazia ingressar no sistema ligal uma unificação dos crimes cometidos que aquele não teria directamente contemplado.

A outra solução será admitir que se verifica ainda um concurso

---

[6] Quanto a alguns dos casos citados, *vide* arts. 160.º, 189.º, 215.º e 217.º do Código Penal.

de crimes, mas a lei, por razões de justiça e de necessidade processual, trata, para certos efeitos, como se fora um só crime, tal como em muitas legislações — e assim ainda no Código Penal de 1886 — se procede quanto ao concurso ideal.

O Código Penal de 1982 trata do crime continuado no mesmo artigo em que define o concurso de crimes. Não põe o acento tónico, para definição do crime continuado, na unidade do dolo nem mesmo na subsunção dos crimes praticados em continuação ao mesmo tipo legal; e também não na identidade de um evento jurídico típico. Na realidade, subjaz ao crime continuado uma pluralidade de crimes, pelo que ele é mais uma «continuação» de crimes do que «um crime continuado». Mas atribui-lhe parcialmente os efeitos que pressupõem, em termos limitados, uma unificação fictícia, a suficiente para dar causa aos efeitos pretendidos.

210. O crime continuado no Código Penal de 1982

Está desbravado o caminho para a interpretação do n.º 2 do art. 30.º do Código Penal.

O n.º 2 do art. 30.º dispõe:

«Constitui um só crime continuado a realização plúrima do mesmo tipo de crime ou de vários tipos de crime que fundamentalmente protejam o mesmo bem jurídico, executada por forma essencialmente homogénea e no quadro da solicitação de uma mesma situação exterior que diminua consideravelmente a culpa do agente.»

Por sua vez, e quanto à pena, o art. 78.º determina que:

«O crime continuado é punível com a pena correspondente à conduta mais grave que integra a continuação» (n.º 5).

Nos trabalhos de 1.ª Comissão Revisora do projecto do Código Penal, o autor do projecto como os membros da Comissão julgaram dispensáveis quaisquer esclarecimentos sobre o conteúdo e alcance do preceito, pois que ele reproduzia o pensamento do autor, exaustivamente exposto na sua tese de doutoramento sobre «Unidade e Pluralidade de Infracções»[7]. E é na verdade assim. As dúvidas

---

[7] *Sic:* «a inteira correspondência deste preceito [o art. 33.º do projecto] às ideias que já

que possam suscitar-se sobre o significado das expressões utilizadas podem ser resolvidas compulsando a sua justificação no livro citado, porque também elas foram daí extraídas. Por isso, na análise do preceito, está simplificada grande parte do trabalho.

Não quer isto dizer, porém, que todas as conclusões que a tese de Eduardo Correia aponta sejam indiscutíveis para a interpretação da lei. Efectivamente, não parecem de seguir em bloco na interpretação da lei.

a) O art. 30.º começa por declarar que o crime continuado «constitui um só crime [...]».

Pode parecer, face à letra da lei, que se trata de uma real unificação jurídica do crime continuado, e não de uma unificação fictícia para certos e determinados efeitos, que não contende com a autonomia essencial de cada crime cometido em continuação.

Mas não é assim.

Já o n.º 5 do art. 78.º manda aplicar ao crime continuado ou continuação de crimes a pena correspondente à conduta mais grave que integra a «continuação», isto é, a pena aplicável ao crime mais grave dentre os que são entre si conexos em razão da continuação.

Também a lei versa a matéria do crime continuado conjuntamente com o concurso de crimes. É no concurso de crimes que se situa a matéria do crime continuado, e a sua especificação resulta fundamentalmente da muito menor gravidade da pluralidade de crimes nos casos de continuação, relativamente aos demais. É essa, aliás, a justificação que Eduardo Correia dá do instituto e da sua génese («Unidade e Pluralidade de Infracções», *passim*).

Cada um dos factos em continuação mantém a sua autonomia: a cada um cabe o seu próprio elemento subjectivo, dolo ou negligência, as circunstâncias que o agravam ou atenuam, que excluem a ilicitude ou a culpa. Os efeitos da unificação referem-se a consequências ou efeitos jurídicos, mormente à sanção.

---

em 1945 defendera [o Autor] no seu livro *Unidade e Pluralidade de Infracções* e que são seguramente conhecidas de todos os membros»; e «o Autor do Projecto ponderou que já tivera ocasião, no seu trabalho referido, de rebater as objecções que ao seu critério se poderiam opor» — cf. *Actas,* cit., págs. 211-214. A mencionada tese do Prof. Eduardo Correia acha-se reimpressa em publ. conjunta com o estudo «Caso Julgado e Poderes de Cognição do Juiz» e sob a epígrafe comum *A Teoria do Concurso em Direito Criminal,* Coimbra, 1983.

b) A fictícia ou relativa unificação dos crimes em um só crime, para determinados efeitos leva a considerar o crime continuado como uma derrogação dos efeitos do concurso de crimes.

O preceito do n.º 1 do art. 30.º pretende, assim, definir casos de concurso de crimes em que seria injusta ou impossível a aplicação do cúmulo de penas, ou ainda outros efeitos.

Para tanto, descreve o condicionamento necessário para destacar do âmbito do concurso de crimes o crime continuado.

c) A questão a pôr, em primeiro lugar, é a seguinte: o crime continuado constitui uma excepção ao concurso real ou também ao concurso ideal? Ou, dito ainda com maior precisão, constitui uma excepção a que casos de concurso real, e a que casos de concurso ideal?

Trata-se de delimitar o campo de aplicação do regime legal do crime continuado.

O n.º 2 do art. 30.º não refere expressamente a distinção entre concurso real e concurso ideal, como a não refere o próprio n.º 1 do mesmo artigo. No n.º 1, distingue-se o concurso que consiste na violação plúrima de várias disposições penais e a violação plúrima da mesma disposição legal (tipo legal).

É igual o regime legal, quer as violações plúrimas da lei sejam evento jurídico de um só facto (conduta) ou de uma pluralidade de factos.

Em contraste com o Código Penal anterior, equiparou-se, quanto à pena, o concurso ideal ao concurso real; e também no Código Penal anterior essa equiparaçãoo parecia só abranger o concurso ideal heterogéneo, isto é, em que se verificasse a violação de diferentes disposições legais. O concurso ideal homogéneo, com plúrima violação da mesma disposição legal, poderia ser um crime único com pluralidade de eventos jurídicos.

Não se compreenderia que a derrogação dos efeitos mais gravosos do concurso de crimes se aplicasse a hipótese de concurso real e mesmo de concurso ideal heterogéneo, e se não pudesse aplicar aos casos agora previstos como de concurso ideal homogéneo.

Nem se aduza em sentido contrário que o n.º 2 do art. 30.º só refere a forma essencialmente homogénea de execução (o que supõe pluralidade de execuções), porquanto essa condição constitui, como veremos, indício ou sintoma de maior gravidade, acentuando a conexão existente entre as lesões jurídicas essencialmente relativas ao mesmo bem jurídico, e isso verifica-se totalmente no concurso ideal homogéneo (nos termos dos n.º 1 do art. 30.º), pois que, então, se trata do «mesmo» bem jurídico.

Deste modo, o campo em que se recorta, como derrogação ao regime do concurso de crimes, o regime legal do crime continuado, abrange tanto o concurso real como o concurso ideal, compreendendo mais concretamente todos os casos de concurso homogéneo, real ou ideal, a que se refere o n.º 1 do art. 30.º, e, para além deles, os casos de concurso heterogéneo, que o n.º 2 do mesmo artigo equipara ao concurso homogéneo, mediante o alargamento do âmbito deste último.

d) Na verdade, o n.º 2 do art. 30.º condiciona o crime continuado, exigindo que se trate de violação plúrima do «mesmo» tipo de crime ou de «vários» tipos de crime que fundamentalmente protejam o mesmo bem jurídico.

E, assim, como que se alarga a noção de homogeneidade (ou identidade = o mesmo tipo legal) para compreender uma variedade de tipos de crime entre si aparentados pela identidade do bem jurídico tutelado pelas diversas normas incriminadoras, ou pela fundamental referência ao mesmo bem jurídico.

e) Se o crime continuado constitui uma derrogação ao regime do concurso de crimes, não se quis, contudo, que fosse, no seu sentido próprio, uma excepção ao regime do concurso de crimes. Antes se pretendeu aplicar o regime do concurso de crimes ou o regime legal do crime continuado, como que em alternativa, consoante a maior justiça de um ou outro no caso concreto.

A razão ou critério de escolha, nos casos de concurso real ou ideal homogéneo (com a extensão que o n.º 2 do art. 30.º lhe dá), estará na «diminuição considerável» da culpa no caso concreto.

Indícios ou sintomas, mas já não requisitos objectivos condicionantes da diminuição da culpa, são os indicados no n.º 2 do art. 30.º com a seguinte formulação: execução da «continuação» por forma essencialmente homogénea; e «no quadro da solicitação de uma mesma situação exterior».

A execução da «continuação» por forma essencialmente homogénea pode fazer duvidar da conclusão que apresentámos acerca da possibilidade de extensão do campo de aplicação do crime continuado, tanto aos casos de concurso real, como de concurso ideal. Mas não parece haver razão para retomar a questão. Os termos da lei não são decisivos em sentido contrário, nem mesmo aparentemente. A forma de execução deve ser essencialmente homogénea, e a forma de execução por um só facto, no concurso ideal, não é só essencialmente homogénea, porque é mais do que isso, é a mesma forma, porque é o mesmo facto. Por maioria de razão haverá de incluir no seu contexto os casos de concurso ideal.

O sintoma ou modo de comprovação da diminuição considerável da culpa, que consiste na execução «no quadro da solicitação de uma mesma situação exterior», não se afigura, nos seus dizeres, explícito. A expressão encontra-se na obra já citada de Eduardo Correia, e pretende dar-se-lhe, por isso, o mesmo significado.

A situação exterior é tomada como a origem da motivação do agente. O que a lei pretende, portanto, é dar a razão da diminuição da culpa, indo buscar o seu fundamento substancial na motivação da decisão voluntária, motivação que se figura objectivamente na «situação de facto» que a provoca. Por isso Eduardo Correia afirma que «a diminuição da culpa do agente em certos casos de reiteração de condutas criminosas, foi a ideia à luz da qual procurámos delimitar o âmbito do crime continuado»[8].

E, sendo assim, o n.º 2 do art. 30.º não define rigorosamente requisitos objectivos do crime continuado, e antes indica caminhos para descobrir a menor ou muito menor gravidade da culpa.

É sintomática a comparação que se lê na obra citada: «Sendo assim, sempre que sucede o agente violar um certo interesse ou valor jurídico, é preciso investigar se, encarnando nas circunstâncias que acompanharam a sua motivação, não terá porventura aparecido a impeli-lo para o facto um valor maior ou igual ao violado, no quadro axiológico a que conduz a aceitação deste último [...]»[9].

---

[8] Na reimp. cit., cf. pág. 271.
[9] *Ibid.*, págs. 234-235.

A questão que se coloca é a de distinguir casos de concurso de crimes que são hoje gravemente punidos, numa exacerbação do sistema punitivo, que não tem confronto com a benevolência instaurada nos Códigos Penais pelo liberalismo do século xix, dos casos de concurso de crimes nos quais a culpa, considerada no seu conceito integral, tal como deve gizar-se para efeitos de aplicação das penas, se encontra consideravelmente diminuída.

Então, enquanto como regra o concurso de crimes terá como limite máximo da penalidade o cúmulo material de penas se for grave a culpa, o crime continuado (como concurso de crimes) terá como pena aquela correspondente ao facto mais grave cometido (absorção de penas) se a culpa for «sensivelmente diminuída» (Código Penal art. 78.º).

Há talvez alguns desajustamentos na imposição destas consequências, mas eles serão ponderados a propósito do concurso de penas.

f) É indiferente para o crime continuado a identidade (ou a exigência) do mesmo ofendido.

Tudo se reduz a que os crimes em continuação tenham objecto jurídico que fundamentalmente consista no mesmo bem jurídico.

g) A continuação criminosa pode consistir numa pluralidade de crimes dolosos, de crimes culposos, ou de crimes culposos e dolosos.

A conexão entre os crimes que justifica a continuação é definida objectivamente pela espécie do bem jurídico violado, não se exigindo, como no Código Penal italiano, o mesmo desígnio criminoso, ou, como a jurisprudência alemã, o dolo ou intencionalidade nos crimes ou na sua continuação.

E as razões da criação do instituto ainda reforçam esta interpretação. Seria desacertado aceitar a continuação de crimes dolosos, em razão da menor culpabilidade do agente, e excluir a possibilidade de aplicação do regime legal do crime continuado quando uma ou outra violação da lei penal fosse cometida culposamente.

ÍNDICE

Nota prévia 5
Prefácio 7

INTRODUÇÃO

§ 1.º
A CIÊNCIA DO DIREITO PENAL: O SEU OBJECTO

1. O crime como facto voluntário do seu agente, declarado punível pela lei 13
2. Bosquejo histórico 18

§ 2.º
MÉTODO E SISTEMA

3. Introdução e síntese 26
4. O pensamento filosófico e o sistema 29
5. O sistema 32
6. Extensão do Direito Penal 35
7. A Criminologia 35
8. Conclusões 37

LIVRO I — A LEI PENAL

§ 1.º
O CÓDIGO PENAL

9. Razão de ordem 41
10. O Código Penal 42

§ 2.º
A NORMA PENAL

11.	As normas jurídicas e a sua validade..	51
12.	Estrutura da norma penal	52

§ 3.º
A FUNÇÃO DE GARANTIA DO DIREITO PENAL

13.	O princípio da legalidade: *nullum crimen sine lege, nulla poena-sine lege*...	54
14.	O princípio da culpabilidade: *nulla poena sine culpa*	56
15.	O princípio da jurisdição: *nulla poena sine judicio*	57
16.	Concepção subjectiva do crime e responsabilidade objectiva como desvios aos princípios fundamentais de Direito Penal	57
17.	O Direito Penal e o Estado de Direito......................................	58

§ 4.º
INTERPRETAÇÃO E INTEGRAÇÃO DA LEI PENAL

18.	Interpretação da lei penal..	62
19.	Integração da lei penal..	64

§ 5.º
APLICABILIDADE DA LEI PENAL

20.	Intróito..	65
21.	Aplicação da lei penal no tempo; o princípio da irretroactividade da lei penal...	66
22.	A aplicação da lei penal no tempo: o princípio da retroactividade da lei penal mais favorável ao arguido....................................	67
23.	Aplicação da lei penal no espaço; o princípio da territorialidade	71
24.	Extraterritorialidade da lei penal portuguesa: o princípio realista	73
25.	Extraterritorialidade da lei penal portuguesa: o princípio da nacionalidade...	74
26.	Extraterritorialidade da lei penal portuguesa: o princípio da universalidade	76

LIVRO II — TEORIA DO CRIME

TÍTULO I — A ESTRUTURA ESSENCIAL DO CRIME

CAPÍTULO I — NOÇÃO E ANÁLISE DO CRIME. CLASSIFICAÇÃO DAS INFRACÇÕES PENAIS

§ 1.º
NOÇÃO GERAL DE CRIME E SUA ANÁLISE

27.	Razão de ordem	79
28.	Noção legal de crime	82
29.	Análise do crime	84
30.	Ilicitude e facto ilícito	86
31.	Culpa e facto culpável	88
32.	A tipicidade	89
33.	A análise do crime na sua estrutura essencial e na sua estrutura acidental	90

§ 2.º
CLASSIFICAÇÃO DAS INFRACÇÕES PENAIS

34.	Razão de ordem	92

I — Crimes Comissivos e Crimes Omissivos

35.	Observações preliminares	95
36.	O objecto jurídico do crime: evento jurídico ou formal. O objecto material. Crimes formais e materiais	95
37.	Os crimes omissivos como crimes materiais e como crimes formais	96

II — Crimes Dolosos e Crimes Culposos

38.	A distinção entre crimes dolosos e crimes culposos e o seu significado	105

III — Transgressões da Ordem e Contravenções

39.	As contra-ordenações ou transgressões da ordem. Terminologia	107
40.	História e doutrina	107
41.	O regime das transgressões da ordem	113
42.	A parte geral do direito das transgressões da ordem................	119
43.	Contravenções..	124

IV — Direito Penal Especial

44.	Crimes militares..	129
45.	Crimes políticos e crimes de imprensa	130
46.	Delitos fiscais e outros exemplos...	132

CAPÍTULO II — O FACTO ILÍCITO

§ 1.º
ELEMENTOS E CIRCUNSTÂNCIAS ESSENCIAIS

I — Preliminares

47.	O desvalor do evento jurídico do crime e o desvalor da acção no modo da sua execução	133
48.	Elementos essenciais e circunstâncias	134

II — Os Elementos Essenciais do Facto Ilícito

49.	Acção e omissão...	137
50.	O evento jurídico e o evento material......................................	138
51.	O objecto jurídico do crime; crimes de dano e crimes de perigo. Referência aos crimes de perigo como um dos casos de crimes incongruentes...	139
52.	A estrutura complexa do facto ilícito. A pluralidade de factos	146
53.	O nexo de causalidade	148

III — As Circunstâncias Essenciais do Facto Ilícito

54.	As qualidades especiais do agente...	158
55.	Tempo, lugar e instrumento. Circunstâncias extrínsecas ao acto (pressupostos). Circunstâncias que concorrem no ofendido	159

IV — Observações Finais

56.	Conexão entre tipos legais de crimes..	161
57.	Ilicitude e tipicidade. Síntese	162
58.	Indicação de sequência	165

§ 2.º
CAUSAS DE JUSTIFICAÇÃO

59.	Noções gerais	166
60.	Interpretação do n.º 1 do art. 31.º	167

I — Legítima Defesa

61.	Considerações gerais	171
62.	A legítima defesa no Código Penal e no Código Civil............	172
63.	Objecto da legítima defesa	173
64.	Agressão e defesa..	174
65.	Pressupostos da defesa: «a agressão actual e ilícita»................	177
66.	Requisitos da legitimidade da defesa; confronto do Código de 1886 com o Código de 1982..	181
67.	A necessidade da defesa: a defesa como «meio necessário para repelir a agressão»...	183
68.	A defesa inculpada..	187
69.	A questão do *animus defendendi* como requisito da legitimidade da defesa	189
70.	Síntese; considerações gerais...	191
71.	A defesa ilegítima: a definição do excesso de legítima defesa no Código Penal...	194
72.	O excesso de legítima defesa é um crime	196
73.	A punição do excesso de legítima defesa................................	199
74.	Evolução da doutrina portuguesa sobre a interpretação do excesso de legítima defesa...	201
75.	A desculpabilidade do excesso de legítima defesa...................	204

II — Direito de Necessidade

76.	Definição legal da justificação do facto cometido em estado de necessidade	205
77.	O estado de necessidade no Código Civil..............................	207
78.	O denominado «estado de necessidade supralegal»..................	208
79.	O princípio da ponderação de interesses e o princípio do meio justo para um fim justo, como princípios reguladores das causas de justificação	209

80. Interpretação do art. 34.º do Código Penal. Pressupostos do direito de necessidade: o perigo actual que ameaça interesses juridicamente protegidos do agente ou de terceiro 211
81. Interpretação do art. 34.º do Código Penal. Requisitos da legitimidade do facto necessário; a adequação do facto 213
82. A não provocação voluntária pelo agente do estado de necessidade [al. a) do art. 34.º] 217
83. A sensível superioridade do interesse a salvaguardar relativamente ao interesse sacrificado [al. b) do art. 34.º] 218
84. A razoabilidade da imposição ao lesado do sacrifício do seu interesse em atenção à natureza ou ao valor do interesse ameaçado [al. c) do art. 34.º] 220
85. O estado de necessidade e a legítima defesa como «direito de necessidade» e como «direito» de defesa — e o estado de necessidade e a legítima defesa como causas de exclusão da ilicitude penal.. 226
86. Observação sobre a seriação das causas de justificação............. 231

III — O Exercício de um Direito e o Cumprimento de um Dever

87. O exercício de um direito. Direito e exercício do direito 233
88. Excurso sobre o conflito de normas... 236
89. O cumprimento de um dever... 237
90. A diligência devida, o caso fortuito e o caso de força maior... 240

IV — Conflito de Deveres

91. Conflito de deveres (art. 36.º) e sua inserção no sistema das causas de justificação 246

V — Consentimento do Ofendido

92. O consentimento do ofendido.. 248
93. Interpretação do art. 38.º do Código Penal............................. 250
94. Consentimento presumido (art. 39.º)....................................... 253
95. Casos especiais previstos na Parte Especial do Código Penal... 254

CAPÍTULO III — FACTO CULPÁVEL OU CULPABILIDADE

96.	Terminologia...	259
97.	Culpa moral e culpa jurídica..	260
98.	Culpa, imputação e responsabilidade	260
99.	Culpabilidade e substrato da culpabilidade..............................	261
100.	A natureza racional do homem e sua liberdade como fundamento da culpabilidade...	264
101.	A responsabilidade penal como responsabilidade pessoal e a responsabilidade das pessoas colectivas (Código Penal, art. 11.º)...	267

§ 1.º
IMPUTABILIDADE

102.	Imputabilidade e imputação...	269
103.	As causas da inimputabilidade..	272
104.	A privação voluntária da imputabilidade (Código Penal, art. 20.º, n.º 4)	275
105.	A imputabilidade diminuída ou semi-imputabilidade................	280

§ 2.º
O DOLO

106.	As duas formas da culpabilidade: o dolo e a negligência (ou culpa em sentido estrito)...	282
107.	Conceito legal de dolo..	283
108.	A estrutura do dolo. O elemento cognoscitivo ou intelectual: a «representação» e (ou) a «consciência»	285
109.	Objecto da «representação»: a) a consciência do facto injusto.....	287
110.	Objecto da «representação»: b) a consciência da ilicitude	292
111.	A intenção ou elemento volitivo: a) O dolo directo; b) O dolo eventual	293
112.	O dolo e o momento da execução e consumação do crime; o dolo antecedente...	298
113.	Dolo específico..	299
114.	Intensidade do dolo..	300
115.	Dolo de perigo; remissão..	301

§ 3.º
A NEGLIGÊNCIA (CULPA EM SENTIDO ESTRITO)

116.	Conceito legal de negligência (Código Penal, art. 15.º)............	302
117.	A diligência objectiva (devida ou «obrigatória»)......................	303

118. A diligência subjectiva («cuidado de que o agente é capaz», art. 15.º) 305
119. A punição da negligência 308
120. Espécies ou graus de negligência 309

§ 4.º
CONCURSO DE DOLO E NEGLIGÊNCIA NO MESMO CRIME

121. Crimes em que concorrem dolo e negligência 311
122. O crime preterintencional e o crime aberrante no Código Penal de 1886 312
123. Os crimes qualificados pelo evento no Código Penal de 1982 315
124. Crimes de perigo e crimes de perigo comum no Código Penal de 1982. O dolo de perigo 319

§ 5.º
CAUSAS DE EXCULPAÇÃO

125. As causas de exculpação 324
126. Inexigibilidade e desculpabilidade 325
127. As causas de exculpação no Código Penal 326

I — A Violência ou Coacção Física Irresistível

128. Posição actual de uma questão duvidosa 328
129. A violência ou coacção física irresistível nos Códigos de 1852, 1886 e 1982 329

II — O Erro

130. Espécies de erro 332
131. O erro de facto 334
132. Erro directo sobre o facto 334
133. Erro indirecto sobre o facto: erro sobre os pressupostos das causas de justificação e sobre os pressupostos das causas de exculpação («erro sobre um estado de coisas que, a existir, excluiria a ilicitude do facto ou a culpa do agente») 339
134. Irrelevância do erro «censurável» ou indesculpável (n.º 3 do art. 16.º) na responsabilidade a título de negligência 340
135. O erro de direito 340

III — Estado de Necessidade Desculpante

136.	Considerações gerais	344
137.	Pressupostos do «estado de necessidade desculpante»..............	347
138.	Fundamento e critério da desculpabilidade.............................	349
139.	O estado de necessidade como circunstância atenuante	351

IV — Obediência Indevida Desculpante

140.	Ordem legítima da autoridade e obediência devida..................	352
141.	Abuso de autoridade e obediência indevida	357
142.	A obediência indevida e a ordem do superior que conduz à prática de um crime	359
143.	O superior hierárquico como autor moral do crime e o funcionário ou agente subordinado como autor material	360

V — O Excesso de Legítima Defesa Não Punível

144.	O excesso de legítima defesa, como crime cometido mediante excesso nos meios de defesa...	364
145.	O excesso doloso ou culposo (crime doloso ou culposo) e o excesso impune	364
146.	Crimes a que é aplicável a causa de exculpação do n.º 2 do art. 33.º..	365
147.	Pressupostos da causa de exculpação	366
148.	A perturbação, medo ou susto não censuráveis	367
149.	Confronto entre o estado de necessidade desculpante e a causa exculpativa no excesso de legítima defesa	368

VI — Causas de Exculpação Previstas na Parte Especial do Código Penal

150.	As causas de exculpação previstas na Parte Especial do Código Penal	370
151.	O parentesco próximo no crime de favorecimento pessoal (art. 410.º, n.º 4)...	371
152.	Outras causas de exculpação	373

TÍTULO II — A ESTRUTURA ACIDENTAL DO CRIME

153.	A estrutura essencial e a estrutura acidental do crime.............	375
154.	As circunstâncias na estrutura acidental do crime	376
155.	A teoria das circunstâncias e suas origens	377
156.	Classificação das circunstâncias acidentais	385
157.	A existência e a apreciação do valor das circunstâncias............	387

TÍTULO III — FORMAS DO CRIME

158.	Intróito..	389
159.	As formas do crime..	391

CAPÍTULO I — A TENTATIVA. O *ITER CRIMINIS*

§ 1.º
CONCEPTUALIZAÇÃO GERAL

160.	A tentativa e o *iter criminis*	393
161.	O crime consumado e o crime exaurido............................	395

§ 2.º
TENTATIVA

162.	Teoria objectiva e teoria subjectiva da tentativa	397
163.	Os elementos essenciais da tentativa como forma do crime	403
164.	A desistência e arrependimento activo	414
165.	A desistência e arrependimento activo em crimes consumados, na Parte Especial do Código Penal (arts. 251.º, 268.º, 301.º e 382.º)..	421
166.	A desistência como causa de exculpação e como circunstância atenuante na Parte Especial do Código Penal.........................	424
167.	A desistência ou arrependimento activo dos autores e cúmplices morais	430
168.	A tentativa impossível ou inidónea...	436
169.	Punibilidade da tentativa (Código Penal, art. 23.º, n.ºˢ 1 e 2) ...	438
170.	A punibilidade, como tentativa, do crime justificado pelo consentimento do ofendido, quando esse consentimento não seja conhecido do agente (Código Penal, art. 38.º, n.º 4)....................	440

CAPÍTULO II — OS AGENTES DO CRIME

§ 1.º
COMPARTICIPAÇÃO E PARTICIPAÇÃO CRIMINOSA

171.	Indicações gerais	443
172.	O autor singular e a pluralidade de agentes	445
173.	Comparticipação e participação criminosa	446
174.	A legislação e doutrina alemãs	447
175.	A génese do instituto de participação no Código Penal de 1982	449
176.	A comparticipação (art. 29.º do Código Penal)	451
177.	A desistência em caso de comparticipação	456
178.	A comparticipação em crimes próprios (art. 28.º do Código Penal)	459
179.	As qualidades e relações especiais na comparticipação em crimes próprios e o alcance do art. 12.º do Código Penal	468

§ 2.º
PARTICIPAÇÃO NA COMPARTICIPAÇÃO: A AUTORIA

180.	Participação principal e participação secundária: autores e cúmplices	473
181.	A autoria: autores materiais	475
182.	A autoria: autores morais	480
183.	A identidade do facto, e os modos de participação na sua realização	485

§ 3.º
PARTICIPAÇÃO NA COMPARTICIPAÇÃO: A CUMPLICIDADE

184.	Cumplicidade	490
185.	Cumplicidade material	492
186.	Cumplicidade moral	494
187.	A culpa na cumplicidade	495
188.	A instigação ou incitamento como crime autónomo, na Parte Especial do Código Penal	496

§ 4.º
CRIMES DE PARTICIPAÇÃO NECESSÁRIA: CRIMES DE ASSOCIAÇÕES CRIMINOSAS E DE ORGANIZAÇÕES TERRORISTAS

189. Crimes de participação necessária 498

I — Crime de Associações Criminosas (Art. 287.º do Código Penal)

190. O crime de associações criminosas como crime de participação necessária 502
191. A associação criminosa, e o seu objecto 503
192. Os agentes do crime de associações criminosas 505
193. Os crimes cometidos em execução do programa social da associação criminosa 505

II — Crime de Organizações Terroristas

194. A distinção entre crime de organizações terroristas e crime de associações criminosas 507
195. O desvalor do evento ou ofensa do bem jurídico e o desvalor da acção ou do modo da acção 507
196. A antecipação da tutela penal no crime de organizações terroristas 509
197. O crime de organizações terroristas e os crimes cometidos em realização do programa da associação ou organização 509

III — Terrorismo

198. O conceito de terrorismo 511
199. A punibilidade em geral dos crimes contra a segurança exterior ou interior do Estado 512
200. As duas modalidades do conceito legal de terrorismo 513
201. A revogação ineficaz do mandato (desistência) nos crimes cometidos na realização de fins das associações ou organizações terroristas (Código Penal, arts. 287.º, n.º 4, 288.º, n.º 7, e 289.º, n.º 3) ... 517

CAPÍTULO III — CONCURSO DE CRIMES E CRIME CONTINUADO

§ 1.º
CONCURSO DE CRIMES

202.	Problemas do concurso de crimes no Código Penal	519
203.	A acumulação ou concurso de crimes no Código Penal de 1852, no Projecto de Código Penal de Levi Maria Jordão e no Código Penal de 1886	521
204.	O concurso de crimes e o concurso de penas	525
205.	Concurso de normas (concurso aparente de crimes)	527
206.	Concurso de crimes (concurso real e concurso ideal; concurso heterogéneo e concurso homogéneo)	534
207.	A vontade culpável nos crimes em concurso	537
208.	Concurso de crimes e reincidência	538

§ 2.º
CRIME CONTINUADO

209.	Crime continuado. A unidade do crime na execução sucessiva ou reiterada de um crime e a unificação da continuação de crimes cometidos em concurso...	541
210.	O crime continuado no Código Penal de 1982.......................	548
Índice	....	555

Manuel Cavaleiro de Ferreira

LIÇÕES
DE
DIREITO PENAL

PARTE GERAL

II

Penas e Medidas de Segurança

(Ano Lectivo de 1987-1988 na Faculdade de Ciências Humanas da U.C.P.)

LIVRO III
PENAS E MEDIDAS DE SEGURANÇA

TÍTULO I

A RESPONSABILIDADE PENAL E A SUJEIÇÃO A MEDIDAS DE SEGURANÇA

CAPÍTULO I

A RESPONSABILIDADE CRIMINAL

1. Âmbito do Direito Penal

O crime é fundamento de responsabilidade penal; a responsabilidade penal é, como a pena que constitui o seu conteúdo, a consequência jurídica do crime.

Com a perpetração de um crime surge, para o delinquente, o dever de reparação que se consubstancia na sujeição à pena correspondente, como surge a pretensão punitiva do Estado.

O pressuposto da responsabilidade penal é necessariamente também o pressuposto do poder de punir; e tal pressuposto consiste na perpetração de um crime.

O direito penal, deste modo, restringir-se-ia, no seu âmbito, à relação jurídica punitiva.

Certo é, porém, que o âmbito do direito penal se alargou; ao lado do binómio crime-pena surge o binómio perigosidade criminal-sujeição a medidas de segurança.

Este alargamento corresponde à necessidade de completar a defesa da ordem jurídica, para além dos limites que estabelece a exigência da culpabilidade.

Tal alargamento, porém, não constitui ou não deve constituir uma deformação dos conceitos de crime e de pena. Completa a defesa jurídica da ordenação social, subordinando-a a um condicionamento que permite respeitar a justiça e que só a comprovada necessidade justifica, e exerce-se através de medidas de segurança, que terão de obedecer a requisitos de excepcionalidade e de comprovação, que excluam, dentro do possível, o arbítrio, devendo por isso ser também só aplicáveis juridiscionalmente em processo penal.

Deste modo, há que distinguir a responsabilidade penal, no seu significado próprio, da sujeição a medidas de segurança, e tornar explícito o conceito de perigosidade criminal, que forma o pressuposto de aplicação das medidas de segurança.

Iremos esclarecer primeiramente em que termos o crime é pressuposto de responsabilidade e, seguidamente, a noção de perigosidade criminal.

2. O crime como pressuposto da responsabilidade penal; a punibilidade

Afirmámos que a verificação de um crime é o pressuposto da responsabilidade penal. E é sempre um pressuposto necessário, embora excepcionalmente não seja um pressuposto suficiente.

É que nem sempre ao crime se segue a responsabilidade penal; a aplicabilidade da pena pode, em casos excepcionais, ser condicionada por um facto, diverso do crime e que, diferentemente deste, não é fundamento, mas tão-só condição objectiva da punibilidade, isto é, da aplicação da pena.

A noção e natureza das condições objectivas de punibilidade é questão controvertida.

Se o crime é um facto punível, a punibilidade seria elemento essencial do próprio crime; mas deste modo incluir-se-iam na noção de crime, não somente a ilicitude e culpabilidade do facto, mas um terceiro requisito, inteiramente estranho ao facto ilícito e culpável, e que não constituiria, como os demais, fundamento da punibilidade, mas somente a condicionaria extrinsecamente.

Excluída a inclusão das condições objectivas de punibilidade nos elementos do crime, a doutrina seguiu diversas vias para explicar a sua natureza jurídica. Uns, a maioria, aceitaram a noção de condições objectivas de punibilidade como uma condição, extrínseca ao facto criminoso, de que ficará dependente a aplicabilidade da pena; outros excluem tais condições do direito penal substantivo, e qualificam-nas como condições de procedibilidade, das quais depende somente a instauração do processo penal.

3. As condições objectivas de punibilidade e as causas de isenção da pena

As condições objectivas de punibilidade não são, portanto, elementos constitutivos do crime; são factos diversos, extrínsecos ao facto constitutivo da responsabilidade penal.

Não fundamentam a ilicitude — não são, em si mesmas, um facto penalmente ilícito —, e não são objecto de culpabilidade, pois que objecto da culpabilidade é o facto penalmente ilícito.

Pode haver, contudo, resultados ou eventos da acção típica do agente, que não são abrangidos pela culpabilidade deste e que, no entanto, determinam uma agravação da responsabilidade penal, como acontece em grande número de crimes agravados pelo resultado dos quais demos já notícia.

Em tais casos, os eventos são elementos constitutivos do crime, que fundamentam a agravação da pena; o que se verifica então é a anomalia de uma responsabilidade objectiva, pois que a pena será agravada, em razão de um evento que não é abrangido pela culpabilidade do agente. O Código Penal tentou, seguindo o Código alemão, excluir a agravação quando não houver pelo menos culpabilidade a título de negligência (Cód. Pen., art. 18.º). Contudo, a agravação, em vários casos, excede aquela que racionalmente poderia corresponder à mera negligência.

Distintas, mas de similar natureza às condições objectivas de punibilidade, são as causas de isenção da pena. Distinguem-se entre si enquanto as condições objectivas de punibilidade, sendo objectivas, excluem por isso objectivamente a punibilidade do crime e as causas de isenção da pena têm natureza pessoal, e excluem a aplicabilidade da pena relativamente ao agente no qual se verificam.

a) As causas de isenção de pena são causas impeditivas da punibilidade; como exemplos, no novo Código Penal, podem citar-se as previstas nos arts. 171.º e 323.º

b) Geralmente, a isenção de pena, porém, pode constituir o último grau na atenuação da pena, e é então «dispensa da pena». Neste sentido, ver-se-á melhor o seu significado a propósito da aplicação das penas.

Nos casos em que a isenção da pena não é um último grau na atenuação da pena, e ela corresponde a uma causa estranha ao facto criminoso, a noção de causa de isenção de pena tem sido sobretudo utilizada para nessa categoria formal incluir causas impeditivas da responsabilidade penal, cuja natureza se afigura duvidosa.

Como tais são por vezes qualificadas verdadeiras causas de exculpação como a desistência e o arrependimento activo no crime de tentativa, às quais aludimos oportunamente (*Lições de Direito Penal. I*, págs. 299 e segs.).

Assim, e em conclusão, as condições objectivas de punibilidade condicionam a punibilidade do crime; as causas de isenção da pena, em sentido próprio, impedem a punibilidade do crime, enquanto a dispensa de pena é ainda um grau inferior na aplicação ou melhor na atenuação da pena.

De todos estes conceitos se distinguem as causas de extinção da responsabilidade criminal (Cód. Pen., arts. 117.º e segs.).

4. As penas e as medidas de segurança

Em sentido estrito, o direito penal centra-se no binómio crime-pena. A evolução doutrinária e legislativa alargou o âmbito do direito penal de modo a incluir medidas sem a natureza de penas, e que se denominam «medidas de segurança».

A pena deve corresponder à culpabilidade do delinquente; a medida de segurança tem, diversamente, por pressuposto a perigosidade criminal.

A defesa da ordem jurídica exigirá o emprego de meios de tutela de diferente natureza; constituem sempre meios de coacção para tutela do direito.

Mas, ou essa limitação compulsiva da esfera jurídica de cada um actua indirectamente por intermédio da vontade do possível delinquente, impondo-lhe determinado comportamento — comportamento conforme com a ordem jurídica — sob a ameaça de uma pena, ou actua directamente, impondo coactivamente a restrição da esfera jurídica do agente independentemente do apelo normativo à sua vontade.

Só no primeiro caso estamos perante uma sanção no seu sentido próprio, a qual pressupõe necessariamente a imputabilidade, a capacidade jurídica.

No segundo caso, as medidas de tutela jurídica não têm carácter sancionatório; são, então, suportadas como ónus, independentemente da capacidade de querer daquele que a elas é sujeito.

A reacção da ordem jurídico-penal pode assim seguir-se à culpabilidad pelo crime praticado, ou ter como pressuposto a perigosidade criminal. A natureza da tutela jurídica, bem como os seus pressupostos, são então diferentes. À culpabilidade corresponde a pena; à perigosidade criminal corresponde a medida de segurança.

A indicação de um fim comum às medidas de tutela jurídica — penas e medidas de segurança —, de defesa e conservação da ordem social e jurídica não nos elucida sobre a clara distinção entre umas e outras.

Há, previamente, que definir o conceito de perigosidade criminal que constitui pressuposto da aplicação das medidas de segurança e assentar em que termos é ele recebido pelo direito vigente e, concomitantemente, desvendar tanto as diferenças essenciais entre culpabilidade e perigosidade criminal, como as possíveis conexões entre uma e outra.

CAPÍTULO II

SUJEIÇÃO A MEDIDAS DE SEGURANÇA

§ 1.º

A PERIGOSIDADE CRIMINAL

1. **O crime e a personalidade do delinquente nas suas relações com a culpabilidade e a perigosidade criminal**

O direito penal é direito do facto. O facto — o crime —, porém, é obra do seu agente.

A culpabilidade não é apenas vontade culpável, enquanto reduzida à decisão voluntária; expressa, em maior ou menor medida, a personalidade do delinquente.

O objecto da culpabilidade, em tese, tanto pode ser o facto criminoso, como a personalidade do delinquente. O homem tem o dever de praticar, em actos, o bem e evitar o mal. E tem o dever de se perfazer a si mesmo, porque ser racional e livre.

Na verdade, na natureza em geral, todo o ser é o que é, quando é o que deve ser; mas, enquanto fora da espécie humana, o dever ser se realiza por si mesmo e é por isso apenas ser, no homem, pelo contrário, o dever ser tem acepção diferente, já que, por virtude da sua vontade livre, o homem pode deixar de ser o que deve ser.

Pode o homem desdenhar do seu dever de se formar, perfazendo-se, a si mesmo. E neste sentido haverá uma culpa na formação da personalidade.

No entanto, a personalidade não é construída exclusivamente pelo homem; nela entram tanto elementos congénitos, como adquiridos, e tanto adquiridos por culpa própria como resultantes de fortes influências exteriores.

Daí a dificuldade em acertar os contornos positivos de uma culpa na formação da personalidade.

Para essa positivação, que respeite os limites que a segurança e certeza do direito impõem, há, em princípio, que definir os tópicos que a revelem.

E, assim, impõe-se definir concretamente o modo de revelação dessa culpa referida à personalidade. Só desse modo se evitará que se introduzam, na culpa referida à personalidade, elementos que só à perigosidade criminal respeitam, acabando por dar por conteúdo à culpabilidade a própria perigosidade criminal.

2. A culpa na formação da personalidade

A personalidade, como objecto da culpabilidade, não abrange a personalidade tal como é na sua conformação total, mas só enquanto e na medida em que for adquirida voluntariamente. É o modo voluntário de aquisição da personalidade que importa sobremaneira à delimitação da culpa referida à personalidade (*Direito Penal Português. Parte geral*, II, págs. 222 e segs.; *A personalidade do delinquente na repressão e na prevenção*, passim).

Essa aquisição voluntária revela-se na prática sucessiva de actos voluntários. É quase incompreensível a transformação da actividade em qualidade, em propriedade da própria personalidade. E, no entanto, o que parece incompreensível é a própria realidade.

A repetição frequente de actos voluntários constrói o hábito, e o hábito encontra-se no ponto de contacto do espírito e do corpo, do consciente e do inconsciente, da vontade que lhe dá origem e do mecanismo em que ela se grava.

Em dois sentidos se pode definir o hábito: ou como potência, aptidão do espírito, como resultado de actos voluntários e livres, e resíduo que deles permanece estavelmente no próprio homem; ou como a série de actos que são causa daquela aptidão ou potência. Neste segundo significado, indica-se o processo de formação da habitualidade; no primeiro, o efeito, impresso na natureza do homem, daquele processo.

O hábito só se forma pela repetição e insistência no esforço voluntário; pressupõe uma intervenção consciente do espírito na organização da natureza, para a acomodar aos seus fins.

Consoante o fim ou direcção que toma a vontade na repetição de actos voluntários é conforme com a natureza racional do homem ou a contraria, assim o hábito é um hábito bom, ou virtude, ou um hábito mau, ou vício.

Em direito penal, a reiteração do crime, e em particular a reincidência, revela o percurso da habituação, e por isso foi ou pode ser considerada em geral uma circunstância agravante da responsabilidade, embora o actual Código Penal se afaste bastante da posição tradicional do direito português, em matéria de reincidência. Veremos que a multirreincidência, comprovando o percurso de formação do hábito, constitui, para o direito positivo, uma das vias fundamentais para a definição dos delinquentes por tendência (ou habituais).

É efectivamente quanto aos delinquentes por tendência, e na definição dos seus pressupostos, que se revela mais claramente, mediante a agravação legal da pena prevista para o último crime cometido, a complementariedade do conceito de culpa na formação da personalidade, para além dos limites que demarcariam a responsabilidade somente em função da culpa estritamente referida ao facto.

3. Conceito de perigosidade criminal; perigosidade da acção, de um ambiente, de uma pessoa

Da perigosidade disse Birkmeyer, há muitas décadas, que é um conceito cientificamente ainda pouco esclarecido, legalmente de difícil acomodação, praticamente de manejo trabalhoso e susceptível de pôr em perigo no mais alto grau a liberdade individual pois exige um ilimitado arbítrio judicial (Schuld und Gefährlichkeit, 1914).

Por isso, com razão escreveu Exner que o conceito de perigosidade criminal é um conceito perigoso *(Theorie der Sicherungsmittel,* 1914, pág. 59).

Tentaremos esclarecê-lo, começando pela noção mais lata de perigosidade, antes de tentarmos mostrar em que termos o direito positivo procurou domesticá-la para evitar os graves inconvenientes de uma fórmula abstracta e forçosamente indefinida.

Perigosidade é um atributo: atributo de uma pessoa, que ora nos interessa. Mas não deve olvidar-se que também pode ser considerada como atributo do facto criminoso, ou de situações ou circunstâncias exteriores ao homem.

A noção de perigo tem larga aplicação em direito penal: no direito penal repressivo relativamente ao perigo da acção humana. Neste aspecto, perigo, na definição de Arturo Rocco, é a potência de um fenómeno para ocasionar a perda ou diminuição de um bem, o sacrifício ou restrição de um interesse (*L'oggetto del reato e della tutela giuridica penale*, 2.ª ed., 1932, pág. 302). É o dano provável.

O conceito de perigo referido à acção é indispensável para compreensão dos delitos comissivos por omissão, dos delitos tentados e dos crimes de perigo.

Há, por certo, estreitas relações entre as noções de perigosidade da acção e de perigosidade do delinquente. Mas há também profundas diferenças que decorrem da diversa origem do perigo; no primeiro caso, a acção e, no segundo caso, uma pessoa.

Mas é sobretudo a colocação sistemática do perigo da acção e do perigo do delinquente que faz ressaltar a diferenciação de conceitos; o perigo referido à acção interessa ao direito penal repressivo, ao direito penal do facto, e a perigosidade criminal, que pretendemos definir, constitui o fundamento do sistema preventivo, que o alargamento do âmbito do direito penal incorporou neste.

A prevenção especial procura combater os factores da delinquência, impedindo a futura criminalidade. Destrói ou tenta destruir os factores pessoais ou do ambiente que favorecem a formação da propensão criminosa.

Estes factores agrupam-se em duas categorias fundamentais: os que se reconduzem à personalidade do homem, propenso ao crime por defeito constitucional ou vício adquirido, e os que se situam no meio ambiente, circundam o indivíduo e exercem, sobre este, efeito nocivo no sentido de facilitarem a eclosão da criminalidade.

E, assim, o perigo criminal tanto poderá ser referido a estados ou situações externas, como a pessoas. O perigo que resulta da conformação do ambiente será combatido por medidas destinadas a melhorar a organização económica e moral da sociedade. Neste particular, toda a política social beneficia a política de prevenção criminal. O perigo resultante do ambiente é ainda combatido por medidas de polícia que visam suprimir o contacto entre os possíveis delinquentes e os factores externos que, envolvendo-os, actuam prejudicialmente sobre a sua personalidade.

Diversamente, o perigo que se reconhece ter a sua causa no delinquente poderá ser combatido por medidas de segurança — ressalvados os limites que a sua justificação impõe —, destinadas a modificar a sua personalidade de maneira a permitir esperar futuro comportamento conforme com os preceitos da ordem jurídica.

Neste último caso, a perigosidade criminal situa-se na pessoa e a perigosidade é mera qualidade da personalidade individual.

É da perigosidade como atributo da personalidade que iremos tratar (*Direito Penal Português. Parte geral*, II, págs. 228 e segs.).

4. Definição e elementos do conceito de perigosidade criminal

Perigosidade é a probabilidade de um dano futuro; perigosidade criminal é a probabilidade de futura delinquência.

A noção de perigosidade criminal compreende dois elementos: um elemento descritivo e um elemento normativo.

Elemento descritivo é a probabilidade de futuro comportamento criminoso.

Elemento normativo é o crime, que aponta a direcção da probabilidade, o conteúdo do comportamento que é de esperar do indivíduo.

Estes elementos, que a lógica fornece, são insuficientes, pela sua extensão e imprecisão, para construir um conceito de perigosidade criminal que possa servir as exigências do direito positivo. Atribuir-lhe consequências jurídicas importantes seria tornar precária a segurança e liberdade dos cidadãos, que poderiam cair a todo o momento sob a alçada de possível e arbitrária intervenção coactiva do Estado.

Os elementos apontados carecem, por isso, de ser definidos ou delimitados em fórmulas mais concretas, que se apoiem em sintomas comprováveis, para limitar o arbítrio da sua apreciação.

Ou seja, a uma noção meramente qualitativa de perigosidade criminal, e para obedecer às necessidades da técnica jurídica, deve sobrepor-se, pela sua quantificação, uma noção quantitativa.

Para tanto importa proceder legalmente à indicação mais concreta dos elementos componentes da perigosidade criminal, isto é, da noção de *probabilidade* e do *crime esperado*.

O grau de probabilidade é maior ou menor; esse grau pode determinar-se em função da sua causa, e nesses termos poderá assentar num critério extraído da intensidade ou da duração da probabilidade.

O crime provável pode delimitar-se em função da sua gravidade ou da sua espécie.

a) Delimitação da perigosidade criminal em função do crime provável

O legislador pode restringir o conceito legal de perigosidade criminal, em geral ou relativamente a certas categorias de delinquentes perigosos, em função de certa espécie ou da maior gravidade do crime provável.

A criminalidade leve não representa em regra um perigo que suscite necessariamente medidas preventivas, e quando haja que tomá-lo em consideração, como no caso dos denominados «associais», o modo de combater essa mais leve criminalidade pode e deve revestir modalidades e limitações adequadas.

De forma análoga, a espécie de lesão jurídica provável pode ser arvorada em critério limitativo da noção legal de perigosidade ou servir de fundamento a distinções dentro do seu conceito mais genérico.

b) Delimitação da perigosidade criminal em função do grau de probabilidade

Probabilidade é uma noção formal.

No *aspecto objectivo*, é a qualidade do acontecimento futuro, no nosso tema, do crime ou facto de crime, enquanto, segundo os resultados da experiência, costuma seguir-se a factos ou circunstâncias averiguados como certos.

No *aspecto subjectivo*, é o juízo de relacionação normal do crime ou facto de crime futuro com circunstâncias verificadas e actuais.

Como juízo, *do ponto de vista subjectivo*, é uma prognose, uma previsão do futuro.

O conhecimento exacto dos factos ou circunstâncias em que assenta o juízo e o carácter de necessidade das leis que regem os fenómenos do mundo físico permitem, nesse campo, juízos apodíticos, juízos de certeza, quanto a acontecimentos futuros. Pelo contrário, quando os acontecimentos futuros sobre que recai a previsão escapam às leis do mundo físico, porque são por natureza contingentes, intervindo no seu processo formativo o homem, como ente racional e livre, o juízo terá de ser problemático, ressalvando sempre a possibilidade de acontecimentos diversos daqueles que foram previstos.

O juízo problemático é aquele que verdadeiramente interessa à noção de perigosidade criminal. *O juízo problemático admite vários graus valorativos:* mero *juízo de dúvida*, quando se equivalem duas ou mais possibilidades diferentes; *juízo de suspeita*, quando o ânimo, em razão da intrínseca idoneidade da causa para produzir certo efeito, se inclina preferentemente para um dos dois possíveis contrários; e *juízo de opinião*, que corresponde à probabilidade objectiva, isto é, aquela situação de facto na qual o acontecimento futuro se encontra já em potência sem que, contudo, seja de excluir a possibilidade do contrário.

Do ponto de vista objectivo, a probabilidade, ora ínsita na situação de facto, é também susceptível de graduação. Essa graduação verifica-se sob dois aspectos: quanto à sua intensidade e quanto à sua duração.

A probabilidade é mais ou menos *intensa*, consoante é mais ou menos premente a verificação do facto criminoso futuro. A perigosidade é criminalidade potencial que, através de diferentes escalões, pode traduzir-se em *mera possibilidade* ou *forte probabilidade* de futuro comportamento delituoso; definindo-a como probabilidade exige-se implicitamente um grau muito relevante de possibilidade. A mera possibilidade não pode ser suporte do conceito de perigosidade.

Também a *duração* é elemento característico da perigosidade. Pode, na verdade, distinguir-se uma *perigosidade aguda* de uma *perigosidade crónica*; mas só esta constitui a perigosidade criminal, como pressuposto de medidas de segurança.

Na verdade, a perigosidade aguda assenta num complexo de condições pessoais e ambientais que só transitoriamente convergem sobre o indivíduo, enquanto a perigosidade crónica, como verdadeira perigosidade, é um «estado» duradouro, como qualidade persistente da personalidade, que é o fundamento real da aplicação de medidas de segurança.

5. O estado de perigosidade criminal

O estado de perigosidade criminal tem por substrato a predisposição, tendência ou propensão para o crime.

A probabilidade de cometer factos criminosos mostra-nos o conceito de perigosidade do ponto de vista lógico; a propensão para o crime indica-nos o conceito de perigosidade do ponto de vista ontológico.

A propensão para o crime é algo de estável na personalidade do delinquente, é um estado, ao qual por isso se contrapõe a noção de acção; perdura no tempo, subsistindo para além da actividade que o exterioriza ou revela.

A propensão para o crime é que permite prever o seu provável comportamento criminoso.

Esta propensão nasce de um conjunto de condições que são seus factores e revela-se nas circunstâncias ou factos exteriores que são seus sintomas.

6. Factores e sintomas da perigosidade criminal; pressupostos da perigosidade criminal

O estado de perigosidade é a substância da própria perigosidade criminal; a sua origem encontra-se nos factores que a criam ou fomentam.

Os factores são os coeficientes que actuam sobre o indivíduo dando lugar à formação e desenvolvimento ou manutenção do estado de perigosidade criminal, da propensão para o crime.

Esses factores são *subjectivos* ou endógenos, quando se situam no próprio indivíduo, e respeitam quer às suas condições físicas, quer psíquicas ou morais; e são *objectivos* os factores exteriores ao indivíduo e que conformam o ambiente em que ele vive.

Estes factores da perigosidade não são entre si independentes. O ambiente e a personalidade interinfluenciam-se reciprocamente, e até, na prática, se revela impossível destacar a influência directamente referível a cada um dos factores, endógenos e exógenos. Assim, o ambiente pessoal sofre a influência do ambiente familiar, este do ambiente local, e todos do ambiente nacional; e, no sentido inverso, a personalidade do delinquente age sobre ou reage aos diferentes ambientes em que ele se encontra integrado.

A análise e estudo da etiologia da criminalidade pertence propriamente à criminologia que em matéria tão rica de conteúdo material serve de indispensável auxiliar no esclarecimento e compreensão dos conceitos jurídicos.

Dos factores de perigosidade se devem distinguir os sintomas da perigosidade, que são os indícios exteriores através dos quais se revela a existência da perigosidade; alguns factores, como a prática sucessiva de crimes, são cumulativamente os sintomas mais visíveis da perigosidade.

Dada a dificuldade de prova directa da propensão para o crime, e dada a inconveniência de suscitar um exagerado e anormal arbítrio judicial, com prejuízo da certeza do direito e da segurança dos direitos individuais, devem, por isso, elevar-se alguns factores e sintomas de perigosidade à categoria de *pressupostos* legais da própria perigosidade criminal.

E, sendo assim, a verificação de certos factores e sintomas mais importantes tornar-se-á condição indispensável da própria existência legal do estado de perigosidade.

§ 2.º

CLASSIFICAÇÃO DOS DELINQUENTES PERIGOSOS

1. Os tipos legais de delinquentes perigosos

Um direito penal do delinquente, por contraposição ao direito penal do facto, impõe uma tipologia dos delinquentes. Mas, quando se considere que, na sua essência, o direito penal é um direito penal do facto, assente no binómio crime-pena, um direito penal do delinquente tem feição complementar e a tipologia dos delinquentes reduz-se àquelas categorias relativamente às quais pareça deficiente a tutela jurídica baseada no direito penal do facto.

São inúmeros os critérios de classificação que têm sido propostos, do ponto de vista criminológico, mas legislativamente atende-se fundamentalmente à diferente reacção jurídica que provoquem ou ao diverso tratamento jurídico que solicitem.

De uma maneira geral, do ponto de vista jurídico, para criar tipos de delinquentes perigosos, procura-se a sua causa, porque a diversidade das causas pode exigir diferentes medidas de prevenção.

E, por isso, o critério de destrinça poderá ser predominantemente etiológico, mas não exclusivamente, porque já interessa menos a diversa natureza das causas, quando o modo de reacção jurídica deva ser idêntico.

a) O Código Penal de 1982 faz primeiramente uma distinção em função das medidas aplicáveis, referindo-se no Título V da Parte Geral aos delinquentes imputáveis perigosos, aos quais será aplicável o regime da «pena relativamente indeterminada» e, no Título VI, que se lhe segue, às medidas aplicáveis aos delinquentes perigosos inimputáveis.

Entre os delinquentes perigosos imputáveis constam os delinquentes por tendência (arts. 83.º a 85.º), os alcoólicos e equiparados (arts. 86.º a 88.º), e porventura também os associais que são incriminados por crimes de anti-socialidade e associalidade perigosa nos arts. 282.º e 284.º e que constavam do projecto do Código Penal do mesmo Título onde na Parte Geral se tratava da pena indeterminada. (Código Penal-projecto da parte geral, de Eduardo Correia, in *B.M.J.*, n.º 127 Junho, de 1863, págs. 118 e segs.; Título V desse Projecto, arts. 94.º e segs.)

A colocação exclusiva destes artigos na parte especial do Código, mediante a «incriminação» da perigosidade associal, teve lugar posteriormente à versão a cargo da primeira Comissão Revisora oficial, e desconhecem-se os motivos que a fundamentaram.

Essa colocação não impede, porém, que os associais constituam um grupo de delinquentes perigosos.

A perigosidade criminal pode ter muito maior gravidade, sendo origem de arreigada anti-socialidade, ou ser muito mais leve, criando uma perigosidade que se manifesta somente como associal.

A qualificação dos associais em razão da espécie de crimes, que seriam em si mesmos o crime praticado em estado de embriaguez, o fornecimento de bebidas alcoólicas a embriagado ou a ébrio habitual e a utilização de menores na exploração da mendicidade, pode contrariar o princípio geral do Código Penal e o preceito constitucional que não admite responsabilidade penal, a não ser em razão da prática de um facto, acto ou omissão descrito na lei penal. E, afinal, a transformação daquilo que usualmente se designa por «forma de vida» associal, em facto criminoso indefinido, como crime de «anti-socialidade e associalidade perigosa», parece uma solução de recurso, de duvidosa clareza.

b) Como delinquentes perigosos, prevê o Código Penal de 1982 (Capítulo I do Título VI da Parte Geral) aqueles inimputáveis que, por virtude da anomalia psíquica e da natureza e gravidade do facto praticado, fundamentem o receio de que venham a cometer outros factos típicos graves.

Esta categoria — a de delinquentes anormais perigosos, mas semi-imputáveis — obtém um regime legal híbrido, em razão da dificuldade de escolha em concreto, do regime jurídico conveniente (Cód. Pen., arts. 103.º e segs.).

2. Delinquentes por tendência

Os delinquentes por tendência correspondem aos delinquentes de difícil correcção no Código Penal anterior, os quais se distinguiam em delinquentes habituais e delinquentes por tendência. O novo Código suprimiu a categoria anterior de delinquentes por tendência e deu essa designação aos que eram denominados «delinquentes habituais».

A característica particular dos delinquentes por tendência estará precisamente na sua perigosidade como atributo pessoal, isto é, na sua propensão ou tendência para o crime.

Tal propensão ou tendência deve revelar-se duradoura ou crónica.

Tem-se discutido se a propensão ou tendência para o crime exige uma determinada direcção, ou seja, se deve exteriorizar-se em crimes da mesma espécie. A correlação entre a propensão e a espécie do crime não assenta em bases inteiramente seguras, porquanto a primeira tem natureza psicológica e a segunda natureza jurídica. A direcção de uma tendência encontrar-se-á no motivo da acção, não no modo exterior da acção.

E, por isso, não pode dizer-se que seja essencial à propensão criminosa (estado de perigosidade) a sua exteriorização em crimes da mesma espécie.

Em todo o caso, essa característica pode ser indício relevante da propensão, pois que, se a mesma propensão criminosa pode exteriorizar-se em crimes de diferente espécie, certo é que crimes da mesma natureza revelam adequadamente uma propensão com determinada directriz.

A propensão para o crime não é uma anomalia psíquica e tem predominantemente a natureza de habitualidade psicológica; o modo de formação da perigosidade é menos congénito do que adquirido; no caso inverso estaremos eventualmente perante a categoria dos semi-imputáveis perigosos.

a) *Regime jurídico dos delinquentes por tendência*

A categoria dos delinquentes habituais e por tendência foi introduzida no direito português pela Reforma Prisional (Dec.-Lei n.º 26 643, de 1936).

No entanto, nessa primeira formulação, os delinquentes habituais e por tendência seriam sujeitos a medidas administrativas de segurança embora elas consistissem na continuidade do internamento prisional pela sua prorrogação limitada.

Pouco durou a natureza administrativa das medidas de prorrogação da pena aplicáveis a tais delinquentes. Com a criação, em 1944, dos Tribunais de Execução das Penas, foi inteiramente jurisdicionalizado o seu regime; pela reforma dn Código Penal de 1972, foi alterada também, moderadamente, a definição dos habituais.

O novo Código Penal tem a sua origem em legislação anterior, com algumas inovações que derivam especialmente da desconexão entre a noção legal da reincidência no novo Código e os pressupostos da tendência ou habitualidade.

De todo o modo, a definição legislativa dos actualmente denominados «delinquentes por tendência» consiste em indicar com rigor os pressupostos da verificação da «tendência» criminosa. Os pressupostos condicionam legalmente a possibilidade de ulterior averiguação da perigosidade criminal.

Reza assim o art. 83. do Código Penal de 1982:

«1. Se alguém praticar um crime doloso a que devesse aplicar-se, concretamente, prisão por mais de 2 anos, e tiver cometido anteriormente dois ou mais crimes dolosos a cada um dos quais tenha sido aplicada prisão, também por mais de 2 anos, será punido com uma pena relativamente indeterminada, sempre que a avaliação conjunta dos factos praticados e da personalidade do agente revele acentuada inclinação para o crime, que no momento da condenação ainda persista.»

O art. 84.º continua ou completa a definição nos seguintes termos:

«1. Se alguém praticar um crime doloso a que devesse aplicar-se concretamente prisão e tiver cometido anteriormente quatro crimes dolosos a cada um dos quais tenha sido também aplicada pena de prisão, será punido com uma pena relativamente indeterminada sempre que se verifiquem os restantes pressupostos fixados no artigo anterior.»

Poderia o legislador preferir um de três caminhos: ou ater-se a uma definição substancial de tendência ou habitualidade, como forma de perigosidade criminal, deixando ao tribunal o encargo de a reconhecer em concreto, e independentemente de quaisquer pressupostos que delimitem o seu arbítrio; ou indicar rigorosamente os factores e sintomas da tendência ou habitualidade criminosa, que constituiriam a sua prova legal (habitualidade *ope legis*); ou, finalmente, indicar pressupostos sem os quais se não pode proceder à declaração judicial de perigosidade, mas que não são por si bastantes para aquela declaração judicial, e antes implicam uma verificação complementar.

O primeiro critério conduz a um enorme arbítrio judicial; o segundo retira ao juiz toda a liberdade de apreciação; o terceiro situa-se entre os dois extremos.

O Código Penal de 1982 decidiu-se terminantemente pelo terceiro e último critério apontado (habitualidade *ope judicis*), tanto no art. 83.º como no art. 84.º Em ambos os artigos, cabe ao juiz proceder à «avaliação conjunta dos factos praticados e da personalidade do agente» para ver se essa avaliação revela «acentuada inclinação para o crime, que no momento da condenação ainda persista», mas não poderá proceder a essa avaliação se não se comprovarem ou estiverem comprovados:

— Ou a prática de um crime doloso a que deva aplicar-se prisão por mais de dois anos (antiga pena de prisão maior) e condenações anteriores por dois ou mais crimes dolosos, cada um dos quais punido com pena de prisão por mais de dois anos (antiga pena de prisão maior) — art. 83.º

— ou a perpetração de um crime doloso a que deva aplicar-se a pena de prisão, e a condenação anterior a penas de prisão por quatro crimes aos quais tenha sido aplicada também a pena de prisão — art. 84.º

O novo regime legal suprimiu a estreita ligação nos casos mais importantes (n.ᵒˢ 1.º e 2.º do § 1.º do art. 67.º do Código Penal de 1886 — redacção de 1972) entre a habitualidade e a reincidência, dando maior extensão à noção de delinquentes por tendência; essa maior extensão é, porém, compensada pela supressão da habitualidade *ope legis* que o anterior Código consagrava.

No regime actualmente vigente, parece que os crimes anteriores não exigem multiplicidade de condenações, equiparando-se à sucessão de condenações o concurso de crimes; mas só deve admitir-se, como pressuposto da delinquência por tendência, o concurso real de crimes, pois que a nova legislação pressupõe a «anterioridade» da prática dos crimes (que se não verifica em concurso ideal), e ainda porque não é a valoração jurídica plúrima de um facto que pode realmente ser factor e sintoma relevante da habitualidade ou tendência, mas a multiplicidade de factos criminosos.

Os *crimes* só podem ser crimes em sentido estrito, com exclusão, portanto, de contravenções ou contra-ordenações; e devem ter sido punidos com pena de prisão (ou prisão por mais de dois anos, ou simplesmente prisão). Pode surgir a dúvida quanto a crimes puníveis com multa, quando convertida em prisão; a interpretação devia conduzir também à sua exclusão se se tratasse de «conversão» da pena de multa, que sobreviesse na execução de pena de prisão. Mas, no sistema actual do Código Penal, a pena de prisão é sempre aplicada em alternativa com a pena de multa, e por isso poderá entender-se em sentido diverso daquele que a legislação anterior impunha.

Os crimes não carecem de ser da mesma natureza; por este modo se enfraquece o seu valor sintomático; mas também esse valor nunca é de considerar decisivo, impondo legalmente a declaração de perigosidade, e antes cabe à apreciação judicial, em todos os casos, encontrar todos os factores e sintomas complementares que permitam esse juízo de perigosidade.

Os crimes que constituem factores de perigosidade criminal

no art. 83.º podem ser, não apenas os cometidos e julgados em território nacional, mas também os «julgados em país estrangeiro, desde que constituam crimes a que devesse concretamente aplicar-se prisão por mais de dois anos segundo o direito português» (art. 83.º, n.º 4).

Esta disposição não está literalmente reproduzida quanto aos delinquentes por tendência previstos no art. 84.º e de menor gravidade. Pode parecer duvidosa a extensão da aplicação do n.º 4 do art. 83.º aos casos previstos nos arts. 84.º e 85.º, tanto mais que é um processo laborioso o de averiguar no processo em curso em tribunais portugueses, qual a pena que concretamente deveria ser aplicada em Portugal para, seguidamente, e se fosse prisão, incluir o crime julgado no estrangeiro entre os pressupostos da declaração de delinquência por tendência.

Em todo o caso, os trabalhos preparatórios do Código indicam claramente o contrário. A disposição correspondente ao n.º 4 do art. 83.º do Código Penal era o § 2.º do art. 96.º do Projecto primitivo, que a Comissão Revisora, para o estender precisamente ao art. 84.º, trasladou para o art. 83.º (art. 95.º do Projecto) [1].

Isso, parece, impõe-se ainda porque o art.º 84.º expressamente declarou que os demais pressupostos não indicados nesse artigo, mas constantes do artigo anterior, se aplicam aos dois graus de tendência criminosa que eles regulam, e por isso o n.º 4 do art. 83.º deve considerar-se repetido no art. 84.º O mesmo sucede com o art. 85.º, porque, formulando restrições quanto aos pressupostos que são os crimes anteriores, implica a aplicação das restantes disposições do art. 84.º

b) Os arts. 83.º, 84.º e 85.º do Código Penal

Os arts. 83.º e 84.º indicam dois graus sucessivos de importância ou gravidade da perigosidade criminal, já inferida da diferente gravidade dos pressupostos em cada um dos artigos.

---

[1] Vd. *Actas das Sessões da Comissão Revisora do Código Penal. Parte Geral*, II volume (sep. do *B.M.J.*), págs. 178 e 179.

Essa diferente gravidade traduz-se nos diferentes efeitos que são atribuídos à declaração de tendência criminosa.

Tanto no art. 83.º, como no art. 84.º, aquela declaração acarreta a aplicação da «pena relativamente indeterminada», que é a nova denominação dada à pena de segurança da anterior legislação. Mas os limites da pena relativamente indeterminada são mais restritos no art. 84.º e no art. 85.º do que no art. 83.º, em função da menor ou maior gravidade da perigosidade.

E, assim, o art. 83.º dispõe (n.º 2): «A pena relativamente indeterminada tem um mínimo correspondente a dois terços da pena de prisão que concretamente caberia ao crime e um máximo correspondente a esta pena acrescida de seis anos.»

E o art. 84.º (n.º 2): «A pena relativamente indeterminada tem um mínimo correspondente a dois terços da pena de prisão que concretamente caberia ao crime cometido e um máximo correspondente a esta pena, acrescida de quatro anos.»

Também o art. 85.º acrescenta uma terceira hipótese à delinquência por tendência, quando os crimes forem praticados antes de o delinquente ter completado os vinte e cinco anos de idade. Neste caso, o disposto no art. 84.º (e já não o disposto no art. 83.º) «só será aplicado se (o delinquente) tiver já sido anteriormente condenado por dois ou mais crimes e houver cumprido prisão num mínimo de seis meses». O limite máximo da pena relativamente indeterminada «resultará de um acréscimo de dois anos à prisão que concretamente caberia ao crime cometido» (n.º 2 do art. 85.º).

Finalmente, o valor do crime cometido como factor e sintoma de perigosidade perde a sua relevância jurídica quando, entre a sua prática e a do crime seguinte, tenham decorrido mais de cinco anos, não se tomando porém em conta o período que corresponde ao cumprimento da pena aplicada (art. 83.º, n.º 3); disposição esta que é igualmente aplicável à hipótese de perigosidade menos grave prevista no art. 84.º e no art. 85.º.

Além das duas hipóteses de diferente gravidade da perigosidade por tendência às quais se referem, respectivamente, os arts. 83.º e 84.º, prevê o art. 85.º a delinquência por tendência ou habitual dos jovens, de idade inferior a vinte e cinco anos, e estabelece que, quando essa perigosidade seja a que a lei considera menos grave (no art.º 84.º), serão aligeirados os pressupostos da perigosidade definida nesse art. 84.º bem como os seus efeitos.

E, assim, basta como pressuposto da declaração judicial de perigosidade por tendência que o delinquente juvenil tenha já praticado dois ou mais crimes (e não, como no art. 84.º, quatro crimes), e tenha cumprido pelo menos seis meses de prisão (enquanto no art. 84. não se exige qualquer cumprimento das penas de prisão aplicadas). Os demais pressupostos do art. 83.º são aplicáveis, pois que o art. 85.º só indica as restrições ao conteúdo dos diferentes números dos arts. 83.º e 84.º: o limite máximo de prorrogação da pena será de dois anos e o prazo de caducidade dos pressupostos que são os crimes anteriores é de três anos (art. 85.º, n.os 2 e 3).

c) Natureza da pena relativamente indeterminada

Indicámos nas páginas precedentes os efeitos jurídicos da delinquência por tendência, consoante vêm descritos nos arts. 83.º, 84.º e 85.º, e que são englobados na aplicação da pena relativamente indeterminada. Convém no entanto explicar a natureza da pena relativamente indeterminada, que é similar à natureza da pena de segurança, como era usualmente denominada no domínio da anterior legislação.

Os delinquentes por tendência ou habituais são delinquentes imputáveis. Por isso, são responsáveis pelo crime ou crimes efectivamente cometidos, e correspondentemente punidos. A pena aplicável ao crime é agravada no seu mínimo, que será de dois terços da pena (art. 83.º, n.º 2; art. 84.º, n.º 2); não se verifica esta agravação quanto aos jovens delinquentes por tendência (art. 85.º, n.º 2: O limite máximo da pena relativamente indeterminado será então de mais dois anos, acrescidos à prisão que concretamente caiba ao crime cometido).

Tal agravação corresponde à maior culpabilidade no crime praticado, que deriva de verificação de culpa na formação da personalidade, a qual acresce à culpa no facto.

A prorrogação da pena é que tem o seu fundamento directamente na perigosidade; a sua natureza é, por isso, verdadeiramente, a de medida de segurança.

Assim, grande parte da doutrina, reconhecendo a distinção, propõe que a medida de segurança se realize mediante a prorrogação da pena. Era assim no domínio da legislação anterior e é assim nos termos do novo Código Penal.

E, na verdade, no regime da pena indeterminada, a prorrogação da pena aplicada ao crime, não se inicia sem nova apreciação judicial sobre se ainda se mantém o estado de perigosidade.

Continua em vigor o Dec.-Lei n.º 402/82, em razão do qual a prorrogação da pena aplicada ao crime não se inicia sem que aprecie o Tribunal de Execução das Penas a possibilidade de imediata concessão de liberdade condicional (cit. Dec.-Lei, arts. 20.º e 21.º; *vide* também o art. 22.º do Dec-Lei n.º 783/76) [1].

---

[1] É preciso fazer notar que os dados legislativos a este respeito não são claros — sem que, todavia, possa ser posto em causa o acerto da indicação feita no texto (a exigência de que haja nova apreciação judicial, antes de se iniciar a prorrogação da pena fundada na perigosidade). Trata-se do seguinte: o Dec.-Lei n.º 78/87, de 17 de Fevereiro (que aprova o novo Código de Processo Penal), entrado em vigor, por virtude da Lei n.º 17/87, de 1 de Junho, a 1 de Janeiro de 1988, fez regressar ao âmbito do Código de Processo Penal a matéria das execuções (Livro X, arts. 467.º e segs.), depois da interrupção que, a este respeito constituiu a revogação, pelo citado Dec./Lei n.º 402/82, de 23 de Setembro, dos arts. 625.º a 645.º do anterior Código de Processo Penal. Este facto, como já foi notado (cf. Maia Gonçalves, *Código de Processo Penal Anotado*, Coimbra, 1987, pág. 528), podia levar a crer que o Dec.-Lei n.º 402/82, «diploma destinado a viabilizar a entrada em vigor do Código Penal de 1982» e que nesse sentido «revogara todas as disposições do Código de Processo Penal de 1929» (disposições que, *rectius*, provinham, na redacção então em vigor, da Reforma operada no Código de Processo Penal em 1972) «relativamente a execuções», para as substituir «por um conjunto de disposições adaptadas à nova Filosofia da Lei substantantiva», que esse dec.-lei, dizíamos, vira as suas soluções serem absorvidas pelo novo Código de Processo Penal, perdendo portanto a sua razão de ser e devendo achar-se, em conformidade e na medida da identidade das matérias em causa, revogado. Nesse sentido milita a observação, também encontrada em Maia Gonçalves *(op. cit., ibidem)*, de que as mencionadas disposições do Dec.--Lei n.º 402/82 «se encontravam relativamente actualizadas e só eram passíveis de uma revisão tendo em vista colmatar alguma omissão entretanto revelada ou aperfeiçoar qualquer preceito que disso se revelasse carecido».

Se assim fosse, em suma, as remissões para a legislação que no texto se fazem deviam ser não para o Dec.-Lei n.º 402/82, mas para o novo Código de Processo Penal, arts. 467.º e seguintes. Mas não: essas remissões estão certas, porque o

O delinquente por tendência é punido pelo crime que cometeu com agravação da pena que consiste na elevação do mínimo da pena a dois terços da penalidade aplicável ao crime (arts. 83.º e 84.º); tal agravação não se verifica nos casos do art. 85.º

A pena assim determinada torna-se indeterminada, enquanto prorrogável até ao máximo de mais seis anos (art. 83.º), quatro anos (art. 84.º) ou dois anos (art. 85.º).

Inclinou-se o legislador para sistema similar ao da legislação anterior: não há que distinguir a execução da pena e da medida de segurança, ainda que a prorrogação da pena seja somente justificada pela habitualidade criminosa, como atributo da personalidade do delinquente.

---

novo Código, se conseguiu incluir a matéria das execuções, não o conseguiu fazer pelo modo completo como o seu regime resulta do Dec.-Lei n.º 402/82 (coordenado com o Dec.-Lei n.º 783/76, sobre os Tribunais de Execução das Penas), de maneira a poder dispensá-lo mormente no que respeita às soluções emanadas dos seus arts. 20.º e 21.º Várias razões se podem apontar neste sentido:

a) Em primeiro lugar, o modo como a execução da pena relativamente indeterminada aparece referida pelo novo Cód. Proc. Pen. é muito menos claro e preciso do que aquele que consta do Dec.-Lei n.º 402/82. O esquema de que neste último se faz aplicação é o seguinte (II Parte do diploma, arts. 5.º e segs.);

Título I — Disposições gerais (arts. 5.º a 12.º)
Título II — Da execução de prisão:
    Capítulo I — Da execução da prisão determinada (arts. 13.º a 17.º)
    Capítulo II — Da execução da prisão relativamente indeterminada (arts. 18.º a 21.º)
    Capítulo III — Da execução da prisão por dias livres e em regime de semidetenção (arts. 22.º e 23.º)
Título III — Da execução das penas não privativas de liberdade:
    Capítulo I — Da execução da pena de multa (arts. 24.º a 27.º)
    Capítulo II — Da execução no caso da suspensão da pena (arts. 28.º a 30.º)
    Capítulo III — Da execução do regime de prova (arts. 31.º a 37.º)
    Capítulo IV — Da execução da prestação de trabalho a favor da comunidade (arts. 38.º e 39.º)
Título IV — Da execução das penas acessórias (art. 40.º)
Título V — Da execução das medidas de segurança (arts. 41.º a 47.º)
Título VI — Da execução de bens (arts. 48.º a 50.º)

3. Delinquentes alcoólicos e equiparados (drogados)

Quanto aos delinquentes imputáveis que se demonstre serem perigosos, o Código Penal indica-os sob a epígrafe do Título V do Livro I — Da pena relativamente indeterminada. Usa da indicação do efeito para aglomerar aqueles que considera delinquentes imputáveis perigosos.

Neste contexto é fácil de achar a regulamentação aplicável ao ponto que aqui nos interessa: está em causa o capítulo II do título II, indicando desde logo o art. 18.º que o regime da execução da pena relativamente indeterminada é o da execução da prisão determinada ressalvadas as especialidades constantes deste capítulo e que é função dos arts. 19.º, 20.º e 21.º enumerar.

Outro é o sistema resultante do novo Código de Processo Penal. De tal modo diverso que se vem a verificar a possibilidade de se ter deixado escapar, nas suas malhas, as soluções da regulamentação até então estabelecida. Fixemo-nos no título II do seu livro X: trata ele «da execução da pena de prisão», deixando, como anteriormente, as penas não privativas de liberdade, as medidas de segurança e a execução de bens para objecto dos títulos seguintes; é esta a sua sistematização:

Capítulo I — Da prisão
Capítulo II — Da liberdade condicional
Capítulo III — Da execução da prisão por dias livres e em regime de semi-detenção

A execução da pena de prisão relativamente indeterminada perdeu, portanto, autonomia formal. As referências que lhe são feitas — e que constituiriam, a não ser aceite a posição, pressuposta no texto, de que o Dec.-Lei n.º 402/82 não deixou de vigorar, o «novo» regime executivo da pena relativamente indeterminada — acham-se nos arts. 479.º e 480.º, n.º 2, dentro do capítulo relativo à liberdade condicional.

Eis por que se tornou menos claro o regime a que nos referimos. Sem estar em causa a menção, constante do texto e que só o confirma, de que há obrigatoriamente lugar a nova apreciação judicial antes de se dar a prorrogação da pena, o que resulta é que, enquanto esse aspecto é regulado no Dec.-Lei n.º 402/82 pela positiva — dizendo o que então se fará, e sob que requisitos —, o seu tratamento pelo novo Código de Processo Penal é feito negativamente. Trata-se, aqui, de apreciar a concessão ou não de liberdade condicional; é neste processo que se diz que o juiz apreciará a hipótese de a pena ser relativamente indeterminada (cf. os citados arts. 479.º e 480.º). E nada mais. Sem o confronto com as disposições pertinentes do Dec.-Lei n.º 402/82, coordenado, como deve ser, com o diploma, também especial, sobre os Tribunais de Execução das Penas (o já citado Dec.-

Para além dos delinquentes por tendência, são também para a lei delinquentes imputáveis perigosos, os «alcoólicos e equiparados» (arts. 86.º a 88.º).

Reza assim o art. 86.º, n.º 1:

«Se um alcoólico habitual ou com tendência para abusar de bebidas alcoólicas praticar um crime a que devesse aplicar-se concretamente prisão, será punido com uma pena relativamente indeterminada, sempre que o crime tenha sido praticado em estado de embriaguez ou esteja relacionado com o alcoolismo ou a tendência do agente.»

-Lei n.º 783/76, não é clara ou suficiente a indicação do regime de que aqui se trata. Essas disposições surgem, portanto, como complementares. E nesse sentido, naturalmente, mantêm-se em vigor.

b) Outros argumentos ainda se podem apontar a favor da interpretação aqui propugnada. Um deles, de carácter formal, resulta da norma revogatória inserta no Dec.-Lei n.º 78/87, que aprovou o novo Código de Processo Penal. No n.º 2 do art. 2.º desse diploma diz-se que são revogadas as disposições legais que contenham normas processuais penais em oposição com as previstas no novo Código, juntando-se a essa indicação genérica uma lista de alguns dos diplomas atingidos. Ora, apesar de esta lista ser meramente exemplificativa, não deixa de ser significativo que dela não conste um diploma com a importância do Dec.--Lei n.º 402/82 (se fosse intenção do legislador revogá-lo), quando nela se incluem os diplomas portadores das principais inovações introduzidas no nosso processo penal a título de legislação extravagante, desde 1945.

c) Finalmente, pode ainda invocar-se o art. 18.º do Novo Código de Processo Penal. Segundo ele, «a competência do Tribunal de Execução das Penas é regulada em lei especial». Esta lei é, além da Lei Orgânica dos Tribunais Judiciais, o já referido Dec.-Lei n.º 783/76, alterado, como hoje está, pelos Decs.--Leis n.ᵒˢ 222/77, 204/78 e o nosso conhecido 402/82. Tal indicação, juntamente com a circunstância, já mencionada, de a própria interpretação e aplicação do Dec.-Lei n.º 402/82 se dever fazer de modo coordenado com o Dec.-Lei n.º 783/76, designadamente no que ao nosso ponto respeita, por estar em causa um problema específico de competência dos tribunais da execução das penas, faz com que se deva ter por confirmado que o novo Código de Processo Penal não só não dispensa o Dec.-Lei n.º 402/82, como dele necessita para que se obtenha a completa regulamentação das execuções das penas. Como acontece com a pena relativamente indeterminada, através dos arts. 20.º e 21.º do Dec.-Lei n.º 402/82.

«O que fica disposto para os alcoólicos é aplicável, com as devidas adaptações, aos delinquentes que abusem de estupefacientes», isto é, aos drogados (Código Penal, art. 88.º).

A perigosidade destes delinquentes é perigosidade de imputáveis, e consiste na inclinação ou tendência para abusar de álcool ou estupefacientes, que seja fundamento de tendência ou inclinação para o crime.

São pressupostos da aplicação do regime de pena indeterminada a habitualidade ou tendência para aquele abuso e ainda a prática de um crime a que devesse aplicar-se pena de prisão; é, na verdade, a pena aplicada ao crime que de determinada passa a pena indeterminada.

Este segundo pressuposto limita o campo de aplicação do regime da pena indeterminada, porque a reserva para imputáveis.

Os alcoólicos e drogados só podem cometer um crime, se forem imputáveis; se se tratar de inimputáveis, só poderão ser objecto de medidas de assistência, não jurisdicionais na sua aplicação, que não de medidas de segurança. A isso obsta, ao que parece, a destrinça que não é total, para efeito de aplicação da pena indeterminada e de medidas de segurança, entre perigosos imputáveis e perigosos inimputáveis.

E, na verdade, se, nos termos da lei, o alcoólico for um inimputável no momento da perpetração do crime, não será punido com pena determinada ou indeterminada, porque não terá cometido um «crime» mas um «acto criminalmente ilícito» (*vide* art. 282.º); em tal caso será punido pelo crime de embriaguez, quando a embriaguez seja voluntária.

A razão do sistema legal está em que, como já anotámos, a imputabilidade tem de verificar-se no momento da prática do crime, não se tendo recebido o princípio das *actiones liberae in causa* (*Lições de Direito Penal. I*, págs. 191 e segs.).

Em consequência são inimputáveis os ébrios que se tenham embriagado involuntariamente; e o crime de embriaguez consistirá na ingestão voluntária de bebidas alcoólicas, ainda que condicionada a sua punição pela perpetração de um «acto criminalmente ilícito», isto é, um facto objectivamente ilícito, mas não culpável.

Os ébrios são inimputáveis relativamente ao crime que cometeram no estado de embriaguez completa, a não ser que a embriaguez tenha sido provocada pelo próprio agente com a intenção de cometer o crime (Código Penal, art. 20.º, n.ᵒˢ 1 e 4).

Ora, os alcoólicos e equiparados só são de considerar perigosos imputáveis se tiverem cometido um crime pelo qual sejam punidos.

É mesmo a pena desse crime que se torna pena indeterminada, nos seguintes termos: a pena relativamente indeterminada tem um mínimo correspondente a metade da pena de prisão que tiver sido aplicada ao crime, e um máximo correspondente a esta pena, acrescida de dois anos na primeira condenação e de quatro anos nas restantes (Código Penal, art. 86.º, n.º 3). Não se considera pena de prisão o regime de suspensão da pena e de prova (cit. art., n.º 2). A prorrogação da pena aplicada tem a natureza de medida de segurança, e a finalidade especialmente curativa do vício da embriaguez.

4. Os delinquentes associais

A categoria dos delinquentes associais tem longa história legislativa no direito português. Os delinquentes associais (vadios) eram previstos nas *Ordenações*[1] e também o eram no Código Penal de 1886, na sua redacção primitiva[2]. A lei de 20 de Julho de 1912 (lei da repressão da mendicidade e vadiagem)[3] alargou a noção de *vadios*, equiparando-lhe, além dos mendigos, outras categorias.

---

[1] Não só nas *Ordenações Filipinas* (Livro V, Título LXVIII), mas já antes, nas *Ordenações Manuelinas* (Livro V, Título LXXII), numa regulamentação que as primeiras se limitaram a ampliar. Na edição fac-símile recentemente reproduzida pela Fundação Calouste Gulbenkian — e que é aquela que se publicou no Brasil em 1870, por iniciativa de Cândido Mendes de Almeida — pode ver-se uma lista das «providências» que «sobre esta classe de réos» se tomaram em Portugal nos séculos XVII, XVIII e XIX [*Ordenações Filipinas*, Livro e Título cits. (pág. 1216), nota 1].

[2] Como já o eram anteriormente, pelo Código Penal de 1852, em artigos de igual numeração: 256.º e segs. Não foram portanto as reformas de 1867 e de 1884 — esta última a dar lugar à nova compilação oficial do Código, em 1886 — que viriam a modificar o regime vigente nesta matéria. Como se dirá, isso só viria a suceder posteriormente.

[3] Sobre ela, *vide* M. Cavaleiro de Ferreira, *A Personalidade do Delinquente...* cit., págs. 136 e segs. e, depois, em síntese, *Direito Penal Português* cit., II, págs. 273 e 274.

PENAS E MEDIDAS DE SEGURANÇA

A ordem jurídica tem reagido à associalidade ora com medidas penais, ora com medidas de segurança, consoante acentua o aspecto de ofensa da lei ou toma em consideração a forma de vida do associal, em si criminógena, e se presume assentar numa deficiente adaptação à organização social. Qualidades negativas de temperamento e vontade, predominantemente a falta de energia ou vontade abúlica, a repulsa pelo trabalho, criam certas formas de vida de carácter parasitário, que desde sempre vêm impondo medidas de prevenção.

O aparente rigor da distinção que o Código Penal de 1982 estabeleceu ao aplicar, aos perigosos imputáveis, penas, e aos inimputáveis, medidas de segurança, gerou como consequência uma regulamentação breve e muito restrita do combate às várias formas de parasitismo social.

A legislação anterior teve a sua fonte próxima no direito francês. A lei da vadiagem (1912), remodelada, foi incluída no Código Penal de 1886 [1] — art. 71.º, e continha nove tipos de associais que podiam ser sujeitos a uma medida de segurança de internamento em casa de trabalho ou colónia agrícola, por período indeterminado de três meses a três anos (art. 70.º) ou, em casos mais leves, caução de boa conduta ou liberdade vigiada.

O novo Código Penal transformou a forma de vida denunciadora de associalidade em crime, previsto e punido pelos arts. 282.º a 284.º (crime praticado em estado de embriaguez, fornecimento de bebidas alcoólicas a embriagado ou a ébrio habitual e utilização de menores na exploração da mendicidade).

Não era assim no Projecto primitivo do Código. Do art. 94.º do Projecto constava: «Se alguém for condenado por um crime

---

[1] Sobre essa evolução legislativa, em que são de ter em conta, além da reforma Prisional (Dec.-Lei n.º 26 643, de 28 de Maio de 1936) e do Dec.-Lei n.º 35 042, de 20 de Outubro de 1945 (que procedeu à mencionada inclusão no Código das soluções a que o texto se refere), a legislação que foi actualizando e completando este último diploma (com destaque para as redacções de 1954 e 1972, respectivamente operadas pelo Dec.-Lei n.º 39 688, de 5 de Junho, e pelo Dec.-Lei n.º 184/72, de 31 de Maio), vide as referências de M. Cavaleiro de Ferreira, ult. *op. cit.*, II, págs. 274 a 277, e as notas aos arts. 71.º e 256.º do Cód. Pen. anterior, por M. Maia Gonçalves, *Código Penal Português*, 5.ª ed., Coimbra, 1980, resp. a págs. 202 e segs. e 449 e segs.

contra o património e, bem assim, por vadiagem, mendicidade, actos contra a natureza, prostituição, associação de malfeitores, receptação a que corresponda pena de prisão, não sendo de lhe aplicar o instituto da sentença condicional, nem o regime de prova, e se se mostrar que o crime resulta de uma vida refractária ao trabalho ou de uma vida desordenada e instável, ser-lhe-á aplicada uma pena de duração indeterminada com um mínimo correspondente a dois terços da prisão determinada, que lhe caberia pelo seu crime ou crimes, e um máximo correspondente a esta pena acrescida de mais dois anos, na primeira, e quatro anos, na segunda condenação.» E o § 1.º: «A execução desta pena deverá ter lugar em colónia agrícola ou casa de trabalho e, na medida do possível, ser orientada prevalentemente no sentido de cada condenado aperfeiçoar ou fazer a aprendizagem de um mister ou ofício de harmonia com as suas aptidões e capaz de lhe permitir ganhar a vida após a libertação.» (*B.M.J.* n.º 127, págs 118-119.)

O Projecto aceitava um alargamento legislativo da associalidade, e sujeitava-a ao regime dos delinquentes perigosos puníveis com pena indeterminada, equiparando ao próprio facto criminoso, a vadiagem, mendicidade, etc.

Não houve alteração substancial proposta ou votada pela 1.ª Comissão Revisora. No entanto, qualquer ulterior revisão, considerando que a aplicação de uma pena pressupunha necessariamente a perpetração de um crime, suprimiu as formas de vida associal e puniu apenas factos criminosos, que considerou reveladores de associalidade (arts. 282.º a 284.º) [1].

---

[1] Note-se que esta referência em nada é prejudicada pelo facto de as mencionadas incriminações constarem já do Projecto Primitivo, também devido a Eduardo Correia, relativo à Parte Especial (arts. 330.º e segs.); — *vide* a respectiva discussão nas *Actas das Sessões da Comissão Revisora do Código Penal. Parte Especial*, ed. do Ministério da Justiça em 1979, págs. 320 e segs. Isto porque aquilo de que no texto se trata não é, isoladamente, da existência ou não dessas incriminações, mas, sistematicamente, da sua suficiência para efeitos de tutela legal do problema da associalidade. E é em relação a este aspecto que se não encontram explicações, nos infelizmente poucos trabalhos preparatórios divulgados para a supressão efectuada no que diz respeito à localização da questão na Parte Geral, motivo pelo qual sai reforçado o sentido da síntese justificativa a que no texto se procede.

O regime de pena indeterminada não tem assim aplicação, e as formas de vida geradoras e reveladoras de anti-socialidade, como pressuposto de uma medida de segurança não são no Código Penal admitidas, seguindo a lógica adoptada, isto é, rejeitando a aplicação de medidas de segurança a qualquer delinquente imputável.

Esta simplificação faz-se, porém, à custa da incriminação de formas de vida associal, como se fossem factos criminosos, ocultando em grande parte o verdadeiro fundamento da medida aplicável.

5. Delinquentes anormais perigosos

A legislação revogada, oriunda da Reforma Prisional de 1936, incluía entre os delinquentes perigosos os que, não sendo plenamente imputáveis, fossem semi-imputáveis em razão de maior ou menor anomalia mental.

A pena pelo crime cometido não seria agravada, e antes atenuada em razão da semi-imputabilidade, mas poderia ser prorrogada por dois períodos sucessivos de três anos, e seria cumprida em estabelecimento prisional denominado «prisão-asilo» (Código Penal de 1886, nova redacção do art. 68.º).

A solução era como que um compromisso entre a pena repressiva, correspondente a menor culpabilidade do delinquente, e uma medida de segurança, de pendor curativo. A junção destas duas coordenadas far-se-ia, do ponto de vista penitenciário, mediante a execução da pena em um estabelecimento prisional que tivesse em grande conta a melhoria ou cura da anomalia mental.

Foram poucos os estabelecimentos deste género — prisão-asilo — que se construíram na Europa, e não foi decisiva a sua pequena experiência para avaliar dos seus resultados. Em Portugal, embora prevista a construção de uma prisão-asilo, ela não chegou a concretizar-se. O problema permaneceu, pois, em aberto.

Esta anotação é bem ilustrada pelo seguinte: nas referidas *Actas* da Parte Especial compiladas em 1979, é o próprio Autor do Anteprojecto que ainda indica a relação entre as incriminações citadas e o regime geral da pena indeterminada (*loc. cit.*, pág. 323) e nada resulta, da discussão aí reportada, relativamente à alteração que haveria de constituir a efectiva solução do Código, em 1982.

Poderá, na verdade, haver doenças mentais que apenas perturbem ou diminuam as faculdades mentais, a capacidade de entender e querer; nelas se incluiriam as psicopatias ou, como se expressa o Código Penal brasileiro, o desenvolvimento mental incompleto e retardado [1].

O novo Código Penal reconhece igualmente que há anomalias mentais que não excluem a imputabilidade e apenas a enfraquecem ou diminuem, mas que constituem causa de perigosidade criminal. Mas dada a dificuldade em obter uma solução unitária, submeteu os delinquentes anormais imputáveis a um duplo regime jurídico em alternativa.

O delinquente semi-imputável que seja, em razão da sua anomalia mental, perigoso, pode ser sujeito ao regime dos delinquentes imputáveis perigosos, mediante a aplicação da pena relativamente indeterminada, verificando-se os pressupostos para declaração judicial dos delinquentes por tendência, ou pode, sendo embora semi-imputável, ser tratado como se fosse inimputável e sujeito a internamento em estabelecimento psiquiátrico pelo tempo de duração da pena.

Efectivamente, o n.º 2 do art. 20.º do Código Penal permite que seja declarado inimputável o delinquente anormal em que se verifica ainda a semi-imputabilidade.

E, assim, é entregue à prudência dos tribunais a escolha, no caso concreto, do regime mais conveniente.

Na verdade, o art. 103.º prevê igualmente os dois regimes: «Quando o delinquente não for declarado inimputável, mas se mostrar que, por virtude da anomalia psíquica de que sofre, o regime dos

---

[1] É do seguinte teor o corpo do art. 26.º do Código Penal brasileiro (que é de 1940, tendo este artigo redacção determinada pela Lei n.º 7209, de 11 de Julho de 1984); «É isento de pena o agente que, por doença mental ou desenvolvimento mental incompleto ou retardado, era, ao tempo da acção ou da omissão, inteiramente incapaz de entender o carácter ilícito do facto ou de determinar-se de acordo com esse entendimento.» Acrescentando o seu parágrafo único: «A pena pode ser reduzida de um a dois terços, se o agente, em virtude de perturbação de saúde mental ou por desenvolvimento mental incompleto ou retardado não era inteiramente capaz de entender o carácter ilícito do facto ou de determinar-se de acordo com esse entendimento.»

estabelecimentos comuns lhe é prejudicial, ou que ele perturba seriamente esse regime, pode o tribunal ordenar o seu internamento em estabelecimento destinado a inimputáveis, por tempo correspondente à duração da pena.»

6. Direito Penal de Menores

Do ponto de vista penal, a distinção básica é entre menores imputáveis e menores inimputáveis. É quanto aos primeiros que importa assinalar as regras especiais que o Código Penal contém.

Os menores imputáveis são os menores que tenham completado 16 anos (Cód. Penal, art. 19.º).

A maioridade tem lugar, actualmente, aos 18 anos. Mas, para aplicação do direito penal, o art. 9.º do Código Penal ressalva a legislação especial que tenha sido ou venha a ser promulgada.

Diz ela respeito particularmente à execução das penas, que devem ter uma finalidade essencialmente educativa. Para o efeito foi criado estabelecimento prisional adequado: a prisão-escola (Leiria)[1].

Do Código Penal constam restrições aos pressupostos e regime jurídico da delinquência por tendência quando os delinquentes sejam menores de 25 anos, que já anotámos (Cód. Penal, art. 85.º).

O dec.-lei que aprovou o Código Penal, no seu art. 6.º, determina a revogação do Código Penal anterior (de 1886) e de todas as disposições legais que prevêem e punem crimes, indicando depois exemplificativamente disposições legais revogadas.

A possível dúvida que suscita esse artigo é sobre o alcance da revogação do Código Penal anterior, isto é, sobre se a revogação é relativa a todas as disposições em bloco do Código de 1886 ou às que se reportem à previsão e punição de crimes. Inclinamo-nos para entender a revogação como não abrangendo disposições do anterior

---

[1] Sobre a Prisão-Escola de Leiria (onde os primeiros cinquenta reclusos foram recebidos em 7 de Abril de 1947), *vide* por ex. Eliana Gersão, *Tratamento Criminal de Jovens Delinquentes*, Coimbra, 1968, págs. 71 e segs. Em geral, sobre o regime da prisão-escola, M. Cavaleiro de Ferreira, *Direito Penal Português*, cit., II, págs. 281 e segs.

Código que digam respeito, por exemplo, à execução das penas, da qual o novo Código Penal não trata. E, sendo assim, a especialidade da execução de penas relativamente a menores continuará a reger-se naturalmente por legislação anterior e por nova legislação especial.

E por isso o limite para aplicação do regime especial para menores se situa nos 21 anos, quando a maioridade legal se obteve aos 18 anos.

E, sendo assim, estão em princípio ainda em vigor, com alterações ulteriores, as disposições já não apenas da legislação sobre Serviços Jurisdicionais de menores, que a menores inimputáveis respeite, como, quanto aos imputáveis, da legislação anterior completada ou modificada pelos Decs.-Leis n.º 401/82, de 23 de Setembro, e n.º 90/83, de 16 de Fevereiro.

7. Dementes criminalmente perigosos (Código Penal, art. 91.º)

Dispõe o art. 91.º do Código Penal:

«1. Quando um facto descrito num tipo legal de crime for praticado por indivíduo inimputável nos termos do art. 20.º, será este mandado internar pelo tribunal em estabelecimento de cura, tratamento ou segurança, sempre que, por virtude da anomalia psíquica e da natureza e gravidade do facto praticado, houver fundado receio de que venha a cometer outros factos típicos graves.»

«2. Quando o facto praticado pelo inimputável consiste em homicídio ou ofensas corporais graves, ou em outros actos de violência puníveis com pena («prisão») superior a três anos e existam razões para recear a prática de outros factos da mesma natureza e gravidade, o internamento terá a duração mínima de três anos.»

Os inimputáveis, em razão de anomalia mental, são necessariamente irresponsáveis do ponto de vista penal.

Toda a anomalia mental acarreta o perigo de desordem no comportamento daquele que a sofre.
Mas não são todos os dementes de considerar criminalmente perigosos.

Deve tratar-se de dementes que, em razão da doença mental, sejam propensos a grave criminalidade agressiva contra as pessoas, quando esta propensão se tenha já revelado em um facto grave.

Se a gravidade do facto consistir em homicídio ou ofensas corporais graves ou outros factos puníveis com pena superior a três anos de prisão, e se verificar o receio de ulterior comportamento agressivo, o internamento terá a duração mínima de três anos. O internamento tem por conteúdo o tratamento, melhoria ou cura da doença mental e cessa quando obtido esse resultado; só em casos extremamente graves, e que o n.º 2 do art. 91.º indica, pode a lei sobrepor-se à decisão médica, e impor, por cautela, um internamento não inferior a três anos, visto tratar-se de tendência para grave violência.

No entanto, todo o demente tem direito a assistência psiquiátrica e, se necessário, a internamento em hospital psiquiátrico, tratando-se de uma medida de assistência. O internamento, porém, em regime fechado, como é o internamento de dementes criminalmente perigosos, carece de decisão judicial, tanto para o seu início, como para o seu termo.

O internamento em manicómio, e em regime fechado, que caracteriza o internamento de dementes criminalmente perigosos, sendo uma medida de segurança, é, contudo, uma medida assistencial que se esgota no tratamento médico dos internados. A única particularidade é que só pode ser imposto judicialmente e só cessa mediante decisão judicial, naturalmente baseada nas informações médicas sobre a cessação ou minoração da tendência para a prática de crimes graves, sobretudo de natureza agressiva.

A fonte do art. 91.º do Código Penal foi o art. 68.º do Código Penal de 1886 [1].

---

[1] E, neste, a redacção vigente em 1982 fora introduzida, quanto ao corpo do artigo, pelo Dec.-Lei n.º 184/72, de 31 de Maio, e quanto ao seu § único, pelo Dec.-Lei n.º 39 688, de 5 de Junho de 1954.

Novo é o art. 92.º, no seu n.º 2, que reza assim:

«O primeiro internamento de um inimputável não pode, porém, exceder em mais de quatro anos o limite máximo da pena correspondente ao tipo de crime praticado pelo inimputável, excepto se o perigo de novos crimes contra pessoas for de tal modo grave que desaconselhe o risco da sua libertação.»

Não é, porém, o preceito inteiramente claro: a cessação do internamento fechado não implica a cessação do internamento psiquiátrico, quando conveniente do ponto de vista do seu tratamento. Cessa somente a imposição judicial, mantendo-se a obrigatoriedade de assistência psiquiátrica.

A Base XIX da Lei n.º 2006 estabeleceu que o próprio internamento assistencial em asilo (regime fechado) para anormais perigosos ou anti-sociais carece sempre, se se não verificarem rigorosamente os pressupostos da aplicação de medida de segurança, de confirmação judicial (*Direito Penal Português* cit., II, pág. 278).

A medida de internamento manicomial pode ser substituída, quanto a estrangeiros, pela sua expulsão do território nacional (Cód. Penal art. 96.º). Não se compreende inteiramente que, em relação a estrangeiros residentes legitimamente em Portugal e que gozam de todos os direitos civis, se suprima o direito à assistência médica, como se não compreenderia que um português louco residente no estrangeiro visse fundamentada a sua expulsão por estar doente. A expulsão não é verdadeiramente uma medida de segurança, mas uma pena que só deverá ser aplicável a delinquentes imputáveis.

8. Interdição de profissões (Código Penal, arts. 97.º e 98.º)

O Projecto primitivo do Código Penal não continha qualquer título sobre medidas de segurança, correspondente ao actual Título VI do Livro I. Este novo título, introduzido na redacção de projectos ulteriores à 1.ª revisão, compreende quatro capítulos, sendo o primeiro sobre internamento de inimputátveis de que tratámos no número anterior, e o segundo sobre interdição de profissões (Cód. Penal arts. 97.º e 98.º).

O n.º 1 do art. 97.º dispõe:

«Aquele que for condenado por crime cometido com grave violação dos deveres inerentes à profissão, comércio ou indústria que exerce, ou dele for absolvido, só por falta de imputabilidade, pode ser interdito do exercício da respectiva actividade por período de um a cinco anos quando, em face do acto praticado e da personalidade do agente, haja fundado receio de este vir a praticar outros crimes que ponham em perigo, directa ou indirectamente, certas pessoas ou a colectividade.»

A redacção do artigo é bastante imperfeita e, também a sua localização inadequada.

O artigo faz derivar a interdição da profissão de se comprovar quanto ao agente «o receio de este vir a praticar novos crimes que ponham em perigo, directa ou indirectamente, certas pessoas ou a colectividade», desde que se verifique o pressuposto da condenação (ou absolvição por falta de imputabilidade) por um crime cometido com grave violação de deveres profissionais.

Supõe, assim, como pressuposto, a condenação por um crime, ou a absolvição por falta de imputabilidade, quando fundamentalmente se exige o receio da prática de outros crimes que, obviamente, o inimputável, enquanto o for, não poderá cometer.

Por isso parece que a disposição legal está deslocada e melhor se encontraria entre as penas acessórias (Capítulo II do Título III do Livro I), em que logo no art. 65.º se proclama que «nenhuma pena envolve, como efeito necessário, a perda de direitos civis, profissionais ou políticos», exigindo-se por isso necessariamente uma decisão judicial, quando a lei a autorize.

Assim é, quanto à interdição de profissões, como pena acessória de uma condenação.

O n.º 1 do art. 97.º, porém, parece também permitir a interdição da profissão a «inimputáveis», e só nesse caso se poderá considerar medida de segurança.

Duas razões, uma de fundo e outra resultante da formulação do preceito, parecem tornar inaplicável essa medida de segurança.

Na verdade, quando o agente seja imputável, a pretensa medida de segurança é simplesmente uma pena acessória.

E quando o agente seja inimputável, nunca pode verificar-se o receio de praticar outros crimes — vagamente delimitados, por porem em perigo «directa ou indirectamente, certas pessoas ou a colectividade».

O Código Penal, sempre que se refere ao facto punível praticado por inimputável, usa a expressão «facto criminalmente ilícito», sendo o crime um facto criminalmente ilícito e culpável.

A interdição do exercício de profissão era considerada medida de segurança quanto a imputáveis pelo Código Penal de 1886, n.º 5 do art. 70.º, mas esta qualificação estaria logicamente recusada pelo novo Código, que pretendeu fazer corresponder as penas aos casos em que o agente seja imputável, e as medidas de segurança aos delinquentes inimputáveis.

Remetemos o complemento destas observações para quando for tratada a matéria das penas acessórias.

TÍTULO II

DAS PENAS E MEDIDAS DE SEGURANÇA E SUAS ESPÉCIES

CAPÍTULO I

AS PENAS E SUAS ESPÉCIES

1. Natureza e fins da pena

A pena é reacção jurídica ao crime e, como tal, repressão; a pena segue-se ao crime. A proporção dos dois termos deve ser fixada pela justiça.

Ao mal do crime corresponde a pena. A pena, porém, não é um mal em si mesmo que deva seguir-se ao mal cometido e a ele se equiparar. A pena é repressão porque, originada no crime, se dirige não somente para o futuro — *ne peccetur* —, mas para o passado — *quia peccatum*.

Há que partir de uma concepção do homem, como ser racional e livre, ao qual se dirige também o imperativo da lei. A pena traduz a reacção à culpabilidade do delinquente pelo mal do crime.

O mal do crime, enquanto dano causado ao ofendido, é fundamento de responsabilidade civil; enquanto atinge os próprios fundamentos da convivência social, é causa da responsabilidade social e é reparado por uma sanção penal proporcional à culpa do delinquente.

Estes dois elementos — culpabilidade e pena — não são facilmente comparáveis na sua quantidade; a equivalência em proporção, que aqui tem lugar, não é equivalência em quantidade.

A justiça distributiva, à qual se liga a justiça penal, realiza-se geometricamente *(aequalitas proportionis);* não supõe, como a justiça comutativa, uma igualdade aritmética. Por isso é indispensável à realização da justiça penal, como justiça distributiva, a consideração da pessoa.

A justiça não exige, assim, a retribuição do mal causado com mal quantitativamente igual, nem mesmo, verdadeiramente, a retribuição do mal com outro mal, até mesmo decididamente se lhe opõe.

A culpa, do ponto de vista moral, extingue-se com o arrependimento e, do ponto de vista jurídico, a emenda ou readaptação social pode considerar-se cautelosamente como exteriorização da extinção ou diminuição da culpa.

E, assim, a pena não constitui intrinsecamente um mal, e antes deve apontar para a redenção da culpa através da emenda e ressocialização dos delinquentes — ou, como se expressa o legislador português, da reinserção social.

Tem origem na mais antiga filosofia a indicação dos fins da pena, da sua contraposição e da sua eventual coordenação.

À repressão se contrapõe a prevenção, nas suas duas modalidades: prevenção geral e prevenção especial.

A questão tem, no direito positivo, interesse especial na aplicação das penas, a propósito da qual os fins das penas vêm, todos eles, indicados. O assunto será por isso versado especialmente quando se tratar essa matéria.

Entretanto, convém deixar claro que, se a pena realiza naturalmente fins de prevenção, quer geral, quer especial, é na sua natureza retribuição ou repressão, e não devem ser ultrapassados os limites que a justiça, com base neste critério, estabelece (*Direito Penal Português*, II, págs. 288 e segs.).

2. Caracteres da pena

Atribuem-se à pena, do ponto de vista jurídico, os caracteres da legalidade, igualdade e pessoalidade. Revelam eles a acomodação da estrutura das penas a princípios gerais da ordem jurídica que são garantes da certeza, verberando o arbítrio, e da justiça da pena pela sua correspondência à culpabilidade.

a) A legalidade da pena é corolário da legalidade do direito penal, que tem a sua expressão no art. 29.º da Constituição em vigor. Diz o n.º 1 desse artigo: «Ninguém pode ser sentenciado criminalmente senão em virtude de lei anterior que declare punível a acção ou omissão, nem sofrer medida de segurança cujos pressupostos não estejam fixados em lei anterior.» E o n.º 3 acrescenta: «Não podem ser aplicadas penas ou medidas de segurança que não estejam expressamente cominadas em lei anterior.»

Disposições similares constavam das Constituições anteriores (na Constituição de 1933, art. 8.º, n.º 9.º).

Na redacção inicial (1976) da actual Constituição, era de duvidoso rigor a limitação do princípio da legalidade quanto às medidas de segurança, não incluindo as medidas de segurança não privativas de liberdade. Questão que foi felizmente ultrapassada, e no respeito pela tradição portuguesa, com a Revisão Constitucional de 1982.

A Constituição da República Federal da Alemanha precisou o alcance do princípio da legalidade das penas (art. 103.º), enquanto exige a sua determinação legal; e este preceito é interpretado como proibitivo das penas indeterminadas, embora previstas na lei, pois que a absoluta indeterminação da pena reduz a legalidade da pena à legalidade da incriminação, sem abranger a legalidade da pena no sentido próprio.

A legalidade da pena, diferentemente do que sucedeu no primeiro Código Penal oriundo da Revolução Francesa (Cód. Pen. francês de 1791), não exige que a pena seja em concreto fixada pela lei, num sistema de penas fixas. As penas, em todos os demais Códigos posteriores àquele, exigem, em certa medida, a sua individualização judicial. Mas o âmbito de individualização consentida deve ser demarcado pela lei.

O Código Penal de 1886, em aplicação de princípios constitucionais, determinava que «não poderão ser aplicadas penas ou medidas de segurança que não estejam decretadas na lei» (art. 54.º) e acrescentava (no art. 85.º) que «nenhuma pena poderá ser substituída por outra, salvo nos casos em que a lei o autorizar».

Proibia assim a substituição judicial da pena. Estoutro limite não obteve a concordância do Código vigente, que prevê largamente a substituição judicial de penas.

b) A caracierística da igualdade da pena foi também uma reivindicação do iluminismo.

A pena deve ser igual para o que é igual. E como sujeito da pena é o homem, em razão da sua culpa, a pena será necessariamente diversa em concreto, para ser justa, embora por aplicação dos mesmos critérios e princípios jurídicos.

c) A pena só pode recair sobre o delinquente.

A condenação ou sujeição a pena dos parentes ou familiares ou de terceiros em geral, contraria a natureza da pena, pois que a culpa é sempre pessoal.
A Constituição de 1976 declara (art. 30.º, n.º 3) que as penas são insusceptíveis de transmissão, e idêntica declaração constava da Constituição anterior, de 1933 (art. 8.º, n.º 12), onde se dizia que não haverá transmissão de qualquer pena da pessoa do delinquente. No mesmo sentido, na legislação ordinária, o Código Penal de 1886 (no art. 113.º da última redacção do Código Penal; anteriormente, art. 123.º) dizia que as penas não passarão em caso algum da pessoa do delinquente.
Era o princípio da pessoalidade da pena que justificava a proibição, pela anterior Constituição de 1933, seguindo o rumo das anteriores, do confisco como pena (art. 8.º, n.º 12). A Constituição de 1976 não reproduz o preceito, não porque o considere compatível com a pessoalidade da pena, mas porque não quis pôr entraves ao confisco, enquanto meio de alcançar uma nova organização económica da sociedade; mas não no que respeita ao confisco como pena, ou consequência da pena.

3. Classificação das penas

a) Quanto ao seu objecto

As penas têm sempre por objecto um direito do delinquente; privam de um direito ou restringem um direito.

E, assim, poderão ser:

— Penas corporais: as que atingem o direito à vida ou integridade física, como eram, no antigo direito, a pena de morte e os castigos corporais, que acarretavam necessariamente um sofrimento físico.

A pena de morte foi abolida em Portugal para os crimes políticos pelo Acto Adicional à Carta Constitucional, de 5 de Junho de 1852 [1]; para os crimes comuns foi abolida pela lei devida a Barjona de Freitas, de 1 de Julho de 1867, tornando-se extensiva a abolição ao Ultramar português, pelo decreto com força de lei, de 9 de Junho de 1 870. A abolição da pena de morte foi incluída entre os preceitos constitucionais pelas Constituições ulteriores; o que a Constituição de 1976 reproduz no n.º 2 do seu art. 24.º (art. 25.º, na numeração anterior à Revisão Constitucional de 1982).

Foram também consideradas inconstitucionais penas que afectavam a integridade física, cortamento de membros, açoites ou outros castigos corporais. A actual Constituição não reafirma a inconstitucionalidade das penas corporais (contra a integridade física). Mas a tradição jurídica é de considerar a este respeito como supraconstitucional; a sua abolição teve lugar com a revogação das *Ordenações* e não mais foram restauradas.

O problema de castigos corporais é, hoje, somente um problema de facto; a tolerância de maus tratos físicos, por autoridade ou agentes de autoridade, ressurge esporadicamente com desrespeito da ordem jurídica em vigor. Mas trata-se então de crimes cometidos no exercício de funções públicas.

— Penas privativas da liberdade (penas de prisão), que constituem a pena mais importante nos actuais sistemas punitivos.

— Penas restritivas da liberdade:
Eram claramente restrições da liberdade as antigas penas de

---

[1] Art. 16.º: «É abolida a pena de morte nos crimes políticos, os quais serão declarados por uma lei.» e § único «Fica, deste modo, ampliado o parágrafo dezoito do artigo cento e quarenta e cinco da Carta Constitucional.»

degredo e de desterro, que se não mantêm no actual Código Penal.

Mas a restrição da liberdade entra na estrutura de todas as penas que condicionam a liberdade física, como pode acontecer, por exemplo, na condenação condicional (actualmente, suspensão da execução da pena).

Também se verifica a restrição da liberdade na expulsão de estrangeiros, quando autorizada pela lei penal, bem como na suspensão de pena, regime de prova e liberdade condicional.

— Penas pecuniárias:

As penas pecuniárias atingem o património do delinquente. São penas pecuniárias fundamentalmente as multas e as coimas.

O confisco deve ser considerado inconstitucional. Seria a apropriação pelo Estado, directa ou indirectamente, de todo o património do condenado. É de ponderar que a aplicação de multa ou coima que tenha de facto essa finalidade ou resultado é de considerar essencialmente como confisco.

— Penas privativas de direitos civis, profissionais ou políticos.

A esta espécie de penas se refere o art. 65.º do Código Penal.

No Código anterior, a pena de suspensão dos direitos políticos era prevista no n.º 6. do art. 55.º. Consistia na incapacidade de tomar parte, por qualquer maneira, no exercício ou no estabelecimento do poder político e na incapacidade de exercer funções públicas pelo tempo de quinze ou vinte anos (Código Penal de 1886, art. 60.º). E como pena mais leve (Código Penal de 1886, art. 61.º) consistia na suspensão temporária de todos ou de alguns direitos políticos por tempo não menor de três anos nem excedente a doze.

Previa também o Código Penal de 1886, como pena especial para empregados públicos, a privação definitiva (demissão) ou temporária (suspensão) do exercício de funções públicas; a suspensão teria a duração de três meses a três anos (Cód. Penal de 1886, arts. 57.º, 65.º e 68.º).

Os arts. 67.º e 68.º do Código Penal de 1982 referem-se aos efeitos da suspensão e da demissão da função pública em que o delinquente for condenado. O art. 67.º esclarece o alcance do art. 65.º, que nega o efeito necessário da privação e suspensão da função pública no sentido de que o condenado a pena privativa da liberdade fica necessariamente suspenso do exercício da função pública que lhe estava cometida, enquanto estiver preso.

E o art. 68.º dispõe que, quando aplicada esta pena pela prática de crime com flagrante e grave abuso da função pública ou com grave e manifesta violação dos deveres que lhe são inerentes ou o delinquente seja indigno de a exercer (art. 66., n.ᵒˢ 1 e 2), ela determina a perda de todos os direitos e regalias atribuídos aos funcionários públicos (demissão) ou a sua suspensão (pena de suspensão).

A perda de direitos civis e profissionais não abrange, como é óbvio, todos os direitos civis e profissionais; o art. 69.º esclarece que ela se reporta à interdição de profissões ou actividades cujo exercício dependa de um título público ou de uma autorização ou homologação da autoridade pública. Em especial indica o Código Penal a suspensão do poder paternal (art. 218.º) pelo tempo de dois a cinco anos. Mas o n.º 2 do art. 69.º, de uma maneira geral, estabelece a possibilidade de decretar judicialmente a incapacidade para o exercício do direito de voto, ou do de ser eleito, ou do de ser jurado, ou do de exercer o poder paternal, a tutela, a curatela ou a administração de bens, como penas acessórias.

— Ainda numa classificação baseada no objecto da pena, ou seja, do direito ou direitos que ela afecte, se prevêem as chamadas «penas humilhantes», que são aquelas que afectam os condenados na sua reputação e consideração social.

Tiveram larga aplicação no passado, como, por exemplo, a «infâmia», efeito das penas gravíssimas, e as penas de pelourinho e baraço e pregão. Com diferente estrutura e de modo a não prejudicarem a desejável ressocialização dos delinquentes se podem considerar, na actualidade, penas humilhantes a admoestação, a censura ou reprovação do delinquente, quando este seja o único conteúdo da condenação.

b) *Quanto à sua gravidade*

As penas previstas na lei têm diferente gravidade que, aliás, deve corresponder à diferente gravidade dos crimes.

Pode tomar-se a distinção das penas em razão da sua gravidade como base para uma escala das penas, que consistirá na indicação do arsenal punitivo da lei.

Assim procedeu o Código Penal de 1852, como também o Código Penal de 1886; mas enquanto, no Código de 1852, se encontravam indicadas, na escala das penas, penas de diferente natureza, em razão do seu objecto, no Código Penal de 1886, já se simplificaria, na sua última redacção do art. 55.º (Dec.-Lei n.º 39 688, de 5 de Junho de 1954), expurgando-se de penas já obsoletas ou substituídas legalmente por outras.

Em função da sua gravidade, no Código de 1886 (arts. 55.º e 56.º), as penas dividiam-se em penas maiores e penas correccionais (além delas, ainda a categoria das penas especiais para empregados públicos).

As penas maiores eram, desde a reforma de 1954, todas penas de prisão.

Como estas penas substituíram várias espécies de penas (como a pena de morte, degredo, etc.), manteve o Código Penal de 1886 uma divisão das penas de prisão maior com exclusivo fundamento na sua gravidade.

Essas penas eram directamente cominadas, com referência à escala das penas, nas diferentes incriminações, estabelecendo deste modo uma limitação relativa das penalidades de cada crime.

O novo Código Penal, na parte geral, só indica os limites gerais de cada espécie de pena, e por isso reduz as penas principais à prisão e à multa (arts. 40.º e 46.º do Código Penal de 1982).

Em caso algum, por isso, a própria penalidade aplicável aos crimes é feita com referência a uma escala das penas, ao contrário do que sucedia na anterior legislação; os limites, aliás muito mais extensos, das penalidades, dentro dos limites gerais da espécie de pena, constam exclusivamente das várias normas incriminadoras.

Daí também a multiplicidade e individualização relativamente a cada crime das penas aplicáveis, revelando-se as penalidades como um mosaico anárquico. É esse também o sistema do Código Penal alemão, que, não tendo ainda sido reformado na sua parte especial, não permitiu uma solução mais ordenada na parte geral do Código. Como se adoptou, como modelo da parte especial, na legislação porguguesa, a mesma parte especial do Código alemão (embora já muito alterada por leis sucessivas), houve também que prescindir de uma escala das penas mais graves na parte geral.

Indica a parte geral só as espécies de penas, e não contém uma graduação das penas em razão da sua maior ou menor gravidade, dentro da sua espécie.

Em todo o caso, dentro da pena única de prisão, é indispensável separar a simples prisão da prisão maior, dadas as consequências processuais e outras que nessa distinção se apoiam.

c) Quanto à sua duração

Em tese, e quanto à sua duração, as penas podem ser perpétuas ou temporárias.

A distinção interessa sobretudo quanto às penas de prisão.

Nos termos do n.º 1 do art. 30.º da Constituição de 1976 (redacção de 1982): «não pode haver penas nem medidas de segurança privativas ou restritivas da liberdade com carácter perpétuo ou de duração ilimitada ou indefinida».

d) Quanto à sua graduabilidade

Sob este ponto de vista, as penas são fixas ou variáveis.

No Código Penal anterior (primitiva redacção), como no Código Penal de 1852, eram fixas quase todas as penas maiores. As penas fixas, isto é, as penas não graduáveis, desapareceram com a reforma de 1954, só se mantendo, com essas características, a pena de suspensão dos direitos políticos por tempo de 15 ou de 20 anos.

O sistema das penas fixas foi adoptado pelo primeiro Código oriundo da Revolução Francesa, que pretendia dessa forma assegurar de maneira desrazoável a igualdade das penas para os delinquentes que cometessem idêntico crime.

Com um tal sistema também se pretendia limitar o arbítrio judicial na aplicação das penas, propósito que entrava na programação do iluminismo quanto à reforma liberal do direito penal.

4. Classificação legal das penas

Os critérios, a que vimos fazendo referência, de classificação da pena podem eventualmente ser adoptados pelo legislador, mas não são, por si mesmos, o critério legal de classificação das penas.

O Código Penal de 1982 distingue as penas em penas principais e penas acessórias (Capítulos I e II do Título III do Livro I).

As penas principais podem ser directamente aplicáveis — porque são as únicas que podem, por si sós, constar das normas incriminadoras — ou serem penas substitutivas de uma pena principal directamente aplicável.

Haverá, assim, penas que as normas incriminadoras cominam para os crimes, e penas que podem substituí-las. A substituição da pena, contudo, abrange tanto a substituição na cominação legal da pena, como a substituição na aplicação judicial da pena, e ainda a substituição na execução da pena.

Da substituição judicial da pena se tratará no título seguinte, sobre substituição e aplicação das penas.

Penas principais — directamente aplicáveis — são somente a prisão (art. 40.º) e a multa (art. 46.º).

Nos arts. 40.º e seguintes indica-se como pena principal directamente aplicável a pena de prisão, que terá os seguintes limites gerais: de um mês a vinte anos. A fixação destes limites gerais da pena de prisão não é, porém, absoluta, porque consente excepções no que respeita ao seu máximo, que pode ser maior, desde que não exceda vinte e cinco anos, segundo determina o n.º 3, do art. 40.º; mas mesmo este limite máximo não é absoluto, porque na pena relativamente indeterminada pode subir, em casos excepcionais, já constantes de legislação posterior, a mais de trinta anos, ou seja, vinte e cinco anos mais três períodos de prorrogação da pena relativamente indeterminada.

Penas substitutivas na aplicação da pena de prisão de limite máximo reduzido, não superiores a três meses, que venham cominadas nas normas incriminadoras, são a multa (que é, no entanto, também pena principal), a prisão por dias livres (arts. 43.º e 44.º), a admoestação e a prestação de trabalho a favor da comunidade (arts. 59.º e 60.º).

Penas substitutivas na execução da pena de prisão são o regime de semidetenção (art. 45.º), a suspensão da execução da pena (ou condenação condicional) (arts. 48.º e segs.) e o regime de prova (arts. 53.º e segs.).

Penas acessórias são aquelas que só podem ser cominadas conjuntamente com uma pena principal, e são (arts. 65.º e segs.) a pena de demissão e suspensão temporária de função pública e a perda ou interdição de direitos civis, profissionais ou políticos.

Verdadeiramente, e em determinada perspectiva, só é pena principal a pena de prisão. A pena de multa nunca é aplicada a não ser em alternativa com a pena de prisão, nos termos do n.º 3 do art. 46.º; a condenação em pena de multa é também sempre condenação em pena de prisão.

Deste modo, a pena de prisão é o esteio fundamental do sistema punitivo legal.

Isso não impede o legislador de manifestar a sua radical desconfiança na justiça e utilidade das penas de prisão. É essa desconfiança que conduz à multiplicação de penas substitutivas, quer na aplicação, quer na execução das penas de prisão.

Como a substituição, porém, só pode em regra ter lugar relativamente a penas curtas de prisão, segue-se que o Código aceita um sistema punitivo a que recusa fundamento bastante, dando origem a uma intrínseca contradição.

A razão estará em que se não considera a pena de prisão de idêntica maneira no Código anterior e no Código vigente. No regime legal anterior, a privação de liberdade, ou pena de prisão, era um meio para realização de fins da própria pena, que se não constringia dentro dos limites dessa privação. Era um invólucro com conteúdo mais consistente: a privação de liberdade era meio para garantir a eficácia dos fins da pena e por isso o art. 58.º do Código Penal de 1886 dizia que «na execução das penas privativas de liberdade ter-se-á em vista, sem prejuízo da sua natureza repressiva, a regeneração dos condenados e a sua readaptação social»; os meios de a alcançar faziam parte da natureza da pena, como esclarecia o art. 59.º: «os condenados a penas privativas da liberdade são obrigados a trabalhar na medida das suas forças e aptidões; o trabalho será organizado de maneira a promover a regeneração e readaptação social dos delinquentes e a permitir-lhes a aprendizagem ou o aperfeiçoamento dum mester ou ofício».

E os respectivos parágrafos acrescentavam ainda:

§ 1.º — «O trabalho dos condenados em penas privativas de liberdade terá lugar, em regra, em oficinas e explorações industriais ou agrícolas próprias dos estabelecimentos prisionais. Poderá, porém, nos termos estabelecidos em legislação especial, ser permitida a ocupação dos condenados fora das prisões.»

§ 2.º — «O trabalho prisional é remunerado. O produto da remuneração será aplicado em conformidade com os regulamentos, de maneira a reforçar a consciência dos deveres morais, familiares e sociais dos condenados, e a facilitar a sua readaptação à vida em liberdade, após o cumprimento da pena.»

Sem este efectivo conteúdo, a prisão pode ser uma panaceia ineficaz ou prejudicial.

5. **Penas acessórias e efeitos da condenação ou das penas**

a) Efeitos da condenação ou das penas no Código Penal de 1886

Os arts. 74.º e seguintes do Código Penal de 1886 previam os efeitos da condenação ou das penas.

Tais efeitos seguiam-se necessariamente à condenação, como sua consequência estabelecida directamente pela lei.

Podiam ser efeitos penais ou efeitos não penais.

Os efeitos penais eram a perda a favor do Estado dos instrumentos do crime, não tendo o ofendido ou terceira pessoa direito à sua restituição (confisco dos instrumentos do crime) — art. 75.º, n.º 1.

Quando a condenação fosse em pena maior, os condenados incorriam necessariamente na perda de qualquer emprego ou funções públicas, dignidades, títulos de nobreza ou condecorações (n.º 1. do art. 76.º); na incapacidade de eleger, ser eleito ou nomeado para quaisquer funções públicas (n.º 2 do art. 76,º); na de ser tutor, curador, procurador em negócios de justiça, ou membro do conselho de família (n.º 3 do art. 76.º).

Os efeitos não penais (civis) de qualquer condenação eram referidos nos n.ᵒˢ 2 e 3 do art. 75.º: obrigação de restituir ao ofendido as coisas de que pelo crime o tiver privado, ou de pagar-lhe o seu valor legalmente verificado, se a restituição não for possível, e obrigação de indemnizar o ofendido do dano causado (a exigência de requerimento dos lesados fora já dispensada pelo Código de Processo Penal)[1]; finalmente, era ainda efeito da condenação e obrigação de pagar as custas do processo (n.º 4 do art. 75.º).

Os efeitos civis eram objecto da acção civil em processo penal.

b) As penas acessórias no Código Penal de 1982

No novo Código Penal, os efeitos penais da condenação são penas acessórias (Cód. Penal de 1982, arts. 65.º e segs.).

Como esclarece o art. 65.º, não são «efeito necessário», pois que tem em geral de ser apreciada a sua aplicação pela decisão judicial, segundo os critérios apontados na lei.

É assim quanto à pena de demissão (art. 66.º) e quanto à interdição do exercício de outras profissões ou direitos (art. 69.º).

Como efeito da condenação, em sentido estrito, isto é, sem necessidade de ser expressamente declarado, mantém o novo Código Penal a suspensão da função pública, enquanto durar o cumprimento da pena principal (art. 67.º).

---

[1] Com efeito, segundo o anterior Código de Processo Penal (art. 34.º) a restituição ou indemnização não carecia de ser requerida; e era essa uma regra que a evolução legislativa posterior não deixou de alargar (cf. art. 12.º do Dec.--Lei n.º 605/75, de 3 de Novembro). Evolução a que o novo Código de Processo Penal viria a pôr termo, através dos seus arts. 71.º e seguintes.

Não se refere o novo Código Penal à responsabilidade civil pelo facto criminoso, que o anterior Código considerava efeito civil da condenação penal. Esta matéria, que era regulada tanto no Código Civil de 1867, como no Código Penal de 1886, foi omitida em ambos os novos Códigos, Civil e Penal. Constava só do Código de Processo Penal, sob a forma de acção civil em processo penal [ver o cit. *Curso de Processo Penal*, ed. de 1986, vol. 1.º, págs. 14 a 16 e no novo Código de Processo Penal (entrado em vigor a 1 de Janeiro de 1988, os arts. 71.º e segs.]; a responsabilidade civil é, em princípio, julgada pelo tribunal penal e no processo penal.

APÍTULO II

AS MEDIDAS DE SEGURANÇA E SUAS ESPÉCIES

1. Natureza e fins das medidas de segurança

É comum à pena e à medida de segurança o fim de defesa da sociedade, isto é, a natureza de meio ou medida de tutela jurídica.

A pena, porém, reage à culpabilidade do delinquente e a sua medida não deve, por isso, exceder os limites da sua correspondência à culpabilidade.

A defesa da ordem jurídica em correspondência com a perigosidade criminal cabe às medidas de segurança, que se conformam com a espécie e duração da perigosidade criminal; por isso o crime tem, para aplicação das medidas de segurança, valor sintomático e de prova, mas nunca é o fundamento das medidas de segurança.

Não basta comprovar a «necessidade» das medidas de segurança para daí deduzir a sua justificação; o que é útil não está, por essa razão, justificado. É preciso encontrar a sua justificação em um critério de justiça e não de mera utilidade; importa que possa considerar-se admissível a restrição da esfera jurídica dos indivíduos sujeitos a medidas de segurança e não somente que se demonstre a necessidade social dessa restrição.

O que é útil, em geral ou em particular, não é critério, mas objecto de valoração jurídica. Opinião contrária conduz ao puro utilitarismo e à aceitação de ilimitado poder do Estado relativamente aos indivíduos.

A restrição da esfera jurídica individual deverá justificar-se através do fim que, através dela, o Estado se propõe. E, na matéria que nos ocupa, esse fim não pode consistir somente na segregação dos delinquentes perigosos, mas, e particularmente, na sua recuperação social.

E, assim, quanto aos dementes criminalmente perigosos, o fim específico das medidas de segurança será um fim de cura, e não especialmente de segregação da vida social.

A medida de segurança será, portanto, útil, quer sob a perspectiva de interesse social, como meio de combate à perigosidade, quer sob a perspectiva de interesse individual, como meio de recuperação da própria dignidade e liberdade interior do homem.

A impossibilidade de justificar as medidas de segurança só pela sua utilidade social é comprovada pela circunstância de que não pode haver medidas de segurança, privativas da liberdade ou não, com carácter perpétuo, nem de duração ilimitada ou indefinida (Constituição de 1976, n.º 1 do art. 30.º, nova redacção), e de que só quanto a perigosos inimputáveis poderão as medidas de segurança com carácter terapêutico ser prorrogadas sucessivamente, enquanto não sobrevier a cura (Constituição, n.º 2 do art. 30.º).

2. Monismo e dualismo das penas e medidas de segurança

Quanto aos delinquentes imputáveis perigosos, pode a sua perigosidade exceder os limites da sua culpa. Neste último caso, a doutrina e a legislação têm hesitado entre um sistema monista ou dualista; no sistema dualista, à diferenciação de culpa e perigosidade corresponderá a diferenciação das medidas de tutela penal também diversificadas e, em um sistema monista, os fins de pena e da medida de segurança realizam-se através de uma única medida penal, a pena de segurança ou pena indeterminada.

Enquanto o sistema dualista atenta sobretudo na separação dos pressupostos da pena e da medida de segurança — culpabilidade e perigosidade —, o sistema monista atende particularmente à estrutura similar de execução da pena de prisão e da medida de segurança privativa de liberdade.

A legislação portuguesa aceitara desde a Reforma Prisional o sistema monista; a pena de segurança, na sua continuidade, assegura tanto a punição como a realização do fim de segurança social, mediante a ressocialização dos delinquentes.

O novo Código Penal denomina a pena de segurança «pena indeterminada», mantendo o sistema monista; na pena indeterminada, como vimos, a fixação da pena corresponde à culpabilidade, enquanto a sua prorrogação se justifica exclusivamente como medida de segurança em razão da perigosidade criminal. O modo de execução é idêntico e por isso será uma pena indeterminada (ou pena de segurança).

3. Classificação das medidas de segurança

As medidas de segurança destinam-se a evitar o perigo de criminalidade futura; poderão alcançar esse objectivo impedindo a futura actividade criminosa do delinquente perigoso (fim de segurança, em sentido estrito) ou promovendo a efectiva ressocialização do delinquente (fim de melhoramento). A distinção é meramente tendencial, pois que a segurança se obtém fundamentalmente através do melhoramento, ou seja, pela supressão dos factores da perigosidade.

O Código Penal de 1982 indica expressamente apenas, como medidas de segurança, o internamento de inimputáveis (art. 91.º) e a interdição de profissões (art. 97.º).

Como um Código não é necessariamente uma teorização das medidas de segurança, convém fazer a esse respeito uma breve anotação, que esclarecimentos já dados anteriormente facilitam.

Teoricamente, o Código Penal procurou de algum modo reduzir as medidas de segurança àquelas medidas aplicáveis e inimputáveis. Mas, na sua substância, a pena indeterminada é a pena de segurança, que é a execução conjunta de uma pena e de uma medida de segurança.

E, sendo assim, a prorrogação da pena, na pena indeterminada, e que precisamente a caracteriza, só se justifica em função da perigosidade criminal, e tem por isso a natureza de medida de segurança.

O mesmo deve dizer-se da pena indeterminada aplicável a alcoólicos e drogados (arts. 86.º a 88.º).

Não aceitou o Código Penal a perigosidade dos associais, que terá mais origem exógena do que endógena e, por isso, como também já dissemos, os actos reveladores da associalidade são puníveis somente como crimes (arts. 282.º a 284.º).

Pelo contrário, qualifica como medida de segurança a interdição de profissões (arts. 97.º e 98.º) que, no entanto, nos arts. 65.º e seguintes, considera mais adequadamente como pena acessória, como procurámos demonstrar.

De harmonia com a própria Constituição (art. 30.º), as medidas de segurança podem ser privativas ou restritivas da liberdade, e medidas de segurança não privativas nem restritivas da liberdade.

Medidas de segurança restritivas da liberdade são naturalmente as medidas de segurança substitutivas do internamento (ou privação da liberdade), como é *v.g.* a libertação a título de ensaio (art. 94.º) e a liberdade experimental (art. 95.), quanto aos inimputáveis perigosos sujeitos a internamento.

Relativamente a delinquentes perigosos imputáveis, de igual modo a pena indeterminada (ou de segurança) pode ser substituída, no decurso da sua execução, por medidas não privativas da liberdade. A substituição e modificação de medidas de segurança na sua execução é uma regra geral no regime da sua aplicação (art. 89.º; como consta também do n.º 3 do art. 22.º do Dec.-Lei n.º 783/76).

Foram suprimidas as medidas de segurança aplicáveis a associais (vadios, mendigos e equiparados) que consistiam em internamento em casa de trabalho ou colónia agrícola, por período não superior a três anos (Código Penal de 1886, arts. 70.º e 71.º), bem como a caução de boa conduta (art. 70.º, n.º 4 e § 4.º), com larga tradição nacional («caução de bem viver», no velho direito).

4. Medidas de segurança e medidas de polícia

Medidas de segurança são as medidas destinadas a prevenir a futura delinquência, que têm por pressuposto o estado de perigosidade criminal dos delinquentes, isto é, que procuram afastar factores endógenos de perigosidade.

Ao lado do estado de perigosidade, que assenta na personalidade do delinquente, pode existir uma situação de perigo de futura delinquência que assenta em factores externos ou exógenos. Esta situação de perigo é denominada «perigo agudo de criminalidade», assim se distinguindo do estado de perigosidade do delinquente que dá origem a um perigo crónico.

As medidas destinadas a afastar o perigo agudo de criminalidade são medidas de polícia, e não medidas de segurança. São deste estilo a necessidade de fiscalização ou policiamento de tabernas, casas de jogo, reuniões ou manifestações na via pública, ou de grandes aglomerados de gente, como feiras livres, espectáculos, gares, etc.

As medidas de polícia não são jurisdicionalizadas e constituem o modo geral de prevenir situações agudas de perigo criminal, por parte da polícia administrativa ou de segurança pública. O seu estudo não cabe, por isso, em direito penal.

TÍTULO III

SUBSTITUIÇÃO E APLICAÇÃO DAS PENAS

CAPÍTULO I

A ESPÉCIE DA PENA E A PENA APLICÁVEL (PENALIDADE)

1. Terminologia

Foram já enumeradas as espécies de penas que formam o sistema punitivo do novo Código Penal. Desse esquema não consta uma distinção das espécies de pena em função da sua gravidade, como acontecia no Código anterior relativamente às penas maiores.

As consequências dessa orientação no Código revogado repercutiam-se na possibilidade de, quanto a penas maiores, a sua cominação em cada norma incriminadora se poder fazer com referência à escala de penas prevista na parte geral.

No actual Código, relativamente às penas principais — prisão e multa —, não se faz uma divisão, dentro de seu largo âmbito, entre penas de prisão ou multa mais graves ou menos graves. Esse encargo é assumido pelas normas incriminadoras da parte especial quanto a cada um dos crimes.

O ónus da adaptação da espécie de pena, na sua gravidade, a cada crime, é em todos os casos transferido para a parte especial.

Este sistema torna ainda mais necessário o estudo da distinção entre a espécie de pena e a pena aplicável a cada crime.

Em matéria de aplicação das penas, a pena a aplicar nunca é uma das espécies de penas enumeradas como penas principais na parte geral do Código, mas uma penalidade recortada dentro dos limites mais vastos da pena na sua espécie.

Daí a conveniência de lhes dar, teoricamente, denominações diversas: em sentido estrito, *pena* é a pena na sua espécie, e *penalidade* é a pena aplicável a cada infracção, prevista na parte especial do Código Penal.

Para o efeito da aplicação das penas, é com este segundo conceito que importa trabalhar: o juiz graduará a pena aplicada dentro dos limites da pena aplicável ou penalidade.

Da mesma forma, os limites gerais, máximo e mínimo, das penas na sua espécie, são fixados na parte geral do Código, enquanto os limites especiais da pena aplicável são fixados directamente no preceito secundário da norma incriminadora de cada crime.

Os limites especiais da pena, ou limites da penalidade ou pena aplicável constituem um escalão ou troço da pena de certa espécie, sempre que esta é variável, e é essa a regra no Código Penal.

Da pena aplicável ou penalidade se distingue a *pena aplicada*. Esta última é o resultado da fixação em concreto pelo juiz da pena aplicável, pelo que é sempre fixa, isto é, não tem limites máximo e mínimo, antes consiste em um grau determinado dentro dos limites especiais da pena aplicável.

É nisto que consiste todo o processo da aplicação judicial da pena.

2. A substituição da penalidade como um modo de aplicação da pena

O velho Código distinguia a aplicação das penas, que era função judicial, da substituição das penas, que era reservada a expressa e directa determinação da lei.

O art. 85.º do Código de 1886 dizia que «nenhuma pena poderá ser substituída por outra, salvo nos casos em que a lei o autorizar».

A razão desta como doutras disposições desse Código Penal estava numa acentuação do princípio da legalidade, quanto às penas, de modo a impedir um largo arbítrio judicial. Fora essa uma matéria em que o iluminismo criticou severamente a antiga legislação e que a legislação do século XIX quis esforçadamente evitar.

No novo Código, não é apenas a medida legal das penas aplicáveis que é extraordinariamente mais ampla; também, embora em casos limitados, o novo Código Penal consente a *substituição da pena na sua aplicação*, o que vem a consistir num alargamento da medida legal da pena aplicável.

Porque é assim, a substituição da pena pode ter lugar dentro dos limites de aplicação da penalidade, isto é, integra-se na estrutura de várias penalidades, e será tratada em número ulterior (n.º 5); não se separa rigorosamente a substituição da aplicação da pena, antes a substituição é uma forma possível, nos casos previstos, de aplicação da pena.

3. A estrutura da penalidade: penalidades simples e compósitas

A relação mais simples entre pena e penalidade está em que esta é um escalão da pena na sua espécie, à qual se fixam limites máximo e mínimo mais restritivos do que os da pena na sua espécie. Nestes casos, diz-se que a penalidade é simples.

À penalidade simples se contrapõe a penalidade compósita.

Penalidade compósita é aquela que na sua estrutura abrange mais do que uma espécie de pena.

A penalidade é *simples* quando constitui mera demarcação de uma espécie de pena, fixando-lhe limites especiais; é uma só pena, que na sua aplicabilidade a um crime recebe limites diferentes dos limites gerais da espécie de pena, isto é, consiste nessa espécie de pena com limites mais reduzidos, limites especiais.

A penalidade é *compósita* quando entra, na estrutura da penalidade, mais do que uma pena, ou seja, penas de diferente espécie.

Quanto às penalidades compósitas, há que distinguir: se as várias espécies de penas componentes da penalidade são aplicáveis cumulativamente, a penalidade diz-se *mista* (era a terminologia consagrada pelo Código Penal de 1886, § 2.º do art. 196.º); se as várias espécies de penas que entram na composição da penalidade não são aplicáveis conjuntamente, e antes só pode aplicar-se uma delas, a penalidade é *alternativa*, isto é, compósita na sua estrutura e simples na sua aplicação.

As penalidades alternativas ainda podem subdistinguir-se consoante as penas que entram na sua estrutura se equivalem, e são penas *paralelas*, ou as penas alternativas formam como que uma extensão da medida legal da penalidade, abrangendo duas ou mais espécies de penas.

As penas mistas mais frequentes na parte especial do Código Penal são as de prisão e multa; bem como as penalidades compósitas alternativas mais frequentes são as de prisão ou multa.

São penas mistas de prisão e multa as constantes dos seguintes artigos do Código Penal:

148.º, n.º 3; 151.º; 153.º, n.os 1, 2 e 3; 154.º; 156.º; 158.º, n.os 1 e 4; 164.º; 165.º; 167.º, n.º 2; 169.º; 179.º; 180.º; 181.º; 182.º; 184.º; 193.º, n.os 1 e 2; 194.º; 196.º; 212.º; 213.º; 215.º, n.os 1 e 2; 216.º; 217.º; 219.º, n.os 1 e 2; 220.º, n.os 1 e 2; 222.º; 223.º; 225.º; 226.º, n.os 1 e 2; 227.º; 228.º, n.os 1, 2 e 3; 230.º, n.os 1 e 2; 231.º; 235.º, n.os 1 e 2; 241.º; 243,º 247.º, n.os 1, 2 e 3; 253.º, n.os 1, 2 e 3; 254.º; 255.º, n.os 1, 2, 3, 4, e 5; 256.º, n.os 1 e 2; 257.º; 258.º, n.os 1, 2 e 3; 261.º, n.os 1, 2 e 3; 262.º, n.os 1, 2 e 3; 263.º, n.os 1, 2 e 3; 264, n.os 1, 2 e 3; 265.º, n.os 1, 2 e 3;266.º, n.os 1, 2 e 3; 269.º; 270.º, n.os 1, 2 e 3; 273.º, n.os 1, 2, 4 e 5; 276.º, n.os 1 e 2; 277.º, n.os 1, 2,4, 6 e 7; 278.º, n.os 1, 2 e 3; 279.º, n.os 1, 2, 3 e 4; 282.º, n.os 1 e 2; 286.º; 290.º, n.º 1; 294.º; 311, n.os 1 e 2; 312.º; 318.º; 319.º; 320.º, n.os 1, 2, 3 e 4; 321.º; 322.º; 324.º, n.º 2; 326.º, n.os 1 e 2; 329.º, n.os 1 e 2; 333.º, n.º 4; 370, n.os 1 e 2; 371.º; 372.º; 373.º, n.os 1 e 2; 374.º; 375.º, n.os 1 e 2; 376.º; 377.º, n.os 1 e 2; 378.º; 384.º; 388.º, n.os 1, 2 e 3; 393.º; 396.º, n.os 1, 2 e 3; 419.º, n.os 1 e 2; 420.º, n.os 1, 2 e 3; 421.º; 423.º, n.º 1; 424.º, n.os 1 e 2; 427.º, n.º 1; 430.º

As penas compósitas alternativas mais frequentes são também as penas de prisão ou multa.

São penas alternativas de prisão ou multa as constantes dos artigos:

142.º; 147.º, n.º 1, *a*); 148.º, n.º 1; 155.º, n.os 1 e 2; 156.º; 176.º, n.º 1; 195.º; 197.º, n.os 1 e 2; 198.º, n.os 1 e 2; 199.º, n.º 1; 221.º; 234.º, n.os 1, 2, 3 e 4; 238.º, n.os 1 e 2; 245.º, n.º 3; 248.º; 249.º; 260.º 269.º, n.os 2, 3 e 4; 271.º, n.os 1 e 2; 272.º, n.º 1; 273.º, n.os 3, 4 e 5; 274.º, n.os 1, 2, 3 e 4; 275.º, n.os 1, 2, 3 e 4; 277.º, n.º 3;

283.º; 295.º, n.ᵒˢ 1 e 2; 302.º; 304.º, n.ᵒˢ 1 e 2; 305, n.ᵒˢ 1 e 2; 308.º; 309.º; 310.º, n.ᵒˢ 1 e 2; 316.º; 319.º; 328.º; 329.º, n.º 3; 330.º; 354.º; 367.º; 391.º; 397.º; 398.º; 399.º; 400.º, n.ᵒˢ 1, 2 e 3; 401.º; 402.º, n.ᵒˢ 1, 2 e 3; 403.º; 406.º; 409.º, n.ᵒˢ 1 e 2; 414.º, n.º 1; 416.º; 417.º, n.º 3; 422.º; 425.º, n.ᵒˢ 1 e 2; 426.º; 428.º, n.º 2; 432.º; 433.º; 436.º

Em geral, no novo Código, a pena de prisão ou multa não pressupõe uma equivalência das duas penalidades, e nem mesmo uma continuidade na extensão das penalidades em alternativa; o mais frequente é que a pena de multa seja muito menos grave do que o mínimo da pena de prisão. E deste modo verifica-se uma descontinuidade na extensão da penalidade compósita em alternativa, de difícil justificação. Não haverá continuidade na graduação da pena em função da culpabilidade, mas uma manifesta e extensa lacuna entre ambas as penalidades. Como veremos, na aplicação da pena, deve escolher-se em regra a pena de multa, em função do disposto no art.º 71.º

Não deve quedar-se por aqui a análise da estrutura das penalidades compósitas. Há, na verdade, penalidades que são estruturadas de modo anormal pois que tanto parecem dizer respeito à tipicização das incriminações, como à delimitação das penalidades. Antes de referir estes casos excepcionais, porém, convirá, para melhor compreender o seu alcance, indicar a razão de ser e fundamento das penalidades, que se prende com o respeito pelo princípio de legalidade e com a amplitude a dar à medida da pena.

4. Razão de ser e fundamento da penalidade

Tanto a incriminação como a sanção penal estão sujeitas ao princípio da legalidade.

Pretende-se, desse modo, restringir o arbítrio judicial quer na definição dos crimes, quer na amplitude ou espécie das penas.

Assim como os crimes devem ser previstos e descritos pela lei, também as penas devem ser cominadas pela lei.

A função judicial será, desse modo, limitada no seu arbítrio, e deve ser orientada pela lei na aplicação das penas cominadas.

A aplicação judicial das penas deve ter o âmbito necessário para concretizar na pena aplicada, em função do caso concreto, a pena aplicável em abstracto para o crime em geral.

Daqui deriva que uma extraordinária amplitude das penalidades é dificilmente conciliável com o princípio da legalidade.

E também é dificilmente conciliável com o princípio, em Portugal de grande tradição histórica, pois que se encontrava já no direito antigo das *Ordenações*, da revisibilidade das penas aplicadas quando contrariassem a orientação da lei no que respeita à sua maior ou menor gravidade.

A este respeito era inteiramente diversa a legislação alemã. Tradicionalmente, no direito alemão, a aplicação da pena era exclusiva função dos tribunais, sem possibilidade de apreciação da sua injustiça em função da lei, e, por isso, de revisibilidade em recurso.

Por outro lado, na legislação alemã não existiam quaisquer normas jurídicas que orientassem o julgador na transformação da pena aplicável em pena aplicada. Eram omissas quaisquer regras jurídicas sobre a aplicação das penas, quer em função de princípios legais orientadores, quer em razão das circunstâncias do caso concreto que o individualizassem em relação ao conceito legal do crime cometido.

O Código alemão foi protótipo do novo Código Penal português, e teve grande influência na estruturação das penalidades dos crimes na parte especial, possivelmente para manter a coerência da parte geral com a parte especial, embora esta não tivesse sido, na Alemanha, mesmo agora, totalmente remodelada.

Veremos, de seguida, as consequências que daí resultaram na definição dos critérios orientadores da aplicação das penas.

De toda a maneira, a falta de orientação legal na aplicação judicial das penas e a atribuição ao arbítrio judicial da fixação da pena aplicável ao caso concreto, conduziram à formulação de penalidades com grande e muitas vezes exagerada amplitude.

Este defeito não foi suprimido pelo novo Código Penal alemão. A orientação legal que se quis definir é vaga e contraditória, de modo que permanece de facto um grande e infundamentado arbítrio judicial.

A doutrina alemã conforta-se com a ideia de que pelo menos a aplicação judicial da pena passa a ser revisível pelos tribunais superiores; mas mesmo este evidente melhoramento é mais teórico do que prático, dada a insuficiência da orientação fornecida directamente pela lei alemã.

São estas observações úteis para compreender a manutenção de penalidades com estrutura que extravasa do campo próprio da aplicação das penas, e que permite considerar como aplicação da pena, em vários casos, a própria determinação judicial do tipo de crime.

5. Casos de estruturação abnorme da penalidade

Foram indicados, com referência ao Código Penal, os casos de pena mista de prisão e multa.

A penalidade é, então, composta na sua estrutura por mais do que uma pena, e ambas devem ser aplicadas judicialmente nos limites que demarca a lei.

E foi igualmente indicada a larga exemplificação no Código Penal das penas alternativas de prisão ou multa.

Mas há casos em que a própria determinação da penalidade cabe directamente ao juiz, isto é, em que a lei prescinde de fixar a pena aplicável, atribuindo ao juiz, na aplicação da pena, o poder de decidir sobre a pena aplicável; ou seja, não é a lei que directamente descreve os casos de aplicação de uma ou outra penalidade, mas, pelo contrário, pressupõe-se um juízo de valor formulado pelo próprio juiz.

Cabe, por exemplo, ao juiz decidir do valor consideravelmente elevado do objecto do furto, ou daquele que não é consideravelmente elevado [arts. 296.º e 297.º, n.º 1, al. *a*)].

Quando a definição da qualificação do crime implica, para além da definição legal, uma participação essencial da apreciação judicial, esta apreciação como que toma, pelo menos parcialmente, a função da própria lei, na determinação da penalidade aplicável, por isso que é vago ou impreciso o critério legal.

De idêntica contextura é a distinção entre ofensas corporais simples e graves (arts. 142.º e 143.º). Da prévia escolha do tipo legal de crime, em que participa a apreciação judicial, deriva a determinação da própria medida legal da pena aplicável.

6. Determinação indirecta da penalidade ou pena aplicável

A determinação da penalidade é fundamental função da lei, em razão do princípio da legalidade.

Essa determinação é normalmente feita pelo preceito secundário da norma incriminadora.

Mas em alguns casos a delimitação da pena aplicável é feita indirectamente. Tal sucede, especialmente, quanto à pena da tentativa e da cumplicidade.

O crime de tentativa é punível com a pena de crime consumado, especialmente atenuada.

Não se diz qual é a penalidade, mas diz-se como ela pode ser encontrada: equivale à pena do crime consumado, como se sobre ela recaísse a alteração resultante da atenuação especial (Código Penal, art. 23.º, n.º 2).

Da mesma forma no que respeita à penalidade da cumplicidade; é aplicável ao cúmplice a penalidade que caberia ao autor, especialmente atenuada.

A razão desta forma indirecta de determinação da pena aplicável é evidente.

Não existe um crime de tentativa sem referência ao crime consumado, mas a tentativa de um crime determinado. A definição de tentativa consta da parte geral e é válida com referência a qualquer crime (dentro dos que admitem a forma de tentativa). Embora a tentativa seja, em si mesma, um crime, é no entanto um crime só definível por referência ao respectivo crime consumado previsto na parte especial do Código, em razão da incriminação genérica da tentativa na parte geral. A penalidade da tentativa será então equivalente à pena aplicável ao crime consumado, a que se dirige a tentativa, como se fosse especialmente atenuada.

Sobre a penalidade, assim definida, da tentativa é que podem recair a agravação ou atenuação em função de quaisquer circunstâncias agravantes ou atenuantes que concorram na tentativa.

A doutrina alemã, pelo menos grande parte dela, tem considerado a própria tentativa como circunstância atenuante do crime consumado, e essa opinião teve repercussões entre nós, mormente no ensino de Eduardo Correia [1].

Mas não é assim. O n.º 2 do art. 23.º, talqualmente o Código anterior, faz uma indicação indirecta da penalidade da tentativa, pois que esta tem de ser tentativa de algum crime consumado.

Mas não é a tentativa circunstância atenuante de um crime consumado inexistente. A tentativa é que é, por si, punível com a pena que caberia em abstracto ao crime consumado, como se fora especialmente atenuada.

O concurso de circunstâncias virá alterar, eventualmente, a medida legal da pena assim indirectamente determinada.

O mesmo sucede com a cumplicidade, que é também uma forma do crime, e não uma circunstância do crime.

A cumplicidade é punível com a pena que caberia ao autor, especialmente atenuada (art. 27.º, n.º 2).

A pena aplicável é formulada indirectamente, por isso que a gravidade da cumplicidade depende da gravidade do crime a que ela se reporta. A cumplicidade também não é circunstância da autoria, mas outra forma do crime, sobre a qual recairá o efeito agravante ou atenuante que resulta do concurso de circunstâncias da própria cumplicidade criminosa.

As circunstâncias respeitam à quantidade do crime, e não à sua espécie ou qualidade.

7. Medida legal da pena

A determinação legal da pena aplicável, ou penalidade, fixa os limites dentro dos quais se atenderá ao circunstancialismo concreto na determinação judicial da pena aplicada.

Quer dizer, a penalidade é a pena aplicável ao tipo legal de crime na sua estrutura essencial, objectiva e subjectiva.

Os limites da pena aplicável são, em princípio, limites legais, e definem a medida legal da pena.

---

[1] *Vd.* o seu livro *Direito Criminal* (com a colab. de Figueiredo Dias), vol. II, Coimbra, 1965, págs 225 e segs.

Mas à estrutura essencial, objectiva e subjectiva, de cada tipo legal de crime, acresce na realidade uma estrutura acidental, que deve ser ponderada para fixação da pena, para determinação da pena aplicada por decisão judicial.

À individualização da pena corresponde a concretização do tipo legal de crime no facto criminoso. Esta concretização realiza-se pela ajunção à estrutura essencial do crime — que define o seu conceito legal — da estrutura acidental que o singulariza.

Se a estrutura essencial do crime define a espécie ou qualidade, tanto do ponto de vista objectivo como subjectivo, a estrutura acidental indica a *quantidade* do crime. E a quantidade, a maior ou menor gravidade do crime, repercute-se na quantidade, na maior ou menor gravidade da pena.

E, assim, a formulação pela lei da penalidade estabelece os seus limites, máximo e mínimo, atribuindo à pena aplicável uma *medida legal*.

É dentro dessa medida legal que se fará a individualização da pena aplicada, a fixação da pena concreta.

Mas a própria medida legal da pena pode variar, relativamente a cada tipo de crime, em função da sua agravação ou atenuação legal.

Quer dizer, não só a lei define a medida legal da pena aplicável em relação a um tipo de crime, como pode ir mais longe, definindo a medida legal da pena aplicável ao crime, em razão de circunstâncias atenuantes ou agravantes com valor reconhecido legalmente.

Haverá, assim, eventualmente, uma medida legal ordinária da pena, relativa ao tipo de crime, e uma medida legal extraordinária da pena aplicável aos tipos de crime qualificados ou privilegiados, ou aos tipos de crime em que concorrem circunstâncias atenuantes ou agravantes, com valor predeterminado por lei.

A medida legal extraordinária da pena não se estrutura como no Código revogado; neste, em geral, a agravação legal consistia ou numa penalidade mais grave ou troço de penalidade, para além do máximo da medida legal ordinária, e a atenuação judicial consistia na indicação de um troço de penalidade para aquém do mínimo da medida legal ordinária, ou numa pena diversa e mais leve. A aplicação da pena, dentro dos limites da medida legal ordinária, tomava o nome de «graduação da pena».

No novo **Código**, a medida legal extraordinária não é necessariamente diversa, na sua gravidade, da medida legal ordinária, sobrepondo-se em parte do seu âmbito; é uma nova medida legal, com o mínimo e máximo mais elevados do que os da medida legal ordinária no caso de agravação legal, e uma medida legal extraordinária com limites máximo e mínimo inferiores aos da medida legal ordinária. Deste modo, as duas medidas legais podem sobrepor-se em parte do seu âmbito, ou poderão em alguns casos ter limites que se não entrecruzam.

Exemplificando: a medida legal da pena aplicável ao homicídio é de 8 a 16 anos (art. 131.º); a medida legal da pena alicável ao homicídio qualificado é de 12 a 20 anos (art. 132.º) e a medida legal do homicídio privilegiado (art. 133.º) é de 1 a 5 anos.

CAPÍTULO II

VARIAÇÃO DA MEDIDA LEGAL DA PENA

1. Agravação legal

A agravação ou a atenuação legal, por força da própria lei, só têm lugar quando expressamente previstas.

Essa agravação ou atenuação legal deriva da inclusão, no tipo legal, de circunstâncias modificativas da pena aplicável.

As circunstâncias modificativas, com valor predeterminado na lei, podem ser agravantes ou atenuantes consoante dão lugar à alteração da pena aplicável ao crime substituindo-lhe uma penalidade mais grave ou menos grave.

As circunstâncias modificativas da penalidade podem ser comuns ou especiais; são comuns quando tais circunstâncias alteram a medida legal ordinária da pena aplicável à generalidade dos crimes, no sentido da sua agravação ou atenuação legais; e são especiais se a agravação ou a atenuação legais impendem sobre a medida legal ordinária de determinado tipo de crime.

2. Circunstâncias modificativas agravantes comuns

No Código Penal de 1886, eram circunstâncias modificativas agravantes comuns a reincidência e sucessão de crimes e a habitualidade e tendência criminosa.

No novo Código não é inteiramente assim. Para dar conta do novo sistema legal, indicar-se-á sucessivamente a posição do novo Código quanto à reincidência (no Código de 1982, os anteriores conceitos de reincidência e sucessão de crimes estão abrangidos no conceito genérico de reincidência), e quanto à tendência criminosa.

a) Reincidência

A reincidência não é, no Código vigente, uma circunstância modificativa por força da lei; não é imposta por lei uma alteração da medida legal da pena aplicável ao crime.

A reincidência, cujo conceito legal será examinado ulteriormente, não é circunstância modificativa legal, porque a alteração da penalidade ordinária não é obrigatória por lei; depende de apreciação judicial. Não modifica legalmente a medida da pena; pode dar origem à criação de uma nova medida judicial da pena.

É o que consta do art. 76.º do Código Penal, pois que a modificação da medida legal da pena tem a sua origem na directa apreciação pelo juiz das «circunstâncias do caso».

b) Tendência criminosa

A tendência criminosa, nos seus pressupostos e efeitos, vem regulada no art. 83.º

É aplicável, em razão do crime cometido e verificada a tendência criminosa, uma pena relativamente indeterminada, cujo mínimo corresponde a dois terços da pena de prisão que concretamente caberia ao crime e com um máximo correspondente ao máximo daquela pena, acrescida de seis anos.

A elevação do mínimo da pena a dois terços da pena aplicada corresponde a uma maior culpabilidade do delinquente por tendência, que se exprime na culpa na formação da personalidade.

A prorrogação da pena é que tem o seu fundamento na perigosidade do delinquente por tendência. Parece-nos revelar este sentido a circunstância de o período de prorrogação não poder iniciar-se como determina o Dec.-Lei n.º 402/82, arts. 20.º e 21.º[1] sem que se verifique a persistência da tendência criminosa; é o que se revela no disposto no art. 22.º, n.º 4.º, do Dec-Lei n.º 783/76 (decreto sobre os Tribunais de Execução das Penas).

---

[1] *Vide*, supra, nota quanto à vigência dessa legislação.

3. Circunstâncias modificativas agravantes especiais

O estudo das circunstâncias modificativas especiais, quer agravantes, quer atenuantes, deve verdadeiramente fazer-se a propósito das diferentes incriminações da parte especial do Código, sobre as quais elas impendem em especial.

O anterior Código gizara uma teoria das circunstâncias, em relação à generalidade dos crimes e constante da parte geral; o novo Código indica as circunstâncias de carácter geral embrionariamente no art. 72.º, n.º 2.

Também o velho Código foi parco na indicação de circunstâncias modificativas na parte especial, enquanto o novo Código usou largamente do processo de espargir com referência a um grande número de incriminações um sistema prolixo de agravação e atenuação legais, criando tipos qualificados ou privilegiados relativamente a inúmeras incriminações.

As disposições da parte especial prevalecem sobre disposições gerais, e é por isso necessário indicar, com suficiente exemplificação, as alterações à medida legal da pena aplicável às diversas incriminações, pois que é sobre esta medida legal que recairá, por apreciação judicial, a fixação da medida judicial da pena.

É dessa exemplificação bastante extensa que damos em seguida notícia, para melhor compreensão do sistema.

São previstas na parte especial do Código, como circunstâncias modificativas agravantes (sem pretensão a uma enumeração exaustiva), as circunstâncias enunciadas nos artigos que seguidamente se apontam, com a indicação dos crimes cujas penalidades alteram, dando causa a uma nova medida legal da pena.

art. 132.º, n.º 1 — Homicídio qualificado
art. 138.º, n.ºs 2, 3 e 4 — Exposição ou abandono
art. 155.º, n.º 2 — Ameaças
art. 157.º — Coacção grave
art. 160.º, n.º 2 — Sequestro
art. 162.º, n.ºs 2 e 3 — Rapto
art. 163.º, n.ºs 2 e 3 — Rapto de menor
art. 168.º, n.ºs 1 e 2 — Difamação, injúrias, publicidade e calúnia
art. 176.º, n.º 2 — Introdução em casa alheia

art. 181.º, n.º 2 — Devassa por meio de informática
art. 183.º — Agravação legal dos crimes dos arts. 178.º a 182.º
art. 190.º, n.º 2 — Crimes de guerra contra civis, feridos, doentes e prisioneiros de guerra
art. 197.º, n.º 2 — Omissão de assistência material à família
arts. 205.º, n.ºs 1, 2, e 3 e 206.º, n.º 1 — Agravação legal do crime previsto em geral — atentado ao pudor, no art. 206.º, n.º 2
art. 208, n.ºs 1 e 2 — Agravação legal da pena dos crimes dos arts. 201.º a 207.º
art. 208, n.º 3 — Agravação legal da pena dos crimes previstos nos arts. 201.º, 202.º, 205.º e 206.º
art. 216.º — Lenocínio agravado
arts. 217.º n.ºs 2 e 3 — Tráfico de pessoas
art. 219.º, n.º 2 — Omissão de auxílio
art. 228.º, n.ºs 2 e 3 — Falsificação de documentos
art. 232.º — Agravação legal da pena do crime de destruição, danificação ou subtracção de documentos e notações técnicas
art. 267.º — Agravação legal dos crimes de perigo comum previstos nos arts. antecedentes
art. 297.º — Furto qualificado
art. 299.º — Furto de coisa pertencente ao sector público ou cooperativo
art. 304.º, n.º 2 — Furto de uso de veículo
art. 306.º, n.ºs 2 a 5 — Roubo
art. 309.º — Danos
art. 314.º — Burla agravada
art. 315.º, n.º 2 — Burla relativa a seguros
art. 317.º, n.º 1, *a*) e *b*) e n.ºs 2 a 5 — Extorsão
art. 320.º, n.º 4 — Usura
art. 321.º, n.º 2 — Usura relativa a menores e incapazes
art. 333.º, n.º 3 — Administração danosa em unidade económica do sector público ou cooperativo
art. 343.º, n.º 3 — Violação de segredos do Estado
art. 353.º — Ofensas a representantes de Estado estrangeiro ou de organização internacional

art. 356.º, n.º 2 — Alteração violenta do Estado de direito
art. 357.º, n.º 2 — Incitamento à guerra civil
art. 358.º, n.º 2 — Atentado contra o presidente da República
art. 360.º, n.ᵒˢ 2 e 3 — Sequestro e rapto contra membro de órgão de soberania ou órgão de governo próprio das regiões autónomas
art. 379.º — Agravação legal das penas dos crimes contra a realização do Estado de direito (arts. 370.º a 378.º) [1]
art. 384.º, n.º 2 — Coacção de funcionários
art. 385.º, n.ᵒˢ 1, 2 e 3 — Ofensa a funcionário
art. 392.º, n.ᵒˢ 2 a 5 — Evasão de presos
art. 396.º, n.º 2 — Descaminho ou destruição de objectos colocados sob o poder público
art.º 402.º, n.º 3 — Falso testemunho, falsas declarações, perícia, interpretação ou tradução
art.º 407.º — Agravação legal da pena dos arts. 401.º, 402.º, 405.º e 406.º
art.º 434.º, n.º 2 — Violação do segredo de correspondência ou de telecomunicações

Importa ter presente que a circunstância agravante é uma circunstância modificativa e a agravação é agravação legal, quando ela é imposta, determinada, pela própria lei; a agravação vem então ordenada imperativamente pela lei.

Muitos outros casos de circunstâncias agravantes vêm previstos na parte especial, em que a fórmula legal não é imperativa, e antes atribui ao juiz a faculdade ou poder de agravar a pena, nos limites que indica. Em tais casos não há agravação legal, mas possibilidade, consentida por lei, de agravação judicial.

---

[1] Chama-se a atenção para o defeito de redacção deste preceito, que pressupõe uma sistematização que os arts. 356.º a 378.º não vieram a apresentar; — daí a referência à «subsecção», e daí também a menção restritiva, constante do texto, aos arts. 370.º a 378.º

4. Atenuação legal

A atenuação legal deriva da inclusão de circunstâncias modificativas atenuantes em um tipo legal de crime.

O anterior Código Penal, que incluíra na parte geral o travejamento das circunstâncias do crime, continha nessa parte geral a indicação de circunstâncias modificativas comuns, como eram a provocação e a menoridade de 21 anos.

O novo Código não contém na sua parte geral a indicação de circunstâncias modificativas atenuantes.

A provocação, no novo Código, surge como circunstância modificativa atenuante no crime de homicídio privilegiado (art. 133.º) e nas ofensas corporais privilegiadas (art. 147.º). Nos demais crimes, pode ser considerada circunstância atenuante de carácter geral, nos termos dos arts. 72.º e 73.º A conjunção dos efeitos agravantes e atenuantes das circunstâncias, quer modificativas, quer de carácter geral, terá ainda de ser ponderada posteriormente.

5. As circunstâncias modificativas atenuantes especiais

Como já foi indicado, no novo Código Penal prevalece a enumeração de circunstâncias, em particular como circunstâncias modificativas, na parte especial do Código.

O preceito do art.º 72.º da parte geral é, na lógica da elaboração do Código na esteira do Código alemão, ulterior à enunciação das circunstâncias que se referem aos crimes em especial.

As circunstâncias com as quais se polvilha, a propósito de vários crimes, a parte especial, não são, porém, todas elas circunstâncias modificativas por força da lei. Muitas são circunstâncias cujo valor não é predeterminado pela lei, mas circunstâncias cujo valor poderá ser reconhecido pela apreciação judicial.

É fácil distinguir umas das outras; as circunstâncias modificativas legais reconhecem-se pelo carácter imperativo de imposição de uma nova penalidade, quer em razão de agravação, quer em razão de atenuação; normalmente, o texto legal diz que, verificando-se uma circunstância que é modificativa, a pena *será* uma outra e diversa da pena aplicável ao crime em que ela se não verifique.

As circunstâncias, referidas na parte especial, em razão das quais a lei consente ao juiz uma modificação na penalidade por agravação ou atenuação, são aquelas em que o legislador diz que elas *poderão* produzir esses efeitos, naturalmente em razão da apreciação judicial no caso concreto.

Só interessa agora a indicação exemplificativa de circunstâncias modificativas atenuantes.

São circunstâncias modificativas atenuantes por força da lei, indicadas quanto a crimes em especial:

art. 133.º — Homicídio privilegiado (provocação)
art. 137.º — Infanticídio privilegiado (infanticídio cometido pela mãe para ocultar a sua desonra)
art. 138.º, n.º 4 — Exposição ou abandono (pela mãe a fim de ocultar a sua desonra)
art. 147.º, n.ᵒˢ 1 e 2 — Ofensas corporais privilegiadas (pelas cirtâncias previstas no art. 133.º e, quanto a ofensas corporais simples, quando se trate de lesões recíprocas)
art. 201.º, n.º 3 — Violação (contribuição da vítima, através do seu comportamento ou de especial ligação com o agente)
art. 210.º — Erro sobre a idade (nos crimes sexuais)
art. 242.º — Atenuação (no crime de passagem de moeda falsa)
art. 246.º — Atenuação (no crime do n.º 2 do art. 245.º)
art. 249.º — Atenuação (no crime do art. 248.º)
art. 268.º — Desistência como circunstância atenuante modificativa nos crimes dos arts. 253.º a 266.º [atenuação livre (especial) da pena nesses crimes de perigo comum, quando o agente remover o perigo]
art. 301.º, n.ᵒˢ 1, 2 e 3 — Restituição (atenuação legal por restituição do objecto do furto ou da apropriação ilícita)
art. 302.º — Furto por necessidade e formigueiro (atenuação legal)

art. 305.º, n.º 3 — Restituição na apropriação ilícita em caso de acessão ou de coisa achada (atenuação legal)
art. 310.º, n.º 2 — Atenuação legal no crime de dano
art. 312.º, n.º 4 — Restituição nos crimes de dano, usurpação de coisa imóvel e alteração de marcos (atenuação legal)
art. 316.º, n.º 2 — Atenuação legal nos termos do art. 302.º
art. 319.º, n.º 2 — Infidelidade (atenuação legal nos termos do art. 301.º — furto por necessidade e formigueiro)
art. 330.º, n.º 2 — Auxílio material ao criminoso (atenuação legal nos termos dos arts. 301.º e 302.º)
art. 333.º, n.º 4 — Administração danosa em unidade económica do sector público ou cooperativo (atenuação legal se for insignificante o dano patrimonial)
art. 337.º, n.º 2 — Provocação à guerra ou à represália (atenuação legal se os actos forem apenas idóneos para expor a represálias de potência estrangeira os interesses essenciais do Estado)
art. 396.º, n.º 3 — Atenuação legal do crime de descaminho ou destruição de objectos colocados sob o poder público (falta de prejuízo ou prejuízo de pequena gravidade)
art. 403.º, n.ºs 1 e 2 — Atenuação legal nos crimes dos arts. 401 e 402.º
art. 404.º, n.ºs 1 e 2 — Retratação (atenuação legal nos crimes dos arts. 401.º e 402.º)
art. 420.º, n.ºs 3 e 4 — Atenuação legal no crime de corrupção passiva
art. 423.º, n.ºs 3 e 4 — Atenuação legal no crime de corrupção activa
art. 424.º, n.º 2 — Atenuação legal no crime de peculato
art. 428.º, n.º 2 — Atenuação legal no crime de introdução em casa alheia, cometido por funcionário, abusando das suas funções

6. Concurso de circunstâncias modificativas

a) O *concurso de circunstâncias modificativas e seus efeitos*

Da legislação anterior (Código Penal de 1886, § único do art. 96.º constava a seguinte regra:

> «No concurso de circunstâncias qualificativas que agravem a pena do crime em medida especial e expressamente considerada na lei, só terá lugar a agravação resultante da circunstância qualificativa mais grave, apreciando-se as demais circunstâncias dessa espécie como se fossem de carácter geral.» Redacção do Dec.-Lei n.º 39 688, de 5 de Junho de 1954. A disposição transcrita tratou de confirmar a solução do Assento de 6 de Fevereiro de 1945 (in *Diário do Governo* de 16 do mesmo mês).

Pelo contrário, no concurso de circunstâncias modificativas atenuantes, os efeitos atenuantes previstos por lei para cada uma delas acumulavam-se.

O preceito do § único do art. 96.º do Código Penal de 1886 fora introduzido no Código, na esteira de um assento do Supremo Tribunal de Justiça, que assim decidira.

Não se encontra no novo Código Penal nenhuma regra similar à do Código anterior.

A omissão não significa necessariamente uma oposição.

O sistema do novo Código, quanto à agravação e atenuação legais, tem pressupostos muito diversos. A agravação ou atenuação legal não consiste, no Código vigente, em acrescer o limite máximo da penalidade ordinária, ou substituí-la por penalidade de diferente espécie. E a atenuação legal não consiste, também no Código vigente, em diminuir o limite mínimo da penalidade ordinária.

No Código Penal de 1982, a agravação ou atenuação legais da pena determinam no seu efeito a formação integral de uma nova penalidade. Deste modo, entre a penalidade ordinária e extraordinária, não há como que uma sequência, mas antes a substituição da penalidade ordinária — no seu limite mínimo e no seu limite máximo — por outra e diferente penalidade nos seus limites máximo e mínimo, que é a do crime qualificado ou privilegiado.

Frequentemente, por isso, as duas penalidades não são inteiramente diferentes e antes se entrecruzam. Por exemplo, ao crime de homicídio cabe a pena de 8 a 16 anos de prisão (art. 131.º); ao homicídio qualificado, cabe a pena de prisão de 12 a 20 anos. Há um troço comum às duas penalidades consideradas em abstracto que é a prisão entre 12 e 16 anos. Deste modo, a penalidade extraordinária não conduz necessariamente ao aumento ou diminuição dos limites da penalidade ordinária.

A apreciação judicial não recai sobre uma penalidade necessariamente agravada ou atenuada, para além do seu limite máximo ou para aquém do seu limite mínimo, mas sobre uma penalidade inteiramente nova.

Não é possível, assim, acumular os efeitos de agravação ou atenuação, porque não é possível adicioná-las; não se adicionam penalidades.

Parece de admitir que

1.º) no caso de concurso de agravações legais se aplicará a medida legal extraordinária mais grave, que será aquela que tenha limite máximo mais elevado;

2.º) e que no caso de concurso de circunstâncias modificativas atenuantes se aplicará a medida legal extraordinária menos grave, que será aquela que tenha menor limite mínimo.

Por outro lado, o Código Penal frequentemente, como é o caso do art. 132.º, indica várias circunstâncias modificativas, cada uma das quais pode, só por si, fundamentar a agravação ou atenuação legal.

E isso deriva de que as circunstâncias, por natureza, não têm um valor positivo ou negativo próprios, e antes são reveladores de maior ou menor culpabilidade do agente; esta revelação tanto pode derivar de uma das circunstâncias indicadas, como de todas as que a lei enumera ou consente.

O art. 132.º, que citámos como exemplo, diz claramente que a agravação legal resultará de especial ou maior censurabilidade ou perversidade, isto é, da maior culpabilidade do agente; as circunstâncias indicadas no n.º 2 do mesmo art. 132.º é que, além de outras, a revelam ou são seus indícios. Será sempre, portanto, a maior culpabilidade que verdadeiramente determina a agravação legal, como a menor culpabilidade determina, no caso de circunstâncias modificativas atenuantes, a atenuação legal.

A culpabilidade mais ou menos grave é também o critério geral para apreciação judicial das circunstâncias de carácter geral (Cód. Penal, arts. 72.º e 73.º).

A justificação da agravação ou atenuação, quer modificativa, quer de carácter geral, será objecto de mais cuidada observação, quando se tratar de agravação e atenuação judiciais.

b) Ordem pela qual se procede à agravação ou atenuação legal

Quer no que respeita ao concurso de circunstâncias modificativas agravantes, quer no que respeita ao concurso de circunstâncias modificativas atenuantes, o critério fundamental assenta na muito maior gravidade, ou muito menor gravidade, da culpa.

Mas a maior ou menor gravidade da culpa, tomada no seu sentido pleno, e não somente como vontade culpável, como é o caso na análise do conceito de crime, compreende tanto a vontade culpável, como o seu objecto, o facto ilícito. É este conceito mais amplo de culpabilidade que está presente em toda a matéria da aplicação das penas.

Por isso mesmo, a maior ou menor culpabilidade é uma noção complexa, que tanto abrange a maior ou menor gravidade do facto ilícito (como objecto da culpabilidade) como a maior ou menor culpa em sentido estrito, enquanto vontade culpável, independentemente do seu objecto.

O resultado final, maior ou menor culpabilidade, já é o resultado de uma dupla apreciação: apreciação da maior ou menor gravidade do facto ilícito, apreciação da maior ou menor gravidade da culpabilidade em sentido estrito. Esta partição em facto ilícito e culpabilidade reflecte-se na ordem pela qual se procede à determinação da maior ou menor gravidade da culpabilidade, no seu sentido pleno.

E, assim, quando concorram, no mesmo crime, circunstâncias modificativas agravantes e atenuantes que se refiram umas ao facto e outras ao agente, deverá primeiramente averiguar-se a gravidade do facto ilícito, no seu maior ou menor desvalor, e só seguidamente em relação ao facto assim determinado na sua gravidade, acrescerá a apreciação legal das circunstâncias modificativas, quer agravantes, quer atenuantes inerentes ao agente, isto é, relativas à culpabilidade em sentido estrito.

É também esse o modo de proceder quanto às circunstâncias de carácter geral como melhor se verá mais adiante; nem se compreenderia que fossem contraditórios os critérios de apreciação do valor das circunstâncias, consoante estas fossem modificativas ou de carácter geral.

c) Concurso de circunstâncias modificativas agravantes e atenuantes

Quando se trata de concurso de circunstâncias modificativas agravantes e atenuantes, há que proceder de modo similar.

Averigua-se primeiro a maior ou menor gravidade do facto, como resultar das circunstâncias modificativas relativas ao facto e, em relação à gravidade do facto assim obtida, averigua-se da maior ou menor gravidade resultante das circunstâncias modificativas inerentes ao agente.

Deve tomar-se em atenção que é mais rígido o sistema legal no que respeita às circunstâncias modificativas agravantes, do que naquilo que concerne às circunstâncias modificativas atenuantes.

E é assim porque as circunstâncias modificativas atenuantes podem ser ultrapassadas quanto ao seu efeito legal pela importância que toma a própria atenuação judicial, que pode ser uma atenuação especial nos termos dos arts. 73.º e 74.º do Código Penal; não fica, por isso, o juiz amarrado ao limite mínimo da pena aplicável em razão de uma circunstância modificativa atenuante, pois que, valorando circunstâncias atenuantes de carácter geral, pode eventualmente ainda rebaixar esse mínimo.

d) Circunstâncias modificativas agravantes e atenuantes por força da lei, e circunstâncias modificativas agravantes e atenuantes por decisão judicial

O novo Código Penal não faz uma grande enumeração de circunstâncias de carácter geral; prevê, como o anterior Código, um valor atenuante geral das circunstâncias de carácter geral, e também um valor atenuante especial das mesmas circunstâncias.

Há, contudo na parte especial a indicação, a propósito de muitos crimes, de circunstâncias de carácter geral, em relação às quais a agravação ou atenuação é modificativa da medida legal da pena, mas o efeito modificativo da penalidade é criado pela apreciação judicial, e não imposto directamente por lei.

São circunstâncias modificativas da penalidade, agravantes ou atenuantes, por decisão judicial:

art. 33.º, n.º 1 — Excesso de legítima defesa (a pena pode ser especialmente atenuada; a pena é a do crime cometido com a circunstância de ter sido determinado pela agressão prévia do ofendido)
art. 35.º, n.º 2 — Estado de necessidade imperfeito; atenuação especial que pode judicialmente ser decidida
arts. 76.º, n.º 1 e 77.º, n.º 1 — Reincidência
art. 147.º, n.º 2 — Ofensas corporais privilegiadas
arts. 155.º, n.º 2 e 157.º, n.º 2 — Ameaças e coacção grave
art. 160.º, n.º 4 — Modificação da penalidade no crime de sequestro
art. 167.º, n.º 2 — Modificação da penalidade no crime de publicidade e calúnia, se o crime for cometido através dos meios de comunicação social
art. 172.º, n.º 1 — Retorsão no crime de difamação e injúria (possibilidade de isenção da pena)

art. 218.º — Possibilidade de inibição do poder paternal, da tutela, da curatela ou da administração de bens por 2 a 5 anos

art. 219.º, n.º 2 — Possibilidade de nova medida legal de pena no crime de omissão de auxílio, quando o perigo tenha sido criado pelo omitente

art. 228.º, n.º 4 — Nova penalidade nos casos de pequena gravidade no crime de falsificação de documentos; é ao juiz que cabe decidir a aplicação de penalidade de menos grave

art. 287.º, n.º 4 — Possibilidade de atenuação livre (especial) ou isenção da pena no crime de associações criminosas, quando o agente impedir a continuação dos grupos, organizações ou associações, ou comunicar à autoridade a sua existência a tempo de esta poder evitar a prática de crimes

art. 288.º, n.º 7 — Possibilidade de atenuação livre (especial) ou isenção da pena nos termos do n.º 4 do art. 287.º, no crime de organizações terroristas

art. 289.º, n.º 3 — No crime de terrorismo, possibilidade de atenuação livre (especial) ou isenção da pena, no caso de abandono voluntário da actividade criminosa, afastamento ou diminuição considerável do perigo por ela causado, ou auxílio concreto na recolha de provas decisivas para a identificação ou a captura dos outros responsáveis

art. 301.º — Restituição. Possibilidade de aplicação judicial de penalidade menos grave (n.º 1 do art. 301.º) nos crimes de furto e apropriação ilícita, quando se verificar a restituição ou reparação integral, antes de instaurado o procedimento criminal; possibilidade de aplicação judicial, nos mesmos crimes, de penalidade ainda menos grave quando o objecto do furto ou da apropriação ilícita sejam coisas de pequeno valor (n.º 2 do art. 301.º); possibilidade de alteração da penalidade para outra menos grave quando tenha havido restituição ou reparação parcial, sendo a nova penalidade estabelecida em proporção com a maior ou menor restituição ou reparação (art. 301.º, n.º 3)

art. 303.º, n.º 5 — Nova penalidade, menos grave, que pode ser aplicada no crime de furto familiar no caso previsto no n.º 4 do art. 305.º, quando o agente viva em comunhão de habitação com o ofendido e o prejuízo não seja particularmente importante: atenuação livre (especial) da pena ou isenção dela por decisão judicial

art. 305.º — Aplica ao crime de apropriação ilícita em caso de acessão ou de coisa achada, o regime previsto, para atenuação livre ou isenção judiciais de pena, no art. 301.º

art. 312.º — Aplica ao crime de alteração de marcos o regime de atenuação livre (especial) da pena ou sua isenção, previsto nos arts. 301.º e 303.º

art. 313.º, n.º 2 — Aplica ao crime de burla o regime de atenuação livre ou isenção da pena, previsto nos arts. 301.º e 303.º

art. 315.º, n.º 3 — Aplica, no crime de burla relativa a seguros, o regime de atenuação e isenção previsto no art. 301.º

art. 319.º, n.º 2 — Aplicação, no crime de infidelidade, do regime de atenuação e isenção previsto nos arts. 301.º e 303.º

art. 330.º — Aplicação, no crime de auxílio material ao criminoso, do regime de atenuação e isenção previsto nos arts. 301.º e 303.º

art. 335.º, n.º 2 — Atenuação judicial, mediante a aplicação de nova penalidade, no crime de serviço militar em forças armadas inimigas, se o agente estiver ao serviço do Estado inimigo com autorização do Governo português

art. 337.º, n.º 2, 2.ª parte — Redução da penalidade à de 6 meses a 2 anos no crime de provocação à guerra ou à represália; quando se expuser o Estado português a represálias de potência estrangeira quanto a interesses essenciais no domínio diplomático, militar, social ou económico, *pode* a pena, por decisão judicial, ser reduzida a uma penalidade menos grave se os actos de represália não vierem a ter lugar

art. 339.º, *in fine* — Aplicação de penalidade menos grave, por decisão judicial, no crime de ajuda a forças armadas inimigas se os fins não forem atingidos ou o auxílio ou prejuízo for pouco significativo

art. 340.º — Aplicação judicial de penalidade menos grave, no crime de auxílio a medidas hostis a Portugal, se os fins não forem atingidos ou o auxílio for pouco significativo ou importante

art. 343.º, n.º 3 — Agravação judicial, pela substituição da penalidade, no crime de violação de segredos de Estado se o agente, com o facto, violar um particular dever

art. 344.º, n.º 3 — Agravação judicial, mediante nova penalidade, no crime de espionagem se o agente, com o facto, violar um particular dever

art. 382.º, n.º 1 — Nos crimes contra a segurança do Estado [1], pode o juiz atenuar livremente (especialmente) a pena do agente, quando ele voluntariamente abandonar a sua actividade, afastar ou fizer diminuir consideravelmente o perigo por ela

---

[1] Trata-se dos crimes previstos nos arts. 334.º a 379.º, abrangendo, contra o que a indicação genérica na epígrafe do capítulo poderia dar a entender, uma multiplicidade de matérias, nas fórmulas do Código designadas por «crimes contra a economia nacional» (arts. 334.º a 355.º) e «crimes contra a realização do Estado de direito» (arts. 356.º a 379.º).

causado ou impedir que o resultado que a lei quer evitar se verifique

art. 403.º, n.º 2 — Nos crimes dos arts. 401.º e 402.º (crimes contra a realização da justiça), podem as penas ser livremente (especialmente) atenuadas ou, até, delas ser o agente isento, se tiverem sido cometidos para evitar que o agente, os seus parentes ou afins até ao 3.º grau se expusessem ao perigo de serem punidos

art. 404.º, n.º 2 — Retratação nos crimes previstos nos arts. 401.º e 402.º, a tempo de ser tomada em conta na decisão; enquanto o n.º 1 refere os casos de isenção da pena, este n.º 2 permite ao juiz a isenção da pena ou a sua atenuação livre (especial) se a retratação evitar um perigo maior para terceiro

art. 408.º, n.º 2 — No crime de denúncia caluniosa, se o meio utilizado pelo agente se traduzir em apresentar, alterar ou desvirtuar meio de prova, a pena poderá elevar-se a três anos (penalidade de um mês a três anos, em vez de um mês a dois anos)

art. 423.º, n.º 2 — No crime de corrupção activa, se o crime tiver sido praticado para evitar que o agente, os seus parentes ou afins até ao 3.º grau se exponham ao perigo de serem punidos, pode o juiz atenuar livremente (especialmente) ou isentar da pena

e) Observação final

No que respeita a estas circunstâncias que podem ser consideradas modificativas por decisão judicial, a possibilidade de modificação da penalidade deve ser ponderada conjuntamente com todas as circunstâncias agravantes ou atenuantes de carácter geral, e afinal obedecendo ao critério geral de valoração das circunstâncias, que o Código Penal indica nos arts. 72.º e 73.º

A diferença está em que, no concurso com outras circunstâncias, o juiz pode partir, para graduação da pena, de nova penalidade, em função de tais circunstâncias modificativas por força de apreciação judicial.

Possivelmente melhor se compreenderá o sistema legal, tratando do concurso destas circunstâncias com as circunstâncias de carácter geral, quando se tiver indicado o regime das circunstâncias em geral.

CAPÍTULO III

A APLICAÇÃO DA PENA

§ 1.º

ÂMBITO DA APLICAÇÃO DA PENA

1. **Determinação do tipo de crime, escolha da pena ou determinação da pena aplicável e determinação da pena aplicada (graduação ou fixação da pena)**

A determinação do tipo de crime, como a escolha da pena, não são em si mesmas aplicação da pena; esta, em sentido mais exacto, abrangeria somente a determinação da pena.

Contudo, tanto a determinação do tipo de crime, como a escolha da pena, fazem parte do processo mais complexo da fixação da pena. São dela antecedentes necessários, nos casos que compreendem, e exigem de igual modo uma directa apreciação judicial.

É ao juiz que cabe, em vários casos, definir o tipo de crime, a que será aplicada uma pena. É o que sucede com as ofensas corporais simples e qualificadas, ou com o furto de valor insignificante (art. 297.º, n.º 3) relativamente ao crime de furto qualificado (art. 297.º, n.ºs 1 e 2).

Por conseguinte, se a aplicação da pena é aplicação judicial da pena em concreto, a determinação do tipo de crime pelo juiz também faz parte do processo de aplicação judicial da pena.

Também a fixação judicial da pena, na hipótese do art. 71.º — escolha da pena —, pressupõe uma prévia apreciação judicial, da qual depende a escolha da pena aplicável — pena privativa da liberdade ou pena não privativa da liberdade, quando ambas, em alternativa, constituam a penalidade compósita aplicável.

De igual modo só o juiz escolhe a penalidade nos casos das circunstâncias modificativas que só como tais são consideradas por decisão do juiz.

Em sentido estrito, a aplicação da pena já pressupõe a prévia determinação da pena aplicável.

A determinação da pena aplicável é uma função em regra reservada para a própria lei. Nas hipóteses em que a pena aplicável fique dependente, na sua determinação, não do imperativo legal, mas de apreciação judicial, inclui-se no processo mais complexo de fixação ou graduação da pena, isto é, no processo da aplicação judicial da pena.

Em sentido estrito que é o normal, fora dos casos apontados, a aplicação judicial da pena incide sobre a penalidade previamente determinada pela lei, e não entra por isso a determinação da pena aplicável no curso do processo de aplicação judicial da pena.

2. A escolha da pena

Entra no processo de aplicação judicial da pena a escolha da pena, que é versada no art. 71.º, sob a epígrafe: *critério para a escolha da pena*.

É o seguinte o teor do art. 71.º:

> «Se ao crime forem aplicáveis pena privativa ou pena não privativa da liberdade, deve o tribunal dar preferência fundamentada à segunda sempre que ela se mostre suficiente para promover a recuperação social do delinquente e satisfaça as exigências de reprovação e de prevenção do crime.»

A primeira parte do artigo delimita o campo de aplicação do preceito, que respeita aos casos em que sejam previstas penalidades compósitas em alternativa constituídas por uma pena privativa da liberdade ou por uma pena não privativa da liberdade.

O artigo dá-nos conta da desconfiança legislativa quanto às penas privativas da liberdade e procura, sempre que possível, substituí-las por penas não privativas da liberdade. Já apontámos a incoerência legislativa, ao depreciar a importância das penas privativas da liberdade que, contudo, formam o cerne do sistema penal do Código.

Mas não é essa incoerência que, agora, interessa à interpretação do art. 71.º

Convém, mais precisamente, definir o seu alcance, começando por indicar dificuldades que podem surgir na sua aplicação.

É fácil de aceitar e de cumprir o preceito legal, quando as penas que entram na constituição da penalidade compósita são penas paralelas; mas, com enorme frequência, as penalidades compósitas no Código Penal referem-se a penas de prisão e a penas de multa de muito diversa gravidade, e que não obedecem ao critério legalmente fixado para a sua equivalência no n.º 3 do art. 46.º («Quando o tribunal aplicar a pena de multa será sempre fixada na sentença prisão em alternativa pelo tempo correspondente reduzido a dois terços.») Em tais hipóteses, a escolha da pena não privativa da liberdade equivale a uma atenuação extraordinária de grande relevo.

Na segunda parte do art. 71.º, indica-se o critério para escolha da pena.

E esse critério, sob pena de incoerência, deve ajustar-se ao critério geral para determinação da medida da pena que consta no n.º 1 do art. 72.º

Essencialmente, há que ter em conta a culpa do agente (que no art. 71.º vem incluída no significado de «reprovação do crime»), a que acrescem, subordinadamente, as exigências de prevenção de futuros crimes.

O alcance do critério geral na determinação da pena constante do n.º 1 do art. 72.º será objecto de ulteriores considerações. Por agora, parece conveniente acentuar que não pode haver e não deve admitir-se divergência fundamental entre o critério indicado no art. 71.º e o critério geral indicado no n.º 1 do art. 72.º

Por conseguinte, se as penas privativas da liberdade e as penas não privativas da liberdade, longe de serem paralelas, propõem uma alternativa que deve fundar-se na muito menor culpa do agente, não deve ser possível a aplicação de pena não privativa da liberdade, se se não verificar o menor grau de culpabilidade que a justifique.

O que o art. 71.º acrescenta, ou dele se deduz é o menor valor das penas privativas da liberdade; não é o critério geral do n.º 1 do art. 72.º que é posto em causa; aquele menor valor que a lei quer afirmar deve ser tomado em conta, sem prejuízo da aplicação da regra geral do n.º 1 do art. 72.º

3. A determinação da pena aplicável

A determinação da pena aplicável é, no seu significado estrito, a aplicação judicial da pena.

Na verdade, a atribuição ao juiz da faculdade de determinar o tipo de crime no caso concreto é excepcional. Pode até criticar-se, por ofensiva do princípio da legalidade.

A descrição do facto criminoso tem de constar da lei com precisão, por força de preceito constitucional e também nos termos do art. 1.º do Código Penal: «só pode ser punido criminalmente o facto *descrito* e declarado passível de pena por lei...». É uma distorção do preceito legal admitir que a própria qualificação do facto como um tipo de crime dependa, não da lei, mas de apreciação judicial. De igual modo a criação de circunstâncias modificativas da pena por decisão judicial é um alargamento da noção estrita da aplicação da pena que conduz à alteração ou variação de medida legal da pena.

A escolha da pena, por sua vez, dará azo a similar crítica, se ao juiz couber mais do que preferir as penas não privativas da liberdade às penas privativas da liberdade, em condições diferentes daquelas que possam ser abonadas pelo critério geral de aplicação das penas, que o n.º 1 do art. 72.º estabelece.

A regra geral é, no entanto, que a determinação judicial da pena pressupõe a prévia determinação directa, pela lei, do tipo de crime e da penalidade aplicável.

4. A função do juiz na aplicação da pena

A determinação da pena é função judicial, de particular importância; mas não é função arbitrária do juiz.

Na verdade, a fixação da pena deve obedecer ao critério legal do n.º 1 do art. 72.º, no uso do qual deverá atender às circunstâncias do crime (art. 72.º, n.º 2).

A juridicidade da aplicação da pena pelo juiz correspondeu ao reconhecimento da questão da medida judicial da pena como questão de direito, para o efeito de recursos em processo penal; por esse mesmo motivo, o n.º 3 do art. 72.º exige que a sentença contenha expressamente a fundamentação da medida da pena.

Toma assim enorme importância o critério legal para determinação da pena; por isso mesmo dele se ocupa o parágrafo seguinte.

§ 2.º

CRITÉRIO LEGAL PARA APLICAÇÃO JUDICIAL DAS PENAS

1. Origem do n.º 1 do art. 72.º e principais dúvidas que suscita

a) O critério legal para aplicação das penas no Código Penal de 1886

Na sua redacção primitiva, o Código de 1886, bem como o anterior, não formulava expressamente uma norma contendo em síntese o critério legal na aplicação das penas. Não era ela, no entanto, verdadeiramente omissa, mas tão-só implícita em outras disposições do Código.

O grau da pena assentava na gravidade do crime que, por sua vez, derivava da maior ou menor gravidade do facto ilícito e da culpabilidade.

Sem alteração fundamental do sistema, o Dec.-Lei n.º 39 688, de 5.VI.1954, redigiu assim o art. 84.º do citado Código Penal:

> «A aplicação das penas, entre os limites fixados na lei para cada uma, depende da culpabilidade do delinquente, tendo-se em atenção a gravidade do facto criminoso, os seus resultados, a intensidade do dolo ou grau da culpa, os motivos do crime e a personalidade do delinquente.»

E o § único do mesmo artigo acrescentava:

> «Na fixação da pena de multa, atender-se-á sempre à situação económica do condenado, de maneira que o seu quantitativo, dentro dos limites legais, constitua pena correspondente à culpabilidade do delinquente.»

b) *O projecto primitivo do Código Penal de 1982*

O critério para fixação das penas no Projecto primitivo do Código Penal vigente estava assim redigido [1]:

> «A determinação da medida concreta da pena entre o máximo e o mínimo legais far-se-á em função da culpa do agente pelo facto e pela sua personalidade, procurando-se, nos limites que a aplicação deste critério torna possíveis, aproximar o quanto da pena, assim fixado, daquela que a prevenção de futuros crimes exigiria.»

Na justificação do texto, o seu autor informa que se dá à noção de culpa «não o sentido restrito de elemento constitutivo da infracção, mas o sentido amplo já contido no art. 84.º do Código Penal (de 1886) e que no Projecto avulta logo da simples leitura do art. 86.º» (actual n.º 2 do art. 72.º) (*Actas... — Parte Geral cit.*, II vol., pág. 123).

Em si mesma, a proposta legislativa não alterava e antes aceitava fundamentalmente o critério do anterior Código.

c) *O texto do Código Penal de 1982*

A redacção final que passou para o Código Penal de 1982 reza assim (n.º 1 do art. 72.º):

> «A determinação da medida da pena, dentro dos limites definidos na lei, far-se-á em função da culpa do agente, tendo ainda em conta as exigências de prevenção de futuros crimes.»

Não obstante a afirmação da identidade do critério legal no projecto do Código, a sua redacção no Projecto e bem assim na forma definitiva que tomou no Código de 1982 sofreu a influência de critérios propostos e fortemente discutidos nos trabalhos preparatórios do Código Penal alemão.

---

[1] Trata-se do art. 85.º do Projecto de Código Penal — Parte Geral (de Eduardo Correia), in *B.M.J.*, n.º 127 *cit.*, págs. 112-113.

Pode suscitar-se a dúvida, se a longa discussão na doutrina alemã deve ou não introduzir-se na doutrina portuguesa, para maior clareza ou para maior confusão na interpretação do preceito legal.

Dar-se-á um breve resumo dos aspectos essenciais dessa discussão doutrinária.

No fundo da disputa ressuma constante a presença de posições contraditórias fomentadas por directivas de política criminal.

Essas directivas são conotadas com a discussão teórica sobre os fins das penas e a luta de escolas. De certo modo a disputa doutrinária entrou a fazer parte da hermenêutica sobre o critério legal para aplicação da pena.

Enquanto uns aceitavam a fundamental correspondência da pena à culpabilidade, outros pretendiam que a pena se destinava a realizar fins de prevenção, quer geral, quer especial. Estes últimos enfraqueciam ou rejeitavam a própria noção de culpa penal, alçando a critério determinante da medida da pena a perigosidade do delinquente.

O áspero debate sobre a permanente dúvida quanto à natureza ou substância do conceito de culpabilidade, conduziu a sucessivas reformulações, nos trabalhos preparatórios dos vários anteprojectos do Código Penal alemão, da função da culpa e dos fins das penas.

Pode resumidamente dizer-se que foram sucessivamente apresentadas três soluções de compromisso, nos projectos que foram elaborados a partir de 1959.

Uma primeira fórmula, negando a possibilidade de equivalência aritmética da pena à culpa, defendia que esta indicaria um limite máximo e mínimo da penalidade, criando um espaço livre *(Freiraum)* dentro do qual seria inapta para mais precisão na aplicação da pena.

Dentro desse espaço livre teria cabimento a fixação da pena, agora em razão dos fins de prevenção. Esta justificação foi aceite por Eduardo Correia nos trabalhos preparatórios do Código Penal português. (*Actas... Parte Geral cit.*, II, *ibid*).

Uma segunda fórmula, rejeitando a doutrina anterior, limitava a influência admissível dos fins de prevenção à possibilidade de atenuação da pena, isto é, a medida da pena que resultar da sua equivalência à culpabilidade não poderia ser ultrapassada, e somente diminuída, em razão de fins de ressocialização.

E, finalmente, uma terceira fórmula, reforçando a função essencial da culpa na aplicação da pena, só permitiria tomar em atenção fins de prevenção enquanto a maior ou menor gravidade da pena não afectasse a correlação essencial entre pena e culpa.

Esta última doutrina aproxima-se bastante da primeira (teoria do espaço livre da pena), de maneira a parecer conciliável com ela.

Não obstante a tentativa de oposição do chamado «projecto alternativo do Código Penal alemão», que pretendeu atribuir à culpabilidade a mera função limitativa do máximo de pena a aplicar, foi a terceira fórmula acima indicada que prevaleceu na redacção final do Código alemão.

E foi ela que acabou por constar do n.º 1 do art. 72.º do Código Penal português.

Não se queda por aqui a disputa doutrinária.

Por diversa via se podem pôr entraves à plena vigência da correlação entre pena e culpa. Assim sucede com a obnubilação do conceito de culpabilidade; pretende-se, por um lado, integrar a perigosidade na culpabilidade, desvirtuando o seu significado e, por outro lado, reduzir a culpabilidade, dela excluindo todos os elementos que caracterizam o processo de formação da vontade, como fins, motivos ou emoções, bem como os elementos da personalidade que directamente se verificam no facto.

Estas observações pretendem somente mostrar, como permanece na discussão da doutrina, um ingente esforço para inserir na matéria, da aplicação das penas princípios que consintam uma reformulação do conceito de culpabilidade referida ao facto penalmente ilícito.

2. Interpretação do n.º 1 do art. 72.º do Código Penal

A crítica e fundamental rejeição do princípio da culpabilidade leva naturalmente à redução da sua importância como limite formal da medida da pena, para abrir caminho aos fins de prevenção geral ou de prevenção especial (Roxin), ou tão-só à fixação de um limite máximo da pena que não deva ser ultrapassada (Gallas) [1].

---

[1] Destes dois autores alemães, *vide* por ex.: de W. Gallas, *Der dogmatische Teil des AE (Alternativentwurf)*, in *ZStW (Zeitschrift für die gesamte Strafrechtswissenschaft)*, 80 (1968), págs. 1 e segs.; de C. Roxin, *Franz v. Liszt und die kriminalpolitische Konzeption des AE*, in *ZStW*, 81 (1969), págs. 613 e segs.

Mas, verdadeiramente, a culpabilidade não tem uma função limitativa da pena, e antes constitutiva como, também na doutrina alemã, defendeu Bruns. A pena é medida pela maior ou menor gravidade da culpabilidade, entendida esta, no seu pleno alcance, como abrangendo tanto o elemento subjectivo como o elemento objectivo do crime. Os fins da pena realizam-se mediante a pena justa.

A jurisprudência portuguesa parece orientar-se no sentido de que a média da pena indicará a pena justa [1], quando não houver motivos para a sua agravação ou atenuação; de certo modo rende homenagem ao valor constitutivo da culpabilidade na formação da pena.

Há também razões fundadas na lei para seguir esta orientação, pois se é certo que a redacção do n.º 1 do art. 72.º foi decididamente influenciada pelos trabalhos preparatórios do Código Penal alemão, também é certo que o mesmo se não poderá dizer do n.º 1 do art. 73.º que à atenuação especial da pena se refere. Neste preceito, e claramente, se afirma que a atenuação especial tem lugar quando se verificarem circunstâncias do crime que diminuam por forma acentuada «a ilicitude do facto ou a culpa do agente». Nesta expressão revive a posição legislativa consagrada no Código português revogado; a culpa abrange tanto a culpa em sentido estrito e meramente analítico, como o objecto da culpa que é o facto ilícito, mas é sempre culpa no facto.

Ora, o critério para determinação da medida da pena não pode ser e não é diverso, em qualquer fase da aplicação da pena — na determinação excepcional do tipo de crime, na escolha da pena ou na agravação ou atenuação da pena. Seria uma contradição inaceitável dentro da ordem jurídica. E por isso parece curial interpretar o n.º 1 do art. 72.º em conjunção com o dispositivo mais claro do n.º 1 do art. 73.º, bem como, também, com o n.º 2 do art. 72.º

No n.º 1 do art. 72.º, a pena deve determinar-se em função da culpabilidade compreendendo tanto a vontade culpável, como o seu objecto que é o facto ilícito.

---

[1] Assim, entre os muitos exemplos que se poderia citar, *vide* o Acórdão do Supremo Tribunal de Justiça, de 19 de Dezembro de 1984, in *B. M. J.* n.º 342, págs. 233 e segs.

Por sua vez, o n.º 2 do art. 72.º acentua a importância decisiva das circunstâncias na maior ou menor gravidade da culpa no seu sentido pleno; as circunstâncias são o meio imposto pela lei para orientar a aplicação da pena.

A importância das circunstâncias na revelação da gravidade do facto ilícito e da culpa impõe que elas sejam estudadas em novo capítulo, tanto mais que o Código Penal é parco na regulamentação da estrutura acidental do crime, da qual depende a quantidade da pena; por isso, importa tentar esclarecer a importância das circunstâncias na apreciação da «quantidade» do crime, tendo em atenção tanto os preceitos da parte geral, como muitos preceitos da parte especial do Código Penal.

CAPÍTULO IV

AS CIRCUNSTÂNCIAS DO CRIME

§ 1.º

O FACTO COMO FACTO TÍPICO
E COMO FACTO CIRCUNSTANCIADO

1. **Elementos essenciais e elementos acidentais. Acidentes e circunstâncias**

O tipo legal de crime define este na sua essência. Trata-se de um processo de abstracção que limita os elementos do crime àqueles de que depende a própria existência do crime. A teorização do conceito genérico de crime é ainda fruto de maior abstracção, porque só nos indica os elementos essenciais comuns a todos os tipos legais de crimes.

Mas a responsabilidade penal não se segue efectivamente à verificação de um conceito abstracto — mas à verificação de um facto concreto. E, neste, acrescem aos elementos essenciais (ou típicos) elementos acidentais ou circunstâncias. Os elementos essenciais definem a existência do crime; os elementos acidentais graduam a quantidade do crime.

A responsabilidade, dentro do mesmo tipo de crime, é graduável. À quantidade do crime, que os elementos acidentais revelam, corresponde a quantidade da pena aplicável; naquela se fundamenta a graduação da pena.

Esta proposição — quantidade do crime igual a quantidade da pena — ressalta, no direito positivo, da imposição legal de atender às circunstâncias para determinação da pena (art. 72.º, n.º 2).

A individualização da pena e a concretização do tipo legal de crime no facto criminoso são questões correlativas; relativamente ao mesmo crime, na sua estrutura essencial, uma maior ou menor gravidade da pena tem de reflectir e justificar-se por uma alteração quantitativa do crime, como sua causa. Crime, no sentido em que foi usado, é então o mesmo que culpa do facto, e compreende por isso a culpa em sentido subjectivo e o objecto da mesma culpa, ou seja, o facto ilícito.

As circunstâncias são-no desde que tenham relevância jurídica, isto é, desde que devam indicar a maior ou menor culpabilidade.

Convém fazer uma observação de ordem terminológica: as circunstâncias formam a «estrutura acidental» do crime, que pareceria não condizer com o vocábulo circunstância, porque então se poderia dizer estrutura circunstanciada do crime. A verdade, porém, é que circunstâncias e acidentes têm fundamentalmente o mesmo significado. É que as circunstâncias podem ser intrínsecas e extrínsecas; as primeiras são verdadeiros acidentes de um elemento essencial e as segundas são exteriores ao próprio facto. Mas acidentes de elementos essenciais ou circunstâncias extrínsecas ao facto objectivo e subjectivo, são todas circunstâncias do crime, desde que juridicamente relevantes.

E, assim, o modo da acção típica, como a gravidade do evento típico, como os elementos constitutivos do processo formativo da vontade, relativamente ao dolo, serão em geral circunstâncias, embora todas estas sejam acidentes de elementos essenciais. Pelo contrário, o lugar e o tempo do crime não são em geral acidentes de um elemento essencial, mas circunstâncias em sentido próprio, ou circunstâncias extrínsecas.

2. Valor jurídico das circunstâncias

As circunstâncias só são um conceito jurídico desde que tenham relevância jurídica. A relevância jurídica das circunstâncias não é autónoma, mas dependente da valoração do próprio facto criminoso.

O seu valor resulta da sua relacionação com o crime, com o facto efectivamente cometido, de modo que aumentem ou enfraqueçam a culpabilidade do delinquente; a sua relevância jurídica não vale por si mesma. O crime, a culpabilidade é que é mais grave ou menos grave; só na sua conexão com o crime, como facto concreto em que se integram, é que as circunstâncias podem revelar o seu valor e a sua influência na maior ou menor gravidade do crime e da pena.

Para determinar o seu valor, haverá primeiramente, que distinguir claramente os elementos essenciais dos elementos acidentais.

A essa distinção procede o próprio n.º 2 do art. 72.º, quando declara que o juiz atenderá a todas as circunstâncias que não façam parte do tipo de crime; quer isto dizer que quando determinado elemento do facto seja elemento essencial não poderá nunca apreciar-se também como circunstância.

A doutrina é similar à que constava do n.º 1 do art. 40.º do Código Penal de 1886:

> «As circunstâncias indicadas como agravantes deixam de o ser quando a lei expressamente as considerar como elemento constitutivo do crime.»

A divergência está apenas em que o Código Penal de 1886 parecia limitar o princípio às circunstâncias agravantes, sem o estender às circunstâncias atenuantes; enquanto o Código Penal de 1982 se refere a todas as circunstâncias, quer agravantes, quer atenuantes. No entanto, já nesse sentido mais lato foi sempre interpretado o disposto no art. 40.º do Código Penal de 1886. (*Direito Penal Português cit.*, II, págs. 434 e 435.)

Literalmente, e relativamente ao corpo do art. 40.º do Código anterior, o Código Penal de 1982 é, neste ponto mais explícito.

Já não foi tão explícito no desenvolvimento da questão posta, pois que, de maneira expressa, o n.º 2 do art. 72.º não contém definições similares às que constavam dos n.ºs 2 e 3 do art. 40 do Código Penal de 1886, as quais diziam que as circunstâncias deixam de o ser «quando forem de tal maneira inerentes ao crime, que sem elas não possa praticar-se o facto criminoso punido pela lei» (n.º 2 do art. 40.º) e «quando a lei expressamente declarar, ou as circunstâncias e natureza especial do crime indicarem, que não devem agravar ou que devem atenuar a responsabilidade criminal dos agentes em que concorrem» (n.º 3 do art. 40.º).

A razão da omissão destes esclarecimentos no Código Penal de 1982 resulta apenas de se ter reproduzido o preceito alemão, muito menos explícito do que o art. 40.º do Código Penal de 1886, e sem se ter em conta, como foi norma geralmente seguida, a legislação portuguesa anterior.

Não obstante, a reprodução desse texto é, por si mesma, elucidativa do alcance do princípio também formulado pelo Código vigente.

Na verdade, e a propósito da tentativa, o novo Código Penal, ao definir actos de execução no n.º 2 do art. 22.º [al. c)], diz que são actos de execução (elementos essenciais) os que, segundo a experiência comum e salvo circunstâncias imprevisíveis, são de natureza a fazer esperar que se lhes sigam actos das espécies indicadas nas alíneas a) e b). Foi proposta para esta alínea c) a interpretação que consta destas lições (*Lições de Direito Penal I. A Lei Penal e a Teoria do Crime no Código Penal de 1982*, 1987, livro II, título III, capítulo I, n.º 3 págs. 284 e segs.); e dessa interpretação deriva que actos que não são formalmente de execução, tomam em concreto essa qualidade, quando actos de preparação ou facilitação são de tal modo inerentes ao facto criminoso que a execução se não pudesse praticar sem a sua perpetração.

Parece, por isso, que a doutrina deve acomodar a noção de elementos essenciais, no facto concreto, ao alargamento que as disposições sobre tentativa indiciam e que, por esse modo, vem a condizer com o disposto no n.º 2 do art. 40.º do Código anterior.

3. Graduação da culpabilidade

A graduação da pena corresponde à graduação da culpa. A graduação da culpa, porém, implica uma noção ampla de culpabilidade, uma culpabilidade que se não esgota nos conceitos legais de dolo e negligência, enquanto definidos nos seus elementos essenciais.

Na verdade, o conceito de culpabilidade, como elemento do crime, é definido nas formas que reveste de dolo ou negligência, também definidos nos seus elementos essenciais.

A realidade dos conceitos é, então, desnudada, expurgada daqueles outros elementos que influem na sua graduação, mas não fundamentam juridicamente a sua existência. E é assim que o dolo se reduz essencialmente à resolução determinada de cometer o crime, desleixando os elementos que indicam a sua maior ou menor intensidade, a natureza dos motivos ou a força das emoções.

E é também assim no que respeita ao objecto da culpabilidade (o facto ilícito) que pode, dentro do mesmo tipo de crime, ser mais grave ou menos grave. Todos estes e outros componentes da culpabilidade entram no conceito mais amplo de culpabilidade no facto concreto, e de todos eles dá razão o n.º 2 do art. 72.º na exemplificação das circunstâncias.

Não há, evidentemente, duas diferentes noções de culpabilidade. O que acontece é que a conceptualização jurídica da culpabilidade aconselha a delimitação do seu núcleo essencial, como elemento analítico do crime, a que acrescem, para sua graduação, outros elementos, que entram no seu substrato real.

A culpabilidade é, contudo, sempre referida ao seu objecto — que é o facto ilícito, e não culpa da personalidade.

Não é que não haja uma culpa na formação da personalidade. Sem dúvida que toda a culpa é culpa do agente, mas culpa do agente que não supera a culpa no facto. É a consequência do princípio do direito penal do facto.

A culpa integral na formação da própria personalidade é, moralmente, a mais grave culpa; mas não tem e não pode ter aplicação no direito; só o tem na moral. É a rebelião total da personalidade, perante a própria finalidade moral do homem.

A culpa na formação da personalidade, como já se expôs, assenta em um processo sucessivo de deformação do próprio carácter, mediante actos livres e conscientes do agente.

Não há culpa pela existência do homem, nem culpa pela formação deficiente do próprio carácter, sem que se suponha necessariamente a culpa nos actos que constituem o processo dessa deficiente formação.

A autêntica e completa culpa da personalidade é, assim, estranha ao direito, embora seja a forma última e acabada da culpa, no seu mais profundo significado moral. [*Direito Penal Português. Parte Geral* cit. (Lisboa/São Paulo-1981; 2.ª ed., 1982), n.ᵒˢ 226 e 227, págs. 602 a 609.]

4. Classificação das circunstâncias

Uma classificação das circunstâncias é sobretudo um ensaio de sistematização na exposição da matéria, e já foi apresentado relativamente às circunstâncias modificativas. Ela tem idêntico valor quanto às circunstâncias de carácter geral.

Sendo as circunstâncias elementos acidentais do crime, distinguem-se, como é regra, em função dos seus efeitos na graduação da pena; e esses efeitos ou são a agravação da responsabilidade penal, ou a atenuação da responsabilidade penal. A primeira classificação das circunstâncias é, portanto, em circunstâncias agravantes e atenuantes.

Podem, seguidamente, as circunstâncias ser classificadas em função da extensão da sua aplicabilidade; ou são circunstâncias que podem verificar-se em qualquer crime, ou melhor, nos crimes em geral, ou circunstâncias que só serão relevantes quanto a um crime, ou a crimes de certa espécie. E então as circunstâncias dividir-se-ão em circunstâncias comuns e especiais.

Podem finalmente as circunstâncias classificar-se quanto à sua natureza, consoante se reportem directamente à culpa em sentido estrito ou ao facto ilícito. Era a esta classificação que referia expressamente o Código Penal de 1886, apresentando as circunstâncias em dois grupos: circunstâncias relativas ao facto, e circunstâncias inerentes ao agente.

a) *Circunstâncias agravantes e atenuantes*

Na sua parte geral (cf. n.º 2 do art. 72.º), o Código Penal não faz uma indicação das circunstâncias a que atribui efeito atenuante, e daquelas a que atribui efeito agravante; enumera-as indiscriminadamente, referindo-se aos efeitos quando alude a todas as circunstâncias que «deponham a favor do agente ou contra ele». A locução tem origem no Código Penal alemão.

Diferentemente, na parte especial, indica claramente circunstâncias que têm por efeito a agravação da pena, e aquelas que têm por efeito a atenuação da pena, relativamente aos varios tipos de crime.

É de ponderar que o texto primitivo do Código Penal alemão (de 15 de Maio de 1871) não continha, na sua parte geral, qualquer disposição legal sobre circunstâncias; o preceito equivalente ao n.º 2 do art. 72.º do Código Penal português (Divisão 2 do § 46 do Código Penal alemão) foi fruto de revisão da parte geral do Código, que deu origem ao novo Código Penal de 1975 [trata-se da *Neufassung des Strafgesetzbuchs von 1871* (Reforma do Código Penal de 1871, de 1 de Janeiro de 1975]. Daí resulta, como acontece também no novo Código Penal português, que a citada disposição da parte geral veio completar a indicação das circunstâncias dispersas pela parte especial e teve que ater-se dentro de limites que permitissem mais fácil ajustamento com a fragmentária regulamentação da parte especial.

De toda a maneira, e combinando o disposto na parte geral com os múltiplos preceitos da parte especial, há que distinguir entre as circunstâncias agravantes e atenuantes, e ainda, em função dos seus efeitos, as circunstâncias atenuantes modificativas, das circunstâncias atenuantes de carácter geral, e de igual modo as circunstâncias agravantes modificativas, das circunstâncias agravantes de carácter geral.

Às circunstâncias modificativas, quer atenuantes, quer agravantes, aludimos já no capítulo anterior.

Os efeitos das circunstâncias agravantes e atenuantes na parte especial do Código não condizem com os efeitos das circunstâncias de carácter geral indicadas no n.º 2 do art. 72.º. Neste preceito, o efeito das circunstâncias de carácter geral traduz-se no aumento ou diminuição da pena, dentro dos seus limites máximo e mínimo ou, como diz o n.º 1 do art. 72.º, «dentro dos limites definidos na lei».

Pelo contrário, a medida legal da pena é normalmente modificada, em função das circunstâncias previstas na parte especial que, por isso, são em regra circunstâncias modificativas.

b) Circunstâncias comuns e especiais

Quanto à extensão da sua aplicabilidade, as circunstâncias são circunstâncias comuns e circunstâncias especiais.

As circunstâncias comuns respeitam aos crimes em geral, e são as indicadas nas alíneas do n.º 2 do art. 72.º

No domínio do Código revogado, as circunstâncias comuns atenuantes eram largamente enumeradas e no entanto a enumeração era exemplificativa; as circunstâncias comuns agravantes eram também largamente enumeradas, mas a enumeração era taxativa. A ajunção a qualquer crime de circunstâncias de valor atenuante podia resultar de apreciação judicial; era vedada ao juiz, porque reservada para a lei, a admissão de circunstâncias agravantes.

c) *Circunstâncias relativas ao facto e circunstâncias relativas à culpa do agente*

As circunstâncias do crime reportam-se ou ao facto ilícito ou à culpa do agente.

É esta uma classificação que assenta na natureza das circunstâncias. Consoante respeitam ao facto ilícito ou à culpa, assim se repercutem na maior ou menor gravidade do facto ilícito, ou na maior ou menor gravidade da culpa.

A classificação constava expressamente do Código Penal de 1886, que distinguia as «circunstâncias relativas ao facto» das «circunstâncias inerentes ao agente» (arts. 31.º e 32.º).

No Código vigente, surge com a mesma configuração no n.º 1 do art. 73.º (a propósito da atenuação especial) segundo o qual as circunstâncias, para ter lugar a atenuação especial, devem diminuir de forma acentuada «a ilicitude do facto ou a culpa do agente».

Verdadeiramente, as circunstâncias referem-se ao facto ilícito, e não à ilicitude, como se referem à culpa do agente e são por isso inerentes ao agente.

Já se assinalou anteriormente a importância desta fórmula na interpretação do critério geral para determinação da pena, porquanto não pode ser diferente o critério legal para determinação do tipo de crime, para escolha da pena, para determinação da pena em geral e para a fundamentação da atenuação especial.

Esta classificação tem grande importância, em razão do regime jurídico diverso a que estão sujeitas as circunstâncias em função da sua natureza. Acostam-se as circunstâncias relativas ao facto ilícito aos princípios gerais que regem a apreciação do facto ilícito, como objecto da culpabilidade, e acostam-se as circunstâncias inerentes ao agente aos princípios gerais que regem a apreciação da culpa em sentido estrito.

A mais importante distinção no regime jurídico de umas e outras respeita à sua comunicabilidade ou incomunicabilidade no caso de pluralidade de agentes

O art. 31.º do Código Penal de 1886 dizia expressamente que «as circunstâncias agravantes ou atenuantes inerentes ao agente só agravam ou atenuam a responsabilidade desse agente».

E o art. 32.º, quanto às circunstâncias agravantes relativas ao facto incriminado, dizia que elas «só agravam a responsabilidade dos agentes que delas tiveram conhecimento ou que devessem tê-las previsto, antes do crime ou durante a sua execução».

O actual Código não contém disposição similar, a propósito das circunstâncias. Mas não é por sua falta que pode considerar-se inexistente a questão que o Código anterior regulamentou.

E, assim, quanto à incomunicabilidade das circunstâncias relativas à culpa (ou inerentes ao agente), importa chamar à colação os preceitos que regulamentam a comparticipação, mormente os arts. 28.º e 29.º, a cuja interpretação se procedeu no lugar próprio. E do seu contexto pode tirar-se a ilação de que a culpa de cada agente é individual e se não comunica, como é também incomunicável o grau de culpa (art. 29.º). Algumas dificuldades oferece a interpretação do art. 28.º, já não quanto aos crimes próprios, visto que então as circunstâncias pessoais não são relativas à culpa, mas ao facto ilícito, pois que delimitam o objecto jurídico do crime, mas quanto aos crimes qualificados. Dessas dificuldades se deu já notícia e se procurou superá-las (*Lições... I cit.*, livro II, título III, cap. II, § 1.º, n.º 8).

O art. 32.º do Código Penal de 1886 regulamentou outro aspecto da teoria das circunstâncias, isto é, em que termos as circunstâncias relativas ao facto deviam ser objecto de dolo ou negligência de cada agente.

E tomava uma posição original: as circunstâncias relativas ao facto, atenuantes, produziam os seus efeitos independentemente de serem abrangidos pelo dolo ou negligência dos agentes; produziam o seu efeito de atenuação, em razão da sua existência objectiva e sem qualquer ligação com a vontade dos agentes.

Original era também a solução quanto às circunstâncias rela- relativas ao facto, agravantes; não se exigia que elas fossem objecto de dolo, nos crimes dolosos, e antes bastava, para a sua imputação, que tais circunstâncias fossem ou pudessem ter sido previstas pelo agente. Era uma solução que se aproximava da regulamentação da preterintencionalidade. Ao que nos parece, só o Código Penal polaco veio a seguir similar orientação.

A falta de qualquer regulamentação legal directa da questão, conduz a admitir, no Código actual, diferente regime: as circunstâncias quer agravantes, quer atenuantes devem ser abrangidas pelo dolo do agente, nos crimes dolosos, ou pela negligência do agente, nos crimes culposos. É esse o princípio geral, e que não foi limitado pelo Código de 1982.

Contudo, algumas dificuldades podem surgir, a propósito da al. *a*) do n.º 2 do art. 72.º, a que faremos oportunamente breve anotação, na medida em que é possível uma interpretação em razão da qual as consequências do facto poderiam ser imputadas objectivamente.

§ 2.º

AS CIRCUNSTÂNCIAS COMUNS E AS CIRCUNSTÂNCIAS ESPECIAIS

1. As circunstâncias comuns

O anterior Código fizera refluir para a sua parte geral o regime geral das circunstâncias; o novo Código, seguindo o rumo do Código alemão, cuja parte geral não foi alterada conjuntamente com a parte especial, manteve uma larga difusão de circunstâncias especiais, e só procurou, na parte geral, uma indicação genérica de circunstâncias.

O novo Código Penal português seguiu o sistema do Código alemão; a parte especial está enxameada da previsão de circunstâncias que, não são somente circunstâncias modificativas legais, mas também circunstâncias cujo valor é determinado por directa apreciação judicial, relativamente a algum ou alguns crimes.

A enumeração de circunstâncias na parte geral do Código tinha de ser como que complementar da especificação das circunstâncias na parte especial.

O preceito legal da parte geral do Código Penal que enumera as circunstâncias comuns é o n.º 2 do art. 72.º, o qual reza assim:

> «Na determinação da pena, o tribunal atenderá a todas as circunstâncias que, não fazendo parte do tipo de crime, deponham a favor do agente ou contra ele, considerando, nomeadamente:
>
> *a)* O grau de ilicitude do facto, o modo de execução deste e a gravidade das suas consequências, bem como o grau de violação dos deveres impostos ao agente;
>
> *b)* A intensidade do dolo ou da negligência;
>
> *c)* Os sentimentos manifestados na preparação do crime e os fins ou motivos que o determinaram;

d) As condições pessoais do agente e a sua situação económica;

e) A conduta anterior ao facto e a posterior a este, especialmente quando esta seja destinada a reparar as consequências do crime;

f) A gravidade da falta de preparação para manter uma conduta lícita, manifestada no facto, quando essa falta deva ser censurada através da aplicação da pena.»

A enumeração é exemplificativa; para além destas circunstâncias, outras não indicadas poderão ter o valor de circunstâncias agravantes ou atenuantes, quando venham a ser, como tais, reconhecidas judicialmente.

No regime do Código Penal de 1886, também a ampla enumeração de circunstâncias atenuantes (22 circunstâncias, art. 39.º) era exemplificativa, pois que, nos termos do art. 39.º, 23.ª, seriam circunstâncias atenuantes «em geral, quaisquer outras circunstâncias, que precedam, acompanhem ou sigam o crime, se enfraquecerem a culpabilidade do agente ou diminuirem por qualquer modo a gravidade do facto criminoso ou dos seus resultados».

Pelo contrário, as circunstâncias agravantes seriam «unicamente» as trinta e quatro circunstâncias enumeradas no art. 34.º do Código Penal de 1886.

a) As circunstâncias comuns enumeradas no Código vigente não se distinguem sempre em circunstâncias agravantes e circunstâncias atenuantes.

As circunstâncias das al. *c)* a *d)* são ambivalentes; as circunstâncias da al. *e)* são atenuantes; da al. *f)* são agravantes.

A enumeração das circunstâncias no n.º 2 do art. 72.º é ambivalente nas al. *a)* a *d)*, isto é, as circunstâncias legalmente indicadas tanto podem ser atenuantes como agravantes ou, como se expressa a lei, tanto podem depor a favor do agente como contra ele.

E por isso as circunstâncias comuns são elaboradas de modo a indicar matéria que tanto permita a atenuação como a agravação, formulando critérios de valoração, e prescindindo de descrição mais precisa.

b) Também o n.º 2 do art. 72.º não distingue entre circunstâncias relativas ao facto, e circunstâncias relativas à culpa. Mas essa distinção está implícita na lei. A maior gravidade ou menor gravidade do crime dependerá da gravidade do facto ilícito [*vide* al. *a*) do citado artigo], ou da gravidade da culpa, e essa divisão transparece do critério legal para apreciação das circunstâncias consoante consta, como já foi assinalado, do n.º 1 do art. 73.º a propósito da atenuação especial.

Omissa na lei a classificação, está contudo nela implícita.

Feitas estas observações, dar-se-á conta, resumidamente, no número ulterior, do conteúdo das circunstâncias expressamente enunciadas no n.º 2 do art. 72.º

2. As circunstâncias comuns expressamente indicadas no n.º 2 do art. 72.º

a) *O grau de ilicitude do facto, o modo de execução deste e a gravidade das suas consequências, bem como o grau de violação dos deveres impostos ao agente* [al. *a*) do n.º 2 do art. 72.º].

Esta circunstância condensa todas as circunstâncias relativas ao facto ilícito.

Desde logo o grau de ilicitude do facto — a maior ou menor gravidade do facto ilícito — abrange toda a extensão da alínea *a*) do n.º 2 do art. 72.º; se for ínfimo o grau de ilicitude do facto, a circunstância será atenuante, se for grande o grau de ilicitude do facto, a circunstância será agravante.

Não diz por si mesmo o grau de ilicitude do facto ou gravidade do facto ilícito, aquilo em que assenta a sua maior ou menor gravidade, sendo essa função esclarecedora assumida pelo texto da alínea *a*) que se segue; a maior ou menor gravidade do facto ilícito resultará do modo de execução do crime, da gravidade das suas consequências, bem como do grau de violação dos deveres impostos ao agente.

Mas a matéria em que assenta a maior gravidade ou menor gravidade do facto ilícito é susceptível de indicar a verificação de uma circunstância atenuante ou de uma circunstância agravante.

Essa matéria é indicada fundamentalmente pelo modo de execução e pela gravidade das suas consequências.

— Quanto ao modo de execução:

Em primeiro lugar, como é regra, não pode constituir circunstância o modo de execução típico, pois que este é elemento essencial do crime; as circunstâncias são algo a mais, para além do facto típico.

Pode fazer-se uma exemplificação quanto à circunstância que consiste no modo de execução do facto servindo-nos da mais minuciosa análise que oferecia o Código revogado, e distinguindo os casos em que o modo de execução constituirá uma circunstância agravante, daqueles onde constituirá uma circunstância atenuante. (Cf., em *Direito Penal Português* cit., I, *v.g.* págs. 634 e segs.)

Serão circunstâncias agravantes, compreendidas no modo de execução, aquelas em que o modo de execução (que não seja elemento essencial do facto) apresenta uma maior gravidade do que a necessária para a execução. Essa maior gravidade resulta sobretudo, no Código Penal de 1886, da fraude ou violência como modo de execução.

A fraude verificava-se na circ. 11.ª do art. 34.º: «ter sido cometido o crime com espera, emboscada, disfarce, surpresa, traição, aleivosia, excesso do poder, abuso de confiança ou qualquer fraude».

A violência pode ser violência contra as pessoas ou contra as coisas (que não seja elemento essencial do crime), e a ela se referiam as circunstâncias 12.ª, 15.ª, 23.ª e 28.ª do art. 34.º. E, assim, como violência contra as coisas se considerava «ter sido o crime cometido com arrombamento, escalamento ou chaves falsas». Como perigo de violência contra as pessoas era considerada a circunstância de «ter sido cometido o crime entrando o agente ou tentando entrar em casa do ofendido», como a circunstância de «ter sido cometido o crime com quaisquer actos de crueldade, espoliação ou destruição, desnecessários à consumação do crime», ou de «ter sido cometido o crime com manifesta superioridade, em razão da idade, sexo ou armas».

Também cabiam no modo de execução a pluralidade de acções na execução do crime, ou a pluralidade de agentes na execução.

A circ. 14.ª do art. 34.º previa «ter sido cometido o crime com o emprego simultâneo de diversos meios ou com insistência em o consumar depois de malogrados os primeiros esforços»; a circ. 5.ª do citado artigo previa: «ter sido precedido o crime de ofensas, ameaças, ou condições de fazer ou não fazer alguma coisa»; e a circ. 6.ª do mesmo artigo: «ter sido o crime precedido de crime frustrado ou de tentativa».

Ao modo de execução se referem também as circunstâncias que indicam maior gravidade em razão do instrumento utilizado, qual era a circ. 13.ª: «ter sido cometido o crime com veneno, inundação, incêndio, explosão, descarrilamento de locomotiva, naufrágio ou avaria de barco ou de navio, instrumento ou arma cujo porte e uso foi proibido». O uso de arma proibida constitui na legislação actual crime autónomo (cf., no novo Código Penal, os arts. 152.º, 260.º e 361.º), pelo que não deve considerar-se circunstância; mas a utilização de crimes de perigo comum como meio de realizar um crime é expressamente considerada pelo actual Código como circunstância modificativa do homicídio [art. 132.º, n.º 2, al. *f*)] e nada obsta a que se inclua no âmbito do «modo de execução» do crime.

Até aqui, exemplificámos o modo de execução do crime, como circunstância agravante. Mas o modo de execução pode também ser circunstância atenuante; não dá o Código Penal de 1886 uma indicação expressa, pelo que essa atenuação havia de resultar da apreciação, do modo de execução como denunciando a menor gravidade do facto criminoso (art. 39.º, circ. 23.ª).

— Refere-se o texto da al. *a*) do n.º 2 do art. 72.º, seguidamente à gravidade das consequências do crime.

A gravidade poderá ser maior ou menor, e o seu grau denunciado por circunstâncias. Mas, em geral, será ela de invocar também prevalentemente como circunstância agravante.

Aos efeitos do crime como circunstância agravante respeitavam as circ. 20.ª, 21.ª, 29.ª, 30.ª, 31.ª e 32.ª do art. 34.º do Código de 1886, que constituem assim uma exemplificação do texto do Código de 1982.

De uma maneira geral, a circ. 31.ª dá o critério basilar para admitir a circunstância agravante, dizendo que esta pode derivar de «ter resultado do crime outro mal além do mal do crime».

Naturalmente que, no Código actual, o outro mal não pode ser outro crime em concurso ideal, visto que, então, haveria pluralidade de crimes. É um mal que não constitui violação de outra norma incriminadora.

Na exemplificação a que, seguidamente, procede o Código revogado, cabem no âmbito da «gravidade das consequências» ou efeitos: «ter sido cometido o crime por qualquer meio de publicidade ou por forma que a sua execução possa ser presenciada, nos casos em que a gravidade do crime aumente com o escândalo da publicidade» (circ. 20.ª); ter sido aumentado o mal do crime com alguma circunstância de ignomínia» (circ. 32.ª); «ter sido cometido o crime com desprezo do respeito devido ao sexo, idade ou enfermidade do ofendido» (circ. 29.ª); «ter sido cometido o crime com desprezo de funcionário público no exercício das suas funções» (circ. 21.ª); e «ter sido cometido o crime, estando o ofendido sob a imediata protecção da autoridade pública» (circ. 30.ª do art. 34.º).

Com referência às consequências do crime se podem considerar aqueles efeitos que derivam de circunstâncias extrínsecas, como o lugar e o tempo do crime; do próprio lugar e tempo do crime pode resultar a maior gravidade dos efeitos ou consequências.

Exemplificação também a oferece o velho Código, nas circunstâncias agravantes 16.ª, 17.ª e 18.ª do art. 34.º: «ter sido cometido crime na casa de habitação do agente, quando não haja provocação do ofendido» (circ. 16.ª), onde se verifica o desrespeito pelos deveres sociais de hospitalidade; «ter sido cometido o crime em lugares sagrados, em tribunais ou em repartições públicas» (circ. 17.ª), onde se verifica a falta do respeito que é devido a esses lugares; «ter sido cometido o crime em estrada ou lugar ermo» (circ. 18.ª), onde aumenta o perigo do crime pela dificuldade de o evitar ou impedir, e sobretudo porque acresce o mal de suscitar a desconfiança pública quanto à segurança das comunicações.

Ao lado destas circunstâncias relativas ao lugar do crime e indirectamente aos seus efeitos ou consequências, previa o Código de 1886 circunstâncias relativas ao tempo de crime. «Ter sido cometido o crime de noite, se a gravidade do crime não aumentar em razão de escândalo proveniente da publicidade» (circ. 19.ª) e «ter sido o crime cometido na ocasião de incêndio, naufrágio, terramoto, inundação, óbito, qualquer calamidade pública ou desgraça particular do ofendido» (circ. 22.ª do art. 34.º). O aproveitamento do tempo em que ocorre a calamidade pública ou particular aumenta a gravidade do facto cometido.

Finalmente, a al. *a)* do n.º 2 do art. 72.º refere-se ao grau de violação dos deveres impostos ao agente.

Não parece, porém, que o grau de violação dos deveres impostos ao agente, ou melhor, a cada agente, possa ser uma circunstância relativa ao facto ilícito, e antes se deverá, em geral, considerar como circunstância relativa à culpa. E, na verdade, se se trata de violação de deveres que não se traduzem em objecto jurídico do crime, essa violação só pode agravar a culpa daquele ou daqueles sobre que impendem tais deveres.

E, sendo assim, e quanto às circunstâncias relativas ao facto, o Código Penal vigente só indica os critérios da sua determinação no que respeita ao modo de execução e aos efeitos do crime; a última parte da al. *a)* do n.º 2 do art. 72.º já respeitaria a circunstâncias relativas à culpa.

É, aliás, aos dois casos anotados — do modo de execução e dos efeitos do crime — que se reduz a indicação da disposição similar do n.º 2 do § 46 do Código alemão, que serviu de fonte ao direito português.

Uma outra dúvida pode surgir do confronto entre o Código português e o Código alemão.

Este último previra em projectos do Código a admissibilidade de circunstâncias agravantes ou atenuantes em razão dos efeitos ou consequências do facto; mas a redacção definitiva quis evitar a interpretação segundo a qual, e similarmente ao que sucede frequentemente no Código alemão nos crimes qualificados pelo evento, os efeitos ou consequências do facto se imputariam objectivamente ao agente; esclareceu na redacção definitiva que só são imputadas, como circunstâncias, as consequências «culpáveis», isto é, abrangidas pelo dolo ou pela negligência.

Este esclarecimento não foi transferido para o Código português; não obstante, tais consequências, como todas as circunstâncias relativas ao facto, devem ser culpáveis, isto é, objecto de dolo ou negligência, consoante se tratar de crimes dolosos ou culposos. Já se fez anteriormente alusão a esse problema.

b) As restantes alíneas do n.º 2 do art. 72.º

As demais circunstâncias, das alíneas *b)*, *c)*, *d)*, *e)* e *f)*, são circunstâncias relativas à culpa.

Desta observação se deduz que, sendo parca a indicação das circunstâncias comuns no actual Código, ela se alarga quanto às circunstâncias relativas à culpa. E compreende-se que seja assim, por isso que os tipos de crime são sobretudo moldados em razão do facto ilícito, enquanto a culpa é sobretudo definida nos seus elementos essenciais, na parte geral do Código; é essa uma razão para que as circunstâncias relativas à culpa, mesmo as de maior importância, possam estar omissas na parte especial.

E, assim, é circunstância relativa à culpa «a intensidade do dolo ou da negligência» [al. *b*) do n.º 2 do art. 72.º].

É uma circunstância ambivalente, isto é, que pode ser uma circunstância agravante ou uma circunstância atenuante. O dolo ou a negligência são elementos essenciais da culpa; a maior intensidade do dolo ou da negligência é circunstância agravante; a menor intensidade é circunstância atenuante.

Em que consiste essa maior ou menor intensidade?

Quanto ao dolo, será mais grave o dolo premeditado, de que o novo Código deu nova definição ao considerar a premeditação circunstância modificativa no crime de homicídio: premeditação é então «a frieza de ânimo, a reflexão sobre os meios empregados ou o protelamento da intenção de matar por mais de 24 horas» [art. 132.º, n.º 2, al. *g*)]. É claro que a premeditação será circunstância modificativa no crime de homicídio, mas será circunstância de carácter geral, e com os efeitos que o art. 72.º indica quanto a todas as circunstâncias de carácter geral.

Aliás, pode entender-se que todas as circunstâncias especiais funcionarão eventualmente como circunstâncias de carácter geral nos crimes a que não respeitem, mas cuja natureza as consinta.

É também mais grave a malícia ou dolo intencional do que o dolo eventual.

Quanto à negligência, deverá considerar-se menos intensa quando for culpa inconsciente do que quando for culpa consciente.

São também circunstâncias, agravantes ou atenuantes, «os sentimentos manifestados na preparação do crime e os fins ou motivos que o determinam» [al. *c*) do n.º 2 do art. 72.º].

A vontade culpável não se esgota na decisão voluntária, em função da qual se procura definir, na sua nudez, o dolo e a negligência (arts. 14.º e 15.º do Código Penal). Não há vontade que não seja movida por um fim que será o motivo final da própria vontade, e não há vontade que não seja impulsionada por motivos antecedentes; dos motivos determinantes da resolução voluntária se podem distinguir os contramotivos, isto é, aqueles motivos que deviam estar presentes no processo de formação da vontade e que censuravelmente o agente não ponderou.

Os motivos são factor determinante da resolução voluntária. Mas os motivos tornam-se prementes enquanto são fortalecidos pelos sentimentos, emoções ou paixões que os acompanham.

Todos estes factos psíquicos entram no processo de formação da vontade, e são indicados no Código Penal sob a designação genérica de «sentimentos manifestados na preparação do crime».

As circunstâncias englobadas na designação genérica de sentimentos, fins ou motivos que determinaram o crime, podem ser circunstâncias agravantes ou atenuantes: como é regra no Código Penal vigente, as circunstâncias comuns são indicadas com função ambivalente.

Quanto aos sentimentos, por exemplo o medo, a perturbação do agente terá valor atenuante; o ódio ou a raiva terá valor agravante.

Quanto aos motivos, poderá dizer-se, em geral, que o motivo final do crime, que se situa além do mal do crime, pode consistir em um outro mal particularmente censurável; o Código anterior indicava nesse sentido como circunstância agravante (art. 34.º, circ. 4.ª) «ter sido cometido o crime como meio de realizar outro crime», «ter sido cometido o crime em resultado de dádiva ou promessa» (circ. 2.ª do art. 34.º) ou «ter sido cometido o crime em consequência de não ter o ofendido praticado ou consentido que se praticasse alguma acção ou omissão contrária ao direito ou à moral» (art.º cit., circ. 3.ª).

Também o velho Código indicava circunstâncias agravantes que consistiam em contramotivos que deveriam ter funcionado, e não funcionaram, como inibitórios da vontade criminosa; vinham elas enumeradas nas circunstâncias 24.ª, 25.ª, 26.ª e 27.ª do art. 34.º, e podem servir de exemplificação: «ter sido cometido o crime, prevalecendo-se o agente da sua qualidade de funcionário»; ter o agente «a obrigação especial» de não cometer o crime, «de obstar a que seja cometido ou de concorrer para a sua punição»; «havendo o agente recebido benefícios do ofendido, quando este não houver provocado a ofensa que haja originado a perpetração»; ou «sendo o ofendido ascendente, descendente, esposo, parente ou afim até segundo grau por direito civil, mestre ou discípulo, tutor ou tutelado, amo ou doméstico, ou de qualquer maneira legítimo superior ou inferior do agente».

Os sentimentos, fins ou motivos, podem também ser circunstâncias atenuantes, quando o seu valor positivo assim o indique, isto é, enquanto os sentimentos, motivos ou fins do agente contrastem no seu valor positivo com o desvalor do facto ilícito.

Em geral, serão circunstâncias atenuantes aquelas que se englobem na regra geral de que o agente pretendia evitar um mal, ou produzir um mal menor (circ. 5.ª do art. 39.º do Código Penal de 1886). O mal objectivo produzido é então meio instrumental para evitar outro mal, e naturalmente o valor atenuante será tanto maior quanto mais forte for o contraste entre o bem pretendido ao evitar o mal e o mal produzido para o conseguir. O Código Penal de 1886 enumerava exemplificativamente circunstâncias atenuantes que aos sentimentos, fins ou motivos se referem, no art. 39.º, circunstâncias 11.ª, 12.ª, 13.ª, 14.ª, 15.ª e 16.ª

Nas actas da Comissão Revisora, o autor do Projecto elucidou que, com as circunstâncias englobadas na al. *c*) do n.º 2 do art. 72.º (corresponde ao n.º 3.º do art. 86.º do Projecto) «tivera em vista aquilo que os Alemães designam por *Gesinnungsmerkmale*, isto é, aqueles elementos que caracterizam a atitude interna ou atitude moral do delinquente e que não cabem nem no dolo, nem nos motivos ou fins da vontade criminosa, porque dizem respeito, mais directamente, à *posição* do agente perante a própria ordem jurídica...» «*Actas, Parte Geral*, II, pag. 126).

Parece que, desta forma, se pode entender que precisamente os contramotivos que assentam em deveres pessoais do agente, estariam claramente incluídos na al. *c*) do citado artigo. Será o grau positivo ou negativo dos contramotivos, ou a natureza positiva ou negativa dos sentimentos ou emoções, que indiciará a natureza atenuante ou agravante de tais circunstâncias.

Na doutrina alemã, *Gesinnung* vem a designar a correspondência dos sentimentos, motivos ou fins, de algum modo, à revelação do carácter no facto. Não a personalidade na sua totalidade, através da qual se pode fazer entrar a perigosidade no conceito de culpa, mas a conformidade ou desconformidade do facto com a personalidade.

Podia considerar-se que, neste aspecto, caberia nesta rubrica a própria circunstância da reincidência que, no entanto, no novo Código não é uma circunstância de carácter geral, mas, como já notámos, uma circunstância modificativa por decisão judicial.

As outras alíneas referem-se, como a anterior, à culpa, mas fazendo entrar nela, como sua componente, a personalidade do delinquente enquanto expressa no facto.

É assim tanto com «as condições pessoais do agente e a sua situação económica» [al. d) do n.º 2 do art. 72.º], como com «a conduta anterior ao facto e a posterior a este, especialmente quando esta seja destinada a reparar as consequências do crime» [al. e) do n.º 2 do art. 72.º) e com «a gravidade da falta de preparação para manter uma conduta lícita, manifestada no facto, quando essa falta deva ser censurada através da aplicação da pena» [al. f) do n.º 2 do art. 72.º].

Em todas estas circunstâncias se trata de circunstâncias que podem revelar a adequação da personalidade ao facto, ou na realização do crime ou no comportamento anterior ao crime ou no comportamento posterior.

E essa adequação ou falta de adequação da personalidade ao facto pode ter ou efeito agravante ou atenuante, excepção feita da alínea f), que constitui somente uma circunstância agravante, como se infere da sua redacção.

A circunstância da al. e), quanto ao comportamento posterior ao crime, que especialmente consista em reparar as consequências do crime, tem larga aplicação — como circunstância modificativa atenuante — em muitos crimes, como já assinalámos (restituição).

3. As circunstâncias especiais

O efeito atenuante ou agravante das circunstâncias comuns consiste na determinação da pena dentro dos seus limites mínimo e máximo; a fixação das penas, por força da agravação, nunca pode exceder o limite máximo da penalidade; o efeito atenuante também, em princípio, não pode ser inferior ao limite mínimo da penalidade, mas esta última regra não tem valor absoluto.

É que o efeito atenuante das circunstâncias comuns pode ser a atenuação geral ou pode ser a atenuação especial consoante vem regulada no art. 74.º, a qual implica já uma variação da medida legal da pena aplicável, por isso que a pena aplicada pode ser inferior ao seu mínimo legal, ou ser substituída por espécie de pena menos grave.

Quanto às circunstâncias especiais, o seu efeito consiste normalmente em uma variação da penalidade.

Em breve súmula, fica feita anteriormente uma enumeração das circunstâncias especiais constantes da parte especial do Código, e relativas a um ou a vários crimes. Essas circunstâncias são quer agravantes, quer atenuantes, e relativas ao facto ilícito ou à culpabilidade. E também se distinguem consoante o seu efeito agravante ou atenuante depende directamente da lei, ou pode ser-lhes atribuído pelo juiz, consistindo em uma variação legal ou judicial da penalidade.

4. O efeito de agravação ou atenuação das penas

As circunstâncias não têm valor próprio. Revelam a maior ou menor gravidade do facto ilícito e da culpa.

A apreciação das circunstâncias terá, por isso, de fazer-se em conjunto, já que o efeito agravante ou atenuante respeita ao crime, à culpa, e não às circunstâncias em si mesmas.

Não é, pois, cada circunstância que tem um valor próprio, atenuante ou agravante, mas o crime circunstanciado, como facto real, em função da ilicitude e da culpabilidade, que se revela mais grave ou menos grave.

Para apreciação global da quantidade do crime há, contudo, que seguir uma via lógica, tomando em atenção cada circunstância na sua correlação com as demais, via essa que pode apresentar-se complexa, dada a diferente natureza das circunstâncias e o diferente valor que a lei lhes possa atribuir.

É essa via lógica, que importa desvendar no sistema legal, que será objecto do parágrafo seguinte sobre concurso de circunstâncias.

§ 3.º

CONCURSO DE CIRCUNSTÂNCIAS

1. Razão de ordem

No primeiro parágrafo deste capítulo, foi dito que o procedimento de aplicação da pena no seu sentido amplo, pode abranger a determinação do tipo de crime (em casos previstos na parte especial do Código) e a escolha da pena (no caso de imposição de pena alternativa de prisão ou multa). Em um e outro caso, trata-se de um procedimento prévio relativamente à fixação ou determinação da pena.

Nos casos normais, e quanto à determinação da pena, tem lugar primeiramente a determinação da medida da pena aplicável, e depois a determinação ou fixação da pena aplicada, dentro dos limites da pena aplicável.

Em todos os casos — quer na determinação do tipo de crime, quer na escolha da pena, quer na determinação da pena aplicável e na fixação da pena aplicada — , há que obedecer ao critério geral que oferece o art. 72.º, isto é, há que desvendar a maior ou menor gravidade do facto ilícito e da culpa e, para tanto, atender às circunstâncias do crime que revelam essa maior ou menor gravidade.

A determinação da pena aplicável tem de preceder a fixação da pena aplicada; aquela determinação da pena aplicável pertencerá, em razão do princípio da legalidade, à lei, mas nem sempre é assim. O Código Penal admite circunstâncias modificativas por força da lei e, ao lado destas, circunstâncias modificativas por directa apreciação judicial. De uma e de outras se deu já notícia.

De toda a maneira, só depois de determinada a pena aplicável se segue logicamente a fixação da pena concretamente aplicada.

Deve, por isso, em uma primeira fase da aplicação da pena, proceder-se à determinação da pena aplicável e, só depois, graduar essa pena no caso concreto.

A pena aplicável consta, em regra, da respectiva norma incriminadora, pois que é esta que define os seus limites máximo e mínimo.

Estes limites legais podem contudo ser alterados, com fundamento em circunstâncias que o legislador apresenta especialmente em relação a muitos crimes, ou seja, pela verificação de circunstâncias modificativas por força da lei.

Mas também a lei concede, muitas vezes, ao poder judicial, a faculdade de elevar circunstâncias de carácter geral a circunstâncias modificativas; quer dizer, as circunstâncias modificativas, então, embora previstas na lei, só têm valor mediante prévia decisão do juiz. Há, portanto, como que uma participação do juiz na formação — para o caso concreto — da penalidade ou pena aplicável.

A determinação legal ou a formação judicial em função da lei, de nova penalidade, tem de estar concluída para, dentro dos limites da nova penalidade, ser graduada e aplicada a pena.

As circunstâncias modificativas relativamente a cada crime podem apresentar-se isoladamente ou em concurso.

Há um concurso de circunstâncias modificativas para determinação da pena aplicável, quando o legislador indica conjunta ou sucessivamente várias circunstâncias com valor legal predeterminado.

No concurso de circunstâncias modificativas relativas ao facto, agravantes ou atenuantes, só há que ter em conta a maior agravação ou a maior atenuação.

Igualmente no concurso de circunstâncias modificativas relativas ao agente só há que tomar em conta a maior agravação ou a maior atenuação entre as previstas na lei. No concurso de circunstâncias modificativas relativas ao facto e inerentes ao agente, tomar-se-á em atenção o efeito que resulte da maior ou menor gravidade do facto ilícito (em relação a todos os agentes) e sobre a penalidade assim obtida, recairá o efeito das circunstâncias modificativas relativas a cada agente.

Findo o processo de determinação da pena aplicável, a fixação da pena dentro dos seus limites resulta da apreciação das circunstâncias de carácter geral. Mas, mesmo no caso de circunstâncias de carácter geral, quando atenuantes, o seu efeito pode dar lugar a uma nova penalidade; é que, enquanto a agravação da pena, para além do seu limite máximo, só pode verificar-se em face de circunstâncias modificativas previstas na lei, a atenuação das penas pode ser uma atenuação geral consoante é prevista no art. 72.º, n.º 1, e por isso uma graduação até ao mínimo da penalidade, ou uma atenuação especial (arts. 73.º e 74.º), isto é, o julgador pode dar às circunstâncias atenuantes um valor específico que altere a própria penalidade aplicável e reduz o seu limite mínimo, ou substitui a pena.

2. As circunstâncias na determinação da pena aplicável; e o concurso dos seus efeitos penais

As circunstâncias que interessam à determinação da pena aplicável são as circunstâncias modificativas.

Já se disse isso mesmo ao tratar das circunstâncias modificativas. Pode, porém, acontecer que haja não uma circunstância modificativa, mas um concurso de circunstâncias modificativas.

O concurso tem lugar quer se verifiquem várias circunstâncias modificativas agravantes, quer se verifiquem várias circunstâncias modificativas atenuantes. Umas e outras, as circunstâncias modificativas agravantes ou atenuantes, podem ser relativas ao facto ou à culpa.

Na análise da infracção, como na apreciação das circunstâncias, deve seguir-se esta ordem:

1.º — concurso de circunstâncias modificativas relativas ao facto ilícito, dentro do qual se atenderá separadamente às circunstâncias modificativas relativas ao facto agravantes e atenuantes, para determinar a nova penalidade em função da gravidade do facto ilícito, não esquecendo que as circunstâncias relativas ao facto carecem de ser objecto de dolo ou negligência do agente;

2º — concurso de circunstâncias modificativas relativas ao agente, agravantes ou atenuantes, para determinar a nova penalidade em função da gravidade da culpa de cada agente;

3º — o concurso de circunstâncias modificativas relativas ao facto e relativas ao agente conduz à determinação da penalidade. Mas, nem as circunstâncias modificativas agravantes, nem as circunstâncias modificativas atenuantes, levam à adição dos seus efeitos. Só há que ter em linha de conta a circunstância modificativa agravante mais grave e, consequentemente, a penalidade com mais elevado máximo, ou a penalidade com mínimo inferior.

Não era assim, quanto às circunstâncias modificativas atenuantes no velho Código; mas deverá sê-lo na vigência do novo Código, pois as circunstâncias modificativas dão sempre causa a uma nova penalidade, e é a penalidade mais grave que constitui o efeito de todas as circunstâncias modificativas agravantes, ou a penalidade menos grave que constitui o efeito de todas as circunstâncias modificativas atenuantes;

4º — o resultado do concurso de circunstâncias modificativas será ou a determinação da pena aplicável mais elevada (circunstâncias agravantes) ou de menor mínimo (circunstâncias atenuantes) ou resultado do concurso entre circunstâncias modificativas, agravantes e atenuantes, relativas ao facto e inerentes a cada agente.

3. O concurso de circunstâncias de carácter geral

O concurso de circunstâncias modificativas conduz à determinação ou formação da penalidade ou pena aplicável, enquanto o concurso de circunstâncias de carácter geral respeita somente à graduação ou fixação da pena aplicada, dentro dos limites máximo e mínimo da pena aplicável.

Esta regra, que consta expressamente do n.º 1 do art. 72.º, não é, porém, absoluta. Aplica-se ao concurso de circunstâncias agravantes, pois que a agravação por uma ou muitas circunstâncias agravantes de carácter geral não permite que a pena exceda o limite máximo da pena aplicável.

Mas já não se aplica quanto às circunstâncias atenuantes ou seu concurso.

As circunstâncias atenuantes podem ter como efeito a *atenuação geral*, que consiste na atenuação da penalidade sem diminuir o seu limite mínimo, ou na *atenuação especial*, que dá origem à formação de uma nova penalidade (arts. 73.º, 74.º e 75.º).

Quer dizer, todas as circunstâncias atenuantes, ao contrário das agravantes, podem produzir, uma ou várias em conjunto, o efeito normal que é a atenuação dentro dos limites da penalidade, ou podem (como se fossem circunstâncias modificativas) dar lugar à formação de uma nova penalidade ou pena aplicável.

É o que dispõe o art. 73.º:

«O tribunal pode atenuar especialmente a pena para além dos casos expressamente previstos na lei, quando existem circunstâncias anteriores ou posteriores ao crime, ou contemporâneas dele que diminuam por forma acentuada a ilicitude do facto ou a culpa do agente» (n.º 1).

Para haver lugar à atenuação especial da pena é necessário que seja diminuída «por forma acentuada a ilicitude do facto ou a culpa do agente».

Importa saber, sucessivamente, que circunstância ou concurso de circunstâncias pode acarretar essa grande diminuição do facto ilícito ou da culpa, e quais são os termos da atenuação especial, que consistirá sempre na formação de nova penalidade (art. 74.º).

4. **Causas de atenuação especial: circunstâncias ou concurso de circunstâncias atenuantes de carácter geral (n.º 1 do art. 73.º) e circunstâncias a que é atribuída directamente a possibilidade do efeito de atenuação especial (n.º 2 do art. 73.º)**

a) Nos termos do n.º 1 do art. 73.º, pode ser causa de atenuação especial qualquer concurso de circunstâncias atenuantes de carácter geral («circunstâncias anteriores ou posteriores ao crime, ou contemporâneas dele»), desde que diminuam de forma acentuada a ilicitude do facto ou a culpa do agente; e também uma única circunstância que diminua, por si só, e acentuadamente a gravidade do facto ilícito ou da culpa.

Na verdade, o n.º 2 do art. 73.º, esclarecendo o corpo do artigo, considera exemplificativamente como causa de atenuação especial, «entre outras», as circunstâncias que enumera nas alíneas *a*) a *d*), e também aqueles que sejam expressamente previstas na parte especial (ex. art. 201.º, n.º 3 e 423.º, n.º 2) e na parte geral do Código (art. 35.º, n.º 2).

Em tese, portanto, todas as circunstâncias atenuantes previstas ou supostas no n.º 2 do art. 72.º, podem ter o efeito de atenuação geral, ou, se diminuirem por forma acentuada a ilicitude do facto ou a culpa do agente, o efeito de atenuação especial.

Poderão ter esse efeito as circunstâncias especialmente indicadas no n.º 2 do art.º 73.º, como também usualmente poderá ter esse efeito um importante concurso de circunstâncias condizentes no sentido da atenuação.

b) Para o efeito de atenuação especial, o n.º 2 do art. 73.º manda considerar particularmente (entre outras, que serão as referidas no n.º 1 do art. 73.º) as seguintes circunstâncias:

> 1.ª — «Ter o agente actuado sob a influência de ameaça grave ou sob o ascendente da pessoa de quem depende ou a quem deve obediência» [al. *a*) do n.º 2 do art. 73.º].

Evidentemente que as circunstâncias que produzem o efeito de atenuação especial podem, por maioria de razão, produzir o efeito de atenuação geral. A mais reduzida ou mais ampla relevância da circunstância na forte diminuição da gravidade do facto ilícito ou da culpa é que ditou a consideração das circunstâncias como causa de atenuação geral ou de atenuação especial.

No âmbito desta circunstância cabem aquelas circunstâncias do Código Penal de 1886, do constrangimento físico, sendo vencível (circ. 7.ª); do medo vencível (circ. 15.ª); da ordem de ascendente ou do cumprimento de ordem do superior hierárquico do agente, quando não baste para justificação deste (circs. 11.ª e 12.ª).

> 2.ª — «Ter sido a conduta do agente determinada por motivo honroso, por forte solicitação ou tentação da própria vítima ou por provocação injusta ou ofensa imerecida» [al. *b*) do n.º 2 do art. 73.º].

Esta circunstância comum coincide em grande parte com a circunstância modificativa atenuante prevista no homicídio privilegiado do art. 133.º, nas ofensas corporais privilegiadas do art. 147.º ou com a retorsão nos crimes de difamação ou injúria, prevista no art. 172.º. Também corresponde à circunstância de provocação prevista na circ. 4.ª do art. 39.º do Código Penal de 1886.

Na medida em que a circunstância da al. *b*) do n.º 2 do art. 73.º do Código de 1982 pode colidir com a circunstância do homicídio privilegiado, ofensas corporais e difamação ou injúria (arts. 133.º, 147.º e 172.º) por não ser o mesmo o grau de atenuação há que resolver a colisão pela seguinte maneira: não pode a mesma circunstância ser apreciada duplamente, como circunstância modificativa comum e como circunstância modificativa especial. Prefere, na sua aplicação, a circunstância modificativa especial, que também é a circunstância que permite um limite inferior menor da penalidade.

Aplicação expressa do disposto na al. *b*) do n.º 2 do art. 73.º é feita quanto ao crime de violação, no n.º 3 do art. 201 e também no art. 423.º, n.º 2. («No caso do n.º 1 deste artigo, se a vítima, através do seu comportamento ou da sua especial ligação com o agente, tiver contribuído de forma sensível para o facto, será a pena especialmente atenuada»), com a diferença de que o n.º 3 do art. 201.º impõe legalmente a atenuação especial enquanto o n.º 2 do art. 73.º permite a atenuação especial.

3.ª — «Ter havido actos demonstrativos do arrependimento sincero do agente, nomeadamente a reparação, até onde lhe era possível, dos danos causados» [al. *c*) do n.º 2 do art. 73.º].

O arrependimento sincero do agente é comportamento posterior à perpetração do crime, e é uma circunstância que pode revelar a manifesta falta de adequação do facto à personalidade do agente.

De maneira particular é ela aplicável, sob a designação de «restituição»[1].

Condiz com o texto da al. *e*) do n.º 2 do art. 72.º, no qual se prevê como circunstância atenuante de carácter geral.

---

[1] Cf. *supra* a indicação de alguns casos, *v. g.* o do art. 301.º, quanto ao furto, ao abuso de confiança e infidelidade (art. 301.º e art. 319, n.º 2).

O seu maior significado eleva-a, ou a circunstância modificativa comum, ou especial; e é especial em todos os casos de restituição previstos no art. 301.º, o qual pode ser aplicado em alternativa com o art. 74.º, sendo de considerar-se prevalente a disposição legal que previr mínimo mais reduzido da penalidade.

Já o art. 323.º (isenção de pena nos crimes previstos nos arts. 320.º a 322.º — usura) não prevê uma circunstância atenuante, nem geral nem especial, porque consequência da sua aplicação é a impunibilidade dos crimes. Isenção da pena para os efeitos de atenuação especial (art. 75.º) admite a condenação do delinquente, enquanto o art. 323.º a suprime, visto que o facto fica impune; será uma condição de não punibilidade e não mera circunstância do facto punível.

4.ª — «Ter decorrido muito tempo sobre a prática do crime, mantendo o agente boa conduta» [al. *d*) do n.º 2 do art. 73.]

O bom comportamento não pode limitar-se ao aspecto negativo e antes deve revelar-se um comportamento contrário à actividade criminosa, por actos positivos. Trata-se ainda de uma circunstância da qual se possa inferir a falta de adequação da personalidade ao facto cometido.

No âmbito da alínea *d*) se pode abranger a «espontânea reparação do dano», a «apresentação voluntária às autoridades», o «descobrimento dos outros agentes, dos instrumentos do crime ou do corpo de delito, sendo a revelação verdadeira e profícua à acção da justiça», que constavam do art. 39.º do Código Penal de 1886.

A al. *d*) do n.º 2 do art. 73.º vai, porém, mais longe, porque procura incluir também, na circunstância que define, o longo decurso de tempo sobre a prática do crime, e no qual deu provas de inadequação do facto à sua personalidade real.

5. Efeitos da atenuação especial

São dois os graus da atenuação, quanto aos seus efeitos, das circunstâncias atenuantes: atenuação geral e atenuação especial.

A atenuação geral processa-se dentro dos limites da penalidade: a pena aplicada não poderá ser inferior ao seu limite mínimo.

A atenuação especial dá lugar a uma nova penalidade, com limites mínimo e máximo mais reduzidos.

Para tanto, é indispensável que a lei fixe os novos limites máximos e mínimos que consente em relação às penalidades ordinárias dos diferentes crimes.

Da fixação dos limites máximos e mínimos das novas penalidades se ocupa o art. 74.º, sob a epígrafe de «termos de atenuação especial».

É o seguinte o teor do n.º 1 do art. 74.º:

«Havendo lugar à atenuação especial da pena, o limite máximo é reduzido de um terço, observando-se, quanto ao limite mínimo, o seguinte:

a) Se o limite mínimo da pena de prisão prevista para o crime for de oito anos ou mais, a pena aplicada não pode ser inferior a dois anos;

b) Se o limite mínimo da pena de prisão para o crime for superior a dois e inferior a oito anos, a pena aplicada não pode ser inferior a um ano;

c) Se o limite mínimo da pena de prisão prevista para o crime for o mínimo legal, pode a pena aplicada ser a de prisão por dias livres;

d) Se a pena prevista para o crime for a de prisão até dois anos, pode esta pena ser reduzida ao mínimo legal ou substituída por multa, dentro dos limites legais desta; e pode ser aplicada apenas a multa prescrita na lei se esta previr a aplicação cumulativa dela com a pena de prisão;

e) A pena de multa será reduzida na medida que for razoável.»

O n.º 2 do art. 74.º elucida que a atenuação especial, nos termos previstos nestas alíneas, não exclui que conjuntamente se faça aplicação do regime de prova (nos termos do art. 53.º, isto é, quando a pena de prisão resultante de atenuação especial não seja superior a três anos, verificando-se o restante condicionamento legal para aplicação do regime de prova); do mesmo modo, e em relação à pena aplicada, em razão da atenuação especial, se aplicam as regras relativas à substituição de prisão por multa, ou da suspensão da execução da pena.

Mas tal regime já não representa uma forma de atenuação especial, mas modificação da pena concretamente aplicada.

O regime da substituição por multa, o regime de prova ou a suspensão da execução da pena podem, contudo, diminuir ainda a gravidade da pena de prisão prevista nas diferentes alíneas do n.º 1 do art. 74.º, e a espécie de pena aplicada, se o condicionamento legal dessa substituição o consentir.

A lei optou por fixar um limite máximo da penalidade, nos casos de atenuação especial, em dois terços do máximo da pena aplicável ao crime (corpo do art. 74.º).

Verdadeiramente, não há atenuação especial quando a pena venha a ser aplicada dentro dos limites máximo e mínimo da penalidade ordinária, pois que então esses efeitos são ainda efeitos da atenuação geral.

Esta observação foi apresentada, com razão, por dois vogais da Comissão Revisora, o Prof. Doutor Gomes da Silva e o Dr. Sidónio Rito, sem que obtivesse a concordância da Comissão. Quando a atenuação pretendida cabe dentro dos limites da pena aplicável ao crime, não há que a fundamentar com uma diminuição muito importante da ilicitude do facto ou da culpa do agente. O benefício que se quis conceder cabe inteiramente no regime normal de aplicação das penas. Não se compreende que se denomine atenuação «especial» aquela atenuação que cabe ainda na atenuação ordinária ou geral.

Por isso, e quando o juiz fixa a pena dentro dos limites da pena aplicável, não há que proceder à justificação mais exigente que pede a atenuação especial.

Também por isso, é a diminuição do limite mínimo da pena, ou a sua substituição, que devem estar presentes na aplicação da atenuação especial.

É que o regime de atenuação especial corresponde à atenuação extraordinária prevista no Código Penal de 1886[1] e não tem origem directa no Código Penal alemão; o que aconteceu foi misturar-se o regime da atenuação extraordinária da pena com o regime do § 49 do Código alemão[2], o qual só regula a aplicação da atenuação especial quando directamente prevista na parte especial do Código, sem indicação na mesma parte especial dos seus efeitos.

Parece, assim, que a atenção do intérprete se deve concentrar na indicação do novo limite mínimo da nova penalidade, ou na substituição da pena que a lei autorizar.

Para maior clareza, não se seguirá rigorosamente a enumeração das alíneas constantes do n.º 1 do art. 74.º Essas alíneas indicam, em relação ao limite mínimo da penalidade do crime, o novo limite mínimo que a atenuação especial consente.

Nas penas de prisão:

Se o limite mínimo for de oito anos ou mais, o novo limite mínimo será de dois anos [art. 74.º, n.º 1, al. *a*)].

Se o limite mínimo da pena aplicável ao crime for de dois anos ou mais (até oito anos), o novo limite mínimo da pena de prisão será de um ano [art. 74.º, n.º 1, al. *b*)].

Se a pena de prisão for prisão até dois anos, pode a pena ser reduzida ao mínimo legal (um mês) ou substituída por multa; como pode ser somente aplicada a pena de multa, quando a penalidade seja compósita de prisão e multa [art. 74.º, n.º 1, al. *d*)].

Este preceito da al. *d*) merece alguma atenção para proceder à sua interpretação correcta.

É que a al. *d*) citada não se refere ao mínimo da pena, como as alíneas anteriores, mas só ao máximo da pena. E no entanto ela está em correlação com a al. *b*): se a pena aplicável ordinariamente for superior a 2 anos, rege a al. *b*) quanto ao limite mínimo; se o máximo

---

[1] Cf. o seu art. 94.º; sobre esse regime, v. *Direito Penal Português* cit., II, págs. 433 e segs., *maxime* 442 a 445.

[2] «*Besondere gesetzliche Milderungsgründe*» é a epígrafe do parágrafo.

da pena for a prisão até 2 anos, rege a al. *d*), quanto ao limite mínimo.

Não há assim lacuna grave, como se tem já entendido [1], para fixar a medida de atenuação especial da pena de prisão.

O limite mínimo da pena será no caso da al. *b*) de um ano e no caso da al. *d*) redução ao mínimo legal ou substituição por multa, podendo ainda ser aplicada somente a multa se a lei previr a aplicação cumulativa da pena de multa com a pena de prisão.

A al. *c*) tem um campo de aplicação reduzido e complementar.

Trata-se de indicar o limite mínimo da pena de prisão, quando esta for já, na atenuação ordinária, o próprio mínimo da espécie da pena de prisão — trinta dias.

Não pode haver lugar a novo e mais reduzido limite mínimo, tratando-se de pena de prisão. E por isso a al. *c*) não reduz o limite mínimo da penalidade por não ser susceptível de maior redução, e manda substituir a pena de prisão por trinta dias pela prisão por dias livres; esta prisão por dias livres, em um fim-de-semana equivale a quatro dias de prisão contínua (art. 44.º, n.º 2, *in fine*).

Pode ainda ser substituída por multa, embora a al. *c*) o não diga expressamente, mas aplicando analogicamente a regra da al. *d*); há que entender, porém, que se a pena de prisão aplicável é o mínimo legal da pena, a sua atenuação especial pela substituição por multa exige que esta seja inferior à pena de prisão correspondente. A correspondência é estatuída no n.º 3 do art. 46.º; só assim será a pena de multa inferior ao limite mínimo da pena de prisão.

Nas penas de multa:

Finalmente, a al. *e*) do n.º 1 do art. 74.º indica quais os efeitos da atenuação especial, quando a pena aplicável ao crime seja uma pena de multa, e reza assim:

«A pena de multa será reduzida na medida que for razoável.»

---

[1] Cf. M. O. Leal Henriques/M. J. C. Simas Santos, *O Código Penal de 1982 — referências doutrinárias, indicações legislativas, resenha jurisprudencial*, vol. 1. Lisboa, 1986, pág. 394.

O esforço interpretativo deve esclarecer em que consiste a razoabilidade que a lei indica como critério para definir os efeitos da atenuação especial relativamente às penas de multa.

Ora, como foi já demonstrado, os efeitos da atenuação especial têm de ser diferentes dos efeitos da atenuação ordinária, pois que a dois conceitos jurídicos diferentes — atenuação ordinária e atenuação especial — devem corresponder efeitos distintos. Só há verdadeiramente atenuação especial, quando a diminuição da pena fica aquém do mínimo permitido pela atenuação ordinária (abaixo do mínimo da pena aplicável).

Em consequência, na atenuação especial a pena de multa a aplicar tem de situar-se entre o mínimo da pena de multa na sua espécie (10 dias de multa) (Art. 46.º, n.º 1, do Código Penal), e o mínimo da pena de multa aplicável; se este último mínimo for já o mínimo da espécie de pena, parece que deverá haver dispensa de pena, embora o art. 75.º, que da dispensa da pena trata, se não refira directamente às penas de multa.

As penas de multa, como as coimas, são também aplicadas mediante a fixação de uma quantia determinada, ou de uma quantia em dinheiro entre um máximo e um mínimo. Nas coimas, o limite mínimo geral é de 200$00; se o limite mínimo da coima aplicável for superior a essa quantia, a atenuação especial pode consistir na redução da coima até 200$00, sem que alcance o limite mínimo da pena aplicável [Dec.-Lei n.º 433/82 (de 27/10), art. 17.º].

Nos casos em que o limite mínimo da multa aplicável e o limite mínimo da multa na sua espécie coincidam, porventura será então de admitir, como única solução, a dispensa da pena.

6. Dispensa de pena

No seu art. 75.º, o Código Penal determina (n.º 1):

«Quando o facto constituir crime punível com pena de prisão não superior a seis meses, com ou sem multa até ao mesmo limite, pode o tribunal não aplicar qualquer pena, se a culpa do agente for diminuta, o dano tiver sido reparado e a tal se não opuserem as exigências da recuperação do delinquente e da prevenção geral.»

Formalmente, o art. 75.º alarga o âmbito da penalidade em casos de atenuação especial da pena, quanto a crimes puníveis com pena não superior a seis meses, com ou sem multa até ao mesmo limite.

Neste sentido, o art. 75.º contém como que uma nova alínea a acrescentar às alíneas do n.º 1 do art. 74.º; dentro dos casos previstos na sua al. *d*), haverá que distinguir aqueles a que se refere o art. 75.º, e para os quais a atenuação especial pode abranger a dispensa da pena.

A dispensa da pena consiste na condenação do delinquente sem aplicação de qualquer pena.

Com a dispensa de pena, o delinquente é condenado sem que lhe seja aplicada qualquer pena (ou esta reduz-se à censura da própria condenação). Casos há, porém, esparsos pelo Código sob a designação de isenção de pena, em que esta corresponde à declaração da impunidade do crime e, portanto, em que não pode haver condenação.

Nestes últimos casos, a isenção de pena equivale à impunidade dos crimes; mas outros há em que a isenção surge na parte especial do Código com valor igual ao da dispensa de pena, com manutenção da punibilidade do crime.

Equivale à dispensa de pena — nos casos especialmente previstos na parte especial do Código — a isenção decretada ou permitida pelos arts. 171.º, 172.º, 200.º, 268.º, 382.º, 404.º, 420.º, n.º 4 e 423.º, n.ºs 2, 3 e 4.

O n.º 2 do art. 75.º completa o disposto no n.º 1, e reza assim:

«Se o juiz tiver razões para crer que os pressupostos indicados na última parte do número anterior estão em vias de se verificarem, pode adiar a sentença para reapreciação do caso dentro do prazo máximo de um ano, em dia que logo marcará.»

A dispensa de pena, que o juiz duvide que possa bastar para alcançar a recuperação do delinquente ou baste para realizar fins de prevenção geral, não será imediatamente concedida; o juiz adia a aplicação da pena ou a dispensa da pena para audiência posterior que logo marcará e que terá lugar dentro do prazo de um ano.

    Estas disposições foram incluídas no Código Penal posteriormente ao projecto primitivo e sua revisão; com elas se procurou seguir a recomendação que o Comité de Ministros do Conselho da Europa formulou, em resolução de Março de 1976, mas não é de augurar extensa aplicação de um preceito que dá origem a um processamento complexo, com protelamento da última audiência de julgamento, até ao máximo de um ano.

CAPÍTULO V

REINCIDÊNCIA

1. A reincidência é circunstância modificativa de crime

O Código Penal trata autonomamente, no Capítulo II do Título IV da sua Parte Geral, da reincidência.

Não se vislumbra o alcance dessa autonomização. A reincidência é uma circunstância modificativa da pena, que dá origem, por decisão judicial, a uma nova penalidade. Enquadra-se, por isso, entre as circunstâncias modificativas que enumerámos no capítulo II deste título III da nossa exposição.

O Capítulo II do Título IV da Parte Geral do Código Penal reduz-se a dois artigos dos quais o primeiro (art. 76.º) define a circunstância da reincidência, e o segundo (art. 77.º) indica os efeitos da reincidência como circunstância modificativa comum. Um e outro versam sobre matéria que respeita às circunstâncias e cujo regime legal foi já indicado.

2. Definição legal da reincidência

A definição da circunstância da reincidência consta do art. 76.º, que reza assim:

«1. Será punido como reincidente aquele que, por si só ou sob qualquer forma de comparticipação, cometer um crime doloso a que corresponda pena de prisão, depois de ter sido condenado por sentença transitada em julgado em pena de prisão total ou parcialmente cumprida, por outro crime doloso, se as circunstâncias do caso mostrarem que a condenação ou condenações anteriores não constituíram suficiente prevenção contra o crime.»

Os n.ᵒˢ 2, 3 e 4 do mesmo artigo esclarecem ou resolvem dúvidas que poderiam surgir na interpretação correcta da definição adoptada.

Esta definição surge no Código Penal como resultado da crítica da legislação anterior, crítica oriunda da doutrina germânica e que, entre nós, Beleza dos Santos aceitara. [Em diversos estudos e anotações publicados na *Revista de legislação e de Jurisprudência* a partir do seu Ano 71.º (*v.g.* «Crimes da mesma natureza na reincidência» *R.L.J.*, Ano 75.º).]

O alcance da nova definição, por isso mesmo, pode averiguar-se com maior segurança, tomando como ponto de partida a noção de reincidência tal como constava do Código Penal de 1886.

Neste último Código, a reincidência é definida logo de seguida à enumeração das circunstâncias agravantes de carácter geral e precisamente nos arts. 35.º e 36.º; é uma circunstância modificativa comum, isto é, aplicável à generalidade dos crimes, e cujos efeitos são predeterminados pela lei.

O teor do corpo do art. 35.º do Código Penal de 1886 era o seguinte:

> «Dá-se a reincidência quando o agente, tendo sido condenado por sentença passada em julgado por algum crime, comete outro crime da mesma natureza, antes de terem passado oito anos desde a dita condenação, ainda que a pena do primeiro crime tenha sido prescrita ou perdoada.»

Os §§ 1.º a 5.º esclareciam dúvidas sobre o alcance da difinição, relativas aos casos em que o primeiro crime tenha sido amnistiado e em que por isso se não verificaria a reincidência; sobre a sucessão de crime doloso e culposo, que não fundamentaria a reincidência; admitindo a reincidência quando os crimes, objecto da condenação e objecto do julgamento, tivessem a forma diferente de crime tentado e crime consumado; excluindo a reincidência (por não serem da mesma natureza) em relação aos crimes comuns, quando o crime anterior, objecto de condenação, fosse crime essencialmente militar, isto é, não previsto também no Código Penal, bem como se excluíam as condenações proferidas por tribunais estrangeiros.

Finalmente, esclarecia-se que a diferente forma de participação nos crimes não excluiria a reincidência.

Eis o teor do art. 36.º do Código Penal de 1886:

> «Nas contravenções dá-se a reincidência quando o agente condenado por uma contravenção, comete contravenção idêntica antes de decorrerem seis meses, contados desde a dita punição.»

Ao lado da reincidência, o Código Penal revogado previa a circunstância de sucessão de crimes (art. 37.º), que tinha lugar quando os crimes não fossem da mesma natureza, e sem atenção ao tempo que mediasse entre a primeira condenação e o segundo crime, ou sempre que, sendo da mesma natureza, tivessem passado mais de oito anos entre a condenação definitiva pelo primeiro crime e a perpetração do segundo.

A sucessão de crimes era, em regra, circunstância agravante geral; só era de considerar circunstância modificativa agravante se o crime, objecto da primeira condenação, tivesse sido punido com prisão maior (mais de 2 anos de prisão), e ao outro crime fosse também aplicável pena de prisão maior (Código Penal de 1886, art. 101.º).

3. Interpretação do art. 76.º do Código Penal de 1982

Os elementos característicos da reincidência eram no Código anterior:

1.º) Condenação transitada em julgado por um crime;
2.º) Perpetração de um novo crime da mesma natureza;
3.º) Lapso de tempo não superior a oito anos entre a condenação pelo primeiro crime e a perpetração do segundo.

a) Verifica-se um âmbito mais extenso da reincidência, enquanto se inclui na reincidência a velha circunstância da sucessão de crimes.

A reincidência no novo Código equipara a reincidência e a sucessão; não há que distingui-las em razão da mesma ou diferente natureza dos crimes. O Código aceitou a crítica formulada sobre aquela distinção; a mesma natureza ou diferente natureza dos crimes cometidos não excluiria a agravação qualificativa, porque tanto uma como outra serão susceptíveis de revelar maior culpabilidade. O requisito da «mesma natureza» dos crimes desapareceu inteiramente do novo Código; mantendo só os outros dois requisitos apontados, embora alterados na sua formulação.

b) Verifica-se um âmbito mais restrito da definição de reincidência quanto aos seguintes pontos.

A condenação anterior transitada em julgado não basta só por si, e antes se exige que se trate de condenação em pena de prisão; exclui-se assim a reincidência em todos os crimes não puníveis com pena de prisão.

Mais ainda, não basta a condenação em pena de prisão; exige-se que essa prisão tenha sido total ou parcialmente cumprida.

Este novo requisito pretende exteriorizar uma diferente fundamentação da reincidência, pois que a reincidência não manifestaria uma inclinação do agente para o crime ou para crimes de certa natureza; esta inclinação ou tendência estaria pressuposta na declaração por tendência, mas não na simples reiteração no crime, a qual poderia ser uma reiteração meramente ocasional.

Deste modo o novo Código dá diferente fundamentação à circunstância da reincidência e à declaração dos delinquentes por tendência, embora nesta seja pressuposto precisamente a plurireincidência de crimes; não entendeu poder inferir-se da reincidência necessariamente um processo de formação da habitualidade ou tendência, contrariamente ao que parece deduzir-se na declaração de delinquentes por tendência. Não há inteira discordância entre as duas disposições legais, porquanto também na delinquência por tendência se não presume necessariamente um processo de formação do hábito criminoso; na delinquência por tendência, a inclinação para o crime tem de assentar numa avaliação judicial e conjunta dos factos praticados e da personalidade do agente.

Aquilo que se quis foi afastar da reincidência toda a consideração da personalidade do agente que, na delinquência por tendência, terá o seu lugar próprio.

Esta separação não alcança uma nitidez absoluta, na medida em que a formação paulatina do hábito se enraíza na personalidade e pode, portanto, revelar-se de algum modo na reincidência. Se não fora assim, não se podia compreender que a reiteração no crime, para efeitos da reincidência, fosse inteiramente alheia ao seu progressivo enraizamento na personalidade, e fosse pressuposto indispensável da tendência ou habitualidade criminosa.

De todo o modo, abandona-se a estreita ligação entre o processo de formação da habitualidade e a reincidência como fundamento da agravação da responsabilidade penal. E vai-se buscar a sua fundamentação à falta de eficácia da pena já total ou parcialmente executada em razão do primeiro crime; o cumprimento total ou parcial da pena seguido da prática de novo crime é o indício relevante da falta de efectiva adesão do delinquente às injunções da lei.

Por fim, também o âmbito da reincidência no Código Penal vigente se mostra mais restrito, porquanto só admite a reincidência em crimes dolosos, excluindo-a entre crimes culposos ou dolosos e culposos, ao contrário do que sucedia no Código anterior.

Tudo isto não obsta, ao que parece, a que, nos casos em que a reincidência não é circunstância qualificativa, possa a reiteração no crime ser considerada circunstância agravante geral, como se infere da al. *e*) do n.º 2 do art. 72.º: os crimes cometidos anteriormente ao novo crime são indubitavelmente comportamento ou «conduta anterior ao facto»; e é natural que a jurisprudência a considere.

E, sendo assim, quando a circunstância da reincidência não seja de considerar circunstância qualificativa, pode ser ponderada como circunstância agravante de carácter geral.

c) Os n.ᵒˢ 2, 3 e 4 do art. 76.º elucidam sobre o alcance ou interpretação dos elementos essenciais da reincidência, como circunstância qualificativa.

Em primeiro lugar, elucidam sobre o que deve entender-se por condenação anterior, resolvendo a dúvida sobre o valor, como condenação anterior para efeitos de reincidência, da condenação por tribunais estrangeiros (n.º 3 do art. 76.º); as condenações por tribunais estrangeiros, ao contrário do que sucedia no anterior Código, são consideradas como condenações anteriores, desde que sejam condenações por crime doloso e a incriminação do direito estrangeiro tenha completa correspondência com similar incriminação do direito português.

Em segundo lugar, e quanto ao lapso de tempo entre a condenação anterior com trânsito em julgado e a perpetração do novo crime, esse lapso de tempo é mais reduzido no novo Código; era de oito anos no Código anterior e é de 5 anos no Código vigente (n.º 2 do art. 76.º).

Finalmente, o n.º 4 do art. 76.º declara que «a prescrição, a amnistia e o indulto da pena equiparam-se, para efeito deste artigo, ao seu cumprimento».

A prescrição, a amnistia e o indulto são causas de extinção da responsabilidade penal; o Código Penal italiano distingue, entre essas causas, as que extinguem o crime daquelas que extinguem a pena e essa distinção pode ter utilidade para ponderar os seus efeitos e, por isso, a prescrição pode ser prescrição do procedimento criminal (prescrição da punibilidade) e prescrição da pena. E as epígrafes do Capítulo I e do Capítulo II do Título IX *(Da extinção da responsabilidade criminal)* do Código Penal, versam essas duas espécies de prescrição.

Parece que o n.º 4 do art. 76.º se refere tão-somente à prescrição da pena do crime anterior. A prescrição da pena não exclui a relevância da condenação anterior no instituto da reincidência. Já não será assim quanto à prescrição do procedimento criminal [da punibilidade]; neste caso não chegou a haver condenação anterior, e esta não pode ser presumida.

Alguma dificuldade suscita também a definição de amnistia e indulto da pena, para os efeitos do n.º 4 do art. 76.º A amnistia pode ser amnistia própria e imprópria, sendo a amnistia própria a que se refere a crimes que ainda não foram objecto de condenação penal, e a amnistia imprópria aquela que recai sobre crimes em relação aos quais se verifica condenação anterior. Só à amnistia imprópria alude a disposição legal que se comenta, pois que na amnistia própria não chegou a haver qualquer condenação.

Ainda se alude, no mesmo preceito legal, ao indulto. O indulto distingue-se da amnistia, desde logo, porque a amnistia só pode ser concedida pela lei, isto é, pelo poder legislativo.

Esta atribuição de competência para conceder qualquer amnistia à Assembleia da República tem formalmente o seu fundamento na necessidade de evitar a concessão de amnistias com frequência e por motivos fúteis, abalando ou impedindo o normal funcionamento da justiça penal. A precaução assim estabelecida, entre nós como lá fora, não se tem mostrado suficiente.

O indulto pode ser indulto geral, ou perdão individual da pena. O indulto recai sobre a pena, reduzindo-a ou pondo termo à sua execução. O indulto especial, perdão ou graça é da competência do chefe de Estado, o qual o concede mediante um condicionamento que procura evitar os inconvenientes que resultam da proliferação de amnistias.

Quando o indulto abranja delinquentes ainda não condenados por sentença com trânsito em julgado, o indulto não se pode equiparar ao cumprimento da pena, nos termos do n.º 4 do art. 76.º Tem de haver prévia condenação para que esta subsista como pressuposto da reincidência.

4. **Efeitos de reincidência (Código Penal, art. 77.º)**

É o seguinte o teor do art. 77.º:

«1. Em caso de reincidência é elevado de um terço o limite mínimo da pena aplicável ao crime. A agravação porém não excederá a medida da pena mais grave aplicada nas condenações anteriores e a pena aplicável não pode ir além do máximo previsto no tipo legal de crime.

«2. As disposições respeitantes à pena relativamente indeterminada, quando aplicáveis, prevalecem sobre as regras próprias da punição da reincidência.»

a) A reincidência é uma circunstância modificativa; pode dar origem a uma nova penalidade, com limites diferentes dos limites da pena aplicável ao crime; essa alteração da pena aplicável não é imposta por lei, mas terá lugar se as circunstâncias do caso concreto revelarem, na apreciação do tribunal, que a condenação anterio r não constituiu suficiente prevenção contra o crime (art. 76.º, n.º 1 *in fine*).

Qual é a nova penalidade ou pena aplicável?

Uma nova penalidade pressupõe limites máximo e mínimo, ou só máximo ou só mínimo, distintos dos da penalidade ordinária.

Os limites da nova penalidade vêm indicados no n.º 1 do art. 77.º: não há novo limite máximo, pois «a pena aplicável não pode ir além do máximo previsto no tipo legal de crime»; o limite mínimo é elevado, em regra, de um terço, mas se esse terço for superior à pena aplicada na condenação anterior, reduzir-se-á o limite mínimo ao montante da pena aplicada na condenação anterior.

O n.º 1 do art. 77.º refere-se à «pena mais grave aplicada nas condenações anteriores», e não na condenação anterior. Parece, contudo, que se trata de um lapso de revisão; o projecto do novo Código Penal exigia como pressuposto da reincidência duas condenações anteriores (in *B.M.J.*, n.º 127 cit., art. 90.º, págs. 115 e 116), exigência que foi suprimida ulteriormente, visto que pressuposto da reincidência é agora a verificação de uma condenação anterior transitada em julgado, desde que tenha tido lugar a execução total ou parcial da pena.

b) O n.º 2 do art. 77.º estatui que as disposições respeitantes à pena relativamente indeterminada prevalecem sobre as da reincidência.

Cabe nos pressupostos da delinquência por tendência a reincidência, as condenações anteriores por crimes de certa gravidade. Formalmente, podem verificar-se os requisitos da reincidência e os pressupostos da delinquência por tendência. Nos termos da lei, não se acumulam esses efeitos; prevalece o regime da delinquência por tendência, e não tem lugar a agravação por reincidência.

Este preceito denuncia, concomitantemente, que na reincidência se revela o processo da formação da tendência ou habitualidade criminosa, não obstante tal ideia estar ausente do conceito legal de reincidência que, como tal, só denuncia a insuficiência da prevenção contra o crime da condenação anterior.

5. A restrição do concurso de reincidência e o alargamento do conceito de concurso de crimes

A noção legal de concurso de crimes consta do art. 30.º, n.º 1. Essa noção, por si mesma não esclarece a delimitação recíproca do concurso e da reincidência e antes se molda pela noção teórica de pluralidade de crimes. Cotejando o n.º 1 do art. 30.º com o n.º 1 do art. 78.º — que se refere à punição ou efeitos do concurso de crimes —, ressalta logo que esta última disposição, ao contrário do n.º 1 do art. 30.º, exige que os crimes cometidos pelo mesmo agente o tenham sido antes do trânsito em julgado de condenação por qualquer deles, exigência essa que condiciona os efeitos ou punição do concurso prevista no citado n.º 1 do art. 78.º e que é omissa na definição do conceito legal do concurso de crimes previsto no n.º 1 do art. 30.º Deste modo a noção de concurso de crimes não coincide formalmente com a noção legal do concurso de penas, isto é, nem todo o concurso de crimes parece dar origem a um concurso de penas, pois que a primeira noção será mais lata, correspondendo à reiteração de crimes ou pluralidade de crimes.

Anote-se ainda que, por sua vez, o art. 79.º diz que se depois de uma condenação transitada em julgado, mas antes de a respectiva pena estar cumprida, prescrita ou extinta se mostrar que o agente tinha praticado anteriormente àquela condenação, outro ou outros crimes, será proferida uma nova sentença em que serão aplicáveis as regras do art. 78.º; a aplicação destas regras só terá, porém, lugar se a respectiva pena não estiver cumprida, prescrita ou extinta.

Fazendo realçar a exigência de a pena não estar cumprida, prescrita ou extinta, concluir-se-ia que na hipótese figurada (art. 79.º), omissa no art. 78.º, seria de admitir que haveria concurso de crimes, mas não haveria concurso de penas; e não havendo concurso de penas estaria afastada a solução de proceder à formação de pena única no concurso de crimes.

No entanto, é preferível atender a que a norma do art. 79.º tem natureza processual e será ela que deverá acomodar-se à definição do concurso de crimes em direito substantivo. E sendo assim, por analogia, que no caso é permitida, aplicar-se-ia ainda o regime do art. 79.º procedendo-se processualmente à formação da pena unitária.

A solução contrária, porventura acumulação material das penas aplicadas aos vários crimes seria inaceitável e injusta.

Algum desajustamento desponta também do confronto entre a noção de concurso e de reincidência.

A reincidência pressupõe a perpetração de um crime depois de condenação com trânsito em julgado por outro crime em pena de prisão parcial ou totalmente cumprida, ou que tenha prescrito, ou fosse indultada.

Pode haver, então, aquilo que semelha uma lacuna da lei na coordenação dos institutos da reincidência e concurso no caso de ter transitado em julgado a condenação mas a pena não estiver cumprida, prescrita ou indultada.

CAPÍTULO VI

CONCURSO DE PENAS

1. Razão de ordem

O Código Penal versa a matéria da «punição do concurso de crimes e do crime continuado» nos arts. 78.º e 79.º, Capítulo III do Título IV do Livro I.

O art. 78.º é encimado pela epígrafe «Regras da punição», e o art. 79.º por estoutra «Conhecimento superveniente do concurso».

À pluralidade de crimes (concurso real e ideal de crimes) corresponde uma pluralidade de penas aplicáveis. Mas a soma ou cúmulo material das penas, ainda que seja o princípio de que parte o sistema do Código, é corrigido pela proclamação de outro princípio, o princípio de que uma só pena — única ou total — será imposta ao delinquente.

Esta exigência de uma pena total (ou única) será de mais difícil formação, quando, dos crimes em concurso, um ou mais já tenham sido objecto de sentença com trânsito em julgado; daí a regulamentação específica do art. 79.º, que não pretende contrariar as regras do anterior, mas indicar o modo em que, naquelas circunstâncias, serão aplicadas.

A compreensão do sistema legalmente adoptado depende necessariamente das posições tomadas pelo legislador quanto ao concurso de crimes, que devem estar presentes para proceder à interpretação dos arts. 78.º e 79.º que concerne ao concurso de penas.

Destas prévias observações deriva a razão de ordem da exposição que se seguirá.

Há que indicar o modo de formação da penalidade total, representativa das penas aplicadas a todos os crimes, modo esse que não é unitário, e antes compreende modos diferentes para formação da pena total aplicável ao concurso de crimes. A pena única ou total é, não a pena aplicada ao concurso, mas a pena aplicável, ou seja, a penalidade do concurso.

Conjuntamente com a determinação da pena aplicável ao concurso de crimes, o art. 78.º trata da determinação da pena aplicável ao crime continuado. A regra aí fixada (art. 78.º, n.º 5), na qual a pena é realmente uma pena única, e não uma pena total, como de preferência devia ser designada a penalidade do concurso de crimes, será também objecto de referência a interpretação.

Finalmente, é preciso ter em atenção que pode verificar-se concurso de crimes mesmo quando, pelo crime ou crimes anteriores, já tenha havido condenação com trânsito em julgado, desde que a respectiva pena não esteja cumprida, prescrita ou extinta. As dificuldades, mormente processuais, para formação da pena total, são o motivo e a razão de ser do citado art. 79.º

2. A formação da penalidade no concurso de crimes

Se a cada crime corresponde uma pena, ao concurso de crimes — salvo disposição em contrário — corresponderá uma acumulação material de todas as penas.

O cúmulo material das penas não foi adoptado por nenhum dos Códigos precedentes e também o não é no regime legal do Código vigente. Melhor se dirá que também neste a pena do concurso de crimes é o resultado de um cúmulo jurídico das penas parcelares e que consente a junção de todas as penas em uma só. É o que resulta do disposto nos n.ᵒˢ 2, 3 e 4 do art. 78.º, aproximando-se mais, no entanto, o cúmulo jurídico previsto do concurso material, ao contrário do que sucedia na legislação anterior.

Há que seguir, com a lógica imposta pela lei, um processo de formação da penalidade do concurso de crimes, para depois proceder à determinação da pena aplicada.

Para proceder à determinação da penalidade ou pena aplicável ao concurso é mister primeiramente fixar os limites máximo e mínimo de penalidade que, em princípio devem estar fixados pela lei.

A ordem de procedimento é, por isso, a que ora se indica:

1.º) Determinação do limite máximo da penalidade do concurso.
2.º) Determinação do limite mínimo da penalidade do concurso.

1.º) Limite máximo da penalidade quanto à pena de prisão e quanto à pena de multa do concurso.

Não alude expressamente o art. 78.º à determinação, dentro dos limites da pena aplicável a cada crime, da pena a cada um aplicada; mas pressupõe-na, pois refere que o limite máximo da penalidade do concurso de crimes é equivalente à «soma das penas concretamente aplicadas aos vários crimes».

As penas de cada crime têm de estar previamente fixadas judicialmente, para que seja possível proceder à sua soma e, deste modo, alcançar o limite máximo da penalidade, dentro da qual se fixará a pena única do concurso.

Para fixação da pena de cada crime é forçoso seguir o critério geral para aplicação das penas que consta do art. 72.º

Uma vez fixadas as penas concretamente correspondentes a cada crime em concurso, é então possível fixar o limite máximo da penalidade ou pena aplicável a todo o concurso de crimes.

O limite máximo da pena aplicável ao concurso é a soma de todas as penas concretamente aplicadas a cada um dos crimes em concurso, sem que essa soma possa ultrapassar o limite máximo da espécie de pena, quer seja a pena de prisão, quer seja a pena de multa.

a) E, assim, e quanto à pena de prisão, se a soma das penas aplicadas a cada crime não exceder limite máximo da espécie de pena de prisão — que é de 20 anos (art. 40.º) —, é essa soma o limite máximo da penalidade do concurso de crimes; se a soma das penas de prisão concretamente aplicadas a cada crime exceder 20 anos, esse limite máximo reduzir-se-á a 20 anos de prisão. No entanto a pena de prisão, em casos especiais pode ser superior a 20 anos e, então, se a um dos crimes tiver sido aplicada pena superior a 20 anos será de considerar como limite máximo a pena concretamente aplicada a esse crime quando superior a 20 anos. Nestes casos esporádicos a penalidade do concurso será uma pena fixa visto que o máximo da penalidade do concurso será igual ao seu mínimo. Pode parecer duvidosa esta interpretação dada a omissão da lei, mas tal solução parece obter a preferência da jurisprudência e é justificada porque doutra forma o concurso de penas se traduziria numa atenuação da pena do crime mais grave, reduzindo tanto o limite máximo como o limite mínimo da penalidade; o resultado seria ainda menos justificado ou até incompreensível.

b) Quanto à pena de multa, é similar a forma de fixação do limite máximo da penalidade no concurso de multas: o máximo de pena de multa aplicável ao concurso de crimes será a soma das penas de multa aplicadas concretamente a cada crime, desde que essa soma não exceda o limite máximo de pena de multa, que é de 300 dias (art. 46.º) de multa.

2.º) Limite mínimo da penalidade do concurso de crimes.

Nada diz a lei sobre o limite mínimo da penalidade do concurso de crimes, nem quanto à pena de prisão nem quanto à pena de multa. Mas o limite mínimo da penalidade está, naturalmente, implícito na medida da pena mais grave concretamente aplicada a um dos crimes em concurso.

É de notar que no crime continuado os limites máximo e mínimo da penalidade são os limites máximo e mínimo da penalidade correspondente ao crime mais grave cometido em continuação.

É muito diferente o critério legal para determinação da penalidade do concurso e para determinação de penalidade do crime continuado; a diferença é resultado de ter sido alterado o modo de formação da penalidade do concurso de crimes pela Comissão Revisora, mantendo-se a orientação do projecto do Código, quanto ao modo de formação de penalidade no crime continuado.

No crime continuado, como ainda se dirá, o limite máximo e mínimo de penalidades deverão corresponder ao limite máximo e mínimo da penalidade aplicável ao crime mais grave, enquanto no concurso de crimes, o limite máximo da respectiva penalidade é constituído em regra pela soma das penas concretamente aplicadas e o limite mínimo pela pena mais grave aplicada a um dos crimes em concurso.

Essa omissão foi notada pela 1.ª Comissão Revisora do projecto do Cód. Penal e a solução então apresentada e aprovada pretendia a indicação legal do limite mínimo de penalidade do concurso que deveria ser fixado no «limite mínimo da pena que o tivesse mais elevado». Não era essa a orientação do autor do projecto que propunha que o mínimo de penalidade do concurso fosse o mínimo da moldura penal (penalidade) mais grave dentre as penas concorrentes».

De todo o modo, na redacção definitiva do Código não se repercutiu a conclusão expressa pela Comissão, e o problema ficou em aberto.

Mas o limite mínimo da penalidade está naturalmente implícito no máximo da pena mais grave concretamente aplicada a um dos crimes em consurso, e não no mínimo da penalidade mais grave. Se for esta última a solução poderá acontecer que o mínimo de penalidade do concurso venha mesmo a ser superior ao máximo da penalidade do mesmo concurso.

3.º) A formação legal da penalidade do concurso é mais complexa, quando uma ou mais das penas em concurso sejam penas compósitas.

Formada a penalidade do concurso de crimes, terá lugar a fixação de pena concretamente aplicada ao concurso.

Pode dizer-se que, enquanto a penalidade consiste em uma pena total, a determinação da pena fixa a pena única do concurso de crimes.

Dentro dos limites máximo e mínimo da penalidade o juiz deverá aplicar a pena em obediência ao critério legal constante do art. 72.º e deverá atender em conjunto à gravidade dos diferentes factos ilícitos e ao grau de culpa do agente.

3. A formação da penalidade no concurso de penas, quando estas sejam penalidades compósitas

A pena aplicável a cada crime pode ser uma pena simples ou uma pena compósita: pena mista de prisão e multa (que são penas principais) ou de uma ou ambas as penas principais e de penas acessórias ou medidas de segurança.

Como ficou dito, porém, a formação da penalidade do concurso implica a prévia formação da penalidade diferenciadamente quanto às penas de prisão, e quanto às penas de multa. E então a formação de penalidade global do concurso de penas, consiste na ajunção da penalidade global das penas de prisão e da penalidade global das penas de multa.

Deste modo, a penalidade global do concurso é, ela mesma, uma penalidade compósita, reunindo a penalidade global de prisão e a penalidade global de multa.

É esse o sentido do n.º 3 do art. 78.º: a pena (penalidade) de multa e a prisão por condenação em alternativa nos termos dos n.ºs 3 e 4 do art. 46.º são sempre cumuladas entre si e com a pena (penalidade) do concurso de penas de prisão.

Formam-se separadamente a penalidade do concurso de penas de prisão e a penalidade do concurso de penas de multa, e a reunião dessas duas penalidades constitui a penalidade total do concurso de penas. Quer dizer, mesmo que a pena de multa não faça parte da pena aplicada a todos os crimes, a pena de multa aplicada a qualquer crime entra na composição da penalidade do concurso, e o mesmo sucede se houver qualquer pena de multa convertida em prisão relativamente a qualquer crime.

Se forem vários os crimes que concretamente foram punidos com multa as penas de multa somam-se, para essa soma constituir elemento constitutivo do limite máximo da penalidade de multa no concurso; só não será assim se a soma das penas de multa aplicadas exceder o limite máximo da pena de multa (em geral 300 dias), caso no qual será esse o limite máximo da penalidade de multa no concurso de penas de multa.

A penalidade do concurso é então também uma penalidade compósita; à penalidade no concurso resultante do cúmulo jurídico das penas de prisão acrescerá a penalidade no mesmo concurso resultante do cúmulo jurídico das penas da multa aplicadas.

Esse cúmulo material das duas penalidades — de prisão e de multa — também se verifica, se houver condenação em alternativa de multa ou prisão; a condenação em multa não perde a sua natureza essencial de pena pecuniária, com a sua substituição por prisão.

As penas concretamente aplicadas aos vários crimes em concurso podem ser penas principais e acessórias, isto é, pena de prisão ou multa, ou prisão e multa acrescidas em relação a qualquer crime de penas acessórias ou de medidas de segurança.

As penas acessórias aplicadas a qualquer crime ou medidas de segurança aplicadas a imputáveis, em razão de um crime, podem entrar também na constituição de pena total do concurso.

Enquanto a pena total do concurso quanto às penas de prisão e multa é necessariamente compósita pela ajunção da penalidade de prisão e da penalidade da multa, as penas acessórias e medidas de segurança «podem» acrescer à sua estrutura (art. 78.º, n.º 4). Quer dizer, cabe ao juiz, na fixação da pena total, aditar à pena de prisão, ou pena de multa, ou a ambas, quaisquer penas acessórias ou medidas de segurança que façam parte da pena aplicada a todos os crimes ou a qualquer crime em concurso.

Em princípio, esta regra vale para todas as penas acessórias e medidas de segurança; mas tem de sofrer algumas limitações quanto a medidas de segurança. O Código Penal prevê geralmente medidas de segurança para inimputáveis, os quais, precisamente porque inimputáveis não podem ser condenados por qualquer crime. Há que tomar, nesta matéria, o conceito de medidas de segurança com uma diversa extensão; deve compreender as medidas de polícia e igualmente a condenação em pena indeterminada dos delinquentes por tendência, que poderão sempre manter-se na estrutura da pena global, mesmo que o delinquente responda também por crimes que não sejam pressupostos da tendência criminosa.

4. Determinação da pena concretamente aplicada ao concurso de crimes.

Formada a penalidade do concurso de crimes terá então lugar a fixação da pena única concretamente aplicada a esse mesmo concurso.

Pode dizer-se que enquanto a penalidade do concurso é uma penalidade total, porque pode consistir na aplicação de penalidades diversas, consoante a espécie de penas, a determinação de pena consiste na fixação de pena única aplicada ao concurso.

Dentro dos limites máximo e mínimo da penalidade, simples ou compósita, do concurso o juiz deverá determinar em obediência ao critério legal constante do art. 72.º a pena aplicada; deverá atender em conjunto à gravidade dos diferentes factos ilícitos e ao grau de culpa do agente.

5. A formação da penalidade e a determinação da pena aplicada ao crime continuado

O n.º 5 do art. 78.º diz assim:

> «O crime continuado é punível com a pena correspondente à conduta mais grave que integra a continuação.»

O crime continuado é, em princípio, uma continuação de crimes. Constitui como que uma excepção ao concurso de crimes, uma forma de concurso de crimes que revela uma muito menor gravidade da culpa. (*Lições de Direito Penal. I* cit., tít. III do livro II, cap. III, § 2.º, n.º 2).

A indicação da pena aplicável consta, por isso, do mesmo preceito legal, que se refere ao concurso de crimes e, mais precisamente, do n.º 5 do art. 78.º

Deve entender-se que, similarmente ao que acontece com o concurso de crimes, o n.º 5 do art. 78.º esclarece qual o modo de formação da penalidade ou pena aplicável.

Na formação da penalidade no concurso de crimes, importa fixar o limite máximo dessa penalidade, que conrrespoderá normalmente à soma das penas concretamente aplicadas aos diferentes crimes em concurso; no crime continuado, o limite máximo da pena aplicável será igual, não à soma das penas aplicadas a cada crime, mas ao máximo da penalidade correspondente ao crime mais grave.

E qual será o limite mínimo da pena aplicável? Não poderá ser o mesmo que o limite máximo.

No crime continuado, não é exigida a fixação das penas concretas de todos os crimes que integram a continuação; a continuação pode mesmo abranger crimes que não são ou não podem ser individualizados.

E, assim, o limite máximo e mínimo serão os que corresponderem, não à pena que poderia ser concretamente aplicada, mas à pena aplicável ao crime mais grave conhecido, cometido na continuação criminosa.

É possível estrouta interpretação como se sugere: o n.º 5 do art. 78.º não se refere à pena concretamente aplicada ao crime mais grave cometido em continuação, até porque no crime continuado se não pode fazer sempre a individualização de todos os crimes. O preceito refere-se, então, não à pena concretamente aplicada, mas à pena aplicável ao crime mais grave. E, sendo assim, a penalidade do crime continuado terá o limite máximo e o limite mínimo da penalidade do crime mais grave. A preferência dada a esta interpretação não é uma preferência quanto à doutrina constante da lei; é uma preferência na interpretação da lei. Pode na verdade acontecer que o máximo da penalidade do crime continuado venha a ser mais elevado que o máximo da penalidade no concurso de crimes. A desarmonia que assim se verifica tem a sua origem na alteração do texto primitivo do projecto do Código que, quanto ao concurso de crimes, substitui à soma das penalidades dos crimes concorrentes, pela soma das penas concretamente aplicadas aos vários crimes.

A desarmonia verificar-se-ia também se se pretendesse acomodar — alterando-o — o regime legal na aplicação da pena ao crime continuado admitindo que a sua penalidade seria igual à pena aplicada mais grave a um dos crimes de continuação criminosa. Cair-se-ia então na indicação de uma pena fixa para o crime continuado.

E assim adoptamos a interpretação sugerida, tanto mais que o n.º 5 do art. 78.º expressamente pretende indicar a penalidade do crime continuado, a penalidade e não a pena aplicada, como era orientação do projecto; e, por isso e em conclusão, a penalidade do crime continuado é a penalidade ou pena aplicável ao crime mais grave dentre os cometidos em continuação.

6. **O concurso de crimes ainda não punidos e o concurso de crime em que um ou alguns tenham sido objecto de condenação com trânsito em julgado (Cód. Penal, art. 79.º)**

Por deficiência, que pode ser inevitável, da administração da Justiça, as regras de competência por conexão subjectiva destinam-se a garantir o julgamento em conjunto de todos os crimes cometidos pelo mesmo agente. (*Curso de Processo Penal* cit., vol. 1.º, págs. 107 e segs.) Esta precaução legislativa não tem a possibilidade de abarcar todos os casos, de modo a garantir a aplicação das regras de direito substantivo sobre a punição do concurso de crimes.

Para dar conta desta realidade e assegurar a primazia do direito substantivo, o art. 79.º do Código Penal estabeleceu normas que são mais de carácter processual do que substantivas.

É este o teor do art. 79.º:

«1. Se, depois de uma condenação transitada em julgado, mas antes de a respectiva pena estar cumprida, prescrita ou extinta, se mostrar que o agente tinha praticado, anteriormente àquela condenação, outro ou outros crimes, será proferida uma nova sentença em que serão aplicáveis as regras do artigo anterior. 2. As penas acessórias e as medidas de segurança aplicadas pela sentença anterior manter-se-ão, salvo quando se mostrem desnecessárias em vista de nova decisão; se forem aplicáveis apenas ao crime que falta apreciar, só serão decretadas se ainda forem necessárias em face da decisão anterior.»

O n.º 1 deste artigo prevê os casos em que, havendo concurso de crimes — e haverá concurso de crimes quando um ou mais crimes tenham sido cometidos antes de transitar em julgado a condenação por qualquer deles —, se torne indispensável determinar judicialmente a pena total que a todos abranja. Se a condenação ou condenações anteriores omitiram, na formação de pena total, a pena de um crime que deve dele fazer parte, há que encontrar a via para reparar a omissão.

O Código Penal fala em *uma nova sentença* e também diz que o objecto dessa nova sentença será a aplicação das regras do art. 78.º

Isto quer dizer que tem de decidir-se judicialmente, já não sobre a pena aplicada em cada condenação anterior, mas sobre a omissão da formação da pena total.

Daqui resulta somente a dúvida de qual será o tribunal competente para proceder à determinação dessa pena total.

A lógica impõe que seja o último tribunal em que é ou foi julgado qualquer crime, que proceda à elaboração da pena total; e quanto à competência em razão da matéria, será o tribunal colectivo ou o tribunal singular, consoante a gravidade que deva ter a pena total.

Foi esta a solução adoptada no *Curso de Processo Penal*, em face da omissão do anterior Código quanto à questão; ulteriormente, foi promulgado novo Código de Processo Penal, que suscita dúvidas na medida em que restringe o campo de aplicação da competência por conexão subjectiva (cf. o seu art. 24.º).

Parece, no entanto, que se deve dar preferência ao disposto no Código Penal, visto que o direito adjectivo se destina a permitir a realização do direito substantivo; donde somente a conclusão de que o novo Código de Processo Penal (de 1987) não atentou na exigência do art. 79.º do Código Penal, mas que há que suprir a omissão, nos mesmos termos que já foram delineados no *Curso de Processo Penal*.

O n.º 2 do art. 79.º repete ou adapta disposições contidas no art. 78.º, ao caso do conhecimento superveniente do concurso, de que trata o art. 79.º. Essa repetição ou adaptação só respeita ao n.º 4 do art. 78.º, isto é, às penas acessórias e medidas de segurança de qualquer condenação anterior, as quais se ajuntam à pena total principal, a não ser que sejam desnecessárias, porventura porque tais penas acessórias ou medidas de segurança serão cominadas em razão do crime, objecto da ulterior condenação.

7. O concurso de penas e o concurso de coimas nas contra-ordenações, em caso de concurso ideal

Nem o art. 30.º (concurso de crimes), nem o art. 78.º (concurso de penas) são aplicáveis ao concurso de crimes e contra-ordenações e ao concurso de penas e coimas.

Estes concursos regem-se pelos arts. 19.º e 20.º do Dec.-Lei n.º 433/82, de 27/10 (ilícito de mera ordenação social).

Os artigos citados seguem de perto a legislação alemã, e por isso não aceitam o cúmulo material de penas, e consideram que o concurso ideal não é equiparado ao concurso real.

E, assim, no concurso ideal de contra-ordenações (isto é, quando estas constituam um só facto), será aplicável uma única coima — a coima mais grave; só as sanções acessórias podem acrescentar-se a essa única coima. (Cf. o art. 21.º do cit. Dec.-Lei n.º 433/82.)

Tratando-se de concurso ideal de crimes e contra-ordenações, que foram cometidos com o mesmo acto, o crime absorve a contra-ordenação, como a pena daquele absorve a coima, só sendo possível acrescentar, à pena do crime, sanções acessórias previstas para a contra-ordenação.

TÍTULO IV

EXECUÇÃO, MODIFICAÇÃO E EXTINÇÃO DAS PENAS E DAS MEDIDAS DE SEGURANÇA

CAPÍTULO I

EXECUÇÃO, MODIFICAÇÃO E EXTINÇÃO DAS PENAS

§ 1.º

EXECUÇÃO DAS PENAS

1. Razão de ordem

Uma vez fixada em sentença condenatória transitada em julgado a medida da responsabilidade penal ou da pena, tem lugar a execução da pena.

Tratar-se-á previamente da natureza jurídica da execução e do respectivo título executivo, bem como dos órgãos aos quais cabe proceder à execução.

Seguidamente indicar-se-á, distinguindo as modalidades que reveste a execução das várias espécies de pena, como se determin o início da execução e o seu termo.

As penas são susceptíveis de modificação na sua execução; referir-se-ão as causas da sua modificação, e as causas de extinção da responsabilidade penal ou das penas.

Será esta a matéria a versar neste capítulo I.

No capítulo II tratar-se-á da execução, modificação e extinção das medidas de segurança.

2. Natureza da execução

Pode falar-se de execução em um sentido amplo, referindo-a não somente à sentença condenatória, mas a quaisquer despachos, decisões ou ordens do juiz ou de outros órgãos, que devam realizar-se coactivamente.

Esta amplitude da noção de execução (execução de mandados de captura, intimações para comparência do réu, de testemunhas...) abrangeria a execução de actos ou decisões processuais, que entram no processamento, mas não têm carácter definitivo.

Mas não é essa a noção de execução, em sentido próprio, quando se versa a execução das penas e medidas de segurança.

A execução é, em direito penal e em processo penal, a execução da sentença condenatória.

Não constitui, porém, um processo executivo, como em processo civil, distinto, diverso do processo declarativo.

A execução da decisão condenatória é directa e imediata, e não depende de uma acção de execução que a suscite.

A execução em processo penal não é, assim, um processo autónomo de execução, e antes é constituída pelo conjunto de decisões idóneas para executar directamente a decisão final condenatória.

O que importa distinguir são os modos diferentes de execução, que correspondem às diferentes espécies de penas. Não é idêntica, por natureza, a execução da pena de prisão e da pena de multa, ou das penas acessórias.

Também, na execução penal, assim entendida, se não abrange a execução de decisão na acção cível conexa com a acção penal; abrangerá, no entanto, a execução das medidas de segurança, à qual aludiremos no capítulo II.

A execução não é, portanto, do ponto de vista processual, correspondente ao processo civil executivo.

Mas também não é uma função puramente administrativa. Na execução actua o próprio poder judicial, com intervenção fundamental nos denominados «incidentes de execução» (presentemente citados como questões incidentais no art. 471.º do novo Código de Processo Penal, de 1987).

A imediata exequibilidade da sentença condenatória, transitada em julgado, não se compadece com um novo pedido ou promoção da execução; a condenação vale por si mesma, como título executivo.

Daqui se pode inferir que também a execução é dominada pela jurisdição, isto é, pelo juiz competente.

Não só no que respeita às alterações ou modificações que a pena pode sofrer durante a execução, como particularmente na execução das penas de prisão, tem lugar a superintendência e vigilância que cabe ao juiz do processo ou ao juiz de execução das penas, durante a execução pelos serviços administrativos da Direcção-Geral das Prisões.

Essa superintendência e vigilância está presente durante toda a execução, através dos incidentes de execução e através da vigilância judicial da execução por serviços administrativos. Mais adiante se desenvolverá este aspecto crucial da execução, como essencialmente dependente da jurisdição.

3. **Título executivo**

O título executivo é a sentença condenatória, transitada em julgado.

O título executivo pode ser simples ou complexo; é complexo, quando a condenação abrange a execução de mais de que uma pena; isto é, de pena de prisão e multa, ou de uma e outra, ou só de uma e de penas acessórias. O modo de execução será, então, também complexo, pois que é distinto esse modo consoante a espécie de pena.

a) A sentença condenatória não transita em julgado nem é exequível, se for inexistente.

A inexistência é um vício insanável, quer do processo, quer da sentença.

À inexistência e inexequibilidade da sentença se refere o art. 468.º do Código de Processo Penal de 1987; o preceito encontrava-se no Código de Processo Penal anterior (art. 626.º), donde passou para o art.º 9.º do Dec.-Lei n.º 402/82, de 23/9, sobre a execução das penas e medidas de segurança, regressando agora ao lugar que inicialmente lhe fora atribuído. Contudo, a redacção actual do Código de Processo Penal não reproduz o artigo anterior do Código de Processo Penal, nem o art. 9.º do Dec.-Lei n.º 402/82, pois que o mutila. É o seguinte o teor do art. 468.º do vigente Código de Processo Penal:

«Não é exequível decisão penal que:

a) Não determinar a pena ou a medida de segurança aplicadas ou que aplicar pena ou medida inexistentes na lei portuguesa;
b) Não estiver reduzida a escrito; ou
c) Tratando-se de sentença penal estrangeira, não tiver sido revista e confirmada nos casos em que isso for legalmente exigido.»

O novo Código de Processo Penal acrescenta uma alínea à legislação anterior [a al. c)], e omite os n.ᵒˢ 1.º e 4.º do anterior Código e do Dec.-Lei n.º 402/82, que indicavam como causas de inexequibilidade a sentença que não emanasse de tribunal com jurisdição penal, ou a que condenasse pessoa diversa da que fosse réu no processo.

Não deve, no entanto, tomar-se à letra a omissão apontada. A sentença é inexistente em consequência dos vícios ora apontados no Código de Processo Penal e que directamente à forma ou conteúdo da sentença se reportam, mas também é inexistente quando a causa da inexistência não está directamente em vícios da sentença, mas na anterior inexistência do próprio processo.

E, assim, se não existe qualquer dos sujeitos processuais, não há relação jurídica processual ou processo; primeiramente, quando o juiz não é juiz, porque não tem jurisdição penal; em segundo lugar, quando não há réu no processo, porque a pessoa condenada é diversa daquela que efectivamente interveio no processo; e, quando não houver a acusação indispensável à realização do princípio acusatório em processo penal; também e ainda quando não houver objecto do processo penal.

Em todos estes casos inexiste a relação jurídica processual, o processo no qual foi proferida sentença. Sendo o processo inexistente é necessariamente inexistente também a sentença nele proferida.

Para ser lógico, o novo Código de Processo Penal poderia trasladar os casos de inexistência do processo para a parte do Código em que versa as nulidades, aludindo então expressamente à inexistência do processo. Não o fez e, contudo, por maioria de razão, tem de, para além das nulidades insanáveis do processo, admitir a própria inexistência do processo.

O mesmo Código de Processo Penal de 1987 acrescentou às causas de inexequibilidade aqueles casos em que, tratando-se de sentença penal estrangeira, esta não tiver sido revista ou confirmada, nos casos em que isso for legalmente exigido.

O que se pretende dizer é que, embora a sentença penal estrangeira possa ser exequível em Portugal, ela não será por si título exequível, na generalidade dos casos, sem prévia revisão ou confirmação pelos tribunais portugueses. O título exequível será, então, conjuntamente a sentença estrangeira e a sua revisão ou confirmação pelo tribunal nacional.

b) O título executivo, embora transitado em julgado, pode ser condicional. Esta característica verifica-se nos casos em que a lei e a sentença prevêem uma execução condicional, e é particularmente elucidativa a decisão penal que permite a suspensão da execução da pena, pois que, se se não mostrarem cumpridos os pressupostos que justificam a suspensão da execução da pena, poderá esta ser revogada, seguindo-se a execução da pena que fora condicionalmente suspensa (Código Penal, art. 51.º).

O mesmo sucede com o «regime de prova» e a liberdade condicional (Cófigo Penal, arts. 57.º e 63.º), e ainda com a pena de prisão no caso de condenação em multa ou prisão.

c) A sentença penal irrevogável é título executivo em todo o território nacional, seja qual for a instância processual de que provém. Era o que dispunha o art. 625.º do Código de Processo Penal de 1929, e é também o que dispõe o art. 467.º do novo Código: «1. As decisões penais condenatórias transitadas em julgado têm força executiva em todo o território português ou sob administração portuguesa (por agora, Macau) e ainda em território estrangeiro conforme os tratados, convenções e regras de direito internacional.»

4. O início da execução penal

O título exequível — a sentença condenatória transitada em julgado — tem imediata força executória. A própria sentença determina que se passe desde logo o mandado de captura, quando a condenação seja em pena de prisão e, se o réu estiver presente na audiência e não houver recurso, o tribunal ordena a condução do réu à cadeia. O juiz competente é, por isso, o juiz que proferiu a condenação (Código de Processo Penal de 1987, arts. 470.º e 474.º).

Importa, no entanto, distinguir os casos em que o condenado se encontra na situação de prisão preventiva, daqueles em que se encontra em liberdade. Neste último caso, é literalmente aplicável a exigência do mandado de captura; no primeiro caso, em que o condenado se encontra em prisão preventiva, esta é imediatamente convertida em execução da pena de prisão, descontando-se na duração da pena aplicada e a cumprir o tempo de duração da prisão preventiva já sofrida (Código Penal, art. 80.º).

O Código de Processo Penal também diz, similarmente ao Código que o precedeu, que compete ao Ministério Público promover a execução das penas e das medidas de segurança. Esta competência, porém, não equivale à instauração de uma acção executiva indispensável para o início da execução; a execução inicia-se oficiosamente ou a requerimento do Ministério Público, que é chamado a auxiliar o processamento da execução, sobretudo na realização dos actos formais de comunicação da decisão judicial aos serviços prisionais (art. 469.º do Código de Processo Penal).

Também quando à outra pena principal — a pena de multa —, a sentença condenatória é desde logo exequível, com o trânsito em julgado da sentença.

«A multa é paga após o trânsito em julgado da decisão que a impõe e pelo quantitativo nesta fixado, não podendo ser acrescida de quaisquer adicionais» (Código Processo Penal de 1987, art. 487.º; arts. 638.º e 639.º do Cód. Proc. Pen. anterior; e art. 24.º do Dec.--Lei n.º 402/82).

Assim se indica o início do prazo para execução voluntária da multa devida. Se, porém, não for paga no prazo legal de 10 dias (Cód. Proc. Pen., n.º 2 do cit. art. 487.º), seguir-se-á a execução patrimonial de bens do condenado, se este os tiver, suficientes e desembaraçados, quer por indicação do condenado, quer por conhecimento oficioso do tribunal. A execução patrimonial deve ser promovida pelo Ministério Público (Cód. Proc. Pen. de 1987, art. 488.º;

Dec.-Lei n.º 402/82, art. 25.º, que reproduz o art. 640.º do Cód. Proc. Pen. anterior).

O início da execução das penas acessórias é regulado pelo art. 499.º do novo Código de Processo Penal de 1987, que reproduz o art. 40.º do Dec.-Lei n.º 402/82; a decisão que decretar a demissão da função pública, ou sua suspensão, a interdição do exercício de qualquer actividade ou profissão, a incapacidade eleitoral, a incapacidade para o exercício do poder paternal, tutela, curatela ou administração de bens, ou para ser jurado, é comunicada aos órgãos aos quais compete o cumprimento da decisão, para eles obrigatória.

5. A contagem do tempo de duração da pena de prisão

A pena tem, em regra, um tempo de duração.

Não há, porém, tempo de duração da pena de multa, muito embora esta seja fixada em função de dias. A pena de multa esgota a sua execução com o seu pagamento voluntário ou forçado.

Algumas penas acessórias têm prazo de duração, o qual consta da sentença e deverá ser cumprido pelos órgãos aos quais foi comunicada, para ser executada, a condenação; isto não significa que o tribunal se desinteresse do cumprimento da sentença proferida; cabe-lhe sempre tomar as providências necessárias para a execução de penas acessórias (Cód. Proc. Pen., art. 499.º, n.º 5).

Mas é quanto às penas de prisão que a contagem do tempo de duração é em especial regulada pela lei. Essa regulamentação consta, actualmente, dos arts. 475.º e 476.º do Código de Processo Penal.

A contagem do tempo de prisão supõe a fixação do início de execução, e do termo da execução. Da fixação do início da execução se tratou no número anterior. Os arts. 475.º e 476.º referem-se particularmente ao termo da execução.

A pena de prisão, consoante a sua gravidade, pode ser fixada em anos, em meses ou em dias, ou abranger todos esses modos de contagem.

«Na contagem do tempo de prisão, os anos, meses e dias são computados segundo os critérios seguintes:

a) A prisão fixada em anos termina no dia correspondente, dentro do último ano, ao de início da contagem e, se não existir dia correspondente, no último dia do mês (é o caso de 29 de Fevereiro, que só tem lugar nos anos ditos bissextos, em que a pena terminará no último dia do mês — 28 de Fevereiro);

b) A prisão fixada em meses é contada considerando-se cada mês um período que termina no dia correspondente do mês seguinte ou, não havendo, no último dia do mês (é ainda o mesmo caso de 29 de Fevereiro);

c) A prisão fixada em dias é contada considerando-se cada dia um período de vinte e quatro horas...»

(Art. 475.º do Cód. de Proc. Penal, que corresponde ao art. 14.º do Dec.-Lei n.º 402/82.)

O Código de Processo Penal acrescentou uma regulamentação sobre a hora ou momento de libertação, no art. 476.º: «a libertação tem lugar durante a manhã do último dia do cumprimento da pena»; podendo ainda ser antecipada, se o último dia for sábado, domingo ou feriado, para o dia útil imediatamente anterior, excepto tratando-se do feriado de 25 de Dezembro, em que a libertação pode ter lugar no dia 23.

Em todos estes casos, devem ter sido dificuldades de cumprimento rigoroso da contagem da duração da pena que conduziram a uma antecipação da libertação, menos criticável, sem dúvida, do que um prolongamento da pena.

Para prevenir outras hipóteses, ainda se prevê a faculdade de antecipação por dois dias do momento da libertação. São de invocar «razões prementes de reinserção social» (art. 476.º cit., n.º 4) que dificilmente convencem da conveniência da antecipação por dois dias. É mais natural que as razões sejam ou venham a ser as deficiências de funcionamento de serviços.

A ordem de soltura é naturalmente da competência do juiz (Dec.-Lei n.º 402/82, art. 16.º; e art. 477.º do novo Cód. Proc. Pen.).

6. Suspensão da execução da pena de prisão

A execução da pena de prisão é contínua.

Nos termos da legislação anterior (Código Penal de 1886,

art. 118.º, cuja redacção, vigente até 1982, fora introduzida pelo Dec.-Lei n.º 184/72, de 31/5), a execução suspendia-se excepcionalmente por doença física ou mental que impusesse internamento hospitalar, por evasão do condenado e durante o tempo por que andasse fugido e por decisão do Supremo Tribunal de Justiça quando fosse admitida a revisão da sentença condenatória que estivesse cumprindo.

Quanto ao internamento hospitalar durante o cumprimento da pena, a sua duração era contada na duração da pena (cit. Cód. Pen., art. 117.º, n.º 3; v. *Direito Penal Português* cit., II, pág. 483). Nos demais casos, não se descontaria no cumprimento da pena.

Ao que parece, essa suspensão não está directamente prevista na legislação em vigor, quer no Dec.-Lei n.º 402/82, quer no actual Código de Processo Penal; mas este prevê a existência de interrupções (ou suspensões) na execução, isto é, prevê a prisão descontínua, por qualquer motivo (art. 475.º, n.º 2). E parece que os casos que a legislação anterior previa se podem racionalmente considerar como casos que não interrompem a contagem de duração das penas aqueles em que o preso esteve internado hospitalarmente em razão de doença física ou mental; e casos que interrompem a execução, sendo descontado o período respectivo na contagem da duração da pena os casos de fuga do condenado, como se infere por exemplo da previsão do desconto da interrupção no regime de execução da pena de prisão por dias livres (Cód. Proc. Pen. de 1987, art. 486.º).

7. Conteúdo da execução das penas privativas da liberdade e órgãos de execução

a) Entre o início e o termo da pena de prisão, tem lugar a sua execução.

A execução, no seu conteúdo, das penas de prisão não consiste exclusivamente nem mesmo predominantemente na privação da liberdade pela privação da liberdade.

Ao conteúdo da pena de prisão aludem sumariamente os arts. 6.º e 7.º do Dec.-Lei n.º 402/82. É o seguinte o teor desses artigos:

«Na execução das penas e das medidas de segurança será sempre respeitada a dignidade humana dos condenados e ser-lhes-ão dispensados os tratamentos necessários para a salvaguarda da saúde física e mental e para a reinserção na sociedade» (art. 6.º). «Na execução das penas e das medidas de segurança atender-se-á aos atributos individuais dos condenados de modo que, dentro dos limites da lei, se sigam as modalidades de execução mais adequadas à realização dos seus fins» (art. 7.º).

Estes artigos fornecem uma orientação, mas não a especificam. É que o Dec.-Lei sobre execução das penas e das medidas de segurança (dec.-lei n.º 402/82) preocupou-se sobretudo com a exclusão da matéria de execução das penas do Código de Processo Penal, e por isso regulamenta a execução fundamentalmente do ponto de vista processual. Também por isso o Dec.-Lei n.º 402/82 foi em grande parte absorvido pelo novo Código de Processo Penal; se a sua finalidade era retirar a matéria de execução do Código de Processo Penal, essa finalidade desapareceu com o regresso da matéria da execução das penas ao aludido Código.

A execução das penas, porém, não é exclusivamente processual, pois que o modo de execução é regulado pelas normas de direito penitenciário, que particularmente constam da Reorganização dos Serviços Prisionais (Reforma Prisional), que é a matéria do Dec. n.º 26 643, de 28 de Maio de 1936.

O Dec. n.º 26 643 sofreu, desde a sua publicação, muitas alterações, embora nunca fosse directamente remodelado. Tais alterações resultaram sobretudo da alteração do sentido geral da execução das penas de prisão, e da regulamentação do modo de execução.

A reforma prisional ainda aceitava o sentido aflitivo da pena de prisão, e por isso impunha uma sucessão de períodos na execução da pena de prisão, desde o isolamento contínuo, destinado a garantir o seu carácter aflitivo (arts. 29.º, 41.º e 57.º da Reforma Prisional); ao período de isolamento, seguir-se-ia um segundo período e ainda um terceiro, em que o recluso teria acesso a uma forma de vida comunitária, mais completa.

Os períodos no cumprimento das penas já se encontravam em desuso desde 1945, em razão precisamente da acentuação de diversa finalidade de execução da pena.

É também essa finalidade que os arts. 6.º e 7.º do Dec.-Lei n.º 402/82 procuram fixar, e que não respeita à execução das penas no seu aspecto processual, e antes elucida sobre o seu conteúdo.

A privação da liberdade não é um fim em si mesmo, mas um meio necessário para garantir a educação ou ressocialização do preso. É neste sentido que deve interpretar-se o art. 7.º do Dec.-Lei n.º 402/82.

O art. 6.º do citado decreto acentua sobretudo a manutenção da dignidade do homem que o preso é. Não é admissível a humilhação do homem, antes se impõe precisamente a exaltação do homem que se pretende ele seja ou venha a ser.

Daí a necessidade de não sujeitar os reclusos a uma publicidade que, porventura exaltando os serviços prisionais, vexa os reclusos na sua dignidade de homens, que a execução das penas deve manter ou suscitar.

Para este efeito, o trabalho prisional é meio indispensável. E esse trabalho prisional deve obedecer a requisitos que facilitem ao homem a salvaguarda da sua dignidade, trabalhando na medida do possível e cumprindo ainda, na medida do possível, os deveres que incumbem a todos os homens. O trabalho, por isso, deve ser remunerado, e o uso da remuneração deve ser o correspondente ao de todo o homem: o seu próprio sustento, o sustento da sua família, o pagamento das dívidas resultantes da condenação e formação de um pecúlio de reserva que lhe permita o fácil regresso à vida social.

Toda esta matéria se encontra na Reforma Prisional, embora alterada em muitos pontos da sua regulamentação. E também no anterior Código Penal: v. nesse sentido os seus arts. 58.º e 59.º, bem como os §§ deste último artigo, onde se completava a exposição dos princípios fundamentais do trabalho prisional.

Mais sinteticamente, o teor dos arts. 6.º e 7.º do Dec.-Lei n.º 402/82 reafirma estes princípios, que são mais afirmativos na redacção do anterior Código Penal.

Em conclusão, é de acentuar que não corresponde à natureza da pena de prisão a privação da liberdade, sem que esta seja aproveitada como meio de emenda, reeducação ou ressocialização do condenado e que, por isso, o trabalho prisional é ou deve ser característica essencial da pena de prisão.

b) Os órgãos de execução das penas são múltiplos. Mas, no que concerne à execução das penas de prisão, cabe ela, dentro dos limites marcados pela decisão condenatória, e ressalvados sempre o início e o termo da execução, que cabem ao tribunal, aos Serviços Prisionais do Ministério da Justiça.

Não se trata, porém, de uma função exclusiva dos Serviços Prisionais. O novo Código de Processo Penal declara que são da competência do tribunal as questões incidentais, fórmula correspondente à de incidentes de execução usada pelo anterior Código. E, na verdade, todas as questões relativas ao início, modificação ou termo de execução são decididas incidentalmente no processo de que consta a condenação (art. 471.º), pelo tribunal de condenação ou, consoante os casos, pelo tribunal de execução das penas.

Mas não só quanto ao início e termo da prisão e à modificação da pena na sua execução, intervém a jurisdição (Dec.-Lei n.º 402/82, art. 12.º).

Os tribunais de execução das penas têm, além da função decisória e deliberativa, que aí se revela, também uma função de vigilância e de consulta. Tais funções vêm indicadas no art. 22.º do Dec.-Lei n.º 783/76, de 29/10, que fundamentalmente reproduz legislação anterior.

Aqui importam em especial as funções de vigilância e de consulta; essas funções vêm referidas no art. 23.º do citado dec.-lei que deve ser no entanto entendido com maior amplitude. A obrigação de visita periódica não pode ser formal. Deve tomar conhecimento do modo por que se executa a pena, mormente no que respeita ao cumprimento dos preceitos fundamentais dos arts. 11.º e 12.º, ou seja, sobre a salvaguarda dos direitos fundamentais do recluso, isto é, da sua dignidade humana e em especial sobre a forma como está organizada e funciona o trabalho prisional, e as deficiências que se mantêm, sobre o pagamento das remunerações e seu destino, para além da fiscalização sobre a idoneidade e acerto do regime disciplinar, e outros aspectos importantes da execução.

A execução das penas compete directamente aos Serviços Prisionais; mas a sua fiscalização cabe ao juiz, na sua função de vigilância sobre a execução.

E, assim, as normas sobre a execução das penas, que não constituam questões incidentais da execução, fazem parte do direito penitenciário, e devem ser apreciadas e vigiadas, no essencial, pela jurisdição.

8. A execução da pena de multa

As penas principais são a prisão e a multa. Enquanto a primeira é uma pena privativa da liberdade, a segunda é uma pena pecuniária. A execução de uma pena pecuniária não tem a complexidade da execução da pena privativa da liberdade.

A condenação em multa é, no regime geral do Código Penal, uma condenação em alternativa, fixando a sentença o quantitativo da multa (directa ou indirectamente) e a pena de prisão correspondente (art. 46.º, n.º 3).

A pena de multa, no regime geral do Código Penal, é fixada em dias, entre 10 dias e 300 dias, correspondendo a cada dia uma sanção económica entre 200$00 e 10 000$00, consoante a situação económica do condenado e os seus encargos pessoais (art. 46.º, n.ºs 1 e 2).

A multa deve ser paga no prazo de 10 dias após o trânsito em julgado da sentença condenatória e a notificação ao condenado (Cód. Proc. Pen., art. 487.º, n.ºs 1 e 2).

O prazo de 10 dias pode ser alargado até 1 ano, se a situação económica do condenado o justificar, e pode ainda a multa ser paga em prestações, a fixar dentro do prazo de 2 anos (Cód. Pen., art. 46.º, n.º 5 e Cód. de Proc. Pen., art. 487.º, n.º 3).

Não sendo paga a multa nas condições estabelecidas pela lei e fixadas na sentença, terá lugar a execução da pena de prisão que é sempre cominada na sentença em alternativa.

Há que considerar, porém, o caso de ter sido parcialmente paga a multa em prestações. Seria injusta então a execução da totalidade da prisão correspondente à totalidade da multa. É de admitir que a pena de prisão a cumprir seja a correspondente aos dias de multa não pagos.

Não prevê a lei a possibilidade de, no cumprimento da pena de prisão, e mediante o pagamento total ou parcial da multa, *inclusive* com parte da remuneração pelo trabalho prisional, se reduzir ou extinguir a dívida pela multa. Esse regime já esteve em vigor, e não parece que possa ser afastado só em razão de não estar hoje expressamente previsto, quer no Código Penal, quer no Código de Processo Penal.

Estas questões relativas à execução da pena de multa constituem incidentes ou questões incidentais da execução, nos termos do art. 471.º do Código de Processo Penal.

§ 2.º

MODIFICAÇÃO DAS PENAS

1. **Modificação das penas, na sua execução**

Pode haver modificação das penas, na sua aplicação, e modificação das penas, na sua execução.

Já foram indicados os casos de modificação das penas na sua aplicação; essa modificação pode ser imposta por lei, quando se verifiquem circunstâncias modificativas por força da lei, que dão lugar a uma penalidade ou pena aplicável, ou pode provir de directa apreciação judicial.

Em ambos os casos — por força da lei ou por directa apreciação judicial — haverá lugar a uma nova penalidade, nos limites da qual se fará seguidamente a aplicação da pena em concreto.

Há, porém, outros casos de modificação das penas que têm lugar na execução das penas, e não na sua aplicação; são estas as que especialmente importam agora. Não é sempre fácil fazer a distinção entre umas e outras.

Convém ponderar os casos de substituição da pena que vêm enumerados nos arts. 43.º, 44.º, 45.º, 48.º e seguintes, 53.º e seguintes e ainda os arts. 59.º, 60.º, 61.º

2. **A substituição da pena de prisão ou prisão e multa por pena de multa (Cód. Penal art. 43.º)**

O tribunal deve preferir, no caso da pena aplicável ser uma pena alternativa de prisão ou multa, a aplicação da pena de multa nos termos do art. 71.º Aqui trata-se de uma substituição na aplicação da pena.

Mas haverá também substituição da prisão por multa, já não na aplicação, mas na execução da pena. É o caso do art. 43.º

Não se figura a preferência de penalidade como no art. 71.º, mas antes a substituição na execução da pena de prisão concretamente aplicada, pela pena concreta de multa.

A substituição tem lugar pela execução de uma pena de multa correspondente, ou pela substituição da pena de prisão e multa. só por multa.

Indispensável é que a pena de prisão aplicada não seja superior a seis meses.

A substituição, neste caso, do art.º 43.º é em regra imposta por lei; a não substituição é que carece de ser fundamentada.

Nos termos deste art. 43.º a substituição terá lugar:

1.º — no caso de condenação a pena de prisão não superior a seis meses;
2.º — no caso de condenação a pena de prisão não superior a seis meses e multa.

(n.ᵒˢ 1 e 2 do art. 43.º).

Não é a pena aplicável ao crime (penalidade) que conta, mas a pena aplicada no caso concreto. E, na verdade, o n.º 2 do art. 43.º expressamente se refere à pena com a qual for «punido» (e não punível) o crime, e o mesmo significado deverá dar-se à pena no n.º 1 do mesmo artigo.

No n.º 2, ainda se diz, ao fazer o cúmulo da pena de multa aplicada com a multa substitutiva da pena de prisão, que a pena de multa que faz parte do cúmulo pretendido é a soma da pena «directamente imposta» e da que resultar da substituição da prisão, que terá por isso de ser a substituição da prisão directamente imposta na condenação. Para essa substituição ter-se-á em conta a correspondência entre prisão e multa, que o n.º 3 do art. 46.º estabelece. E é inteiramente aplicável, por força do n.º 3 do art. 43.º, o n.º 4 do art. 46.º, que se refere claramente aos casos em que tiver havido «condenação» em prisão e multa.

A pena a substituir é, portanto, a pena fixada na condenação, e não a pena aplicável ao crime.

A substituição por pena não privativa da liberdade obtém a firme preferência da lei. O art. 43.º impõe em regra a substituição («será substituída»), e só consente a manutenção da execução como pena de prisão em casos excepcionais, isto é, se a execução «for exigida pela necessidade de prevenir a prática de futuros crimes»; haverá que entender, por isso, que a não substituição é que carece de ser suficientemente fundamentada.

3. **Substituição da pena de prisão não superior a três meses, por uma pena de prisão por dias livres (Cód. Pen., art. 44.º)**

A substituição da pena de prisão não tem lugar somente mediante a cominação da pena de multa.

Neste caso a substituição é preferentemente obrigatória.

Mas, quando não deva substituir-se a pena de prisão não superior a três meses por multa, «pode» ainda ser substituída pela pena de prisão por dias livres (art. 44.º); é uma substituição na aplicação da pena.

E, quando não deva executar-se a prisão não superior a três meses por prisão por dias livres, «pode» ainda ser executada no regime de semidetenção, se o condenado der o seu consentimento (art. 45.º).

Não se queda por aqui a faculdade de substituição, agora na execução das penas de prisão não superiores a três meses.

Estas penas podem ser substituídas, sucessivamente, não só por prisão por dias livres, ou por regime de semidetenção, como ainda por prestação de trabalho a favor da comunidade (art. 60.º) e por admoestação (art. 59.º).

Esta multiplicidade de substituições de pena de prisão não superior a três meses comprova a desconfiança de que se faz eco a lei, quanto às penas curtas de prisão. A desconfiança é justificada na medida em que se compreenda e sobretudo execute a pena de prisão como mera privação da liberdade; as cadeias são, então, depósitos de condenados e, mais do que inaptas para a função que lhes compete, contraproducentes.

A prisão por dias consiste numa privação da liberdade por períodos correspondentes a fins-de-semana (sábados e domingos); esses períodos, porém, não podem exceder o número de quinze. Quer dizer que a privação da liberdade não excederá em regra 30 dias.

Como não pode ser igual a equivalência da prisão por três meses, da prisão por dois ou um mês, ao mesmo número de períodos de prisão de fins-de-semana, a lei indica o modo de trasmudar a pena de prisão não superior a três meses, em prisão por dias livres.

E, assim, cada período de fim-de-semana equivalerá a 4 dias de prisão contínua (art. 44.º, n.º 2).

Deste modo, e mais singelamente, a prisão efectiva não excederá, na prisão por dias livres, dois meses ou sessenta dias, correspondendo a dois terços da pena de prisão.

E assim relativamente à pena de prisão concretamente aplicada, a pena de prisão por dias livres será cumprida em períodos de fins--de-semana correspondentes a dois terços da sua duração. A uma pena de prisão por três meses corresponderão 60 dias de prisão de fins-de-semana; a um mês de pena de prisão corresponderão 20 dias de prisão de fins-de-semana.

Nos dias úteis da semana, o preso é solto para poder fazer a sua normal vida de trabalho.

Não é de prever grande sucesso à medida prevista na lei, porquanto, actualmente, os presos estão concentrados em grandes estabelecimentos prisionais, tendo sido destruída a grande maioria das prisões comarcãs; deste modo, é difícil ou impossível conciliar a prisão de fim-de-semana com a manutenção da sua vida em liberdade durante a semana, em lugares distantes.

4. Regime de semidetenção (art. 45.º)

A pena de prisão concretamente aplicada, quando não superior a seis meses, será substituída por multa, nos termos do art. 43.º; a não substituição é que carece de ser fundamentada, nos termos do n.º 1 do art. 43.º, isto é, «será» substituída por multa, «excepto» se a execução da pena de prisão for «exigida» pela necessidade de prevenir a prática de futuros crimes.

Não obstante essa exigência, a manutenção da pena de prisão pode ainda, quando não seja superior a três meses, ser executada com as modalidades de execução que são: a prisão por dias livres e o regime de semidetenção.

A modificação da pena de prisão pela prisão por dias livres estabelece uma nova modalidade de execução da prisão, a que aludiu o número anterior.

Mas quando a pena de prisão não for superior a três meses, e se não justifique positivamente a aplicação do regime de prisão por dias livres, nos termos do n.º 1 do art. 44.º, pode ainda ser modificado o regime de execução da pena de prisão aplicada, transformando-o em um «regime de semidetenção» (art. 45.º).

O art. 45.º reza assim:

«1. A pena de prisão não superior a três meses que não deva ser substituída por multa nem cumprida por dias livres pode ser executada em regime de semidetenção, se o condenado der o seu consentimento.

«2. O regime de semidetenção consiste numa privação de liberdade que permita ao condenado prosseguir a sua actividade profissional normal, a sua formação profissional ou os seus estudos, por força de saídas estritamente limitadas ao cumprimento das suas obrigações.»

Quer a modificação na sua execução da pena de prisão por dias livres, quer em regime de semidetenção, devem ser decididas na sentença condenatória.

Não parece, porém, de afastar a possibilidade de tal decisão vir a ser tomada posteriormente, pelo tribunal competente para a execução da pena. Esta possibilidade é sobretudo de aceitar quanto ao regime de semidetenção, que implica o prévio consentimento ou pedido do condenado.

Tal possibilidade pode presumir-se, dados os termos amplos do art. 471.º do Código de Processo Penal: as «questões relativas à execução das penas», a que este artigo se refere logo no início do texto, abrangem todas as questões relativas à execução, e as modificações na execução da pena são questões relativas à execução, embora o teor do artigo não cite todas as previstas na legislação substantiva.

A solução indicada está em conformidade com o princípio, que o Código Penal considera fundamental, de substituição da pena de prisão, quando se trate de penas curtas de prisão.

5. Da suspensão da execução da pena de prisão e da prisão e da pena de multa (Cód. Penal, arts. 48.º e segs.) e do regime de prova (arts. 53.º e seguintes)

Suspensão da execução da pena é a epígrafe que encima os arts. 48.º a 52..

A suspensão da execução da pena no Código vigente substitui o instituto da condenação condicional previsto na legislação anterior.

A divergência fundamental assenta na caracterização do objecto da suspensão: na legislação anterior era o próprio título executivo — a sentença condenatória — que era condicional, e no Código Penal de 1982 a condenação é definitiva, e é somente a execução da pena que se torna condicional.

O instituto da suspensão da pena provém de um movimento legislativo que na Europa se iniciou no final do séc. XIX.

O projecto de Béranger para o introduzir em França (1884) não teve êxito imediato, mas foi aproveitado na Bélgica em 1888; em França, veio a ser consagrado pouco depois, em 1891. O sistema que esta legislação instituiu passou a ser denominado, por isso, «sistema franco-belga» ou «continental», que Portugal adoptou em 1892.

Já anteriormente, porém, os tribunais norte-americanos praticavam a suspensão temporária ou definitiva da condenação, subordinando-a à vigilância do comportamento do delinquente durante o período de suspensão. A diferença consistia em que a condenação condicional ou suspensão da pena, no sistema português (como, em regra, no sistema continental) só impunha como condicionamento a não condenação por crime doloso durante o prazo da suspensão, enquanto no sistema americano (e também inglês) era possível maior largueza na aplicação do instituto, porque o condicionamento implicava uma apreciação mais completa do comportamento do condenado a pena suspensa. A diferença residia ainda em que, no sistema anglo-americano, a própria sentença seria diferida para depois de um regime de prova *(probation)*.

A evolução da legislação portuguesa processou-se no sentido de combinar com maior ou menor perfeição os dois sistemas (arts. 89.º; 125.º, n.º 7.º; 127.º, § 5.º, n.º 3.º do Cód. Pen. de 1886, e art.

635.º do Cód. de Proc. Pen., na redacção que lhe fora dada pelo Dec.-Lei n.º 185/72, de 31 de Maio).

Essa coordenação entre dois regimes em que se bifurca o instituto — regimes que tiveram a sua origem ora no direito continental, ora no direito anglo-saxónico — foi acentuada no actual Código Penal, mediante a regulamentação, para além da suspensão da pena do regime de prova (arts. 53.º e segs.).

A finalidade dos dois institutos é a mesma; a sua estrutura é parcialmente diferente, e os seus efeitos também. Indicá-los-emos depois de tentar a sistematização com a substituição da pena de prisão por multa (art. 43.º), a substituição da prisão por prisão por dias livres e a substituição da prisão por regime de semidetenção (arts. 44.º e 45.º).

A substituição nestes últimos casos, que já anotámos, é substituição na execução da pena. E também o é o regime de pena suspensa e o regime de prova.

Mas os pressupostos da substituição na execução da pena são bastante diversos: os dois regimes, de pena suspensa e de prova, podem ter aplicação quando ao crime caiba pena de prisão não superior a três anos (arts. 48.º, n.º 1 e 53.º, n.º 1), enquanto a substituição da prisão por multa, por prisão por dias livres e pelo regime de semidetenção só pode ter lugar se ao crime couber concretamente pena de prisão não superior a três meses ou, no primeiro caso (art.º 43.º), seis meses.

Nestes últimos casos, há uma subordinação na aplicação das medidas substitutivas: o regime de semidetenção só é aplicável quando o não puder legalmente ser a aplicação da multa e da prisão por dias livres; a prisão por dias livres só pode substituir-se à pena de prisão não superior a três meses, quando não seja legalmente aplicável a sua substituição por multa.

Não entram nesta escala de substituição a suspensão da execução da pena e o regime de prova.

Então não só o campo de aplicação é muito mais amplo — prisão não superior a três anos —, como também o condicionamento de aplicação é diverso.

A substituição das penas curtas de prisão (até três meses) tem a sua motivação na repulsa da própria lei pela sua execução, dada a evidente desconfiança na sua pertinência e idoneidade.

Diversamente, a substituição da pena de prisão não superior a três anos fundamenta-se na grande possibilidade, que a manutenção do condenado em liberdade condicionada contém, de facilitar e alcançar inteiramente a sua recuperação social.

Em consequência, tanto pode ser aplicado qualquer desses dois regimes, quando a pena que caiba ao crime seja inferior a 3 meses, como quando seja superior a 3 meses, mas não superior a 3 anos.

Os dois pressupostos, pena de prisão não superior a 3 meses e penalidade de prisão não superior a 3 anos, não se excluem. A suspensão da pena como o regime de prova podem ser aplicados mesmo que a pena de prisão aplicada não exceda 3 meses, concorrendo então com as demais medidas penais.

Neste número, trata-se especialmente da suspensão da pena e do regime de prova, cujas origens ficam indicadas e que, no entanto, parcialmente se confundem.

A suspensão da execução da pena «pode» ser condicionada ao cumprimento de certos deveres (art. 49.º, n.º 1) e é sempre condicionada pela não condenação em pena de prisão por qualquer crime doloso (art. 51.º, n.º 1).

As condições podem ser similares às que condicionam o regime de prova, ou a liberdade condicional, pois as indicadas quanto à suspensão da execução da pena são exemplificativas.

O regime de suspensão da execução da pena e o regime de prova estão, assim, estreitamente conexos, como o estão quanto à sua origem histórica.

Mas distinguem-se em um aspecto fundamental; na suspensão da pena, esta tem lugar quanto à execução da pena, porquanto a sentença condenatória tem por conteúdo tanto a condenação em prisão ou multa, como a decisão complementar de suspensão da pena de prisão ou multa na sua execução; no regime de prova, não há prévia condenação à pena de prisão ou multa, pois que essa condenação só virá a ser proferida se se malograr o regime de prova.

6. As penas substitutivas de prisão ou multa indicadas nos arts. 59.º e 60.º do Código Penal: admoestação e prestação de trabalho a favor da comunidade

Intercalamos agora, na exposição da modificação das penas, uma breve alusão à admoestação e prestação de trabalho, que formam a epígrafe da Secção IV do Cap. I do Título III (Livro I) do Código Penal. Vem a acatar-se a seriação legislativa, com a reserva de pôr em dúvida o seu significado.

a) Admoestação

Diz assim o n.º 1 do art. 59.º:

«Se o agente for considerado culpado pela prática de crime a que, concretamente, corresponde a pena de prisão, com ou sem multa, não superior a três meses, ou só pena de multa até ao mesmo limite, pode o tribunal limitar-se a proferir uma admoestação.»

Poderia supor-se que se trataria ainda de substituição da pena na sua execução.

Mas não parece ser esse o entendimento correcto.

A questão é duvidosa também porque a Secção IV citada não constava do projecto primitivo, e foi introduzida no texto do Código em revisão não documentada.

É mais aceitável considerar-se que se trata de uma substituição da pena na sua aplicação, e mais precisamente de um complemento à regulamentação da atenuação especial que o art. 74.º contempla e foi já objecto de interpretação (Tit. III, CAP. IV, § 3.º, n.º 5).

Efectivamente, substitui-se a pena de prisão ou multa (não superior a três meses) que caberia concretamente e em julgamento ao crime cometido, por uma nova pena: a admoestação. É uma atenuação importante que a lei permite na aplicação da pena.

De um ponto de vista sistemático, o preceito deverá conciliar-se com os efeitos da atenuação especial, consoante vêm indicados no art. 74.º. Para além das hipóteses previstas nas alíneas *a)* a *e)* deste art. 74.º, havia porventura de enquadrar uma outra alínea.

Deveria então ser mais cuidadosa a sua inserção no sistema da atenuação especial.

E isso porque o art. 74.º se refere à atenuação especial da pena aplicável ao crime, enquanto o art. 59.º se refere à atenuação da pena que em concreto caberá ao crime; e ainda porque a regulamentação do art.º 59.º se entrecruza com a regulamentação do art. 74.º, não obedecendo a idêntico sistema.

De todo o modo, sempre que se verifique a hipótese considerada no art. 59.º, porque pode recair sobre a pena que cabe concretamente ao crime cometido — pena de prisão ou multa não superiores a três meses — a pena poderá baixar para uma nova espécie de pena: a admoestação.

A admoestação consiste exclusivamente numa censura judicial, que deve ser proferida em audiência (art. 59.º, n.º 3).

A degradação da pena de prisão ou multa não superior a três meses que caberia concretamente ao crime cometido, pressupõe que o dano do crime tenha sido reparado e não haja necessidade de utilizar outras medidas penais (art. 59.º, n.º 2); estes pressupostos não são a justificação da atenuação. A atenuação especial, que o é na sua essência, encontra a sua mais completa justificação precisamente na grande diminuição da culpa do agente verificável no caso concreto.

b) *Prestação de trabalho a favor da comunidade*

A prestação de trabalho a favor da comunidade consiste na prestação de serviços gratuitos, durante períodos não compreendidos nas horas normais de trabalho, ao Estado, ou a outras pessoas colectivas de direito público ou a entidades privadas que o tribunal considere de interesse para a comunidade (n.º 2 do art. 60.º).

Faz parte do conjunto de medidas propostas pelo Código para substituir as penas curtas de prisão; mas não está inserida no quadro de preferências que, entre tais medidas, estabelecem os arts. 43.º 44.º e 45.º e por isso concorre, desordenadamente, com estas penas substitutivas.

Não é líquido se a substituição da pena de prisão, com ou sem multa, não superior a três meses, ou só de multa, deve ter lugar na própria sentença condenatória, ou verificar-se também durante a execução da pena aplicada, isto é, se se trata de uma substituição na aplicação da pena ou também na execução da pena.

Esta segunda alternativa poderá fundamentar-se em várias razões. Em primeiro lugar, a condenação em prestação de trabalho a favor da comunidade é ainda susceptível de alteração posterior durante a execução, o que é previsto quer no n.º 6, quer no n.º 7 do art. 60.º; há como que um processo contínuo de possíveis modificações durante a execução.

Por acréscimo, é de notar que a substituição inicial prevista nos n.ᵒˢ 1 e 2 do art. 60.º pressupõe o consentimento do condenado (ou seu eventual pedido), e supõe uma apreciação directa do juiz sobre o interesse do trabalho a prestar a favor da comunidade e a segurança de cumprimento do trabalho a prestar sob o condicionamento da substituição nos termos do n.º 3 do mesmo art. 60.º

A pena substitutiva pode ainda ser sucessivamente substituída, em razão das circunstâncias legalmente previstas, por condenação em pena de prisão até dois anos e multa até 100 dias pelo crime de desobediência qualificada, ou só por uma pena de multa, ou mesmo pela isenção da pena (n.º 7 do art. 60.º).

É, nestas circunstâncias, a execução da pena susceptível de diferenciadas transformações durante a execução da pena inicial, que, «pelo menos», dão lugar a sucessivas questões incidentais sobre a execução.

Não é por tudo isto difícil de prever que, fora de uma organização do trabalho prisional que a planeie em geral, possa vir a ter mais do que esporádica aplicação, que poderá sobretudo ter lugar quanto a penas de multa.

Na anterior legislação encontrava-se previsto o resgate da pena de prisão, com grande amplitude, em razão de exemplar comportamento e grande aptidão para o trabalho. Dizia assim o art. 119.º do Código Penal de 1886 (redacção introduzida pelo Dec.-Lei n.º 39 688, de 5 de Junho de 1954): «Aos condenados com exemplar comportamento na prisão, que derem provas durante a execução da pena de grande aptidão para o trabalho, poderá ser concedido, nos termos estabelecidos em regulamento, o resgate parcial da pena de prisão ou prisão maior, até ao limite de um dia de prisão por três dias de trabalho particularmente pesado, efectuado com notável diligência ou de excepcional importância, rendimento e perfeição.» E o § único: «A aprendizagem de um ofício ou mester, com diligência e conhecida aptidão, constitui motivo bastante para a apresentação ao tribunal competente de proposta de cessação da medida de internamento em casa de trabalho ou colónia agrícola dos indivíduos indicados nos n.ᵒˢ 1.º e 2.º do artigo 71.º».

7. Liberdade condicional (arts. 61.º e segs.)

A liberdade condicional é tradicionalmente a mais importante modificação da pena de prisão, na sua execução.

Com a denominação de *liberdade preparatória* foi propugnada por Levi Maria Jordão, no seu projecto de Código Penal[1]; foi introduzida na legislação portuguesa pela Lei de 6 de Julho de 1893 e regulamentada pelo decreto de 16 de Novembro do mesmo ano. A liberdade condicional era então concedida por decisão ministerial mediante proposta do director da cadeia. Foi depois remodelada pela Reforma Prisional de 1936 (Dec.-Lei n.º 26 643).

Com a Lei 2 000, de 1944, e Decreto n.º 34 553, de 30 de Abril de 1945, surgiu a liberdade condicional na sua configuração actual. Passou a ser então claramente uma modificação da pena de prisão, da competência do Tribunal de Execução das Penas, e também só revogável por decisão judicial.

Finalmente, os arts. 120.º e 121.º do Código Penal de 1886, na

---

[1] *Vide* os respectivos arts. 154.º (em que a concessão de liberdade *preparatória* surge como um dos casos ressalvados à regra de que «as penas só se julgarão cumpridas quando o condenado as tiver soffrido pelo tempo marcado na sentença comndenatória, e pelo modo expresso na lei»), 156.º, 157.º, 158.º e 159.º (quanto ao regime jurídico correspondente) — *Codigo Penal Portuguez*, Tomo II — *Projecto*, Lisboa-1864, págs. 57; 59 — como fundamentação da proposta, *vd.* Tomo I — *Relatorio*, Lisboa-1864, em que Levy Maria Jordão se refere à liberdade «preparatória» entre as «instituições complementares do regimen penitenciario», no sentido de que à expiação se sigam «medidas especiaes para a transição do condemnado à vida social», nas págs. 99 e segs. (como já antes o tinha feito, na 1.ª ed. desse *Relatorio* — *Codigo Penal Portuguez* — Tomo I — *Relatorio da Comissão*, Lisboa-1861 —, págs. 95 e segs.). Sobre a evolução legislativa que, no texto apenas se procura sintetizar, v. M. Cavaleiro de Ferreira, *Direito Penal Português* cit., II, págs. 487 e segs.

redacção da reforma do Código de 1954, vieram consagrar, no próprio texto do Código, a evolução do instituto.

O n.º 1 do art. 61.º do Código Penal de 1982 reproduz quase pelas mesmas palavras o disposto no art. 120.º do Código anterior.

O Código vigente não reproduz, porém, o art. 121.º do Código anterior, que indicava o condicionamento possível da liberdade condicional.

Este art. 121.º enumerava as condições a que podia, isolada ou cumulativamente, ser sujeita a liberdade condicional:

«1.º — A reparação, por uma só vez ou em prestações, do dano causado às vítimas do crime;
2.º — O exercício de uma profissão ou mister, ou o emprego em determinado ofício, empresa ou obra;
3.º — A proibição do exercício de determinados misteres;
4.º — A interdição de residência, ou fixação de residência, em determinado lugar ou região;
5.º — A aceitação da protecção e indicações das entidades às quais for cometida a sua vigilância;
6.º — O cumprimento de deveres familiares específicos, particularmente de assistência;
7.º — A obrigação de não frequentar certos meios ou locais, ou de não acompanhar pessoas suspeitas ou de má conduta;
8.º — A obrigação de prestar caução de boa conduta.»

Contudo, a liberdade é condicional também no actual Código e não parece que possa o condicionamento reduzir-se à revogação da liberdade condicional quando o libertado for condenado por crime doloso em pena de prisão superior a um ano (Cód. Pen. de 1982, art. 63.º); nesse caso, como diz o Código, e dizia também o anterior, a liberdade condicional é obrigatoriamente revogada.

Mas se se verificar que a liberdade condicional, por outras razões ou condições, não está a alcançar a sua finalidade, poderá ser revogada ou alterado o seu condicionamento. Na falta de regulamentação expressa nos artigos que se referem à liberdade condicional, é de admitir que condições da liberdade condicional poderão ser, no sentido que expressa o art. 121.º do Código Penal de 1886, o condicionamento que o actual Código Penal exemplificativamente enumera quanto ao regime de prova no n.º 2 do art. 54.º, até porque é nessa solução que se cumpre a injunção legal, constante do art. 62.º, de estender à liberdade condicional a aplicabilidade dos arts. 54.º (n.ᵒˢ 2 e 3) e 56.º Só que este condicionamento não implica, pelo seu não cumprimento, a revogação obrigatória da liberdade condicional, mas eventualmente a alteração do seu condicionamento.

A revogação da liberdade condicional determina a execução da pena de prisão ainda não cumprida, e era esse o regime da legislação anterior; mas o Código vigente acrescenta (n.º 2 do art. 63.º) que o tribunal, se o considerar justificado, pode reduzir até metade o tempo de prisão a cumprir, e que a revogação não impede a concessão ulterior de nova liberdade condicional.

O n.º 2 do art. 63.º tem uma enigmática alusão à não «restituição de prestações que (o delinquente) haja efectuado». E enigmática porque a liberdade condicional é modificação de qualquer pena de prisão de duração superior a 6 meses, e não da pena de multa, a qual e só essa pode ser paga em prestações, a não ser que se trate de pagamento de indemnizações ou de uma prestação de caução, como condições da liberdade condicional (art. 62.º, n.º 2, art. 54.º e art. 49.º).

O novo Código alterou o regime da liberdade condicional, na execução das penas, na medida em que estabeleceu casos de obrigatoriedade da concessão de liberdade condicional; com esta configuração, não se trata verdadeiramente de liberdade condicional, mas de libertação antecipada.

É o que dispõe o n.º 2 do art. 61.º: «Os condenados a pena de prisão superior a 6 anos não serão postos em liberdade definitiva sem passarem previamente pelo regime de liberdade condicional; e serão sujeitos a este regime logo que hajam cumprido cinco sextos da pena, se antes não tiverem aproveitado do disposto no número anterior.»

Também, no regime legal do novo Código Penal, a liberdade condicional acumula duas funções opostas: a de minoração da gravidade da pena, que de pena de prisão se transforma em liberdade condicional, e a de majoração da pena, na sua duração, pois a duração da liberdade condicional não será inferior a 3 meses, nem superior a 5 anos, enquanto o limite mínimo é que equivale à duração da prisão ainda não cumprida (Cód. Pen., art. 61.º, n.º 3).

§ 3.º

EXTINÇÃO DO PROCEDIMENTO CRIMINAL E DA PENA

1. Noções gerais

De modo semelhante ao Código Penal anterior, o Código Penal vigente faz a distinção entre extinção do procedimento criminal e extinção da pena.

Denuncia-se esta distinção tanto no texto dos arts. 111.º, 125.º e 126.º, como nas epígrafes dos Capítulos I e II do Título IX do Livro I.

Tal distinção era usual nos Códigos oriundos do século XIX, mas ela foi sujeita a crítica por grande parte da doutrina e substituída já no Código Penal italiano de 1930, o qual distingue a extinção do crime, da extinção da pena.

Mas também esta orientação foi objecto de crítica.

Salvo o caso da eliminação de normas incriminadoras (Cód. Pen., art. 2.º, n.º 2), em que o crime previsto pela norma incriminadora vigente ao tempo da sua perpetração é anulado pela lei posterior descriminante, não há casos de extinção do crime, mas de extinção dos efeitos jurídicos do crime, isto é, da sua punibilidade.

A distinção a fazer, teoricamente mais correcta, seria, então, entre causas extintivas da punibilidade e causas extintivas da pena (da execução da pena).

É certo, contudo, que a extinção da procedibilidade acarreta a extinção da punibilidade, e por isso se compreende a sucessiva alternância de conceitos.

Mas, realmente, enquanto a extinção da punibilidade afecta a relação jurídica punitiva e o poder de punir, a extinção da pena afecta a execução da pena e, por isso, também a relação jurídica punitiva, na fase de execução.

Por outro lado, as condições de procedibilidade afectam e extinguem a relação jurídica processual e por isso delas se trata, normalmente em direito processual penal (Cód. de Proc. Pen. de 1987, arts. 49.º a 52.º). Isso não obsta a que, efectivamente, a extinção do processo acarrete como consequência a impossibilidade de punição, porquanto o direito penal só pode ser aplicado mediante um processo penal.

O Código Penal vigente tratou, seguindo o Código alemão, das condições de procedibilidade que, na relação jurídica processual, condicionam o exercício da acção penal, no Título VIII do Livro I («Da queixa e da acusação particular»), regulamentando-as antes do Título (o IX) relativo à extinção da responsabilidade penal.

Concluindo estas observações, pode sustentar-se que o Título VIII do Livro I («Da queixa e da acusação particular») não contém causas extintivas do direito de punir, mas causas extintivas do direito de acção em processo penal, e que *extinção da responsabilidade penal*, no significado do Código Penal, abrange a extinção da punibilidade, isto é, do direito de punir, e a extinção da pena na sua execução. É esta a substância da extinção do procedimento criminal neste Título IX (extinção da punibilidade), ao lado da extinção da pena.

São assim duas espécies de causas de extinção da responsabilidade penal: extinção da punibilidade e extinção da pena, mas o Código Penal dá às causas de extinção da punibilidade a denominação de causas extintivas de procedibilidade, designação que mais convém exclusivamente às causas referidas no Título VIII.

Renova-se a observação já formulada de que, para além destas causas extintivas da punibilidade e da pena, há um caso nítido de extinção do crime que é a eliminação da norma incriminadora do crime punível pela legislação vigente ao tempo da sua perpetração.

Por último, importa assinalar que as causas extintivas da punibilidade podem ser idênticas a causas extintivas da pena; se elas se verificarem antes da condenação penal, são causas extintivas da punibilidade e também da execução da pena; se depois da condenação, só há lugar a extinção da execução da pena. É o que revela a distinção entre prescrição do procedimento criminal (arts. 117.º e segs.) e prescrição das penas (arts. 121.º e segs.), bem como o disposto nos arts. 125.º e 126.º (a morte do agente extingue tanto o procedimento criminal, como a pena ou medida de segurança; a amnistia extingue o procedimento criminal e, no caso de já ter havido condenação, faz cessar a execução tanto da pena principal, como das penas acessórias).

2. As causas de extinção da punibilidade e as causas de extinção da pena

O Código Penal não separa sempre, na sua regulamentação, as causas extintivas da punibilidade das causas de extinção da execução da pena. Procede a essa separação quanto à prescrição que, como causa de extinção da punibilidade (procedibilidade, na terminologia legal) é regulada no Capítulo I do Título IX e, como causa de extinção da pena, é regulada no Capítulo II do mesmo título, sob a epígrafe de «Prescrição das penas».

No entanto, também as outras causas de extinção podem ter similar bifurcação. Das indicadas no Código Penal estão nesse caso a morte do agente (art. 125.º) e a amnistia (art. 126.º). Pelo contrário, o indulto (art. 127.º) é mera causa extintiva da pena.

Tratar-se-á seguidamente da «Prescrição do procedimento criminal» (ou prescrição da punibilidade) e da prescrição da pena, pois, por mais simples, conformar-se-á a exposição com a regulamentação legal. Depois da prescrição se fará referência às «outras causas» extintivas da punibilidade ou da pena.

3. A prescrição da punibilidade (prescrição do procedimento criminal no Código Penal)

A prescrição, como causa extintiva, pode ser causa extintiva da punibilidade, ou só da execução da pena.

Como causa de extinção da punibilidade, importa atentar sucessivamente, em conformidade com a regulamentação legal, nos prazos de prescrição, na determinação do início do prazo em casos duvidosos e na suspensão e interrupção da prescrição.

a) Prazos de prescrição

Diz o n.º 1 do art. 117.º: «O procedimento criminal extingue-se, por efeito da prescrição, logo que sobre a prática do crime sejam decorridos os seguintes prazos: *a)* 15 anos, quando se trate de crimes a que corresponda pena de prisão com um limite máximo superior a 10 anos; *b)* 10 anos, quando se trate de crime a que corresponda pena de prisão com um limite máximo igual ou superior a 5 anos, mas que não exceda 10 anos; *c)* 5 anos, quando se trate de crimes a que corresponda pena de prisão com um limite máximo igual ou superior a 1 ano, mas que não exceda 5 anos; *d)* 2 anos, nos casos restantes.»

Para esclarecimento do âmbito de aplicação das diferentes alíneas do n.º 1 do art. 117.º, o mesmo artigo contém dois outros números (n.ᵒˢ 2 e 3). Os prazos de prescrição são em princípio dependentes da gravidade da pena aplicável ao crime. A pena aplicável a tomar em consideração é aquela que corresponder por lei ao tipo de crime, independentemente de quaisquer circunstâncias modificativas da pena, quer agravantes, quer atenuantes (n.º 2 do art. 117.º), Também o art. 117.º, n.º 1, só atenta na gravidade maior ou menor da prisão — com excepção da alínea *d*), que abrange a pena de multa —, confirmando o n.º 3 que, para os efeitos de fixação do prazo de prescrição do procedimento criminal, não sofre alteração quando se trate de uma pena mista de prisão e multa.

É diferente o prazo de prescrição do procedimento criminal (punibilidade) nas contra-ordenações e nas contravenções; quanto às contra-ordenações, rege o art. 27.º do Dec.-Lei n.º 433/82 e o prazo de prescrição é de dois anos quando se trate de contra-ordenações a que caiba coima superior a 100 000$00, e de um ano quando a coima aplicável seja de valor até 100 000$00; quanto às contravenções, continua em vigor o regime do Código Penal de 1886, na sua última redacção, e que estabelece o prazo de um ano para prescrição da punibilidade das contravenções (§ 2.º do art. 125.º do Cód. Pen. de 1886, na redacção introduzida pelo Dec.-Lei n.º 184/72, de 31 de Maio).

b) Início do prazo de prescrição do procedimento criminal e contagem do prazo

O art. 117.º fixa o início do prazo de prescrição no dia em que «o facto se consumou»; o art. 118.º pretende exclarecer somente casos que podiam parecer duvidosos, e por isso alude ao início do prazo nos crimes não consumados [al. *c*) do n.º 2 do art. 118.º], nos crimes permanentes [al. *a*) do citado número] e nos crimes continuados e habituais [al. *b*) do mesmo número].

O princípio geral é, assim, que o início do prazo tem lugar no dia em que o crime se consumou, como expressamente diz o n.º 1 do art. 118.º; as alterações das alíneas do n.º 2 do art. 118.º devem considerar-se similares às do art. 19.º (quanto à competência territorial) do novo Código de Processo Penal, de 1987.

A contagem do prazo de prescrição não se faz como se fora sempre um prazo contínuo. É que a prescrição pode, nos termos estabelecidos na lei, ser suspensa ou interrompida; verificando-se a suspensão, o tempo de suspensão não se conta na duração do prazo de prescrição, e antes se desconta no tempo decorrido: verificando-se a interrupção da prescrição, cessa a contagem do prazo de prescrição, que se inicia de novo a partir do dia em que cessar a interrupção.

c) *Suspensão e interrupção da prescrição*

Em caso de suspensão da prescrição, não se conta no prazo de prescrição o tempo da suspensão.

A suspensão tem lugar [art. 119.º, n.º 1, als. *a*), *b*) e *c*)] ou impedindo o início da contagem do prazo da prescrição, ou suspendendo-o já depois do início do seu decurso. Em ambos os casos, o tempo de suspensão é descontado na contagem do prazo de prescrição.

Para fazer a contagem do prazo de prescrição há, portanto, que deduzir-lhe o tempo de duração da suspensão.

A duração do prazo de suspensão depende da natureza da causa de suspensão. As causas de suspensão são as indicadas nas alíneas do art. 119.º, n.º 1.

A suspensão do prazo de prescrição dura o tempo que durar a causa de suspensão, com excepção daquela causa que consista no despacho de pronúncia no processo; então, o prazo de suspensão no processo não pode exceder dois anos, quando não haja lugar a recurso, ou três anos, havendo-o (art. 119.º, n.º 2*)*.

Característica fundamental da suspensão é que esta tem um início e um termo; o início terá lugar com a verificação da causa de suspensão, o termo coincide com a cessação da causa de suspensão.

Em consequência, findo o prazo de suspensão, começará a continuação da contagem do prazo de prescrição; não se alarga o prazo de prescrição, suspende-se durante certo período de tempo (art. 119.º, n.º 3).

Da suspensão se distingue a interrupção da prescrição.

A interrupção da prescrição faz cessar o decurso do prazo de prescrição, que se considera findo. Mediante a interrupção iniciar-se-á a contagem de novo prazo de prescrição, nos termos gerais.

A interrupção põe termo a um prazo de prescrição que se não completara ainda, e dá origem ao início de outro prazo de prescrição com a duração total desse prazo, consoante é indicado no art. 117.º, n.º 1. A um prazo de prescrição que caducou antes de alcançar o seu termo sucede-se então um prazo inteiramente novo, isto é, que abrange a totalidade do prazo fixado no citado art. 117.º, n.º 1.

A interrupção tem lugar, principalmente, com a notificação do despacho de pronúncia [art. 120.º, n.º 1, als. c) e d)]; havendo pronúncia, haverá já uma decisão judicial sobre a probabilidade de culpa do réu, e o processo entra na fase de julgamento. Seria de presumir que se não verificassem delongas na apreciação final da causa pendente; ainda que esta presunção se não verifique no estado actual do processo penal, com a segurança exigível.

Pelo contrário, a interrupção da prescrição, com a verificação de actos relativos à instrução do processo, é incentivo a um prolongamento desnecessário e inconveniente da fase de instrução, concorrendo para o seu prolongamento desordenado; e é isso que sucede com as causas de interrupção que são [als. a) e b) do citado art. 120º, n.º 1] a notificação para as primeiras declarações, para comparência ou interrogatório do agente, como arguido, na instrução preparatória, e a prisão do suspeito.

Desse modo torna-se fácil criar a causa de interrupção, ainda que o seu objectivo possa ser manifestamente defraudado, e se actue com o fito exclusivo de dar causa à interrupção. É a instrução que deve ter um prazo, após a existência de arguido, verificada pela prestação de declarações como arguido e, sendo assim, num momento em que já se encontrou suficiente prova para tornar plausível o termo da instrução em prazo limitado (Cód. de Proc. Pen. de 1987, art. 276.º, que aliás alarga os prazos fixados em legislação anterior). [Esses prazos estavam fixados no anterior Código de Processo Penal (*v.g.*, nos arts. 334.º e 337.º), de 1929, na redacção da Reforma de 1972, e já tinham origem em legislação anterior — o Dec. Lei n.º 35 007, de 1945. M. Cavaleiro de Ferreira, *Curso de Processo Penal*, cit., vol. 2.º, págs. 136 e segs.]

d) Limitação do prazo de prescrição, no caso de excessiva duração do processo após a sua interrupção (n.º 3 do art. 120.º)

A excessiva facilidade legal de interrupção do prazo de prescrição do procedimento criminal obteve uma oportuna correcção com o preceito do n.º 3 do art. 120.º, que reza assim:

«A prescrição do procedimento criminal terá sempre lugar quando, desde o seu início e ressalvado o tempo de suspensão, tiver decorrido o prazo normal da prescrição acrescido de metade. Quando, por força de disposição especial, o prazo de prescrição for inferior a dois anos, o limite máximo da prescrição corresponderá ao dobro desse prazo.»

E, assim, se o andamento do processo penal se protelar indevidamente, em relação ao seu curso normal, os prazos de prescrição subordinar-se-ão a uma forma de contagem que corrija o desleixo ou desmando gravoso para o arguido.

Os prazos de prescrição serão os indicados no n.º 1 do art. 117.º descontados os períodos de suspensão; mas a interrupção da prescrição não pode em caso algum conduzir a um prolongamento inadmissível do prazo de prescrição. Este não deverá exceder o prazo de 15, 10 ou 5 anos em mais de metade; e não poderá exceder o prazo de 2 anos em mais do dobro. São os períodos de interrupção legal da prescrição que são por essa forma decididamente corrigidos ou limitados no tempo.

4. Prescrição das penas

a) Prescrição da pena de prisão, da pena de multa, da pena de prisão e multa e das penas acessórias. Prazos de prescrição e seu início

A epígrafe do Capítulo II do Título IX da Parte Geral do Código é «prescrição das penas» e respeita às várias espécies de penas, quer principais, quer acessórias, aplicadas aos crimes.

Quando ao crime forem aplicadas penas de várias espécies, isto é, quando se trata de penas mistas, a prescrição de qualquer delas não se completa sem que as restantes hajam prescrito também (art. 121.º, n.º 2).

Podem distinguir-se a prescrição da pena de prisão, a prescrição da pena de multa, a prescrição da pena mista de prisão e multa e a prescrição das penas acessórias.

Não regula o Código Penal a prescrição das coimas aplicadas a contra-ordenações, nem a prescrição das penas aplicadas a contravenções. A prescrição das coimas está prevista no Dec.-Lei n.º 433/82, que é a lei-base do regime das contra-ordenações. Na verdade, a prescrição da punibilidade (procedimento criminal) das contra-ordenações consta dos arts. 27.º e 28.º do citado dec.-lei, e a prescrição das coimas dos arts. 29.º e 30.º do mesmo dec.-lei. As contravenções continuam reguladas no seu regime geral, pelo Código Penal de 1886.

O prazo de prescrição tem diferente duração, consoante a gravidade da pena aplicável ou aplicada. Na verdade, quanto à prescrição da punibilidade, atende-se à gravidade da pena aplicável e, quanto à prescrição das penas, à gravidade das penas já aplicadas.

Os prazos, quanto às penas principais, são os seguintes:

— 20 anos, se as penas aplicadas forem superiores a 10 anos de prisão;
— 15 anos, se as penas aplicadas forem iguais ou superiores a 5 anos de prisão;
— 10 anos, se forem iguais ou superiores a 2 anos de prisão;
— os casos restantes, isto é, a prescrição da pena de prisão inferior a 2 anos e a prescrição da pena de multa aplicada a crimes, têm o prazo de prescrição de 4 anos.

Não se indicam prazos de prescrição de penas acessórias. As penas acessórias acompanham sempre uma pena principal e a prescrição da pena principal envolve, como diz o art. 122.º, a prescrição da pena acessória que ainda não tiver sido executada, bem como dos efeitos da pena que ainda não se tenham verificado.

b) O prazo de prescrição nas contra-ordenações e nas contravenções

A matéria da extinção das coimas não surge unitariamente tratada no Dec.-Lei n.º 433/82. Assim, para além de normas contidas na sua I parte («Da Contra-ordenação e da Coima em Geral»), onde os arts. 27.º e segs. se ocupam quer da prescrição da punibilidade («do procedimento criminal»), quer da prescrição das coimas e respectivas sanções acessórias, encontramos a referência à morte do arguido como causa extintiva da execução da coima, entre as normas processuais (art. 90.º). No que à prescrição da coima concerne, eis os prazos (art. 29.º, n.º 1):

— 4 anos, no caso de uma coima superior a 100 000$00;
— 3 anos, nos restantes casos [1].

O prazo de prescrição das contravenções é de um ano, como dispõe o § 3.º do art. 126.º do Código Penal de 1886 (redacção do Dec.-Lei n.º 184/72, de 31 de Maio), que se contém na ressalva constante do n.º 1 do art. 6.º da lei preambular do Código Penal; esse prazo será, portanto, de um ano, quer às contravenções seja aplicada prisão, quer multa.

---

[1] De notar que o paralelismo com a al. *d)* do n.º 1 do art. 121.º do Cód. Pen. é notório, no sentido de evidenciar quer a integração do direito das contra-ordenações no tronco comum do direito penal (cf. art. 32.º do Dec.-Lei n.º 433/82), quer o desenvolvimento e exemplificação que o regime das contra-ordenações assim assegura aos «casos restantes» residual e remissivamente deixadas por preencher na citada disposição do Cód. Pen.

c) *Contagem do prazo*

O prazo de prescrição inicia-se com o trânsito em julgado da sentença condenatória. É assim tanto quanto aos crimes — art. 121.º, n.º 3, do Código Penal —, como quanto às contra-ordenações — art. 29.º, n.º 2, do Dec-Lei n.º 433/82 (com a particularidade de, aqui, a «sentença» condenatória poder ser uma mera decisão administrativa)— como ainda quanto às contravenções — art. 126.º, § 4.º, do Código Penal de 1886, também ainda em vigor, na parte aplicável.

d) *Suspensão e interrupção da prescrição das penas (Cód. Penal, arts. 123.º e 124.º)*

A noção de suspensão e interrupção é a mesma na prescrição da punibilidade e na prescrição da pena. O momento em que se verificam as suas causas é que diverge, porquanto a prescrição da punibilidade tem lugar antes de haver sentença condenatória com trânsito em julgado, e a prescrição da pena na sua execução só tem lugar após a sentença condenatória com trânsito em julgado.

Os casos de suspensão do prazo de prescrição da pena são os indicados, de uma maneira geral, no n.º 1 do art. 123.º, onde se começa por referir «os casos especialmente previstos na lei», sem os apontar. Para além desses casos, o prazo de prescrição suspende-se quando a execução não possa ter lugar «por força da lei», o que vem a ser fórmula semelhante à que consta do corpo do n.º 1 do art. 123.º; aquilo que se assevera firmemente é que a suspensão tem de depender directamente de preceito legal que a imponha, e não caber por isso ao foro judicial criar ou justificar causas de suspensão não especialmente previstas.

Causas de suspensão directamente previstas, quanto à pena de prisão, são as da alínea *b)* do citado art. 123.º, n.º 1: haverá suspensão durante o tempo em que «o condenado esteja a cumprir outra pena (de prisão) ou se encontre em liberdade condicional, em regime de prova, ou com suspensão de execução da pena». Quer dizer, haverá suspensão sempre que o condenado esteja a cumprir uma pena de prisão — ou medidas penais que constituem modificação da execução da pena de prisão.

A causa de suspensão prevista na al. *c)* do n.º 1 do art. 123.º respeita somente à execução da pena de multa, e conforma-se com a ideia que preside à alínea anterior quanto à pena de prisão. A pena, na sua execução, permite a modificação do seu cumprimento, mediante o pagamento da multa em prestações. Tal regime dilata a execução, por prazo que poderia permitir a prescrição. É esse resultado que a lei evita na al. *c*) do n.º 1 do art. 123.º, determinando a suspensão da prescrição enquanto perdurar a dilacção do pagamento da multa, isto é, enquanto perdurar um modo de execução, legalmente previsto, da pena de multa.

5. Outras causas de extinção do procedimento criminal e da pena (arts. 125.º a 127.º)

O Código Penal não faz uma enumeração das causas extintivas da responsabilidade penal; depois de tratar, em dois capítulos sucessivos, da prescrição do procedimento criminal e da prescrição da pena, refere no Capítulo III (do mesmo Título IX da Parte Geral) «Outras causas de extinção».

Por isso convém relembrar a classificação das causas extintivas da responsabilidade penal, distinguindo entre causas que anulam a própria existência do crime, causas que condicionam ou extinguem a punibilidade (procedimento criminal) e causas que extinguem a pena, e dando uma noção restritiva das causas extintivas do crime e das autênticas causas de extinção do procedimento criminal.

a) Causa extintiva do crime é a prevista no n.º 2 do art. 2.º do Código Penal: a eliminação, por lei posterior, da incriminação em vigor ao tempo da perpetração do crime.

Toma esta causa extintiva particular importância em época caracterizada pelo fluxo, sempre imprevisível, de legislação penal. Bastaria a circunstância da sucessão a um Código Penal de outro Código Penal, que não constitui a reforma do primeiro e antes procurou moldar-se pela reforma do Código Penal alemão, para que fosse de frequente aplicação esta causa extintiva. Mas a continuidade da renovação legislativa parece ser uma característica da actual forma de actuação do Estado, e por isso é muito mais vasto o campo de aplicação do n.º 2 do art. 2.º do Código Penal, como também do n.º 4 do mesmo artigo.

Também constitui uma causa de abolição do crime a amnistia própria, mas como a amnistia pode ser própria ou imprópria, e por isso ou causa de extinção do crime, ou causa de extinção da punibilidade ou da pena, tratar-se-á da amnistia ulteriormente.

b) Causas extintivas da procedibilidade criminal, em sentido estrito, são aquelas que extinguem a acção penal e mais respeitam ao direito processual, embora da extinção da procedibilidade resulte como efeito a extinção da responsabilidade penal, porquanto, não sendo o direito penal exequível senão mediante o processo penal, não há aplicação da própria lei penal, quando se extingue a relação jurídica processual.

Estas causas vêm referidas no Título VIII do Livro I do Código Penal («Da queixa e da acusação particular», arts. 111.º a 116.º), como o vêm também no Código de Processo Penal. Delas é mais curial tratar no estudo do direito processual penal.

c) As demais causas de extinção são causas de extinção da punibilidade (designadas na lei como causas de extinção do procedimento criminal) e causas de extinção da pena.

As «outras causas» de extinção da responsabilidade penal são conjuntamente causas de extinção da punibilidade e da pena, ou só causas extintivas da pena. O Código indica expressamente a morte do agente, a amnistia e o indulto (respectivamente, arts. 125.º, 126.º e 127.º); mas não são as únicas. Assim:

1.ª — O *cumprimento da pena* é o modo normal de extinção da pena, ao qual o Código Penal não alude, precisamente porque só regula as causas que constituam modo anormal da sua extinção. Como é óbvio, o cumprimento da pena não extingue a punibilidade, mas exclusivamente a pena.

2.ª — A *morte do agente* «extingue tanto o procedimento criminal como a pena» (Código Penal, art. 125.º) e, mais completamente, extingue tanto o procedimento criminal, em sentido estrito, como a punibilidade e a pena. Na verdade, a existência do arguido é indispensável à existência da relação jurídica processual, pois que não é admissível a substituição do arguido [ver o *Curso de Processo Penal* cit., vol. 1.º págs. 161 e segs.; no novo Código de Proc. Pen., v., *maxime*, os arts. 57.º a 67.º (Título III do Livro I do Código de 1987)]; extingue a punibilidade porque a responsabilidade penal é rigorosamente pessoal e extingue também a execução da pena quando sobrevenha após a condenação, porque também a execução da pena tem carácter rigorosamente pessoal, quer se trate de penas de prisão, quer de penas de multa. A condenação penal não passa da pessoa do condenado.

3.ª — A *amnistia*, nos termos do art. 126.º, extingue tanto o procedimento criminal como a pena.

Verdadeiramente, em sentido estrito — amnistia própria —, a amnistia tem por efeito a «abolitio criminis», e anula por isso o próprio crime; e então só pode ser outorgada por lei. A amnistia imprópria equivale a um indulto geral que extingue a punibilidade e a pena.

Porque afecta a punibilidade, é aplicável (n.º 2 do art. 126.º) a cada crime, e não directamente às penas.

A amnistia imprópria, e só essa, é que pode ser subordinada, como o indulto, ao cumprimento de certos deveres (art. 126.º, n.º 3), bem como em regra não aproveita aos reincidentes nem aos condenados em pena indeterminada (n.º 4). Efectivamente, quando a amnistia for a «abolitio criminis», a amnistia própria, não parece admissível essa eventual limitação.

De todo o modo, fica ressalvada sempre a responsabilidade civil; a abolição do crime não é abolição do facto ilícito civil e a responsabilidade civil subsiste, não obstante a amnistia (Cód. Penal. art. 126.º, n.º 3, 2.ª parte).

4.ª — O *indulto* é causa extintiva da pena; podendo extinguir toda a pena, ou parte da pena.

Pode ser indulto geral ou indulto especial.

O indulto geral distingue-se da amnistia pela razão de que só extingue a execução das penas já aplicadas.

O indulto especial é prerrogativa do chefe do Estado; não é olvido ou abolição do crime, mas modificação ou extinção da pena na sua execução. Deve obedecer aos princípios gerais da individualização da pena na sua execução, ou pode consistir na correcção da severidade injusta ou desnecessária. Mas para evitar a intromissão perigosa na administração da Justiça, é condicionado por prévia proposta dos Serviços Prisionais abalizada por apreciação judicial do Tribunal de Execução das Penas.

5.ª — Quanto às contra-ordenações, o Dec.-Lei n.º 433/82 só prevê expressamente a causa extintiva da punibilidade e da pena que é a *prescrição* (arts. 27.º a 31.º). Mas é-lhe aplicável o regime do Código Penal quanto às demais causas extintivas.

Quanto às contravenções, continuando em vigor o regime do Código Penal de 1886, há a considerar, como causa extintiva, a *oblação voluntária*, ou pagamento voluntário da multa, a qual degrada o ilícito penal em ilícito meramente administrativo; a oblação voluntária, deste modo, extingue a própria contravenção (Cód. Penal de 1886, art.º 125., n.º 5.º), e impede a instauração do procedimento criminal ou a remessa do auto de notícia a juízo; por isso mesmo não há nenhuma condenação que possa constar do registo criminal.

6.ª — A *reabilitação* é causa extintiva dos efeitos penais ulteriores à condenação; determina o cancelamento do registo criminal quanto a qualquer crime e impede a verificação de eventual reincidência no crime, e o benefício da reparação social que uma publicidade oficial da situação de condenado impediria.

Ao registo criminal se refere o art. 130.º do Código Penal, que remete para legislação especial. Essa legislação na data de entrada em vigor do novo Código, era ainda a anterior. Foi entretanto publicado o Dec.-Lei n.º 39/83, de 25 de Janeiro (registo criminal e acesso à informação criminal). V. também os arts. 33.º e 35.º da Constituição (sobre a conformidade da nova legislação ordinária com os mencionados preceitos constitucionais, o *parecer n.º 115/83* do Conselho Consultivo da Procuradoria-Geral da República, *Diário da República*, II Série, de 9/11/83. Sobre a matéria do registo criminal foi recentemente publicado um largo estudo histórico e dogmático de António Manuel de Almeida Costa, *O Registo Criminal — — História. Direito comparado. Análise político-criminal do instituto*, Coimbra, 1985.

A reabilitação formaliza-se com o cancelamento do registo criminal; e pode ser uma reabilitação de direito, pelo decurso de um período de tempo comprovativo da presumida ressocialização do condenado, ou reabilitação judicial (art. 19.º e segs. do Dec.-Lei n.º 39/83 de 25-1).

CAPÍTULO II

EXECUÇÃO, MODIFICAÇÃO E EXTINÇÃO DAS MEDIDAS DE SEGURANÇA

1. Observações preliminares

As penas e medidas de segurança têm natureza inteiramente diferente. Não obstante, a regulamentação da execução, modificação e extinção das medidas de segurança é formalmente decalcada sobre a execução, modificação e extinção das penas. Esta circunstância permite abreviar a sua anotação.

Antes de referir a regulamentação legal em especial, convém reafirmar a diferente natureza de umas e outras — penas e medidas de segurança.

Medidas de segurança podem aplicar-se a imputáveis e inimputáveis. É algo confusa a comprovação deste asserto pelo Código Penal vigente.

Inicialmente, partiu-se da ideia que aos imputáveis seriam aplicáveis somente penas e aos inimputáveis medidas de segurança, e isto para considerar a pena indeterminada, na sua totalidade, como pena; parece, porém, que a pena indeterminada não deixa de ser uma medida mista de pena e medida de segurança, na qual se distingue com suficiente precisão a pena aplicável ao crime, da medida de segurança que se consubstancia na sua prorrogação.

Também o Código revela que há medidas de segurança aplicáveis a imputáveis, como sucede com imputáveis portadores de anomalia psíquica (arts. 103.º e segs.), ou com a interdição de profissões (arts. 97.º e seg.), ou ainda com medidas de segurança de carácter patrimonial, que serão tanto efeito das penas como medidas de segurança (art. 107.º) ou ainda autonomamente aplicadas.

É que a medida de segurança corresponde, na sua essência, ao estado de perigosidade criminal; mas há estados de perigosidade criminal que mais resultam de causas exógenas, do ambiente, do que de um estado pessoal de perigosidade, e a medida que as combate enquadra-se entre os meios de luta preventivos da criminalidade.

O princípio geral é o da aplicação de penas em razão da culpa do agente e, por isso, em correspondência com o crime ou crimes praticados, e da aplicação de medidas de segurança, em razão da verificação de um estado de perigosidade criminal; ao lado deste, e por extensão, têm sido adoptadas medidas que tentam combater situações ambientais criminógenas ou o perigo agudo de criminalidade.

A regulamentação legal de execução, modificação e extinção das medidas de segurança é, sem dúvida, decalcada sobre a regulamentação legal da execução, modificação e extinção das penas. Mas haverá sempre que ter presente o seu diverso fundamento, que impõe necessárias adaptações.

Não obstante a medida de segurança corresponder à perigosidade criminal, a aplicação das medidas de segurança é condicionada, em geral, pela perpetração de um crime ou facto de crime; este facto é então indispensável para ser admitida a comprovação da perigosidade e não é, portanto, o fundamento da aplicação da medida.

2. Execução das medidas de segurança

A execução de medidas de segurança aplicáveis a inimputáveis é aquela que merece maior atenção ao Código Penal (arts. 91.º e segs.).

a) Título executivo

O título executivo é a decisão judicial transitada em julgado. Na verdade, a aplicação, modificação e extinção das medidas de segurança foram inteiramente jurisdicionalizadas por força da Lei n.º 2000, de 16 de Maio de 1944, e pelo Dec. Regulamentar n.º 36 540, de 27 de Abril de 1945, jurisdicionalização que se mantém (Dec.-Lei n.º 783/76 cit., art. 22.º), suprimindo o regime de execução, modificação e extinção das medidas de segurança, de natureza administrativa, que a Reforma Prisional de 1936 inaugurara.

b) *Fundamentos e pressupostos da perigosidade nos inimputáveis*

«Quando um facto descrito num tipo legal de crime for praticado por indivíduo inimputável nos termos do art. 20.º, será este mandado internar pelo tribunal em estabelecimento de cura, tratamento ou segurança, sempre que, por virtude da anomalia psíquica e da natureza e gravidade do facto praticado, houver fundado receio de que venha a cometer outros factos típicos graves» (art. 91.º, n.º 1).

No teor deste preceito, distinguem-se o fundamento da aplicação da medida de segurança, que é a anomalia mental criminógena, propensa à prática de factos típicos «graves», do pressuposto da aplicação da medida, o qual consiste na prática de um facto típico grave. A perigosidade deve ser denunciada pela prática anterior de um facto que — se cometido por um imputável — seria um crime grave.

A gravidade do pressuposto pode ser extraordinária e específica, como indica o n.º 2 do art. 91.º: quando o facto praticado pelo inimputável consiste em homicídio ou ofensas corporais graves, ou em outros actos de violência puníveis com pena superior a 3 anos, tal facto toma a natureza de pressuposto indispensável para que se possa considerar a natureza da própria anomalia mental que importa comprovar. A perigosidade criminal toma a feição de agressiva, e gravemente agressiva, pois que será de temer a prática no futuro de outros factos típicos, correspondentes a crimes de homicídio ou ofensas corporais graves.

Enquanto no caso do n.º 1 do art. 91.º a perigosidade se considera extinta logo que se verifique judicialmente que cessou o estado de perigosidade criminal, no caso do n.º 2 do mesmo artigo é fixado cautelosamente um prazo mínimo de internamento, com a duração de 3 anos.

c) *Início e duração do internamento*

O internamento em estabelecimento de cura, tratamento ou segurança, inicia-se com a ordem judicial de internamento. Não há ainda manicómios criminais ou prisões-asilos, como previa a Reforma Prisional, e por isso a ordem deve ser dirigida aos estabelecimentos apropriados de assistência pública.

A duração do internamento mede-se pela duração da perigosidade; deve cessar em geral logo que esta cesse (art. 92.º), independentemente de qualquer prazo mínimo de duração; só existe este prazo mínimo no caso de perigosidade fortemente agressiva da vida ou integridade física, como se disse na alínea anterior. E então o prazo mínimo de duração do internamento é de 3 anos.

Não há assim e em geral um mínimo de duração do prazo; mas há a indicação de um limite máximo do internamento. Em geral, o primeiro internamento judicial não pode exceder em mais de quatro anos o limite máximo de pena correspondente ao tipo de crime praticado pelo inimputável, excepto se o perigo de novos crimes contra pessoas for de tal modo grave que desaconselhe o risco da sua libertação (art. 92.º, n.º 2).

A sua prorrogação pode excepcionalmente ser permitida se a gravidade da perigosidade criminal o justificar. Isto é, a lei como que considera o limite máximo de internamento, como o termo do internamento e exige uma nova decisão judicial para que possa iniciar-se «outro internamento».

Efectivamente, a lei fala em primeiro internamento e, por isso, admite um segundo ou ulterior internamento. O novo internamento deve ter origem em nova e autónoma decisão judicial.

A contagem da duração do prazo do internamento é feita nos mesmos termos que a contagem da duração da pena de prisão (Código Penal, art. 41.º).

d) *Termo do internamento*

Com excepção do caso da perigosidade violenta a que se refere o n.º 2 do art. 91.º, vigora a regra geral: «o internamento findará quando o tribunal verificar que cessou o estado de perigosidade que lhe deu origem» (Cód. Penal n.º 1 do art. 92.º).

E o art. 93.º, n.º 1, completa o princípio indicado: se for invocada a existência de causa justificativa da cessação do internamento, o tribunal pode «a todo o tempo» apreciar a questão.

Por maioria de razão pode a todo o tempo ser modificada, na sua execução, a medida de internamento (*vide* n.º seguinte).

Esta regra geral de manutenção do internamento obrigatório

enquanto e só enquanto se verifique o estado de perigosidade criminal, não impede que a lei estabeleça, em certos casos um limite mínimo e um limite máximo do internamento.

O limite mínimo — e quanto a homicídio e ofensas corporais puníveis com pena superior a três anos — será de três anos (art. 91.º n.º 2).

O limite máximo será em pena equivalente ao máximo de pena correspondente ao tipo de crime praticado pelo inimputável acrescido de quatro anos (Cód. Penal, art. 92.º n.º 2). Este limite máximo respeita, porém, ao «primeiro» internamento. Se a perigosidade criminal se mantiver findo este primeiro internamento, é admissível um «outro» internamento.

Fora do caso previsto no n.º 2 do art. 92.º, o primeiro internamento terá a duração mínima de 3 anos na hipótese do n.º 2 do art. 91.º

Os internamentos ulteriores têm a duração máxima de 2 anos.

De toda a maneira, ressalvado o 1.º internamento de 3 anos, fixado o n.º 2 do art. 91.º, deve entender-se que qualquer período de internamento cessará logo que se verifique a cessação da perigosidade (art. 93.º, n.ºs 1 e 2); e é obrigatório proceder à verificação da manutenção na cessação da perigosidade findo o primeiro internamento, e de dois em dois anos nos internamentos sucessivos.

Contudo não deve olvidar-se que o inimputável não é responsável, e por isso a regra geral é de que o internamento só se justifica quando seja útil para a cura do inimputável; é por isso que é de considerar como fundamental o que consta do art. 92.º n.º 1 em razão do qual o internamento findará quando cessar o estado de perigosidade, completado pelo art. 93.º, n.ºs 1 e 2, que obriga o juiz a apreciar a manutenção ou a cessação do estado de perigosidade em sucessivos períodos — ou sempre que a cessação de perigosidade for perante ele, juiz, requerida.

3. Modificação das medidas de segurança

As modificações da medida de segurança de internamento podem ter lugar na própria aplicação da medida ou durante a sua execução. As modificações são, aliás, decalcadas em grande parte do regime legal de modificação das penas.

a) *Suspensão do internamento em estabelecimento de cura, tratamento ou segurança (art. 99.º)*

Equivale à suspensão da execução da pena.

É o próprio internamento que fica condicionalmente suspenso por um período de dois a cinco anos, desde que se julgue bastante essa medida para prevenir a prática de factos típicos equivalentes a crimes graves. É causa de modificação da medida de internamento, na sua aplicação.

O conteúdo da suspensão da medida de internamento é igual no condicionamento da libertação a título de ensaio, que é já causa de modificação da medida de internamento na sua execução (Cód. Penal, art. 94.º, aplicável por remissão do n.º 2 do art. 99.º).

A suspensão será revogada se, durante o período de suspensão, o seu condicionamento não for cumprido ou outras circunstâncias revelarem a insuficiência do regime de suspensão da medida. (Cód. Penal art. 101.º).

A medida de segurança de internamento pode ser revista sempre que haja motivo bastante, e deve-se proceder à sua reapreciação pelo menos, quando decorridos três anos após o início da execução e em períodos sucessivos de 2 anos (art. 93.º, n.º 2); e fora desses casos, sempre que houver motivo bastante para suscitar a alteração ou cessação do regime. Mas esta última hipótese não se aplica à perigosidade criminal excepcionalmente grave, em que será sempre de manter o prazo mínimo de 3 anos, nos termos do n.º 2 do art. 91.º (n.º 3 do art. 93.º).

A reapreciação judicial pode determinar o termo da medida de internamento ou a modificação da medida.

b) *Modificação da medida de internamento na sua execução*

Por princípio, as medidas de segurança mais graves podem ser substituídas, durante a execução, por medidas menos graves (Dec.--Lei n.º 783/76, art. 22.º).

As medidas menos graves relativamente ao internamento são, expressamente previstas no Código Penal: a libertação a título de ensaio e a liberdade experimental.

A libertação a título de ensaio (art. 94.º) pode ter lugar decorrido o prazo mínimo de internamento, quando o há. Equivale à liberdade condicional no regime de execução das penas, como também, aliás, a liberdade experimental (art. 95.º).

No seu conteúdo, as duas medidas são similares. A libertação a título de ensaio é uma modificação da medida para comprovar que é bastante um condicionamento da liberdade ao cumprimento de certos deveres, que permita alcançar a melhoria da anomalia mental ou da sua gravidade. A liberdade experimental é uma liberdade condicional, antes da libertação definitiva, e por isso só tem lugar quando não tiver sido precedida da libertação a título de ensaio.

Em ambos os casos, o êxito da nova medida põe fim ao internamento.

Esse termo do internamento é que não pode ser decidido sem que seja precedido de libertação a título de ensaio ou de liberdade experimental, obrigatória quando não tiver havido libertação a título de ensaio.

O condicionamento de ambas as medidas é igual (art. 95.º, n.º 2) e amolda-se à espécie de perigosidade dos delinquentes inimputáveis; destinar-se-á sobretudo a garantir a continuação do tratamento psiquiátrico e a acompanhá-lo da observação médica e assistencial conveniente (art. 94.º, n.ºs 2 e 3).

Verificada a cessação da perigosidade criminal, a libertação do internado torna-se definitiva; verificada a manutenção de grave perigosidade criminal, deve revogar-se a liberdade, regressando o inimputável perigoso ao regime da medida de internamento.

O período de duração da libertação a título de ensaio e da liberdade experimental tem um mínimo de 2 anos; só se prevê um período máximo na liberdade experimental, mas a verdade é que o art. 94.º — quanto à libertação a título de ensaio — indica o limite mínimo, pressupondo a existência de um limite máximo que não deverá logicamente ser superior ao fixado quanto à liberdade experimental (5 anos, art. 95.º, n.º 1).

4. Extinção da medida de internamento

A medida de segurança, imposta em correlação com a perigosidade criminal do agente, perdura enquanto persistir esta última. Será essa tendencialmente a relação entre uma e outra.

A perigosidade, porém, é um estado mais ou menos duradouro, mas instável; a verificação da perigosidade actual não comprova necessariamente a perigosidade futura.

Daqui deriva que o internamento em estabelecimento de cura, tratamento ou segurança, tenha um prazo mínimo de execução fixado na lei, justificável pela situação e circunstâncias presentes ao tempo da apreciação judicial, e que tendencialmente é indeterminado, isto é, sem prazo máximo.

Não obstante, o primeiro internamento de um inimputável não deve exceder em mais de 4 anos o limite máximo da pena correspondente ao tipo de crime praticado pelo inimputável, excepto se o perigo de novos crimes contra pessoas for de tal modo grave que desaconselhe o risco da libertação (n.º 2 do art. 92.º).

Elementos legais da perigosidade dos inimputáveis são a prática de um facto que seria crime, se cometido por imputável, e a anomalia mental criminógena.

Daqui resulta que a prática de um facto definido na lei como crime grave é condição necessária da aplicação da medida de segurança. Não basta atentar no estado de perigosidade — anomalia mental — em si mesmo; é indispensável a punibilidade em abstracto do facto, e punibilidade que revista a natureza e gravidade exigidas.

E, assim, se a punibilidade do facto não existe ou se extingue, deixa de haver a condição necessária para aplicação da medida ou para a continuação da sua execução.

As consequências a extrair deste arrazoado são pertinentes: a extinção da punibilidade do crime que corresponderia ao facto típico cometido arrasta consigo a extinção também da execução da medida de internamento.

Distinguimos anteriormente a extinção do crime, da extinção da punibilidade e ambas da extinção da pena.

Corolário das alegações então feitas é que constituem casos de extinção da medida de segurança as causas de extinção ou eliminação do crime, como as causas de extinção da punibilidade. Em ambos os casos, o facto de crime, que é pressuposto legal da perigosidade criminal, deixará de ser punível e assim se eliminará um pressuposto indispensável à própria declaração de perigosidade.

O cumprimento da medida de segurança, como também a morte do agente após a condenação extinguem directamente a execução da medida de segurança (v. art. 125.º).

POSFÁCIO

O prefácio deste tomo II é o das *Lições de Direito Penal* em que ele se integra. Para o complementar acrescento-lhe um posfácio.

O tomo II, sobre penas e medidas de segurança, põe termo às lições sobre a parte geral do direito penal e dele constam as lições proferidas no segundo semestre do ano lectivo 1987-1988 na Universidade Católica. O livro foi escrito com a urgência que o exercício do magistério docente impunha. Não pôde ser totalmente planeado antes de escrito; por isso mesmo sofre de defeitos que uma revisão apressada, antes da sua publicação, não pôde inteiramente corrigir.

Nessa revisão colaborou meritoriamente o assistente da cadeira de Direito Penal, Dr. Miguel Pedrosa Machado, ao qual exprimo o meu sincero agradecimento.

É uma tarefa urgente da Universidade a elaboração sistemática de compêndios sobre direito penal que se ocupem particularmente da interpretação da nova legislação. E porque assim o reconheci, encetei a tarefa árdua de publicar as minhas lições.

Essa tarefa fica, no entanto, imperfeita. Uma correcta sistematização da matéria tem de tomar em conta o estudo da parte especial do Código.

Indicarei em breve súmula as razões da dificuldade em ensaiar essa mais completa sistematização do novo direito penal.

1. O novo Código Penal surgiu confessadamente na órbita da Reforma do Código Penal alemão de 1871. Mas enquanto o Código Penal português de 1982 é um «novo Código», pois não pretendeu «reformar» o direito português, mas assimilar o fruto dos trabalhos preparatórios da reforma da parte geral do Código Penal alemão — transformada em lei em 1975 —, o texto do Código Penal alemão de 1975 é uma reforma da parte geral do Código alemão de 1871 em que se suprimem as muitas lacunas e imprecisões que continha

e que ingente trabalho de doutrina e jurisprudência paulatinamente se esforçaram por colmatar.

O projecto da nova parte especial do Código Penal português de 1982 não foi considerado da mesma importância que o projecto da parte geral, nem sujeito à revisão da mesma Comissão Revisora; as actas desta Comissão denunciam a relativa ligeireza do seu labor, bem como a ausência de confronto dos novos tipos de crime com os tipos de crime da parte especial do Código de 1886.

Daqui resultou que, em larga medida, a parte especial do novo Código se manteve também na órbita do Código Penal alemão, mas agora da parte especial ainda não reformada do velho Código Penal alemão de 1871.

A reforma da parte especial do Código Penal alemão vem sendo feita paulatinamente, pela alteração sucessiva do seu articulado ou pelo acréscimo de novas disposições; este trabalho de reforma ainda não findou na Alemanha.

Deste modo, a parte especial do novo Código Penal português, na medida em que aceitou largamente as velhas incriminações do Código Penal alemão de 1871, já hoje se encontra em desconformidade com a nova legislação penal germânica. Exemplificando: a incriminação por usura era prevista no Código alemão de 1871 em preceito legal pouco compreensível e de difícil aplicação; fora já reformulado na Alemanha quando foi publicado o novo Código Penal português e, não obstante, é a velha incriminação germânica com os defeitos originais e com um conteúdo que nada tem de comum com a noção clássica de usura, que veio a ser introduzida no direito penal português e, por reflexo, na definição de usura no Código Civil. A doutrina e a jurisprudência mostram-se perplexas quanto ao seu entendimento, como aconteceu na Alemanha.

2. Assim, e de uma maneira geral, o novo Código Penal português aceitou, como protótipo da sua parte geral, a parte geral do Código alemão reformado e aceitou também, em certa medida, como protótipo da parte especial, a parte especial não reformada do Código Penal alemão de 1871.

Daqui deriva uma grande dificuldade no ajustamento das suas

disposições, a qual só poderá ser vencida pela análise conjunta da parte geral e da parte especial.

É por isso conveniente que o ensino universitário se ocupe do estudo da parte especial do novo Código para alcançar dentro do possível a articulação da parte geral e especial.

É muito problemática a possibilidade que tenho de ainda empreender essa tarefa; de todo o modo, ela não é facilitada pela inexistência de um curso de Direito Penal especial nos programas de ensino da Universidade Católica.

3. O direito só é efectivo quando se incorpora na vida jurídica, na realidade social. É sempre demorada e por vezes melindrosa essa fase de realização do direito. Esta fase de incorporação é sobretudo tarefa da jurisprudência, mas deve ser facilitada pelo estudo e ensino universitário, menos casuístico porque sistemático.

E é também difícil esta tarefa universitária. A ordem jurídica não se destrói para se refazer; carece de continuidade. E assim como a nova jurisprudência se sente isolada sem o apoio de uma jurisprudência precedente, também o ensino do direito se sente divorciado da contribuição de uma doutrina multissecular, para se ancorar predominantemente na doutrina elaborada para outras leis e outros povos, desvinculada da tradição cultural portuguesa.

Por acréscimo, esta desvinculação quebra a homogeneidade da cultura jurídica comum a todos os novos Estados cujo direito se formou ou evoluiu em simetria com o direito português.

Poderá afinal acontecer que a cultura portuguesa e o seu direito continuem presentes no Brasil, em Goa, em Angola, Moçambique, Guiné, Cabo Verde e ilhas de São Tomé e Príncipe, dos quais os que mais recentemente alcançaram a independência mantiverem no essencial em vigor o direito português e em especial mantiverem em vigor o Código Penal português de 1886.

É de presumir que, perante tão radical separação, também estas nações busquem algures, que não em Portugal, o arrimo necessário para a formação e desenvolvimento da sua cultura jurídica.

Agosto de 1988

Manuel Cavaleiro de Ferreira

Índice

TÍTULO I

A RESPONSABILIDADE PENAL E A SUJEIÇÃO A MEDIDAS DE SEGURANÇA

CAPÍTULO I

A RESPONSABILIDADE CRIMINAL

1. Âmbito do Direito Penal 5
2. O crime como pressuposto da responsabilidade penal; a punibilidade 6
3. As condições objectivas de punibilidade e as causas de isenção da pena 7
4. As penas e as medidas de segurança 8

CAPÍTULO II

SUJEIÇÃO A MEDIDAS DE SEGURANÇA

§ 1.º

A PERIGOSIDADE CRIMINAL

1. O crime e a personalidade do delinquente nas suas relações com a culpabilidade e a perigosidade criminal 11
2. A culpa na formação da personalidade 12
3. Conceito de perigosidade criminal; perigosidade da acção, de um ambiente, de uma pessoa 13
4. Definição e elementos do conceito de perigosidade criminal . . . 15
5. O estado de perigosidade criminal 18
6. Factores e sintomas da perigosidade criminal; pressupostos da perigosidade criminal 18

§ 2.º

CLASSIFICAÇÃO DOS DELINQUENTES PERIGOSOS

1. Os tipos legais de delinquentes perigosos 20
2. Delinquentes por tendência 22
3. Delinquentes alcoólicos e equiparados (drogados) 31

4. Os delinquentes associais 34
5. Delinquentes anormais perigosos 37
6. Direito Penal de Menores 39
7. Dementes criminalmente perigosos (Código Penal, art. 91.º) . . . 40
8. Interdição de profissões (Código Penal, arts. 97.º e 98.º) 42

TÍTULO II

DAS PENAS E MEDIDAS DE SEGURANÇA E SUAS ESPÉCIES

CAPÍTULO I

AS PENAS E SUAS ESPÉCIES

1. Natureza e fins da pena 45
2. Caracteres da pena 46
3. Classificação das penas 48
4. Classificação legal das penas 54
5. Penas acessórias e efeitos da condenação ou das penas 56

CAPÍTULO II

AS MEDIDAS DE SEGURANÇA E SUAS ESPÉCIES

1. Natureza e fins das medidas de segurança 59
2. Monismo e dualismo das penas e medidas de segurança 60
3. Classificação das medidas de segurança 61
4. Medidas de segurança e medidas de polícia 62

TÍTULO III

SUBSTITUIÇÃO E APLICAÇÃO DAS PENAS

CAPÍTULO I

A ESPÉCIE DE PENA E A PENA APLICÁVEL (PENALIDADES)

1. Terminologia 65
2. A substituição da penalidade como um modo de aplicação da pena 66
3. A estrutura da penalidade: penalidades simples e compósitas . . . 67
4. Razão de ser e fundamento da penalidade 69
5. Casos de estruturação abnorme da penalidade 71
6. Determinação indirecta da penalidade ou pena aplicável 72
7. Medida legal da pena 73

CAPÍTULO II

VARIAÇÃO DA MEDIDA LEGAL DA PENA

1. Agravação legal 77
2. Circunstâncias modificativas agravantes comuns 77
3. Circunstâncias modificativas agravantes especiais 79
4. Atenuação legal 82
5. As circunstâncias modificativas atenuantes especiais 82
6. Concurso de circunstâncias modificativas 85

CAPÍTULO III

A APLICAÇÃO DA PENA

§ 1.º

ÂMBITO DA APLICAÇÃO DA PENA

1. Determinação do tipo de crime, escolha da pena e determinação da pena aplicável e determinação da pena aplicada (graduação ou fixação da pena) 95
2. A escolha da pena 96
3. A determinação da pena aplicável 98
4. A função do juiz na aplicação da pena 99

§ 2.º

CRITÉRIO LEGAL PARA APLICAÇÃO JUDICIAL DAS PENAS

1. Origem do n.º 1 do art. 72.º e principais dúvidas que suscita . . . 100
2. Interpretação do n.º 1 do art. 72.º do Código Penal 103

CAPÍTULO IV

AS CIRCUNSTÂNCIAS DO CRIME

§ 1.º

O FACTO COMO FACTO TÍPICO E COMO FACTO CIRCUNSTANCIADO

1. Elementos essenciais e elementos acidentais. Acidentes e circunstâncias 107
2. Valor jurídico das circunstâncias 108
3. Graduação da culpabilidade 110
4. Classificação das circunstâncias 112

§ 2.º

AS CIRCUNSTÂNCIAS COMUNS E AS CIRCUNSTÂNCIAS ESPECIAIS

1. As circunstâncias comuns 117
2. As circunstâncias comuns expressamente indicadas no n.º 2 do art. 72.º 119
3. As circunstâncias especiais 127
4. O efeito de agravação ou atenuação das penas 128

§ 3.º

CONCURSO DE CIRCUNSTÂNCIAS

1. Razão de ordem 129
2. As circunstâncias na determinação da pena aplicável; e o concurso dos seus efeitos penais 131
3. O concurso de circunstâncias de carácter geral 132
4. Causas de atenuação especial: circunstâncias ou concurso de circunstâncias atenuantes de carácter geral (n.º 1 do art. 73.º) e circunstâncias a que é atribuída directamente a possibilidade do efeito de atenuação especial (n.º 2 do art. 73.º) 133
5. Efeitos da atenuação especial 136
6. Dispensa de pena 141

CAPÍTULO V

REINCIDÊNCIA

1. A reincidência é circunstância modificativa do crime 145
2. Definição legal da reincidência 145
3. Interpretação do art. 76.º do Código Penal de 1982 147
4. Os efeitos da reincidência (Cód. Pen., art. 77.º) 151
5. A restrição do concurso de reincidência e o alargamento do conceito de concurso de crimes 153

CAPÍTULO VI

CONCURSO DE PENAS

1. Razão de ordem 155
2. A formação da penalidade no concurso de crimes 156
3. A formação da penalidade no concurso de penas, quando estas sejam penalidades compósitas 159

4. Determinação da pena concretamente aplicada ao concurso de crimes 161
5. A formação da penalidade e a determinação da pena aplicada ao crime continuado 162
6. O concurso de crimes ainda não punidos e o concurso de crimes em que um ou alguns tenham sido objecto de condenação com trânsito em julgado (Cód. Pen., art. 79.º) 163
7. O concurso de penas e o concurso de coimas nas contra-ordenações, em caso de concurso ideal 165

TÍTULO IV

EXECUÇÃO, MODIFICAÇÃO E EXTINÇÃO DAS PENAS E DAS MEDIDAS DE SEGURANÇA

CAPÍTULO I

EXECUÇÃO, MODIFICAÇÃO E EXTINÇÃO DAS PENAS

§ 1.º

EXECUÇÃO DAS PENAS

1. Razão de ordem 167
2. Natureza da execução 167
3. Título executivo 169
4. O início da execução penal 171
5. A contagem do tempo de duração da pena de prisão 173
6. Suspensão da execução da pena de prisão 174
7. Conteúdo da execução das penas privativas da liberdade e órgãos de execução 175
8. A execução da pena de multa 179

§ 2.º

MODIFICAÇÃO DAS PENAS

1. Modificação das penas na sua execução 181
2. A substituição da pena de prisão ou prisão e multa por pena de multa (Cód. Penal art. 43.º) 181
3. Substituição da pena de prisão não superior a três meses, por uma pena de prisão por dias livres (Cód. Penal art. 44.º) 183
4. Regime de semidetenção (art. 45.º) 184

5. Da suspensão da execução da pena de prisão e da prisão e da pena de multa (Cód. Penal arts. 48.º e segs.) e do regime de prova arts. 53.º e segs. 186
6. As penas substitutivas de prisão ou multa indicadas nos arts. 59.º e 60.º do Código Penal: admoestação e prestação de trabalho a favor da comunidade 189
7. Liberdade condicional (arts. 61.º e segs.) 192

§ 3.º

EXTINÇÃO DO PROCEDIMENTO CRIMINAL
E DA PENA

1. Noções gerais 195
2. As causas de extinção da punibilidade e as causas de extinção da pena 197
3. A prescrição da punibilidade (prescrição do procedimento criminal, no Código Penal) 197
4. Prescrição das penas 202
5. Outras causas de extinção do procedimento criminal e da pena (arts. 125.º a 127.º) 205

CAPÍTULO II

EXECUÇÃO, MODIFICAÇÃO E EXTINÇÃO
DAS MEDIDAS DE SEGURANÇA

1. Observações preliminares 211
2. Execução das medidas de segurança 212
3. Modificação das medidas de segurança 215
4. Extinção da medida de internamento 218

POSFÁCIO 221